비성경적 사료를 주요 전거로 하여
고레스왕 칙령에 의해 바벨론에서 귀환한 후부터
로마 제국의 영향 하에 놓이기까지의
유대인의 역사와 유대 사회의 변화 수록

요세푸스 지음 | 김지찬 옮김

요세푸스 2

THE ANTIQUITIES OF THE JEWS

유대 고대사

바벨론에서의 귀환부터 로마 네로 황제 치하까지의 기록

생명의말씀사

The Works of Flavius Josephus
written by Flavius Josephus
translated by William Whiston

Korean edition copyright © 1987, 2025 by Word of Life Press, Seoul, Korea.
All rights reserved.

요세푸스 2

유대 고대사
바벨론에서의 귀환부터 로마 네로 황제 치하까지의 기록

© 생명의말씀사 1987, 2025

1987년 6월 25일 1판 1쇄 발행
2023년 5월 2일　　　31쇄 발행
2025년 9월 30일 2판 1쇄 발행

펴낸이 | 김창영
펴낸곳 | 생명의말씀사

등록 | 1962. 1. 10. No.300-1962-1
주소 | 서울시 종로구 경희궁1길 6 (03176)
전화 | 02)738-6555(본사) · 02)3159-7979(영업)
팩스 | 02)739-3824(본사) · 080-022-8585(영업)

기획편집 | 태현주, 최은용
디자인 | 조현진, 김혜진
인쇄 | 예원프린팅
제본 | 보경문화사

ISBN 978-89-04-06035-1 (04230)
ISBN 978-89-04-70117-9 (세트)

저작권자의 허락 없이 이 책의 일부 또는 전체를
무단 복제, 전재, 발췌하면 저작권법에 의해 처벌을 받습니다.

요세푸스 2

THE ANTIQUITIES OF THE JEWS

유대 고대사

바벨론에서의 귀환부터 로마 네로 황제 치하까지의 기록

일러두기

- **텍스트**
  1. Flavius Josephus, The Works of Flavius Josephus, translated by William Whiston, A. M., Professor of Mathematics in the University of Cambridge (London & Edinburgh: William Philip Nimmo, 1865).
  2. Flavius Josephus, "Introductory Essay, by the Rev. Henry Stebbing, D. D.," The Life and Works of Flavius Josephus: the Learned and Authentic Jewish Historian and Celebrated Warrior, translated by William Whiston, A. M., Professor of Mathematics in the University of Cambridge (Philadelphia, Chicago & Toronto: The John C. Winston Company, 1936).

- **책의 구조**
  본서는 윌리엄 휘스턴 영역본의 구조에 따라 책(冊), 권(卷), 장(章), 절(節)의 구조를 취한다.

- **각 절의 구분**
  윌리엄 휘스턴 영역본의 절 구분에 따라 각 절을 구분하고 번호도 맞추어서 기재하였다.

- **문단 구분**
  윌리엄 휘스턴 영역본에서는 각 절별로 문단이 구분되어 있으나, 생명의말씀사 한글 번역본에서는 보다 미려하고 가독성 높은 편집을 위해 한 절을 두 개 이상의 문단으로 구분하기도 하였음을 밝힌다. 고전 문헌의 형식을 존중하여 한 절 내에서 문단을 나누는 경우는 최소한도로 하였으며 반드시 내용의 구분점이 있는 부분에서 문단을 나누고자 하였다.

- **성경 인용 방식과 출전**
  윌리엄 휘스턴 영역본의 서술 방식대로 성경을 직접 인용하거나 간접 인용하였으며 영역본 본문에 기재되어 있는 성구의 장절을 충실하게 표기하였다. 1987년 생명의말씀사 한글 번역본 초판 발행 당시에는 한글판 개역 성경에 따라 인용문을 기재했으나, 이번 개정판에서는 현재 널리 사용되고 있는 한글판 개역개정 성경에 따라 수정하여 기재하였음을 밝힌다.

- **인지명 표기**
  본문에 나오는 인명과 지명, 사건명, 기관명 등은 크게 두 가지의 기준으로 정리하였다.
  1. 성경에 나오는 명칭은 1987년 생명의말씀사 한글 번역본 초판과 동일하게 한글판 성경에 따라 기재하였다. 단 요세푸스가 성경 외의 전거들도 참고하여 집필하였음을 고려해 원저자가 분명하게 성경의 명칭과 차이를 둔 부분은 최대한 원저자의 의도를 살리도록 기재하였다.
  2. 나머지 인명과 지명, 사건명, 기관명 등은 가능한 한 외래어 표기 원칙에 준하여 기재하고자 하였다. 단 일부 명칭은 관용에 따라 널리 쓰이는 대로 허용하였음을 밝혀 둔다. 또한 다수 등장하는 그리스계 명칭들은 중역(重譯) 과정에서 발생하는 표기의 차이를 존중하고 전집 전체의 명칭의 통일성을 유지하기 위해 대부분 라틴식으로 정리하였음을 밝힌다.

  두 가지 경우 모두 각 명칭이 책별로 처음 등장할 때와 주요 전환점에 등장할 때, 그리고 다른 명칭들과 함께 나열될 때 영문을 병기해 이해에 도움이 되도록 하였으며, 이 영문은 영역본 본문의 표기를 존중하여 그대로 기재하였음을 밝힌다.

- **주석 출전 표기**
  윌리엄 휘스턴 영역본에는 각주에 나오는 출전 대부분이 약어로 표기되어 있으나 한글로는 가능한 한 원제목 그대로 번역하여 기재하고자 하였다. 단 번역한 도서명에 첨부한 영문 제목은 영역본 본문의 약어 표기를 존중하여 그대로 기재하였다.

플라비우스 요세푸스
Flavius Josephus, 37경-100경

목차

THE ANTIQUITIES OF THE JEWS
유대 고대사
바벨론에서의 귀환부터 로마 네로 황제 치하까지의 기록

제11권
253년 5개월간의 역사 기록
고레스 원년부터
알렉산드로스 대왕의 죽음까지

제1장 바사 왕 고레스가 바벨론의 압제에서 유대인을 풀어 주고
       고국에 돌아가 성전을 지을 수 있도록 허락해 주고
       성전 공사에 필요한 자금을 공급하게 된 경위 | 24
제2장 고레스가 죽자 구다인들과 인근 지역 총독들의 방해로
       유대인들이 성전 건축 공사에 방해를 받던 중에
       캄비세스가 그런 공사를 해서는 안 된다는 명령을 내리게 된 경위 | 27
제3장 캄비세스가 죽고 마기가 살해된 후 다리오가 왕위에 오르자
       문제를 해결하는 남다른 수완으로 스룹바벨이 왕의 호의를 얻어
       중단되었던 성전 공사를 재개하게 된 경위 | 29
제4장 구다인들의 끈질긴 공사 방해 공작에도 불구하고 성전이 완공된 경위 | 36

제5장   다리오의 아들 크세르크세스가 유대인에게 호의를 보인 경위와
         에스드라스와 느헤미야에 관하여 | 42
제6장   에스더와 모르드개와 하만에 관한 역사, 그리고 아르타크세르크세스왕 때
         유대 전 민족이 멸절당할 위기에 놓였던 경위 | 52
제7장   요한이 그의 형제 예수를 성전에서 살해한 사건과
         바고세스가 유대인들에게 많은 해를 가한 경위와 산발랏의 행위에 관한 역사 | 67
제8장   산발랏과 므낫세와 그들이 그리심산에 세운 성전에 관한 역사와
         알렉산드로스가 예루살렘에 입성한 경위와
         유대인이 그에게 입은 여러 가지 은혜에 관한 역사 | 68

제12권

170년간의 역사 기록

알렉산드로스 대왕의 죽음부터
유다스 마카베우스의 죽음까지

제1장   라구스의 아들 프톨레마이우스가 사기와 배반으로 예루살렘과 유다를 정복하고
         많은 유대인들을 사로잡아 강제로 애굽으로 이주시킨 경위 | 78
제2장   프톨레마이우스 필라델푸스가 유대인의 율법을 헬라어로 번역하고
         수많은 포로들을 해방시키고 하나님께 많은 예물을 드리게 된 경위 | 80
제3장   아시아의 왕들이 유대국을 존중하고 그들이 세운 도시들에
         유대인들을 시민으로 받아들이게 된 경위 | 94

제4장 안티오쿠스가 프톨레마이우스와 동맹 관계를 맺게 된 역사와
  오니아스가 프톨레마이우스 에우에르게테스를 분노하게 만든 경위,
  그러나 요셉이 모든 문제를 정상으로 회복시키고
  그와 다시 우의 관계를 맺게 된 전모,
  그리고 요셉과 그의 아들 히르카누스가 행한 일에 관한 역사 ┃ 100
제5장 유대인들이 대제사장직을 놓고 서로 다툼을 벌이고 있는 동안
  안티오쿠스가 예루살렘을 공격하여 함락시키고
  성전을 약탈하고 유대인들을 괴롭힌 경위,
  또한 수많은 유대인이 조상들의 율법을 버리게 된 역사와
  사마리아인들이 헬라인의 풍습을 좇는 것은 물론
  그리심산 성전을 유피테르 헬레니우스 신전이라고 부르게 된 경위 ┃ 112
제6장 안티오쿠스가 유대인들이 유대 율법을 지키지 못하게 금하자
  아스모네우스의 아들 마타디아스가 홀로 안티오쿠스왕의 명령을 무시한 경위,
  그리고 그 후 마타디아스가 안티오쿠스의 군대 장관들을 살해하게 된 역사와
  그가 죽은 후 유다스가 그의 뒤를 계승하게 된 경위 ┃ 116
제7장 유다스가 아폴로니우스와 세론의 군대를 격파하고 군대 장관들을 살해한 경위,
  그리고 그 후에 리시아스와 고르기아스를 격퇴하고
  예루살렘까지 올라가 성전을 정결케 한 경위 ┃ 120
제8장 유다스가 주변 국가들을 정복한 경위와
  시몬이 두로와 프톨레마이스의 주민들을 격파한 역사,
  그리고 유다스가 티모테우스를 격퇴해 쫓아낸 사건과 요셉과 아사랴가
  적에게 패배한 후 유다스가 역습을 가해 많은 적을 무찌른 경위 ┃ 125
제9장 안티오쿠스 에피파네스의 죽음에 관하여,
  그리고 안티오쿠스 에우파토르가 유다스를 공격하여
  성전을 에워싸고 공략했으나 후에 유다스와 화친하게 된 경위,
  그리고 알키무스와 오니아스에 관하여 ┃ 129
제10장 데메트리우스의 군대 장관인 박키데스가
  유대를 공격하여 승리를 거두고 귀국한 경위,
  그리고 얼마 후 니카노르가 유다스를 공격하다가
  그의 부대와 함께 전멸당한 사건과
  알키무스의 죽음과 유다스의 후계자들에 관하여 ┃ 135
제11장 박키데스가 다시 유다스를 공격해 오는 바람에
  유다스가 용감하게 싸우다 전사하게 된 경위 ┃ 140

제13권
82년간의 역사 기록

유다스 마카베우스의 죽음부터
알렉산드라 여왕의 죽음까지

제1장 유다스가 죽은 후 그의 동생 요나단이 통치권을 계승하여 형 시몬과 함께
       박키데스에게 대항해 전쟁을 벌이게 된 경위 ㅣ 144
제2장 알렉산드로스 발라스가 데메트리우스와의 전쟁을 유리하게 이끌기 위해
       요나단을 대제사장으로 임명하는 등의 많은 혜택을 주어,
       요나단에게 더 큰 혜택을 약속한 데메트리우스보다 앞서서
       요나단을 자기편으로 끌어들인 경위와 데메트리우스의 죽음에 관하여 ㅣ 148
제3장 오니아스와 프톨레마이우스 필로메토르 사이의 친선 관계에 대해서와
       오니아스가 애굽에 예루살렘 성전 같은 성전을 건축한 경위 ㅣ 153
제4장 알렉산드로스가 요나단을 예외적으로 극진하게 대한 경위,
       그리고 데메트리우스의 아들 데메트리우스가 알렉산드로스를 격파하고 난 후
       요나단과 우호 동맹을 맺게 된 경위 ㅣ 156
제5장 데메트리우스에게 패한 트리폰이 왕국을
       알렉산드로스의 아들 안티오쿠스에게 넘겨주고
       요나단을 지지 세력으로 끌어들이게 된 경위와
       요나단의 사신들이 한 행동에 관하여 ㅣ 163
제6장 요나단이 음모에 걸려 살해되자
       유대인들이 시몬을 군대 총지휘관과 대제사장으로 임명하게 된 경위,
       그 후 시몬이 특히 트리폰에 대항하여 용감하게 싸운 역사 ㅣ 172
제7장 시몬이 안티오쿠스 피우스와 동맹을 맺고 일차로 트리폰과 전쟁을 한 경위,
       그러나 얼마 후 이번에는 안티오쿠스의 군대 장관 켄데베우스와
       전쟁을 하게 된 경위, 그리고 그가 사위인 프톨레마이우스에 의해,
       그것도 음모에 걸려 살해당하게 된 역사 ㅣ 177
제8장 히르카누스가 대제사장직에 오르고 프톨레마이우스를 나라 밖으로 내쫓은 경위,
       그리고 처음에는 안티오쿠스와 전쟁을 하였으나
       후에 동맹을 맺고 화친하게 된 경위 ㅣ 180

제9장 안티오쿠스가 전사한 후에
　　　　히르카누스가 수리아를 공격하고 로마와 동맹을 맺은 경위,
　　　　그리고 데메트리우스왕과 알렉산드로스의 죽음에 관한 역사 ㅣ 185
제10장 안티오쿠스 그리푸스와 안티오쿠스 키지케누스 사이에 왕위 쟁탈전이 벌어지자
　　　　히르카누스가 사마리아를 공격하여 철저히 폐허로 만든 역사,
　　　　그리고 히르카누스가 개인적으로는 사두개파에 가입했으면서도
　　　　바리새파를 그대로 내버려둔 경위 ㅣ 188
제11장 아리스토불루스가 유대의 통치권을 장악한 후
　　　　무엇보다도 먼저 왕위에 오르려고 기를 쓴 역사와
　　　　모친과 형제들에게 야만스러울 정도로 잔인하게 된 경위,
　　　　결국은 안티고누스를 살해하고 자신도 죽게 된 역사 ㅣ 194
제12장 알렉산드로스가 통치권을 장악한 후 프톨레마이스를 공격했다가
　　　　프톨레마이우스 라티루스를 두려워하여 포위를 풀게 된 경위,
　　　　그리고 알렉산드로스가 클레오파트라에게 사신을 보내
　　　　자신과 전쟁을 벌이도록 설득했다는 이유로 프톨레마이우스가 알렉산드로스를
　　　　공격하기로 결심한 경위, 알렉산드로스가 우방 사이인 척하였으나
　　　　프톨레마이우스가 전투에서 유대인을 격파해 버린 역사 ㅣ 197
제13장 알렉산드로스가 클레오파트라와 공동 방위 조약을 체결하자마자
　　　　코엘레수리아를 공격하고 가사를 폐허로 만들어 버린 사건과
　　　　자기에게 반역을 꾀한 유대인 수만 명을 학살한 경위,
　　　　안티오쿠스 그리푸스, 셀레우쿠스, 안티오쿠스 키지케누스,
　　　　안티오쿠스 피우스와 그 밖의 여러 인물에 관한 역사 ㅣ 202
제14장 데메트리우스 에우케루스가 알렉산드로스를 무찌르고 승리했으나
　　　　얼마 못 가 유대인을 두려워한 나머지 유대에서 물러간 경위,
　　　　그리고 알렉산드로스가 수많은 유대인을 학살하고
　　　　그로 말미암아 그 앞에 산적한 문제를 해결한 역사와
　　　　데메트리우스의 죽음에 관하여 ㅣ 207
제15장 안티오쿠스 디오니시우스와 아레타스가 유대를 공격한 이야기,
　　　　알렉산드로스가 여러 도시를 정복하고 예루살렘으로 귀환한 후
　　　　3년간 병석에 누워 고생하다가 세상을 떠난 경위와
　　　　알렉산드라에게 남긴 충고 ㅣ 209
제16장 알렉산드라가 바리새파의 호의를 얻어내는 데 성공하여
　　　　9년간 나라를 다스리면서 찬란한 업적을 남기고 세상을 떠나게 된 경위 ㅣ 213

제14권
32년간의 역사 기록
알렉산드라 여왕의 죽음부터
안티고누스의 죽음까지

제1장 왕권을 놓고 아리스토불루스와 히르카누스가 전쟁을 벌이다가
 아리스토불루스가 왕이 되고 히르카누스는 조용한 삶을 살기로
 의견의 일치를 보게 된 경위,
 그리고 그 후 히르카누스가 안티파테르의 부추김을 받아
 아레타스에게로 가게 된 경위 ǀ 222
제2장 아레타스와 히르카누스가 아리스토불루스를 공격하여 예루살렘을 포위한 경위,
 그리고 로마 장군 스카우루스가 포위 공격을 푼 경위와
 오니아스의 죽음에 관하여 ǀ 225
제3장 왕위 계승의 정통성을 입증하기 위해
 아리스토불루스와 히르카누스가 폼페이우스 앞에 나아간 경위,
 그리고 아리스토불루스가 알렉산드리움 요새로 도망을 치자
 폼페이우스가 군대를 거느리고 그를 공격하고 항복하라고 명령한 경위 ǀ 228
제4장 예루살렘 주민들이 성문을 닫아걸고 대항하자 폼페이우스가 성을 포위하고
 무력을 써서 함락시킨 경위와 그 밖에 그가 유대에서 한 행적 ǀ 231
제5장 스카우루스가 아레타스와 상호 원조 동맹을 체결하게 된 경위,
 그리고 가비니우스가 아리스토불루스의 아들 알렉산드로스를 정복한 후에
 유대에서 행한 업적에 관하여 ǀ 236
제6장 가비니우스가 로마에서 도망친 아리스토불루스를 잡아 다시 로마로 보낸 경위,
 그리고 가비니우스가 애굽에서 돌아온 후
 알렉산드로스와 나바테아인들을 전쟁에서 무찌른 경위 ǀ 238
제7장 크라수스가 유대를 침공하고 성전을 약탈한 후
 바대를 정복하기 위해 떠났으나 그의 군대와 함께 전멸당하게 된 경위,
 그리고 카시우스가 수리아를 장악하고 바대의 세력 확장을 중지시킨 후에
 유대를 침공한 경위 ǀ 241
제8장 카이사르가 애굽과 싸울 때 유대인이 카이사르와 동맹을 맺게 된 경위와
 안티파테르의 찬란한 업적과 카이사르와 맺은 교분에 관하여,
 그리고 유대인이 로마인과 아테네인에게서 받은 영예에 관하여 ǀ 245

제9장　안티파테르가 갈릴리 지역을 헤롯에게 맡기고
　　　　 예루살렘 지역은 파사엘루스에게 맡긴 경위,
　　　　 그리고 안티파테르를 시기하는 유대인의 질투로 인해
　　　　 헤롯이 히르카누스 앞에 고소당하게 된 경위 ┃ 250
제10장 유대인들이 받은 영예와
　　　　 유대인들이 로마를 위시해서 그 밖의 여러 나라와 동맹을 맺게 된 경위 ┃ 255
제11장 섹스투스가 바수스의 음모에 걸려 살해된 후
　　　　 무르쿠스가 그의 뒤를 계승하게 된 경위와
　　　　 카이사르가 죽은 후 카시우스가 수리아를 침범하여 유대를 괴롭힌 사건의 전말,
　　　　 그리고 말리쿠스가 안티파테르를 살해하였으나
　　　　 결국은 헤롯에 의해 그도 살해당하게 된 경위 ┃ 269
제12장 헤롯이 아리스토불루스의 아들 안티고누스를 유대 밖으로 쫓아내고,
　　　　 이제 막 수리아로 들어온 안토니우스에게 막대한 거금을 주어 환심을 사게 된 경위,
　　　　 이로 인해 안토니우스가 헤롯을 고소하려는 자들을 용납하지 않게 된 역사와
　　　　 유대인을 대신해서 안토니우스가 두로인들에게
　　　　 서신을 보내게 된 사건의 전말 ┃ 274
제13장 안토니우스가 헤롯과 파사엘루스에 대한 고소를 기각시킨 후에
　　　　 그들을 분봉왕으로 임명한 경위,
　　　　 그리고 바대인들이 안티고누스를 유대로 보내
　　　　 히르카누스와 파사엘루스를 생포하였으나 헤롯은 도망할 수 있었던 역사,
　　　　 그리고 히르카누스와 파사엘루스가 당한 고통에 관하여 ┃ 279
제14장 헤롯이 아라비아 왕에게서 도망하여 애굽으로 간 후
　　　　 거기서 다시 급히 로마로 가서는 안토니우스에게 거액의 돈을 줄 것을 약속하고
　　　　 로마 원로원과 카이사르에게 유대의 왕으로 임명받게 된 경위 ┃ 286
제15장 헤롯이 이탈리아를 떠나 유대로 온 후에 안티고누스와 전쟁을 하게 된 경위,
　　　　 그리고 그 당시 유대에서 발생했던 사건 ┃ 291
제16장 헤롯이 마리암네와 결혼한 후 소시우스의 지원을 받아
　　　　 무력으로 예루살렘을 함락시킨 경위와
　　　　 아스모네우스 왕가의 통치가 종국을 고하게 된 경위 ┃ 301

제15권

18년간의 역사 기록

안티고누스의 죽음부터
헤롯 성전의 완공까지

제1장 　폴리오와 사메아스에 관하여,
　　　그리고 헤롯이 안티고누스의 주요 측근들을 살해하고 예루살렘시를 약탈한 경위,
　　　한편 안토니우스가 안티고누스를 참수한 경위 ｜ 308
제2장 　히르카누스가 바대인들의 손에서 풀려나 헤롯에게 돌아온 경위,
　　　그리고 아나넬루스가 대제사장이 되었다는 소식을 듣고
　　　알렉산드라가 보인 행동에 관하여 ｜ 310
제3장 　헤롯이 아리스토불루스를 대제사장으로 임명한 후
　　　얼마 지나지 않아 음모를 꾸며서 살해하고
　　　안토니우스 앞에서 변명을 늘어놓게 된 경위,
　　　그리고 요셉과 마리암네에 관하여 ｜ 315
제4장 　안토니우스에게서 유대와 아라비아의 일부 지역을 분할받은 클레오파트라가
　　　유대를 방문하게 되자 헤롯이 많은 예물을 증정하고
　　　애굽으로 귀국하는 길을 안내하게 된 경위 ｜ 323
제5장 　헤롯이 아라비아 왕을 공격하여 여러 번의 전투 끝에
　　　결국은 그를 누르게 되자 아랍인들에 의해 아라비아의 총독으로 선출된 경위,
　　　그리고 대지진에 관하여 ｜ 326
제6장 　헤롯이 히르카누스를 살해한 후 서둘러 카이사르에게 달려가서
　　　그에게서 다시 유대 왕국의 지배권을 인정받게 된 경위,
　　　그리고 그로부터 얼마 후 카이사르를 가장 정중하게 접대하게 된 경위 ｜ 335
제7장 　헤롯이 처음에는 소헤무스와 마리암네를,
　　　그다음에는 알렉산드라와 코스토바루스를,
　　　그리고 다음에는 그의 가장 친한 친구들을,
　　　그리고 마지막으로 바바스의 아들들까지 살해하게 된 경위 ｜ 342
제8장 　헤롯이 외국의 풍습을 들여오자 이 명백한 유대 율법의 위반에 대해
　　　예루살렘의 시민 10명이 헤롯을 해하기로 공모하게 된 경위,
　　　그리고 헤롯이 세바스테와 가이사랴에 세운 건물과
　　　그 밖의 건축물에 관하여 ｜ 353

제9장 유대와 수리아에 심한 기근이 발생한 것에 관하여,
         그리고 헤롯이 또 다른 아내와 결혼한 후
         가이사랴와 그 밖의 다른 그리스식 도시들을 재건하게 된 경위 | 358
제10장 헤롯이 자기 아들들을 로마에 보낸 경위,
         제노도루스와 가다라인들이 헤롯을 카이사르에게 고소하였으나
         헤롯이 혐의를 벗고 오히려 카이사르의 호의를 사게 된 경위,
         그리고 바리새파와 에세네파와 마나헴에 관하여 | 366
제11장 헤롯이 성전 재건을 시작하여 전보다 더 높이 더 장엄하게 건축한 경위,
         그리고 안토니아 망대를 건설하게 된 경위 | 373

제16권

12년간의 역사 기록

헤롯 성전의 완공부터
알렉산드로스와 아리스토불루스의 죽음까지

제1장 헤롯의 강도 방지법에 관하여, 알렉산드로스와 아리스토불루스가
         로마에서 돌아오자 살로메와 페로라스가 그들을 비난하고 나섬에도 불구하고
         헤롯이 그들에게 아내를 구해 준 경위 | 382
제2장 헤롯이 두 번이나 배를 타고 아그립바에게 다녀온 경위,
         그리고 이오니아의 유대인들이 헬라인들에 대해 고소하자
         아그립바가 유대인의 율법이 인정되도록 조치해 준 경위 | 384
제3장 헤롯이 다른 아들들보다 장남인 안티파테르를 편애하자 헤롯의 가문에
         큰 분란이 일게 되었고 마침내 알렉산드로스가 이에 앙심을 품게 된 경위 | 392
제4장 안티파테르가 로마에 거하고 있을 때
         헤롯이 알렉산드로스와 아리스토불루스를 카이사르 앞에 끌고 와서 고소하자
         알렉산드로스가 카이사르 앞에서 자신을 변호하고 부친과 화해하게 된 경위 | 396
제5장 헤롯이 가이사랴의 경기장에서 5년마다 경기를 개최하게 된 경위와
         여러 지역에 거대한 건물들을 짓는 건축 사업을 일으킨 일과
         그 밖의 뛰어난 업적에 관하여 | 404

제6장 구레네와 아시아에 거주하는 유대인들이
 카이사르에게 사신을 보내 헬라인들에 대한 불평을 늘어놓자
 카이사르와 아그립바가 각 도시에 유대인들을 위한 서한을 보내게 된 경위 | 407
제7장 헤롯이 다윗의 무덤을 열고 들어가자 가정 내의 불화가 극도로 악화된 경위 | 411
제8장 헤롯이 알렉산드로스를 체포하여 가두자 갑바도기아의 왕인 아르켈라우스가
 나서서 헤롯과 알렉산드로스를 다시 화해시키게 된 경위 | 419
제9장 드라고닛 주민들의 반역에 관하여,
 그리고 실레우스가 카이사르에게 헤롯을 고소하자
 카이사르가 헤롯에게 화를 낸 경위,
 이에 헤롯이 니콜라우스를 로마로 보내기로 결심하게 된 경위 | 425
제10장 에우리클레스가 헤롯의 아들들에게 누명을 씌워 고소하자
 헤롯이 그들을 잡아 감금한 후 이 사실을 카이사르에게 알린 경위,
 그리고 실레우스가 니콜라우스의 고소에 직면하게 된 경위 | 430
제11장 헤롯이 카이사르의 허락을 얻어
 베리투스에 모인 재판관들 앞에서 자기 아들들을 고소한 경위,
 그리고 테로가 마음대로 지껄인 죄로 처벌을 받은 경위와
 알렉산드로스와 아리스토불루스가 처형당해 알렉산드리움에 장사된 경위 | 439

제17권

14년간의 역사 기록

알렉산드로스와 아리스토불루스의 죽음부터
아르켈라우스의 추방까지

제1장 안티파테르가 형제들을 살해한 배후의 인물로서
 모든 유대국 백성들의 미움을 사게 되자
 로마에 있는 부친의 친구들의 특별한 환심을 사기 위해 많은 선물을 바치는 한편
 수리아의 총독 사투르니누스와 그 밑의 지방 통치자들에게도 선물을 바치게 된 경위,
 그리고 헤롯의 아내들과 자녀들에 관하여 | 450

제2장 바벨론 유대인 자마리스에 관하여,
      그리고 안티파테르가 부친을 해하려고 꾸민 음모와 바리새인들에 관하여 ㅣ 454
제3장 헤롯과 페로라스 사이의 적대감에 관하여,
      그리고 헤롯이 안티파테르를 카이사르에게 보낸 경위,
      페로라스의 죽음에 관하여 ㅣ 458
제4장 페로라스의 아내가 페로라스를 독살했다고 그의 신하들이 고소하자
      헤롯이 고문과 문초로 사실을 밝히려고 애를 쓴 결과 독약을 찾아냈으나
      그 독약은 아들 안티파테르가 자기를 죽이려고 준비한 것이라는 사실에
      충격을 받고 다시 고문을 가하여 안티파테르의 음모를 알아내게 된 경위 ㅣ 461
제5장 안티파테르가 배를 타고 로마에서 귀국하자 다메섹의 니콜라우스의 고소로
      부친인 헤롯왕과 그 당시 수리아 총독이었던 퀸틸리우스 바루스에 의해
      사형 선고를 받고 카이사르가 이 사실을 알기까지 감금되어 있었던 경위 ㅣ 465
제6장 헤롯이 병에 걸리게 되자 이를 안 유대인들이 반역을 일으켰으나
      실패하고 처벌을 받게 된 경위 ㅣ 476
제7장 헤롯이 자살하려고까지 마음먹은 경위,
      그리고 얼마 후 안티파테르를 처형하라고 지시한 경위 ㅣ 482
제8장 헤롯의 죽음과 유언과 장례에 관하여 ㅣ 483
제9장 백성들이 아켈라오에 대항하여 반역을 일으키자
      아켈라오가 로마로 항해하게 된 경위 ㅣ 486
제10장 유대인들이 사비누스에 대항하여 반역을 일으키자
      바루스가 반역을 일으킨 자들을 처형하게 된 경위 ㅣ 494
제11장 유대인들이 사신들을 카이사르에게 보낸 경위,
      그리고 카이사르가 헤롯의 유언을 그대로 추인한 경위 ㅣ 503
제12장 거짓 알렉산드로스에 관하여 ㅣ 507
제13장 아켈라오가 두 번째로 고소를 당해
      비엔나로 추방당하게 된 경위 ㅣ 510

제18권

32년간의 역사 기록

아켈라오의 추방부터
바벨론 유대인의 이거까지

제1장 키레니우스가 수리아와 유대의 세금 부과를 위해서
카이사르의 명을 받고 파견된 경위와
코포니우스가 유대의 총독으로 파송된 경위,
그리고 갈릴리의 유다와 유대 종파들에 관하여 | 516

제2장 헤롯과 빌립이 카이사르를 기념하기 위해서 여러 도시를 건설한 경위,
그리고 제사장과 총독들의 계승에 관하여,
그리고 프라아테스와 바대인들에게 일어난 사건들에 관하여 | 521

제3장 유대인들이 본디오 빌라도에게 반역을 일으키게 된 경위,
그리고 그리스도에 관하여,
그리고 파울리나와 로마의 유대인들이 겪은 일에 관하여 | 526

제4장 사마리아인들이 소동을 일으키자
빌라도가 많은 사마리아인들을 학살하게 된 경위,
이에 빌라도가 고소를 당하게 된 경위와
비텔리우스가 유대인과 바대인에게 행한 일들에 관하여 | 531

제5장 분봉왕 헤롯이 아라비아 왕 아레타스와 전투를 벌였으나 패배하게 된 경위,
그리고 세례 요한의 죽음에 관하여,
그리고 비텔리우스가 예루살렘을 방문한 경위와
아그립바와 헤롯 대왕의 후손에 관하여 | 536

제6장 아그립바왕이 티베리우스 카이사르를 만나러 로마로 항해했을 때
신하들의 고소를 당해 감금되기에 이르렀으나 티베리우스 황제가 죽은 후
카이우스 황제에 의해 석방되어 빌립의 분봉국의 왕으로 임명된 경위 | 543

제7장 분봉왕 헤롯이 추방당하게 된 경위 | 559

제8장 유대인들이 카이우스 황제에게 사신을 파송한 경위와
카이우스 황제가 유대인이 그의 법령을 받아들이지 않을 경우
그들을 무력으로 제압하기 위해 페트로니우스를 수리아에 파견한 경위 | 563

제9장 아시네우스와 아닐레우스라는 두 형제 때문에
바벨론 유대인이 당한 고통에 관하여 | 572

제19권

3년 6개월간의 역사 기록

바벨론 유대인의 이거로부터
로마 총독 파두스까지

제1장 카이우스 황제가 카에레아에 의해 살해당하게 된 경위 | 586
제2장 원로원이 민주주의를 회복하기로 결정하였으나 군대가 제정을 옹호하게 된 경위,
그리고 카이우스의 아내와 딸을 처형한 경위와
카이우스의 도덕성에 관하여 | 609
제3장 클라우디우스가 집에서 강제 납치되어 진영으로 끌려가자
원로원이 그에게 사신을 보내게 된 경위 | 617
제4장 아그립바왕이 클라우디우스를 위해 한 일에 관하여,
그리고 클라우디우스가 정권을 장악한 후
카이우스 황제의 살해범들을 처벌하도록 명령하게 된 경위 | 621
제5장 클라우디우스가 아그립바왕에게
아그립바왕의 조부 헤롯이 다스렸던 영토를 회복시켜 주고
통치권을 확대시켜 준 경위와
유대인을 위해 법령을 반포하게 된 경위 | 627
제6장 아그립바왕이 유대로 다시 돌아온 후에 예루살렘에서 행한 일과
페트로니우스가 유대인을 위하여 도리스 주민들에게 보낸 서신에 관하여 | 630
제7장 실라스에 관하여, 아그립바왕이 그에게 화를 내게 된 경위,
그리고 아그립바왕이 예루살렘 성벽을 쌓기 시작한 경위와
베리투스 주민들에게 베푼 혜택에 관하여 | 634
제8장 아그립바가 임종 전까지 행한 다른 업적들과 그가 임종하게 된 경위 | 637
제9장 아그립바왕이 죽은 후 일어난 일과
아그립바 2세가 어리고 무능하다는 이유로 클라우디우스가
쿠스피우스 파두스를 유대와 전 왕국의 총독으로 파견한 경위 | 640

제20권

22년간의 역사 기록

로마 총독 파두스로부터
플로루스까지

제1장 필라델피아인들이 유대인들을 상대로 폭동을 일으킨 경위와
       대제사장의 의복에 관하여 | 646
제2장 아디아베네의 왕후 헬레나와 그녀의 아들 이자테스가
       유대 종교를 받아들이게 된 경위와 예루살렘에 큰 기근이 들었을 때
       헬레나가 가난한 자들에게 양식을 공급해 주게 된 경위 | 649
제3장 신하들의 은밀한 반역 음모에 두려움을 느낀 바대의 왕 아르타바누스가
       이자테스에게 와서 도움을 청하여 왕권을 확고하게 다질 수 있었던 경위와
       아르타바누스의 아들 바르다네스가 이자테스에게 선전 포고를 한 경위 | 654
제4장 이자테스가 신하들에게 배반을 당한 데다가
       아라비아인들과 전쟁을 하지 않을 수 없는 곤경에 처했으나
       하나님이 그를 모든 위험에서 구해 주신 경위 | 657
제5장 테우다스와 갈릴리의 유다의 아들들에 관하여,
       그리고 유월절날 유대인들이 당한 비극에 관하여 | 660
제6장 유대인과 사마리아인 간에 분쟁이 일어나게 된 연유와
       클라우디우스가 분쟁을 해결하게 된 경위 | 663
제7장 벨릭스가 유대 총독으로 부임하게 된 경위와
       아그립바 2세와 그의 누이들에 관하여 | 667
제8장 클라우디우스 황제가 죽은 후 네로가 그 뒤를 이어
       황제의 자리에 등극한 경위와 그가 저지른 야만 행위에 관하여,
       그리고 벨릭스와 베스도가 유대 총독으로 재임하는 동안 일어난
        강도, 살인, 협잡에 관하여 | 669
제9장 총독 알비누스에 관하여,
       그리고 알비누스가 총독으로 있을 때 야고보가 처형된 경위와
       아그립바가 세운 건축물들에 관하여 | 677
제10장 대제사장들의 명단 | 682
제11장 유대 총독 플로루스가 유대인들로 하여금
       로마에 대항하여 무기를 들지 않을 수 없도록 만든 경위와 결말 | 686

THE ANTIQUITIES OF THE JEWS
유대 고대사
바벨론에서의 귀환부터 로마 네로 황제 치하까지의 기록

제11권

253년 5개월간의 역사 기록

고레스 원년부터
알렉산드로스 대왕의 죽음까지

제1장

바사 왕 고레스가 바벨론의 압제에서 유대인을 풀어 주고 고국에 돌아가 성전을 지을 수 있도록 허락해 주고 성전 공사에 필요한 자금을 공급하게 된 경위

1. 우리 민족이 고국에서 쫓겨나 바벨론(Babylon, 바빌론)으로 끌려온 지 70년째가 되는 고레스(Cyrus)왕 재위 원년[1]에 하나님이 이 가련한 백성들의 비참한 포로 생활을 불쌍히 여기시고, 이 백성이 느부갓네살(Nebuchadnezzar)과 그 후손을 70년간 섬긴 후에야 선조의 땅으로 돌아와 성전을 재건하고 옛날의 영화를 누리게 될 것이라고 예루살렘 함락 전에 예레미야 선지자를 통해 예언하신 대로 이 백성들에게 행하셨다. 하나님이 고레스의 마음을 움직이셔서 아시아(Asia) 전 지역에 이 같은 방을 붙이도록 만드셨다. "고레스왕이 이같이 선포하노라. 전능하신 하나님이 나를 인간 세계의 왕으로 삼으셨는데, 나는 그 하나님이 바로 이스라엘 백성들이 섬기는 하나님인 줄 믿고 있노라. 그 하나님이

---

[1] 이 고레스(Cyrus)는 이사야(사 44:28)뿐 아니라 크세노폰(Xenophon)에 의해서도 하나님의 목자라고 불리고 있다.

바로 이스라엘 백성들이 섬기는 하나님인 줄 믿고 있노라. 그 하나님이 선지자를 통해서 내 이름을 예언하신 것을 볼 때 이는 매우 분명하다. 따라서 나는 유대 땅 예루살렘에 하나님을 위해 집을 지어드리고 싶노라."

2. 아마도 고레스는 이사야가 남겨 놓은 글에서 이 같은 사실을 알게 된 것 같다. 이사야 선지자는 하나님이 신비한 환상 가운데서 "내 뜻은 내가 수많은 대국을 다스리는 왕으로 세울 고레스를 통해서 내 백성을 그들의 원래의 땅으로 돌려보내 나의 성전을 짓도록 하는 것이니라."라는 말씀을 하셨다고 그의 글 속에 기록하고 있다. 그러니까 이 이사야의 예언은 성전이 함락되기 140년 전에 행한 예언이었다. 이에 고레스는 이 예언을 읽고 하나님의 능력에 감탄하지 않을 수 없었으며 이 예언을 성취해야겠다는 진지한 열정과 소원에 불타게 되었다. 따라서 고레스는 바벨론에 있는 유대인 중 유력 인사들을 불러 이같이 말했다. "내가 그대 백성들을 고국으로 돌려보내 예루살렘[2]과 하나님의 성전을 재건하도록 해주겠소. 내가 이 일에 그대들을 돕도록 하겠소. 유대 인근 지역의 방백들과 총독들에게 서한을 띄워 성전 건축을 위한 자금으로 금과 은을 보낼 것과 그 외에 제사용으로 쓸 짐승들을 보낼 것을 당부해 놓도록 하겠소."

3. 고레스가 이스라엘인들에게 이같이 말하자 유다와 베냐민 두 지파의 지도자들은 레위인들과 제사장들과 함께 서둘러 예루살렘으로 떠났다. 그러나 많은 이들은 소유를 두고 떠날 마음이 없었기에 그냥 바벨론에 남아 있었다. 이들이 예루살렘에 도착하자 고레스왕의 친구들이 그들을 도와주었으며 성전 건축을 위해 금과 은을 가져오고 그 외에도 수많은 짐승과 말을 주었다. 이에 그들은 하나님께 서원을 했으며 예로부터 내려오는 습관대로 하나님께 제사를

---

[2] 예루살렘을 재건하라는 고레스왕의 허락이 담긴 고레스의 서신은 매우 불행하게도 우리가 소유한 모든 성경 사본들에는 빠져 있으나 요세푸스의 가장 뛰어나고 완전한 사본에는 남아 있다. 이것이 빠져 있게 되면 이사야의 저 유명한 예언(사 44:28)이 지금까지의 성역사(聖歷史) 가운데서 완전히 성취되었음을 보여주는 증거를 찾을 수가 없게 된다. 내 말뜻은 성경에는 고레스의 명령이 성전 재건만 허락한 혹은 지시한 것으로 나와 있으나, 성경 재건과는 별도로 예루살렘 재건에 대한 고레스의 허락 혹은 명령이 따로 있었다는 말이다.

드렸다. 이것은 예루살렘이 재건되고 옛 제사 풍습이 부활했음을 의미하는 것이었다. 고레스는 느부갓네살왕이 성전을 약탈하여 바벨론으로 빼앗아 온 하나님의 기물들을 도로 돌려보내 주었다. 고레스는 재무관(treasurer) 미드르닷(Mithridates)에게 이 기물들을 유대까지 운반한 후에 세스바살(Sanabassar)을 만나서 성전이 완공될 때까지 이 기물들을 잘 보관하였다가 성전이 완공되면 제사장들과 백성의 지도자들에게 주어 성전에서 사용할 수 있도록 하라는 왕명을 전하라고 시켰다. 고레스는 또한 수리아(Syria, 시리아)에 거하는 총독에게 서신을 보냈는데 그 내용은 다음과 같다.

고레스(Cyrus)왕이 시신네스(Sisinnes)와 사트라부사네스(Sathrabuzanes)에게 안부를 전하오.

"나는 내 나라에 거하는 유대인 중 원하는 사람은 누구나 고국으로 돌아가 도시를 재건하고 옛날 그 자리에 하나님의 성전을 짓도록 허락했소. 나는 또한 나의 재무관 미드르닷과 유대 총독 스룹바벨(Zorobabel)을 보내 성전의 기초를 다지게 하고 높이와 너비가 60규빗되는 성전을 다듬은 돌과 나무로 짓도록 지시했소. 그리고 이에 소요되는 모든 경비는 내가 지불하기로 했소. 나는 또한 느부갓네살왕이 성전에서 약탈해 온 기물들을 예루살렘으로 운반해 하나님의 전에 다시 돌려 드리기 위해 재무관 미드르닷과 유대 총독 스룹바벨을 책임자로 임명했소. 이 기물들의 수량은 이와 같소. 금쟁반 50개와 은쟁반 500개, 그리고 테리클레스(Thericles) 금잔 40개와 은잔 500개, 금수반 50개와 은수반 500개, (관제를) 쏟는 그릇 30개와 은그릇 300개, 금대접 30개와 은대접 2,400개와 그 외의 큰 그릇 1,000개였소. 나는 또한 그들에게 선조 때부터 누려 오던 영예를 누리도록 허락했으며 가축과 포도주와 기름을 살 비용으로 205,500드라크마(drachma)를 주었고 밀가루를 살 비용으로 20,500아르타바(artaba)를 주었소. 나는 사마리아에서 나올 세금으로 이 경비를 충당하라고 명령했소. 제사장들은 예루살렘에서 모세 율법에 따라 제사를 드려도 좋다고 허락했소. 나는 그들이 제사를 드릴 때 바사(Persia, 페르시아) 왕국과 왕가와 왕을 위해 하나님께 기도를 드리도록 하라고 당부했소. 나의 이 명령들을 어기는 사람은 십자가에 매달고 그의 재산은 모두 몰수하여 왕의 재산에 귀속시키려는 것이 나의 뜻이오."

한편 바벨론 포로에서 예루살렘으로 돌아온 사람의 수는 42,462명이었다.

제2장

고레스가 죽자 구다인들과 인근 지역 총독들의 방해로 유대인들이 성전 건축 공사에 방해를 받던 중에 캄비세스가 그런 공사를 해서는 안 된다는 명령을 내리게 된 경위

1. 성전의 기초가 놓이자 유대인들은 성전 건축에 매우 열심을 냈다. 이때 인근 국가들, 특히 앗수르(Ashur, 아시리아) 왕 살만에셀(Shalmanezer)이 이스라엘인들을 사로잡아 간 후 바사(Persia, 페르시아)와 메대(Media, 메디아)에서 데려다가 사마리아에 살게 한 구다인(Cutheans)들이 총독들과 그런 일을 맡은 담당자들을 찾아가 유대인들이 도시와 성전을 재건하는 것을 중지시켜 달라고 요청하였다. 이들의 뇌물을 받아먹고 눈이 어두워진 총독들은 고레스왕이 다른 일로 분주해 신경 쓸 사이가 없는 틈을 타서 유대인들의 공사를 지연시키기 시작했다. 그런데 공교롭게도 고레스왕은 군대를 이끌고 마사게타이(Massagetæ)를 공격하다 그만 세상을 떠나고 말았다.[3] 고레스의 아들 캄비세스(Cambyses)

---

3) 요세푸스는 여기서 고레스왕이 카스피해(Caspian Sea) 연변의 스키타이인(Scythians)들과 마사게타이인(Massagetes)들을 공격하다가 죽고 말았다는 헤로도투스(Herodotus)와 그 외의 같은 주장을 펴는 자들의 입장을 따르고 있다. 이와 반면에 크세노폰(Xenophon)은 고레스왕이 바사(Persia, 페르시아)의

가 왕위에 오르자, 수리아(Syria)와 베니게(Phoenicia, 페니키아)와 암몬과 모압과 사마리아의 총독들은 아래와 같은 내용의 서신을 캄비세스왕께 보냈다. "우리의 주 캄비세스왕께 당신의 종들인 역사가 라투무스(Rathumus)와 서기관 세멜리우스(Semellius)와 수리아와 베니게의 방백들 우리 모두는 왕께 문안을 드리옵니다. 오, 왕이시여! 왕께서 필히 아셔야 할 일이 하나 있사옵니다. 바벨론에 포로로 잡혀갔던 유대인들이 다시 우리나라에 들어와서는 그 반역 잘하고 사악하기로 이름난 예루살렘을 재건하면서 시장을 세우고 성벽을 쌓고 성전을 건축하고 있습니다. 이 일이 끝나면 유대인들은 조공을 바치려 들지 않을 것이며, 왕의 명령에 복종하지 않고 대항할 것이며, 남의 지배를 받기보다는 남을 지배하려고까지 할 것입니다. 왕께서는 이 점을 분명히 아셔야 합니다. 오, 왕이시여! 지금 성전 공사가 한창 가속되고 있습니다. 따라서 우리는 이 사실을 더 이상 묵과하기보다는 왕께 알려야 한다고 생각한 것입니다. 왕께서 선왕들의 책을 살펴보시면 유대인들은 예루살렘과 함께 선왕들의 적이었고 반역자였음을 알게 되실 것입니다. 이런 이유로 예루살렘을 폐허로 만들 필요가 있습니다. 이 외에도 또 한 가지 다른 이유가 있는데 이것을 말씀드리지 않으면 왕께서도 모르실 것 같아 굳이 말씀드리는 것입니다. 만일 이 예루살렘에 사람들이 거주하게 되고 성벽으로 요새화된다면 왕께서는 코엘레수리아(Coelesyria)와 베니게(Phoenicia)에 이르는 길목을 차단당하는 결과를 낳게 될 것이라는 점을 명심하도록 하십시오."

2. 워낙 천성이 악한 데다가 이런 서신을 읽게 된 캄비세스는 화가 치밀어 안절부절못하다가 아래와 같이 답신을 보냈다. "나, 왕 캄비세스가 역사가 라투무스(Rathumus)와 브엘테테무스(Beeltethemus)와 서기관 세멜리우스(Semellius)와 사마리아와 베니게에 거하는 다른 모든 방백들에게 편지한다. 나

고국에서 평안히 숨을 거두었다고 주장하고 있는데 요세푸스는 크세노폰의 글을 읽어 본 적이 없는 것처럼 보인다. 크세노폰의 견해는 알렉산드로스 대왕(Alexander the Great)의 이야기를 쓴 작가들에 의해 입증되고 있다. 그들은 알렉산드로스가 페르세폴리스(Persepolis) 근처 파사르가다이(Pasargadæ)에서 고레스의 무덤을 발견했다고 모두가 똑같이 적고 있다.

는 그대들이 보낸 서신을 읽고 선왕들의 책들을 조사해 보라고 명령했다. 그 결과 예루살렘이 항상 선왕들에게 적대 행위를 했고 그 주민들은 반역과 난동을 서슴지 않았다는 점을 내가 직접 알게 되었다. 게다가 유대의 왕들도 예전에는 강력하고 힘이 있어 코엘레수리아와 베니게의 조공을 받은 적이 있었다는 사실도 알게 되었다. 그러므로 내가 명한다. 다시 그들이 선왕들에게 행했던 반역을 꾀하지 못하도록 예루살렘 건축을 중단시키도록 하라." 이 답신을 읽은 라투무스와 서기관 세멜리우스와 한패들은 즉시 말에 올라 큰 무리를 거느리고 서둘러 예루살렘으로 가서 유대인들이 시와 성전을 건축하는 것을 금지했다. 이에 이 공사는 다리오(Darius, 다리우스) 재위 제2년까지 9년 이상이나 중단된 채 버려지게 되었다. 그것은 캄비세스가 애굽(Egypt, 이집트)을 전복시키고 돌아온 후 6년간의 통치를 끝으로 다메섹(Damascus, 다마스쿠스)에서 세상을 떠났기 때문이었다.

제3장

캄비세스가 죽고 마기가 살해된 후 다리오가 왕위에 오르자 문제를 해결하는 남다른 수완으로 스룹바벨이 왕의 호의를 얻어 중단되었던 성전 공사를 재개하게 된 경위

1. 캄비세스가 죽은 후 바사(Persia, 페르시아) 제국을 1년간 다스렸던 마기(magi)가 살해되자 바사의 일곱 가문이라고 부르는 가문이 히스타스페스(Hystaspes)의 아들 다리오(Darius)를 왕으로 임명했다. 한편 다리오는 사인(私人)이었을 때 자기가 만약 왕이 되면 바벨론에 있는 하나님의 모든 기물을 예루살렘 성전으로 반환하겠다고 하나님께 맹세한 적이 있었다. 그런데 그의 소원

이 사실로 나타난 것이었다. 이때, 바벨론에 포로로 잡혀 온 유대인의 총독이었던 스룹바벨이 예루살렘으로부터 다리오에게로 왔다. 다리오와 스룹바벨은 오랜 친구 사이였기 때문이었다. 스룹바벨은 다른 두 사람과 함께 왕의 신변을 보호하는 호위직에 적합하다는 이유로 왕의 신변 안전을 돌보게 되었다. 이는 그가 바라던 바였다.

2. 한편 다리오는 재위 원년에 측근들과 가족들과 메대와 바사의 귀족들과 방백들과 인도(India)와 에디오피아(Ethiopia, 에티오피아)의 최고 지도자들과 그의 127개 지역의 군대 사령관들을 초대하여 연회를 베풀었다. 이들은 배가 부르게 먹고 마시고 즐긴 연후에 각자 자기 숙소로 돌아갔으며 다리오왕도 침실에 들었다. 그는 잠깐 눈을 붙였는가 싶었는데 그만 잠이 깨어 아무리 잠을 청해도 잠을 잘 수가 없었다. 따라서 다리오는 세 명의 경호인과 대화를 나누게 되었다. 그들과 대화를 나누던 다리오는 그들에게 다음과 같이 한 가지 제안을 했다. "내가 묻는 몇 가지 질문에 대해서 지혜롭게 진실한 대답을 하는 사람에게는 상을 주겠소. 즉 자색 옷을 입히고 금잔으로 마시게 하고 금상 위에서 잠을 자게 해줄 것이며 금 굴레를 단 병거를 타게 하고 세마포 옷에 금사슬을 목에 걸게 할 것이며 내 옆자리에 앉게 하고 내 사촌으로 삼을 것이오." 다리오왕은 이같이 약속을 한 후 첫 번째 사람에게는 "어째서 술이 가장 강하지?", 둘째 사람에게는 "어째서 왕이 가장 강하지?", 셋째 사람에게는 "어째서 여자가 가장 강하지? 그리고 또 어째서 진리가 모든 것 가운데서 가장 강하지?"라는 질문을 던지고 자기 나름대로 그 이유를 논리 정연하게 생각해 두었다가 내일 이야기하라고 했다. 다리오왕은 그날 밤을 푹 쉰 후에 아침이 되자 바사와 메대의 제후들과 방백들을 불러 모은 다음 보좌에 앉은 후에 경호인 세 명에게 어젯밤에 받은 질문에 대해 각자 나름대로 견해를 논리 있게 발표해 보라고 지시했다.

3. 이에 첫 번째 경호인이 술의 힘에 대해 이같이 논증하기 시작했다. "여러분, 제가 이제 술의 힘에 대해 제 나름의 견해를 밝히려고 합니다. 잘 들어 주

시기 바랍니다. 술의 힘이 다른 모든 것을 능가하는 이유는 다음과 같습니다. 술은 술을 마시는 자들의 마음을 속이며 왕의 생각을 선생의 도움이 필요한 어린 학동과 고아의 수준으로 끌어내립니다. 또한 술은 노예로 하여금 자유민처럼 담대하게 하며 빈궁한 자의 마음을 부자처럼 풍요롭게도 만듭니다. 술이 들어가면 사람의 영혼을 변하게 하고 새롭게도 할 뿐 아니라 재난에 처한 자들의 슬픔을 잊게 하기 때문입니다. 술은 또한 빚진 자의 마음에 빚 생각을 없애 주고 마치 세상에서 가장 부유한 사람처럼 느끼게 해줍니다. 술이 들어가면 가난한 자도 부유한 사람처럼 세상 돌아가는 정세나 그 밖의 거창한 문제에 대해서 일장 연설을 할 수도 있습니다. 술이 들어가면 왕이나 장관들도 소용이 없습니다. 친구도, 동료도 모르고 칼을 들게 만들며 전혀 상관도 없는 이방인처럼 느끼게 만듭니다. 술에 만취되었다가 잠이 든 후 그다음 날 깨어나면 어젯밤 자기가 무슨 짓을 했는지도 모르는 것이 보통입니다. 저는 이것을 볼 때 술이 이 세상에서 가장 강하며 천하무적인 존재가 아닌가 생각합니다."

4. 첫 번째 경호인이 위와 같이 술의 힘에 대해 자기 논리를 펴자 두 번째 경호인이 왕이야말로 가장 강하며 어떤 힘이나 지혜보다도 강력한 존재라는 왕의 위대성을 논하기 시작했다. "왕은 만물을 지배하는 자입니다. 왕은 땅과 바다를 자기가 원하는 대로 유효하게 만들며 백성들을 다스리고 그들 위에 권세를 행사합니다. 만물 중에서 가장 세고 강한 동물인 인간을 다스리는 왕은 그 힘과 권세가 가장 강한 존재로 인정되어야만 합니다. 예를 들어 봅시다. 왕이 백성들에게 위험을 무릅쓰고 전쟁터에 나가라고 명령하면 백성은 아무 소리도 못 하고 순종합니다. 적들과 싸우기 싫어도 왕의 권력이 너무 크기에 감히 항거하지 못합니다. 왕은 심지어 산을 깎아 내라고 명령하기도 하고 성벽과 망대를 철거하라고 시키기도 합니다. 왕이 죽으라고 하면 왕명을 어길 수 없기 때문에 죽는시늉이라도 해야 합니다. 전쟁터에 나가서 적을 죽이라고 하면 죽여야 하고 나라를 위해 죽으라면 죽어야 합니다. 전쟁에 승리한다 하더라도 백성들은 전리품을 왕에게 갖다 바쳐야 합니다. 병사가 아닌 백성들은 갖은 노력과 수고를 다해 땅을 경작한 후 소출을 거두게 되면 왕에게 세를 바쳐야 합

니다. 왕이 말하거나 명한 것은 무엇이든지 반드시 해야 하며 그것도 지체하지 말고 즉시 해야 합니다. 그동안 왕은 온갖 산해진미를 즐기며 환락을 만끽하고 편히 잠을 자는 데도 말입니다. 왕은 신변의 위험 때문에 호위 병사들을 주위에 배치합니다. 병사들은 졸리거나 자기 볼일이 있다고 해서 근무지를 이탈할 수 없습니다. 왕을 보호하는 이 일을 항상 급선무로 생각해야 합니다. 병사는 왕을 호위하는 일에만 전력을 다 기울여야 합니다. 그 많은 백성이 그의 명령 한마디면 꼼짝도 못 하니 어찌 왕을 제일 강한 자라고 말하지 않을 수 있겠습니까?"

5. 두 번째 경호인이 말을 마치자 세 번째 경호인인 스룹바벨(Zorobabel)은 여인의 힘과 진리의 위대성에 대해 다음과 같은 지론을 폈다. "술도 강하며, 만인이 복종하는 왕도 강하나 여인은 이 둘보다 더 강합니다. 왕을 이 세상에 나오게 한 자는 여인이기 때문입니다. 포도나무를 심고 포도주를 만드는 자는 인간이나 인간을 낳고 양육시키는 존재는 여인입니다. 우리가 여인에게서 얻지 않은 것은 아무것도 없습니다. 우리가 입는 의복도 여인이 짠 것이며 가사를 돌보는 것도 여인입니다. 따라서 우리는 여인 없이는 살아갈 수 없습니다. 수많은 은금과 값비싼 보물과 재산을 가지고 있다 하더라도 아름다운 여인을 보면 우리는 그만 그 미모에 반해 입을 딱 벌리고 눈을 떼지 못하며, 모든 것을 포기하는 희생을 치르면서까지 그 여인을 손에 넣으려고 합니다. 따라서 우리는 한 여인 때문에 아비와 어미를 버리며 우리를 기른 땅을 버리고 심지어는 절친한 친구도 모른 체하는 경우가 허다합니다. 심지어는 여자를 위해서 목숨을 걸기까지도 합니다. 그러나 무엇보다도 여인의 위대성을 알 수 있는 것은 아래의 사실에서입니다. 우리는 땅에서나 바다에서 온갖 수고와 노력을 다해 땀을 흘려 일을 해서 얻은 일의 대가를 여인들에게 가져다주지 않습니까? 저는 언젠가 이와 같은 광경을 목도한 적이 있습니다. 왕의 후궁인, 라바세스 테마시우스(Rabases Themasius)의 딸 아파메(Apame)가 왕의 뺨을 철썩 갈기고 왕관을 빼앗아 자기 머리에 쓰는데도 왕은 아무 소리도 않고 끝까지 참고 있었습니다. 그렇게 많은 백성을 호령하며 군림하는 군주가 말입니다. 후궁이 웃으

면 왕도 웃고, 화를 내면 왕이 금방 슬픈 표정을 짓는 것이었습니다. 왕은 그녀의 얼굴 표정을 살피면서 아양을 떠는 것이었습니다. 그녀가 불만족스러운 표정을 지을 때면 언제나 왕의 체면도 집어던지고 그녀의 마음을 기쁘게 해주려고 갖은 애를 쓰는 것이었습니다. 이를 볼 때 어찌 여인의 힘이 강하지 않다고 말할 수 있겠습니까?"

6. 방백들과 제후들은 그만 그의 언변에 놀라 서로 멍하니 얼굴을 쳐다볼 뿐이었다. 스룹바벨은 계속해서 진리의 위대성에 관한 말을 이어 나갔다. "저는 지금까지 여인의 힘에 대해 이야기를 해왔습니다. 그러나 여인도 왕도 진리보다는 약합니다. 비록 세상은 넓고 하늘은 높고 태양의 움직임은 신속하다 하더라도 이 모든 것은 진실하고 의로우신 하나님의 뜻에 따라 움직이고 있습니다. 따라서 우리는 진실이 만물 중에서 가장 강하며 불의는 진실을 이길 수 없다는 사실을 인정해야만 합니다. 만물은 비록 힘이 있는 것은 사실이나 일시적이며 단명(短命)으로 끝납니다. 그러나 진리는 영구하며 영원합니다. 진리가 가져다 주는 아름다움은 세월이 흘러도 퇴색되지 않습니다. 또한 진리가 부여하는 풍요는 행운에 의해 좌우되지도 않습니다. 진리는 우리에게 의로운 법칙과 법률을 부여합니다. 진리는 정의와 불의를 구별시켜 주고 불의에는 마땅한 형벌을 부과합니다."[4]

7. 스룹바벨이 위와 같이 말을 마치자 그 자리에 있던 모든 자들이 큰 소리로 그가 가장 지혜롭게 이야기했다고 하면서 진리만이 불변의 힘을 가지고 있으며 결코 쇠약하지 않는 것임을 인정하였다. 이에 왕은 그의 지혜와 총명이 남보다 크게 다르므로 약속한 상 이상의 것을 줄 터이니 무슨 요구든지 이야기

---

[4] 여기서 언급되고 있는 왕의 세 경호인의 말 혹은 글은 에스드라 3서(Third book of Esdras) 3-4장의 내용과 거의 동일하나 동기에서는 전적으로 다르다는 사실을 독자들은 명심하기 바란다. 에스드라서에서는 전체가 왕의 경호인들 스스로가 만든 계획과 관련되어 있으며 막대한 상도 스스로 제안한 것이며 자기 주장을 글로 써서 왕에게 제출한 것으로 되어 있다. 이것은 요세푸스의 기록과는 전적으로 다른 것이다. 나는 어떤 이야기가 신빙성이 있는 것인가를 굳이 밝힐 필요는 없다고 생각한다. 왜냐하면 굳이 말하지 않아도 자명하기 때문이다. 요세푸스의 기사(記事)가 더 신빙성이 있음은 두말할 나위도 없는 것이다.

해 보라고 했다. 스룹바벨은 왕이 위에 오르기 전에 왕위에 오르면 이런저런 일을 하겠다고 맹세한 적이 있지 않느냐고 왕의 기억을 되살려 주었다. "왕께서는 왕위에 오르게 되면 예루살렘과 하나님의 성전을 재건하고 느부갓네살이 약탈해 온 하나님의 기물들을 반환하겠다고 하나님께 맹세하셨습니다. 왕께서 저를 지혜롭고 총명한 자로 인정하신다면 왕께서 이제 맹세를 실행으로 옮겨 주실 것을 요구하는 바입니다."

8. 왕은 스룹바벨의 요구를 흡족히 여기고 일어나 그에게 입을 맞추었다. 왕은 총독들에게 서신을 보내어 스룹바벨과 그의 동료들이 성전을 재건하는 것을 적극적으로 도와주라고 지시했다. 왕은 또한 수리아와 베니게의 방백들에게 서신을 보내 레바논에서 백향목을 벌목하여 예루살렘을 재건하는 데 도와주도록 하라고 지시했다. 왕은 또한 그들에게 유대로 돌아가기를 원하는 모든 포로는 석방하라고 덧붙였다. 그는 또한 사절들과 총독들에게 유대인들로부터는 어떤 조세도 받지 말 것과 유대인들은 조공을 내지 않고도 원하는 땅을 소유할 수 있도록 지시했다. 왕은 또한 이두매(Idumea)와 사마리아와 코엘레수리아의 주민들에게 유대인들로부터 빼앗은 촌락들을 돌려줄 것과 성전 건축 비용으로 50달란트(talent)를 낼 것을 명령하였다. 그는 또한 그들이 제사드리는 것을 허용하였고 대제사장이나 제사장이 요구하는 것은 무엇이나 국고에서 그 비용을 충당하라고 지시했다. 이 밖에도 그는 제사장들이 제사 때 입는 성의(聖衣)와 레위인들이 하나님께 찬송할 때 쓰는 악기들을 공비(公費)에서 지출해서 장만해 주라고 명령했다. 그는 또한 예루살렘과 성전을 수비하는 자들에게 매년 임금을 줄 것과 약간의 땅을 줄 것을 신하들에게 명하였으며 하나님의 기물들을 예루살렘으로 돌려보냈다. 고레스가 예루살렘 재건을 위해 마음에 의도하였던 계획을 다리오가 실행에 옮긴 것이었다.

9. 스룹바벨은 다리오에게서 이런 허락을 받아 낸 후에 왕궁 밖으로 나와서 하늘을 쳐다보며, 다리오왕 앞에서 지혜를 발휘하여 호의를 얻어낼 수 있게 해 주신 하나님께 감사하였다. "오 주님! 당신께서 제게 은혜를 베푸시지 않았다

면 제가 어찌 이런 호의를 입을 자격이 있다고 생각이나 할 수 있겠습니까?" 스룹바벨은 현재 하나님이 베풀어 주신 은총에 감사를 드리고 앞으로도 계속 은혜를 베풀어 주실 것을 간구한 후에, 바벨론으로 와서 다리오왕이 성전 재건을 허락했다는 기쁜 소식을 동족들에게 전해 주었다. 그들은 스룹바벨의 이야기를 듣고서 선조들의 땅으로 돌아가게 해주신 하나님께 감사를 드렸다. 이에 그들은 그들의 나라가 재건되고 회복되는 것에 감사해서 7일 동안 잔치를 베풀고 먹고 마시며 즐거워하였다. 그 후 그들은 지도자들을 뽑았다. 지도자들은 처자와 가축을 끌고 다리오가 보내준 병사들의 호위를 받으면서 예루살렘으로 향했다. 그들은 예루살렘으로 가는 동안 노래를 하고 퉁소를 불고 제금(cymbals)을 치면서 즐거워하였다. 나머지 유대인들도 그들 뒤를 따르면서 함께 즐거워하였다.

10. 이같이 유대인들은 예루살렘으로 떠났다. 어떤 집안에서 정확히 몇 명이 예루살렘으로 떠났는지를 상세히 밝히는 것은 독자들에게 도움이 되지 못할 것 같아 생략하려고 한다. 이런 이야기들을 상세히 적게 되면 역사적 사건들의 관련성을 독자들이 상실하게 되고 나의 이야기의 일관성을 놓치기 쉽기 때문이다. 그러므로 단지 예루살렘으로 올라간 자의 수가 전체적으로 몇 명인가만 살펴보기로 하겠다. 20세 이상의 장년만 계산해서 유다와 베냐민 지파 사람들이 4,628,000명이었다.[5] 레위인의 수는 74명이었고 여자와 아이들을 합한 수는 40,742명이었다. 이 외에도 레위인 성가대가 128명이었고 짐꾼이 110명, 성무(聖務)를 돌보는 사람이 392명이었다. 또한 그 밖에도 이스라엘인이라고 말할 수는 있으나 족보를 알 수 없는 자들이 662명이었다. 레위인이나 제사장의 족보에도 없을 뿐 아니라 어느 족보에 속했는지도 알 수 없는 여인을 아내로 삼았기에, 제사장의 수에도 들지 않고 제사장이라는 영예의 직에서도 쫓겨난 자가 525명이 더 있었다. 예루살렘으로 올라간 자들이 거느린 종의 수

---

[5] 40,000이 아니라 4,000,000이라는 요세푸스의 이 이상한 독법은 큰 실수이므로 에스라 2장 64절과 에스드라 1서(1 Esd.) 5장 40절과 느헤미야 7장 66절에 맞게 교정되어야 한다. 이 세 성경 구절들은 전체 합계가 42,360명이라는 점에 모두 일치하고 있기 때문이다.

는 7,337명이었고 노래하는 남녀는 245명이었으며 낙타는 435마리였고 멍에에 익숙한 짐승은 5,525마리였다. 이들을 이끄는 지도자들은 유다 지파 다윗의 후손 스알디엘(Salathiel)의 아들 스룹바벨과 대제사장 요사닥(Josedek)의 아들 예수아(Jeshua)와 모르드개(Mordecai)와 세레뱌(Serebeus)였다. 모르드개와 세레뱌는 평민과는 다른 특출한 지도자였으며 금 100파운드(pound)와 은 5,000파운드를 기증하였다. 이렇게 해서 제사장들과 레위인들과 바벨론에 거주하던 유대인의 일부가 예루살렘에 돌아와서 거하게 되었던 것이다. 그 외의 나머지 사람들은 각기 다 자기 고향으로 돌아갔다.

제4장

구다인들의 끈질긴 공사 방해 공작에도 불구하고 성전이 완공된 경위

1. 바벨론을 떠난 지 7개월이 되는 달에 대제사장 예수아(Jeshua)와 총독 스룹바벨(Zorobabel)은 각지에 사신을 보내 예루살렘으로 백성들을 모이게 했다. 이에 백성들은 기뻐하며 예루살렘으로 모여 왔다. 그들은 전에 단이 있던 곳에 다시 단을 세우고 모세 율법에 따라 하나님께 제사를 드렸다. 그들이 이렇게 하는 것을 적대감을 가지고 있는 이웃 나라들이 좋아할 리는 없었다. 그러나 그들은 율법 제정자가 규정한 대로 장막절도 지켰다. 그 후 그들은 하나님께 상번제(常燔祭)를 드리고 안식일과 거룩한 절기에 제사를 드렸다. 서원을 한 적이 있는 사람들도 서원을 실행에 옮기고 제7월 1일부터 제사를 드렸다. 그들은 또한 성전 건축을 시작하였다. 그들은 석공과 목공들에게 많은 돈을 주었으며 일꾼들에게는 양식을 주었다. 시돈인(Sidonians)들도 리바누스(Libanus)에

서 나무를 벌목하여 묶어서 뗏목처럼 만들고 욥바(Joppa)까지 물에 띄워 보내주는 데 최선을 다했다. 이것은 고레스가 처음에 한 명령이었으나 그때는 실행에 옮기지 않고 있다가 이제 다리오왕의 명령에 따라 실행에 옮겼다.

2. 유대인들이 예루살렘에 도착한 후 제2년 제2월에 들어서자 성전 공사는 급진되기 시작했다. 그들은 제2년 제2월 1일에 성전의 기초를 놓은 후 20세가 된 레위인들과 예수아와 그의 아들들과 형제들과, 아미나답(Aminadab)의 아들 유다(Judas)의 형제 갓미엘(Codmiel)과 그의 아들들을 감독자로 임명하였다. 성전은 공사를 맡은 이들의 성실한 노력의 결과로 기대했던 것보다 빨리 완공되었다. 성전이 완공되자 제사장 의복을 갖추어 입은 제사장들은 나팔을 들고 섰고, 레위인들과 아삽(Asaph)의 아들들은 다윗이 처음 규정한 대로 서서 하나님께 찬송을 드렸다. 한편 제사장들과 레위인들과 노인층들은 옛날 성전의 장엄하고 화려한 모습과 현재 새 성전을 비교해 보고는 너무나 초라하다는 생각을 갖게 되었고, 성전뿐 아니라 자기들의 처지도 옛날과는 너무나 다르다는 기분이 들게 되었다. 이에 그들은 수심에 잠겨 슬픔을 억누를 수 없었다. 이에 어떤 이들은 눈물을 흘리며 애통하기까지 하였다. 그러나 일반 백성들은 현재의 처지에 만족해했다. 성전을 지을 수 있도록 허락을 받았으니 더 이상 바랄 것이 없다는 것이었다. 옛날의 성전과 비교해 보고 기대에 차지 못한다고 해서 옛날만 생각하고 괴로워해 봤자 아무 쓸모도 없는 노릇이 아니냐는 것이었다. 그러나 자기들 생각에 옛날 성전보다 못하다는 이유로 슬피 우는 제사장들과 노인들의 분위기에, 나팔 소리와 백성들의 환호성은 그만 기가 죽고 말았다.

3. 한편 그때까지만 하더라도 유다와 베냐민 지파와 적대 관계에 있던 사마리아인들은 나팔 소리가 들려오자 모두가 달려 나와 소란의 이유가 무엇인가 알아보려고 했다. 그들은 이 나팔 소리가 바벨론에서 돌아온 유대인들이 성전을 지으면서 부르는 나팔 소리인 것을 알고 스룹바벨과 예수아와 백성들의 지도자들을 찾아와서 자기들도 성전 건축에 참여할 수 있도록 해달라면서 이같이 말했다. "우리는 살만에셀왕이 우리를 구다(Cuthah)와 메대에서 이리로 이

주시킨 후 줄곧 당신들의 하나님을 경배하고 기도하며 당신들의 종교를 정착시키려고 많은 애를 써 왔습니다." 이에 대해 스룹바벨과 대제사장 예수아와 이스라엘 백성의 지도자들은 이 같은 답변을 했다. "성전을 같이 짓도록 허락할 수는 없소. 처음 고레스왕이나 지금 다리오왕이 성전 건축을 우리에게(만) 맡겼기 때문이오. 단지 성전에 와서 예배드리는 것은 말리지 않겠소. 누구든지 성전에 와서 예배드리는 것은 자유입니다만 그 외에 다른 것은 그 어떤 것도 허락할 수 없소."

4. 사마리아인들이 유대인들에게 성전 건축에 참여하게 해달라는 청원을 했다는 소식을 구다인(Cutheans)들이 듣고 분개하여 옛날 고레스왕 때와 그 후 캄비세스왕 때 했던 것처럼 인근 총독들을 찾아가 유대인들이 성전 짓는 것을 중단시켜 달라고 요청했다. 이에 수리아와 베니게의 총독인 시신네스(Sisinnes)와 사트라부사네스(Sathrabuzanes)는 동료들과 함께 예루살렘에 와서 유대의 지도자들에게 이같이 질문했다. "성전이라기보다는 요새처럼 보이는데 누구의 허락을 받아 이런 건물을 짓는 것이오? 회랑과 벽을 쌓고 또 도시에 강한 성벽을 쌓는 것은 무슨 이유요?" 이에 스룹바벨과 대제사장 예수아는 다음과 같이 대답하였다. "우리는 전능하신 하나님의 종들입니다. 이 성전은 옛날에는 큰 영화와 부귀를 누렸으며 남다른 덕을 지녔던 우리 선조의 한 왕이 하나님을 위해 지었던 것입니다. 그 성전은 오랫동안 내려왔으나 우리 선조들이 하나님께 범죄하였기 때문에 바벨론과 갈대아의 왕 느부갓네살에 의해 예루살렘이 함락될 때 파괴되었던 것입니다. 이때 우리 백성들은 포로가 되어 바벨론으로 끌려가게 되었습니다. 그러나 바벨론과 바사의 왕 고레스가 성전을 지어도 좋다는 허락을 내리셨고 느부갓네살왕이 약탈해 갔던 모든 기물을 스룹바벨과 재무관 미드르닷에게 주시며 예루살렘으로 가지고 가서 성전을 지은 후에 다시 성전에 봉헌하라고 명령하셨습니다. 고레스왕께서는 세스바살(Sanabassar)에게 예루살렘으로 올라가서 성전 건축을 보살펴 주라는 편지를 보내셨습니다. 고레스왕의 편지를 받은 세스바살은 즉시 예루살렘으로 와서 성전의 기초를 놓는 것을 도와주었습니다. 성전 공사가 시작된 지는 이미 오래되었으나 적

들의 방해 공작으로 아직까지 완공을 보지 못하고 있습니다. 총독께서 굳이 원하신다면 다리오왕께 우리가 한 이야기를 적어 보내셔도 좋습니다. 그러면 다리오왕께서 선왕의 기록들을 참고하시어 우리가 총독께 한 말이 하나도 거짓이 아님을 깨닫게 될 것입니다."

5. 스룹바벨과 대제사장이 이같이 답변하자 시신네스(Sisinnes)와 그의 동료들은 다리오왕에게 이 사실을 조회해 볼 때까지는 공사를 중단시키지 않기로 했다. 이에 그들은 즉시 다리오왕에게 이 사실을 편지로 알렸다. 한편 유대인들은 혹시라도 다리오왕이 예루살렘과 성전 재건에 대한 생각이 바뀌지나 않을까 걱정하여 몹시 두려워하였다. 이때 학개(Haggai)와 스가랴(Zechariah) 두 선지자가 나타나서 하나님이 이 일을 결정하셨으니 걱정하지 말고 용기를 내라고 백성들을 격려했다. 바사인들이 공사를 중단시키지는 않을 것이라고 말했다. 백성들은 이 선지자들의 말에 의지하여 하루도 쉬지 않고 성전 건축에 온갖 힘을 다 기울였다.

6. 한편 사마리아인들은 다리오왕에게 편지를 보내, 유대인들이 예루살렘을 요새화하고 있으며 성전을 짓는데 성전이라기보다는 성채라고 하는 편이 나을 것이라고 유대인들을 극렬히 비난하면서, 그들이 하는 일은 왕에게 조금도 이로울 것이 없다고 고발하였다. 사마리아인들은 그 외에도 성전 건축을 중지하라고 명령한 캄비세스의 편지도 다리오왕에게 보여주었다. 다리오왕은 이들의 편지를 받고 예루살렘 재건이 자기에게 이득이 될 것이 없을지도 모른다는 상념에 잠겨 있던 터에 시신네스와 그의 동료들이 보낸 편지를 받게 되었다. 이에 다리오왕은 신하들에게 이 일에 대한 궁중의 기록이 있는지 한번 찾아보라고 지시했다. 결국 메대의 엑바타나(Ecbatana)에 있는 한 망대 안에서 책 한 권이 발견되었는데 그 안에는 다음과 같은 구절이 적혀 있었다. "고레스왕은 재위 원년에 예루살렘에 성전을 건축할 것을 명했다. 제단은 높이와 너비가 각각 60규빗이 되도록 하며 성전은 다듬은 돌로 짓도록 명령했다. 왕은 이에 소요되는 모든 경비는 국고에서 충당하라고 지시했다. 그는 또한 느부갓네살왕

이 (성전에서) 약탈하여 바벨론으로 가져온 것을 세스바살의 책임하에 예루살렘으로 돌려보낼 것을 명하였을 뿐 아니라 수리아와 베니게의 총독들과 지도자들에게 예루살렘의 일에 간섭하지 말고 하나님의 종들인 유대인들과 그 지도자들이 성전을 짓는 것을 내버려두라고 지시했다. 고레스왕은 그들에게 유대인들이 성전 짓는 것을 적극적으로 도와주고 그들이 총독으로 지배하고 있는 나라에서 거둔 세금으로 유대인들이 제사 때 필요한 수송아지, 숫양, 어린 양, 새끼 염소, 고운 가루, 기름, 포도주와 기타 제사장들이 필요로 하는 모든 것들을 구입해서 보내도록 하라고 명령했다. 그뿐 아니라 그는 그들에게 바사 나라와 바사의 왕을 위해서 기도하라고 지시했다. 그는 자기 명령을 어기는 자는 누구를 막론하고 붙잡아 십자가에 매달 것이며 그 재산은 모두 몰수할 것이라고 선포했다. 그는 누구든지 성전 건축을 방해하는 자는 죽음을 당하게 해달라고 하나님께 기도하였다."

7. 다리오왕은 고레스에 대한 기록 가운데서 이런 내용이 기록된 책을 발견하고는 시신네스와 그 동료들에게 이같이 편지하였다. "다리오왕은 총독 시신네스와 사트라부사네스에게 문안하노라. 고레스왕의 기록들 가운데서 이런 서신이 한 통 있음을 발견하여 그대들에게 보내노니 이 서신에 기록된 대로 올바로 처리하도록 하라. 평안하기를." 시신네스와 그의 동료들은 왕의 의도를 알아차리고 왕명대로 전적으로 따르기로 결심했다. 이에 그들은 성업(聖業)을 도왔으며 유대의 장로들과 산헤드린의 의원들을 도와주었다. 결국 성전은 학개와 스가랴 선지자의 예언을 통해 나타난 하나님의 명령과 고레스와 다리오왕의 명령에 따라 완공을 보기에 이르렀다. 성전은 7년 만인 다리오왕 재위 제9년 12월, 즉 우리는 아달(Adar)이라고 부르나 마게도냐인(Macedonians)들은 뒤스트루스(Dystrus)라고 부르는 달 23일에 완공되었다. 제사장들과 레위인들과 이스라엘 백성들은 바벨론 포로 후 옛날의 영광을 되찾기 위해서 하나님께 제사를 드렸다. 또한 성전이 재건된 특별한 이유가 있었기에 그들은 100마리의 황소와 200마리의 숫양과 400마리의 어린 양과 열두 지파를 대표하는(이스라엘 지파는 열둘이나 되었다) 12마리의 숫염소를 하나님께 예물로 드렸는데 12마리의 새끼

염소는 이스라엘 12지파의 죄를 속죄하기 위한 것이었다. 제사장들과 레위인들은 모세 율법에 따라 각 문에 짐꾼들을 두었다. 유대인들은 또한 내부 성전에 빙 둘러 회랑을 만들었다.

8. 마게도냐인들은 산티쿠스(Xanthicus), 우리는 니산(Nisan)이라 부르는 1월의 절기인 무교절이 다가오자 전국 각지에서 예루살렘으로 모여들어 모세 율법에 따라 몸을 정결케 하고 처자들과 함께 절기를 지켰다. 그들은 1월 14일에 유월절 제사를 드리고 7일 동안 절기를 지켰다. 그들은 그동안 경비를 아끼지 않고 하나님께 온전한 번제를 드렸으며 바사 왕의 마음을 움직여 고국으로 돌아오게 하시고 다시 율법을 되찾게 해주신 하나님께 감사의 제사를 드렸다. 이들은 하나님께 넘치는 제사를 드리고 예루살렘에 거주했다. 이들은 귀족 정치(aristocracy)에 과두 정치(oligarchy)가 가미된 정부 형태를 취했다. 과두 정치가 가미되었다는 말은 대제사장이 정부의 수반 역할을 담당했기 때문이다. 이런 정치 형태는 아스모네우스(Asamoneus)가(家)의 후손들이 왕정을 세울 때까지 계속되었다. 바벨론 포로기 전에는 사울과 다윗왕 때부터 532년 6개월 10일간 왕정(王政)을 취했으며 왕정 이전에는 사사(Judge)라고 부르는 지도자들이 통치했었다. 사사들이 통치하는 이런 정치 형태는 모세와 여호수아가 사망한 후 500년 이상 지속되었다. 지금까지 나는 바벨론에 포로로 잡혀갔다가 고레스와 다리오왕 때 포로에서 해방되어 고국에 돌아온 유대인들의 역사를 다루었다.

9. 한편 유대인들에 대해 악의와 시기심을 품고 있는 사마리아인들은 자기들이 바사 출신이므로 바사와 동맹을 맺고 있는 것처럼 행세하면서 돈이 많은 것을 믿고 유대인들에게 많은 해를 가했을 뿐 아니라 조공에서 일부를 유대인들의 제사 비용으로 지불하라는 왕의 명령을 무시하고 돈을 유대인들에게 주지 않았다.[6] 그들은 총독들을 자기편으로 만들고 유대인들을 괴롭히는 일에 협조하도록 했다. 사마리아인들은 할 수만 있다면 남을 시키거나 자기들이 직

---

[6] 이 단락에 기록된 역사는 우리가 보유한 에스라서나 에스드라서 사본 어디에도 나타나지 않는다.

접 나서서 유대인들을 괴롭히는 데 혈안이 되었다. 이에 유대인들은 왕의 호의를 얻어내는 한편 사마리아인들을 고발하기 위해 다리오왕에게 사신을 보내기로 결정했다. 사신으로는 스룹바벨과 그 외 네 명의 지도자들로 구성하기로 했다. 다리오왕은 이 사신들로부터 사마리아에 대한 불평과 고발 내용을 듣고는 사마리아의 총독들과 의회에 보내는 서신을 써서 전하라고 했다. 그 서신의 내용은 이와 같다. "다리오왕이 사마리아의 총독인 탕가나스(Tanganas)와 삼바바스(Sambabas), 그리고 사드라케스(Sadraces)와 보벨로(Bobelo)와 사마리아에 거주하는 그 외의 지도자들에게 편지하노라. 스룹바벨(Zorobabel)과 아나니아스(Ananias)와 모르드개(Mordecai)와 유대인 사절들은 그대들이 성전 건축을 방해하고 내가 제사 비용으로 지불하라고 명한 돈을 유대인들에게 지불하지 않았다고 고발해 왔느니라. 그러므로 지체 없이 내가 시키는 대로 시행하도록 하라. 그대들은 이 서신을 받는 즉시 유대인들이 하루라도 제사를 거르는 일이 없도록 할 것이며 나와 바사 나라를 위한 기도가 끊이지 않도록 사마리아에서 거둔 조세 가운데서 일부를 유대인들에게 지불하도록 하라." 이것이 다리오왕이 보낸 서신의 내용이었다.

제5장

다리오의 아들 크세르크세스가 유대인에게 호의를 보인 경위와 에스드라스와 느헤미야에 관하여

1. 다리오가 죽자 그의 아들 크세르크세스(Xerxes)가 왕위에 올랐다. 그는 부친에게 왕위만 물려받은 것이 아니라 하나님에 대한 경건과 신앙심까지 물려받았다. 그는 하나님께 제사드리는 문제에 대해서는 부친의 선례를 따라 적

절히 처리했으며 유대인에 대해서는 특별히 우호적인 태도를 보였다. 이때의 대제사장은 예수아(Jeshua)의 아들 요야김(Joacim)이었다. 이 사람 외에 바벨론에는 백성들의 존경을 받는 의인이 있었다. 그는 백성들의 으뜸가는 제사장이었으며 이름은 에스드라스(Esdras, 에스라)였다. 그는 모세 율법에 능통한 자였으며 크세르크세스왕과도 교분이 두터웠다. 그는 바벨론에 있는 유대인들의 일부를 거느리고 예루살렘으로 올라가기로 결심했다. 이에 그는 왕에게 수리아 총독에게 자기가 누구라는 사실을 알릴 수 있는 편지 한 통을 써 달라고 부탁했다. 이에 왕은 다음과 같은 내용의 편지를 써 주었다. "왕 중의 왕인 크세르크세스(Xerxes)가 제사장이요 하나님의 율법의 선생인 에스드라스에게 문안하오. 나는 온 인류를 사랑하므로 내 나라에 살고 있는 제사장들과 레위인들은 물론 각지에 흩어져 살고 있는 유대인들이 함께 예루살렘으로 돌아가는 것이 마땅하다고 생각하오. 따라서 나는 그런 취지의 명령을 내렸었소. 예루살렘으로 돌아가고 싶은 사람은 누구나 돌아가도 좋소. 이런 결정은 나의 일곱 고문과 상의해서 내린 것이오. 이 외에도 나와 내 친구가 맹세했던 예물들을 줄 것이니 바벨론에서 얻을 수 있는 은, 금과 함께 예루살렘으로 가지고 가서 하나님께 예물로 드리도록 하시오. 원한다면 얼마든지 은과 금으로 그릇을 만드는 것을 허락하겠소. 내가 그대에게 준 것 외에 그릇이 더 필요하다면 국고에서 그 비용을 지불할 터이니 만들도록 하시오. 나는 이미 수리아와 베니게의 재무관에게 서신을 보내서 하나님의 율법의 선생이요 제사장인 에스드라스(Esdras)가 하는 일을 적극적으로 도와주라고 당부해 놓았소. 하나님이 나와 후손에게 진노하시지 않도록 하기 위해 나는 율법에 따라 제사를 드리는 데 필요한 것은 무엇이나 제공하도록 하겠소. 밀가루도 100고르(cor) 정도 주도록 하겠소. 제사장들과 레위인들과 성전에서 거룩한 노래를 부르는 자들과 짐꾼들과 성전의 종들과 서기관들에게는 어떤 세금도 징수하지 마시오. 에스드라스여! 하나님이 그대에게 준 지혜를 잘 발휘하여 율법을 아는 자들을 지도자로 삼아 온 수리아와 베니게를 잘 다스리도록 하시오. 그대는 율법을 모르는 자들을 잘 가르쳐 그대의 백성 가운데는 단 한 명도 하나님의 율법을 범하는 일이 없도록 하고 몰라서 죄를 범했다가 벌을 당하는 일이 없도록 하시오. 그러나 율법을 알면서도 율법을 고의적으로 무시하고 경멸하는 자들은 사형이나 벌금형으로 벌을 받게 하시오. 그럼 잘 있으시오."

2. 에스드라스(Esdras, 에스라)는 이 서신을 받고 매우 기뻐 하나님께 제사를 드렸다. 그는 하나님이 은총을 베푸셔서 왕이 이런 호의를 베푸는 것임을 고백하고 이로 인해 하나님께 감사를 드렸다. 그는 이 서신을 바벨론에 있는 모든 유대인에게 들려주었다. 그는 서신의 원본은 잘 간직하고 복사본을 하나 만들어서 메대(Media)에 있는 동족들에게 보냈다. 메대의 유대인들은 왕이 하나님을 경건하게 섬기는 것과 에스드라스를 특별히 총애하는 것을 알게 되자 모두 매우 기뻐하였다. 그리하여 일부 사람들은 이 서신에 감동을 받고 예루살렘으로 돌아가고 싶은 마음에 불타 바벨론으로 왔다. 그러나 대부분의 이스라엘인들은 예루살렘으로 돌아가지 않고 그곳에 그냥 남았다. 따라서 오늘날도 로마(Romans)에 지배를 받는 것은 아시아와 유럽에 있는 두 지파이며 나머지 열 지파는 지금까지도 유브라데(Euphrates, 유프라테스)강 건너에 살고 있다. 그 열 지파의 수는 셀 수 없을 정도로 엄청나다. 결국 수많은 제사장과 레위인들과 짐꾼들과 거룩한 노래를 부르는 자들과 거룩한 종들이 에스드라스에게 몰려오게 되었다. 이에 에스드라스는 포로 생활을 하던 유대인들을 유브라데강 건너에 모이게 하고 3일을 유하고 금식을 선포한 후에 예루살렘에 도착하는 동안 적들이나 그 밖의 다른 불상사로 인해 어려움을 당하지 않고 무사하도록 하나님께 기도하라고 지시했다. 왜냐하면 에스드라스는 전에 왕에게 하나님이 지켜 주실 것이기 때문에 호위해 줄 기병이 필요하지 않다고 했기 때문이었다. 마침내 그들은 기도를 끝내고, 크세르크세스왕의 재위 7년 1월 12일에 유브라데강을 떠나 같은 해 5월에 예루살렘에 도착하게 되었다. 에스드라스는 제사장을 겸하고 있는 재무관(treasurer)들에게 은 650달란트와 금그릇 20달란트와 더 귀한 금으로 된 놋그릇[7] 12달란트를 주었다. 이 예물들은 왕과 왕의 고문들과

---

7) 이런 종류의 놋 혹은 구리, 아니 정확히 말해서 이런 종류의 금과 놋(혹은 구리)의 합금은 아우리칼쿰(aurichalcum)이라고 불렸는데 고대에는 가장 값비싼 금속으로 인정되었다.

바벨론에 거주하는 유대인들이 바친 것이었다. 에스드라스는 이 예물들을 제사장들에게 넘겨준 후에, 백성들을 보살펴 준 것에 감사해서 수송아지 12마리와 죄의 용서함을 받기 위해서 숫양 90마리와 어린 양 72마리와 숫염소 12마리를 온전한 번제로 하나님께 드렸다. 그는 또한 왕의 편지를 코엘레수리아와 베니게의 총독들과 왕의 관리들에게 보냈다. 결국 그들은 왕의 명령에 따르지 않을 수 없었기 때문에 유대인들의 필요를 공급해 주었고 도와주었다.

3. 이 일들은 진실로 에스드라스의 업적이었다. 에스드라스는 하는 일마다 성공했다. 그것은 하나님이 그의 선함과 의로움을 보시고 그에게 은혜를 베푸셨기 때문이었다. 그로부터 얼마 후 몇몇 사람들이 그를 찾아와서 일부 백성과 레위인들과 제사장들이 율법을 어기고 이방 여자들을 아내로 맞이하여 제사장 집안들이 더럽혀졌다고 비난하였다. 이들은 하나님이 이로 인해 온 백성에게 진노하셔서 다시 비참한 상태로 전락하는 일이 없도록 율법을 굳게 지켜 줄 것을 에스드라스에게 당부하였다. 이에 그는 슬픔을 이기지 못하고 즉시 옷을 찢고 머리털과 수염을 뜯고 땅바닥에 엎드렸다. 이는 지도급 인사들에게까지 이런 죄악이 만연한 데 대한 슬픔 때문이었다. 그들에게 이방 아내와 그 사이에서 낳은 자식들을 내어 쫓으라고 자기가 명령한다고 해도 들을 것 같지 않다는 생각에 그는 계속 땅바닥에 엎드려 있었다. 이에 선한 부류의 사람들이 그에게 달려와 함께 울면서 슬픔을 같이 나누었다. 에스드라스는 마침내 땅에서 일어나 하늘을 향해 손을 들고 이같이 기도했다. "하나님, 이 백성이 지은 죄로 인하여 저는 감히 하늘을 향해 낯을 들 수가 없습니다. 이 백성들은 선조들이 그들의 죄악으로 인해 어떤 일을 당했는지 기억조차 하고 있지 않습니다. 그전에 저희가 당한 비참한 환난과 포로 생활 가운데서도 씨와 남은 자를 구원하시고 바사 왕을 감동시키셔서 고국 예루살렘으로 돌아오게 하신 하나님이시여! 이제 그들이 지은 죄를 용서하여 주옵소서. 비록 그들이 범한 죄를 볼 때는 죽어 마땅하나 이런 자들의 죄까지도 용서하시는 것이 하나님의 자비하심에 더 합당하오니 그들을 부디 용서하여 주옵소서."

4. 에스드라스는 이같이 기도를 끝마쳤다. 그와 함께 한 모든 자들이 처자와 함께 슬픔에 잠겨 있을 때 예루살렘의 유력 인사인 여고냐(Jechonias)가 나아오더니 이방 여인을 아내로 맞아들인 자들은 하나님께 범죄한 것이므로 이방 아내와 자식을 버리라 하고 이에 순종하지 않을 때는 벌을 내려야 한다고 주장했다. 에스드라스는 그의 충고를 듣고 제사장과 레위인과 백성들의 두목들을 불러 이방 아내와 자식을 버리겠다는 맹세를 하라고 지시했다. 그는 이들의 맹세를 받아 낸 후에 급히 성전을 떠나 엘리아십(Eliasib)의 아들 여호하난(Jehanan)의 방으로 갔다. 여호하난은 그때까지도 이런 일로 인해 조금도 슬퍼하지 않고 자기 방에 있었다. 포로에서 귀환한 자는 2, 3일 안으로 예루살렘으로 모이지 않으면 재산을 몰수하고 국외로 추방한다는 장로회의 결의가 공고되자 유다와 베냐민 지파 사람들은 3일째, 즉 히브리인들은 테벳(Tebeth), 마게도냐인들은 아펠레이우스(Apelleius)라고 부르는 9월 20일에 예루살렘으로 몰려왔다. 백성들은 장로들과 함께 성전의 다락에 앉았으나 날씨가 추워 몹시 괴로웠다. 에스드라스는 백성들 앞에 서서 이방 여인을 아내로 맞아들인 것은 명백한 죄라고 비난한 후에 조금이라도 하나님의 용서를 받고 하나님을 기쁘시게 해드리려면 이방 아내를 버려야 한다고 강력히 권면하였다. 그러자 백성들은 그의 말이 지당하다고 하면서 그렇게 하기를 원한다고 소리쳤다. 그러나 백성의 수가 많은 데다가 또 겨울이었기 때문에 이런 작업은 하루 이틀에 해결할 수 있는 성질의 것이 못 되었다. 그래서 백성들은 "각지의 장로들로 하여금 이방 여인과 결혼한 자들의 수를 조사하게 하고 하루 날짜를 지정해서 이렇게 결혼한 제사장들과 백성을 이곳에 모이도록 하면 어떻겠습니까?"라고 제의했다. 이에 그들은 그렇게 하기로 결정했다. 그들은 10월 1일부터 11월 1일까지 이방 여인과 결혼한 자들을 조사했다. 그 결과 대제사장 예수아(Jeshua)의 많은 후손과 제사장들과 레위인들과 이스라엘 백성이 이방 여인과 결혼한 사실이 드러났다. 결국 이들은 인정을 따르기보다는 하나님의 율법을 더 소중히 여기기로 결심하고[8] 즉시

---

[8] 모세 율법을 어긴 자들의 지위 고하를 막론하고, 이방 아내들과 그 자식들에 대한 애정조차도 상관하지 않고 모세 율법을 엄격히 적용한 에스드라스의 조치는 기독교의 개혁 조치가 있을 때 모방할 가치가 있다. 그동안은 이와 정반대되는 조치 때문에 참 종교가 큰 해를 받아왔기 때문이다. 지금까지는 하나님의

아내와 그 사이에서 낳은 자식들을 내어 쫓았다. 그들은 하나님을 기쁘게 해드리기 위해 제사를 드리고 숫양을 잡아 하나님께 예물로 드렸다. 나는 여기서 이들의 이름을 자세히 밝힐 필요는 없다고 생각한다. 에스드라스는 이같이 이방 여인을 아내로 맞이한 죄를 범한 자들을 정결케 한 후에 미래에도 이런 정결의 상태가 계속되도록 했다.

5. 7월의 장막절이 다가오자 거의 모든 백성이 예루살렘으로 올라왔다. 백성들은 동쪽으로 난 문을 바라보고 성전의 뜰에 서서 에스드라스에게 모세 율법을 읽어 줄 것을 요청하였다. 이에 그는 백성들 가운데 서서 아침부터 정오까지 모세 율법을 읽어 주었다. 이렇게 모세 율법을 들음으로써 그들은 당장 오늘뿐 아니라 미래까지도 의인이 되는 교육을 받는 셈이었다. 그들은 모세 율법을 듣고 과거에 저지른 죄를 생각하고는 몹시 괴로워했다. 그들은 자기들이 율법을 제대로 지켰다면 지금까지 당한 재난을 겪지 않았을 것임을 되새기며 눈물을 흘리기까지 하였다. 에스드라스는 백성들의 이런 모습을 보고는 절기 때 우는 사람들이 어디 있느냐면서 울려거든 집으로 가라고 야단을 쳤다. 에스드라스는 백성들에게 즐거운 마음으로 절기를 지키도록 하라고 권면했다. 그러나 과거의 죄에 대한 회개와 근심은 다시 그런 죄를 범치 않게 하는 안전장치와 보장이 되므로 회개하는 마음을 버리지 말라고 했다. 백성들은 에스드라스의 권면을 듣고 절기를 즐겁게 지키기로 결심했다. 그들은 8일간 각자의 장막에서 절기를 지킨 후에 하나님께 찬송을 드리고 개혁 조치를 단행한 에스드라스를 칭송하면서 각자 고향으로 돌아갔다. 에스드라스는 이같이 백성들에게 신망을 얻고 존경을 받다가 늙어 세상을 떠났고 그의 시신은 예루살렘에 성대하게 장사되었다. 대제사장 요야김(Joacim)이 죽고 그의 아들 엘리아십(Eliasib)이 대제사장직을 승계한 것도 바로 이 무렵이었다.

율법보다는 정치적인 동기가 우선했기 때문에 하나님의 축복을 받지 못한 채 교회는 한 세대에서 다른 세대로 넘어가면서 계속 부패한 상태로 남게 된 것이다.

6. 한편 포로로 잡혀간 유대인 중에는 크세르크세스(Xerxes)왕의 술을 따라 올리는 일을 맡은 느헤미야(Nehemiah)라는 인물이 있었다. 느헤미야는 어느 날 바사의 수도인 수산(Susa, 수사) 성내를 걷고 있다가 오랜 여행 끝에 이제 막 성문을 들어서는 일단의 나그네들이 히브리어로 서로 이야기하는 소리를 들었다. 이에 그는 그들에게 어디서 오는 사람들이냐고 물었다. 그들이 유대에서 오는 중이라고 대답하자 그는 유대 백성들은 어떠하며 예루살렘의 상황은 어떻게 돌아가고 있느냐고 재차 물었다. 그러자 그들은 예루살렘 성벽은 무너지고 인근 국가들이 자주 침입하는 바람에 예루살렘은 지금 말이 아니라고 대답했다.[9] 밤낮을 가리지 않고 적들이 침입하여 약탈과 온갖 만행을 자행하고 예루살렘에서도 수많은 이들을 포로로 잡아가며 살인을 서슴지 않아 아침이 되면 길에 시체가 가득하다는 것이었다. 이에 느헤미야는 동족이 당하는 비참한 지경을 생각하고 눈물을 흘리며 하늘을 쳐다보면서 "오, 주님이시여! 우리나라가 그토록 처참한 지경에 처하고 모든 이들의 약탈의 대상이 되고 있는데 언제까지 두고만 보시렵니까?"라고 외쳤다. 그가 성문에 앉아 이같이 애통하고 있을 때 누가 와서 왕이 식사를 곧 하실 것 같다고 일러 주었다. 이에 그는 왕에게 술을 따라 올리는 일을 하기 위해 씻지도 않고 그대로 급히 달려갔다. 왕은 식사를 마치고 난 후 전보다 훨씬 유쾌해 보였다. 왕은 느헤미야가 슬픈 안색을 하고 있는 모습을 보고 무슨 까닭이냐고 물었다. 이에 느헤미야는 하나님께 자기 말로 왕을 설득시킬 수 있는 능력을 주시고 왕의 호의를 얻어낼 수 있도록 해달라고 기도한 후에 이같이 말했다. "오, 왕이시여! 저의 선조들의 무덤이 있는 예루살렘의 성벽이 무너지고 성문이 불에 탔다는 소식을 듣고서 어찌 이같이 슬퍼하지 않을 수 있겠습니까? 그러니 왕께서 제가 가서 성벽을 재건하고 성전 공사를 끝낼 수 있도록 허락해 주시기 바랍니다." 그러자 왕은 그가 원하는 소원을 들어주겠다면서 이같이 말했다. "내가 총독들에게 보내는 편지를 가져가게. 그러면 그들이 그대를 귀하게 여길 것이며 그대가 원하는 것

---

[9] 유대인들의 이 비참한 상황은 에스드라스가 죽고 아직 예루살렘 성벽 건축을 담당할 느헤미야가 오기 전의 상황이었음이 분명하다.

은 무엇이든지 도와줄 걸세. 슬픔을 거두게. 그리고 이후로는 그대의 직무를 즐겁게 수행하도록 하게." 이에 느헤미야는 왕에게 엎드려 절하면서 왕의 호의에 감사했다. 왕에게서 약속을 얻어내게 되자 그의 슬픈 기색은 어디론가 사라져 버렸다. 왕은 그다음 날 느헤미야를 불러 수리아와 베니게와 사마리아의 총독인 아데우스(Adeus)에게 보내는 편지를 주었다. 그 편지 내용은 느헤미야를 귀하게 여기고 그가 공사에 필요하다고 원하는 것은 무엇이든지 공급해 주라는 것이었다.

7. 느헤미야는 바벨론으로 와서 자원해서 따라가겠다는 많은 동족을 거느리고 크세르크세스(Xerxer)왕 재위 제25년에 예루살렘에 도착했다. 그는 왕이 준 편지를 하나님께 보여드린 후에[10] 아데우스(Adeus)와 그 밖의 총독들에게 보냈다. 느헤미야는 온 백성을 예루살렘으로 소집한 후에 성전 가운데 서서 아래와 같이 외쳤다. "오, 유대인들이여! 하나님이 우리 조상 아브라함과 이삭과 야곱을 늘 기억하고 계시며 그들의 의로움 때문에 오늘날 우리를 버리지 않으심을 알아야 합니다. 하나님은 성벽을 재건하고 성전을 완공할 허락을 얻어낼 수 있도록 나를 도와주셨습니다. 나는 인근 국가들이 우리에게 가진 적대감을 여러분이 나보다 잘 알고 있으리라 믿습니다. 특히 우리가 전에 도시 재건과 성전 건축에 큰 열성을 기울였을 때 그들이 와서 수단과 방법을 가리지 않고 방해했던 것을 여러분은 생생히 기억하고 있을 줄 압니다. 그러므로 내가 이제 여러분께 당부드릴 것이 있습니다. 적들의 적대감을 이길 수 있는 유일의 길은 하나님만 신뢰하는 것입니다. 그리고 밤낮을 가리지 말고 오직 성전과 성벽 건축에만 최선을 다합시다. 모처럼 주어진 좋은 기회를 절대로 놓치지 맙시다." 느헤미야는 이같이 말을 마친 후 백성의 지도자들에게 성벽을 측량하고 도시나 마을의 크기대로 또 개인의 능력별로 백성들에게 일을 분담시키라고 지시

---

[10] 크세르크세스의 편지를 하나님께 보인 이 행위는 히스기야(Hezekiah)왕이 산헤립(Sannacherib)의 편지를 하나님 앞에 펴놓은 행위(왕하 19:14; 사 37:14)와 아주 유사하다. 물론 차이가 없는 것은 아니다. 히스기야의 경우에는 하나님의 기억을 되살려 하나님의 동정을 사려고 한 데 그 목적이 있는 반면에 느헤미야의 경우에는 이미 하나님께 받은 은혜에 대한 감사의 표로 이런 행동을 한 것이었다.

했다. 그는 자기도 종들과 함께 적극적으로 그 일을 돕겠다고 약속한 후에 백성들을 해산시켰다. 이에 유대인들은 공사 준비를 했다. 유대인(Jews)이란 명칭은 유다 지파에서 따온 것으로서 유다 지파가 처음으로 바벨론에서 예루살렘으로 귀환했기 때문에 그 후부터 그들과 그들의 땅을 유대라는 명칭으로 부르게 된 것이었다.

8. 한편 암몬인과 모압인과 사마리아인과 코엘레수리아에 거하는 모든 주민은 예루살렘의 공사가 빠른 속도로 진전되고 있다는 소식을 듣고는 그것을 악의로 받아들여 어떻게 해서든지 올무를 놓아서 공사를 방해하려고 하였다. 그들은 많은 유대인을 살해하였고 이방인들을 고용해서 느헤미야까지도 살해하려고 음모를 꾸몄다. 그들은 또한 많은 인근 국가들이 동맹을 맺고 유대를 공격할 것이라는 소문을 퍼뜨려서 유대인들을 두려움에 빠지게 하였다. 그들은 이런 식으로 유대인들의 간담을 서늘하게 해서 공사를 중단시킬 심산이었다. 그러나 이런 수작들이 느헤미야의 공사에 대한 열정을 식힐 수는 없었다. 그는 단지 소수의 경호 병사만 거느리고 다니면서 지칠 줄 모르는 끈기와 괴로움을 아랑곳하지 않는 불굴의 투지로 백성들을 독려했다. 그러나 그는 다른 한편으로 자기의 신변 안전에도 큰 신경을 썼다. 그것은 죽음을 두려워했기 때문이 아니라, 자기가 죽는 날에는 예루살렘의 성벽을 세우는 일은 거의 불가능할 것이라는 확신이 있었기 때문이었다. 그는 또한 백성들에게 그들이 일을 할 때도 항상 무기를 휴대하라고 지시했다. 이에 석공들뿐 아니라 건축 자재를 나르는 짐꾼들도 칼을 지니고 다녔다. 그는 또한 백성들에게 방패를 항상 근처에 두고 일하라고 명령하였다. 그 밖에도 그는 500보마다 나팔수들을 배치하여 적들이 나타나면 나팔을 불어 그 사실을 미리 알려 미리 전투 준비를 하게 하고 맨몸으로 적의 습격을 받는 일이 없도록 조치했다. 그는 또한 밤이면 직접 예루살렘 주위를 순찰했다. 낮에는 공사를 독려하느라고 피곤함에도 불구하고 식사도 하는 둥 마는 둥 하며 잠도 제대로 자지 아니하고 순찰을 계속했다. 그는 식사든 잠이든 꼭 취해야만 하는 분량만 했을 뿐 몸의 쾌락을 위해서는 조금도 신경을 쓰지 않았다. 느헤미야는 이 이중(二重)의 일을 자그마

치 2년 4개월 동안이나 계속했다. 그것은 성벽 건축 공사가 그렇게 오랫동안 걸렸기 때문이었다. 그러니까 이 공사는 크세르크세스왕 재위 제28년 9월에 완공되었다.[11] 성벽 건설 공사가 끝나자 느헤미야와 백성들은 이 일로 인해 하나님께 제사를 드리고 8일 동안 잔치를 베풀었다. 한편 수리아 지역의 국가들은 성벽 건설이 끝났다는 소식을 듣고 몹시 분개하였다. 느헤미야는 예루살렘 주민의 수가 적은 것을 보고 레위인들과 제사장들에게 현재 거하고 있는 도시와 마을에서 예루살렘으로 거처를 옮기라고 권면하였다. 그는 그들을 위해 자비(自費)로 집을 지어 주었다. 그는 제사장들과 레위인들이 아무 걱정 없이 예루살렘에 거주하면서 하나님을 섬기는 일에만 전념할 수 있도록 백성에게 땅을 경작하여 얻은 소득의 10분의 1을 예루살렘으로 가져오라고 지시하였다. 이에 백성은 모두 느헤미야의 명령에 복종하였다. 그리하여 예루살렘은 전보다 많은 사람들이 거주하게 되었다. 이같이 느헤미야는 많은 업적을 남겼다. 그 외에도 그는 칭찬받을 만한 훌륭한 일들을 많이 한 후에 나이 들어 세상을 떠났다. 그는 선하고 의로웠으며 고국을 위해서는 물불을 가리지 않는 야망가였다. 결국 그는 예루살렘 성벽을 그의 영원한 기념비로 남겨 놓고 세상을 하직한 것이다. 지금까지 우리가 살펴본 것은 크세르크세스왕 때 일어난 사건들이었다.

---

[11] 우리는 여기서 요세푸스가 평상시와는 달리 공사 완공 연대와 관련해서 크세르크세스왕의 연도를 정확히 언급하고 있음을 주목할 필요가 있다. 즉 느헤미야가 왕의 명을 받고 크세르크세스왕의 재위 제25년에 와서 2년 4개월의 공사를 마치고 크세르크세스 재위 제28년에 완공했다고 분명히 언급하고 있는 점이 특기할 만하다는 말이다. 여기서 우리는 또한 요세푸스가 틀릴 염려가 없는 천문학적 연대 기록 수단, 즉 월식에 관해서는 단 한 번밖에 언급한 적이 없음도 유의할 필요가 있다. 단 한 번이라는 것은 헤롯 대왕이 죽기 바로 직전의 월식을 언급한 것을 의미한다.

제6장

에스더와 모르드개와 하만에 관한 역사, 그리고 아르타크세르크세스왕 때 유대 전 민족이 멸절당할 위기에 놓였던 경위

1. 크세르크세스(Xerxes)가 죽자 왕위는 그의 아들 고레스(Cyrus)에게 돌아가게 되었다. 고레스는 헬라인들이 아르타크세르크세스(Artaxerxes)라고 부르는 인물이다. 이 왕이 바사의 통치권을 장악했을 때 유대 전 민족은 멸절의 위기를 당했었다.[12] 그 이유에 대해서는 잠시 후에 살펴보기로 하고 우선 아르타크세르크세스왕에 대해 알아보기로 하자. 즉 그가 어떻게 왕족 출신이며 후에 우리 민족을 위기에서 건져 낼 유대 여인과 결혼하게 되었는가를 살펴보는 것이 순서가 아닌가 생각한다. 아르타크세르크세스는 왕위에 오르자 인도(India)에서 에디오피아(Ethiopia)에 이르는 127개 지방의 총독들을 임명하였다. 그의 재위 제3년에 그는 자기의 부(富)를 과시하고 싶은 생각에 매우 성대한 잔치를 베풀고 친구들과 바사에 속한 모든 총독을 초청하였다. 이 잔치는 왕들이 흔히 베푸는 거대하고 풍성한 잔치였는데 무려 180일간이나 계속되었다. 그 후에 그는 다른 나라들과 그 나라들의 사절을 위해 7일간 수산(Shushan)에서 잔치를 베풀었다. 이 잔치는 다음과 같이 열렸다. 그는 금과 은으로 만든 기둥 위에 장막을 치고 가는 실과 자주색 실로 만든 휘장을 쳐서 수만 명이 함께 앉아 잔치를 즐길 수 있도록 준비했다. 게다가 술잔들은 금잔에 보석이 장식된 것들로서 보기만 해도 즐거웠다. 그는 시종들에게 바사의 풍습대로 술을 계속 내어주면서 먹도록 강요하지 말고 손님들이 원하는 대로 즐길 수 있도록 특별히

---

[12] 몇몇 회의적인 인물들이 에스더서를 진실한 역사 기록으로 인정하지 않으려고 한다. 그러나 70인역 해석자들이나 요세푸스처럼 에스더의 역사를 아르타크세르크세스 롱기마누스(Artaxerxes Longimanus)왕 재위 기간에 일어난 역사로 보면 에스더서에 대한 거의 모든 반대 이론은 단번에 설 땅이 없어진다고 나는 감히 주장하고 싶다.

조심하라고 당부했다. 그는 또한 전국 각지에 사신을 파견해 백성들은 모두 하던 일을 멈추고 여러 날 동안 잔치를 즐기도록 하라고 영을 내렸다. 이와 마찬가지로 왕후 와스디(Vashti)도 손님들을 초청해 왕궁에서 잔치를 베풀었다. 왕은 절세의 미인인 자기 아내를 사람들에게 자랑하고 싶어서 사람을 보내 잔치석에 좀 나오라고 명령했다. 그러나 왕후는 아내들이 나그네들 앞에 얼굴을 내미는 것을 금지한 바사의 법을 존중하여 왕 앞에 나가지 않았다.[13] 왕은 계속해서 환관을 보내 잔치석에 나올 것을 요구하였으나 왕후는 막무가내였다. 이에 왕은 마침내 분을 이기지 못하고 자리를 박차고 일어나 법률 해석과 자문을 맡은 일곱 고문을 불러들이고 왕후가 자기가 여러 번 청했음에도 불구하고 잔치석에 참여하기를 거절하여 자기의 얼굴에 먹칠을 했다고 자기 아내를 힐난했다. 그리고 법적으로 볼 때 자기 아내에게 어떤 벌을 가할 수 있는지 가르쳐 달라고 했다. 그러자 그중의 한 사람인 므무간(Memucan)이 다음과 같이 조언했다. "왕후는 왕만을 모욕한 것이 아니라 전 바사인을 모욕한 것입니다. 이로 인해 전 바사인이 아내들의 멸시를 받아 부부 사이가 나빠질 위험에 처하게 되었기 때문입니다. 만일 왕후께서 우리 모두를 다스리는 왕께 교만하게 행한 것을 이 땅의 여인들이 본이라도 받게 되는 날이면 남편을 존경하는 아내는 아무도 없을 것입니다." 므무간은 이같이 말한 후에 왕을 무참히 모욕한 왕후 와스디를 엄벌에 처하고 그 사실을 전국에 공포하라고 충고하였다. 이에 그들은 와스디를 왕후의 자리에서 쫓아내고 다른 여자를 왕후로 맞아들이기로 결정했다.

2. 그러나 왕은 왕후를 몹시 사랑했었기에 떨어져 있게 되자 도저히 견딜 수가 없었다. 그러나 왕후를 다시 데려오는 것은 법적으로 불가능한 것이었다. 따라서 왕은 원하는 것을 할 힘이 없자 몹시 괴로워하였다. 왕의 친구들은 왕

---

[13] 만일 갈대아 주석가의 말대로 아르타크세르크세스왕이 손님들에게 왕후 와스디의 나체를 보여주려고 했던 것이 사실이라면, 그녀가 이런 모욕적인 명령에 순종하지 않으려고 한 것이 그리 놀랄 일은 아니다. 그러나 비록 왕의 명령이 위와 같이 말도 안 되는 무리한 요구는 아니었다고 할지라도 왕은 그 당시 술에 취해 있었기 때문에 정숙이라는 일반 법칙은 물론 그 당시 바사의 법이 허용하지 않는 무리한 요구를 했을 가능성이 매우 짙다.

이 괴로워하는 모습을 보다 못해 이같이 충고했다. "제발 왕후 생각은 하지 마시고 지나간 사랑은 아예 기억조차 하지 마십시오. 온 땅에 사람을 보내 아름다운 처녀를 골라 오게 하고 그중에서 왕의 마음에 드는 처녀를 택해 왕후로 삼으십시오. 새로 왕후를 맞아들이시면 그전 아내에 대한 사랑은 사라지게 될 것이며 새로 맞이한 왕후에게 사랑을 쏟게 되면 지나간 일은 잊어버리게 될 것입니다." 이에 왕은 친구들의 말을 듣고 전국에 사신들을 파견해 가장 곱고 아름다운 처녀들을 골라 오라고 지시했다. 그리하여 전국에서 수많은 미모의 처녀들이 뽑혀 오게 되었다. 그 처녀 중에는 양친은 죽고 삼촌인 모르드개(Mordecai) 밑에서 양육을 받고 있던 바벨론의 한 처녀가 있었다. 모르드개는 베냐민 지파 출신으로서 유대인 유력 인사 중의 하나였다. 그런데 이 에스더(Esther)라는 처녀가 그중에서 가장 아름다웠다. 어찌나 용모가 아름다웠던지 모두가 에스더만 주목하는 것이었다. 에스더는 한 내시의 시중을 받게 되었다. 에스더는 온몸에 바를 향수와 기름을 충분히 받고 6개월 동안 몸을 정결하게 했다. 이런 준비를 하는 처녀들은 무려 400명이나 되었다. 6개월 동안 충분히 정결케 한 후 왕의 침실에 들 만하다고 생각이 되자 환관들은 매일 한 명씩 왕의 침소에 들게 했다. 그러면 왕은 그 처녀와 동침한 후 다시 환관들에게 보냈다. 이리하여 결국 에스더의 차례가 되었다. 왕은 에스더를 보자 그만 반해 사랑하게 되었다. 왕은 결국 에스더를 정식 아내로 맞아들이기로 하고 그의 재위 제7년 12월, 즉 아달(Adar)월에 결혼 잔치를 베풀었다. 이에 왕은 앙가리(angari), 즉 사신들을 모든 나라에 파견해 자기 결혼식을 위해 잔치를 베풀라고 지시했다. 그는 또한 바사인과 메대인과 열국의 지도자들을 초청하여 한 달 동안 잔치를 베풀었다. 에스더가 왕궁으로 나아가자 왕은 그녀의 머리 위에 왕관을 씌워 주었다. 이리하여 왕은 에스더가 어느 나라 출신인지 물어보지도 않고 에스더를 왕후로 맞아들이게 되었던 것이다. 에스더의 삼촌 모르드개도 역시 바벨론에서 수산으로 옮겨와 그곳에 거주하면서 매일 왕궁 주변에 나와 에스더가 안녕한지 늘 문안하였다. 모르드개는 에스더를 딸처럼 아끼고 사랑했기 때문이었다.

3. 한편 왕은 자기가 보좌 위에 앉아 있을 때는 그가 부르지 않았음에도 불구하고 자기에게 나아오는 자는 자기 백성이라 하더라도 벌을 받는다는 취지의 법을 제정하였다.[14] 그는 또한 도끼를 손에 든 병사들을 주위에 배치하여, 부르지도 않았는데 왕 앞에 나오는 자를 벌하게 하였다. 그러나 부르지도 않았는데 온 사람을 살리고 싶을 때는 손에 들고 있던 금홀을 그에게 대면 그는 목숨을 건질 수 있었다. 이에 대해서는 이 정도로 마치도록 하자.

4. 그 후 얼마 되지 않아 (두 환관인) 빅단(Bigthan)과 데레스(Teresh)가 반역의 음모를 꾸몄다. 그러나 환관의 종인 유대인 바르나바수스(Barnabazus)가 이 음모를 알아차리고 왕후의 삼촌에게 고해바쳤다. 모르드개는 이 사실을 에스더를 통해 왕에게 알렸다. 이런 소식에 왕은 매우 괴로워했으나 마침내 진실을 알아내고 두 환관을 십자가에 매어 달았다. 그러나 왕은 자기의 목숨을 지켜준 모르드개에게는 어떤 상도 내리지 않고 단지 서기관에게 그의 이름을 기록해 놓으라고 지시한 후 왕의 친한 친구로서 왕궁에 거하도록 해주었다.

5. 왕의 측근 가운데는 아말렉(Amalekite) 태생으로서 왕의 총애를 받는 하만(Haman)이라는 자가 있었다. 그는 함므다다(Ammedatha)의 아들이었다. 아르타크세르크세스왕이 백성들은 자기에게 경배하여야 한다고 명했기 때문에 나그네(이방인)들이나 바사인들 모두가 그에게 경배하였다. 그러나 모르드개는 지혜로웠으며 자기 민족의 율법을 철저하게 신봉하는 자였기 때문에 하만에게 절하지 않았다.[15] 하만은 이것을 보고 모르드개가 어디 출신인지 은밀히 조사해 보았다. 하만은 그가 유대 출신임을 알고는 화가 치밀었다. 하만은 자유인인

---

[14] 헤로도투스(Herodotus)는 이 법이 데이오케스(Deioces)에 의해 처음 시행되었다고 말한다. 이 법을 어기고 접근하는 자는 테누스(Tenus) 혹은 테누두스(Tenudus)의 보좌 주위에 도끼를 들고 서 있는 경호 병사들의 손에 즉석에서 형벌을 받았다고 한다.

[15] 모르드개가 어떤 이유에서 하만에게 경배하지 않았는지는 확실히 알 수가 없다. 하만이 모르드개에게 요구한 경배는 오직 하나님께만 돌려져야 한다고 생각했기 때문에 그런 것인지, 아니면 하나님의 진노를 받아 멸절될 큰 죄인인 그런 아말렉 족속의 인물에게 그런 경배를 드릴 필요가 없다고 생각해서인지, 아니면 이 두 가지가 다 문제가 되기 때문에 그랬던 것인지 지금으로서는 확실히 단정 지을 수 없다.

바사인들도 자기에게 경배를 하는데 노예만도 못한 그가 경배를 하지 않는 데 대해 몹시 울화가 치밀었다. 하만은 모르드개를 벌주려 했으나 모르드개만 벌을 주자고 왕에게 요구하는 것은 너무 시시하다고 생각한 나머지 유대 전 민족을 몰살시키기로 결심했다. 그는 태어날 때부터 유대인과는 원수지간이었기 때문이었다. 그의 조국 아말렉이 유대인들에 의해 멸망당한 역사적인 이유가 있었기 때문이었다. 따라서 하만은 왕에게 나아가 이같이 말했다. "왕께서 다스리는 전 지역에 흩어져 살고 있는 한 사악한 민족이 있습니다. 그들은 다른 민족과는 달리 비사회적이며 신을 섬기는 방법이 독특하며 다른 민족과는 판이하게 다른 법을 가지고 있습니다. 그들은 풍습이나 습관에 있어서 왕의 백성뿐 아니라 온 인류에 대해 적대적인 위치에 있습니다. 따라서 만일 왕께서 왕의 백성들에게 은혜를 베푸시려면 이들을 세상에서 전멸시켜야 할 것이며 단 한 놈도 살려 두어서는 안 될 것입니다. 노예로든지 포로로든지 간에 그자들의 씨를 남겨서는 안 될 것입니다." 그러나 왕은 유대인들이 바치는 조공이 손실되는 그런 일은 하고 싶지 않다고 말했다. 그러자 하만은 왕이 원하실 때는 자기 영지에서 나오는 수익에서 40,000달란트를 대신 내겠다고 약속했다. 왕국이 그런 재난에서 벗어날 수만 있다면 기꺼이 그 돈을 낼 수 있다는 것이었다.

6. 하만이 이같이 간청하자 왕은 돈을 낼 필요가 없다면서 원하는 대로 하라고 허락했다. 이에 하만은 즉시 전국에 왕의 조서를 내렸다. 그 내용은 다음과 같다. "아르타크세르크세스 대왕이 인도에서 에디오피아에 이르는 127속주의 지배자들에게 명하노라. 나는 그동안 열국들과 온 세상을 내 뜻대로 다스리면서 백성들에게 잔혹하고 가혹한 일을 행한 적이 없으며 백성들이 항상 행복을 누릴 수 있도록 하기 위해 부드럽고 인자하게 나라를 다스렸으며 나라의 질서와 평화를 지키기 위해 노심초사했노라. 그런데 나는 최근에 지혜롭고 정의로우며 내게 대한 충성심과 사랑이 극진하여 내가 나 다음으로 세운 하만에게서 사악한 한 민족이 우리와 섞여 살고 있다는 이야기를 들었노라. 그들은 우리의 법률을 싫어하고 왕들에게 배반을 잘하며, 우리와는 전혀 다른 생활 습관을 가지고 있으며 왕정(王政)을 싫어하여 우리나라에 큰 해를 끼칠 민족이라 했노라.

따라서 나는 우리의 제2의 아버지인 하만이 내게 일러 준 그 민족을 남녀노소를 막론하고 모두 죽이라고 결정했노라. 그러므로 그들은 단 한 명도 남기지 말고 죽이도록 내가 명령하노라. 누구든지 이 명령을 어기고 그들을 동정하는 일이 없도록 주의하라. 올해 12월 14일에 이 일을 시행하도록 하라. 이날 하루 동안 우리에게 적대감을 가지고 있는 그들을 모조리 죽여 앞날의 우환을 없애고 행복하게 살도록 하라." 이 조서가 전국 방방곡곡에 나붙게 되자 모든 사람은 정해진 날에 유대인들을 죽이기 위해 만반의 준비를 갖추기 시작했다. 특별히 수산에서는 이 일을 더욱 급히 서둘렀다. 왕과 하만은 기분 좋게 술을 마시며 주연을 베풀고 있었으나 수산시는 무질서하기 그지없었다.

7. 한편 모르드개는 이 사실을 알고 옷을 찢고 베옷을 입고, 머리에 재를 뿌리고 수산시를 떠돌아다니며 "아무에게도 해를 끼친 적이 없는 민족을 몰살시키다니 하늘이 무섭지도 않은가!"라고 소리쳤다. 그는 왕궁에까지 가서 이렇게 외쳤으나 그런 몰골로는 왕궁에 들어갈 수가 없기 때문에 문 앞에 멍하니 서 있었다. 왕의 조서가 도달한 모든 지역의 유대인들도 자기들에게 미칠 엄청난 불행으로 인해 모르드개처럼 애통과 슬픔 가운데서 나날을 보냈다. 한 사람이 모르드개의 모습을 보고는 왕후 에스더에게 가서 모르드개가 애도의 복장을 하고 왕궁 문 앞에 서 있다고 알렸다. 이에 에스더는 크게 걱정하고 갈아입을 옷을 보냈다. 그러나 모르드개는 옷을 갈아입을 만큼 사태가 호전되지 못했기 때문에 그렇게 할 수가 없다고 하였다. 이 말을 들은 에스더는 환관 아크라테우스(Acratheus)를 불러 모르드개에게 가서 무슨 이유로 애도의 복장을 하고 있으며 왜 옷을 갈아입지 않는지를 알아보라고 지시했다. 모르드개는 환관에게 하만이 유대 민족을 몰살시키기 위해 왕에게 거액의 돈을 내기로 약속했으며 이로 인해 왕이 조서를 내려 유대인을 죽이라는 명령을 내렸기 때문에 그런 것이라고 일러 주었다. 그는 환관에게 수산 일대에 내린 조서의 사본을 에스더에게 전하라고 주면서 자기의 말을 이같이 전해 달라고 했다. "애도의 복장을 입는 것을 부끄럽게 여기지 말고 왕에게 간청하여 너의 조국을 구해 내도록 하라. 유대 민족이 전멸당할 위기에 처해 있음을 명심하고 왕에게 간청하도록 하

라. 왕의 바로 다음 가는 자리에 앉은 하만이 유대인을 전멸시킬 계획을 세우고 왕을 뒤에서 충동질했음을 기억하라." 에스더는 이런 전후 사정 이야기를 듣고는 다시 모르드개에게 사람을 보내 이같이 말했다. "저는 왕의 부름을 받지 않았어요. 누구든지 왕의 부름을 받지 않고 왕 앞에 나아가는 자는 특별히 왕이 살려 주고 싶어 금홀을 내밀기 전에는 누구를 막론하고 죽음을 면할 수가 없어요. 그러나 왕이 금홀을 내밀어 건드리게 되면 비록 부름을 받지 않고 왕 앞에 나아간 경우라도 죽음을 당하지 않고 왕의 용서를 받아 목숨을 부지할 수가 있어요." 환관을 통해 이 말을 들은 모르드개는 다시 다음과 같은 말을 에스더에게 전하라고 했다. "네 한 몸의 안전도 중요하지만 민족의 생존도 그에 못지않게 중요하다. 만일 네가 이 기회를 잘 활용하지 않는다면 하나님은 다른 방법으로 이 민족을 구하실 것이다. 그러나 그렇게 되면 너와 너의 아비의 집안은 멸절되고 말 것이다." 이에 다시 에스더는 환관을 통해 아래와 같이 당부했다. "유대인들을 수산으로 모으고 나를 위해 음식을 전폐하고 금식하며 기도하도록 해주세요. 저도 시녀들과 함께 금식하겠어요. 그 후에 비록 법이 금하고 있지만 죽으면 죽는다는 각오로 왕 앞에 나갈 작정이에요."

8. 모르드개는 에스더가 시키는 대로 유대인들에게 금식을 선포한 후에 그들과 함께 하나님께 간청하였다. "하나님, 이제 우리 민족이 전멸당할 위기에 봉착해 있사오니 긍휼히 여겨 주옵소서. 저희가 전에 죄를 범했을 때 용서해 주시고 어려운 문제를 도와주셨사오니 이제도 저희를 멸망에 버려두지 마시고 구원하옵소서. 저 하나 때문에 하만의 노여움을 사 온 민족이 몰살의 지경에 처하게 되었나이다. 저는 그자에게 하나님께 제가 항상 드렸던 경배를 도저히 드릴 수가 없었습니다. 그런데 그자는 이에 분노하여 당신의 율법을 어기지 않은 저희를 이렇게 해하려 하나이다." 유대인들도 그와 마찬가지로 하나님께 기도하였다. 그들은 자기들이 당할 이 무서운 재난에서 건져 달라고 하나님께 간청하였다. 에스더도 동족들과 마찬가지로 애도의 의복을 입고 땅바닥에 앉아 3일 동안 온갖 귀한 산해진미를 멀리하고 금식하며 하나님께 기도하였다. "하나님, 저를 긍휼히 여기시옵소서. 제 말이 왕의 마음을 움직일 수 있

도록 도와주시고 전보다 더 저를 예쁘게 보이도록 해주옵소서. 만일 왕이 제게 조금이라도 화를 낸다면 저의 아름다움과 말로 왕의 진노를 누그러뜨릴 수 있도록 도와주옵소서. 저의 민족이 극한 위험에 처해 있사오니 제발 구원해 주옵소서. 또한 하나님이 왕의 마음을 움직이셔서 우리 민족을 해하려는 자들을 미워하게 해주옵소서."

9. 에스더는 3일간 이같이 하나님께 간청한 후에 애도의 복장을 벗고 옷을 갈아입고 왕후답게 치장한 다음 두 시종을 거느리고 왕께 나아갔다. 한 시종은 에스더의 몸을 옆에서 부축하였고 다른 한 시종은 에스더의 뒤를 따르면서 질질 끌리는 긴 옷의 끝자락을 살짝 들었다. 에스더는 만면에 홍조를 띠고 쾌활하게 나아갔지만 내심으로는 걱정이 앞서지 않을 수 없었다. 에스더가 왕 앞에 나아갔을 때는 왕은 왕복을 입고 보좌 위에 앉아 있었다. 왕이 입고 있는 왕복은 금과 보석들로 장식한 옷이었기에 에스더의 눈에는 그날따라 유난히 왕이 무서워 보였다. 특히 왕이 분노로 가득 찬 얼굴로 무섭게 쳐다보자 에스더는 그만 무서워서 다리에 힘을 잃고 옆으로 쓰러져 기절하고 말았다. 그러자 왕은 마음을 바꾸고(내 생각에는 이 모든 것이 다 하나님의 뜻에 따른 것 같다) 자기 아내가 두려움 때문에 무슨 일이나 당하지 않을까 극히 염려하게 되었다. 이에 왕은 보좌에서 벌떡 일어나 에스더를 팔로 꼭 껴안으면서 이같이 위로하였다. "용기를 내시오. 부르지도 않았는데 왔다고 해서 벌을 받을까 두려워하지 마시오. 이런 법은 백성들에게 해당되는 것이오. 나와 왕후인 그대는 이 법과는 상관이 없으니 안심하도록 하오." 이렇게 말한 후에 왕은 홀을 에스더의 손에 들려주고 지팡이를 목에 올려놓았다. 그제야 에스더는 비로소 안심하게 되었다. 에스더는 왕의 위로의 말을 듣고 정신을 차린 후에 이같이 간청하였다. "내 주시여! 갑작스레 이 모든 상황을 말씀드리기가 제겐 쉽지 않군요. 제가 당신을 보는 순간 당신이 어찌 근엄하고 무서워 보이는지 혼이 나간 것 같았습니다." 에스더가 낮은 목소리로 이같이 간신히 말을 하자 왕은 크게 걱정하고 괴로워하면서 원한다면 나라의 반이라도 줄 마음이 되어 있으니 용기를 내고 아무 걱정도 하지 말라고 격려해 주었다. 이에 에스더는 왕에게 자기가 잔치를 베풀 터

이니 하만과 함께 잔치에 참석해 주었으면 고맙겠다고 부탁했다. 이에 왕은 좋다고 승낙했다. 왕과 하만은 에스더가 베푼 잔치에 참석했다. 이때 왕은 에스더에게 나라의 절반이라도 달라고 하면 줄 터이니 한번 소원을 이야기해 보라고 했다. 에스더는 내일 다시 하만과 함께 잔치에 참석해 주면 그때 가서 자기 소원을 밝히겠다고 하면서 뒤로 미루었다.

10. 그러자 왕은 좋은 생각이라고 했다. 하만은 아무도 왕과 함께 식사를 나누는 영예를 누린 사람이 없는데 자기는 그것도 에스더 왕후가 베푼 잔치에 왕과 함께 식사를 나눈 영예를 누렸다는 사실에 크게 흡족해하며 집으로 발길을 옮겼다. 그러나 하만은 도중에 뜰에서 모르드개를 만나는 바람에 크게 기분이 상했다. 모르드개가 하만을 보고도 조금도 경의의 표시를 나타내지 않았기 때문이었다. 이에 하만은 집에 도착하자마자 아내 세레스(Zeresh)와 친구들을 불렀다. 그들이 오자 하만은 이렇게 떠벌렸다. "나는 오늘 왕과 왕후 두 분에게 큰 영예를 얻었네. 왕후께서 베푼 잔치에 왕과 함께 식사를 나누는 영광을 누렸다는 말일세. 게다가 왕후께서 내일 나를 다시 잔치에 초대하셨네. 그러나 뜰에서 유대인 모르드개를 만나는 바람에 기분이 상해 버리고 말았네." 이에 그의 아내 세레스는 50규빗의 높이로 교수대를 설치하고 내일 아침 모르드개를 교수형에 처할 수 있도록 해달라고 왕에게 청원하라고 하만에게 충고했다. 그러자 하만은 그의 아내의 충고대로 모르드개를 처형할 교수대를 자기 집 뜰에 설치하라고 종들에게 지시했다. 그러나 하나님은 하만의 사악한 의도를 비웃으셨다. 하나님은 미래의 모든 일을 알고 계셨기에 내심 은근히 기뻐하고 계셨다. 하나님은 그날 밤 왕에게서 잠을 빼앗아 가셨다. 왕은 잠이 오지 않자 눈만 멍하니 뜨고 시간을 보내기보다는 무엇인가 유익한 일을 하기로 결심하고 서기관에게 선왕들의 역대기(歷代記)와 자기의 통치 기록을 가져오라고 지시했다. 서기관은 그 기록들을 왕에게 읽어 주었다. 서기관은 처음에는 특별한 경영 능력을 가지고 있다는 이유로 한 나라의 통치를 맡게 된 자의 이야기를 읽었고 그다음에는 각 나라의 이름을 읽었으며 충성심이 뛰어난 신하가 상을 받은 기록을 읽었다. 그다음에 서기관은 왕에게 모반을 꾀했던 빅단(Bigthan)과

데레스(Teresh) 사건의 기록을 읽었다. 그 기록에는 모르드개가 이 반역의 사실을 왕께 고한 공을 세웠다는 내용이 적혀 있었다. 서기관은 더 이상 이 사건에 대한 기록이 없어 다른 역사로 넘어가려고 했다. 이때 왕은 서기관을 제지하면서 "모르드개가 어떤 상을 받았는지에 대한 기록은 없소?"라고 질문했다. 서기관이 그런 기록은 없다고 대답하자 그만 읽으라고 한 다음에, 왕은 시간을 일러 주는 자들에게 지금 몇 시나 되었느냐고 물어보았다. 이미 날이 밝았다는 말을 들은 왕은 자기 친구들 가운데 왕궁에 들어온 자가 있으면 자기에게 알려 달라고 신하들에게 지시했다. 그런데 공교롭게도 하만은 왕에게 모르드개의 처형을 간청하기 위해서 평소보다 일찍 왕궁에 나와 있었다. 왕의 시종들은 하만이 왕궁에 나와 있다고 왕에게 보고했다. 왕은 하만을 데려오라고 명령했다. 이에 하만이 오자 왕이 말했다. "나는 그대가 나의 가장 친한 유일한 친구라고 생각하고 있소. 그러니 내게 조언을 해주기 바라오. 내가 매우 사랑하는 사람이 하나 있는데 어떻게 그를 대접해 주어야 좋겠소? 나의 성품이 원래 풍성하게 베푸는 것을 좋아하는 것을 그대도 알고 있지 않소?" 하만은 왕이 사랑하는 사람은 자기밖에 없으므로 속으로 자기를 지칭하고 있음이 틀림없다고 나름대로 추측하고 이같이 조언했다. "왕께서 사랑한다고 말씀하신 그자를 진정으로 높여주고 싶으시다면, 왕이 입으신 옷과 같은 옷을 입히고 목에 금사슬을 걸어 주고 말 위에 태운 후에 왕의 친구 중 하나를 시켜 그 앞에서 '왕이 존귀하게 여기는 자는 누구나 이런 영예를 얻게 되느니라.'라고 외치면서 시내를 한 바퀴 돌게 하는 것이 좋을 것입니다." 하만은 이런 영예가 자기에게 돌아올 줄 알고 이같이 조언한 것이었다. 왕은 그의 조언을 흡족히 여기면서 이같이 지시했다. "그대가 조언한 것과 같은 말과 의복과 금사슬을 그대가 가지고 있으니 유대인 모르드개에게 가서 그것들을 입혀 주고 그대가 손수 앞장서 가면서 크게 외치도록 하시오. 그대는 나의 친한 친구요, 이런 조언을 한 것도 그대이니 그대가 직접 모르드개를 섬기는 것이 좋을 것 같소. 모르드개는 내 생명의 은인이므로 우리가 그를 이렇게 높이는 것이 당연하오." 하만은 이런 왕명을 듣고는 전혀 예상 밖의 일이었기에 머리가 혼란하고 무엇을 어떻게 해야 좋을지 종잡을 수가 없었다. 그러나 왕명을 거역할 수는 없었다. 따라서 하만은 자색 옷과 금사슬을 가지고 말을 끌고 나와 모르드개를 찾았다. 하만은 마침내 모르드개가 베옷을 입고 왕궁 앞에 서 있는 것을 발견했다. 하만은 모르드개에게 베옷을 벗고 자색 옷을 입으라고 했다. 모르드개는 영문도 모르고 단지 조롱하는 줄로만 알고 "오, 이 더럽고 세상에서 가장 악한 친구여! 어찌 이같이 우리의 불행을 조롱할 수 있단 말인가?"라고 소리쳤다. 그러나 전에 두 환관이 반역을 꾀했을 때 밀고하여 왕의 목숨을 구해 준 대가로 왕이 내린 영광이라는 사실을 안 모르드개는 왕이 입는 자색 옷을 입고 금사슬을 목에 걸고 말을 타고 도시를 한 바퀴 돌았다. 이때 하만은 앞장서 가면서 "왕이 사랑하고 존중히 여길 가치가 있다고 생각하는 사람은 누구든지 이런 영예를 누릴 것이니라."라고 외쳤다. 이렇게 도시를 한 바퀴 돈 후에 모르드개는 왕을 접견하게 되었다. 그러나 하만은 부끄러움을 참지 못하고 집으로 돌아간 후 아내와 친구들을 불러 모은 다음 눈물을 흘리면서 일어난 상황을 소상히 설명했다. 하만은 하나님이 모르드개와 함께하시므로 이제 그에게 복수할 길은 영영 멀어졌다고 한탄했다.

11. 이들이 서로 이 같은 말을 주고받고 있을 때 에스더의 환관들이 와서 빨리 잔치에 참석해 달라고 독촉했다. 그런데 사부카다스(Sabuchadas)라는 한 환관은 하만의 집 뜰에 세워진 교수대를 보고 하만의 종에게 무엇 때문에 교수대까지 설치했느냐고 물어보았다. 그 교수대는 왕후의 삼촌을 처형하기 위해 설치한 것으로서 하만이 곧 왕에게 모르드개를 처형시켜도 좋다는 허락을 받게 될 것이라는 종의 이야기를 듣고 환관은 그 자리에서는 아무 소리도 하지 않았다. 한편 왕은 하만과 함께 에스더가 베푼 잔치에 참석하여 즐기다가 에스더에게 소원이 무엇인지 어서 말해 보라고 했다. 그러자 에스더는 울면서 이같이 말했다. "왕이시여! 저와 저의 민족은 전멸당할 위기에 처해 있습니다. 따라서 제가 이렇게 왕께 간청을 드리는 것입니다. 왕께서 저와 저의 민족을 노예로 팔아 버리라고 명령하시기만 했더라도 이렇게 왕을 괴롭혀 드리지는 않았을 것입니다. 노예가 되는 것이야 뭐 그리 대단하겠습니까? 그러나 노예가 되는 것이 아니라 완전히 전멸을 당하는 것입니다. 그러니 어찌 제가 왕께 간청을 안 할 수 있겠습니까? 왕이시여, 제발 저와 저의 민족을 이런 멸망에서 구원해

주옵소서." 이에 왕은 누가 그런 비참한 일을 그들에게 가하려고 하는지 말해 보라고 했다. 에스더는 하만이 자기와 자기 민족을 세상에서 없애려고 무서운 음모를 꾸민 원흉이라고 노골적으로 하만을 비난했다. 왕이 이 말을 듣고 정신이 없어 잔치석에서 일어나 정원으로 나가 버리자 하만은 자기가 궁지에 몰리고 있음을 깨닫고 에스더에게 제발 자기가 저지른 잘못을 용서해 달라고 사정사정했다. 하만이 왕후의 침상 위에 엎드려 에스더에게 애걸복걸하고 있을 때 왕이 들어와서는 그 모습을 보고 분개하여 "이 더럽고 사악한 놈아! 이제는 내 아내까지 겁탈하려 드는가?" 하고 소리 질렀다. 하만이 이에 놀라 더 이상 말 한마디 못 하고 서 있을 때 환관 사부카다스가 뛰어 들어오더니 이같이 하만을 고발하기 시작했다. "제가 하만을 불러오라는 명을 받고 하만의 집에 갔을 때 저는 거기에 교수대가 설치된 것을 발견했습니다. 그래서 하만의 종에게 물어보니 모르드개를 처형할 교수대라고 했습니다. 그런데 그 교수대는 높이가 무려 50규빗이나 되었습니다." 왕은 이 말을 듣고 하만이 모르드개를 죽이려고 했던 방식대로 하만을 처형해야겠다고 결심했다. 이에 왕은 하만을 끌고 가서 그가 자기 집에 세운 교수대에 매달아 처형시키도록 하라고 지시했다. 이런 역사적 사건에서 나는 하나님을 찬양하지 않으려야 않을 수가 없다. 하만의 죄를 벌하시는 것으로 그치지 아니하시고 남을 해하려고 준비해 놓은 바로 그 교수대에 달려서 죽게 하시는 하나님의 섭리 속에서 우리는 하나님의 지혜와 공의를 배울 수 있다. 따라서 우리는 다른 사람을 해하려고 하는 자는 가장 먼저 자기 자신을 해하는 사람이라는 교훈을 후손에게 가르칠 수 있다.

12. 왕의 총애를 지나치게 악용하던 하만이 이같이 멸망당하게 되자 왕은 그의 영지를 왕후에게 주었다. 왕은 또한 모르드개를 불러서(에스더가 모르드개와 친척 사이임을 알렸기 때문에) 하만에게 주었던 반지를 끼워 주었다. 왕후 에스더는 하만의 영지를 모르드개에게 주었다. 에스더는 왕에게 다음과 같이 간청했다. "왕이시여! 저의 유대 민족을 구원해 주십시오. 여기 함므다다(Ammedatha)의 아들 하만이 전국에 보낸 조서가 있습니다. 만일 저의 민족과 동족들이 멸망당한다면 저는 더 이상 삶을 지탱할 수 없을 것입니다." 이에 왕은 에스더에

게 그녀의 소원을 들어줄 것이니 아무 걱정하지 말라고 약속했다. 그러고는 에스더에게 왕의 이름으로 유대인에 대해 원하는 바를 쓰고 왕의 인장을 찍은 후에 전국 방방곡곡에 보내라고 했다. 왕의 인장이 봉인되었기 때문에 아무도 그 안에 쓴 명령을 거역하지 못할 것이라고 했다. 왕은 왕의 서기관들을 불러들인 후에 유대인들을 보호하라는 내용의 서신을 인도에서 에디오피아에 이르는 127속주의 총독들과 지배자들에게 보내도록 명령했다. 이 서신의 내용은 이와 같다. "아르타크세르크세스왕이 나의 충실한 지배자들과 백성들에게 문안하노라.[16] 이 세상에는 윗사람들에게서 많은 혜택과 특권을 입고 극진한 대접을 받아 누렸음에도 불구하고 자기보다 약한 자들을 해치려고 할 뿐만 아니라 마치 인간 세상에서 감사라는 말조차 없애려는 듯이 심지어는 은인에게까지도 등을 돌리면서 양심의 가책을 느끼지 못하는 이들이 많이 있다. 이런 자들은 기대하지도 못했던 큰 특권과 총애를 받았으면 그것을 잘 선용해야 함에도 불구하고 특권을 베푼 자의 의도와는 달리 오히려 그 특권을 남용하며 악행을 일삼는 법이다. 이들은 그러고도 하나님의 눈을 피할 수 있으며 하나님의 벌을 빠져나갈 수 있을 것이라고 생각한다. 이런 자들은 어떤 직책을 맡기면 남을 해하려는 데만 열의를 내며 권력자들의 눈을 속여서 무고한 자들을 벌주게 하고 심지어는 중상모략으로 목숨까지 빼앗는 일을 다반사로 여기고 있다. 이런 일들이 고대에 일어났었다는 것은 단지 들어서 희미하게밖에 알지 못했으나 이런 것이 사실임을 내 눈으로 직접 목도하고서야 분명히 알게 되었다. 따라서 나는 더 이상 그 누구의 중상모략에도 귀를 기울이지 않을 것이며 실제로 한 행동에 따라 악한 일을 행한 자들에게는 벌을 내리고 선행을 한 자들에게는 그에 상응하는 상을 줄 것이다. 바사인의 피는 조금도 섞이지 않은 아말렉 태생인 함므다다(Ammedatha)의 아들 하만(Haman)이 바로 이런 부류의 인간이었다. 우리는 그를 모든 인간에 대한 박애의 정신으로 대했으며 극진히 선대하였다.

---

[16] 아르타크세르크세스왕이 유대인들을 모조리 잡아 죽이라는 야만적인 그 전의 왕명을 취소하지 않고, 단지 적들이 죽이려고 하면 목숨을 부지하기 위해 싸워서 적들을 죽여도 좋다고 유대인들에게 허락한 이유는, 왕과 왕의 신하들에 의해 동시에 서명된 왕명은 어떤 것이든 간에 바꾸거나 변경할 수 없는 것이라는 메대(Media, 메디아)와 바사(Persia, 페르시아)의 법률에 기인한 것 같다.

우리는 심지어 그를 아버지로, 경배받을 자로, 왕 다음가는 제2의 권력자로 대접해 주었으나 그는 이런 행운을 바르게 이용하지 못했고 자신의 운명을 올바른 정신으로 다스리지 못했다. 그는 오히려 나의 생명의 은인이요 구원자인 모르드개와 나의 인생의 동반자인 에스더까지 죽여 없애려 함으로써 나의 생명까지도 노렸다. 그는 이런 식으로 나에게서 충실하고 충성스러운 친구들을 제거하려 했고 마침내 왕위까지 빼앗아 다른 이들에게 넘기려고 하였다.[17] 나는 이 못된 친구인 하만이 전멸시키려고 했던 유대인들이 결코 악한 자들이 아니요 오히려 삶을 가장 최선으로 살아가려고 하는 자들이며 나와 나의 선조들을 위해 이 나라를 보호하신 하나님을 경배하는 자들임을 깨닫게 되었다. 따라서 나는 전에 하만이 보낸 편지에서 명령한 대로 유대인들을 벌주지 않을 것이며 (그대들은 이 편지의 명령대로 하지 않는 것이 좋을 것이다) 오히려 그들을 최대한 존중하며 보살펴 줄 작정이다. 나는 이미 유대인들을 몰살시킬 무서운 계략을 꾸민 하만을 식구들과 함께 수산시 성문 앞에 매달았다. 이런 형벌은 모든 행동을 감찰하시는 하나님이 내리신 것이다. 그러므로 내가 그대들에게 명하노라. 그대들은 이 서신을 복사하여 전국 방방곡곡에 붙이도록 하고, 유대인들은 자기네 율법에 따라 평화스럽게 살도록 허락하고, 그들이 부당한 죽음을 당할 뻔했던 12월, 즉 아달월 13일에 혹시라도 적의 공격을 당하게 될 때는 그들을 도와 목숨을 부지할 수 있도록 조치하라. 하나님이 그날을 유대인들의 파멸의 날이 아닌 구원의 날로 정하셨으니 우리의 평안을 비는 자들에게는 기쁜 날이 되게 하고 우리를 해하려는 자들은 벌을 받는다는 것을 기념하는 날로 삼도록 하라. 이 서신에서 명한 것의 단 하나라도 어기는 도시나 국가는 내가 칼과 불로 징벌할 것임을 명심하도록 하라. 다시 한번 명하노니 이 서신을 복사하여 전국에 반포하도록 하고 아달월 13일에 유대인들이 적들의 원수를 갚을 수 있도록 만반의 준비를 갖추는 것을 결코 방해하지 않도록 하라."

---

[17] 이 말은 아르타크세르크세스왕이 하만의 외견상의 의도가 아니라 내면의 깊은 의도를 의심하고 있었던 것이 아닌가 하는 암시를 주고 있다. 즉 하만은 유대인들이 왕에게 충성을 바치는 것을 알고 있었기 때문에 유대인들이 전국에 흩어져 살아가고 있는 한 왕가를 탈취하여 아말렉의 고대 왕인 아각(Agag)의 후손 (삼상 15:8, 23, 33)인 아각 사람(에 3:1, 10)을 왕위에 오르게 할 수가 없다고 판단하여 유대인들을 몰살시키기로 결심했었다고 생각한 것 같다.

13. 기병들은 왕의 서신을 가지고 전국으로 퍼져 나갔다. 한편 모르드개는 왕복을 입고 금관을 쓰고 금사슬을 목에 걸고 군중들 가운데 나타났다. 수산에 거주하는 유대인들은 모르드개가 왕의 총애를 크게 받은 것을 보고 자기들에게도 기쁜 소식이 들려올 것이라고 생각하였다. 게다가 왕의 서신이 공포되는 바람에 도시에 사는 유대인이나 시골에 사는 유대인을 막론하고 유대인들에게는 기쁨과 구원의 빛이 넘쳐흐르게 되었다. 따라서 많은 이들은 유대인들을 두려워한 나머지 신변의 안전을 도모하기 위해 할례를 받기까지 할 정도였다. 왜냐하면 왕의 서신을 전달하러 온 기병들이 12월, 곧 히브리인들은 아달(Adar)이라고 부르고 마게도냐인들은 뒤스트루스(Dystrus)라고 부르는 달 13일, 즉 유대인들이 멸망될 위험에 놓이게 되었던 그 날에는 유대인들이 적들을 살해해도 좋다는 왕의 허락이 있었다는 점을 일러 주었기 때문이었다. 또한 속주들의 지배자들과 참주(僭主)들과 왕들과 서기관들은 유대인들을 존중하게 되었다. 이들은 모르드개를 두려워한 나머지 모든 행동을 신중하게 하지 않으면 안 되었기 때문이었다. 왕명이 전국에 반포되자 수산에서는 유대인들이 그들의 적을 500명이나 살해하였다. 왕은 에스더에게 수산시에서만 유대인들에게 살해된 자의 수가 500명인데 각 속주에서는 어떻게 되었는지 궁금하다고 하면서 원하는 것이 있으면 즉각 실행에 옮길 테니까 이야기하라고 했다. 이에 에스더는 다음 날도 유대인들이 남아 있는 적들을 죽일 수 있도록 허락해 주고 하만의 열 아들을 교수형에 처할 수 있도록 해달라고 요구했다. 이에 왕은 에스더의 마음을 상하게 하기 싫어서 원하는 대로 해주겠다고 약속했다. 결국 유대인들은 뒤스트루스월 14일에 다시 모여 적 300명을 살해하였으나 그들의 재산은 건드리지도 않았다. 한편 다른 도시와 시골 등지에서 유대인에게 살해당한 자의 수는 75,000명에 달했는데 이들은 모두 12월 13일에 죽음을 당했다. 유대인들은 14일에는 절기로 지켰다. 따라서 수산에 있는 유대인들도 14일에 모여 절기를 지켰다. 지금까지도 전 세계의 유대인들이 이날을 절기로 지키며 서로 나누어 먹는 풍속은 여기에서 기인한 것이다. 모르드개는 아르타크세르크세스의 왕국에 거주하는 모든 유대인에게 이같이 편지하였다. "이날을 기억하여 절기로 지키고 후손들에게 전하여 이 절기가 영원히 지

속되도록 하고 망각 속에 사라지지 않도록 주의하라. 우리가 이날에 하만에 의해 죽음을 당할 뻔했었으나 하나님의 도움으로 위험에서 벗어나 오히려 적들을 징벌할 수 있었으니 이날을 잊지 말고 기억하여 절기로 지키며 하나님께 감사를 돌리도록 하라." 이런 이유로 유대인들은 오늘날까지도 이날을 '부림절'(Phurim[Purim])이라 부르고 있다. 한편 모르드개는 왕이 총애하는 신하가 되었으며 왕을 도와 나라를 다스리는 데 힘썼다. 모르드개는 또한 왕후 에스더와 함께 유대인을 위해 힘을 썼기 때문에 유대인들의 처지는 더할 나위 없이 좋았다. 이것이 아르타크세르크세스왕 치하에서의 유대인의 상황이었다.

제7장

요한이 그의 형제 예수를 성전에서 살해한 사건과 바고세스가 유대인들에게 많은 해를 가한 경위와 산발랏의 행위에 관한 역사

1. 대제사장 엘리아십(Eliasib)이 죽은 후 그의 아들 유다(Judas)가 대제사장 직을 계승했다. 유다가 다시 세상을 떠나자 그의 아들 요한(John)이 대제사장 직에 올랐다. 아르타크세르크세스왕의 군대 장관인 바고세스(Bagoses)가 성전을 더럽히고 매일 상번제를 드릴 때 숫양 한 마리당 50세겔씩 공금(公金)에서 지불하라고 유대인들에게 조세를 부과한 것은 바로 이 대제사장 요한 때문이었다. 그 자세한 내막은 이와 같다. 요한의 동생 예수(Jesus)는 바고세스의 자보다 깨끗하지 못하단 말이냐?"라고 반문했다. 그는 이같이 말한 후에 성전으로 들어갔다. 바고세스는 이 같은 구실을 핑계 삼았고 예수의 살해 사건을 기화로 유대인을 무려 7년 동안이나 괴롭혔다.

2. 요한이 세상을 떠나자 그의 아들 야두아(Jaddua)가 대제사장직을 승계했다. 그에겐 므낫세(Manasseh)라는 동생이 하나 있었다. 한편 (바사의) 마지막 왕 다리오(Darius, 바사 제국의 마지막 왕이라면 다리우스 3세[Darius III]를 가리킴 – 편집자 주)가 사마리아에 파견한 산발랏(Sanballat)이란 인물이 있었다. 그는 구다인 출생이었으나 족보를 따지면 사마리아인도 되었다. 산발랏은 예루살렘이 유명한 도시요 예루살렘의 왕들이 과거에 앗수르와 코엘레수리아의 주민들에게 큰 골칫거리였다는 사실을 알고 딸 니카소(Nicaso)를 기꺼이 므낫세에게 주어 아내로 삼게 하였다. 그는 이 정략결혼이 유대 국가로 하여금 자기에게 호의를 베풀도록 하는 보장과 안전장치가 되리라고 생각하였기 때문이었다.

제8장

산발랏과 므낫세와 그들이 그리심산에 세운 성전에 관한 역사와 알렉산드로스가 예루살렘에 입성한 경위와 유대인이 그에게 입은 여러 가지 은혜에 관한 역사

1. 마게도냐(Macedonia, 마케도니아)의 왕 필리푸스(Philip)가 오레스티스(Orestæ) 가문 출신인 케라스테스(Cerastes)의 아들 파우사니아스(Pausanias)의 반역으로 에가이(Egæ)에서 살해당하고, 그의 아들 알렉산드로스(Alexander)가 왕위에 오른 것이 바로 이 무렵이었다. 알렉산드로스는 헬레스폰투스(Hellespont) 해협을 건너 그라니쿠스(Granicum)강 전투에서 다리오왕의 군대를 격파했다. 그 후 그는 루디아(Lydia, 리디아) 너머로 행군하여 이오니아(Ionia)를 정복하고 카리아(Caria)를 장악하고 밤빌리아(Pamphylia, 팜필리아)를 습격하였다. 이에 대해서는 후에 자세히 다루기로 하겠다.

2. 한편 예루살렘의 장로들은 대제사장 야두아의 동생이 이방 여자와 결혼했음에도 불구하고 그가 야두아와 함께 대제사장직을 맡고 있음을 매우 언짢게 여기고 그와 언쟁을 벌였다. 그들은 므낫세의 결혼이 (이방) 여인을 아내로 맞아들이려는 이들의 본이 될 것을 우려했으며 이방인들과의 혼합사회 시작의 징조로 보아 심히 걱정하였다. 결혼에 관한 모세의 율법을 어기고 이방 여인을 아내로 맞이하였다가 큰 화를 초래하고 마침내 포로가 되었던 지난날의 역사를 알고 있었던 그들로서는 결코 작은 문제가 아니었다. 이에 그들은 므낫세에게 아내와 이혼하거나, 그렇지 않으면 제단에 가까이 접근하지 말라고 명령했다. 대제사장 야두아도 백성들과 함께 므낫세에 대해 분노를 표시하고 제단에서 쫓아냈다. 그러자 므낫세는 장인 산발랏에게 가서 "제가 장인의 딸인 니카소를 사랑하지만 그렇다고 해서 그 때문에 제사장직을 잃고 싶지는 않습니다. 왜냐하면 제사장직은 제 나라에서는 최고의 영예이기 때문입니다. 게다가 저의 집안에서 쫓겨나기도 싫습니다."라고 말했다. 이에 산발랏은 자기 딸을 아내로 데리고 있으면 제사장직의 영예를 계속 누리게 해주는 것은 물론 대제사장직의 권세와 위엄까지도 아울러 소유하게 해줄 것이며 자기가 다스리고 있는 온 나라의 총독으로 삼게 해주겠다고 약속했다. 산발랏은 사마리아에서 가장 높은 그리심(Gerizzim)산에 다리오왕의 허락을 받아 예루살렘 성전과 같은 성전을 지을 작정이라고 했다. 므낫세는 이 약속에 매우 흥분되었고 다리오왕이 직접 대제사장직을 준다는 제안에 산발랏과 함께 거했다. 한편 예루살렘에서는 백성들 가운데 큰 소란이 일어났다. 많은 제사장과 레위인들이 이방 여자와 결혼을 했기 때문이었다. 따라서 예루살렘 백성들은 모두 므낫세에게 등을 돌렸다. 그러나 산발랏은 그들에게 돈을 주고 경작하고 거주할 땅까지 주었다. 이는 모두 자기 사위인 므낫세를 위해서 한 것이었다.

3. 다리오왕이 알렉산드로스가 헬레스폰투스 해협을 건너 그라니쿠스강 전투에서 자기 군대를 무찌르고 계속 진격 중이라는 소식에 접한 것이 바로 이 무렵이었다. 이에 다리우스왕은 마게도냐인(Macedonians)들이 전 아시아를 공격하여 손아귀에 넣기 전에 막아 보기 위해 보병과 기병을 거느리고 출전했다. 다

리오왕은 유브라데강을 건너 길리기아(Cilicia)의 산인 타우루스(Taurus) 산맥을 넘어 길리기아의 이수스(Issus)에서 전투 준비를 갖추고 적을 기다렸다. 한편 산발랏은 다리오가 내려온 것에 매우 기뻐하면서 므낫세에게 이같이 말했다. "내가 자네에게 약속한 것을 곧 들어줄 수 있을 걸세. 다리오왕이 적을 무찌르고 돌아오는 대로 즉시 소원을 이루어 주겠네. 나뿐 아니라 온 아시아인들이 마게도냐인들은 바사군의 숫자에 겁을 먹고 감히 싸우려고 들지도 못할 것임을 곧 알게 될 걸세." 그러나 결과는 그들의 기대와는 정반대였다. 바사군은 마게도냐군과의 전투에서 수많은 전사자를 내고 대패했기 때문이었다. 다리오의 모친과 처자식들은 모두 포로가 되었고 왕은 바사로 도망쳤다. 이에 알렉산드로스는 수리아를 침공하여 다메섹(Damascus, 다마스쿠스)을 점령하였고, 시돈(Sidon)을 장악한 후에는 두로(Tyre)를 포위하였다. 알렉산드로스는 이때 유대의 대제사장에게 서신을 띄워 원군과 물자를 보내 달라고 하였다. 전에 다리오에게 충성을 보였던 것처럼 자기에게 충성을 보이고 마게도냐(Macedonia, 마케도니아)와 친선 관계를 맺으면 결코 후회하지 않을 것이라고 했다. 그러나 대제사장은 다리오에게 반역하지 않을 것이라고 맹세했었기 때문에 다리오가 살아 있는 한 이 맹세를 깨뜨릴 수 없다고 답신을 보냈다. 이 답신을 본 알렉산드로스는 몹시 화를 냈다. 알렉산드로스는 이제 거의 두로를 함락시키기 직전에 있었기에 즉시 예루살렘을 공격하려고 하지는 않았으나 두로를 함락시키는 즉시 유대 대제사장을 공격하여 만인의 본보기로 삼겠다고 위협했다. 결국 알렉산드로스는 힘들여서 두로를 함락시키고 일을 마무리한 후에 가사(Gaza)시를 공격하였다. 그 당시 가사시의 수비대 총독은 바베메세스(Babemeses)였다.

4. 한편 산발랏은 자기의 뜻을 펼 호기가 왔다고 생각하고 다리오를 배반하고 부하 7,000명을 거느리고 알렉산드로스에게로 갔다. 산발랏은 두로 공략을 시작하고 있던 알렉산드로스에게 나가서 자기가 다리오 대신 그를 주인으로 모실 터이니 자기 부하 7,000명을 받아 달라고 했다. 이에 알렉산드로스가 쾌히 승낙하자 산발랏은 용기를 얻고 자기가 현재 처한 상황을 설명하기 시작했다. "제겐 야두아(Jaddua) 대제사장의 동생인 므낫세라는 사위가 있습니다.

게다가 성전을 소유하기를 갈망하는 저의 백성들이 수없이 많이 있습니다. 이렇게 해서 유대인들의 힘을 둘로 분산시켜 놓으면 왕께도 유익한 점이 많을 것입니다. 국가가 한마음으로 연합이 되어 있으면 반역을 꾀할 것 아닙니까? 전에도 이 때문에 앗수르 왕들은 곤욕을 치르곤 했습니다." 이에 알렉산드로스는 그렇게 하라고 허락을 했다. 산발랏은 온갖 심혈을 기울여서 성전을 지었으며 므낫세를 제사장으로 임명했다. 산발랏은 자기 외손자들이 제사장의 영예를 얻게 될 것이 무엇보다도 즐거웠다. 그러나 두로 공략 7개월이 끝나고 가사 공략을 시작한 지 2개월이 지난 후에 산발랏은 그만 세상을 떠나고 말았다. 한편 알렉산드로스는 가사를 함락시킨 후 즉시 예루살렘으로 올라갔다. 대제사장 야두아는 전에 알렉산드로스의 명을 거역한 적이 있었기 때문에 그가 공격해 온다는 소식을 듣고 어찌해야 좋을지 몰랐으며 공포에 떨면서 괴로워할 뿐이었다. 대제사장은 마침내 백성들에게 자기와 함께 하나님께 제사를 드리고 간구의 기도를 드리라고 지시했다. 즉 하나님께 위험에서 건져 주시고 이 나라를 보살펴 달라고 간청하라고 명령하였다. 그가 제사를 드리고 난 후에 하나님이 꿈에 그에게 나타나 이같이 말씀하셨다. "용기를 내라. 예루살렘을 치장하고 성문을 열라. 백성들은 흰옷을 입고 너와 제사장들은 제사장 옷을 입고 왕을 영접하라. 내가 너희들을 섭리로 보호할 것이니 아무것도 걱정하지 말라." 이에 그는 잠에서 깨어나 몹시 기뻐하며 백성들에게 하나님이 하신 말씀을 선포하였다. 이에 그는 꿈에서 지시한 대로 준비를 갖추고 왕이 오기만을 기다렸다.

5. 야두아는 알렉산드로스가 멀지 않은 곳에 있는 것을 알고 제사장들과 주민들을 거느리고 행렬을 지어 나갔다. 이 행렬은 장엄했으며 다른 민족들의 그것과는 전혀 달랐다. 이 행렬은 사파(Sapha)라는 곳까지 다다랐다. 사파는 헬라어로 번역하면 '전망'(prospect)이라는 곳이다. 이곳에 서서 예루살렘과 성전을 내려다보면 전망이 무척 좋았기 때문이었다. 알렉산드로스의 뒤를 따르는 베니게인(Phoenicians, 페니키아인)들과 갈대아인(Chaldeans, 칼데아인)들은 왕이 화가 났으므로 도시를 약탈하고 대제사장을 찢어 죽이도록 허락할 것이라고 생

각했으나 그와는 정반대의 일이 벌어지고 말았다. 알렉산드로스는 흰옷을 입은 백성들과 자주색과 주홍색의 옷에 하나님의 이름이 새겨진 금패가 달린 모자를 쓴 대제사장의 모습을 보고는 손수 가까이 나아와 하나님의 이름을 찬양하고 먼저 대제사장에게 안부를 물었다. 유대인들은 모두가 한목소리로 알렉산드로스왕을 문안하고 그를 빙 둘러쌌다. 수리아의 왕들과 나머지 병사들은 알렉산드로스왕이 하는 모습을 보고는 그가 정신 이상자가 되었다고 생각했다. 이때 파르메니온(Parmenio)이 왕에게 나아가더니 모든 사람이 왕을 찬양하는데 왕은 어째서 유대인의 대제사장을 찬양하는 것이냐고 물었다. 이에 알렉산드로스는 이렇게 답변하였다. "나는 대제사장에게 경배한 것이 아니라 그를 대제사장으로 삼으신 하나님께 경배한 것이네. 내가 마게도냐의 디온(Dios)에 있을 때 꿈에 이 사람이 이런 복장을 한 것을 본 적이 있기 때문일세. 그때 내가 어떻게 하면 아시아를 제패할 수 있을까 이리저리 궁리하고 있을 때 이 사람이 나타나더니 자기가 군대를 인도해서 바사를 정복할 수 있도록 도와줄 테니 지체하지 말고 즉시 바다를 건너가라고 나를 격려했네. 그 후로 나는 그런 복장을 한 사람을 본 적이 없네. 그런데 이제 그 복장을 한 이 사람을 보고 내가 꾸었던 꿈을 회상해 보니 내가 이 군대를 이끌고 여기까지 온 것은 하나님의 인도였음을 이제야 깨닫게 된 것일세. 따라서 나는 앞으로 다리우스를 격퇴하고 바사국을 정복할 수 있을 것이며 내 마음의 소원은 무엇이나 그대로 이루어질 것이라는 확신이 들었네." 알렉산드로스는 파르메니온에게 이같이 대답한 후에 대제사장에게 자기 오른손을 내밀었다. 이에 대제사장은 알렉산드로스와 나란히 말을 타고 예루살렘으로 입성했다. 알렉산드로스는 성전에 올라가 대제사장의 지시대로 하나님께 제사를 드렸다. 그는 대제사장과 제사장들을 매우 존중하였다. 한 헬라인이 바사 제국을 멸망시킬 것이라는 다니엘의 예언이 적혀 있는 다니엘서를 접하게 된[18] 알렉산드로스는 그가 바로 자신이라고 생각했다. 이에 마음이 흡족한 알렉산드로스는 백성들을 해산시킨 후 그

---

[18] 알렉산드로스가 본 구절은 다니엘 7장 6절, 8장 3-8절, 20-22절, 11장 3절이었을 것이다. 이 구절들의 일부 혹은 전부는 알렉산드로스의 정복과 그의 후계자들을 매우 분명하게 예언하고 있다.

다음 날 다시 불러 무엇을 원하느냐고 물었다. 그러자 대제사장은 자기들은 조상들의 율법을 지키기를 원하며 7년마다 내는 조공은 내지 않았으면 좋겠다고 했다. 알렉산드로스는 원하는 대로 들어주겠다고 했다. 이에 백성은 또다시 바벨론과 메대에 사는 유대인들도 그들 고유의 율법을 지키며 살 수 있도록 해 달라고 간청하자 알렉산드로스는 간청을 들어주겠다고 쾌히 승낙했다. 알렉산드로스는 자기 군대에 들어오더라도 조상들의 율법대로 살 수 있도록 허락할 테니 누구든지 원하면 쾌히 받아주겠다고 했다. 이에 많은 이들이 그의 군대에 들어가 전투를 하겠다고 자청했다.

6. 알렉산드로스는 이같이 예루살렘의 일을 마무리한 후에 군대를 이끌고 인근 도시로 떠났다. 그가 가는 곳의 모든 주민들은 그를 크게 환영했다. 세겜(그리심산에 위치하고 있으며 유대의 변절자들이 거주하고 있는 도시)을 수도로 하는 사마리아인(Samaritans)들은 알렉산드로스가 유대인들을 우대하는 것을 보고는 자기들도 유대인인 척하기로 했다. 우리가 이미 살펴본 바와 같이 사마리아인들의 성품이 원래 이러했다. 그들은 유대인들이 역경에 처하면 자기들이 유대인과는 아무런 관련이 없다고 진실을 말하나 유대인들이 행운을 잡는 것처럼 보이면 자기들도 요셉과 에브라임과 므낫세의 후손으로서 유대인에 속한다고 주장하였다. 따라서 그들은 왕에게 찬사가 가득 담긴 말을 전하고 예루살렘에서 약간 떨어진 곳까지 영접을 나오는 기민성을 보였다. 세겜인(Shechemites)들은 알렉산드로스의 명을 따라 산발랏이 그전에 원군으로 보내 주었던 7,000명의 군사를 거느리고 영접을 나온 후에, 세겜시를 방문하고 자기네 성전에도 영예를 베풀어 달라고 간청했다. 알렉산드로스는 이에 돌아오는 길에는 꼭 들르겠다고 약속했다. 그들은 알렉산드로스에게 매 7년째에는 씨를 뿌리지 않으므로 그때는 조공을 면제해 달라고 간청했다. 이에 알렉산드로스는 그들은 도대체 누구길래 그런 간청을 하느냐고 물었다. 그러자 그들은 자기들은 히브리인들인데 시돈인(Sidonians)들이라고 불린다고 대답했다. 알렉산드로스는 또다시 그들이 유대인이냐고 물었다. 그들이 자기들은 유대인이 아니라고 대답하자 그는 이렇게 말했다. "내가 그런 특권을 준 것은 유대인들뿐이다. 그러므로

내가 다시 돌아올 때 이 일에 대해 철저히 알아본 후에 내 생각에 옳은 대로 할 것이다." 알렉산드로스는 이같이 말한 후 세겜을 떠났다. 그는 산발랏에게 애굽에 가서 땅을 줄 터이니 너의 군대는 자기를 따라 애굽으로 가야 한다고 명령했다. 그는 얼마 후에 테바이스(Thebais)를 점령한 후 그곳을 그들에게 주고 잘 지키라고 하였다.

7. 알렉산드로스가 죽자 그의 왕국은 여러 후계자에 의해 분열되기에 이르렀다. 그러나 그리심산의 성전은 계속 그대로 남아 있었다. 따라서 예루살렘 주민들에 의해 부정한 것[19]을 먹었다거나 안식일을 범했다거나 그 외의 이와 비슷한 일들로 인해 정죄를 당한 자들은 세겜인들에게로 도망가서 자기는 부당하게 정죄당했다고 핑계를 늘어놓았다. 대제사장 야두아가 죽고 그의 아들 오니아스(Onias)가 대제사장직에 오른 것은 이 무렵이었다. 이 당시 예루살렘의 상황은 이와 같았다.

---

19) 요세푸스는 여기서 '부정한 것을 먹었다.'라는 말을 쓸 때 신약 성경의 사도행전 10장 14-15절, 28절, 11장 8-9절, 로마서 14장 14절에서처럼 '코이노파기아'(Koinophagia)라는 단어를 사용했다.

제12권

170년간의 역사 기록

알렉산드로스 대왕의 죽음부터
유다스 마카베우스의 죽음까지

제1장

라구스의 아들 프톨레마이우스가
사기와 배반으로 예루살렘과 유다를 정복하고
많은 유대인들을 사로잡아 강제로 애굽으로 이주시킨 경위

1. 마게도냐의 왕 알렉산드로스는 위에서 살펴본 대로 바사국을 정복하고 유대의 일을 마무리한 후에 세상을 떠났다. 그 후 그의 왕국은 여럿으로 분열되었다. 안티고누스(Antigonus)는 아시아(Asia)를 차지했으며 셀레우쿠스(Seleucus)는 바벨론(Babylon)을 손에 넣었다. 그 밖에 리시마쿠스(Lysimachus)는 헬레스폰투스(Hellespont)를, 카산드로스(Cassander)는 마게도냐(Macedonia)를 차지했다. 또한 라구스(Lagus)의 아들 프톨레마이우스(Ptolemy)는 애굽을 장악했다. 이들은 서로 세력 확장을 위해 물불을 가리지 않았기 때문에 전쟁이 그칠 줄 모르고 계속되었다. 이 통에 도시들은 평온할 날이 없었고 수많은 사람이 비명에 죽어갔다. 따라서 수리아 전역은 낙원의 대명사처럼 불리었으나 라구스의 아들 프톨레마이우스 때문에 그 반대가 되고 말았다. 프톨레마이우스는 예루살렘도 정복했는데 이 목적을 달성하기 위해서 거짓과 사기를 서슴지 않았다. 그는 안식일에 하나님께 제사를 드릴 것처럼 가장하여 예루살렘에 들어온

후에 손 하나 까딱하지 않고 성을 점령하였다. 유대인들은 방심하고 있다가 대항도 한번 제대로 하지 못했다. 그를 의심하지 않은 데도 원인이 있지만 안식일은 안식과 쉼의 날이기 때문에 유대인은 어떻게 손을 쓸 수가 없었다. 프톨레마이우스는 이렇게 예루살렘을 장악한 후에 잔인한 방법으로 폭정을 휘둘러 댔다. 그런데 알렉산드로스의 후계자들의 역사를 기록한 크니두스의 아가타르키데스(Agatharchides of Cnidus)는 우리가 미신을 믿는 바람에 자유를 상실하고 말았다면서 우리 민족을 혹평하고 있다. "예루살렘이라는 요새화된 대도시를 중심으로 유대국이라는 한 나라가 있다. 이들은 얼토당토않은 미신 때문에 무기를 들고 싸우기를 싫어하며 무서운 압제자인 프톨레마이우스의 손에 성을 고스란히 넘겨주고 말았다." 아가타르키데스는 우리 민족에 대해 이같이 혹평을 했다. 한편 프톨레마이우스는 유대 산지와 예루살렘과 사마리아 인근 지방과 그리심산 주변의 주민들을 애굽으로 포로로 잡아간 후에[1] 그곳에 강제로 정착시켰다. 프톨레마이우스는 예루살렘인들이 맹세와 약속은 철두철미하게 지킨다는 사실을 알렉산드로스가 다리오를 격파한 후 이들에게 사신을 보냈을 때 한 답변을 통하여 확실히 깨닫고, 많은 예루살렘인을 수비대에 배치했으며 알렉산드리아(Alexandria)에서는 그들에게 마게도냐인들과 동등한 특권을 부여하였다. 더욱이 프톨레마이우스는 자기의 후손들에게도 충성하겠다는 맹세를 하라고 요구하였다. 그런데 유대인들 가운데는 애굽의 땅이 비옥한 것과 프톨레마이우스의 성품이 관대한 것에 매혹되어 자발적으로 애굽에 온 자가 적지 않았다. 그러나 후대 유대인들은 선조 때부터 내려오는 삶의 방식을 보존하려는 문제에서 사마리아인들과 충돌을 빚게 되었다. 유대인들은 자기들의 예루살렘 성전이 거룩하므로 예물을 그리로 보내야 한다고 주장한 반면에 사마리아인들은 그리심산의 성전으로 보내야 한다고 강력하게 맞섰기 때문이었다.

---

[1] 그전의 알렉산드로스와 이번의 라구스(Lagus)의 아들 프톨레마이우스(Ptolemy)에 의해 얼마나 많은 유대인과 사마리아인이 포로로 잡혀갔는지는, 필라델푸스(Philadelphus)가 72명의 성경 번역자를 요청하기 전에 포로를 석방하고 자유의 몸이 되게 한 자들의 엄청난 숫자에서, 애굽 안의 유대인 병사와 수비대의 수에서, 유대인의 유명한 정착지에서, 먼 훗날의 알렉산드리아(Alexandria)의 유대인 회당의 숫자에서, 필로메토르(Philomator) 치하 때 모세 율법에 지정된 공공 예배 장소가 예루살렘의 유대인 성전이냐 아니면 그리심산의 사마리아인 성전이냐를 놓고 유대인과 사마리아인이 벌인 격렬한 논쟁에서 미루어 짐작할 수가 있다. 이런 것들에 대해서는 저자인 요세푸스가 후에 모두 자세하게 다루게 될 것이다.

제2장

프톨레마이우스 필라델푸스가
유대인의 율법을 헬라어로 번역하고
수많은 포로들을 해방시키고
하나님께 많은 예물을 드리게 된 경위

1. 알렉산드로스가 12년간 나라를 다스리다가 죽고 다시 프톨레마이우스 소테르(Ptolemy Soter)가 40년간의 통치를 끝으로 세상을 떠나자 필라델푸스 (Philadelphus)가 애굽 왕국을 40년간 다스리게 되었다. 그는 율법을 번역한 공을 남겼으며 예루살렘에서 애굽으로 끌려와 노예 생활을 하고 있던 자들을 해방시켜 주었다. 이때 해방된 자의 수는 120,000명이었다. 그 자세한 경위는 아래와 같다. 왕의 도서관장인 데메트리우스 팔레리우스(Demetrius Phalerius)는 가능하다면 이 세상에 있는 모든 책, 특히 가치가 있고 왕의 기호에 맞는 책들은 무엇이나 수집하려고 애를 썼다. 왕은 책을 수집하는 데 큰 취미가 있었기에 데메트리우스는 왕의 기호를 충족시키기 위해 심혈을 기울였다. 한번은 프톨레마이우스가 데메트리우스에게 책을 몇만 권이나 모았느냐고 질문했다. 이에 데메트리우스는 이미 200,000권 이상의 책을 수집했으며 얼마 안 있어 500,000권의 책을 소장하게 될 것이라고 대답했다. 그러자 왕은 이같이 말했다. "내 도서관에는 꼭 있어야 할 책들 가운데 탐구해 볼 만한 유대인의 율법서들이 있다는 이야기를 들었소. 그 책들은 유대인의 방언과 문자로 기록되어 있기 때문에 헬라어로 번역하기에 매우 힘이 든다고 했소. 그 문자는 수리아의 고유 문자와 비슷하며 발음도 비슷한 것처럼 보이나 나름대로 독특한 면이 있다고들 하오. 그러나 우리가 그 책들을 번역하지 못할 이유는 없다고 생각하고 있소. 그 책들이 우리 도서관에도 있으니 번역하는 데 필요한 것은 다 갖추지 않았소?" 왕은 데메트리우스가 장서 수집에 남다른 열성을 보였으므로 유대의 율법서를 번역하는 일도 맡아서 하는 것이 좋겠다고 했다. 따라서 데메트리우

스는 유대 대제사장에게 서신을 보내 이런 사정을 알리고 적절한 조치를 취해 달라고 요청하였다.

2. 한편 왕의 가장 친한 친구 가운데는 겸손하기 때문에 특별히 왕이 가깝게 여기는 아리스테우스(Aristeus)라는 사람이 있었다. 이 아리스테우스는 그전부터 왕에게 청원하여 모든 유대인 포로들을 석방시켜 주어야겠다고 결심을 해오던 터에 이때야말로 간청할 절호의 기회라고 생각하게 되었다. 따라서 그는 먼저 왕의 호위대장들인 타란토의 소시비우스(Sosibius of Tarentum)와 안드레아스(Andreas)와 이야기를 하고 자기가 왕에게 간청할 때 뒤에서 좀 도와 달라고 부탁하였다. 그러자 그들은 쾌히 응낙하였다. 따라서 아리스테우스는 그들과 함께 왕 앞에 나아가 이같이 간청하였다. "오, 왕이시여! 무슨 일이든지 성급히 판단하거나 자신을 속이는 일은 옳지 못하며 항상 진실을 밝히는 것이 중요하다고 생각하옵니다. 우리가 유대인의 율법서를 복사하는 정도가 아니라 번역하려고 하는 마당에 수많은 유대인을 이 나라의 노예로 그대로 남겨 놓고서야 어떻게 이 일을 할 수 있겠습니까? 왕의 나라를 보호하시는 하나님이 바로 유대인들의 율법서의 저자이심을 저는 특별한 연구를 통해 깨닫게 되었습니다. 그러니 이번 기회에 왕의 관대하심과 선하심을 과시하심이 어떻겠습니까? 그들을 현재의 비참한 상태에서 해방시켜 주시는 것이 어떻겠습니까? 유대인들과 우리는 모두 만물의 조성자이신 동일한 하나님을 섬기고 있습니다. 우리는 그분이 모든 인간에게 생명을 불어넣으신 분이기 때문에 제나(Ζηνα), 혹은 생명(life), 혹은 유피테르(Jupiter)라고 부릅니다. 그러므로 이들을 고국으로 돌려보내는 것이 어떻겠습니까? 유대인들은 특별히 하나님께 멋진 제사를 드리는 민족이기 때문에 이렇게만 하신다면 하나님께 영광을 돌리는 일이 될 것입니다. 물론 오해하지는 마십시오. 저는 그들과 혈통이 같지도 않고 국적이 같지도 않습니다. 그러나 모든 인간은 하나님이 만드셨기 때문에 그들에게 이런 호의를 베풀자고 간청하는 것입니다. 게다가 저는 하나님은 선행을 하는 자들을 기뻐하신다는 사실을 확신하고 있습니다. 따라서 저는 유대인들에게 자비를 베푸시라고 왕께 간청하는 것입니다."

3. 아리스테우스가 이같이 말하자 왕은 만면에 미소를 띠면서, "해방되기를 원하는 자들이 몇 만 명이나 되는가?"라고 물었다. 그러자 옆에 서 있던 안드레아스(Andreas)가 "100,000명도 훨씬 더 됩니다."라고 대답했다. 이 말을 들은 왕은 "아리스테우스여! 그대가 원하는 것이 겨우 이 정도인가?"라고 대꾸했다. 그러자 소시비우스와 옆에 서 있던 자들은 왕께 왕국을 주신 하나님께 대국의 왕답게 풍성한 예물로 감사의 제사를 드리는 것이 좋겠다고 제안했다. 이에 왕은 흡족하게 여기고 유대인 병사들은 급료에서 속전을 공제하고 나머지 유대인들은 한 사람당 20드라크마씩 내게 하되 그 돈을 국고에서 지불해 주라고 명령했다. 왕은 또한 그들에게 아리스테우스가 요구한 것, 아니 하나님이 궁극적으로 원하시는 것을 조서로 만들어 전국에 공포하겠다고 약속하였다. 왕은 자기 부친에 의해 끌려온 자들이나 그전부터 있던 자들이나, 아주 오래전에 끌려온 자들이거나 간에 모두 해방시켜 주겠다고 공언했다. 그러자 그들은 속전이 400달란트 이상이나 될 것이라고 했으나 왕은 그대로 집행하라고 했다. 나는 이 왕의 관대함을 보여주기 위해서는 그가 내린 조서의 내용을 밝히는 것이 좋다고 생각한다. "내 부친이 수리아와 베니게를 정복하고 유대를 폐허로 만든 후 사로잡혀 애굽으로 끌려와서 노예가 된 유대인이나, 그전부터 이 나라에 있었던 유대인이나, 최근에 잡혀 온 자를 막론하고 유대인들은 모두 해방시키도록 하라. 그리고 그들에게는 한 사람당 20(120)드라크마씩 내게 하도록 하라. 유대인 병사의 경우는 이 속전을 봉급에서 공제하도록 하고 다른 유대인의 경우에는 국고에서 대신 지불하도록 하라. 내가 알기로는 유대인을 애굽인들이 노예로 만든 것은 내 부친의 승낙을 얻은 것이 아니라고 한다. 게다가 이런 처사는 공평의 원리에도 어긋난 것이라고 나는 생각한다. 게다가 그들의 나라는 우리 병사들의 난폭함으로 황폐되었고 우리는 그들을 끌어다가 병사로 삼은 바람에 큰 유익을 얻었다. 그러므로 나는 그동안 공평의 원리에 크게 위배되게 혹사당한 그들의 처지를 불쌍히 여겨서 다음과 같이 명하노라. 유대인 노예를 소유한 자는 위에서 언급한 만큼의 속전을 받고 해방시키도록 하라. 아무도 이 일을 기화로 그들을 속이지 말고 내가 명한 대로 복종하도록 하라. 그러므로 내가 이 조서를 공포한 지 3일 안에 주인들은 노예들의 이름을 이 조서를

집행하는 관리들에게 제출하고 노예들을 그들 앞에 세우도록 하라. 이렇게 하는 것이 나의 정치에 큰 도움이 될 것이라고 나는 생각한다. 누구든지 이 명령에 순종하지 않는 자가 있으면 고발하도록 하라. 그리하면 그자의 재산을 국고로 압수할 것이다." 이 조서에는 처음에는 아주 오래전에 잡혀 왔거나 최근에 잡혀 온 유대인 노예들에 관한 언급이 없었다. 그러나 왕은 이 조서를 읽어 보고는 이들에 대해서도 분명하게 언급하라고 지시했다. 이는 다 왕의 관대함과 자비에서 나온 것이었다. 왕은 또한 속전을 지불할 때도 재무관들과 관계자들이 분담해서 조속히 처리하도록 하라고 명령했다. 왕의 조서가 공포되자 7일도 안 되어 모든 일이 마무리되었다. 유대인들의 속전은 무려 460달란트 이상이나 되었다. 왜냐하면 주인들이 어린아이들 하나에까지 20(120)드라크마씩 요구했기 때문이었다. 왕의 조서에서 노예 한 명당 20(120)드라크마씩 받아야 한다고 명했기 때문에 이는 사실상 왕명이나 다름이 없었다.

4. 유대인 노예들을 해방시키는 일이 자기 의도대로 성공리에 끝이 나자 왕은 데메트리우스에게 유대의 율법서 전사(轉寫)의 문제에 관한 의견을 글로 적어 보고하라고 지시했다. 애굽의 왕들은 무슨 일을 하든지 간에 경솔하게 서두르는 일이 전혀 없었으며 심사숙고한 후에야 일에 착수하곤 하였다. 따라서 나는 이들이 보낸 서신들의 내용과 (예루살렘에) 예물로 보낸 정교한 그릇들에 관해서 언급하려고 하는 것이다. 이에 데메트리우스가 왕에게 보낸 서신의 내용은 이와 같다. "데메트리우스가 대왕께 문안드립니다. 오, 왕이시여! 왕께서 제게 왕의 도서관이 꽉 차도록 장서를 수집하라고 명하신 이유로 저는 심혈을 기울여 그 일을 수행해 왔습니다. 그런데 왕께 한 가지 알려드릴 것이 있습니다. 유대 율법서는 히브리어로 기록되어 있기 때문에 우리 중에 그 글을 아는 자가 없습니다. 따라서 지금까지는 특별한 주의 없이 되는 대로 전사되어 왔기 때문에 정확하지 못합니다. 왜냐하면 이런 일에 왕들께서 친히 관심을 베푼 적이 없기 때문입니다. 그러므로 정확한 유대 율법서 사본이 필요합니다. 그런데 이 율법서는 하나님의 법으로서 조금도 흠잡을 데가 없으며 심오한 지혜들로 가득 차 있습니다. 따라서 압데라의 헤카테우스(Hecateus of Abdera)도 말을

했듯이 시인들이나 역사가들은 함부로 율법에 대해서나 율법에 따라 생활해 가는 사람들에 대해서 언급하지 못했던 것입니다. 그 율법은 거룩하기 때문에 세속의 입을 통해 발표되어서는 안 되었기 때문입니다. 오, 왕이시여! 왕께서 율법서를 진정으로 원하신다면 유대의 대제사장에게 서신을 보내 각 지파에서 율법에 정통한 장로들을 각각 여섯 명씩 보내 달라고 요청해 주십시오. 그러면 우리가 그들을 통해 율법서에 대한 분명하고 일치된 의미를 알 수 있을 것이며 율법서의 내용을 완전히 파악할 수 있을 것입니다. 그렇게만 된다면 왕께서 원하시는 책을 손에 넣으시게 되는 것입니다."

5. 왕은 이 편지를 읽어 본 후에 유대 대제사장 엘르아살(Eleazar)에게 이 일에 관한 자초지종을 알리고 도움을 청하는 서신을 작성하라고 신하들에게 지시했다. 최근에 애굽에 있는 유대인 포로들을 석방했다는 사실도 편지에 삽입하라고 덧붙였다. 왕은 또한 큰 수반과 대접과 잔들을 만들 금 50달란트와 수많은 보석도 선물로 준비했다. 그는 보석함을 관리하는 신하들에게 기술공들이 마음에 드는 보석을 고를 수 있도록 내버려두라고 지시했다. 그는 또한 성전 제사와 그 밖의 비용으로 돈 100달란트를 예루살렘 성전으로 보내라고 명령했다. 나는 왕이 보낸 그릇들의 모양을, 엘르아살 대제사장에게 보낸 서신의 내용을 소개한 후에 자세히 설명하도록 할 작정이다. 엘르아살은 아래와 같은 연유로 해서 이 같은 영예를 얻게 되었던 것이다. 대제사장 오니아스(Onias)가 죽자 그의 아들 시몬(Simon)이 대제사장직을 계승했다. 그는 하나님에 대한 신앙이 두터웠을 뿐 아니라 백성들에 대한 사랑도 많았던 인물이었기에 '의인 시몬'(Simon the Just)이라고 불렸다.[2] 그가 죽고 그의 아들 오니아스(Onias)가 아직 나이가 어리므로 시몬의 동생 엘르아살이 대제사장직에 오르게 되었는데 이자가 바로 우리가 언급하는 그 인물이다. 프톨레마이우스는 엘르아살에게 이 같은 편지를 보냈다. "프톨레마이우스왕이 대제사장 엘르아살에게 문안

---

[2] 우리는 집회서(Ecclesiasticus) 50장 전 장에서 의인 시몬(Simon the Just)에 대한 대찬사를 읽어 볼 수 있다.

하오. 내 나라에는 바사인들이 세력을 잡고 있을 때 포로로 잡아 와 살게 한 유대인들이 많이 있소. 내 선친께서는 유대인들을 특별 대우해 주셨고 그중 일부는 군대에 편입시켰으며 다른 이들보다 봉급을 많이 주었소. 또한 부친과 함께 애굽에 내려온 유대인들에게는 수비대를 맡기고 지키게 함으로써 애굽인들의 두려움이 되게 했소. 그 후 내가 왕위에 오른 후에는 모든 인간을 인간답게 대하기로 하고 그대의 동족으로서 노예 생활을 하고 있던 100,000명의 유대인을 석방시켰으며, 그들이 내야 할 속전을 국고에서 내가 대신 주인들에게 지불했소. 게다가 성년이 된 유대인들은 나의 군대에 병사로 등록시켜 주었소. 그리고 충성심이 있으며 궁정의 일에 적합한 자들은 내가 궁정의 요소요소에 배치했소. 이같이 조치한 이유는 지금까지 인도해 주신 하나님께 드릴 예물 중에 이것이 가장 큰 예물이라고 생각했기 때문이오. 나는 내 나라에 있는 유대인뿐 아니라 온 세상의 유대인을 위해서 유다의 율법을 헬라어로 번역하여 내 도서관에 보관하고 싶소. 그러므로 그대는 나이가 든 장로들 가운데서 뛰어난 덕을 지닌 자들을 각 지파에서 여섯 명씩 뽑아서 내게 보내 주면 좋겠소. 오랜 경험으로 율법에 정통하고 율법 해석에 능한 자들이어야만 한다는 점을 명심하도록 하시오. 이 일만 성사된다면 내겐 더할 나위 없는 영광이 되리라 생각하오. 내가 그대에게 보내는 호위대장 안드레아스와 아리스테우스는 내가 가장 신임하는 부하들이오. 그들 편에 성전에 드리고 싶은 나의 첫 열매를 보내겠소. 제사와 그 밖의 비용으로 100달란트를 보내니 기쁘게 받아 주시오. 이 밖에 그대가 보기에 필요한 것이 있거든 알아서 처리해 주었으면 고맙겠소."

6. 왕의 편지를 받은 엘르아살은 최대의 경의를 표하면서 이같이 답신을 보냈다. "대제사장 엘르아살은 프톨레마이우스왕께 문안을 드립니다. 왕과 왕후 아르시노에(Arsinoe)[3]와 왕자님과 공주님들이 안녕하시다니 저희는 이에 큰 기쁨을 느낍니다. 저희는 왕의 서신을 받고 왕의 의도에 매우 기뻐하였습

---

[3] 우리는 여기서 아르시노에(Arsinoe)가 왕의 누이인 동시에 아내도 된다는 사실을 기억해야 한다. 이것이 고대 바사의 풍습이었으며 그 당시 애굽의 습관이었을 뿐 아니라 그 후 오랜 뒤에 앗수르의 풍습이었음을 주목할 필요가 있다.

니다. 따라서 저희는 온 백성을 모아 놓고 왕의 서신을 들려주고 하나님에 대한 왕의 신앙이 어떠한가를 들려주었습니다. 저희는 또한 백성들에게 왕의 신임받는 신하들이 가져온 모든 것, 즉 금대접 20개, 은대접 30개, 큰 수반 다섯 개, 진설병 상, 그리고 제사와 그 밖의 비용을 위한 100달란트의 돈을 보여주었습니다. 왕의 신하들은 정말 학식과 덕망을 겸비한 뛰어난 인물들임을 한눈에 알아볼 수 있었습니다. 비록 저희는 전에 그런 일을 허락한 적은 없었으나 왕께서 저희 동족에게 베푸신 많은 은혜에 조금이라도 보답하는 의미에서 왕이 원하시는 것을 들어드릴 결심을 했습니다. 저희는 즉시 왕과 왕의 누이와 자제분들과 친구들을 위해서 제사를 드릴 것이며 백성들은 왕이 하시는 일을 위해서 기도를 드릴 것입니다. 또한 왕의 나라가 평안하기를 위해서 저희 율법서 번역이 왕의 의도대로 도움이 되는 방향에서 결말을 볼 수 있도록 기도할 것입니다. 저희는 왕이 요구하신 대로 각 지파에서 여섯 명의 장로들을 뽑아 율법서와 함께 왕에게 보내 드리겠습니다. 번역이 끝나면 율법서와 장로들을 무사히 이곳으로 돌려보내 주셨으면 고맙겠습니다. 그러면 안녕히 계십시오."

7. 이것이 엘르아살 대제사장이 왕에게 보낸 답신이었다. 이 서신 밑에는 엘르아살이 율법서와 함께 왕에게 보낸 70(72)명의 장로들의 이름이 기록되어 있으나 나는 독자들에게 도움이 될 것 같지 않아 생략하였다. 그러나 왕이 하나님께 드린 고귀하고 정교한 그릇들에 대해서는 언급할 필요가 있다고 생각한다. 이것들은 왕이 하나님을 얼마나 극진하게 생각했는가를 단적으로 보여주기 때문이다. 왕은 이 그릇 제작에 막대한 비용을 투자했을 뿐 아니라 자주 기술공들을 찾아가 작업하는 모습을 지켜보면서 태만이나 불성실로 인해 그릇에 손상이 생기는 일이 없도록 하라고 신신당부하였다. 물론 우리가 다루고 있는 역사에 이런 그릇들에 대한 묘사가 적절하지 않을는지도 모른다. 그러나 이 그릇들에 대한 묘사가 이 역사를 읽는 독자들에게 왕의 세련된 안목과 관대함을 알리는 데 조금이라도 도움이 될 것 같아 잠시 묘사하고 지나가려고 한다.

8. 먼저 진설병 상부터 살펴보도록 하자. 왕은 처음에 매우 큰 상을 만들 생각을 가지고 있었으나 예루살렘에 있는 상의 크기를 알아보고 또 그보다 큰 상을 만들어도 되는지의 여부를 알아보라고 부하들에게 지시했다. 예루살렘에 있는 상의 크기에 대해서와, 그보다 큰 상은 성전에서 사용될 수 없다는 자세한 보고를 들은 왕은 부하들에게 이같이 말했다. "나는 원래 예루살렘에 있는 진설병 상보다 다섯 배나 큰 상을 만들고 싶었다. 그러나 그렇게 되면 너무 크기 때문에 제사드릴 때 무용지물이 되어 사용되지 않을까 염려가 된다. 나는 내가 드린 예물이 단지 전시용이 아니라 제사를 드릴 때 실제로 사용되기를 원하기 때문이다. 예루살렘에 있는 상이 금이 모자라서가 아니라 사용에 편리한 정도로 적당하게 만든 것이 분명하다. 그러므로 크기는 그것과 같이 만들되 그 재료의 다양성과 세련됨에 있어서는 그것을 훨씬 능가하도록 잘 만들도록 하라." 왕은 사물을 관찰하는 능력이 뛰어날 뿐 아니라 새롭고 놀라운 것을 발견해 내는 독창력이 남달랐으며, 게다가 그 상에 맞는 조각들이 없었으므로 왕은 손수 자기 솜씨로 그 상에 걸맞은 조각을 만든 후에 기술공들에게 보여주면서 그 같은 조각을 만들라고 지시하였다. 왕이 만든 조각은 정교하기가 이루 비할 데 없었다.

9. 기술공들은 왕명에 따라 길이 2규빗(2규빗 반), 너비 1규빗, 높이 1규빗 반 되는 상을 전부 금으로 만들었다. 그들은 상 둘레에 손바닥 너비만 한 테를 둘렀다. 이 테에는 끈 모양을 닮은 조각이 새겨져 있었는데 삼각형 모양으로 생겨서 어디에서 보나 모양이 똑같았다. 상 밑으로 내려오는 테 부분은 매우 아름답게 조각되어 있었다. 특히 바깥 부분은 드러나 보이는 부분이기 때문에 아름다운 장식으로 정교하게 장식되어 있었다. 끈 모양의 조각 사이에는 보석들이 나란히 금 테두리에 둘러싸여 박혀 있었다. 눈에 보이는 테 부분엔 매우 진귀한 보석들이 달걀 모양으로 비스듬하게 한 줄로 장식되어 있었다. 기술공들은 이 달걀형 보석들 아래에 조각을 새겼다. 그들은 여기에 온갖 종류의 과일들을 조각했다. 포도송이도 탐스러울 정도로 정교하게 아로새겼다. 기술공들은 온갖 종류의 과일들을 각기 자연의 색깔들이 드러나도록 조각한 후에 상 전

체를 금으로 쌌다. 상은 어느 각도에서 보나 다양하고 정교한 조각이 아름답게 빛났다. 기술공들은 상의 다리까지도 정교한 조각으로 아름답게 아로새겼다. 그들은 손바닥 너비만 한 금패를 만들고 여기에 다리를 끼운 후에 상과 연결했다. 따라서 이 상은 어느 각도에서 보든지 조각의 정교함과 재질의 고급성이 분명히 드러났다. 기술공들은 상 위에 홈을 판 후에 휘황찬란한 광채가 나는 홍옥과 비취옥과 같은 다양한 색깔의 진귀한 보석들을 마치 별들처럼 중간에 끼워 넣었다. 이 홈 옆으로 사변형의 그물 모양의 결을 내고 수정과 호박을 박아서 보기에 아름답게 만들었다. 상다리의 윗부분은 막 피어나는 백합꽃 모양을 하고 있었다. 잎들은 굽어져 상 밑을 향하고 있었기에 골파는 그 가운데 꼿꼿이 서 있는 모습이 완연히 보였다. 다리받침은 홍옥으로 되어 있었으며 밑부분이 들어갈 공간은 깊이가 한 뼘, 너비가 여덟 손가락 폭이었다. 기술공들은 최신 도구와 최고의 기술을 동원해서 담쟁이덩굴과 포도송이가 주렁주렁 달린 포도 덩굴손을 새겨 넣었다. 어찌나 정교한지 마치 진짜 포도송이가 달려 있는 것이 아닌가 착각할 정도였다. 덩굴손은 매우 가늘게, 끝에까지 세밀하게 조각되었기에 마치 바람에 흔들리는 것처럼 보였으며 인공의 산물이 아니라 자연의 산물로 착각할 정도였다. 기술공들은 상을 3중으로 보이게 만들었다. 그들은 각 부분을 조립하는 과정에서 접합되는 부분은 보이지 않게 했기 때문에 어디가 접합부인지 언뜻 보아서는 알 수가 없었다. 그럼에도 불구하고 상의 두께는 불과 반 규빗도 채 안 되었다. 왕의 막대한 자금과 정성의 투자와 실물 그대로를 재현하려는 기술공들의 노력의 결실이 정교한 상으로 나타나기에 이르렀다. 왕이 처음에는 예루살렘에 있던 상과 크기를 똑같이 하려고 마음먹었으나 독창적으로 새롭게 그리고 멋지게 만들려다 보니까 그것보다 더 커지고 화려해지지 않을 수 없었다.

10. 기술공들은 또한 금수반 두 개를 만들었다. 밑바닥에서부터 띠 부분까지는 나선형 모양으로 빙 둘러 다양한 보석을 박았다. 그다음에 각종 색깔의 보석으로 1규빗 높이의 곡선을 만들었다. 그다음에 직선 모양의 조각을 아로새겼다. 그다음에 사변형 모양의 그물 조각을 맨 윗부분까지 새기고 중간 부분

에는 각종 보석으로 장식했다. 수반 맨 윗부분은 백합과 메꽃의 잎과 포도 덩굴손을 새겨 넣었다. 이 금수반은 각기 2퍼킨(firkin)씩 들어갔다. 한편 은수반은 거울보다 훨씬 맑고 투명하게 빛이 났다. 따라서 그곳에 얼굴을 비춰보면 거울보다 얼굴을 더 잘 볼 수 있을 정도였다. 왕은 또한 금대접 30개도 만들었다. 이 대접들에는 보석이 박혀 있었으며 담쟁이와 포도 덩굴손이 정교하게 아로새겨져 있었다. 이 모든 것들은 기술공의 숙련된 솜씨와 왕의 열성과 정열이 함께 만들어 낸 수작(秀作)들이었다. 물론 기술공들의 솜씨도 대단했지만 그보다 왕의 열성과 집념은 가히 칭찬할 만한 일이었다. 왕은 기술공들을 특급으로 대우해 주었을 뿐 아니라 일반인들의 출입을 당분간 중지시키고 왕이 직접 옆에서 지켜보면서 전 공정을 감독했다. 왕이 이같이 관심을 기울였기 때문에 기술공들은 최선을 다했으며 온갖 기술과 정성을 다 기울여서 아름다운 그릇들을 만들어 낸 것이다.

11. 이것들이 프톨레마이우스왕이 예루살렘으로 보내 하나님께 봉헌한 예물들이었다. 한편 대제사장 엘르아살은 이 예물들을 하나님께 드리고 예물을 가지고 온 자들을 후히 대접한 후에 왕에게 줄 답례품을 들려서 애굽으로 돌려보냈다. 이들이 알렉산드리아에 당도하자 프톨레마이우스왕은 70명의 장로들과 함께 부하들이 돌아왔다는 소식을 듣고 즉시 안드레아스와 아리스테우스를 불러오라고 지시했다. 이에 안드레아스와 아리스테우스는 왕에게 와서 대제사장 엘르아살이 보낸 답신을 전하고 왕이 묻는 말에 모두 대답해 주었다. 그 후 왕은 서둘러서 율법을 해석하기 위해 예루살렘에서 온 장로들을 영접하러 나갔다. 왕은 다른 일로 온 사람은 모두 가라고 명령했다. 왕은 평소에는 그런 일이 없었기에 몹시 화가 났다. 보통 왕이 사신들을 접견하는 날은 제5일이었는데 그날은 월말이었기 때문이었다. 왕은 이들을 쫓아낸 후 엘르아살이 보낸 장로들을 기다렸다. 장로들은 대제사장이 왕에게 드릴 답례품과 금색 글씨로 쓰인[4] 양피지 유대 율법서를 가지고 왕에게 나아왔다. 왕은 장로들에게 율법서

---

4) 탈무드 편찬자들은 고대의 사례와는 반대로 율법을 금색 글씨로 쓰는 것은 법에 어긋난다고 주장한다.

에 대해 이것저것을 질문했다. 장로들은 율법서를 싼 포장을 푼 후에 양피지 율법서를 왕에게 보여주었다. 왕은 양피지가 아주 얇은 것과 접합 부분이 어찌나 정교한지 눈으로 식별하기가 어려운 것을 보고 한참 동안 입을 다물지 못하고 감탄을 연발했다. 그 후 왕은 이렇게 찾아온 장로들과 그들을 보내준 대제사장에게 감사를 드린다고 하였다. 그리고 이 모든 일을 성사시켜 주신 하나님께 진정한 감사를 드리고 싶다고 덧붙였다. 그러자 장로들과 함께한 자들은 한 목소리로 왕의 만수무강을 빌었다. 이에 프톨레마이우스왕은 감격에 벅차 눈물을 흘렸다. 원래 인간이란 기쁨이 넘칠 때도 슬플 때처럼 눈물을 흘리기 마련인 것이다. 왕은 율법서를 보관하기로 한 관리들에게 율법서를 넘겨주라고 장로들에게 지시한 후에, 먼저 그들이 해야 할 임무에 대하여 의논하고 그다음에 자기가 하고 싶은 말을 하겠다고 했다. 프톨레마이우스왕은 장로들이 자기에게 온 날을 평생 매년 특별한 날로 기념하겠다고 약속했다. 왕은 공교롭게도 자기가 바다에서 안티고누스(Antigonus)를 이기고 승리한 날과 장로들이 온 날이 같은 날이라면서 부연 설명을 했다. 왕은 장로들에게 저녁 식사를 같이하자고 초대한 후에, 도시 상부 지역에 장로들이 거처할 고급 주택을 장만해 두라고 부하들에게 지시했다.

12. 외국 손님들을 접대하는 일을 맡은 니카노르(Nicanor)는 도로테우스(Dorotheus)를 불러 장로들의 식생활과 주거에 조금도 불편함이 없도록 하라고 지시했다. 이는 물론 이렇게 하라는 왕의 특별 명령이 있었기 때문이었다. 니카노르는 자기들과 같은 생활 방식을 소유하지 않은 외국인들을 그들 고유의 풍습대로 살 수 있도록 돌봐 주는 일을 담당하고 있었다. 외국인들이 타국에서의 서먹서먹함을 느끼지 않도록 고유의 풍습대로 잔치 대접을 받고 마음껏 즐길 수 있도록 하는 일이 그의 임무였다. 그는 이번에 유대 장로들을 접대하는 일을 도로테우스에게 일임하였다. 도로테우스는 이런 일에 남다른 솜씨를 가지고 있기 때문이었다. 도로테우스는 왕명을 받고 외국 귀빈 접대에 심혈을 기울였으며 장로들이 앉을 이중 좌석을 마련했다. 왜냐하면 왕이 좌석을 마련할 때 오른팔 쪽과 뒤편에 쿠션을 놓아 이중 좌석을 만들고 최고 국빈으로 대접하

는 데 조금도 소홀함이 없도록 하라고 지시했기 때문이었다. 장로들이 모두 자리에 앉자 왕은 도로테우스에게 유대에서 온 장로들의 시중을 극진하게 들라고 다시 한번 당부하였다. 이에 그는 짐승을 잡는 자들과 애굽 제사장들과 늘 식전 기도를 하던 자들을 내보내고 유대에서 온 사람들 가운데 한 사람인 제사장 엘르아살을 불러 식전 기도를 해달라고 간청하였다.[5] 이에 제사장 엘르아살은 그들 가운데 서서 왕과 왕의 모든 신하들이 축복을 받을 수 있도록 해달라고 감사의 기도를 드렸다. 그러자 잔치에 참석한 모든 이들은 기쁨에 넘쳐 큰 목소리로 환호성을 올렸다. 기도가 끝나자 그들은 상에 차려 놓은 것을 실컷 먹고 마시면서 잔치를 즐겼다. 왕은 자기 나름대로 사람들이 어느 정도 음식을 들고 즐겼다고 생각이 되자 얼마 후에 그들에게 철학적인 내용의 이야기를 하면서 그들 각자에게 한 가지씩 철학적인 질문을 던지고[6] 답변해 보라고 하였다. 이들이 왕이 던진 질문을 조목조목 들면서 상세히 설명해 주자 왕은 몹시 흡족해하였다. 왕은 이러기를 무려 12일간이나 계속하였다. 아리스테우스가 이에 대해 자세히 기록해 두었으니 관심이 있는 자들은 그의 책을 참고해 보도록 하라.

13. 이들의 지혜에 대해 감탄한 것은 왕뿐이 아니었다. 철학자 메네두스(Menedus)는 이들의 말에 힘이 있고 지혜와 아름다움이 있는 것을 보니 하나님이 만물을 지배하는 것이 틀림없다고 찬사를 늘어놓았다. 따라서 그들은 유대 장로들에게 더 이상 어떤 문제도 질문하지 않았다. 왕은 장로들에게서 어떻게 백성을 통치해야 하는지를 배웠다면서 매우 유익하다고 실토할 정도였다. 이에 왕은 이들에게 한 사람당 3달란트씩 주라고 신하들에게 지시했다. 그 후 3일이 지나자 데메트리우스는 이들을 데리고 약 7펄롱가량 되는 둑을 지나 섬으로

---

[5] 이것이 내가 본 식전 감사 기도의 가장 오랜 고대의 실례이다. 그 후에 내가 본 식전 감사 기도의 실례는 식전 식후에 모두 기도하는 에세네파(Essenes)의 경우와 우리 주님의 식전 기도(막 8:6; 요 6:11, 23)와 사도 바울의 식전 기도(행 27:35)와 사도적 규정(Apostolical Constitutions) 5권 말미에 나오는 그리스도인들의 경우(식전 식후에 모두 기도했던 것처럼 보인다) 등이다.

[6] 이 질문들은 철학적이라기보다는 백성들에게 선정을 베푸는 길이 어떤 것인가에 관한 정치적인 질문들이었다.

데려갔다. 데메트리우스는 그들을 다시 북쪽으로 데리고 갔다. 그곳에는 바닷가의 한적한 곳에 집 한 채가 있었다. 그곳은 그들이 토론하며 작업하기에는 그야말로 안성맞춤이었다. 데메트리우스는 그들을 이곳까지 데려온 후에 율법 번역에 필요한 모든 것이 갖추어져 있으니 번역 작업에만 전심전력하여 달라고 당부하였다. 그리하여 유대의 장로들은 온갖 정열과 심혈을 다 기울여 율법을 정확히 번역하기 시작했다. 그들은 제9시까지 작업을 계속했다. 제9시가 지나서야 그들은 휴식을 취하면서 몸을 돌봤다. 음식은 항상 풍성하게 공급되었다. 이 외에도 도로테우스는 왕명에 따라 왕에게 공급되는 것은 무엇이나 풍성하게 이들에게도 갖다주었다. 아침이 되면 이들은 궁정으로 가 프톨레마이우스왕에게 문안을 드리고 돌아와 손을 씻고[7] 정결케 한 후에 율법서 번역에 전력을 기울였다. 율법을 전사(轉寫)하고 번역하는 작업이 72일 만에 끝이 나자 데메트리우스는 유대 장로들이 율법서를 번역하던 곳에 모든 유대인을 소집했다. 무리들은 율법을 번역한 장로들의 노고를 치하했다. 그들은 또한 자기들의 유익을 위해 율법서 번역을 제안한 데메트리우스에게도 치하했다. 그들은 데메트리우스에게 그들의 지도자들이 율법서를 읽을 수 있도록 허락해 달라고 요청했다. 더욱이 제사장들과 장로 중의 최연장자와 유대인의 유력 인사는 율법서 번역이 성공리에 끝났으니 이제는 더 이상 내용을 바꾸지 말고 그대로 잘 보존했으면 좋겠다고 데메트리우스에게 제안했다. 그들은 누군가가 율법서 번역 내용 중에 너무 피상적인 내용이나 생략된 점을 발견하게 되면 다시 한번 살펴보고 많은 사람 앞에서 문제점을 이야기하고 그다음에 정정하는 순서를 밟는 것이 좋겠다고 결의했다. 잘된 것으로 평가된 것은 될 수 있으면 고치지 않는 것이 좋다고 결의한 그들의 판단은 매우 지혜로운 판단이었다.

14. 왕은 자기가 의도했던 계획이 성공리에 끝나고 큰 유익을 가져오자 몹시 기뻐하였다. 왕은 율법을 들으면서 몹시 즐거워하였으며 다른 한편으로는

---

[7] 번역자들이 매일 아침 하나님께 기도하기 전과 번역을 시작하기 전에 바닷물에 손을 씻은 것은 때로 바닷가나 강가에 프로세우카이(Proseuchæ), 즉 기도처가 세워진 것과 비교해 볼 필요가 있다.

율법 수여자의 심오한 지혜와 율법의 신비한 의미에 찬탄을 금하지 못했다. 이에 왕은 데메트리우스에게 "이 율법이 이토록 멋지고 훌륭한데 어째서 시인들과 역사가들은 이에 대해서 일언반구의 언급도 없단 말인가?"라고 의아한 듯이 물어보았다. 그러자 데메트리우스는 이같이 대답하였다. "율법은 신성하고 거룩한데 율법을 언급하려고 시도한 몇몇 사람이 하나님의 벌을 받은 사례가 있기 때문에 감히 그 누구도 율법에 대해서 언급하려고 하지 않은 것입니다. 테오폼푸스(Theopompus)라는 인물이 율법을 서술하려는 시도를 하였으나 그로 인해 30일 이상이나 정신적 불안을 일으켰습니다. 그 후 얼마간 제정신이 들게 되자 그는 정신병이 율법을 서술하려고 한 데서 기인한 것이라 생각하고 (기도를 통해서) 하나님의 마음을 누그러뜨리게 하려고 애를 썼습니다. 그 후 그는 꿈속에서 자신이 정신병에 걸린 것은 신적인 문제에 대한 지나친 호기심을 가지고 그 연구에만 몰두한 데다가 그것을 일반 세속인들에게 책으로 써서 알리려고 했기 때문이라는 것을 깨닫게 되었습니다. 따라서 그는 그 일을 도중에 중단했습니다. 그랬더니 아니나 다를까 제정신을 도로 찾게 되었습니다. 그뿐 아니라 비극 시인 테오덱테스(Theodectes)는 거룩한 책들 속에 담긴 내용을 극적으로 표현하려고 하다가 그만 눈이 멀었으나 그 원인을 뒤늦게 깨닫고서 하나님께 기도하여 시력을 다시 회복했다는 이야기가 전해져 내려오고 있습니다."

15. 왕은 데메트리우스로부터 율법서를 받은 후에 찬사를 올리고 손상이 가지 않도록 보관에 만전을 기하라고 신하들에게 지시했다. 왕은 또한 번역자들에게 앞으로도 자기를 방문해 주면 극진하게 대접도 해주고 예물도 많이 줄 터이니 자주 자기를 찾아 달라고 당부했다. 왕은 앞으로 종종 방문해 달라고 다시 한번 부탁하면서 섭섭하지만 이제 헤어져야 할 시간이 되었다고 못내 아쉬워했다. 왕은 그들에게 최고급 옷 세 벌과 금 2달란트와 한 달란트 값어치의 잔 한 개와 가구들을 각기 선물로 나누어 준 후에 고국으로 돌려보냈다. 왕은 이 밖에 이들을 통해서 대제사장 엘르아살에게 은으로 만든 다리가 달린 침상 10개와 그에 딸린 가구들과 30달란트의 값어치가 나가는 잔과 자주색 옷 10벌과 아름다운 왕관과 고운 세마포 100필을 선물로 보냈다. 그 외에도 왕

은 대접과 접시와 그릇들과 금수반 두 개를 하나님께 봉헌하는 예물로 드렸다. 왕은 대제사장에게 편지를 보내 자기에게 가고 싶다는 장로들이 있으면 쾌히 승낙해 달라고 부탁했다. 그렇게 학식이 많은 자들과 대화를 나누면 자기가 큰 유익을 얻게 된다는 점을 명심해 주고 또 빈손으로 돌려보내지 않을 것임을 기억해 달라고 덧붙였다. 프톨레마이우스 필라델푸스 치하에서 유대인이 처한 상황은 위와 같았다. 이때는 유대인들이 대접을 받고 살았다.

제3장

아시아의 왕들이 유대국을 존중하고
그들이 세운 도시들에
유대인들을 시민으로 받아들이게 된 경위

1. 유대인들은 또한 아시아의 왕들에게서 존중을 받았다. 따라서 그들과 동맹 관계를 맺었다. 셀레우쿠스 니카토르(Seleucus Nicator)는 자신이 아시아(Asia)와 하부 수리아(Lower Syria)와 수도인 안디옥(Antioch)에 세운 도시의 시민이 되는 특권을 유대인들에게 허락했을 뿐 아니라 원주민들은 마게도냐인들과 헬라인들과 동등하게 대접해 주었다. 이런 특권은 오늘날까지도 계속되고 있다. 이를 근거로 우리는 아래와 같은 사실을 지적할 수 있다. 유대인들은 이방인들에게서 기름을 사서 쓴 반면에[8] 각기 자기가 근무하는 관청의 관리들에

---

8) 기름의 사용량은 오늘의 우리들보다 그 당시 유대와 인근 국가들의 사용량이 훨씬 많았다. 요세푸스 당시에는 유대인들이 이방인들의 손으로 준비된 기름을 사용하는 것은 법에 어긋나는 것으로 간주되었다. 그 원인은 아마도 이방인들이 기름을 준비하는 과정에서 어떤 미신적 요소가 가미되었기 때문이었을 것이다. 따라서 이방인들이 기름을 유대인들에게 선물하고 싶을 때는 기름 대신에 돈으로 주었다.

게 얼마의 돈을 받았다. 안디옥 주민들이 이 돈을 유대인들에게서 **빼앗으려**고 안간힘을 썼으나 그 당시 수리아를 지배하고 있던 무키아누스(Mucianus)는 이 특권을 유대인에게서 박탈하지 않고 오히려 보호해 주었다. 그 후 베스파시아누스(Vespasian)와 티투스(Titus)가 세상을 다스릴 때 알렉산드리아와 안디옥의 주민들이 유대인들에게서 이 특권을 빼앗아 달라고 간청했으나 베스파시아누스와 티투스는 그들의 간청에 귀를 기울이지 않았다. 여기서 우리는 로마인들, 특히 베스파시아누스와 티투스의 공평함과 관대함이 어느 정도였는가를 미루어 볼 수 있다.[9] 유대인들이 항복하지 않고 끝까지 버티는 바람에 많은 애를 먹었음에도 불구하고 베스파시아누스와 티투스는 강력한 알렉산드리아인들과 안디옥 주민들의 요구에 넘어가지 않고 유대인에 대한 분노를 억제하고 그들이 전부터 누려 오던 특권을 빼앗지 않았다. 베스파시아누스와 티투스는 알렉산드리아와 안디옥 주민들의 환심을 사려고도 하지 않았을 뿐 아니라 끝까지 대항한 유대인들에 대해 보복을 하려고도 하지 않았다. 그들은 유대인이 누려 오던 오래된 특권을 박탈하지 않겠다면서 이같이 말했다. "유대인들은 비록 무기를 들고 끝까지 항거했지만 이미 마땅한 벌을 받았소. 그렇기 때문에 특권을 박탈당할 만한 하등의 잘못을 저지르지 않은 사람들에게서 특권을 **빼**앗는 것은 불공평한 일이라고 생각하오."

2. 마르쿠스 아그립바(Marcus Agrippa)도 유대인에게 매우 호의적이었다. 한 번은 이오니아(Ionia)의 주민들이 유대인들에게 심한 반감을 갖고 아그립바에게 이같이 간청했다. "왕이시여! 그런 시민의 특권들은 저희만 향유할 수 있습니다. 셀레우쿠스(Seleucus, 헬라인들이 그 신[The God]이라고 부른 인물)의 자손 안티오쿠스(Antiochus)가 우리에게 시민의 특권을 부여해 주셨기 때문입니다. 그러므로 만일 유대인들도 우리와 같이 시민의 특권을 누리려면 우리가 섬기는 신들을 섬겨야만 할 것입니다." 결국 이 문제는 판결을 받기에 이르렀다. 유대인

---

9) 유대인뿐 아니라 그 외의 속국에 대하여 보여준 고대 로마인들의 정의와 공평과 관대함을 통해 볼 때 우리는 전능하신 하나님이 어찌하여 범죄한 유대인들을 거절하고 로마인들을 그의 백성으로 선택했으며 로마 제국 안에 기독교를 처음으로 공고하게 확립시켰는가를 조금이나마 이해할 수 있을 것 같다.

들은 다메섹의 니콜라우스(Nicolaus of Damascus)의 후원을 힘입어 고유의 풍습을 지켜도 좋다는 허락을 받고 판결에서 승리할 수 있었다. 아그립바가 유대인에게서 특권을 빼앗을 의사가 없다고 판결했기 때문이었다. 이 문제에 대해 더 상세히 알기를 원하는 사람들은 니콜라우스의 역사서 제123권과 제124권을 참고해 보도록 하라. 그러나 이 아그립바의 판결에 대해서는 그리 칭찬할 만한 것이 없다. 왜냐하면 그 당시 유대 국가는 로마와 전쟁을 하지 않았기 때문이다. 그러나 유대인들 때문에 큰 전쟁을 치르고 곤욕을 겪고 난 후에 분노를 억제하고 공평을 지킬 수 있었던 베스파시아누스와 티투스의 관대함은 모든 이들의 경탄의 대상이 아닐 수 없었다. 이에 대해서는 이쯤 해두고 다시 원점으로 돌아가 이야기를 계속하도록 하자.

3. 한편 코엘레수리아(Coelesyria)의 주민들뿐 아니라 유대인들이 큰 고통을 겪고 그들의 땅이 황폐해진 것은 전 아시아를 지배했던 안티오쿠스 대왕(Antiochus the Great)의 치세 때였다. 왜냐하면 안티오쿠스가 프톨레마이우스 필로파토르(Ptolemy Philopator)와 그의 아들 에피파네스(Epiphanes)와 전쟁을 벌이는 바람에 유대인들과 코엘레수리아의 주민들은 중간에서 같이 곤욕을 치르지 않을 수 없었다. 이것은 안티오쿠스가 패했을 때나 승리했을 때나 마찬가지였다. 따라서 이들은 광풍에 요동하는 배의 신세나 다를 바가 없었다. 그들은 안티오쿠스의 번영과 쇠퇴의 중간에서 온갖 설움들을 다 겪었다. 마침내 안티오쿠스가 프톨레마이우스를 격파하고 유대를 장악했다. 필로파토르(Philopator)가 죽자 그의 아들 에피파네스는 군대 장관 스코파스(Scopas)에게 대군을 주어 코엘레수리아를 공격하게 했다. 이에 스코파스는 코엘레수리아의 많은 도시를 함락시키고 특히 유대국을 점령했다. 그러나 그로부터 얼마 안 되어 안티오쿠스는 요단강의 발원지 근처에서 스코파스의 군대를 격파하고 수많은 적병을 전사시켰다. 그 후 안티오쿠스는 스코파스가 점령했던 코엘레수리아의 많은 도시를 재탈환했다. 사마리아인들과 유대인들은 자발적으로 안티오쿠스에게 항복했다. 유대인들은 안티오쿠스를 예루살렘시로 맞아들이고 그의 전 병사와 코끼리에게 먹을 것을 풍성히 공급하고, 그가 예루살렘의 망대에 진 치고 있는 수비

대를 공격할 때 자발적으로 참여하였다. 이에 안티오쿠스는 자기를 돌봐 준 유대인들의 성의와 열성에 보답하는 것이 좋겠다고 생각하고 군대 장관들과 친구들에게 서신을 보내 유대인들이 자기에게 보인 호의를 밝힌 후에 유대인들에게 어떤 보답을 해야 좋을지 좋은 의견을 말하라고 당부했다. 안티오쿠스가 군대 장관들에게 보낸 편지를 소개하기 전에 먼저 메갈로폴리스의 폴리비우스(Polybius of Megalopolis)의 역사서 가운데 이 역사를 기록한 부분을 살펴보도록 하자. 폴리비우스는 그의 역사서 제16권에서 이같이 기록하고 있다. "프톨레마이우스의 군대 장관 스코파스는 급히 고지대로 이동하여 겨울철에 유대 국가를 함락시켰다." 폴리비우스는 역시 제16권에서 이같이 말하고 있다. "안티오쿠스는 스코파스를 격파한 후에 바타네아(Batanea)와 사마리아(Samaria)와 아빌라(Abila)와 가다라(Gadara)를 탈환했다. 그 후 얼마가 지난 뒤 예루살렘이라고 불리는 성전 근처에 거주하는 유대인들이 안티오쿠스에게로 넘어왔다. 예루살렘에 관해, 특히 성전에 임하는 하나님의 임재에 관하여 하고 싶은 말이 있으나 적절한 기회에 하도록 하고 이 정도에서 멈출까 한다." 이상이 폴리비우스가 기록한 역사이다. 이제 안티오쿠스왕이 보낸 일련의 편지를 살펴보도록 하자.

안티오쿠스왕이 프톨레마이우스에게 문안하오.

"유대인들은 우리가 그들의 나라에 들어서자마자 우리에게 우정을 표시해 왔소. 우리가 그들의 도시인 예루살렘에 도착하자 그들은 우리를 성대하게 영접해 주었소. 그들은 의회의 회원들까지 친히 나와 우리를 맞이했을 뿐 아니라 우리의 병사들과 코끼리에게 먹을 것을 풍성히 공급해 주었소. 그 외에도 그들은 시의 망대에 숨어 있는 적의 수비대를 공략하는 데 우리를 흔쾌히 도와주었소. 그래서 나는 그들에게 무엇인가 보답하고 싶고 이 도시가 처한 어려운 상황을 돕고 싶소. 이 도시는 그간의 재난으로 인해 많은 주민이 피난을 가는 바람에 사람이 별로 없는 한적한 도시가 되어 버렸소. 따라서 나는 이 도시를 복구하여 떠나간 주민들을 다시 되돌아오게 하고 싶소. 유대인들은 하나님을 극진히 섬기는 민족이니까 우선 제일 먼저 제사드리기에 합당한 짐승들과 포도주와 기름과 은화 20,000개의 값이 되는 유향과 고운 가루 6아르타바(artaba)와 밀 1,460메딤노스(medimnos)와 소금 375메딤노스(medimnos)를 주어야겠다고 나는 생각했소. 그러므로 그대는 이것들을 내가 시키는 대로 해주기 바라오. 나는 또한 성전 공사도 끝내 주고 싶고 회랑도 지어 주고 싶으며 그 외에 재건이 필요한 건물은 무엇이나 다시 건축해 주고 싶소. 목재에 관해서는 유대(Judea) 밖에서, 즉 다른 나라에서, 특히 리바누스(Libanus)에서 세를 물리지 말고 유대로 반입시키도록 하시오. 이 외에도 성전을 더욱 화려하게 만드는 데 필요한 물자들은 무엇이나 면세하고 들여올 수 있도록 조치해 주도록 하시오. 또한 모든 유대인은 그들 고유의 풍습대로 살아가도록 허락하고 의회원들과 제사장들과 서기관들과 찬양대원들에게는 인두세(poll-money)와 왕관세(crown-tax)와 그 외의 다른 세들을 면제해 주도록 하시오. 그리고 이 도시에 주민들이 많아질 수 있도록 현재의 주민들과 다시 돌아와서 사는 주민들에게는 휘페르베레타이우스(Hyperberetaeus)월까지 3년간 세금을 면제해 줄 생각을 나는 가지고 있소. 또한 그들이 그동안 상실한 것을 보충하도록 도와주기 위해서 나는 앞으로 그들의 세금을 3분의 1 면제해 줄 생각이오. 이 외에도 포로로 끌려가 노예가 된 자들은 자식들과 함께 노예에서 해방시켜 주고 그들의 재산을 돌려주도록 할 것이니 그리 알도록 하시오."

4. 왕이 보낸 서신의 내용은 위와 같았다. 이 외에도 왕은 전국에 성전을 존중히 여기라는 취지의 조서를 공포하였다. 그 내용은 다음과 같다. "외국인들은 유대인들의 성전 주변에 설정해 놓은 한계 안으로 들어가지 않도록 하라. 이와 마찬가지로 전해 온 풍습에 따라 자기 몸을 정결케 하지 않은 유대인들도 성전에 들어가서는 안 된다. 들짐승이나 가축을 막론하고 말이나 노새나 나귀의 고기를 가지고 예루살렘에 들어가서는 안 된다. 표범이나 여우나 토끼나 그 밖의 유대인들이 먹지 않는 고기도 마찬가지이다. 이들의 가죽을 도시 안으로 반입하는 것도 안 된다. 물론 예루살렘 안에서 이런 짐승들을 기르는 것은 더더욱 안 된다. 하나님이 받으실 만한 짐승들, 선조 때부터 하나님께 제사드리는 데 사용해 왔던 짐승들만 하나님께 제사드리는 데 사용하도록 하라. 이 명령을 어기는 자는 누구든지 은 3,000드라크마를 제사장에게 내야만 한다." 더

욱이 안티오쿠스왕은 산악 지대에 있을 때 브루기아(Phrygia, 프리기아)와 루디아(Lydia, 리디아)에서 반역이 일어났다는 소식을 듣고 쓴 편지 속에서 유대인들의 경건과 충성심에 대해서 언급하고 있다. 그는 이 편지에서 그의 군대 장관 제욱시스(Zeuxis)에게 유대인들은 바벨론에서 브루기아로 보내라고 명령하고 있다. 그 서신의 내용은 이와 같다.

안티오쿠스왕이 제욱시스에게 문안하오.

"그대가 건강하다니 참으로 기쁘오. 나도 마찬가지로 건강하오. 루디아와 브루기아에서 반역이 일어났다는 소식을 듣고 나는 보통 문제가 아니라는 생각이 들었소. 따라서 나는 친구들과 이 문제에 대해서 깊이 의논한 결과 유대인 2,000가구를 그들의 재산과 함께 메소포타미아(Mesopotamia)와 바벨론에서 브루기아의 요충지와 성들로 옮기는 것이 좋겠다는 결론을 내렸소. 유대인들은 하나님을 섬기는 경건한 자들이기 때문에 우리의 소유를 충실히 잘 지켜 줄 것이라고 나는 굳게 믿고 있소. 나의 선친들은 유대인들이 맡은 일을 충실하게 최선을 다하는 민족이라는 점을 누누이 강조해 왔음을 나는 알고 있소. 물론 이 유대인들을 이렇게 이주시키는 것이 보통 어려운 일이 아니라는 점은 나도 잘 알고 있소. 그러니 유대인들에게 그들 나름의 고유한 율법대로 살도록 허락해 주겠다는 조건을 걸고 회유시켜 보도록 하시오. 유대인들을 앞서 언급한 곳으로 이주시킨 후에는 거주할 집을 지을 장소와 포도를 심고 밭을 갈 땅을 주도록 하시오. 그리고 10년간은 그들에게 밭의 소출에 대한 세금을 물리지 않도록 하시오. 또한 그들이 땅에서 밀의 소출을 얻을 때까지 그들에게 밀가루를 주도록 하시오. 그들이 우리의 인정에 감사하며 자발적으로 열심히 우리 일을 도와주도록 생활필수품을 그들에게 풍성히 공급해 주도록 하시오. 특히 그들이 어느 누구의 방해도 받지 않고 생활해 나가도록 가능한 한 최선을 다 기울이도록 하시오."

위에 언급한 증거들을 볼 때 우리는 안티오쿠스 대왕이 유대인들에게 어떤 호의를 베풀었는가를 충분히 알 수 있다.

제4장

안티오쿠스가 프톨레마이우스와 동맹 관계를 맺게 된 역사와
오니아스가 프톨레마이우스 에우에르게테스를 분노하게 만든 경위,
그러나 요셉이 모든 문제를 정상으로 회복시키고
그와 다시 우의 관계를 맺게 된 전모,
그리고 요셉과 그의 아들 히르카누스가 행한 일에 관한 역사

1. 이후에 안티오쿠스는 프톨레마이우스와 우호 관계를 맺고 자기 딸 클레오파트라(Cleopatra)를 그의 아내로 주고 그에게 지참금으로 코엘레수리아와 사마리아와 유대와 베니게를 주었다. 따라서 세금을 거두는 자들은 이 지역에서 정한 세금을 거두어 두 왕에게 공평하게 분배하였다. 이때 사마리아인들은 한창 번영을 누리고 있었다. 그리하여 사마리아인들은 유대 땅을 빼앗아 가고 유대인을 노예로 잡아가는 등 유대인에게 적지 않은 괴로움을 끼쳤다. 이 당시의 대제사장은 오니아스(Onias)였다. 엘르아살이 죽자 그의 삼촌 므낫세(Manasseh)가 대제사장직을 계승했다가 그도 세상을 떠나자 오니아스가 대제사장이 되었기 때문이었다. 오니아스는 의인이라고 불리는 시몬의 아들이었다. 이 시몬은 우리가 전에 살펴본 대로 엘르아살의 형제였다. 오니아스는 돈을 무척 좋아하는 매우 편협한 인물이었다. 이 때문에 그는 조상 적부터 왕에게 바쳐 오던 은 20달란트의 세금을 바치지 않았다. 그의 이런 행동은 필로파토르의 부왕인 프톨레마이우스 에우에르게테스(Ptolemy Euergetes)의 비위를 심하게 건드렸다. 이에 에우에르게테스는 사신을 예루살렘에 보내 어찌하여 세금을 내지 않는가를 추궁하고 만일 계속해서 세금을 내지 않을 때는 군대를 보내 무력으로 예루살렘을 점령할 것이라고 위협하였다. 유대인들은 이 왕의 메시지를 듣고 크게 당황하였다. 그러나 오니아스는 어지간히 돈을 좋아하는 인물이었기에 왕의 위협에 끄떡도 하지 않았다.

2. 나이는 어렸으나 신중하고 명석하고 의로웠기에 예루살렘 백성들의 신망을 한 몸에 받고 있었던 요셉(Joseph)이라는 인물이 있었다. 그의 부친은 토비아스(Tobias)였고 모친은 대제사장 오니아스(Onias)의 누이였다. 그 당시 그는 고향인 비골(Phicol)10)에 머무르고 있었는데 그의 모친이 왕의 사신이 예루살렘에 당도했다는 소식을 그에게 알렸다. 이에 요셉은 예루살렘에 올라가서 세금을 내지 않음으로써 동족을 위험에 빠뜨리고 국가의 안전을 위태롭게 하는 어리석은 짓이 어디 있느냐고 오니아스를 힐난했다. 백성의 안전을 도모하라는 이유에서 백성들을 다스리는 권한을 준 것이고 대제사장의 자리를 부여한 것인데 돈을 지나치게 사랑한 나머지 동족과 국가를 멸망의 구렁텅이로 몰아넣는 우를 범하고 있음을 신랄하게 꼬집었다. 그는 오니아스에게 돈이 아까우면 왕을 찾아가서 세금의 일부나 혹은 전부를 면제해 달라고 간청하는 것이 좋을 것이라고 충고했다. 그러자 오니아스는 이같이 대꾸했다. "나는 권좌에 연연하지 않네. 필요하다면 언제든지 대제사장직에서 물러날 것일세. 나는 그런 일로 신경을 쓰고 싶지 않기 때문에 왕을 찾아가서 간청하는 짓은 결코 하지 않을 것일세." 그러자 요셉은 오니아스에게 자기가 대신 사신을 만나 볼 수 있도록 허락해 달라고 요청했다. 오니아스는 그렇게 하라고 허락했다. 이에 요셉은 성전으로 올라가 백성들을 총회로 소집한 후에 이같이 권면하였다. "내 삼촌 오니아스의 경솔함으로 인해 괴로워하거나 놀라지 마십시오. 이제 더 이상 그 일로 인해 떨지 마시고 평정을 찾으십시오. 내가 직접 왕을 찾아가 우리에게 어떤 불상사도 일어나지 않도록 최선을 다할 것이오. 그러니 안심하도록 하십시오." 백성들은 이 말을 듣고 모두 요셉에게 감사하다고 했다. 요셉은 성전을 떠나 프톨레마이우스의 사신을 매우 융숭하고 정중하게 대접하였다. 요셉은 여러 날 동안 그 사신을 위해 잔치를 베풀고 값진 예물을 준 후에 자기도 곧 뒤따라갈 터이니 먼저 왕에게 돌아가라고 했다. 사신이 요셉을 여러 말로 격려해 주었기에 그는 더욱 왕을 만나 보고 싶었다. 사신은 자기가 프톨레마이

---

10) 비골(Phicol)이라는 지명(地名)은 아브라함 당시 아비멜렉의 군대 장관인 비골이라는 인명과 동일하다 (창 21:22). 아마도 비골은 아비멜렉의 군대 장관인 비골의 고향이 아니면 거주지였을 것으로 생각된다. 왜냐하면 비골은 과거에도 그랬지만 지금도 팔레스타인 남부에 위치하고 있는 것처럼 보이기 때문이다.

우스에게 말을 잘해서 요셉이 원하는 것을 다 들어주도록 최선을 다할 터이니 애굽을 한번 방문해 달라고 간곡히 부탁하였다. 사신이 이같이 호의를 보이는 것은 요셉의 솔직하고 개방적인 성격과 품위 있는 행동에 크게 매료되었기 때문이었다.

3. 프톨레마이우스의 사신은 애굽으로 돌아간 후에 왕에게 오니아스의 경솔한 성격을 비난하면서 이같이 말했다. "오니아스와는 달리 요셉이라는 인물은 좋은 성품을 가진 훌륭한 인물이었습니다. 그는 유대 백성들을 변호하기 위해 조만간 왕을 방문할 것입니다." 사신이 요셉을 얼마나 칭찬했던지 왕과 왕후인 클레오파트라(Cleopatra)는 요셉을 만나 보기 전부터 그에게 호감을 갖게 되었다. 한편 요셉은 친구들을 사마리아에 보내 돈을 빌렸다. 그는 여행에 필요한 모든 것들과 의복과 잔과 물건을 운반할 짐승을 준비했다. 이에 소비한 경비가 약 20,000드라크마(drachma)에 달했다. 그는 만반의 준비를 갖추고 알렉산드리아로 향했다. 그런데 공교롭게도 요셉이 알렉산드리아로 올라간 시기는 수리아와 베니게의 온 도시의 유력 인사들과 지배자들이 세금을 도급 맡기 위해 알렉산드리아로 모이는 시기와 일치했다. 매년 그맘때가 되면 왕은 각 도시의 지배자들에게 세금을 도급 맡겼다. 따라서 그들은 초라한 요셉의 모습을 보고 비웃었다. 요셉은 알렉산드리아에 도착한 후 프톨레마이우스왕이 멤피스(Memphis)에 있다는 소식을 듣고 왕을 만나기 위해 그리로 갔다. 그가 도착했을 때는 왕이 병거에 앉아 있었으며 그 옆에는 왕후와 예루살렘에 왕의 사신으로 왔다가 요셉의 환대를 받은 바 있었던 아테니온(Athenion)이 함께 있었다. 아테니온은 요셉을 보자마자 왕에게 그를 소개하면서 얼마나 멋진 청년이냐고 극구 칭찬했다. 그러자 프톨레마이우스는 그에게 인사를 한 후 자기 병거에 올라타라고 요구했다. 요셉이 병거에 올라타서 자리에 앉자 프톨레마이우스는 오니아스의 처사에 대해 힐난했다. 이에 요셉은 이같이 대답했다. "왕께서 그를 용서해 주십시오. 나이 들어 그가 노망했나 봅니다. 왕께서도 늙은이와 어린애는 생각하는 것이 똑같다는 것을 잘 아시고 계시지 않습니까? 그러니 왕께서는 그런 늙은이와는 상대하지도 마시고 저 같은 젊은이와 상대해 주십시

오. 그러면 착오가 생기는 일도 없을 것이며 왕께서 걱정하시는 일도 일어나지 않을 것입니다." 요셉의 패기와 유쾌한 모습에 왕은 마음의 흡족함을 느꼈으며 마치 오랫동안 사귄 친구 사이와 같은 친밀함을 느끼게 되었다. 이에 왕은 매일 요셉을 왕궁에 초대하여 함께 식사를 나누었다. 왕과 함께 알렉산드리아로 돌아온 후에도 마찬가지였다. 수리아의 유력 인사들은 요셉이 왕과 함께 앉아 있는 모습을 보고는 몹시 기분이 언짢았다.

4. 왕이 각 도시의 세금들을 도급 맡기고 각 도시의 유력 인사들은 이에 입찰하는 날이 다가왔다. 그런데 이때 코엘레수리아와 베니게와 유대와 사마리아의 세금 입찰 총액이 8,000달란트였다. 그러자 요셉은 입찰자들이 담합을 해서 세금액을 지나치게 낮게 잡았다고 입찰자들을 비난하면서 자기는 그 두 배의 가격에 입찰하겠다고 했다. 요셉은 만일 세금을 내지 않는 자들이 있으면 자기가 책임지고 그들의 전 재산을 왕의 재산으로 몰수하겠노라고 공언했다. 그 당시 세금 입찰에 성공하여 세금을 거두는 권한을 부여받은 사람에게는 이런 일을 할 수 있는 특권까지 주어졌다. 왕은 요셉의 제안을 듣고 자기 세입(稅入)을 증가시킬 수 있을 것이라고 생각하고 마음에 흡족히 여기고 요셉을 최종 낙찰자로 결정하였다. 왕은 요셉에게 담보물이 있느냐고 물었다. 그러자 요셉은 "왕께서 절대로 안심하고 믿을 수 있는 책임성 있고 훌륭한 사람을 보증으로 세울 터이니 걱정하지 마십시오."라고 대답했다. 왕이 그의 말을 듣고 그가 누구냐고 어서 말해 보라고 하자 "왕이시여! 나의 보증인이란 다름 아닌 바로 왕 자신과 왕후이십니다. 왕께서는 이 두 보증인을 안심하고 믿으실 수 있을 것입니다."라고 답변했다. 그러자 프톨레마이우스왕은 기가 찬다는 듯이 껄껄 웃은 후에 어떤 담보도 없이 세금 징수 청부업자로 임명하였다. 이 광경을 보고 있던 수리아에서 온 많은 유력 인사들은 완전히 실망하여 고개도 제대로 들지 못하고 각기 고향으로 돌아갔다.

5. 요셉은 세금을 잘 내려고 하지 않는 자들에게서 세금을 강제로 징수하려면 강제력이 있어야 한다고 왕에게 간청하여 2,000명의 보병을 얻어낸 후 알

렉산드리아의 왕의 친구들에게서 500달란트를 빌려 급히 수리아로 향했다. 요셉은 아스글론(Askelon)에 이르러 그곳 주민들에게 세금을 내라고 요구하였다. 그러나 그곳 주민들은 세금을 내려고 하지 않았을 뿐 아니라 요셉에게 모욕을 가했다. 이에 요셉은 아스글론의 유력 인사 20명을 잡아 살해하고 세금을 강제 징수하여 왕에게 보내고 사건의 전모를 상세히 알렸다. 프톨레마이우스는 이에 요셉의 현명한 조치에 감탄하고 그의 행동을 칭찬한 후에 모든 일을 알아서 처결하라는 특권까지 허락해 주었다. 수리아인들은 이 소식을 듣고 몹시 놀랐다. 그들은 아스글론 주민들이 살해당한 비참한 전례가 있었기 때문에 성문을 열고 요셉을 영접하고 순순히 세금을 바쳤다. 그런데 스키토폴리스(Scythopolis) 주민들은 요셉을 경멸하고 전에 내던 세금도 내려고 하지 않았다. 이에 요셉은 그들과 논쟁을 벌이지 않고 다짜고짜 그곳의 유력 인사들을 사로잡아 죽인 후에 그들의 재산을 몰수하여 왕에게로 보냈다. 이렇게 하여 그는 세금 징수 청부업으로 막대한 재산과 부를 축적할 수 있었다. 요셉은 자기의 특권을 계속 누리기 위해서 이런 방법으로 얻은 재산을 잘 이용했다. 그는 현재의 행운을 잘 유지 관리하는 길이 무엇보다도 중요하다고 생각했다. 그는 개인적으로 왕과 왕후 클레오파트라와 왕의 친구들과 궁정에 있는 왕의 측근들에게 많은 선물을 주어 이들의 환심과 호의를 샀다.

6. 그는 자그마치 22년간 이런 특권을 누렸다. 그는 한 아내를 통해서 일곱 아들을 두었다. 그는 또한 아래와 같은 경위를 통해서 얻은 아내인 그의 형 솔리미우스(Solymius)의 딸을 통해서 히르카누스(Hyrcanus)라는 아들을 낳았다. 요셉이 한번은 그의 형과 함께 알렉산드리아에 온 적이 있었다. 이때 그의 형은 알렉산드리아에 거주하는 유대인 귀족 청년과 결혼시키기 위해 과년한 딸을 데리고 왔다. 요셉은 왕과 함께 식사를 나누다가 연회장에 들어온 미모의 여배우를 보고 한눈에 반해 버렸다. 요셉은 그의 형에게 이런 속마음을 고백하고 유대인은 이방 여인과 가까이하면 안 되니까 이런 사실을 다른 사람에게 알리지 말라고 부탁하면서 자기 욕망을 이룰 수 있도록 좀 도와줄 수 없겠느냐고 간청하였다. 이에 그의 형은 그의 간청을 들어주도록 애써 보겠다고 말한 후에 자

기 딸을 아름답게 치장시킨 다음, 밤에 그녀를 그의 침실로 들여보냈다. 요셉은 술에 만취해 있었기에 그녀가 누구인지 알아보지 못하고 형의 딸과 동침했다. 그는 여러 번 그녀와 동침하게 되었고 그녀를 몹시 사랑하게 되었다. 따라서 요셉은 형에게 그 여배우를 너무 사랑하기 때문에 (만일 그녀와 헤어지게 된다면) 더 이상 세상에 살맛이 없을 것 같은데 왕이 허락하지 않을 것 같아 걱정된다고 했다. 그러자 형은 요셉에게 그런 걱정은 하지 말고 그녀를 아내로 삼으라고 했다. 형은 모든 사실을 밝히고 그가 안타까워 못 본 체할 수도 없고 사람들에게 모욕을 당하는 것도 볼 수 없어 차라리 자기 딸을 욕되게 하는 방법을 택한 것이라고 설명했다. 이에 요셉은 형의 사랑을 극구 치하하고 그의 딸과 결혼했다. 이렇게 해서 요셉은 우리가 이미 살펴본 대로 히르카누스(Hyrcanus)라는 아들을 낳게 된 것이다. 막내아들 히르카누스는 13세가 되자 지혜롭고 용맹스러운 점이 드러나기 시작했다. 그는 형들보다 지혜롭고 총명했기에 형들의 시기를 받을 수 있는 소지가 많았다. 이에 요셉은 아들들 중에서 누가 가장 덕과 지혜를 갖춘 인물인가를 알고 싶었다. 요셉은 그 당시 학생들을 잘 가르치기로 평판이 난 선생에게 아들들을 맡겨 교육을 받게 했다. 그런데 히르카누스의 형들은 게으름과 태만으로 인해 제대로 교육을 받지 못하고 그냥 돌아왔다. 그 후 요셉은 히르카누스를 불러 300겨리의 황소를 주고 광야로 이틀 길을 가서 그곳의 땅을 갈라고 명령한 후에 아들 몰래 멍에를 빼다 감추었다. 히르카누스는 아버지가 명한 곳에 도착해 밭을 갈려고 했으나 멍에가 없었다. 이에 그는 소를 모는 자들에게 실컷 꾸지람을 했다. 그들은 그에게 몇 사람을 도로 집으로 보내 멍에를 가져오게 하는 것이 어떻겠느냐고 제안했다. 그러나 히르카누스는 멍에를 가져오는 데 시간을 허비할 수는 없다고 생각하고 나이에 어울리지 않게 좋은 방법을 강구해 냈다. 그는 소 10겨리를 잡은 후에 고기는 일꾼들에게 나누어 주고 가죽은 여러 조각으로 나누어 멍에를 만들었다. 이렇게 해서 그는 아버지가 명한 만큼의 밭을 간 후에 집으로 돌아왔다. 그가 돌아오자 요셉은 그의 지혜를 보고 몹시 기뻐하였으며 그의 명철함과 담대함을 크게 칭찬하였다. 요셉은 마치 히르카누스만이 그의 유일한 아들인 양 그만을 편애하였다. 이에 그의 형제들은 히르카누스로 인해 마음이 몹시 괴로웠다.

7. 이때 요셉은 프톨레마이우스가 왕자를 낳아 수리아와 그 밖의 여러 나라의 유력 인사들이 왕자의 탄생을 기뻐하는 잔치를 베풀고 종들을 거느리고 급히 알렉산드리아로 모여들고 있다는 소식을 듣게 되었다. 그러나 그는 이미 연로하여 직접 알렉산드리아로 갈 수가 없었다. 그리하여 그는 자식들 중에서 누구를 보낼 것인가 이리저리 궁리하였다. 이때 큰 아들들은 모두가 한결같이 왕 앞에 가서 이야기를 할 만한 용기가 없었으므로 자기들을 보내지 말라고 간청하면서 막냇동생 히르카누스를 보내는 것이 좋겠다고 하였다. 요셉은 이 제안을 흡족히 여기고 히르카누스를 불러서 왕에게 사신으로 갈 용의가 없느냐고 물었다. 그러자 히르카누스는 선뜻 자기가 가겠다고 하면서 자기는 지금까지 검소하게 살아왔기에 많은 여비가 필요하지 않으며 10,000드라크마만 있으면 족할 것이라고 했다. 요셉은 이 아들의 검소함에 마음이 기뻤다. 그로부터 얼마 후 히르카누스는 왕에게 드릴 예물을 여기서부터 가져가는 것보다는 알렉산드리아에 있는 청지기에게 편지를 써서 돈을 준비하도록 하면 자기가 그곳에 가서 가장 값비싸고 진귀한 예물을 마련하는 것이 좋겠다고 제안하였다. 이에 요셉은 10달란트면 왕의 예물로 충분할 것이라고 생각하고 알렉산드리아에서 자기의 모든 돈을 관리하는 청지기인 아리온(Arion)에게 편지를 썼다. 요셉이 수리아에서 세금을 거두어 알렉산드리아로 보낸 돈은 적어도 3,000달란트 이상이었다. 세금을 왕에게 바치는 날이 다가오자 요셉은 아리온에게 세금을 바치라고 편지를 썼다. 히르카누스는 아버지에게서 청지기에게 보내는 편지를 받은 후에 서둘러서 알렉산드리아로 떠났다. 그가 떠나자 그의 형제들은 왕의 모든 친구들에게 서신을 보내 그를 죽여야 한다고 했다.

8. 히르카누스는 알렉산드리아에 도착하여 아리온에게 서신을 전달했다. 아리온은 (히르카누스가 기껏해야 10달란트나 거기서 조금 초과하는 금액을 달라고 할 줄로 기대하면서) 그에게 몇 달란트나 필요하냐고 물었다. 그러자 히르카누스는 1,000달란트가 필요하다고 했다. 이에 청지기인 아리온은 몹시 화가 나서 "어떻게 그렇게 사치스럽게 사시려고 합니까? 부친께서 어떻게 해서 이 재산을 마련했는

지 아십니까? 온갖 수고와 노력을 아끼지 않고 사치와 허영을 절제하면서 간신히 이런 큰 부를 축적하신 것입니다. 제발 부친을 본받으십시오."라고 충고했다. 아리온은 히르카누스에게 왕의 예물 비용으로 10달란트 이상은 지출할 수 없다고 거절하였다. 히르카누스는 이에 분개하여 아리온을 감옥에 집어넣었다. 한편 아리온의 아내는 클레오파트라에게 이 사실을 알리고 제발 그 풋내기를 꾸짖어 달라고 눈물로 간청했다. 이에 클레오파트라는 이 사실을 다시 왕에게 고했다. 프톨레마이우스왕은 히르카누스를 불러 부친의 명을 받고 왔으면 자기를 찾아와야 하는데 지금까지 한 번도 찾아오지 않고 청지기만 감옥에 집어넣은 이유는 어디에 있느냐고 물었다. 이에 히르카누스는 이같이 답변했다. "성전에 나가 하나님께 제사드리기 전에는 제사 음식을 먹지 않는 것이 저의 법칙입니다. 따라서 저의 부친의 은인이신 왕께 지금까지 찾아뵙지 않은 것입니다. 그리고 제가 종을 벌한 것은 제게 불순종했기 때문입니다. 주인이 어리다고 해서 불순종하는 종을 그냥 놔둘 수는 없는 노릇입니다. 더욱이 한 가정에서부터 주인의 말에 복종하지 않는 종을 그냥 내버려둔다면 머지않아 왕의 백성들도 왕의 말에 순종하지 않는 일이 발생하지 않으리라고 누가 장담할 수 있겠습니까?" 이 답변을 들은 왕은 한바탕 웃음을 터뜨리고 나이 어린 히르카누스의 비범함에 크게 감탄했다.

9. 아리온은 왕이 히르카누스에게 호감을 가지고 있는 것을 보고는 달리 방도가 없음을 깨닫고 히르카누스에게 1,000달란트를 주고 감옥에서 나왔다. 그 후 3일이 지나자 히르카누스는 왕과 왕후를 찾아 문안을 드렸다. 그들은 그를 보고 크게 기뻐하며 그의 부친을 생각하고 융숭하게 대접했다. 그 후 히르카누스는 남몰래 상인들을 찾아가 학식 있고 젊은 청년을 한 사람당 한 달란트씩 주고 100명을 사고 100명의 처녀들도 그렇게 했다. 하루는 왕의 초대를 받아 귀빈들과 함께 식사를 나누게 되었다. 잔치석은 신분의 서열대로 앉는 것이 관례였기에 그는 나이가 아직 어렸으므로 말석에 앉게 되었다. 그런데 잔치석에 앉은 모든 이들이 고기를 발라 먹고는 남은 뼈를 모두 히르카누스 앞에 쌓아 놓는 것이었다. 그리하여 마침내 그가 앉은 식탁 앞이 뼈로 가득 차기

에 이르렀다. 잔치석에서 사람들을 농담으로 웃기는 일을 직업으로 삼고 있던 트리폰(Trypho)은 사람들의 주문을 받고 왕 곁에 서 있다가 왕에게 이같이 말했다. "왕이시여! 히르카누스 앞에 쌓인 뼈들이 보이십니까? 히르카누스가 살을 모두 발라 먹고 뼈만 남겨 놓았듯이 그의 부친은 온 수리아를 아무것도 남지 않은 벌거숭이로 만들어 놓았습니다." 왕은 트리폰의 말에 폭소를 터뜨리고는 히르카누스에게 "어째서 그 앞에 뼈들이 그렇게 많이 쌓여 있는가?"라고 질문했다. 이에 히르카누스는 이같이 대답했다. "왕이시여! 그 말이 맞습니다. 개들은 살뿐 아니라 뼈까지도 모두 먹어버립니다. 그런데 보십시오. 여기 모인 왕의 손님들을 말입니다. (잠시 그들을 쳐다보면서) 그들 앞에 아무것도 놓여 있지 않습니다. 그러나 인간들은 고기는 먹고 뼈는 내버립니다. 여기 보십시오. 제가 그렇게 하지 않았습니까?" 이에 왕은 그의 현명한 답변에 그만 감탄을 금하지 못하고 참석한 모든 이들에게 멋진 농담에 박수갈채를 보내자고 제의했다. 그다음 날 히르카누스는 왕궁에서 권력을 가진 왕의 친구들을 하나씩 차례로 방문하여 문안하고 난 후에 종들에게 주인이 왕자의 생일 축하 선물로 무엇을 준비했느냐고 넌지시 물어보았다. 그러자 어떤 집의 종은 12달란트를 준비했다고 했고 다른 집의 종은 그 외 여러 가지 값비싼 예물들을 준비했다고 했다. 이에 그는 그 종들 모두에게 자기는 가진 것을 모두 털어봤자 5달란트밖에 안 되기 때문에 그렇게 큰 예물을 준비할 수가 없어서 정말 큰일 났다고 하면서 짐짓 걱정스러운 얼굴을 했다. 종들은 그의 이 말을 듣고 각기 제 주인에게 이 같은 사실을 알렸다. 그러자 주인들은 예물이 너무 적어 요셉이 왕의 진노를 사게 될 것이고 그동안 누려 오던 특권도 더 이상 누리지 못하게 될 것이라고 기대하고 내심으로 모두 좋아하였다. 마침내 그날이 다가왔다. 다른 이들은 아무리 많이 바친 자도 20달란트를 넘지 못했다. 그러나 히르카누스는 그가 산 100명의 청년들과 100명의 처녀들에게 한 달란트씩 나눠 주고 청년들은 왕에게, 처녀들은 클레오파트라에게 나아가 그 돈을 드리도록 했다. 이에 모든 사람은 그 엄청난 양의 예물에 깜짝 놀랐다. 심지어는 왕과 왕후까지도 기대하지 못했다는 눈치였다. 그는 또한 왕의 측근들에게도 막대한 비용을 들여 예물을 주었다. 이는 그의 형들이 왕의 측근들에게 그를 죽이라는 서신을 보냈기에 위험에서부터 벗어나고자 하는 데 그 의도가 있었다. 한편 프톨레마이우스는 히르카누스의 통이 큰 데 감격하여 무슨 소원이 있든지 이야기해 보라고 하였다. 그러자 히르카누스는 자기 부친과 형제들에게 왕이 직접 서신을 써 주었으면 더 바랄 것이 없겠다고 했다. 이에 프톨레마이우스왕은 그를 극진히 대접하고 많은 예물을 주고 그의 부친과 형제들에게 보내는 친서를 써서 건네주고는 고국으로 돌아가도 좋다고 했다. 한편 히르카누스의 형들은 그가 왕의 극진한 환대를 받고 금의환향하고 있다는 소식을 듣고 마중 나가 그를 죽이려고 결심했다. 그의 부친인 요셉도 돈을 아낄 생각은 조금도 없이 왕에게 지나친 선물을 한 데 화가 나서 그를 죽이겠다는 아들들의 계획에 은밀히 동조했다. 그러나 요셉은 왕을 두려워했기 때문에 속마음을 드러내지는 않았다. 히르카누스는 형들이 공격해 오자 맞서 싸워 형 두 명과 부하들을 죽였다. 이에 나머지 형들은 예루살렘으로 도망쳤다. 히르카누스가 예루살렘에 도착했으나 아무도 그를 따뜻하게 영접해 주는 자가 없었다. 이에 그는 죽을까 봐 두려워 요단강 너머로 피신하여 그곳에 거주하였다. 그는 그곳에 거하면서 야만인들에게 세금을 강요했다.

10. 그 당시 아시아(Asia)는 안티오쿠스 대왕(Antiochus the Great)의 아들로서 소테르(Soter)라고 불리는 셀레우쿠스(Seleucus)가 다스리고 있었다. 이때 히르카누스(Hyrcanus)의 부친인 요셉(Joseph)이 세상을 떠났다. 그는 도량이 넓은 선인(善人)이었으며 유대 민족을 가난과 빈궁에서 부유함으로 끌어 올린 장본인이었다. 그는 22년간 수리아(Syria)와 베니게(Phoenicia)와 사마리아(Samaria)의 세금 징수 청부업자로서 활동했다. 이맘때쯤에 그의 삼촌 오니아스(Onias)도 세상을 떠났으며, 따라서 대제사장직은 그의 아들 시몬(Simon)에게 계승되었다. 시몬이 다시 세상을 떠나자 그의 아들 오니아스(Onias)가 대제사장직에 올랐다. 라케다이몬인(Lacedemonians)의 왕인 아레우스(Areus)가 사신과 함께 서신을 보내온 것은 바로 이 오니아스가 대제사장으로 재직하고 있을 때였다. 그가 보낸 서신의 내용은 아래와 같다.

라케다이몬인의 왕인 아레우스가 오니아스에게 문안드리오.

"나는 어떤 글을 읽다가 유대인과 라케다이몬인이 한 혈통이요 아브라함의 후손임을 깨닫게 되었소.[11] 따라서 우리의 형제인 그대들이 그대들의 문제를 우리에게 알리는 것은 너무도 당연하다고 생각하오. 우리도 무슨 문제가 생기면 그대들에게 알릴 생각이오. 또한 우리는 그대들의 문제를 우리 자신의 문제로 생각할 것이며 우리의 문제를 그대들과 함께 나눌 것이오. 이 서신을 전하는 데모텔레스(Demoteles)를 통해 그대들의 답변을 듣고 싶소. 이 서신은 정방형이며 문장(紋章)은 용을 발톱으로 움켜잡고 있는 독수리 모양이오."

11. 라케다이몬인의 왕이 보낸 서신의 내용은 위와 같았다. 한편 요셉이 죽자 유대인들 가운데는 그의 아들들로 인해 큰 소동이 일어났다. 장로들이 요셉의 막내아들인 히르카누스를 대항하여 전쟁을 일으키자 백성들은 둘로 나뉘게 되었다. 그러나 그래도 과반수 이상은 장로들의 편을 지지했다. 대제사장 시몬도 그들을 지지했다. 왜냐하면 그들과 인척 관계였기 때문이었다. 따라서 히르카누스는 결코 예루살렘으로 돌아가지 않겠다고 굳게 결심하고 아라비아인(Arabians)들과 계속 전쟁을 하여 수많은 아라비아인들을 살해하기도 하고 포로로 잡기도 하였다. 히르카누스는 또한 흰 벽돌만 사용해서 강한 성을 건축하고 엄청난 크기의 동물 모양을 표면에 조각해 넣었다. 그는 성 주위에 깊고 큰 운하를 팠다. 그는 또한 바위에 구멍을 뚫어 길이가 여러 펄롱(furlong)에 달하는 동굴들을 여러 개 팠으며 동굴 안에 넓은 방을 여럿 만들어서 그 안에서 잔치도 베풀고 잠을 자기도 하고 일상생활을 하기도 했다. 그는 또한 이 동굴을 따라 다량의 물을 궁정까지 끌어들였다. 그는 동굴 입구를 매

---

[11] 그로티우스(Grotius)는 이 라케다이몬인이 펠라스기인(Pelasgi)에게서 유래한 도리아인(Dores)의 후손이라고 생각한다. 헤로도투스(Herodotus)는 이들을 야만인(Barbarians)이라고 불렀다. 아마도 이들은 아브라함이 그두라를 통해서 낳은 후손인 수리아인과 아라비아인의 후손이 아닌가 생각한다. 한편 고대의 어떤 이들은 아브라함의 종인 다메섹 사람 엘리에셀(Eliezer, 창 15:2; 24장)이 아브라함의 아들이었다고 보았다. 따라서 만일 라케다이몬인이 그의 후손이라면 이삭의 후손인 유대인과 마찬가지로 아브라함의 후손이라고 볼 수도 있을 것이다.

우 협착하게 만들어 한 번에 한 사람 이상 들어갈 수 없게 만들었다. 그가 이같이 설계한 것은 형들의 공격을 받아 목숨을 잃는 일이 없도록 만든 일종의 자구책이었다. 그는 또한 보통 이상의 엄청난 크기로 저택을 건축하고 넓은 정원을 두었다. 그는 이같이 건축한 후에 그곳을 티레(Tyre)라 불렀다. 이곳은 요단 강 건너 유대와 아라비아 사이에 위치하고 있으며 헤스본(Heshbon)에서 그리 멀지 않은 곳에 있다. 그는 셀레우쿠스(Seleucus)가 수리아의 왕으로 있는 동안 7년간 그곳을 다스렸다. 셀레우쿠스가 죽자 에피파네스(Epiphanes)라고 부르는 그의 형제 안티오쿠스(Antiochus)가 왕국을 장악했다. 이 무렵에 에피파네스(Epiphanes)라고 부르는 애굽 왕 프톨레마이우스(Ptolemy)도 세상을 떠났다. 그가 세상을 떠났을 때 뒤에 남은 그의 두 아들은 모두 나이가 어렸다. 장남은 필로메토르(Philometor)였고 차남은 피스콘(Physcon)이었다. 히르카누스가 세상을 떠난 사연은 이러했다. 히르카누스는 안티오쿠스가 대군을 이끌고 오자 그에게 잡혀서 자기가 전에 아라비아인들에게 행한 일로 인해 벌을 받을까 두려워하여 스스로 목숨을 끊은 것이다. 이렇게 해서 그의 온 소유는 모두 안티오쿠스의 손에 들어가게 된 것이다.

제5장

유대인들이 대제사장직을 놓고 서로 다툼을 벌이고 있는 동안
안티오쿠스가 예루살렘을 공격하여 함락시키고
성전을 약탈하고 유대인들을 괴롭힌 경위,
또한 수많은 유대인이 조상들의 율법을 버리게 된 역사와
사마리아인들이 헬라인의 풍습을 좇는 것은 물론
그리심산 성전을 유피테르 헬레니우스 신전이라고 부르게 된 경위

1. 이 무렵 대제사장 오니아스(Onias)가 죽자 대제사장직이 그의 동생 예수(Jesus)에게 넘어가게 되었다. 오니아스의 아들 오니아스 4세(Onias IV)는 아직 어린아이였기 때문이었다. 우리는 여기서 이 어린아이가 처한 상황을 자세히 살펴볼 필요가 있다. 오니아스의 동생인 예수는 왕에 의해 대제사장직에서 쫓겨나고 말았다. 왕이 화가 나서 그의 동생(이 사람의 이름도 역시 오니아스[Onias]였다)에게 대제사장직을 넘겨주었기 때문이었다. 결국 이렇게 해서 시몬의 세 아들이 차례로 한 번씩 제사장직에 오르게 되었다. 한편 예수는 그의 이름을 야손(Jason)이라고 바꾸었으며 오니아스는 메넬라우스(Menelaus)라고 개명하였다. 전 대제사장 예수가 뒤를 이어 대제사장직에 오른 동생 메넬라우스에 대항하여 반역을 일으키자 백성들은 양분되었다. 토비아스(Tobias)의 아들들은 메넬라우스의 편을 든 반면에 대부분의 백성들은 야손을 지지했다. 이로 인해 메넬라우스와 토비아스의 아들들은 낙심에 빠졌으며 마침내 안티오쿠스(Antiochus)에게로 피신하여 이같이 말했다. "저희는 우리 민족의 율법과 유대인의 삶의 방식을 버리고 왕의 법률과 헬라인의 삶의 방식을 따르고 싶습니다. 그러니 예루살렘에 연무장(演武場, gymnasium)[12]을 짓도록 허락해 주십시오." 안티오쿠

---

[12] '연무장'(gymnasium)이란 말은 벌거벗고 무술을 연마하는 곳을 의미한다. 따라서 할례받은 유대인과 할례받지 않은 이방인들은 자연히 분간되기 때문에 이 유대인 배교자들은 사도 바울도 암시한 바가 있는 외과 수술을 통해서(고전 7:18) 무할례자처럼 보이려고 애를 썼던 것이다.

스가 이들의 요청을 들어주자 그들은 벌거벗더라도 헬라인인 것처럼 보이기 위해 성기에 한 할례를 감추었다. 결국 그들은 조상의 모든 풍습을 버리고 다른 민족의 행습을 따르게 되었다.

2. 한편 안티오쿠스(Antiochus)는 국내 사정이 좋아지자 애굽을 정복하기로 결심했다. 그는 그전부터 애굽을 손아귀에 넣고 싶었는데 때마침 프톨레마이우스(Ptolemy)의 아들이 왕위에 오르자 그를 나약한 자로 깔보고 원정할 마음을 갖게 된 것이다. 따라서 그는 대군을 거느리고 펠루시움(Pelusium)을 공격하여 계략을 써서 프톨레마이우스 필로메토르(Ptolemy Philometor)를 격파하고 애굽을 장악했다. 그는 다시 멤피스(Memphis)로 진격하여 그곳을 함락시키고 프톨레마이우스가 거주하고 있는 알렉산드리아를 장악하기 위해 그곳으로 서둘러 갔다. 그러나 그는 애굽을 건드리지 말라는 로마의 경고 때문에 알렉산드리아(Alexandria)에서뿐 아니라 전 애굽에서 쫓겨나고 말았다. 이 안티오쿠스가 유대를 공격하여 성전을 약탈했다는 사실을 앞서 간단히 살펴보았는데 이제 이 점을 자세히 살펴볼 필요가 있을 것 같다.

3. 안티오쿠스왕은 로마를 두려워하여 애굽으로부터 철수해 나오면서[13] 예루살렘을 공격하였다. 셀레우쿠스(Seleucus) 왕국 창건 제143년에 그는 피 한 방울 흘리지 않고 예루살렘을 점령했다. 왜냐하면 그를 지지하는 자들이 안에서 성문을 열었기 때문이었다. 그는 예루살렘을 점령하여 반대 세력을 수없이 살해하고 엄청난 돈을 약탈한 후 안디옥(Antioch)으로 돌아갔다.

4. 안티오쿠스왕이 평화를 가장하는 속임수를 써서 예루살렘을 손아귀에 넣은 날은 이로부터 2년 후, 그러니까 셀레우쿠스(Seleucus) 왕조 창건 제145년 키슬레브(Casleu)월, 즉 마게도냐인들은 아펠레우스(Appelleus)월이라고 부르는 달 25일이었다. 이것은 제153올림피아드(olympiad)에 해당되는 해였다. 이때

---

[13] 여기서부터 요세푸스는 마카비 1서(First book of Maccabees)를 따르기 시작한다.

안티오쿠스왕은 성전에 보관된 막대한 보물 때문에 자기를 지지하는 유대인까지도 살려 두지 않았다. 안티오쿠스는 성전에 막대한 양의 금과 진귀한 보석들이 쌓여 있는 것을 보고 차지하고 싶은 욕심이 생기자 성전을 약탈할 생각을 가지고 맹세를 어기고 신의를 깨뜨렸다. 그는 성전을 약탈하여 금촛대와 분향하는 금제단과 진설병 상과 번제단을 빼앗아 갔으며 심지어 가는 베실과 자주색 실로 만든 휘장까지도 노략질하는 것을 서슴지 않았다. 그는 또한 성전의 비밀 곳간을 몽땅 털어 갔다. 그는 또한 율법에 따라 매일 드리는 상번제까지도 금지시켰다. 이로 인해 유대인들은 깊은 시름에 잠기게 되었다. 안티오쿠스왕은 예루살렘 곳곳을 약탈하고 일부 주민들을 살해했으며, 일부 주민은 부인과 어린 아이들까지 포로로 잡아갔다. 이에 포로로 끌려간 자의 수는 약 10,000명에 이르렀다. 그는 아름다운 건물들에 불을 질렀으며 성벽을 헐어내고 하부 도시에 성채(citadel)를 건설했다.[14] 그는 그곳이 지형이 높아 그 위에 성채를 지으면 성전을 내려다볼 수 있었기에 높은 성벽과 망대로 성채를 요새화하고 그곳에 마게도냐 수비대를 두었다. 그런데 이 성채에는 사악하고 불경건한 (유대인) 무리들이 거하면서 예루살렘 주민들을 자주, 심하게 괴롭혔다. 안티오쿠스왕은 하나님의 단 위에 이방의 단을 세우고 그 위에서 돼지를 잡았으며 이방 신에게 제사를 드렸다. 그는 유대인들에게 조상 적부터 섬겨 오던 하나님을 버리고 자기가 섬기는 신들을 경배하도록 강요하는 한편, 모든 도시와 마을에 이방 제단을 쌓고 매일 돼지를 잡아 제사를 드리도록 하라고 명령했다. 그는 또한 유대인 남자아이들에게 할례를 엄금하고 자기 지시를 어기는 사람은 벌을 받을 것이라고 위협했다. 안티오쿠스는 자기의 명령을 시행하는지의 여부를 감독하는 감독관까지 임명하였다. 이리하여 많은 유대인은 일부는 자발적으로, 일부는 두려움 때문에 왕의 명령에 순종하게 되었다. 그러나 고귀한 인물들과 훌륭한 인사들은 불복종의 대가로 받게 될 형벌을 두려워하기보다는 조상 적부터

---

14) 이 성채는 시온(Zion)산과 모리아(Moriah)산 사이에 위치한 언덕에 세워진 성이었던 것처럼 보인다. 이 언덕은 시온산 가장자리에 위치했으나 시온산보다는 낮고 모리아산보다는 높았던 것 같다. 그런데 이 언덕을 유대의 적들이 탈취하여 성채를 건축하고 요새화했으나, 그로부터 한참 후에 유대인들이 그 요새를 함락시키고 난 다음에 그 언덕을 깎아 평지처럼 만들어서 다시는 적들이 그 위에 성채를 지어 성전을 내려다보고 자기들을 해하는 일이 없도록 만들었다.

지켜 오던 풍습을 따르는 편을 택했다. 이 때문에 그들은 매일 모진 고통과 괴로움을 당했다. 그들은 몽둥이로 얻어맞았으며 몸은 갈기갈기 찢겼다. 그들은 또한 산 채로 십자가에 달렸다. 마게도냐인들은 왕의 명령을 어기고 할례를 행한 자들의 부모들을 십자가에 교수형 시킬 때 어린아이들을 그들의 목에 매다는 잔인한 짓을 서슴지 않았다. 그들은 또한 율법서를 발견하는 대로 없애 버렸으며 율법서를 소지한 자들도 이와 마찬가지로 무참하게 살해하였다.

5. 사마리아인들은 유대인들이 이런 고생을 당하는 것을 보고 자기들은 유대인과는 혈통이 다르다고 주장했으며 그리심산의 성전은 전능하신 하나님을 섬기는 성전이 아니라고 발뺌하기 시작했다. 사마리아인들의 이런 간교한 성격은 우리가 이미 살펴본 바와 같다. 사마리아인들은 이제 자기들이 메대와 바사의 식민지인이라고 말했다. 사실상 그들은 메대와 바사의 식민지였다. 사마리아인들은 안티오쿠스에게 사신을 보내고 서신을 전달케 했다. 그 서신의 내용은 아래와 같다. "에피파네스(Epiphanes) 현신(現神) 안티오쿠스왕께 세겜에 사는 시돈인들이 문안을 드립니다. 저희 선조들은 전염병이 자주 발생하자 고대의 미신적 관습을 따라, 유대인이 안식일이라고 부르는 날을 지키는 풍습을 가지고 있습니다.[15] 그들은 그리심산에 성전을 짓고 비록 특별한 이름을 붙이지는 않았으나 그곳에서 제사를 드렸습니다. 그런데 유대인의 문제를 다루는 관리들은 사악한 유대인들을 취급하는 과정에서 저희도 유대인과 같은 한 혈통이요 같은 풍습을 가지고 있는 것으로 오해하고 저희까지도 비난하였습니다. 그러나 저희는 공기록(公記錄)에서 보시면 분명히 아시겠지만 원래 시돈인이었습니다. 그러므로 저희는 저희의 은인이요 구세주이신 왕께 이렇게 간청하게 된 것입니다. 제발 이 땅의 총독인 아폴로니우스(Apollonius)와 행정 장관인 니카노르(Nicanor)에게 명하시어 저희를 유대인처럼 취급하거나 괴롭히지 않도록 해주십시오. 저희는 그들과 국가도 다를 뿐 아니라 풍습도 같은 데가

---

[15] 비록 자기들이 유대인은 아니나 고대로부터 안식일과 안식년(이곳이 아닌 다른 곳에서 이같이 주장하고 있다)을 지켜 왔다는 이 사마리아인들의 주장은 주목할 필요가 있다.

전혀 없습니다. 또한 지금까지 아무런 이름이 없는 저희 성전을 유피테르 헬레니우스(Jupiter Hellenius)의 신전이라고 부르도록 허락해 주십시오. 왕께서 이렇게만 해주신다면 저희는 아무 걱정도 없을 것이며 조용히 생업에 종사할 것이며 왕께도 더 많은 조세를 바칠 수 있을 것입니다." 사마리아인의 이 편지를 받아 본 안티오쿠스왕은 이와 같은 답신을 보냈다. "안티오쿠스왕이 니카노르에게 편지하노라. 세겜에 사는 시돈인들이 나에게 서신을 보내왔노라. 그들은 사신을 통해 자기들은 유대인과 전혀 관련이 없다는 사실을 밝혔으며 또한 헬라인의 풍습대로 살겠다는 의사를 표명했노라. 따라서 나는 그대에게 명하노라. 더 이상 그들을 유대인으로 생각하고 비난하거나 괴롭히지 말 것이며 그들의 요청대로 성전의 이름을 유피테르 헬레니우스의 신전으로 칭하도록 하라." 그는 또한 제46년 헤카톰보이온(Hecatombœon)월 제18일에 그곳 총독인 아폴로니우스에게도 같은 내용의 서신을 보냈다.

제6장

안티오쿠스가 유대인들이 유대 율법을 지키지 못하게 금하자
아스모네우스의 아들 마타디아스가 홀로
안티오쿠스왕의 명령을 무시한 경위,
그리고 그 후 마타디아스가
안티오쿠스의 군대 장관들을 살해하게 된 역사와
그가 죽은 후 유다스가 그의 뒤를 계승하게 된 경위

1. 한편 이때 모딘(Modin)에 마타디아스(Mattathias)라는 사람이 살고 있었다. 그는 예루살렘 시민이요 요아립(Joarib) 계열의 대제사장으로서 아스모네우스

(Asamoneus)의 증손이었으며 시므온(Simeon)의 손자요 요한(John)의 아들이었다. 마타디아스에게는 가디스(Gaddis)라 부르는 요한(John)과 마테스(Matthes)라 부르는 시몬(Simon)과 마카베우스(Maccabeus)[16]라 부르는 유다스(Judas)와 아우란(Auran)이라고 부르는 엘르아살(Eleazar)과 아푸스(Apphus)라 부르는 요나단(Jonathan)이라는 다섯 아들이 있었다. 마타디아스는 예루살렘이 노략질당하고 성전이 약탈되고 백성들이 괴로움을 당하는 유대 민족의 현실을 아들들이 보는 앞에서 늘 개탄하였으며 불명예스럽게 사느니보다 차라리 율법을 위해 죽는 편을 택하겠다고 늘 말했다.

2. 왕명대로 이방 신에게 제사드릴 것을 강요하며 감독하는 왕의 관리들이 드디어 모딘에도 도착하였다. 그들은 다른 점에서도 칭찬할 만하나 훌륭한 아들들을 두었다는 점에서 주위 사람들의 신망을 받고 있던 마타디아스에게 와서 주위 백성들이 보고 본받을 수 있도록 이방 신에게 제사를 드릴 것을 요구하였다. 그렇게만 해준다면 왕의 총애를 받을 수 있을 것이라고 유혹하였다. 그러나 마타디아스는 "나는 그렇게 할 수 없소. 이 세상의 모든 국가가 안티오쿠스를 두려워해서든지 그의 환심을 사고 싶어서든지 간에 그의 명령에 복종한다 하더라도 나와 나의 아들들만은 우리 민족의 종교를 버리지 않을 것이오."라고 거절하였다. 그가 이 말을 마치자마자 그들 중의 한 유대인이 나오더니 안티오쿠스왕이 명한 대로 제사를 드리는 것이었다. 이에 마타디아스는 끓어오르는 분노를 억제하지 못하고 칼을 소지하고 있던 아들들과 합세하여 그에게 맹렬히 달려들어 그를 칼로 죽여 제사를 드렸을 뿐 아니라 왕의 명을 받고 온 장관들과 병사들까지 살해하였다. 그는 또한 이방 제단을 둘러엎으면서 "우리 민족의 율법과 하나님을 섬기기를 갈망하는 자들은 나를 따르라."라고 외쳤다. 그는 이같이 선포한 후 그의 모든 소유를 마을에 남겨 두고 아들들

---

[16] 이 '마카비'(Maccabee, 마카베우스[Maccabeus]의 히브리식 이름 – 편집자 주)란 명칭은 유다스 마카베우스(Judas Maccabeus)에게 처음 주어진 이름도 아니며 현대 랍비들의 근거 없는 주장처럼 "여호와 여 신 중에 주와 같은 자가 누구니이까"(Mi Kamoka Be Elim, Jehovah, 출 15:11)라는 그의 슬로건의 히브리어 단어들 머리글자를 따서 만든 것도 아니다.

을 거느리고 사막으로 급히 피신했다. 이에 많은 유대인들이 재산을 버리고 처자들을 거느리고 사막으로 숨어들어 동굴에 거했다. 한편 왕의 군대 장관들은 이 소식을 듣고 예루살렘 성채에 주둔한 군사들을 총동원하여 사막까지 유대인들을 추격해 왔다. 그들은 유대인들을 따라잡은 후에 처음에는 전쟁의 규칙에 따라 그들과 전쟁을 하지 않고 잘 생각해서 유리한 길을 택하라고 설득하면서 잘못했다고 용서를 빌라고 회유책을 썼다. 그러나 유대인들이 그들의 설득에도 아랑곳하지 않고 고집을 피우자 안식일 날 유대인들을 공격했다. 그들은 안식일이라 저항도 못 하고 동굴 입구도 막지 못하고 무방비 상태로 동굴 안에 있는 유대인들을 불살라 죽였다. 유대인들은 안식일 범하기를 원치 않았기 때문에 안식일에는 자기 방위를 꺼렸다. 안식일에는 안식하도록 우리 율법이 규정하고 있기 때문이다. 이때 동굴 속에서 질식하여 숨진 유대인의 수는 여자와 아이들까지 합쳐서 약 1,000명가량 되었다. 그러나 고향을 버리고 피신한 많은 유대인들은 마타디아스와 합세하여 그를 그들의 지도자로 세우기에 이르렀다. 마타디아스는 유대인들에게 심지어 안식일이라도 싸울 때는 싸워야 한다고 가르치면서 이같이 말했다. "만일 우리가 이같이 하지 않는다면 율법을 (너무 엄격하게) 지키다가 스스로 올무에 걸리게 될 것이오. 적들이 안식일 날 공격을 해오는데 우리가 자위책도 취하지 못하고 가만히 있으면 모두가 멸망하는 길 외엔 다른 도리가 없을 것이기 때문이오." 이 말에 유대인들은 고개를 끄덕였다. 따라서 어쩔 수 없는 상황이라면 안식일에도 전쟁할 수 있다는 규칙이 오늘날까지 우리 가운데서도 통용되기에 이르렀던 것이다. 마타디아스는 휘하에 많은 부하들을 거느렸으며 이방 제단을 헐어 버렸고 율법을 어기는 자들을 살해하였다. 그는 또한 아직 할례를 받지 않은 소년들에게 할례를 받도록 명령했으며 할례를 하지 못하도록 방해하며 감시하던 왕의 관리들을 쫓아냈다.

3. 그러나 마타디아스가 1년 남짓 통치를 했을 때 그만 병이 들었다. 이에 그는 아들들을 불러 모으고 이같이 말했다. "내 아들들아! 나는 이제 세상 모든 사람이 가는 길을 갈 때가 되었다. 따라서 이제 내가 너희들에게 몇 가지 당부를 할 것이니 잘 듣고 그대로 시행하도록 해라. 너희들을 낳고 양육한 나의

소망이 무엇인가를 염두에 두어라. 그리고 우리 민족의 율법을 보존하도록 하고 전복될 위기에 놓인 우리 고대의 통치 형태를 회생시키도록 하여라. 다른 데 넋이 빠져 이런 일을 소홀히 하지 않도록 주의하여라. 어떤 힘과 세력 앞에서도 절대 굴하지 말 것이며 내 아들로서 합당한 행동을 하도록 하여라. 필요하다면 언제라도 율법을 위해 죽을 만반의 준비를 갖추도록 하여라. 만일 너희들이 이렇게만 한다면 하나님은 너희들을 못 본 체하지 않으실 것이며 너희들을 귀히 여기실 것이고 우리의 풍습을 지키며 평안히 살 수 있는 자유를 주실 것이며 잃은 것을 다시 얻게 될 것이다. 너희들의 몸은 유한하고 멸하기 마련이나 큰 업적을 남기면 그로 인해 너희들은 불멸하게 될 것이다. 나는 이 불멸성을 사랑하기에 너희들에게 영광을 추구하라고 이같이 당부하는 것이다. 그러므로 비록 무서운 위험에 처하게 된다 하더라도 목숨을 잃을까 두려워하지 않도록 하여라. 특히 당부하는 것은 서로 하나가 되도록 하여라. 너희들 중에 한 사람이 어떤 분야에서 다른 사람보다 특출한 것이 있거든 그 분야에서는 그의 말을 따르도록 하여라. 그리하여 너희 모두의 장점을 충분히 이용할 수 있도록 해라. 시몬(Simon)이 특히 신중하니 모두 그를 아버지처럼 여기고 그의 충고대로 따르도록 할 것이며 마카베우스(Maccabeus)는 힘이 세고 용기가 남다르니 그를 너희의 군대 장관으로 삼도록 하여라. 그리하면 그가 우리 민족의 원수를 갚아줄 것이다. 신앙이 있고 의로운 자들을 받아들이고 그들의 힘을 빌리도록 하여라."

4. 마타디아스는 이같이 당부한 후 하나님께 아들들을 도와 달라고 기도하였다. 그는 또한 백성들이 예전의 정치 형태 속에서 행복을 누릴 수 있도록 해 달라고 간구하였다. 그 후 그는 얼마 안 있어 세상을 떠났고 모든 백성이 크게 애도하는 가운데 모딘(Modin)에 장사 되었다. 이에 그의 아들 유다스(Judas)가 제146년에 백성들을 다스리게 되었으며 형제들과 다른 이들의 도움을 받아 적들을 나라 밖으로 쫓아내고 율법을 어긴 유대인들을 사형에 처했으며 나라의 온갖 더러운 것을 정결케 하였다.

제7장

유다스가 아폴로니우스와 세론의 군대를 격파하고
군대 장관들을 살해한 경위,
그리고 그 후에 리시아스와 고르기아스를 격퇴하고
예루살렘까지 올라가 성전을 정결케 한 경위

1. 사마리아 주둔군의 지휘관인 아폴로니우스(Apollonius)는 이 소식을 듣고 군대를 거느리고 서둘러 유다스를 공격했다. 유다스는 아폴로니우스를 맞아 싸워 그를 격파하고 많은 적을 전사시켰다. 이때 적장인 아폴로니우스도 전사하였다. 유다스는 아폴로니우스의 칼을 빼앗아 자기가 간수하였다. 적군은 전사자의 수보다 오히려 부상자의 수가 많았다. 유다스는 적 진영에 들어가 많은 물건을 약탈한 후 자기 진영으로 돌아갔다. 한편 코엘레수리아의 군대 지휘관인 세론(Seron)은 유다스와 합세한 무리의 수가 많을 뿐 아니라 전쟁을 치를 병사의 수도 적지 않다는 소식을 듣고 왕명을 거역한 자는 처벌해야 마땅하다고 여기고 유다스를 공격하기로 결심했다. 그는 가능한 한 많은 병사들을 소집하고 유대인 가운데 악하고 비열한 불한당들을 모아 군대로 편입시킨 후 유다스를 공격하러 나섰다. 세론은 유대의 한 마을인 벧호론(Bethoron)까지 와서 진을 쳤다. 이에 유다스는 맞서 나왔다. 유다스는 전투태세를 갖추라고 하였으나 병사들은 싸울 생각은 하지 않고 후퇴할 생각만 했다. 이는 수적으로 열세였으며 금식으로 인해 몸이 지쳐 있었기 때문이었다. 이에 유다스는 이같이 병사들을 격려했다. "적을 이기고 승리할 수 있는 비결은 군사의 수가 많은 데 있는 것이 아니라 하나님을 믿는 신앙에 달려 있는 것입니다. 우리는 이것을 우리 선조들의 역사 가운데서도 분명히 찾아볼 수 있습니다. 율법과 자녀를 지키기 위해서 의만을 믿고 싸운 우리의 선조들이 수십만의 병사를 이긴 역사는 한두 번이 아닙니다. 왜냐하면 무죄함이 최강의 군대이기 때문입니다." 유다스는 이 같은 말로 세론의 군대에 겁을 내지 않도록 부하들의 사기를 북돋운 후

에 공격 명령을 내렸다. 유다스는 결국 접전 끝에 수리아군을 격퇴했다. 군대 지휘관 세론이 쓰러지자 적군들은 도망치는 길만이 유일한 살길이라고 생각하고 모두 줄행랑을 쳤다. 이에 유다스는 적군을 평지까지 추격하여 약 800명의 적군을 살해하였다. 나머지 적들은 바닷가 근처 지역으로 모두 도망쳤다.

2. 안티오쿠스왕은 이 소식을 듣고 몹시 분노하였다. 이에 그는 전군을 소집하고 섬나라에서 많은 용병을 고용한 후 봄이 되면 유대를 침공할 만반의 준비를 갖추었다. 그러나 병사들을 소집하다 보니 국고가 바닥이 드러나게 되었다. 여러 나라에서 반역이 일어났으므로 아직 조세가 다 걷히지 않았기 때문이었다. 그는 씀씀이가 헤픈 면이 있었기에 가진 돈만으로는 충분치 못했다. 따라서 그는 먼저 바사로 가서 세금을 거두어야겠다고 결심했다. 이에 안티오쿠스는 신임하는 친구요 애굽 변경과 하부 아시아(Lower Asia)와 유브라데(Euphrates)강에 이르는 왕국을 다스리는 총독인 리시아스(Lysias)를 뒤에 남겨 두고 떠났다. 그는 리시아스에게 일부 병사들과 코끼리들을 떼어 준 후 자기가 돌아올 때까지 자기 아들을 잘 보살펴 달라고 신신당부하였다. 그는 자기가 돌아와서는 유대를 공격하여 유대인들을 모두 포로로 잡을 것이며 예루살렘은 완전히 파괴하고 유대 국가를 아예 없애 버릴 계획이라고 덧붙였다. 안티오쿠스왕은 리시아스에게 이 모든 것을 맡기고 바사로 갔다. 제147년에 그는 유브라데강을 건너 높은 지방으로 들어섰다.

3. 리시아스는 왕의 친구들 가운데서 유능한 인재인 도리메네스(Dorimenes)의 아들 프톨레마이우스(Ptolemy)와 니카노르(Nicanor)와 고르기아스(Gorgias)를 뽑아 그들에게 보병 40,000명과 기병 7,000명을 주어 유대를 공격하게 했다. 이에 그들은 엠마오(Emmaus)까지 내려와 평지에 진을 쳤다. 이들이 끌고 온 병사 외에도 수리아와 그 인근 국가들에서 보낸 원군과 사악한 유대인들이 합세했다. 이 밖에도 포로를 살 상인들이 (포로를 묶을 끈과) 비용으로 지불할 금과 은을 가지고 그들과 함께 왔다. 유다스는 적의 수가 엄청난 것을 보고 부하 병사들의 사기를 북돋워 주기 위해 이같이 말했다. "우리 모두 하나님께 승리

의 소망을 두도록 합시다. 우리 모두 옛 풍습대로 베옷을 입고 하나님께 간청하도록 합시다. 우리 조상들은 큰 위험에 처할 때는 이같이 간청함으로써 하나님 안에서 승리를 얻었습니다." 유다스는 선조들이 하던 옛 방식대로 전투 대형을 갖추고 천부장과 그 외의 지휘관들에게 각각 지휘를 맡겼다. 그는 또한 결혼한 지 얼마 안 되는 신랑들과 새로 소유를 얻은 사람들은 돌려보냈다. 이들은 이런 복을 누리고 싶어 목숨에 연연한 나머지 비겁해지기 쉽기 때문이었다. 유다스는 이같이 병사들을 배치한 후에 다음과 같이 병사들의 사기를 북돋웠다. "오, 나의 병사들이여! 위험을 무릅쓰는 용기를 보여줄 이보다 더 좋은 기회는 없습니다. 만일 여러분이 용감하게 싸워 준다면 자유를 쟁취할 수 있을 것입니다. 자유란 모든 인간에게 소중한 것이지만 특히 우리에게는 하나님을 경배할 수 있는 자유가 포함되기에 자유는 그 무엇보다 소중한 것입니다. 우리는 오늘 중대한 선택의 기로에 서 있습니다. 자유를 쟁취하고 우리의 율법과 풍습에 따라 행복하고 평화로운 삶을 누리느냐, 아니면 가장 굴욕스러운 고통에 몸을 맡기느냐의 기로에 봉착해 있습니다. 만일 우리가 이 전쟁에서 진다면 우리의 후손은 이 땅에서 사라지고 말 것입니다. 그러므로 용감히 싸웁시다. 싸우지 않으면 죽는다는 것을 잊지 맙시다. 용감히 싸울 때 국가와 율법과 종교의 자유는 물론 영원한 명성을 남기게 될 것을 믿습니다. 그러므로 내일 아침 날이 밝는 즉시 적과 싸울 것이니 마음의 준비를 단단히 하고 새로운 각오를 가지시기 바랍니다."

4. 유다스는 이같이 병사들의 사기를 북돋웠다. 한편 적은 고르기아스에게 보병 5,000명과 기병 1,000명을 주어 야음을 틈타 유대인을 급습하기로 했다. 이에 그들은 유대인 부랑자들을 길 안내자로 삼았다. 그러나 유다스는 이를 눈치채고 적의 병력이 둘로 나뉘는 틈을 타서 오히려 적의 진영에 역습을 가하기로 결심했다. 그리하여 그는 부하들과 저녁을 든든히 먹은 후에 진영에 불을 환히 밝혀 놓은 채 밤새도록 엠마오에 있는 적진까지 행군했다. 한편 고르기아스는 적진에 병사가 한 명도 없는 것을 보고는 산속에 숨은 줄로 착각하고 어디든지 쫓아가서 찾아내고야 말겠다고 결심했다. 한편 유다스는 날이 밝을 무렵

에 엠마오의 적진에 도착했다. 유다스의 부하는 겨우 3,000명에 불과했고 돈이 없었기에 무기도 별로 신통치 못했다. 유다스는 적이 강력한 진영을 구축하고 있는 것을 보고는 다음과 같이 부하들을 격려했다. "우리는 비록 맨몸과 다를 바 없을지라도 적과 싸워야 합니다. 하나님은 무장한 수많은 병사들을 무서워하지 않고 용감하게 싸우는 자들에게 예전부터 힘을 주시고 승리를 안겨 주셨기 때문입니다." 유다스는 나팔을 부는 자들에게 진격 나팔을 불라고 지시했다. 이같이 불시에 습격을 감행하자 적들은 이에 대비를 못 하고 있다가 그만 놀라서 크게 당황하기 시작했다. 유다스는 대항하는 적을 많이 살해하였으며 도망가는 적을 가다라(Gadara)와 이두매(Idumea) 평지와 아스돗(Ashdod)과 얌니아(Jamnia)까지 추격하였다. 이에 전사한 적의 수는 약 3,000명에 이르렀다. 그러나 유다스는 아직 고르기아스와의 전투가 남아 있으므로 전리품을 노획하는 데 너무 신경을 써서는 안 된다고 병사들에게 주의를 주었다. 고르기아스만 무너뜨리면 되니까 그때 가서 마음 놓고 적 진영을 약탈할 수 있지 않겠냐고 설득시켰다. 유다스가 이같이 부하들에게 말하고 있을 때 고르기아스의 부하 병사들이 본 진영이 함락되고 화염에 휩싸인 것을 알게 되었다. 치솟아 오르는 연기 때문에 멀리서도 무슨 일이 일어났는지를 쉽게 짐작할 수 있었다. 이에 고르기아스의 병사들은 자기편이 패배한 것을 알게 되었고 게다가 유대인들이 사기충천해 있는 것을 보고는 겁을 집어먹고 도망을 치기 시작했다. 이에 유다스는 손 하나 까딱하지 않고 고르기아스의 군대를 무찌른 것이나 다를 바가 없었다. 따라서 유다스는 다량의 금은과 많은 전리품을 노획한 후 하나님께 승리의 감사를 드리며 기쁨에 넘쳐 고향으로 돌아왔다. 이번 전투의 승리로 인해 그들은 자유를 회복하는 데 큰 전진을 이룩했기 때문이었다.

5. 리시아스(Lysias)는 자기가 보낸 군대가 패배한 데 크게 놀랐다. 이에 그는 그다음 해에 60,000명의 정예 병사들을 소집했다. 그는 여기에 5,000명의 기병까지 동원하여 유대를 공격해 왔다. 그는 유대의 벧술(Bethsur)이라는 산간 마을까지 진격하여 그곳에 진을 쳤다. 이에 유다스는 10,000명의 병사들을 거느리고 맞섰다. 유다스는 적의 수가 엄청난 것을 보고 하나님께 도와 달라고

간구한 후에 적과 전투를 벌였다. 유다스는 앞에서 달려드는 적 5,000명을 살해하여 뒤에 남은 적들의 간담을 서늘케 하였다. 리시아스는 유대인들이 자유를 잃느니 차라리 죽음을 택하겠다는 일사 각오로 사기가 충천한 것을 보고 전쟁에 승리하는 비결은 사기에 있음을 간파해서인지 남은 병사들을 거느리고 퇴각하여 안디옥으로 돌아갔다. 그는 안디옥에서 외국인들까지 군대에 편입시켜 대군으로 유대를 공격할 만반의 준비를 갖추기 시작했다.

6. 한편 유다스는 안티오쿠스의 군대를 여러 번 이기게 되자 백성들을 모아 놓고 하나님이 이같이 여러 번 승리를 안겨 주셨으므로 모두 예루살렘으로 올라가 성전을 청결하게 하고 예물을 드려야 한다고 강조하였다. 유다스는 그 후 백성들과 함께 예루살렘으로 올라갔다. 예루살렘에 도착해 보니 성전은 버려져 있었고 성전 문은 불타 버렸으며 성전 뜰에는 잡초가 무성하였다. 유다스와 백성들은 성전이 이같이 버려진 것을 보고 마음에 슬픔을 억제하지 못하고 비통한 눈물을 흘렸다. 유다스는 일부 병사들을 뽑아 자기가 성전을 청결하게 하는 동안 성채에 주둔하고 있는 적 수비대와 전투를 벌이라고 명령을 하달했다. 그 후 그는 성전을 조심스럽게 청결하게 하고 금으로 만든 등대와 진설병 상과 분향단 등 새 기물을 들여온 후 문들에 휘장을 치고 문을 해 달았다. 그는 또한 번제단을 끌어내고 정으로 다듬지 않은 돌로 새 단을 만들었다. 마게도냐인들이 아펠레우스(Appelleus)라고 부르는 키슬레브(Casleu)월 제25일에 유대인들은 촛대에 불을 켜고 분향단에 분향하고 진설병 상에 진설병을 갖다 놓은 후에 새로 만든 번제단 위에서 번제를 드렸다. 그런데 이들이 제사를 드린 날은 공교롭게도 3년 전 성전의 제사가 끊기던 바로 그날이었다. 안티오쿠스가 성전을 황폐시키고 제사를 금지한 지 벌써 3년이 지났던 것이다. 그러니까 성전이 황폐되던 날은 제145년, 제153올림피아드에 해당하는 아펠레우스월 25일이었는데 제사가 다시 드려지기 시작한 날은 제148년, 제154올림피아드에 해당하는 아펠레우스월 25일이었다. 성전이 이같이 황폐된 것은 408년 전의 다니엘의 예언이 성취된 것이었다. 다니엘은 마게도냐인들이 얼마 동안 성전 제사를 금지시킬 것이라고 예언을 했는데 그 예언이 이같이 이루어진 것이다.

7. 이에 유다스는 성전 제사가 회복된 것을 기념하는 절기를 8일 동안 지켰다. 유다스는 하나님께 풍성한 제사를 드렸으며 찬송과 찬미로 하나님께 영광을 돌렸다. 유대인들은 3년이라는 긴 시간 동안 제사를 드리지 못하다가 다시 제사를 드리게 된 데 대해 매우 기뻐하였으며 예배의 자유를 다시 획득한 것이 뜻밖의 일이었기에 무척 좋아하였다. 그들은 성전 제사 회복을 기념하는 절기를 8일간 지킬 것을 법으로 제정하였다. 그때부터 우리는 이 절기를 지켜 내려오게 된 것이며 이 절기를 '빛의 절기'(Lights)라고 부르게 된 것이다. 빛의 절기라고 부르게 된 것은 이런 성전 제사의 자유가 뜻밖에 주어졌기 때문에 그렇게 부르게 된 것이 아닌가 나는 생각한다. 유다스는 예루살렘 성벽을 재건하고 적의 침입을 막기 위해 높은 망대들을 세우고 그 안에 수비대를 두었다. 그는 또한 적의 공격을 방어하는 성채 역할을 할 수 있도록 벧수라(Bethsura, 앞서 언급된 벧술[Bethsur]과 동일한 곳으로 추정됨 – 편집자 주)시를 요새화시켰다.

제8장

유다스가 주변 국가들을 정복한 경위와
시몬이 두로와 프톨레마이스의 주민들을 격파한 역사,
그리고 유다스가 티모테우스를 격퇴해 쫓아낸 사건과
요셉과 아사랴가 적에게 패배한 후
유다스가 역습을 가해 많은 적을 무찌른 경위

1. 사태가 이같이 진전되자 유대 주변 국가들은 유대인들의 세력이 다시 커지는 것에 일말의 불안을 느끼고 유대인들을 해하기 위해 몰래 모여 함정을 파기로 결의하고 유대인을 공격하여 많은 사람을 살해하였다. 이에 유다스는 이

들이 더 이상 유대에 침입하여 동족을 괴롭히는 일이 없도록 하기 위해 결판을 내야겠다고 결심했다. 유다스는 에서(Esau)의 후손인 이두매인(Idumeans)들을 아크라바테네(Acrabattene)에서 공격하여 수많은 적을 살해하고 많은 전리품을 약탈했다. 그는 또한 유대인들을 기다리고 있던 베안(Bean)의 후손들을 맞아 싸워 격퇴하고 그들의 망대들을 불사르고 그 안에 있던 자들을 모조리 살해하였다. 그 후 그는 서둘러서 암몬인(Ammonites)들을 공격하러 갔다. 암몬인들은 티모테우스(Timotheus)를 사령관으로 내세웠으며 병사의 수는 매우 많았다. 그러나 유다스는 이들도 무찌르고 야셀(Jazer)을 함락시키고 불사른 후에 적군의 처자식들을 포로로 잡아 유대로 돌아왔다. 유다스가 돌아갔다는 사실을 안 인근 국가들은 길르앗(Gilead) 땅으로 병사들을 소집한 후 대군을 거느리고 변경에 있는 유대인들을 공격하기 시작했다. 이에 유대인들은 다테마(Dathema) 요새로 피신한 후에 유다스에게 사람을 보내 티모테우스의 공격을 당하고 있음을 알렸다. 유다스가 길르앗에서 온 편지를 읽고 있을 때 갈릴리에서 보낸 사신이 당도하더니 프톨레마이스(Ptolemais)와 두로(Tyre)와 시돈(Sidon)의 주민들과 갈릴리(Galilee)의 이방인들이 합세하여 유대인을 공격하고 있다는 소식을 전했다.

2. 양편 모두 긴급한 사정이었기에 어떻게 해야 좋을까를 깊이 숙고한 끝에 유다스는 형 시몬(Simon)에게 3,000명의 병사를 주어 갈릴리의 유대인들을 돕도록 하고 자기는 동생 요나단과 함께 8,000명의 병사를 거느리고 서둘러 길르앗 땅으로 떠났다. 유다스는 스가랴(Zacharias)의 아들 요셉(Joseph)과 아사랴(Azarias)에게 남은 병사들을 맡기고, 자기가 돌아올 때까지는 어느 누구와도 전투하지 말고 유대를 잘 지켜 달라고 당부하였다. 시몬은 갈릴리로 가서 적과 싸워 적을 격파하여 프톨레마이스 성문까지 추격했으며 3,000명의 적병을 살해하고 많은 전리품을 노획했다. 그뿐 아니라 포로로 잡혀갔던 유대인들과 그들의 재산을 도로 찾았다. 시몬은 이렇게 승리를 거둔 후에 유대로 돌아왔다.

3. 한편 유다스 마카베우스와 동생 요나단은 요단강을 건넌 후 3일 길을 걸었다. 이때 그들은 나바테아인(Nabateans)들을 만났다. 나바테아인들은 다정

한 인사를 하고 길르앗의 유대인들이 궁지에 몰려서 고통을 당하고 있으니 어서 속히 가서 동족을 구해 주라고 격려를 아끼지 않았다. 유다스는 이 격려에 힘을 얻고 광야로 들어가서 맨 먼저 보솔(Bosor)시를 공격하여 함락시키고 싸울 힘이 있는 모든 남자를 모조리 죽이고 도시에 불을 질렀다. 밤이 찾아왔으나 유다스는 행군을 멈추지 않고 티모테우스에게 포위되어 갇혀 있는 유대인들을 구하러 길을 재촉했다. 유다스는 아침이 되어서야 그곳에 도착할 수 있었다. 도착해 보니 적들이 성을 공략하고 있었다. 어떤 적병들은 사다리를 성벽에 걸쳐 놓고 사다리를 오르고 어떤 적병들은 공성 무기로 성을 공격하고 있었다. 이에 유다스는 나팔수에게 나팔을 불게 하고 동족을 위해 목숨을 버리자고 외쳤다. 그는 병사들을 3대로 나눈 후 적의 후방을 공격했다. 적들은 자기들의 후방에 서 공격해 오는 자가 마카베우스인 것을 알고 모두 줄행랑을 쳤다. 왜냐하면 그의 용기와 뛰어난 전술은 이미 전에 체험해 보아서 익히 알고 있었기 때문이었다. 이에 유다스는 도망치는 적을 추격하여 8,000명을 살해하였다. 그 후 그는 말레(Malle)시를 공격하여 함락시킨 후 모든 남자를 죽이고 성에 불을 질렀다. 그는 말레시를 떠나 카스폼(Casphom)과 보솔(Bosor) 등 많은 길르앗 도시들을 공격하여 함락시켰다.

4. 그러나 그 후 얼마 안 있어 티모테우스는 원병을 구하는 등 대병력을 동원하여 공격할 만반의 준비를 갖추었다. 그는 아라비아인들에게 이번 원정을 도와주면 그에 해당하는 충분한 보상을 해주겠다고 약속했다. 그리하여 그는 대군을 거느리고 시내를 건너 라폰(Raphon)시를 공격하기 시작했다. 그는 부하들에게 "만일 유대인들이 시내를 먼저 건너오면 우리는 패배할 것이다. 그러므로 조금도 두려워하지 말고 먼저 시내를 건너 유대인들과 용감히 싸우도록 하자."라고 외치면서 사기를 북돋웠다. 유다스는 티모테우스가 공격해 오고 있다는 소식을 듣고 전군을 거느리고 서둘러 티모테우스군을 저지하러 떠났다. 유다스는 적과 접전을 벌인 끝에 많은 적을 살해하였다. 이에 남은 적들은 겁을 잔뜩 집어먹고 무기를 버리고 도망쳤다. 일부 적병들은 가르나임(Carnaim) 신전이 있는 도시로 도망쳐서 목숨을 보전하려고 하였다. 그러나 유

다스는 끝까지 추격하여 그 도시를 함락시키고 신전을 불사르고 그곳으로 도피한 많은 적병을 죽였다.

5. 그 후 유다스는 유대인들을 소집하여 처자와 재산을 가지고 유대로 돌아가는 것이 좋겠다고 충고한 후 그들을 데리고 유대로 돌아갔다. 유대로 돌아가는 도중에 그들은 에브론(Ephron)시를 통과하지 않을 수 없었다. 이에 그들은 시 주민들에게 사람을 보내 성을 통과할 수 있도록 허락해 달라고 요청했다. 그것은 이들이 성문 앞에 돌을 쌓아 통과할 수 없기 때문이었다. 그러나 에브론 주민들은 이 요청을 거절했다. 이에 유다스는 부하들에게 성을 포위하고 공격하라고 명령했다. 결국 유다스는 밤낮을 가리지 않고 성을 공략하여 마침내 성을 함락시키고 주민 중의 남자들은 모두 죽였으며 성에 불을 질렀다. 이에 죽은 자의 수가 어찌나 많았던지 성 안에는 시체들이 산더미처럼 쌓였다. 그들은 이렇게 해서 방해물을 제거하고 요단강을 건넌 후에 벧산(Bethshan)시 맞은편의 평지에 이르게 되었다. 벧산시는 헬라인들이 스키토폴리스(Scythopolis)라고 부르는 도시이다.[17] 이들은 그곳을 지나 빠른 속도로 유대로 들어왔다. 그들은 행군하는 동안 내내 찬송과 찬미를 올렸으며 승전한 기쁨에 넘쳐 있었다. 그들은 이번 전투에서 아군이 단 한 명도 전사하지 않고 무사히 승리하게 해주신 데 감사하여 하나님께 감사제를 드렸다.[18]

6. 시몬이 프톨레마이스 주민들과 싸우러 갈릴리로 떠나고 유다스는 동생 요나단과 함께 길르앗 땅으로 전투를 하러 나간 사이에 유대를 지키는 임무를 부여받았던 스가랴의 아들 요셉과 아사랴는 전쟁에 용감한 장군이라는 명성을 얻고 싶어서 휘하의 병사들을 끌고 얌니아(Jamnia)로 갔다. 이에 얌니아의 군대 장군인 고르기아스(Gorgias)가 그들을 맞아 싸웠다. 그러나 접전 결과 요셉과

---

[17] 벧산을 스키토폴리스(Scythopolis)라고 부르는 이유는 헤로도투스(Herodotus)의 기록에 잘 나타나 있다. 요시야(Josiah) 시대에 스키타이인(Scythians)들이 아시아를 건너 이 도시를 장악하고 소유했다는 것이다. 이때부터 이 도시는 스키토폴리스(Scythopolis) 혹은 스키타이인들의 도시라고 불리게 되었다.
[18] 이같이 전투에서 단 한 명의 희생자도 없이 하나님의 섭리로 무사히 귀환한 예는 하나님의 백성, 즉 유대인의 역사 가운데서 종종 볼 수 있다.

아사랴는 2,000명의 희생자를 내고[19] 유대 변경까지 쫓겨나는 대패를 당하고 말았다. 이들은 자기가 돌아올 때까지는 누구와도 싸우지 말라고 한 유다스의 명을 어기다가 이런 불행을 겪게 된 것이다. 우리는 여기서 유다스의 명철함에 찬사를 금하지 않을 수 없다. 자기의 명령을 어길 때에 어떤 일이 일어날지를 미리 안 그의 통찰력에 새삼 놀라게 된다. 한편 유다스와 그의 형제들은 이두매인들과 싸우는 것을 잠시도 멈추지 않고 사방에서 공격하여 헤브론(Hebron)을 탈취하였으며 그 성벽을 헐고 망대에는 불을 질렀다. 그들은 또한 마레사(Marissa) 등 여러 지역을 점령하고 불을 질렀다. 또한 아스돗(Ashdod)을 공격하여 함락시키고 폐허로 만든 후 많은 물건을 약탈하고 유대로 돌아왔다.

제9장

안티오쿠스 에피파네스의 죽음에 관하여, 그리고 안티오쿠스 에우파토르가 유다스를 공격하여 성전을 에워싸고 공략했으나 후에 유다스와 화친하게 된 경위, 그리고 알키무스와 오니아스에 관하여

1. 안티오쿠스(Antiochus)왕이 상부 지역의 국가들을 돌아보는 도중에 바사에 엘리마이스(Elymais)라는 부유한 도시가 있다는 이야기를 들은 것은 이 무렵이었다. 그 도시에는 디아나(Diana) 신전이라는 멋지고 화려한 신전이 있으

---

[19] 여기에 하나님의 놀라운 섭리의 또 하나의 실례가 있다. 시몬과 유다스와 요나단은 율법과 종교를 수호하기 위해 정당한 전쟁을 했기에 기적적으로 보호를 받는 축복을 경험한 데 반해 하나님의 뜻에 귀를 기울이지도 않고 허영심에서 적과 싸운 다른 유대인 장군은 비참하게 패배한 것을 볼 때 하나님의 섭리가 어떠한가를 미루어 짐작해 볼 수 있다.

며 그 신전에는 디아나 신에게 드린 온갖 예물들이 가득하다는 것이었다. 게다가 무기들과 흉배들도 무척 많다는 것이었다. 그것들은 마게도냐 왕 필리푸스(Philip)의 아들 알렉산드로스(Alexander)가 그곳에 두고 갔다는 것이다. 이에 매력을 느낀 안티오쿠스왕은 서둘러 엘리마이스로 가서 공격을 시도했다. 그러나 엘리마이스의 주민들은 그의 공격에 조금도 무서워하지 않고 담대하게 대항했다. 결국 안티오쿠스왕은 전투에 져서 수많은 희생자를 냈을 뿐 아니라 바벨론까지 후퇴해야 하는 수모를 맛보고 크게 낙심하게 되었다. 여기에 설상가상으로 자기 군대가 유대군에게도 패했다는 소식을 전해 들은 안티오쿠스는 낙심하여 시름을 이기지 못했으며 마침내 병석에 눕게 되었다. 곧 낫겠지 생각했던 그의 병은 시간이 갈수록 깊어만 갔고 죽을 날이 얼마 남지 않았음을 직감하게 되었다. 이에 그는 친구들을 불러 이같이 말했다. "나의 병은 회복이 불가능한 병이오. 내가 이 같은 변을 당하는 것은 유대를 점령했을 때 성전을 약탈하고 그들의 하나님을 모욕했기 때문이오." 안티오쿠스는 이같이 말한 후 운명했다. 이것을 볼 때 우리는 "안티오쿠스는 바사의 디아나 신전을 약탈하려고 꾀했기 때문에 죽음을 당한 것이다."라고 말한 메갈로폴리스의 폴리비우스(Polybius of Megalopolis)가 틀렸음을 알 수 있다. 왜냐하면 어떤 일을 실제로 행하지 않고 다만 계획만 한 것은[20] 처벌의 대상이 될 수가 없기 때문이다. 만일 폴리비우스의 말대로 안티오쿠스가 그 때문에 목숨을 잃었다고 한다면 그것보다는 예루살렘 성전을 약탈한 것 때문에 죽음을 당했다고 보는 것이 더 타당할 것이다. 그러나 여기서 우리는 폴리비우스의 견해가 더 타당하다고 보는 자와 논쟁을 벌이고 싶은 마음은 없다.

2. 그런데 안티오쿠스(Antiochus)는 친구인 필리푸스(Philip)를 불러 그의 왕국의 수호자로 임명하고 왕관과 왕복과 반지를 주면서 그것들을 자기 아들 안

---

[20] 바리새인이었던 바울이 "율법이 탐내지 말라 하지 아니하였더라면 내가 탐심을 알지 못하였으리라"(롬 7:7)라고 고백한 것을 볼 때 이런 상황은 같은 바리새파에 속한 요세푸스에게도 마찬가지였던 것처럼 보인다. 즉 요세푸스는 아무리 의도에서 그쳤다 하더라도 죄는 죄라는 죄악의 심각성을 깊이 깨닫지 못했던 것 같다.

티오쿠스(Antiochus)에게 전해 달라고 부탁했다. 그는 자기 아들을 잘 교육시켜 줄 것과 그의 왕위를 지켜 줄 것을 필리푸스에게 신신당부하였다.[21] 이 안티오쿠스왕이 세상을 떠난 해는 제149년이었다. 이에 리시아스(Lysias)는 그의 죽음을 백성에게 알리고 아들 안티오쿠스가 왕이 되었음을 선포한 후에 이름을 에우파토르(Eupator)라고 불렀다. 당분간은 리시아스가 나이 어린 왕을 돌보았다.

3. 예루살렘 성채의 수비대가 유대인 부랑자들과 힘을 합해 유대인들에게 막대한 피해를 준 것이 바로 이때였다. 수비대의 적병들이 갑자기 성채에서 쏟아져 나와 제사를 드리러 예루살렘으로 올라가는 유대인들을 살해하곤 했다. 왜냐하면 이 성채는 성전과 연결되어 있었으며 성전을 내려다볼 수 있는 높은 위치에 있었기 때문이었다. 이런 불상사가 자주 발생하자 유다스는 그 수비대를 전멸시키기로 결심하게 되었다. 이에 그는 전 백성을 소집한 후 성채에 맹공을 퍼부었다. 이것은 셀레우쿠스(Seleucus) 왕조 창건 제150년의 일이었다. 유다스는 공성 장비를 만들고 토성을 쌓는 등 성채를 공격하는 데 온갖 노력을 다 기울였다. 한편 성채 안에 있던 유대인 부랑자들은 밤을 틈타 대부분이 성채를 빠져나와서 주변의 같은 패거리들과 모인 후에 안티오쿠스왕에게 가서 이같이 간청했다. "유대인들이 저희에게 맹공을 퍼붓는 바람에 저희는 큰 곤경에 처해 있습니다. 그러니 제발 저희를 모른 체하지 말아 주십시오. 저희가 이런 곤욕을 치르는 것은 모두 왕의 부친이신 선왕(先王) 때문입니다. 저희가 조상들의 종교도 버리고 선왕의 명령을 따랐기 때문에 동족 유대인들에게 이런 고통을 겪게 된 것입니다. 만일 왕께서 원군을 보내 주시지 않으면 성채와 왕이 파견한 수비대는 유다스와 그의 부하들의 손아귀에 들어갈지도 모르는 위급한 지경에 처해 있습니다." 아직 어린아이에 불과한 안티오쿠스왕은 이 말을 듣고 몹시 화를 냈으며 군대 지휘관들과 친구들을 불러 전국에서 전쟁

---

21) 아피아누스(Appian)에 의하면 안티오쿠스 에우파토르(Antiochus Eupator)가 왕위에 오를 때의 나이는 불과 9세밖에 되지 않았다고 한다.

할 만한 청년 남자들을 소집해 군대로 편성하고 용병을 고용해 대부대를 만들라고 지시했다. 이에 소집된 병사의 수는 보병이 100,000명, 기병이 20,000명이었으며 코끼리도 32마리나 되었다.

4. 안티오쿠스왕은 리시아스를 전군 사령관으로 임명하고 전군을 이끌고 안디옥에서 이두매로 빠른 속도로 행군을 거듭했다. 그는 이두매를 거쳐 쉽게 함락시키기 어려운 벧수라(Bethsura)시로 향했다. 그는 이 시를 에워싸고 공격을 시작했다. 그러나 벧수라 주민들이 그의 공성 장비가 있는 곳을 습격하여 불을 지르는 등 완강한 저항을 계속하는 바람에 쉽게 성을 함락시킬 수 없었다. 한편 유다스는 왕이 공격해 오고 있다는 소식을 듣고 성채를 공략하는 것을 중지하고 왕과 맞서 싸우기 위해 적으로부터 70펄롱 떨어진 벧사가랴(Bethzachariah)라는 협곡에 진을 쳤다. 그러자 왕도 벧수라 공략을 중단하고 군대를 이끌고 그 협곡으로 다가왔다. 날이 밝아오자 왕은 부대를 전투 대형으로 배치한 후 코끼리들을 일렬로 세워서 협곡을 통과하게 했다. 왜냐하면 협곡이 비좁아서 코끼리가 한 마리씩밖에는 통과할 수 없었기 때문이었다. 한 마리의 코끼리를 중심으로 보병 1,000명과 기병 500명이 뒤를 따랐다. 코끼리(등)에는 높은 망대가 설치되어 있었고 (그 안에는) 궁수들이 들어가 있었다. 안티오쿠스왕은 나머지 병사들은 친구들의 지휘에 맡겨서 산을 오르도록 했으며 전군에 고함을 지르도록 명령하고 유대인을 공격하기 시작했다. 그는 또한 금과 놋으로 된 병사들의 방패를 햇빛에 반사하게 하여 광채가 나도록 하라고 지시했다. 이들이 고함을 치는 소리는 천지가 진동하는 것 같았다. 그러나 유다스는 이를 보고도 조금도 겁을 내지 않았으며 용감하게 싸워 적 대형의 앞줄에선 600명을 죽였다. 한편 그의 동생, 흔히 아우란(Auran)이라고 부르는 엘르아살(Eleazar)은 왕의 흉배로 무장한 가장 덩치가 큰 코끼리를 보고는 그 위에 왕이 탔을 것이라 생각하고 신속하고 용감하게 달려들었다. 그는 코끼리 주변의 적병들을 죽이고 흩어 버린 후에 코끼리 배 밑으로 들어가 칼로 찔러 코끼리를 죽였다. 그러나 코끼리가 쓰러지자 엘르아살은 그만 코끼리에 깔려 죽고 말았다. 이같이 엘르아살은 용감하게 수많은 적을 죽인 후에 장렬히 전사했다.

5. 유다스는 적의 세력이 매우 강한 것을 깨닫고 예루살렘으로 퇴각하여 적의 공략에 대비했다. 안티오쿠스는 병력의 일부를 벤수라로 보내 그곳을 공략하게 한 후 나머지 병력을 이끌고 예루살렘을 공격했다. 벤수라 주민들은 적의 병력이 강한 데다가 생필품이 달리게 되자 가혹한 처사는 가하지 않겠다는 맹세를 단단히 받은 후에 자진해서 항복했다. 이에 안티오쿠스는 벤수라시를 장악한 후 주민들을 발가벗겨 내쫓는 것 외에 가혹한 형벌은 가하지 않았다. 안티오쿠스왕은 벤수라에 수비대를 주둔시켰다. 그러나 예루살렘 성전은 주민들이 워낙 강하게 저항하는 바람에 쉽게 함락시킬 수가 없었다. 그들은 무슨 공성 장비를 만들든 간에 이에 대항하는 장비를 만들어 역 공습을 취했기 때문이었다. 그러나 마침내 물자가 달리기 시작했다. 비축했던 땅의 소산은 바닥이 났고 안식년이었기에 씨를 뿌리지 않아 거둘 곡식이 전혀 없는 실정이었다. 우리 율법에 따르면 안식년엔 밭을 일구는 것이 금지되어 있었기 때문이었다. 결국 물자가 달리자 많은 사람이 도망을 치는 바람에 성전에 남아 있는 자는 얼마 되지 않았다.

6. 성전에 포위되어 있는 유대인들의 상황은 이와 같았다. 이때 전군 총사령관 리시아스와 안티오쿠스왕은 필리푸스가 바사에서 돌아와 민심을 자기에게 쏠리게 하려고 애쓰고 있다는 소식을 듣고는 빨리 귀국해서 필리푸스를 제거해야겠다고 결심했다. 그러나 그들은 이 사실을 군대 지휘관들과 병사들에게는 알리지 않는 것이 좋겠다고 의논한 후 리시아스가 나서서 필리푸스에 관한 문제는 단 한마디도 언급하지 않고 이같이 말했다. "예루살렘은 난공불락이므로 함락시키려면 시일이 오래 걸릴 것입니다. 그런데 우리는 이미 물자가 크게 달리고 있습니다. 게다가 본국에는 처리해야 할 문제가 그야말로 산더미같이 쌓여 있습니다. 그러므로 유대인들과 협상을 하는 것이 좋을 것이라는 생각이 듭니다. 유대인들은 조상들의 율법을 지킬 수 있는 자유를 얻기 위한 단 한 가지의 이유로 전쟁을 일으킨 것이므로 그들에게 이런 자유를 주고 우호 관계를 맺은 후에 우리 모두 고국으로 돌아가는 것이 현명할 것 같습니다." 리시아스가 이같이 말하자 지휘관들과 병사들은 모두 좋다고 했다.

7. 이에 안티오쿠스왕은 유다스와 포위되어 있는 유대인들에게 사신을 보내 선조의 율법을 따라 살도록 허락을 해줄 터이니 화친하자고 제의했다. 유대인들은 모두 이 제안을 흔쾌히 받아들였다. 유대인들은 약속한 대로 하겠다는 맹세를 왕에게서 단단히 받아 낸 후 성전에서 나왔다. 그러나 안티오쿠스는 성전에 들어와서는 그야말로 철벽같은 요새인 것을 보고 약속을 어기고 부하들에게 벽을 무너뜨리라고 명령하였다. 안티오쿠스는 이같이 약속을 깨고는 메넬라우스(Menelaus)라고도 부르는 대제사장 오니아스(Onias)를 끌고 안디옥으로 돌아갔다. 리시아스는 유대인들이 다시 소요를 일으키지 않고 조용히 있기를 바란다면 메넬라우스를 살해해야 한다고 왕에게 조언하였다. 메넬라우스는 왕의 부친인 선왕을 충동질하여 유대인들이 선조의 율법을 지키지 못하도록 금지시킨 장본인이며 유대인의 소요를 일으키게 만든 불씨이므로 아예 화근을 없애야 한다는 논리였다. 이에 왕은 메넬라우스를 수리아의 베레아(Berea)시에 보내 사형에 처하게 했다. 결국 이렇게 해서 대제사장직에 10년간 있었던 메넬라우스는 비참한 최후를 맞이하게 되었다. 그는 권력을 장악하기 위해 자기 민족에게 율법을 범하는 죄를 저지르도록 강요한 사악하고 불경건한 인물이었다. 메넬라우스가 죽자 야키무스(Jacimus)라고도 부르는 알키무스(Alcimus)가 대제사장이 되었다. 한편 안티오쿠스왕이 돌아와 보니 이미 필리푸스가 정권을 장악하고 있었다. 이에 안티오쿠스는 그와 전쟁을 벌여 굴복시키고 결국은 죽여 버렸다. 한편 대제사장의 아들 오니아스(Onias)는 부친이 살해당했을 때 나이가 아직 어린 소년에 불과했다. 그는 왕이 삼촌인 메넬라우스를 죽이고 대제사장 가문이 아닌 알키무스에게 대제사장직을 주는 것을 보았으며 대제사장직을 다른 가문에게 양보하라는 리시아스의 강요에 견디다 못해 애굽 왕 프톨레마이우스에게로 피신했다. 오니아스는 애굽에서 왕과 왕비 클레오파트라(Cleopatra)의 극진한 대접을 받자 헬리오폴리스 노무스(Nomus of Heliopolis)의 한 장소를 요청하여 받은 후에 그곳에 예루살렘 성전과 비슷한 성전을 지었다. 이에 대한 자세한 내용은 앞으로 적절한 기회에 다루도록 하자.

제10장

데메트리우스의 군대 장관인 박키데스가
유대를 공격하여 승리를 거두고 귀국한 경위,
그리고 얼마 후 니카노르가 유다스를 공격하다가
그의 부대와 함께 전멸당한 사건과
알키무스의 죽음과 유다스의 후계자들에 관하여

1. 바로 이때 셀레우쿠스(Seleucus)의 아들 데메트리우스(Demetrius)는 로마를 탈출하여 수리아의 한 도시인 트리폴리(Tripoli)를 장악하고 스스로 왕이 되었다. 그는 용병을 구한 후에 자기 왕국으로 들어갔다. 그러자 모든 사람이 그를 열렬히 환영하였으며 그의 앞에 모두 굴복하였다. 백성들은 안티오쿠스왕과 리시아스를 사로잡아 데메트리우스에게 끌고 왔다. 데메트리우스는 그들을 즉시 처형하라고 지시했다. 이에 안티오쿠스왕은 2년간의 통치를 끝으로 운명을 달리하고 말았다. 이때 많은 악한 유대인 부랑자들이 대제사장 알키무스와 함께 데메트리우스를 찾아와서는 전 유대 민족, 특히 유다스와 그의 형제들을 고소하면서 이같이 말했다. "그들은 왕의 모든 친구를 살해했습니다. 그뿐 아니라 왕의 귀국을 기다리던 왕의 모든 지지자를 처형하는 한편 국외로 쫓아내기도 하였습니다. 그러므로 왕께서 부하들을 보내셔서 유다스를 따르는 자들이 어떤 행패를 부렸는지 친히 조사해 주시기를 부탁드리는 바입니다."

2. 이에 데메트리우스는 몹시 화가 나서, 안티오쿠스 에피파네스(Antiochus Epiphanes)의 친구요 전 메소포타미아를 다스리는 책임을 맡은 착한 성품의 박키데스(Bacchides)[22]를 불러 대제사장 알키무스를 보호해 줄 것을 부탁하고

---

[22] 현재 우리가 소유하고 있는 사본이 보여주듯이, 요세푸스가 야비하고 무시무시한 유대인의 적인 박키데스(Bacchides)를 착한 성품의 소유자로 보았을 가능성은 거의 없다. 여기서 요세푸스가 의미하려고 한 것은 그가 왕국에서 막강한 인물이었으며 왕에게 충성스러운 존재였다는 것을 밝히려고 한 데 있을 것이다.

군사를 이끌고 유대로 가서 유다스와 그 부하들을 죽일 것을 명하였다. 박키데스는 속히 군대를 이끌고 안디옥을 출발했다. 그는 속임수로 유다스를 사로잡을 계책을 꾸민 후에 유대에 도착하자마자 유다스와 그 형제들에게 사람을 보내 우의 친선 동맹을 맺는 문제에 관해 의논을 나누었으면 좋겠다고 했다. 그러나 유다스는 그가 화친하러 왔다면 그렇게 많은 병사를 끌고 올 리가 없을 것이라고 생각하고 그의 말을 믿지 않았다. 그러나 일부 유대인들은 박키데스가 한 말을 믿고 또 동족인 알키무스가 벌을 준다고 해도 얼마나 심한 벌을 주겠느냐고 기대를 걸고 찾아가서 자진 항복했다. 그들은 해를 가하지 않겠다고 단단히 다짐을 받고 항복을 했으나 박키데스는 맹세쯤이야 아랑곳없다는 식으로 60명을 죽였다. 이에 자진해서 항복하려고 했던 나머지 유대인들은 멈칫할 수밖에 없었다. 박키데스는 예루살렘에서 후퇴하여 벤세토(Bethzetho)에 거하면서 병사들을 내보내 유대인 도주자들과 주민들을 사로잡은 후 모두 죽이고 모든 유대인은 알키무스에게 복종해야 한다고 명령했다. 박키데스는 일부 병사들을 뒤에 남겨 놓아 유대인들을 복종시키도록 조치한 후 안디옥의 데메트리우스왕에게로 돌아갔다.

3. 한편 알키무스는 권력을 더욱 확고하게 장악하고 싶어 요리조리 궁리를 거듭했다. 그는 백성들이 자기의 친구가 된다면 그 목적을 달성할 수 있다고 생각하고 부드럽게 백성들을 다스렸으며 기분 좋고 인자한 말로 백성들을 대하기 시작했다. 물론 그들 대부분이 악한 자들이요 도주자들이었으나 이런 식으로 해서 알키무스는 휘하에 많은 부하를 거느릴 수가 있었다. 그는 이들을 거느리고 전국을 누비면서 유다스를 지지하는 사람은 누구를 막론하고 모두 죽였다. 유다스는 알키무스의 세력이 강해졌으며 전국을 휩쓸고 돌아다니면서 선하고 경건한 백성들을 살해하고 있다는 소식을 듣고 그와 마찬가지로 전국을 돌면서 반대파를 죽였다. 알키무스는 힘으로는 유다스를 대항할 능력이 없음을 깨닫고 데메트리우스왕에게 도움을 요청했다. 이에 그는 안디옥으로 가서 데메트리우스왕에게 유다스를 벌하지 않고 그대로 방치해 두면 무슨 손실을 겪을지 모르는 일이므로 강한 군대를 파견해서 그를 격멸해야 한다고 주장하였다.

4. 평소에도 유다스를 그냥 놔두면 안 되겠다는 생각을 가지고 있던 데메트리우스왕은 유다스의 세력이 막강해졌다는 이야기를 듣고 가장 믿을 만한 친한 친구인 니카노르(Nicanor)를 파견하기로 했다. 니카노르는 로마를 탈출할 때 함께 도망친 자였기 때문에 왕과 유난히 교분이 두터웠다. 왕은 유다스를 꺾기에 충분하다고 생각될 만큼의 많은 병사를 주고는 한 놈도 살려 두지 말라고 당부하였다. 니카노르는 예루살렘에 당도한 후 즉시 유다스를 공격하지 않았다. 그는 속임수로 유다스를 넘어뜨리는 것이 현명하다고 생각하고 평화의 메시지를 전달했다. "위험을 무릅쓰고 굳이 싸울 필요가 어디 있소? 그대들에게 해를 끼치지 않을 것을 맹세하오. 나는 단지 몇 명만 데리고 들어가서 데메트리우스왕의 의도를 전하고 싶을 따름이오." 니카노르의 메시지를 받아 본 유다스와 그의 형제들은 속임수라는 것을 눈치채지 못하고 좋다고 승낙한 후 니카노르와 그의 병사들을 영접했다. 니카노르는 유다스에게 문안하고 대화를 나누면서 자기편 병사들에게 신호를 보냈다. 그러자 부하 병사들이 유다스를 잡으려고 달려들었다. 그러나 유다스는 속임수라는 것을 눈치채고 부하 병사들 뒤로 피한 뒤 그들과 함께 도망쳤다. 함정을 판 것이 들통이 나자 니카노르는 드러내 놓고 정면 공격을 하기로 결심하고 병사들에게 전투 준비를 시켰다. 결국 카파르살라마(Capharsalama)라고 부르는 마을에서 접전이 벌어졌다. 여기서 유다스는 패배하여[23] 예루살렘의 성채로 도피하지 않을 수가 없었다.

5. 니카노르가 성채에서 성전으로 내려오자 일부 제사장들과 장로들이 그에게 문안하고, 왕을 위해 하나님께 드리는 제사를 보라고 하였다. 그러나 니카노르는 그 제사를 경멸하면서 유다스를 잡아서 자기에게 넘겨주지 않으면 다시 돌아와서 성전을 허물어뜨리겠다고 위협했다. 그가 이같이 윽박지르고 예루살렘에서 떠나자 제사장들은 근심에 싸여 눈물을 흘리면서 적의 손에서 구원

---

[23] 이 부분에서 요세푸스의 사본들이 원래의 본문에서 많이 이탈했음이 분명하다. 왜냐하면 여기서는 분명히 니카노르가 승리했다고 했지만, 바로 밑에서는 패배한 자들이 피하여 간 다윗성(시온산)과 연결된 성채가 유다스의 성채가 아니라 니카노르의 성채인 것으로 나와 있는 것을 볼 때 앞뒤가 맞지 않는다. 따라서 사본이 전사되는 과정에서 오류가 생긴 것이 분명하다.

해 달라고 하나님께 간청하였다. 한편 니카노르는 예루살렘에서 떠나 벧호론(Bethoron)에 이르러 진을 쳤다. 이때 수리아에서 온 일단의 병사들이 그와 합류했다. 유다스는 불과 1,000명도 안 되는 병사를 거느리고 벧호론에서 30펄롱 떨어진 아다사(Adasa)에 진을 쳤다. 유다스는 부하들에게 이같이 힘을 북돋워 주었다. "적의 수가 많다고 기죽지 맙시다. 적의 병력이 우리보다 우세하다고 해서 두려워하지 맙시다. 우리가 누구인가를 상기합시다. 우리가 위험을 무릅쓰고 적과 싸울 때 얻게 될 상이 어떤 것인가를 기억합시다. 그리고 용감하게 적과 싸웁시다." 이같이 병사들의 사기를 북돋운 후 유다스는 니카노르군과 대접전을 벌였다. 이 전투에서 유다스는 니카노르군을 이기고 수많은 적병을 쓰러뜨렸다. 마침내 용감하게 싸우던 적장 니카노르가 쓰러졌다. 적들은 자기들의 지휘관이 쓰러지자 무기를 버리고 도망가기 시작했다. 유다스는 그들의 뒤를 추격하며 적들을 사살했다. 유다스는 또한 나팔을 불어 인근 마을 주민들에게 그가 승리했음을 알렸다. 주민들은 이 나팔 소리를 듣고 급히 무기를 들고 나와 도망가는 적을 가로막아 죽였다. 이에 단 한 명도 살아남지 못하고 니카노르군은 전멸하고 말았다. 이에 전사한 적병의 수는 9,000명이나 되었다. 이렇게 대승을 거둔 날은 유대인이 아달(Adar)이라고 부르고 마게도냐인은 뒤스트루스(Dystrus)라고 부르는 달의 13일이었다. 유대인들은 매년 이날을 절기로 정하고 승리를 기념한다. 그 후 당분간 유대국은 전쟁에서 벗어나 평화를 즐겼으나 얼마 못 가서 다시 전쟁과 위험의 소용돌이 속에 휩쓸리게 되었다.

6. 한편 대제사장 알키무스는 거룩한 선지자들(holy prophets)[24]이 건축했고 오래전부터 그곳에 있던 성소의 벽을 헐어 낼 계획을 했다가 갑자기 하나님의 치심을 받아 쓰러지게 되었다. 하나님이 치시매 알키무스는 아무 소리도 못 하고 땅에 꼬꾸라졌으며 여러 날 극심한 고통으로 괴로워하다가 마침

---

[24] 유다스가 죽기 전에 알키무스(Alcimus) 혹은 야키무스(Jacimus)가 비참하게 죽고 그 뒤를 이어 유다스가 대제사장직에 올랐다는 이 기록은 마카비 1서 9장 54~57절과 정면으로 배치된다. 마카비서를 보면 유다스가 죽은 후 알키무스가 죽은 것으로 되어 있으며 유다스의 대제사장직에 대해서는 일언반구의 언급도 없다.

내 세상을 떠나고 말았다. 그는 4년간 대제사장으로 있다가 이같이 비참한 종 말을 맞이했던 것이다. 그가 죽자 백성들은 유다스를 대제사장으로 임명하였 다. 유다스는 로마가 갈라디아(Galatia)와 이베리아(Iberia)와 카르타고(Carthage) 와 리비아(Lybia)를 무력으로 점령하였고 게다가 그리스와 그 왕들인 페르세우 스(Perseus)와 필리푸스(Philip)와 안티오쿠스 대왕(Antiochus the Great)까지도 굴복시켰다는 소식을 듣고 로마의 세력이 어떤가를 깨닫고 로마와 우호 동맹 관계를 맺어야겠다고 결심했다. 따라서 그는 요한(John)의 아들 에우폴레무스 (Eupolemus)와 엘르아살(Eleazar)의 아들 야손(Jason)을 로마에 보내 친선 관계 를 맺고 싶다는 의사를 전하게 했다. 게다가 유다스는 로마인들에게 자기들이 어려움에 처하면 도와줄 것과 데메트리우스에게 편지를 보내 유대국을 더 이 상 괴롭히지 말 것을 요구해 달라고 사신들에게 당부하였다. 로마의 원로원은 유다스가 보낸 사신들을 영접한 후 그들의 이야기를 듣고 의견을 나눈 후 유다 스와 우호 동맹 관계를 맺는 것을 허락했다. 원로원은 이에 대한 포고령을 내 리고 그 사본을 유대에 보냈다. 이 포고령은 구리판에 새겨져 로마에서 반포되 었다. 이 포고령은 다음과 같다. "유대국과의 상호 우호 원조 동맹에 관한 원 로원의 포고령. 로마에 복속한 국가는 유대국과의 전쟁을 일절 금한다. 그 밖 에 유대국과 전쟁을 하는 국가를 곡식으로나 배로나 돈으로나 도와주는 행위 도 금한다. 유대국이 다른 나라의 공격을 받을 시는 로마국이 그들을 도울 것 이며 반대로 로마국이 적의 침략을 받을 시는 유대국이 돕는다. 이 상호 원조 동맹 조약에 가감을 원하는 요소가 있을 때는 로마인 전체의 동의가 있어야 한 다. 이 같은 절차를 밟을 때만 비로소 그 요소는 효력을 발휘할 수 있다." 이 포고령은 유다스가 대제사장으로 있고 그 형제 시몬이 군대 지휘관으로 있을 때 요한의 아들 에우폴레무스와 엘르아살의 아들 야손에 의해 부기(附記)되었 다.[25] 이 동맹은 로마인이 유대인과 맺은 첫 번째 동맹 관계였다.

---

[25] 이 부기(附記)에 관한 것은 마카비 1서 8장 17, 29절에는 빠져 있다. 이것을 볼 때 요세푸스 자신의 말을 첨가한 것임이 분명하다. 요세푸스는 이 당시 대제사장이 유다스였다고 잘못 생각했기 때문에 그의 형제 시몬이 군대 지휘관이라고 볼 수밖에 없었다. 그러나 시몬은 유다스가 죽기 전에는 군대 지휘관의 자리에 오른 것처럼 보이지 않는다.

제11장

박키데스가 다시 유다스를 공격해 오는 바람에 유다스가 용감하게 싸우다 전사하게 된 경위

1. 한편 데메트리우스는 니카노르와 그의 부대가 전멸당했다는 소식을 듣고 박키데스를 유대 원정군 사령관으로 임명하였다. 이에 박키데스는 안디옥에서 예루살렘으로 행군하여 갈릴리의 아르벨라(Arbela)에 진을 쳤다. 그는 거기서 동굴 속에 숨어 있는 자들을 공격하여 사로잡은 후에 신속하게 예루살렘으로 나아갔다. 그는 유다스가 벧세토에 진을 치고 있다는 소식을 듣고 보병 20,000명과 기병 2,000명의 병력을 끌고 그리로 갔다. 이때 유다스에게는 불과 3,000명의 병사밖에 없었다. 게다가 이들은 박키데스의 대군을 보고 겁이 나서 진영을 이탈하여 도망치기 시작하였다. 이에 남은 자는 불과 800명에 지나지 않았다. 유다스는 부하 병사들이 도망을 쳤지만 적이 가까이 다가오는 통에 병사들을 다시 모을 시간적 여유가 없어 800명의 병사로 박키데스군과 싸우기로 결심했다. 이에 유다스는 부하들에게 위험을 무릅쓰고 적과 용감히 싸우자고 격려하였다. 그러자 병사들은 적의 대군과 맞서 싸우기에는 너무나도 중과부적이니 이번에는 퇴각해서 목숨을 부지해 두었다가 후에 병사들을 모아서 적과 대항하는 것이 어떻겠느냐고 제안했다. 이때 유다스는 이같이 대답했다. "적에게 등을 돌리고 도망치는 꼴을 태양에게 보여주지 맙시다. 비록 나는 이 전투에서 전사하여 이 생을 마치게 된다 하더라도 비겁하게 도망쳐 인생의 오점을 남기느니 차라리 적과 맞서 싸워 장렬히 전사하는 편을 택할 것입니다." 그는 이 같은 각오를 부하들에게 보여줌으로써 부하들의 사기를 북돋워 주었다.

2. 박키데스는 군대를 진영에서 이끌고 나와 전투 대형으로 배치했다. 그는 양 날개 쪽에 기병을 배치하고 경보병과 궁수들은 전면(前面)에 배치하고 자신

은 오른쪽 날개 편에 섰다. 그는 이같이 전투 대형을 갖춘 후에 공격 나팔을 신호로 유대군을 공격하기 시작했다. 유다스도 마찬가지로 전투 대형을 갖추고 적과 마주 싸웠다. 양편 병사들은 모두 용감하게 싸웠다. 그리하여 전투는 해질 녘까지 계속되었다. 유다스는 박키데스와 적의 정예 병사들이 오른쪽 날개 편에 있는 것을 보고는 가장 용감한 부하들을 거느리고 그쪽을 향해 달려들었다. 유다스는 적의 전열을 무너뜨리고 가운데로 뛰어들어 적을 격파한 후 적을 아사(Aza)산까지 추격했다. 이때 왼쪽 날개에 있던 적들은 오른쪽 날개에 있던 아군이 쫓기는 것을 보고는 달려와 유다스를 에워쌌다. 이리하여 유다스는 적에게 포위되고 말았다. 그러나 유다스는 부하들과 함께 조금도 굽히지 않고 적과 맞서 싸웠다. 유다스는 대항하는 적들을 많이 죽였으나 그도 마침내 부상을 입고 쓰러져 죽고 말았으니 최후의 죽는 순간까지도 그는 대담성과 용감성을 잃지 않았다. 유다스가 죽자 유대 병사들은 사령관으로 모실 만한 인물이 없다고 생각해서인지 모두 도망을 쳤다. 이에 유다스의 형제인 시몬과 요나단은 적과 협상 끝에 그의 시체를 인수하여 선조들의 선영이 있는 모딘으로 가서 그곳에 장사 지냈다. 그러자 백성들은 웅장하고 엄숙한 장례를 치러 주고 여러 날 동안 몹시 애통해하였다. 유다스의 종말은 이와 같았다. 그는 용맹한 자요 위대한 전사(戰士)였다. 그는 부친 마타디아스의 명령을 항상 기억하고 동족의 자유를 위해 천신만고의 고통을 감수한 위대한 인물이었다. 진정 마게도냐인의 압제에서 동족을 구해 내고 자유를 쟁취한 그의 업적과 명성은 영원히 기념될 만한 것이었다. 결국 유다스는 3년간 대제사장직에 있다가 세상을 떠나게 된 것이다.

제13권

82년간의 역사 기록

유다스 마카베우스의 죽음부터
알렉산드라 여왕의 죽음까지

제1장

유다스가 죽은 후
그의 동생 요나단이 통치권을 계승하여 형 시몬과 함께
박키데스에게 대항해 전쟁을 벌이게 된 경위

1. 우리는 전권(前卷)에서 유대국이 어떻게 해서 마게도냐인들의 속박에서 벗어나 자유를 쟁취하였으며 군대 장관 유다스가 장렬하게 전사할 때까지 얼마나 많은 대전투를 치렀는가에 대해 살펴보았다. 그러나 유다스가 죽자 모든 사악함이 유대 땅에 되살아나기 시작했으며 선조들의 율법을 범하는 자들이 득세하기 시작하여 사방에서 유대인들을 괴롭혔다. 게다가 설상가상으로 기근까지 겹치게 되었다. 이에 나라 꼴은 말이 아니었다. 마침내 적지 않은 유대인들이 나라를 버리고 마게도냐인의 나라로 갔다. 왜냐하면 기근으로 인해 생필품을 구할 수 없었으며 적들의 공격으로 말미암아 재난을 더 이상 견딜 수 없었기 때문이었다. 이에 박키데스(Bacchides)는 선조들의 생활 방식을 버리고 인근 이방 국가의 삶의 풍습을 따르는 유대인 변절자들을 불러 모은 후에 유대 땅을 관할하도록 맡겼다. 그러자 그들은 유다스의 친구들과 추종자들을 생포하여 박키데스에게 넘겨주었다. 박키데스는 처음에는 이들을 마음껏 고문으

로 괴롭힌 후에 마침내 모두 처형하였다. 이때 유대인들이 당한 재난은 바벨론에서 고국으로 귀환한 후 겪은 가장 큰 환난이었다. 유다스의 추종자 중에 그때까지 남아 있던 자들은 유대국이 비참하게 멸망 당할 위기에 놓인 것을 보고 유다스의 동생 요나단(Jonathan)을 찾아가 동족의 자유를 위해 목숨까지 바친 형을 본받아 파멸의 지경에 처한 조국을 위해 일해 줄 것을 간청하였다. 이에 요나단은 조국을 위해 죽을 각오가 되어 있다고 했다. 요나단의 이런 각오도 있었고 또 사실 유다스보다 못한 것이 없는 인물이었기에 그는 유대군의 지휘관으로 임명되기에 이르렀다.

2. 박키데스는 이 소식을 듣고 요나단이 그전의 유다스처럼 왕과 마게도냐에 가시 같은 존재가 되지나 않을까 무척 걱정스러웠다. 따라서 그는 속임수를 써서 요나단을 살해할 음모를 꾸몄다. 그러나 그의 이 음모는 요나단과 형 시몬에게 발각되고 말았다. 요나단과 시몬은 이 음모를 눈치채고 모든 동료를 거느리고 즉시 예루살렘 근처 사막으로 피신했다. 그들은 아스파르(Asphar)라고 부르는 호수에 이르러 그곳에 거주했다. 박키데스는 유대인들의 사기가 저하된 것을 알아차리고 병력을 동원하여 공격하기로 결심했다. 그는 요단강 건너편에 진을 치고 병사들을 새로 모집했다. 한편 요나단은 박키데스가 공격해 온다는 소식을 듣고 가디스(Gaddis)라고도 부르는 형 요한을 나바테아 아랍인(Nabatean Arabs)들에게 보내 박키데스와의 전투가 끝날 때까지 소유물을 맡기려고 하였다. 이는 그들이 유대인들의 친구였기 때문이었다. 그런데 암브리(Ambri)의 아들들이 메드바(Medaba)시로부터 와서 길에 매복하고 있다가 요한과 그 일행을 급습하여 모두 살해하고 가지고 가던 모든 것을 약탈하였다. 그러나 이들은 요한의 형제들에 의해 이에 대한 보응을 충분히 받게 되었다. 이에 대해서는 잠시 후에 자세히 살펴보도록 하자.

3. 한편 박키데스는 요나단이 요단(Jordan) 호수들 가운데 진을 친 것을 보고 안식일이 될 때까지 기다렸다가 안식일이 되자 (유대인들이 율법 때문에 저항조차 하지 못할 것이라고 생각하고) 공격을 개시했다. 그러나 요나단은 병사들에게 싸울

것을 권면하면서 이같이 말했다. "우리의 목숨은 이제 경각에 달렸습니다. 적들은 앞에서 달려들고 있고 뒤에는 강이 놓여 있습니다. 이제 우리는 적과 강에 의해 둘러싸여 퇴각할 길조차 없는 진퇴양난의 위험에 빠져 있습니다." 그는 이같이 말한 후 하나님께 승리를 위한 기도를 드리고 적과 접전을 벌였다. 요나단은 많은 적을 쓰러뜨렸다. 그는 박키데스가 대담하게 자기에게 달려드는 것을 보고 오른손을 펴서 그를 쳤다. 그러나 박키데스는 그것을 미리 예상하고 재빠르게 피했다. 이에 요나단은 부하들과 함께 강으로 뛰어들어 수영해서 강을 건넜다. 이렇게 해서 요나단은 요단강 너머로 도망칠 수 있었다. 박키데스는 2,000명의 전사자를 낸 후 즉시 예루살렘의 성채로 돌아갔다. 박키데스는 허물어진 많은 유대 도시의 성벽을 재건하여 요새화하였다. 즉 여리고 (Jericho), 엠마오(Emmaus), 벧호론(Bethoron), 벧엘(Bethel), 딤나(Timna), 파라토(Pharatho), 드고아(Tecoa), 가사라(Gazara)가 이에 해당된다. 그는 이 도시마다 거대한 성벽을 건설하고 망대를 세우고 수비대를 주둔시켜 유대인들에게 막대한 피해를 입게 하였다. 그는 다른 어느 도시보다도 예루살렘의 성채를 더욱 튼튼하게 요새화했다. 더욱이 그는 유력한 유대인들의 자녀들을 인질로 잡아 성채 안에 두는 방법을 써서 성채를 방어하였다.

4. 이 무렵에 한 사람이 요나단과 그의 형 시몬에게 와서, 암브리(Ambri)의 아들들이 결혼식을 올리기 위해서 유명한 아라비아인들의 딸들을 가바타 (Gabatha)에서 데리고 오는데 그 처녀들의 거창한 행렬 속에는 많은 패물이 들어 있다는 정보를 일러 주었다. 이에 요나단과 시몬은 죽은 형의 원수를 갚는 절호의 기회이며 소기의 성과를 거둘 수 있는 충분한 병력이 된다고 생각하고 급히 메드바(Medaba)로 가서 산에 숨어서 적이 나타나기만을 기다렸다. 이때 적들은 많은 친구와 함께 처녀들을 이끌고 길을 재촉하고 있었다. 이에 요나단과 시몬은 적들이 나타나자마자 매복한 곳에서 갑자기 뛰어나와 적들을 에워싸고 모두 죽여 버렸다. 그들은 또한 적들이 소지하고 있던 물건을 노획한 후 귀환했다. 이렇게 해서 그들은 형 요한의 원수를 통쾌하게 갚았던 것이다. 이때 적들은 처자들과 뒤따르던 친구까지 합해서 모두 400명이나 죽었기 때문이다.

5. 시몬과 요나단은 요단강의 호수로 돌아와서 그곳에 거주했다. 한편 박키데스는 전 유대 지역에 수비대를 골고루 배치해 안전하게 지키게 한 후 왕에게로 돌아갔다. 그 후 2년 동안 유대 땅은 평안을 누릴 수 있었다. 그러나 유대인 변절자들과 사악한 부류들은 요나단과 그의 추종자들이 매우 평안하게 살아가는 것을 보고 데메트리우스왕에게 전하기를, 밤에 몰래 급습하면 요나단과 추종자들을 모두 죽일 수 있으니 박키데스를 보내 달라고 요청하였다. 이에 왕은 박키데스를 파견했다. 박키데스는 유대로 들어온 후 유대인과 그 밖의 지원 세력을 막론하고 그의 모든 친구에게 서신을 띄워 요나단을 사로잡아 자기에게 끌고 오라고 지시했다. 그러나 그들은 온갖 노력을 기울였음에도 불구하고 요나단을 사로잡을 수가 없었다. 그것은 요나단이 자기를 사로잡으려는 올무가 놓인 것을 알고 보안에 철저했기 때문이었다. 이에 박키데스는 유대인 변절자들이 왕과 자기를 속인 데 대해 크게 격분하여 지도자급 인사 50명을 처형했다. 이에 요나단과 시몬은 박키데스를 두려워하여 부하들을 거느리고 사막에 있는 벧아글라(Bethagla) 마을로 후퇴하였다. 요나단은 이 마을을 성벽을 쌓아 요새화하고 망대를 건축한 후 성을 지키기에 온갖 노력을 기울였다. 이 소식을 접한 박키데스는 자기 휘하의 전 병사들과 유대인 부하들을 거느리고 요나단을 공격하기 시작했다. 박키데스는 여러 날 동안 요나단에게 맹공격을 퍼부었다. 그럼에도 불구하고 요나단은 조금도 굴하지 않고 용감하게 대항했다. 요나단은 형 시몬에게 박키데스의 공격을 막게 한 후 몰래 성 밖으로 빠져나와 자기편 사람들을 많이 불러 모았다. 그러고는 밤에 박키데스의 진영을 급습하여 수많은 적을 살해하였다. 그의 형 시몬도 그가 적 진영을 급습한 것을 알고 합세하여 마게도냐군이 쓰던 공성 장비를 불태우고 수많은 적병을 사살하였다. 박키데스는 앞뒤로 적에게 둘러싸여 포위된 것을 알고 공격이 실패로 돌아간 데 대해 실망을 금치 못하고 몹시 괴로워하였다. 박키데스는 이런 모든 불행이 왕을 충동시킨 유대인 변절자들 때문이라고 생각하고 그들에게 큰 불만을 표시하였다. 결국 박키데스는 가능하다면 명예스럽게 일을 끝내고 귀국해야겠다고 결심하게 되었다.

6. 요나단은 박키데스의 이런 심중을 헤아리고 사신을 보내 양편의 포로들을 서로 교환하고 우호적인 상호 원조 동맹 관계를 맺자고 제의하였다. 박키데스는 이 제안이 자기가 명예스럽게 고국으로 귀환할 수 있는 절호의 기회라고 생각하고 요나단과 상호 간에 더 이상 전쟁을 하지 않기로 서약하고 상호 우호 동맹을 체결하였다. 결국 이렇게 해서 박키데스는 포로를 되돌려 받은 후 부하들을 거느리고 왕이 있는 안디옥으로 돌아갔다. 그 후로 그는 다시는 유대로 돌아오지 않았다. 한편 요나단도 이 평화의 기회를 잘 이용하여 믹마스(Michmash)시에 거하면서 백성들을 다스렸다. 그는 악한 자들과 경건치 못한 자들을 벌주었으며 이렇게 해서 유대국을 정결케 하였다.

제2장

알렉산드로스 발라스가 데메트리우스와의 전쟁을 유리하게 이끌기 위해 요나단을 대제사장으로 임명하는 등의 많은 혜택을 주어, 요나단에게 더 큰 혜택을 약속한 데메트리우스보다 앞서서 요나단을 자기편으로 끌어들인 경위와 데메트리우스의 죽음에 관하여

1. 안티오쿠스 에피파네스(Antiochus Epiphanes)의 아들인 알렉산드로스(Alexander)[1]가 수리아에 나타나 프톨레마이스(Ptolemais) 주둔 병사들의 협조

---

1) 알렉산드로스 발라스(Alexander Balas)는 언제나 안티오쿠스 에피파네스(Antiochus Epiphanes)의 아들로 자처했으며 유대인들과 로마인들도 그렇게 인정했으나 많은 역사가들은 날조라고 여겼다. 요세푸스도 안티오쿠스의 실제 아들로 믿고 있으며 또한 항상 그렇게 호칭하고 있다. 마카비 1서(First book

로 프톨레마이스(Ptolemais)를 장악한 것은 제160년의 일이었다. 데메트리우스왕은 교만한 데다가 아무도 접근하지 못하도록 했기에 병사들은 그를 좋아하지 않았기 때문이었다. 데메트리우스는 네 개의 망대를 지닌 왕궁을 짓고 그 안에서 꼼짝도 하지 않고 아무도 들어오지 못하게 했다. 게다가 그는 국사(國事)를 돌보지 않고 태만했다. 따라서 백성들은 그를 몹시 미워하지 않을 수 없었다. 데메트리우스왕은 알렉산드로스가 프톨레마이스에 있다는 소식을 듣고 전군을 거느리고 그를 공격하러 나섰다. 데메트리우스는 또한 요나단과 상호 우호 원조 동맹을 맺은 것을 기화로 그에게 사신을 보냈다. 데메트리우스는 알렉산드로스가 먼저 요나단에게 손을 써서 자기에게 대항하게 하지 않을까 적이 걱정되었기 때문이었다. 요나단이 자기에게 당한 고통을 잊어버리지 않고 있다면 알렉산드로스의 편을 들 공산이 크기 때문이었다. 이에 데메트리우스는 요나단에게 병사를 모집하고 무기를 제조할 수 있는 권한을 부여하였으며 박키데스가 예루살렘 성채에 볼모로 잡아 놓은 유대인 인질들을 풀어 주라고 명령하였다. 데메트리우스의 특별 명령으로 좋은 기회를 갖게 된 요나단은 예루살렘으로 와서 백성들과 성채를 지키는 병사들에게 왕의 편지를 읽어 주었다. 왕의 지시를 들은 유대인 변절자들과 악한 자들은 군대를 모집할 수 있는 권한과 인질 석방을 명한 왕의 명령에 몹시 두려워하였다. 요나단은 석방된 인질들을 각자 부모의 품에 돌아가도록 조치한 후 예루살렘에 거하면서 예루살렘 성을 재건하는 등의 도시 개발에 온 힘을 기울였다. 요나단은 적의 공격에 대비하여 네모난 돌들로 성벽을 재건하는 일에 착수하였다. 유대 땅에 주둔하고 있던 수비대 병사들은 이것을 보고 모두 안디옥으로 도망갔으며 단지 벧수라(Bethsura)시와 예루살렘 성채를 지키는 수비대 병사만 그 자리를 지키고 있었다. 이 두 도시의 수비대 병사의 대부분은 유대인 변절자들과 부랑자들이었기에 수비대를 넘겨주고 도망치지 않았기 때문이었다.

---

of Maccabees)의 저자가 그를 부친의 이름을 따라 에피파네스라고 부르고 그를 안티오쿠스의 아들이라고 말하고 있는 것(마카비 1서 10:2)을 볼 때 비록 에피파네스가 가족이 없는 여인을 통해서 그를 얻었을지는 몰라도 전혀 날조는 아니라고 생각한다. 애굽 왕 필로메토르(Philometor)가 자기 딸을 그에게 아내로 준 것을 볼 때 그가 가짜였다면 어떻게 그럴 수 있었겠는가?

2. 한편 알렉산드로스는 데메트리우스가 요나단에게 어떤 약속을 하고 자기 편으로 끌어들이려고 하는가에 관한 정보를 입수하였다. 게다가 그는 요나단이 마게도냐인들과의 전쟁에서 남긴 업적과 그의 용감성에 관해서뿐 아니라 데메트리우스와 그의 군대 장관 박키데스에게 당한 고생에 대해서도 알게 되었다. 이에 알렉산드로스는 친구들을 불러 이같이 말했다. "나는 현재 요나단보다 더 큰 원군은 없다고 생각하오. 그는 전쟁에서 용감할뿐더러 데메트리우스에게서 많은 핍박과 고통을 받았기 때문에 데메트리우스를 몹시 증오하고 있소. 만일 그대들이 요나단을 우리의 친구로 끌어들이는 것에 동의한다면 지금이 가장 적기라고 생각하오." 그러자 알렉산드로스의 친구들은 그렇게 하는 것이 좋겠다고 찬성했다. 이에 알렉산드로스는 요나단에게 사신을 보내기로 결심하고 아래와 같은 편지를 썼다. "알렉산드로스왕이 형제 요나단에게 문안하오. 우리는 오래전부터 그대의 용감성과 충성심에 대해 많은 이야기를 들어왔소. 따라서 우리는 그대와 상호 우호 원조 동맹을 체결하기 위해 사신을 보내기로 한 것이오. 우리는 오늘부로 그대를 유대의 대제사장으로 임명하고 그대를 우리의 친구로 삼기로 했소. 우리는 예물로 그대에게 자색 옷과 금관을 보냈소. 그러므로 우리가 그대를 존중한 것같이 그대도 우리를 존중해 주었으면 좋겠소."

3. 요나단은 이 편지를 받은 후 장막절에 대제사장 의복을 입었다. 이것은 그의 형 유다스가 죽은 지 8년 후의 일이었다. 그 사이의 8년 동안은 대제사장이 없었다. 그 후 요나단은 많은 병사를 소집하고 충분한 무기를 준비해 두었다. 데메트리우스는 이 모든 사실을 알고 몹시 괴로워하였다. 그는 알렉산드로스가 요나단을 끌어들이기 전에 손을 쓰지 못한 자신의 태만을 꾸짖었다. 그러나 그는 가만히 있을 수만은 없었다. 그리하여 그는 요나단과 유대인에게 서신을 보냈다. 그 내용은 다음과 같다. "데메트리우스왕이 요나단과 유대국에 문안하오. 그대들이 우리 적의 유혹을 받고도 합세하지 않고 계속 우리와의 우정을 지킨 것에 대해 나는 충심으로 치하하며 앞으로도 계속 우정을 지켜 주기를 바라는 바이오. 그렇게만 해준다면 그대들은 우리에게서 마땅한 대

가와 보상을 받게 될 것이오. 나는 그대들이 전에 나의 선왕들과 내게 바쳤던 조세를 내지 않도록 해주겠소. 그 외에도 소금세와 왕관세[2]는 물론 (땅의) 소산의 3분의 1과 나무 열매의 2분의 1을 바치는 것도 오늘부터 면제해 주도록 하겠소. 또한 유대와 사마리아와 갈릴리와 베레아의 주민 한 명당 얼마씩 내게 되어 있는 인두세는 오늘부터 영원토록 그대들에게 감면해 주도록 하겠소. 나는 또한 예루살렘을 성결하고 거룩한 곳으로 만들 것이며 모든 세금과 십일조를 공제해 주도록 하겠소. 나는 예루살렘 성채에서 나의 명칭을 제하고 그대들의 대제사장인 요나단이 그 성채를 소유하여 병사들을 주둔시키고 우리를 위해 성채를 방어하도록 허락하겠소. 또한 내 나라에 포로로 잡혀 와 노예가 된 모든 유대인을 해방시켜 주겠소. 또한 유대인 소유의 짐승을 함부로 가져가 사용하지 못하도록 명령을 내리겠소. 그리고 안식일과 모든 절기는 물론 각 절기 3일 전부터 어떤 형태의 부담이나 노역에서도 면제가 되도록 조치하겠소. 또한 내 나라의 모든 유대인 주민들을 해방시키고 아무도 해를 가하지 못하도록 엄히 명할 작정이오. 나는 또한 군대에 들어오기를 희망하는 자들을 받아들였소. 그 수는 무려 30,000명이나 되오. 이 유대인 병사들은 어디에 배치되든지 마게도냐 병사들과 같은 급료를 받게 될 것이오. 나는 유대인 병사 중 일부는 수비대에 배치할 것이며 일부는 내 호위 병사와 궁정의 고위 관리의 호위 병사로 임명할 작정이오. 나는 그들에게 선조의 율법을 지키고 살 수 있도록 허락했소. 또한 그들에게 유대 땅에 병합된 세 지역을 관할하는 권한을 줄 계획이며 예루살렘 외에 다른 성전을 가지지 못하도록 유대인을 돌보는 모든 권한을 대제사장에게 맡기도록 하겠소. 그 밖에 매년 성전의 제사 비용을 150,000드라크마씩 국비에서 지불하도록 하겠소. 남은 돈은 그대들이 써도 좋을 것이오. 나는 또한 왕들이 성전에서 받아 오던 10,000드라크마의 돈을 제사장들에게 돌려주겠소. 왜냐하면 이 돈은 성전에서 봉사하는 제사장들에게 돌아가야 마땅하기 때문이오. 그 외에도 왕의 돈을 갚지 못했거나

---

[2] "유대인들은 (수리아의) 왕들에게 곧잘 왕관을 바치곤 했다. 이후에 이런 왕관 대신 바치거나 왕관을 만들 비용으로 쓴 금을 왕관 금(crown gold) 혹은 왕관세(crown-tax)라고 불렀다."라고 그로티우스(Grotius)는 말한다.

그 밖의 이유로 성전이나 그 부속 건물로 도피하는 자는 목숨도 살려 주고 그 재산도 건드리지 않을 작정이오. 나는 그대들이 성전을 재건하는 것을 허락할 계획이오. 그것도 내가 경비를 지출해서 말이오. 또 내가 비용을 댈 터이니 도시의 성벽을 재건하고 높은 망대를 세우도록 하시오. 그 외에도 요새화하면 유대국의 방비에 도움이 될 만한 마을이 있으면 내가 비용을 줄 터이니 요새화하도록 하시오."

4. 이것이 데메트리우스왕이 유대인에게 서신으로 약속한 내용이다. 한편 알렉산드로스왕은 수많은 용병과 수리아에서 자기에게 넘어온 많은 병사를 동원하여 데메트리우스를 공격하는 원정길에 나섰다. 접전이 벌어진 결과 데메트리우스왕의 왼쪽 부대는 적을 물리치고 도망가는 적을 추격하여 많은 적을 살해하고 적 진영까지 약탈한 반면에 데메트리우스왕이 진두지휘하는 오른쪽 부대는 적에게 패하여 도주하기 시작했다. 그러나 데메트리우스는 용감하게 싸워 수많은 적을 죽였다. 데메트리우스는 적을 추격하다가 말이 그만 수렁에 빠지고 말았다. 그는 수렁에서 빠져나오려고 애쓰다가 말에서 떨어지고 말았다. 그는 이제 죽음을 피할 길이 없었다. 한편 도망가던 적들은 이 광경을 보고 되돌아와 그를 에워싸고 일제히 그를 향해 창을 던졌다. 그는 말을 타지 않고서도 용감히 싸웠다. 그러나 마침내 그는 너무나 많은 부상을 입고 전사하고 말았다. 데메트리우스가 이같이 최후를 마치니 그의 재위 기간은 앞서 살펴보았듯이 11년이었다.

제3장

오니아스와 프톨레마이우스 필로메토르 사이의
친선 관계에 대해서와
오니아스가 애굽에 예루살렘 성전 같은 성전을 건축한 경위

1. 한편 애굽 왕 프톨레마이우스 필로메토르(Ptolemy Philometor)에게 피신했던 대제사장 오니아스(Onias)의 아들 오니아스(Onias)는 부친과 동명인(同名人)인데 그는 그 당시 알렉산드리아(Alexandria)에 살고 있었다. 이 오니아스는 유대 땅이 마게도냐인에 의해 온갖 괴롭힘을 다 당하는 것을 보고, 영원히 기억될 만한 자신의 명성을 남기기 위해 왕 프톨레마이우스(Ptolemy)와 왕후 클레오파트라(Cleopatra)에게 서신을 보내 예루살렘 성전과 같은 성전을 짓고 자신의 혈통에서 제사장과 레위인을 임명할 것을 허락해 달라고 간청하기로 결심했다. 그가 이같이 원한 가장 주된 이유는 언젠가 유대인의 손에 의해 애굽에 전능하신 하나님의 성전이 지어질 날이 올 것이라고 이미 600여 년 전에 예언한 이사야 선지자를 신뢰한 데 있었다. 오니아스는 이 예언에 감격하여 프톨레마이우스와 클레오파트라에게 아래와 같은 서신을 보냈다. "코엘레수리아와 베니게의 전투에서 하나님의 도우심을 받아 왕을 위해 혁혁한 전과를 세운 후에 저는 유대인들을 거느리고 애굽의 이곳저곳을 다니다가 결국 레온토폴리스(Leontopolis)에 도착하게 되었습니다. 저는 애굽의 여러 지역을 돌아다니면서 대부분의 왕의 백성들이 여러 신전을 소유하고 있음으로 인하여 서로 반목하고 질시하는 것을 보았습니다. 이것은 애굽인들이 너무나 많은 신전을 가지고 있으며 서로 신에 대한 제사의 개념이 다른 데 그 원인이 있습니다. 그런데 저는 그 지역 이름을 본떠 디아나(Diana)라고 부르는 성에 아주 적합한 장소가 있음을 발견했습니다. 이곳은 각종 물질이 풍성하며 성스러운 동물들이 가득 찬 곳입니다. 그러므로 주인도 없는 이 퇴락한 성소(聖所)를 정결케 하고 예루살렘 성전의 모양을 본떠 같은 크기의 성전을 지을 수 있도록 허

락해 주시기 바랍니다. 이것은 왕뿐 아니라 왕후와 왕자와 공주들에게도 유익할 것입니다. 게다가 특히 애굽에 사는 유대인들이 함께 모여 상호 협력하고 조화를 이루고 살아간다면 왕에게도 적지 않은 유익이 될 것입니다. 이사야는 오래전에 '애굽에 여호와 하나님을 위한 단이 설 것이다.'라고 예언하였으며 그 밖에도 성전 부지에 관한 여러 예언을 했기 때문에 더욱 왕에게 유익할 것입니다."

2. 이것은 오니아스가 프톨레마이우스왕에게 보낸 서신의 내용이었다. 그런데 우리는 프톨레마이우스가 오니아스에게 보낸 답신에서 그의 경건함과 그의 누이인 동시에 아내인 클레오파트라의 경건함이 어느 정도인가를 쉽게 짐작할 수 있다. 프톨레마이우스가 보낸 답신은 이와 같다. "프톨레마이우스왕과 클레오파트라 왕후가 오니아스에게 문안하오. 헬리오폴리스 노무스(Nomus of Heliopolis)의 레온토폴리스(Leontopolis)에 있는 퇴락한 신전으로 부바스티스(Bubastis)라는 지역명을 본뜬 신전을 정결케 하고 성전을 지을 수 있도록 해달라는 그대의 간청이 담긴 서신을 보았소. 그런데 그렇게 불결하지만 성스러운 동물들로 가득 찬 곳에 하나님의 성전을 짓는 것이 하나님을 기쁘시게 할 수 있을까 적이 걱정이 되오. 그러나 그대의 말대로 이사야 선지자가 오래전에 그렇게 예언했다고 하니 그대의 간청을 들어주도록 하겠소. 혹시라도 하나님께 누를 끼치지 않도록 율법에 따라 일을 처리해 주기 바라오."

3. 이에 오니아스는 그곳을 택하고 예루살렘 성전과 유사한 성전을 짓고 하나님께 단을 지어 드렸다. 그러나 규모로 볼 때는 예루살렘 성전보다 작고 초라했다. 건물의 치수나 기물들에 대해서는 『유대 전쟁사』(The Wars of the Jews) 7권에서 다루었으므로 여기서는 언급하지 않겠다. 오니아스는 자기와 같은 유대인들과 제사장들과 레위인들을 불러 모아 그곳에서 하나님께 제사드리는 일을 담당하도록 했다. 이 성전에 대해서는 이 정도에서 끝마치는 것이 좋을 것 같다.

4. 한편 알렉산드로스 때부터 그리심산에서 예배를 드려 오던 사마리아인들과 알렉산드리아 유대인들은 서로 시기와 반목을 일삼았으며 심지어는 프톨레마이우스왕 앞에서도 성전에 관한 논란을 벌이게 되었다. 즉 유대인들은 모세 율법에 따르면 예루살렘 성전만이 진짜 성전이라고 주장한 반면에 사마리아인들은 그리심 성전만이 진짜 성전이라고 반박했다. 이에 그들은 왕이 신하들과 연석한 자리에서 토론을 벌여 토론에 지는 편이 죽음을 당하는 내기를 하자고 제의했다. 그리하여 사베우스(Sabbeus)와 테오도시우스(Theodosius)는 사마리아인을 지지하는 대표로 나섰고 메살라무스(Messalamus)의 아들 안드로니쿠스(Andronicus)는 예루살렘의 유대인을 지지하는 대표로 나섰다. 그들은 하나님과 왕 앞에서 율법에 어긋난 것을 이야기하지 않기로 맹세했으며 맹세에 어긋나는 행동을 한 사람은 사형에 처하라고 프톨레마이우스왕에게 부탁하였다. 이에 왕은 여러 신하들을 불러서 이들이 말하는 내용을 같이 듣도록 했다. 한편 알렉산드리아에 거주하는 유대인들은 이 일에 지대한 관심을 보였다. 혹시라도 그렇게 오래되고 찬란한 영광에 빛나는 예루살렘 성전의 명성에 조금이라도 누를 끼치는 일이 없을까 매우 걱정스러웠기 때문이었다. 사베우스와 테오도시우스는 안드로니쿠스에게 먼저 말하라고 양보했다. 이에 안드로니쿠스는 율법과 대제사장의 역사적 계승을 들어 예루살렘 성전만이 유일의 합법적인 성전임을 입증해 나갔다. 그는 예루살렘의 모든 대제사장들이 부친에게서 대제사장의 직위를 계승하여 성전을 다스려 왔음을 강조하였으며 아시아의 모든 왕들이 값비싼 예물을 예루살렘 성전에 바쳤기에 지금도 엄청난 보물들이 쌓여 있음을 상기시켰다. 그는 그리심산의 성전에 대해서는 한마디의 언급도 하지 않았으며 마치 그런 것이 있었느냐는 식으로 그 존재조차도 무시하였다. 안드로니쿠스는 이런 논법 외에도 이런저런 논증을 들어 예루살렘 성전만이 모세 율법에 맞는 유일의 성전임을 프톨레마이우스왕에게 설득하였다. 이에 프톨레마이우스왕은 안드로니쿠스의 말을 듣고 예루살렘 성전만이 참 성전이라고 결정하고 사베우스와 테오도시우스는 사형에 처했다. 프톨레마이우스 필로메토르 시대에 알렉산드리아 유대인이 겪었던 역사는 위와 같았다.

제4장

알렉산드로스가 요나단을 예외적으로 극진하게 대한 경위,
그리고 데메트리우스의 아들 데메트리우스가
알렉산드로스를 격파하고 난 후
요나단과 우호 동맹을 맺게 된 경위

1. 우리가 앞서 살펴본 대로 데메트리우스가 전사하자 알렉산드로스가 수리아 왕국을 장악하였다. 알렉산드로스는 프톨레마이우스 필로메토르에게 서신을 보내 딸과 결혼할 수 있도록 허락해 달라고 했다. 하나님의 섭리로 데메트리우스를 물리치고 선조들이 소유했던 왕권을 되찾은 자기와 인척 관계를 맺는 것은 너무나 당연한 것이 아니냐는 것이었다. 프톨레마이우스는 이 청혼을 기쁘게 받아들이고 아래와 같은 답신을 보냈다. "왕이 선조들의 왕권을 되찾은 것을 진심으로 축하하오. 딸을 아내로 주겠소. 내가 프톨레마이스까지 갈 터이니 그곳에서 만나는 것이 어떻겠소? 내가 그곳까지 딸을 데리고 가겠소. 그리고 거기서 그대에게 딸을 주도록 하겠소." 프톨레마이우스는 이 같은 답신을 보내고 서둘러서 딸 클레오파트라를 데리고 프톨레마이스로 떠났다. 그는 그곳에서 알렉산드로스를 만나 딸을 주고 결혼식을 올렸으며 공주의 결혼식에 걸맞은 많은 금과 은을 폐물로 주었다.

2. 결혼식이 끝나자 알렉산드로스는 대제사장 요나단에게 서신을 보내 프톨레마이스로 오라고 하였다. 요나단은 많은 예물을 가지고 이 두 왕 앞에 나와 문안하였다. 이에 두 왕은 요나단을 극진하게 대접해 주었다. 알렉산드로스는 반강제로 요나단의 옷을 벗기고 자색 옷을 입혔으며 자기 보좌에 함께 앉도록 하였다. 그는 또한 요나단을 데리고 도시 중심부로 가서 그를 비난하거나 괴롭혀서는 안 된다는 왕명이 있었음을 선포하라고 부하들에게 지시했다. 부하들이 시키는 대로 하자 요나단에게 악의를 품고 비난할 준비를 하고 있던 자들은 요나단을 비난하거나 괴롭히지 말라는 왕명을 듣고 혹시라도 자기들에게 해가

미치지나 않을까 두려워하여 모두 줄행랑을 쳤다. 알렉산드로스왕은 마치 자기의 가장 친한 친구처럼 요나단을 극진하게 대우해 주었다.

3. 한편 제165년에 데메트리우스의 아들 데메트리우스(Demetrius)는 수많은 용병을 거느리고 그레데(Crete, 크레테)에서 배를 타고 길리기아(Cilicia)로 건너왔다. 이 용병들은 그레데인 라스테네스(Lasthenes)가 데리고 온 병사들이었다. 알렉산드로스는 이 소식을 듣고 크게 당황하고 괴로워하였다. 그는 데메트리우스가 당도하기 전에 미리 준비를 갖추기 위해 베니게를 떠나 급히 안디옥으로 돌아갔다. 그는 떠나면서 아폴로니우스 다우스(Apollonius Daus)[3]를 코엘레수리아의 총독으로 임명하였다. 그런데 아폴로니우스는 대군을 거느리고 얌니아(Jamnia)까지 와서 대제사장 요나단에게 이 같은 서신을 보냈다. "왕에게 복종하지 않고 권세를 부리면서 혼자 편하게 지내겠다는 그대의 태도는 정당하지 못하오. 아직까지 그대를 왕 앞에 굴복시키지 못한 내가 너무나 한심스러워 얼굴을 들기조차 부끄럽소. 그러므로 산속에 앉아서 스스로 막강한 세력을 가지고 있다고 자신을 속이지 말고, 싸울 능력이 있다면 평지로 내려와서 우리 둘 중 누가 더 용감한가 겨루어 보는 것이 어떻겠소. 그러나 한 가지 그대가 명심할 것이 있소. 각 도시의 가장 용맹한 자들이 다 내 부대의 병사들이오. 그들은 항상 그대의 선조들과 싸워서 승리한 자들이었다는 점을 잊지 마시오. 더욱이 이번 우리의 싸움은 돌팔매질이나 하는 그런 싸움이 아니라 무기를 가지고 싸우는 치열한 전투가 될 것이며 져도 도망갈 데가 없는 그런 곳에서 벌어지는 전투가 될 것이라는 점을 기억하도록 하시오."

4. 이에 요나단은 몹시 분개하였다. 그리하여 그는 병사 중에서 10,000명을 뽑아 형 시몬과 함께 급히 예루살렘에서 욥바(Joppa)로 가서 도시 밖에 진을 쳤다. 왜냐하면 욥바 주민들이, 아폴로니우스가 주둔시킨 수비대가 욥바에

---

[3] 프리도(Prideaux)에 따르면 이 아폴로니우스 다우스(Apollonius Daus)는 셀레우쿠스 필로파토르(Seleucus Philopator)에 의해 코엘레수리아와 베니게의 총독으로 임명되었던 아폴로니우스(Apollonius)의 아들이었다고 한다.

있었기에 성문을 걸어 잠그고 요나단에게 대항하기 때문이었다. 요나단이 성을 공격할 태세를 갖추자 욥바 주민들은 그제야 성이 무력으로 점령당할까 두려워 성문을 열고 요나단을 맞이했다. 아폴로니우스는 욥바가 요나단에게 점령되었다는 소식을 듣고 기병 3,000명과 보병 8,000명을 거느리고 아스돗(Ashdod)까지 진격했다. 그는 그곳을 떠나 조용하고 느린 속도로 욥바까지 행군했다. 그는 욥바에 도착한 후 마치 퇴각하는 것처럼 요나단에게 보이게 했다. 그는 기병에게 기대를 걸고, 기병을 잘 이용하면 승리를 할 것이라 확신하고 있었기 때문에 어떻게 해서든지 간에 요나단을 평지로 끌어내려고 하였다. 요나단은 아폴로니우스를 보자 공격 명령을 내리고 아스돗까지 추격하였다. 아폴로니우스는 적을 평지까지 유도해 낸 후 갑자기 돌아서서 반격을 시도했다. 아폴로니우스는 미리 1,000명의 기병을 골짜기에 매복시켜 적의 후방에서 공격하도록 계획을 세워 놓았었다. 요나단은 앞뒤로 적에게 포위가 되었음에도 불구하고 조금도 당황하지 않았으며 사각형으로 전투 대형을 갖추어 사방에서 공격해 오는 적과 접전을 벌였다. 전투는 저녁까지 계속되었다. 요나단은 일부 병사를 형 시몬에게 주어 적을 공격하도록 한 다음 자기는 나머지 병사들을 거느리고 방패로 몸을 감추고 적 기병들이 던지는 창을 막아 냈다. 그리하여 적의 기병들은 갖고 있던 창들을 모두 던졌으나 요나단의 병사들에게는 아무런 해도 끼칠 수 없었다. 요나단의 병사들이 밀집하여 방패를 연결시켜 창을 막았으므로 창을 던져도 아무 효과가 없기 때문이었다. 그리하여 적들은 아침부터 저녁 늦게까지 창을 던지느라고 기진맥진했다. 시몬은 적이 피곤해하는 것을 보고 앞에 있는 일단의 적을 향해 맹렬히 달려들었다. 시몬은 부하 병사들의 용감함에 힘입어 적을 격퇴할 수 있었다. 적 기병들은 하루 종일 전투에 시달려 기진맥진했으며 유일하게 믿고 있던 보병마저 무너지는 것을 보고 더 이상 싸울 기력을 상실하고 도주하기 시작했다. 적들이 모두 뿔뿔이 흩어져 도망을 치니 온 평지는 도주하는 적들로 가득하였다. 이에 요나단은 도주하는 적을 아스돗까지 추격하여 무수히 살해하였다. 나머지 적들은 도망갈 기력도 상실한 채 아스돗에 있는 다곤(Dagon) 신전으로 피신했다. 요나단은 아스돗을 단번에 공격하여 함락시키고 주변 마을들까지 모두 불살랐다. 그는 다곤 신전도 불살렸으며 그리로 피신한 적들을 모조리 죽였다. 이에 전장에서 전사한 자들과 다곤 신전에서 불타 죽은 적병의 수는 모두 8,000명에 달했다. 요나단은 이같이 대군을 무찌른 후에 아스돗을 떠나 아스글론(Askelon)으로 왔다. 그가 도시 밖에 진을 치자 아스글론 주민들이 나와 그를 영접하며 많은 예물을 주고 극진히 대접했다. 이에 요나단은 그들의 선의(善意)를 고맙게 받아들이고 적에게서 빼앗은 수많은 노획물을 가지고 예루살렘으로 돌아왔다. 한편 알렉산드로스는 자기 군대 장관 아폴로니우스가 자기 명령을 어기고 친구요 우방인 요나단을 공격하다가 패했다는 소식을 듣자 매우 기뻐하였다. 이에 그는 요나단에게 사신을 보내 그의 공로를 치하하고 상으로 금단추(golden button)[4]를 하사했는데 이것은 왕이 친족에게 주는 것이 관례였으며, 그는 에그론(Ekron)과 그 주변 지역을 재산으로 주었다.

5. 필로메토르(Philometor)라고 불리우는 프톨레마이우스(Ptolemy)왕이 사위인 알렉산드로스를 돕기 위해 일부는 바다로 일부는 육로로 군대를 거느리고 수리아로 온 것은 바로 이 무렵이었다. 이에 모든 도시는 알렉산드로스의 명령대로 프톨레마이우스왕을 반갑게 영접하였으며 아스돗까지 그를 안내하였다. 그들은 아스돗에 이르자 아스돗의 다곤 신전이 불탄 것에 대해 불만을 터뜨리면서 요나단이 아스돗과 인근 지역을 불사르고 수많은 인명을 살해했다고 요나단을 비난하였다. 그러나 프톨레마이우스왕은 이에 대해 아무 말도 하지 않았다. 요나단 역시 욥바까지 프톨레마이우스왕을 마중 나갔다. 그는 프톨레마이우스왕에게서 값비싼 예물을 증정받았을 뿐 아니라 극진한 환대를 받았다. 이에 요나단은 그를 엘레우테루스(Eleutherus)강까지 길 안내를 한 후 다시 예루살렘으로 돌아왔다.

6. 그러나 프톨레마이우스는 프톨레마이스에서 살해될 뻔한 위험을 겪었다. 알렉산드로스가 자기 친구 암모니우스(Ammonius)를 시켜 프톨레마이우스를

---

[4] 베니게인들과 로마인들은 상을 받을 만한 일을 한 자들에게 금단추를 하사하는 관습이 있었다.

살해할 음모를 꾸몄기 때문이었다. 그 음모가 너무나 명백히 드러났으므로 프톨레마이우스는 알렉산드로스에게 서신을 보내 암모니우스가 자기를 살해하려고 했다는 사실을 알리고 그가 마땅한 처벌을 받아야 하니 그를 자기에게 넘겨 달라고 요청하였다. 그러나 알렉산드로스가 그의 요구에 응하지 않자 프톨레마이우스왕은 알렉산드로스가 자신을 살해할 음모를 꾸민 주범임을 깨닫게 되었고 이에 몹시 분개하였다. 이 밖에도 알렉산드로스는 이미 오래전부터 안디옥 주민들과 불편한 관계에 놓여 있었다. 한편 암모니우스는 마침내 그가 저지른 죄의 대가로 치욕스러운 최후를 맞이하였다. 그는 여자 복장으로 여자처럼 변장하고 신분을 숨기려다가 그만 죽음을 당하였다. 이에 대해서는 적절한 때에 상세히 다루도록 하겠다.

7. 프톨레마이우스왕은 자기 딸을 알렉산드로스에게 아내로 준 것과 데메트리우스에 대항하여 그와 원조 동맹을 맺은 것이 후회스럽기 그지없었다. 이에 프톨레마이우스왕은 알렉산드로스와의 관계를 청산하기로 결심했다. 그리하여 그는 딸을 알렉산드로스에게서 빼앗은 후 즉시 데메트리우스에게 사신을 보내 딸을 아내로 주고 선조들이 소유했던 왕위를 되찾도록 도와줄 터이니 상호 우호 원조 동맹을 체결하는 것이 어떻겠냐고 제안했다. 데메트리우스는 프톨레마이우스왕이 제안한 것을 매우 기쁘게 받아들이고 그의 딸과 결혼하는 것과 상호 원조 동맹을 체결하는 것을 쾌히 수락했다. 그러나 프톨레마이우스왕에게는 한 가지 과제가 더 남아 있었다. 그것은 안디옥인들을 설득하여 데메트리우스를 받아들이게 하는 일이었다. 이것은 그의 부친인 데메트리우스 가문에 대한 미움이 아직 남아 있는 상태였으므로 그리 쉬운 일이 아니었다. 그러나 프톨레마이우스왕은 결국 이 일을 해냈다. 우리가 앞서 살펴본 대로 암모니우스의 사건 이후 안디옥 주민들이 알렉산드로스를 미워했다. 그러므로 프톨레마이우스왕은 알렉산드로스를 안디옥 밖으로 추방하도록 안디옥 주민들을 설득시키는 데 많은 힘이 들지 않았다. 결국 알렉산드로스는 안디옥 주민들에게 쫓겨나 길리기아(Cilicia)로 피신해야 하는 비참한 신세가 되고 말았다. 그 후 프톨레마이우스는 안디옥으로 가서 그곳 주민과 군대에 의해 왕으로 옹립

되었다. 이리하여 그는 아시아와 애굽이라는 두 왕국의 왕의 자리에 앉게 되었다. 그러나 그는 천성적으로 선하고 의로우며 남의 것을 탐내는 성품이 아니었으며 미래를 내다보는 선견지명이 있는 지혜로운 인물이기 때문에 공연히 로마인들의 질투심에 불을 붙일 필요가 없다고 생각하고, 안디옥 주민들을 총회로 소집하여 데메트리우스를 받아들일 것을 아래와 같이 강력하게 설득하였다. "데메트리우스는 여러분이 받아주기만 한다면 여러분이 과거에 그의 부친에게 행한 일을 가지고 다시 왈가왈부하지는 않을 것이오. 또한 내가 그를 잘 돌보고 감시할 것을 약속하오. 나는 그가 악정을 베푸는 것을 결코 용납하지 않을 작정이오. 내 개인에 대해서 말한다면 나는 애굽 왕국만으로도 족하오." 프톨레마이우스왕은 이런 식으로 해서 안디옥 주민들이 데메트리우스를 받아들이도록 설득시켰다.

8. 한편 알렉산드로스는 대군을 이끌고 길리기아에서 수리아로 침입하여 안디옥 인근 지역을 약탈하고 방화하였다. 이에 프톨레마이우스왕과 그의 사위 (이미 결혼식을 치렀던) 데메트리우스는 힘을 합해 군대를 동원하여 알렉산드로스를 격파했다. 알렉산드로스는 결국 패배하여 아라비아(Arabia)로 도망을 쳤다. 한편 프톨레마이우스는 이 전투에서 코끼리 소리에 놀란 말이 날뛰는 바람에 말 등에서 떨어지는 사고를 당했다. 게다가 적들이 땅에 떨어진 것을 보고는 달려들어 머리에 많은 손상을 입히는 바람에 그는 거의 죽을 지경에 이르렀다. 호위 병사들이 달려갔을 때는 나흘 동안이나 알아듣지도 못하고 말도 하지 못할 정도의 중상을 입은 상태였다. 한편 아라비아의 방백인 사브디엘(Zabdiel)은 알렉산드로스의 목을 베서 프톨레마이우스에게 보냈다. 프톨레마이우스는 부상당한 지 5일째가 되자 혼수상태에서 깨어나 정신을 차리게 되었다. 그는 정신을 차리자마자 알렉산드로스가 죽었다는 반가운 소식을 듣고 또 그의 머리를 직접 보고는 매우 기뻐하였다. 그러나 이 기쁨도 잠깐일 뿐 그는 곧 세상을 떠났다. 발라스(Balas)라고 부르는 알렉산드로스(Alexander)는 우리가 살펴본 대로 아시아를 5년간 통치한 후 비참한 최후를 맞이하고야 말았다.

9. 니카토르(Nicator)[5]라고 부르는 데메트리우스(Demetrius)는 왕국을 장악한 후에 프톨레마이우스(Ptolemy)의 병사들을 심하게 학대하기 시작했다. 그는 프톨레마이우스와 상호 원조 동맹을 맺은 것은 물론 그의 사위인 것까지도 모른다는 태도였다. 이에 프톨레마이우스의 병사들은 그의 학대를 견디다 못해 알렉산드리아로 도망을 쳤다. 결국 데메트리우스는 프톨레마이우스의 코끼리들만 소유하게 되었다. 한편 대제사장 요나단은 전 유대에서 군대를 소집하여 예루살렘 성채를 포위하고 공격하기 시작했다. 그 성채는 그 당시 마게도냐 수비대와 유대인 변절자들이 지키고 있었다. 이들이 처음에는 성채의 튼튼함을 믿고 요나단의 공격을 우습게 생각하였다. 그러나 몇몇 악한 자들이 밤에 성채를 빠져나가 데메트리우스에게 가서는 성채가 공격을 당한다고 알렸다. 이에 화가 난 데메트리우스는 군대를 이끌고 요나단을 공격해야겠다고 결심했다. 그는 안디옥을 떠나기 전에 요나단에게 서신을 보내 급히 프톨레마이스로 자기를 만나러 오라고 지시했다. 이에 요나단은 성채 공격을 중단하지 말라고 명령한 후 장로들과 제사장들을 수행하고 금과 은과 의복 등의 푸짐한 예물을 가지고 데메트리우스에게 가서 예물을 바치고 왕의 노여움을 진정시켰다. 이에 요나단은 왕의 환대를 받았으며 선왕들이 부여한 그의 대제사장 직위를 다시 인정받게 되었다. 유대인 변절자들이 요나단을 고소하였으나 데메트리우스는 그들의 말에 귀를 기울이지 않았다. 이에 요나단은 전 유대(Judea)와 사마리아(Samaria)와 페레아(Perea)와 갈릴리(Galilee) 전체의 조세 총액을 300달란트 정도로만 정해 달라고 왕에게 간청하였다. 그러자 왕은 그의 간청을 받아들이고 아래와 같은 내용의 서신을 적어 주었다. "데메트리우스왕이 형제 요나단과 유대국에 안부를 전하오. 나는 그대들이 알면 좋을 것 같아 내가 나의 친족 라스테네스(Lasthenes)에게 보낸 서신의 내용을 다음과 같이 적으니 그리 알기 바라오. '데메트리우스왕이 라스테네스에게 문안하오. 나는 유대국에 감사하고 호의를 보이기로 결심했소. 유대인들은 정의의 규칙을 잘 준수하여 우리에게 유익을 주

---

5) 데메트리우스 니카토르(Demetrius Nicator) 혹은 정복자 데메트리우스(Demetrius the Conqueror)란 이름은 오늘날까지 남아 있는 고대 주화에 새겨져 있다.

는 자들이기 때문이오. 따라서 나는 사마리아에서 유대로 병합되었던 아페리마(Apherima)와 룻다(Lydda)와 라마타(Ramatha)를 그들에게 주기로 결심했소. 그 외에도 나의 선왕들이 제사장에게서 받던 세와 땅과 밭의 소산과 열매의 일부와 소금세와 왕관세를 면제해 줄 작정이오. 지금부터 영원토록 이들에게서 이런 세금을 받지 않을 것이오. 그러므로 이 서신을 베껴서 요나단에게 보내고 성소의 잘 보이는 곳에 붙이도록 해주시오.'" 데메트리우스가 보낸 서신의 내용은 이와 같았다. 한편 데메트리우스는 나라가 평안하고 전쟁의 위험이 전혀 없는 것을 보고 대부분의 병사를 군대에서 내보내 급료를 줄였고 이방인 병사들이나 그레데와 그 밖의 섬나라에서 온 용병들에게는 급료 지불을 보류하였다. 결국 이 일로 인해 그는 민심을 잃게 되었고 병사들에게 미움을 사게 되었다. 이것은 병사들의 사기를 앙양하여 유사시에 왕을 위해 목숨까지도 바칠 병사를 기르기 위해 평화시에도 급료를 지불한 선왕들과는 대조가 되는 처사였다.

제5장

데메트리우스에게 패한 트리폰이 왕국을 알렉산드로스의 아들 안티오쿠스에게 넘겨주고 요나단을 지지 세력으로 끌어들이게 된 경위와 요나단의 사신들이 한 행동에 관하여

1. 한편 알렉산드로스군의 지휘관 가운데는 아파네미아(Apanemia, 아파메이아[Apameia]의 오기인 듯함-편집자 주) 출생으로 트리폰(Trypho)이라고도 부르는 디오도투스(Diodotus)라는 인물이 있었다. 트리폰은 데메트리우스(Demetrius)의 병사들이 데메트리우스에게 악의를 품은 것을 보고 알렉산드로스의 아들 안티오

쿠스(Antiochus)를 양육하고 있는 아라비아 사람 말쿠스(Malchus)를 찾아갔다. 트리폰은 병사들이 데메트리우스에게 악의를 품고 있음을 설명하면서 안티오쿠스를 왕으로 삼고 알렉산드로스의 왕국을 되찾게 해줄 테니 안티오쿠스를 자기에게 맡겨 달라고 부탁했다. 말쿠스는 처음에는 트리폰을 믿을 수가 없어 부탁을 들어주지 않았다. 그러나 트리폰이 어찌나 오랫동안 끈질기게 부탁했던지 결국 허락하고 말았다. 트리폰의 상황은 이와 같이 진행되고 있었다.

2. 한편 대제사장 요나단은 유대의 모든 수비대는 물론 예루살렘 성채에 있는 주둔군과 유대인 변절자들과 악한 자들을 모조리 몰아내고 사신들에게 예물을 들려 데메트리우스에게 보내 부대를 철수시켜 달라고 간청하였다. 이에 데메트리우스는 "지금 한창 전쟁 중이니 전쟁이 끝나면 내가 그 부탁은 물론 그보다 더한 것까지도 들어주겠소. 내 부하들이 나를 배반하고 떠나고 있소. 그래서 병력이 부족하니 내게 원군을 보내 주시오."라고 답변했다. 그리하여 요나단은 3,000명의 병사를 뽑아 데메트리우스에게 보내 주었다.

3. 선왕인 데메트리우스가 악정을 베풀었는데 아들까지도 부전자전으로 백성을 괴롭히자 안디옥 주민들은 데메트리우스를 미워하였다. 그리하여 그들은 데메트리우스를 무너뜨릴 기회만을 엿보고 있었다. 그들은 요나단이 데메트리우스에게 보낸 원군이 도착했다는 소식을 듣고 또 그를 그대로 방치해 두면 수많은 용병을 고용할 것이라는 사실을 깨닫게 되자 즉시 무기를 들고 왕궁을 에워싸고 공격하여 왕을 죽이려고 하였다. 데메트리우스는 안디옥 주민들이 원수가 되어 무기를 들고 공격해 오는 것을 보고 휘하에 거느리고 있던 용병과 유대인 원군을 동원하여 안디옥 주민들에게 대항하기 시작했다. 그러나 안디옥 주민들의 수가 수만에 달하여 중과부적이기 때문에 전투에 패하고 말았다. 한편 유대인들은 안디옥인들을 당해 낼 수가 없게 되자 왕궁 위로 올라가서 거기서 활과 창을 쏘았다. 유리한 위치에서 전투를 벌였기에 유대인은 아무런 해를 입지 않은 반면에 안디옥인들에게는 막대한 피해를 줄 수가 있었다. 유대인들은 인접해 있는 집에서 안디옥인들을 내어 쫓은 후에 즉시 불을 질렀다. 이

에 화염이 전 도시에 번졌고 결국 전 시가지를 잿더미로 만들어 버렸다. 이것은 가옥이 나무로 지어진 데다가 집들이 오밀조밀하게 붙어 있었기 때문이었다. 안디옥인들은 불길을 잡을 수 없어서 어쩔 줄을 모르다가 모두 도주했다. 유대인들은 지붕에서 지붕으로 옮겨가며 도주하는 적들을 추격했는데 그 광경이 정말 대단했다. 한편 왕은 안디옥인들이 처자들을 불길에서 건져 내느라고 정신이 없어 싸울 생각조차 하지 않자 좁은 골목길로 다니면서 그들을 급습하여 수많은 인명을 살해하였다. 결국 안디옥인들은 무기를 버리고 데메트리우스에게 항복하였다. 데메트리우스는 이들의 반역을 눈감아 주기로 하고 소란을 마무리 지었다. 왕은 많은 약탈품 가운데서 일부를 유대인에게 상으로 주고 승리의 주역으로 열심히 싸워준 데 대해 감사를 표시한 후 예루살렘의 요나단에게로 돌려보냈다. 그는 유대인이 큰 도움이 되었다는 것을 요나단에게도 여러모로 표시하였다. 그러나 데메트리우스는 후에 자신이 한 약속을 스스로 깨뜨림으로써 사악한 인물임을 드러내게 되었다. 그는 유대국이 (수리아의) 첫 왕에게 바쳤던 모든 조세를 바치지 않으면 전쟁을 일으킬 것이라고 위협하였다. 만일 트리폰이 방해하지 않았다면 그는 이 일을 이루고야 말았을 것이다. 그러나 트리폰 때문에 데메트리우스는 요나단을 공격하는 것보다는 자신의 신변 안전이 더 급선무였다. 트리폰은 소년 안티오쿠스의 머리에 왕관을 씌우고 함께 아라비아를 떠나 수리아로 돌아왔다. 이에 급료를 받지 못해 데메트리우스를 떠난 많은 병사들이 안티오쿠스 휘하로 자원해서 들어오게 되었다. 안티오쿠스는 이 병사들을 거느리고 데메트리우스와 접전을 벌인 결과 승리하여 코끼리들과 안디옥을 모두 수중에 넣을 수 있었다.

4. 데메트리우스는 전쟁에 패하여 길리기아로 피신했다. 한편 소년 안티오쿠스는 사신들과 서신을 요나단에게 보내 요나단을 우방으로 삼았으며 그의 대제사장직을 인정하고 유대에 병합된 네 개의 지역을 그에게 하사하였다. 더욱이 소년 안티오쿠스는 금잔들과 그릇들과 자색 옷을 보내고 그것들을 사용해도 좋다고 허락했다. 그는 또한 금단추를 선물로 보내고 그를 친한 친구로 대우했으며 그의 형 시몬을 두로의 사닥다리(Ladder of Tyre)로 불리는 곳으로

부터 애굽에 이르는 지역의 전군 총사령관으로 임명하였다. 요나단은 소년 안티오쿠스가 베푼 특권에 기쁨을 감추지 못했으며, 이에 그와 트리폰에게 사신을 보내 친구와 우방이 된 것에 감사하며 데메트리우스와의 일전도 불사하겠다고 했다. 더욱이 그는 이같이 어려울 때에 수많은 특혜를 베풀어준 데 대해 무어라 감사를 드려야 할지 모르겠다는 심정을 밝힌 후에 안티오쿠스왕을 위해 데메트리우스와 싸울 것임을 분명히 천명했다.

5. 이에 안티오쿠스는 데메트리우스군과 싸울 병사들을 수리아와 베니게에서 모집할 수 있는 권한을 요나단에게 부여해 주었다. 요나단은 서둘러서 여러 도시를 순방하였다. 이 도시들은 요나단을 매우 극진하게 환대하였으나 병사들은 단 한 명도 인계해 주지 않았다. 한번은 아스글론(Askelon)시에 도착하자 아스글론 주민들이 요나단을 찾아와서 많은 선물을 주고 극진히 대접해 주었다. 요나단은 그들과 코엘레수리아 각 도시의 주민들에게 안티오쿠스를 도와 데메트리우스를 몰아내자고 호소하였다. 데메트리우스에게 당하고만 있지 말고 그 못된 버릇을 고쳐주자고 설득하였다. 그는 이 도시들에서 안티오쿠스를 지지하겠다는 약속을 얻어낸 후에 가사(Gaza) 주민들을 설득하기 위해 가사로 갔다. 그러나 그들은 요나단이 기대한 것과는 달랐다. 그들은 성문을 닫아걸고 들어오지도 못하게 했다. 그들은 비록 데메트리우스를 버렸으나 그렇다고 안티오쿠스 편을 들 수 없다는 것이었다. 이에 요나단은 분개하여 성을 공격하는 한편 주변 마을들을 약탈하였다. 그는 일부 병사들은 가사를 공격하게 하고 나머지 병사들은 인근 지역을 습격하여 약탈하고 방화하게 했다. 가사 주민들은 일이 이 지경에 이르렀는데도 데메트리우스에게서 원군은 오지 않고 구원의 희망이 거의 사라져 버리게 되자, 요나단과 전쟁을 하기보다는 친선 관계를 맺는 것이 현명하다고 생각하기에 이르렀다. 이에 그들은 요나단에게 사신을 보내 화친을 청하고 도와주겠다고 약속했다. 원래 인간이란 큰 고통을 당하기 이전에는 무엇이 자기에게 이로운 줄을 모르다가 어려움을 겪은 후에야 무엇이 득이 되는가를 깨닫고 마음을 돌이키는 법이다. 그리하여 손해를 입기 전에 마땅히 해야 했던 일을 손해를 본 후에야 하기로 결심하고 행동에 옮기는 것이 인지상

정인 것이다. 요나단은 그들과 우호 동맹을 맺은 후 약속의 담보로 인질들을 예루살렘으로 보내고 자기는 다메섹에 이르는 전 지역의 순방길에 다시 올랐다.

6. 한편 데메트리우스군의 지휘관들은 대군을 거느리고 두로인의 땅과 갈릴리 중간에 위치한 가데스(Cadesh)로 진출했다. 그들은 가데스로 진격하여 요나단이 동족인 갈릴리인들을 구하기 위하여 수리아에서 그곳으로 달려올 것이라고 계산하고 있었다. 이 사실을 들은 요나단은 유대를 시몬에게 맡기고 군대를 거느리고 적과 싸우러 갔다. 시몬은 전국에서 가능한 한 많은 병사를 소집한 후에, 우리가 앞서 살펴본 대로 데메트리우스의 수비대가 주둔하고 있는 유대 최고의 요새인 벧수라(Bethsura)를 공격하기 시작했다. 시몬이 토성을 쌓고 공성장비를 동원하여 맹공격을 가하자 벧수라 수비대는 함락될 것을 두려워한 나머지 무기를 놓고 시몬에게 사람을 보내 벧수라를 떠나 데메트리우스에게로 무사히 돌아갈 수 있도록 안전 보장만 약속해 주면 항복하겠다고 했다. 이에 시몬은 그렇게 해주겠다고 허락했다. 그리하여 이들은 벧수라를 버리고 데메트리우스에게로 돌아가게 되었고 시몬은 벧수라에 유대인 수비대를 주둔시켰다.

7. 한편 요나단은 갈릴리의 게네사렛(Gennesar)이라고 부르는 호수에 진을 쳤다가 적이 있는 것도 모르고 아솔(Asor)이라고 부르는 평지로 이동했다. 데메트리우스의 군대 지휘관들은 하루 전에 요나단이 그곳으로 온다는 정보를 입수하고 일부 병사는 산에 매복시키고 나머지 병사는 평지에서 적을 맞아 싸우도록 배치하였다. 요나단은 적 부대가 평지에서 전투 대형을 갖추고 있는 것을 보고 즉시 전투 대형을 갖추라고 부하들에게 지시하였다. 그러나 산에 적병이 매복해 있으리라고는 꿈에도 생각지 않았는데 갑자기 적이 후방에서 나타나자 겁이 난 유대인들은 포위되어 전멸당할지도 모른다는 생각에 요나단을 버리고 모두 도망을 쳤다. 이에 요나단과 함께 남은 자는 약 50명 정도밖에 되지 않았다. 그중에는 지휘관인 압살롬(Absalom)의 아들 마타디아스(Mattathias)와 카프세우스(Chapseus)의 아들 유다스(Judas)가 포함되어 있었다. 그러나 이들은 그야말로 사력을 다해 용감하게 적과 싸웠다. 어찌나 용감하게 싸웠던지

소수의 무리로 적들을 격퇴할 수가 있었다. 도주하던 요나단의 병사들은 오히려 적이 패하여 도망치는 것을 보고서야 돌아와서 적을 맹렬히 추격하는 데 합세하였다. 요나단은 적 진영이 있는 가데스까지 적을 추격하였다.

8. 요나단은 이같이 적 2,000명을 살해하는 혁혁한 대승을 거두고 예루살렘으로 돌아왔다. 요나단은 하나님의 섭리에 의하여 모든 일이 자기 뜻대로 다 이루어지자 로마에 사신을 보내 전에 체결한 우호 동맹을 갱신할 것을 결심하였다. 요나단은 사신들에게 귀국 길에 스파르타인(Spartans)들을 방문하여 그들이 유대인과 형제 사이요 선린 관계에 있음을 다시 한번 상기시켜 주고 오라고 지시하였다. 이에 사신들은 로마로 가서 원로원을 방문하여 친선 관계를 재확인하고 싶다고 제의하였다. 그러자 원로원은 전에 유대국과 맺은 조약을 재확인한 연후에 아시아와 유럽의 모든 왕과 각 도시의 총독들에게 유대의 사신들을 무사히 고국까지 도착하도록 모든 편의를 제공하라는 내용의 편지를 써 주었다. 사신들은 귀국 길에 스파르타(Sparta)를 방문하여 요나단의 서신을 그들에게 전달하였다. 그 서신의 내용은 아래와 같다. "유대국의 대제사장 요나단과 의회와 유대 국민이 라케다이몬인(Lacedemonians)의 장관들과 의회와 국민에게 문안을 드립니다. 여러분 모두가 평안하며 국가의 일이나 개인의 일이 소원대로 이루어지기를 빕니다. 우리는 모두 평안합니다. 전에 여러분의 왕이셨던 아레우스(Areus)가 데모텔레스(Demoteles)를 통해 우리와 여러분이 형제지간이 된다는 사실을 서신(이 서신의 내용을 뒤에 그대로 덧붙였습니다)을 통해 우리 대제사장 오니아스(Onias)에게 보내 주셨을 때 우리는 그 서신을 받고 매우 기뻐하였으며 데모텔레스와 아레우스께 깊은 감사의 마음을 가지고 있었습니다. 우리는 이 사실을 거룩한 성서를 통해 알고 있었고 또 그것만으로 만족했기 때문에[6] 굳이 그렇게 나타낼 필요는 없었지만 여러분 쪽에서 먼저 그렇게 밝혀 주셨기에 퍽 고마웠습니다. 여러분이 먼저 우리에게 베푼 영광을 우리가 서둘

---

[6] 이 구절이 마카비 1서 12장 9절에는 "우리를 위로하기 위해 성경을 우리 손에 들고 있기 때문에"라고 나타나 있다. 히브리 원문이 소실되었기 때문에 어떤 것이 원문에 가까운지 확실히 판단할 수는 없으나 문맥의 일관성으로 볼 때는 요세푸스의 문장이 원문에 더 가까운 것처럼 보이는 것은 부인할 수 없다.

러서 차지하는 것처럼 보일 것 같아 여러분과 형제지간이 된다는 사실을 먼저 주장한다는 것이 현명치 못하다고 결론을 내렸던 것입니다. 어쨌든 여러분과 우리가 관계를 맺은 지도 꽤나 오래 지났습니다. 우리는 거룩한 절기 때 하나님께 제사를 드리면서 여러분의 안전과 승리를 위해 기도를 드리고 있습니다. 물론 우리는 이웃 나라의 시기심으로 인해 그간 수많은 전쟁을 치렀습니다만 우리와 인척 관계가 되는 여러분이나 그 밖의 민족에 누를 끼치고 싶은 생각은 조금도 없었습니다. 이제 우리는 적들을 물리치고 태평을 누리게 되었습니다. 그래서 우리 의회의 귀족인 안티오쿠스(Antiochus)의 아들 누메니우스(Numenius)와 야손(Jason)의 아들 안티파테르(Antipater)를 로마에 사신으로 보내는 계제에 여러분도 방문하여 우리 사이의 친선 관계를 재다짐하고자 이 서신을 보내게 된 것입니다. 지금 우리는 여러분이 원하기만 하면 무엇이든지 들어주고 싶은 심정입니다. 그러므로 어려운 일이 있으면 언제든지 그 내용을 서신에 적어서 우리에게 전해 주기 바랍니다." 이에 라케다이몬인들은 유대 사신들을 극진히 환대하고 상호 우호 원조 조약을 작성해서 유대인들에게 보냈다.

9. 바로 이때 인간의 행위에 관해 서로 견해를 달리하는 유대주의 세 종파가 있었다. 그 세 종파는 각기 바리새파(the sect of the Pharisees), 사두개파(the sect of the Sadducees), 에세네파(the sect of the Essenes)였다. 바리새파는 인간의 모든 행위가 아니라 일부 행위만이 운명의 작용이며, 일부의 인간 행위는 인간의 능력 안에 있는 것으로서 운명 앞에 무력하기는 하나 결코 운명에 의해 움직여지는 것이 아니라고 주장하였다.[7] 한편 에세네파는 운명이 모든 것을 지배하며 운명이 아닌 것은 인간사에 일어나지 않는다고 단언하였다. 이와는 달리 사두개파는 운명이란 것은 존재하지 않으며 인간사는 결코 운명에 달려 있지 않다고 이야기한다. 따라서 사두개파는 우리의 모든 행위는 우리의 능력 안에 있는 것으로 우리 자신이 선의 원인이 되기도 하고 우둔함으로 인

---

[7] 요세푸스는 내심으로는 에세네파의 경건을 몹시 흠모하고 있었으나 실제로는 바리새인이었다. 인간 행위의 자유를 충분히 인정하면서도 하나님의 섭리의 강력한 개입을 믿는 이 바리새파의 교리는 요세푸스의 견해와 매우 일치하였다.

해 악의 원인이 되기도 하는 것이라고 강조한다. 이런 세 종파의 견해에 관해서는 『유대 전쟁사』(The Wars of the Jews) 2권에서 자세히 밝혔으니 그곳을 참조하도록 하라.

10. 한편 데메트리우스의 군대 장관들은 전쟁에 진 것을 만회하고 싶어 전보다 많은 대군을 거느리고 요나단을 공격해 오기 시작했다. 요나단은 적이 공격해 온다는 정보를 입수하고 적이 유대로 들어올 수 있는 기회조차 주지 않기 위해 하맛(Hamath)에서 적을 급습하기로 결심했다. 이에 요나단은 적 진영에서 50펄롱 떨어진 곳에 진을 치고 정탐꾼을 보내 적이 어떤 모양으로 진을 치고 있는지 알아 오라고 하였다. 정탐꾼들은 자세한 정보를 입수해 왔을 뿐 아니라 밤에 적병 몇 명을 사로잡아 왔다. 적병의 입을 통해 적이 곧 공격해 올 것이라는 사실을 알아낸 요나단은 진영 바깥에 감시병들을 세워 놓고 무장한 채로 온 밤을 지나게 했다. 요나단은 밤중에 전투가 일어날지도 모르니 마음가짐을 단단히 하고 용기를 내라고 부하들에게 당부하였다. 그러나 데메트리우스의 군대 지휘관들은 요나단이 자기들의 계획을 알아차렸다는 보고를 받고 어쩔 줄을 몰랐으며 계획이 새어나간 것에 당혹감을 감추지 못했다. 그들은 요나단을 잡기 위해 판 함정이 누설된 이상 달리 요나단을 이길 방법이 없다고 생각하였다. 그들은 정면 대결로서는 요나단의 군대를 당해 낼 재간이 없다고 생각하고 달아나기로 결심했다. 그들은 불을 이곳저곳에 많이 밝혀 적이 보기에는 이상이 전혀 없는 것처럼 해놓고는 슬쩍 후퇴했다. 한편 요나단은 아침에 적 진영을 급습했으나 아무도 발견할 수가 없었다. 도망간 것을 안 요나단은 급히 뒤를 추격했으나 이미 적은 엘레우테루스(Eleutherus)강을 건넌 후였기 때문에 따라잡을 수 없었고 적은 위험 지대 밖으로 완전히 빠져나갔다. 이에 요나단은 그곳을 떠나 아라비아(Arabia)로 들어가서 나바테아인(Nabateans)들을 공격하여 많은 물건을 약탈하고 많은 자를 포로로 잡아 다메섹으로 끌고 가서 값을 받고 노예로 팔았다. 이때 그의 형 시몬은 아스글론에 이르는 전 유대와 팔레스타인 땅을 두루 다니면서 요충지에 요새를 건설하였다. 그는 요새의 방벽을 튼튼히 하였을 뿐 아니라 정예 병사들을 수비대로 주둔시켰다. 그 후 그

는 욥바(Joppa) 주민들이 시를 데메트리우스의 군대에 넘겨주려 한다는 소식을 듣고 욥바를 공격하여 함락시키고 수비대를 주둔시켰다.

11. 시몬과 요나단은 이같이 일을 처리한 후에 예루살렘으로 돌아왔다. 요나단은 모든 백성을 총회로 소집한 후 이같이 제안하였다. "예루살렘 성벽을 재건하고 무너진 성전 벽을 다시 쌓도록 합시다. 그리고 여기에 높은 망대를 쌓아 수비력을 강화합시다. 시장과 수비대가 구분이 안 돼 충분한 물자를 비축하기 어려우니 도시 가운데 새 성벽을 쌓아 시장과 수비대를 분리하도록 합시다. 또한 전국에 있는 요새들을 강화하여 전보다 방비력을 크게 높이도록 합시다." 백성들은 요나단의 이 제안에 크게 찬성하였다. 이에 요나단은 시몬을 전국 각지에 보내 요새들의 수비력을 강화하는 한편 자신은 예루살렘 성벽 재건에 전력을 기울였다. 한편 데메트리우스는 바벨론(Babylon)은 물론 메소포타미아(Mesopotamia)를 다시 차지하고 싶어서 (유브라데강을) 건너 메소포타미아로 들어왔다. 그가 과거에 차지했던 전 왕국을 다시 차지하기 위해서는 그 발판으로 상부 지역(upper provinces)을 장악해야만 했다. 그런데 이곳에 거주하는 헬라인들과 마게도냐인들이 자주 사신을 그에게 보내 그가 오기만 하면 그의 편이 되어 바대인(Parthians, 파르티아인)의 왕 아르사케스(Arsaces)⁸⁾를 공격하는 선봉에 서겠다고 약속했다. 이에 데메트리우스는 큰 희망에 부풀어 서둘러 그들에게로 갔다. 바대국을 무너뜨리고 자기 군대를 소유하게 되면 트리폰과 결전을 벌여 그를 수리아에서 쫓아낼 수 있을 것이고 그렇게 되면 수리아 주민들이 대대적으로 자기를 환영할 것이라는 환상에 사로잡혀 이같이 결심을 굳혔던 것이다. 그는 군대를 일으켜 아르사케스와 결전을 벌였으나 패하여 휘하의 모든 병사를 잃었으며, 결국은 우리가 앞서 살펴본 바와 같이 자신도 생포되는 비극을 겪고 말았다.

---

8) 이 바대 왕은 이곳이나 마카비 1서 14장 2절에서는 아르사케스(Arsaces)라는 성(姓)으로 불리고 있으나 아피아누스(Appian)는 그의 본명이 프라아테스(Phraates)라고 주장한다. 요세푸스는 헬라인들처럼 그를 '바대의 왕'이라고 부르고 있으나 마카비 1서의 저자는 그를 근동의 습관에 따라 '바사와 메대의 왕'이라고 부르고 있다.

제6장

요나단이 음모에 걸려 살해되자
유대인들이 시몬을
군대 총지휘관과 대제사장으로 임명하게 된 경위,
그 후 시몬이 특히 트리폰에 대항하여 용감하게 싸운 역사

1. 한편 트리폰은 데메트리우스의 비극적 종말을 알게 된 후로는 안티오쿠스에게 충성을 바치지 않았으며 기회가 있으면 그를 남몰래 죽여 그의 왕국을 차지해야겠다고 결심하였다. 그러나 요나단이 안티오쿠스와 밀접한 관계에 있기 때문에 아무래도 요나단이 자기 계획에 방해가 될 것 같아 걱정이 되었다. 그리하여 그는 우선 요나단을 해치우고 안티오쿠스는 그다음에 해치우기로 결심하였다. 트리폰은 요나단을 없애는 최고의 방법은 속임수와 음모라고 생각하고 안디옥에서 헬라인들이 스킴폴리스(Scympolis, 스키토폴리스[Scythopolis]의 오기인 듯함-편집자 주)라고 부르는 벧산(Bethshan)으로 갔다. 한편 요나단은 그가 자기를 공격하러 오는 줄 알고 40,000명의 정예 병사들을 거느리고 벧산으로 나아갔다. 트리폰은 요나단이 싸울 태세로 나타나자 예물과 극진한 환대로 요나단의 환심을 사려고 하였으며 부하들에게 그의 명령에 복종하는 태도를 보이라고 하였다. 트리폰은 이런 식으로 요나단의 마음에서 의혹의 요소를 제거하려고 하였다. 그리하여 경계를 게을리하고 무장을 풀었을 때를 틈타 요나단을 해치울 음모를 획책하였다. 트리폰은 전쟁의 때가 아니고 화평의 때이니만큼 병사들을 해산시키는 것이 어떻겠느냐고 요나단에게 충고하였다. 그러나 다 해산시키지는 말고 몇 명은 호위 병사로 데리고 가는 것이 좋겠다고 덧붙였다. 트리폰은 프톨레마이스와 인근 지역의 모든 요새의 통할권을 넘겨줄 터이니 자기와 함께 프톨레마이스로 가자고 요나단에게 말하였다. 이것이 바로 자기가 온 목적이라고 했다.

2. 요나단은 트리폰의 이 말을 조금도 의심하지 않았으며 친절과 충심에서 우러나온 배려라고 굳게 믿었다. 이에 그는 군대를 해산시키고 3,000명의 병사만 남긴 후 그것도 2,000명은 갈릴리에 남게 하고 1,000명만 거느리고 트리폰과 함께 프톨레마이스로 갔다. 그런데 프톨레마이스 주민들은 트리폰의 명령에 따라 성문을 닫아건 후 요나단을 생포하고 그의 부하들을 모두 죽였다. 트리폰은 갈릴리에 남아 있는 요나단의 부하 2,000명을 진멸시키기 위해 병사들을 파견하였다. 한편 요나단이 생포되었다는 소식을 접한 갈릴리의 유대 병사들은 트리폰이 보낸 군대가 도착하기 전에 벌써 무장을 단단히 하고 적과의 결전을 치를 태세를 갖추었다. 트리폰이 파견한 병사들은 유대 병사들이 일사 각오의 임전 태세가 갖추어져 있는 것을 보고는 그냥 트리폰에게로 돌아갔다.

3. 한편 예루살렘 주민들은 요나단이 생포되고 같이 간 병사들이 모두 몰살을 당했다는 소식을 듣고 슬픔을 금치 못했다. 모든 주민은 한결같이 그의 생사를 알고자 안절부절못하였으며 이 불상사로 인한 두려움과 슬픔이 온 예루살렘을 짓눌렀다. 요나단이 죽기라도 하는 날이면 주변 국가들이 가만히 있지 않을 것이라는 두려움이 예루살렘 주민들 사이에 팽배하게 된 것이었다. 요나단 때문에 아무 소리도 못 하던 그들이 이제 살판났다고 떼를 지어 공격해 온다면 유대 나라는 또다시 극심한 혼란에 빠질 것임은 너무나도 자명한 일이 아닐 수 없었다. 그런데 그들이 그토록 염려하던 일이 실제로 일어나고야 말았다. 요나단의 사망 소식이 알려지자 주변 국가들은 지도자를 잃은 유대국을 향해 전쟁을 일으키기 시작하였다. 트리폰도 유대를 공격하기 위한 군대를 소집하였다. 한편 시몬은 예루살렘 주민들이 극심한 두려움에 빠진 것을 보고 트리폰을 대항하기 위한 정신 무장을 단단히 하기 위해 백성들을 소집하고 권면을 해야겠다고 결심했다. 그리하여 시몬은 백성들을 성전으로 불러 모으고 이같이 격려의 말을 하였다. "오! 나의 동포 여러분! 나의 아버님과 나의 형제들과 내가 민족의 자유를 회복하기 위해 목숨을 아끼지 않고 기꺼이 헌신한 것을 모르시는 분은 아마 없을 것입니다. 내 앞서 하나님과 율법을 지키기 위하여 목숨을 바친 많은 선배들이 있으며 내 가족이 이를 위해 신명을 바치기로 맹세한 이상, 그

어떤 두려움도 이 결심을 흔들어 놓을 수 없으며 그 어떤 고통도 나를 요동케 할 수는 없을 것입니다. 그러므로 여러분은 그저 내가 어디로 인도하든지 뒤만 따라오면 될 것입니다. 나는 여러분의 유익을 위해서라면 천 번이라도 죽을 각오가 되어 있습니다. 나는 내 형제들 못지않게 죽음을 두려워하지 않고 용감히 싸울 것입니다. 즉 율법을 지키고 하나님을 섬기는 일이라면 목숨을 조금도 귀한 것으로 여기지 않겠습니다. 나는 내 형제들의 원수를 필히 갚아 여러분의 기대에 부응할 것이며 용감한 형제라는 소리를 들을 수 있도록 최선을 다할 것입니다. 그리고 여러분 모두를 적의 손에서 구해 내며 하나님의 도우심을 힘입어 성전을 파멸에서 보호하는 데 전력을 다할 작정입니다. 우리의 인근 민족들은 우리를 목자 잃은 양들로 우습게 여기고 공격을 획책하고 있습니다."

4. 시몬은 이 같은 말로 백성들의 사기를 북돋워 주었다. 이에 백성들은 공포로 인한 절망 가운데서 새로운 희망을 가지게 되었으며 동생인 유다스와 요나단의 뒤를 이어 그들의 지도자가 되어줄 것을 시몬에게 큰 소리로 간청하기에 이르렀다. 그들은 어떠한 명령에도 기꺼이 순종할 것임을 시몬에게 약속하였다. 이에 시몬은 모든 병사를 즉시 소집하고 예루살렘 성벽을 재건하고 높은 망대를 세우는 등 요새화 사업을 벌이는 한편 압살롬(Absalom)의 아들 요나단(Jonathan)을 욥바에 보내 주민들을 성에서 모두 내어 쫓으라고 명령하였다. 이는 욥바 주민들이 시를 트리폰에게 넘겨줄까 염려했기 때문이었다. 한편 시몬은 예루살렘에 거주하면서 시의 안전에 최선을 다 기울였다.

5. 한편 트리폰은 대군을 거느리고 프톨레마이스를 떠나 유대로 진격해 들어왔다. 그는 이때 요나단을 결박하여 끌고 왔다. 이에 시몬도 역시 군대를 이끌고 아디다(Adida)시로 적을 맞으러 나갔다. 아디다시는 언덕 위에 세워진 도시였으며 그 아래에는 유대 평지가 펼쳐져 있었다. 트리폰은 시몬이 유대인의 지도자로 등장한 것을 보고 그에게 사신을 보내 속임수로 이같이 제안하였다. "동생 요나단이 석방되기를 원한다면 은 100달란트와 요나단의 두 아들을 인질로 보내시오. 그리고 요나단이 석방된 후에는 반역을 일으키지 않겠다고 약

속하시오. 요나단을 붙잡아 두고 있는 것은 그가 왕에게 빚을 졌기 때문이오. 그러므로 이제 이 채무는 바로 당신이 갚아야 할 채무요." 그러나 시몬은 트리폰의 속임수를 이미 눈치채고 있었다. 돈과 요나단의 아들들을 요구대로 적에게 준다 해도 트리폰이 요나단을 석방하지 않을 것임을 뻔히 알면서도, 적의 요구를 들어주지 않아 동생을 죽게 했다는 백성들의 비난이 두려운 나머지 시몬은 백성들을 소집한 후에 트리폰의 제안을 알려 주었다. 시몬은 이 제안이 속임수요 사기인 것이 분명하나 트리폰의 제안을 거절하여 요나단을 죽이게 만들었다는 책임의 전가를 받기보다는 차라리 돈과 요나단의 아들 둘을 보내는 것이 좋겠다고 덧붙였다. 결국 시몬은 트리폰에게 돈과 요나단의 아들 둘을 보냈다. 그러나 트리폰은 약속을 지키지 않았다. 그는 요나단을 석방하기는커녕 군대를 동원하여 이두매(Idumea)를 거쳐 예루살렘을 공격하려고 하였다. 이에 시몬은 군대를 거느리고 가서 적 진영 반대편에 진을 치고 전투태세를 갖추었다.

6. 예루살렘 성채에 주둔하고 있던 병사들은 트리폰에게 전갈을 보내 급히 물자를 보내 달라고 간청하였다. 트리폰은 그날 밤 안으로 예루살렘에 도착하게끔 기병을 동원하였다. 그러나 그날 밤 엄청난 폭설로 인해 도로가 차단되어 통행하기가 어려웠다. 특히 기병대가 움직이기에는 더욱 어려운 점이 많았다. 이에 그들은 예루살렘으로 갈 수가 없었다. 그러자 트리폰은 그곳을 떠나 코엘레수리아로 들어가 길르앗 땅을 급습하고 그곳에서 요나단을 살해하였다. 그는 요나단의 장례를 치러 줄 것을 명한 후에 안디옥으로 돌아갔다. 한편 시몬은 사람을 바스카(Basca)시에 보내 동생 요나단의 뼈를 가져오게 한 후 고향인 모딘(Modin)에 장사하였다. 모든 백성은 요나단을 위해 크게 애통하였다. 시몬은 그의 부친과 형제들을 위해 흰 돌을 다듬어 매우 큰 비석을 세웠다. 이 비석은 어찌나 컸던지 멀리 떨어진 곳에서도 볼 수 있었으며 주변에는 회랑이 둘러 있었다. 이 회랑은 돌기둥이 받치고 있었는데 기둥 하나가 큰 돌 하나로 이루어져 있었다. 그야말로 이 비석은 멋진 기념물이었다. 이 외에도 시몬은 부친과 형제들을 위해 한 사람당 하나씩 모두 일곱 개의 첨탑(pyramid)을 세웠다. 오늘날까지도 전해져 내려오는 이 탑들은 그 웅장함이나 미려함에 있어서 빼어난

건축물이다. 이같이 시몬은 요나단의 장례와 식구들을 위한 기념비 건립에 많은 정열을 쏟았다. 결국 요나단은 14년간의 대제사장직과 국가의 수반 역할을 마치고 이같이 세상을 떠나고 말았다. 요나단의 죽음의 경위는 이와 같았다.

7. 한편 백성들에 의해 대제사장이 된 시몬은 즉위한 첫해에 마게도냐인들의 속박에서 유대인들을 해방시켰으며 그들에게 조공을 바치지 않아도 된다고 허락했다. 유대인들이 이 같은 자유와 조공의 면제 특권을 누리게 된 것은 앗수르 왕국 창건 후 170년,[9)] 즉 니카토르(Nicator)라고 불리우는 셀레우쿠스(Seleucus)가 수리아(Syria)를 장악한 지 170년이 지난 후의 일이었다. 유대 백성들이 시몬을 얼마나 존경하고 좋아했는지는 개인 상호 간의 계약 문서나 공공 기록에서조차도 "유대인의 은인이요 지도자인 시몬의 통치 원년에"라는 표현을 쓰고 있는 것을 보면 능히 짐작할 수가 있다. 유대인들은 시몬의 통치 밑에서 행복을 누렸으며 주변의 적들을 눌러 이길 수 있었기 때문이었다. 시몬은 가사라(Gazara)와 욥바(Joppa)와 얌니아(Jamnia)시를 함락시키는 대전과를 올렸을 뿐 아니라 예루살렘 성채를 무력으로 탈환하여 기초까지 철저히 파괴하였다. 따라서 그전처럼 그곳을 거점으로 적들이 활개를 치는 일은 없어졌다. 시몬은 성채를 완전히 파괴한 후 성채가 세워진 산을 깎아 내어 성전보다 낮게 만드는 것이 유대인의 안전을 위한 최선책이라고 생각하였다. 이에 그는 백성들을 소집하여 이같이 설득을 시도했다. "이 성채 때문에 우리가 얼마나 많은 고통을 당했는가 생각해 보십시오. 마게도냐 수비대 병사들과 유대인 변절자들이 그곳을 거점으로 우리를 얼마나 괴롭혔는가를 상기해 보십시오. 앞으로도 만일 외국이 우리나라를 점령한 후 성채를 건설하고 수비대를 주둔시킨다면 어떤 고통을 당해야 할 것인가를 상상해 보십시오. 그러므로 이제 이 산을 성전보다 낮게 깎아 내도록 합시다." 유대인들은 시몬의 이 제의에 동의했다. 자기들의 유익을 위한 제안인데 어찌 싫다 하겠는가! 이에 그들은 모두 공사에

---

9) '앗수르 왕국 창건 후 170년'이란 표현은 다름 아닌 바로 셀레우쿠스(Seleucus) 시대로부터 계산해서 170년이 지났다는 뜻이다. 허드슨(Hudson) 박사의 말대로 고대 작가들은 가끔 수리아(Syria, 시리아)와 앗수르(Assyria, 아시리아)를 혼동해서 쓰곤 하였다.

나서서 산을 깎아 내었다. 밤낮을 가리지 않고 쉬지 않고 그 일에 매달려 마침내 3년 만에 도시 내의 다른 지역과 같은 높이로 만들었다. 성채가 서 있던 산을 평탄케 하니 결국은 성전이 예루살렘 시내에서 가장 높은 건축물이 되었다. 이 같은 일들이 모두 시몬의 지휘 아래 달성된 업적이었다.

제7장

시몬이 안티오쿠스 피우스와 동맹을 맺고
일차로 트리폰과 전쟁을 한 경위,
그러나 얼마 후 이번에는
안티오쿠스의 군대 장관 켄데베우스와 전쟁을 하게 된 경위,
그리고 그가 사위인 프톨레마이우스에 의해,
그것도 음모에 걸려 살해당하게 된 역사

1. 데메트리우스가 생포된 지 얼마 후의 일이었다.[10] 트리폰은 신이라고까지 불렸던[11] 알렉산드로스(Alexander)의 아들 안티오쿠스(Antiochus)를 살해하

---

10) 요세푸스는 마카비 1서 13장 50절까지는 그 내용을 충실하게 요약하면서 유대 역사를 기술해 왔으나 그 후부터는 마카비 1서를 따르지 않았다는 것을 여기서 꼭 지적하고 넘어가야 할 필요가 있다. 그 후에 이 두 저서에서 공통되는 기사는 거의 없다. 마카비 1서 13장 50절 이후의 내용을 볼 때 만일 요세푸스가 그 부분까지 참고하여 본서를 저술했다면 다음과 같은 사건들을 기록했을 것이라고 확신할 수 있다. 즉 마카비(Maccabee) 가문의 일원인 시몬(Simon)이 바대의 포로가 된 데메트리우스(Demetrius)의 형제인 동시에 데메트리우스 소테르(Demetrius Soter)의 아들인 안티오쿠스 소테르(Antiochus Soter)와 동맹을 맺은 사건, 그리고 안티오쿠스 소테르가 주전 140년에 왕위에 오르자마자 유대국에 큰 특권을 내리고 시몬에게 대제사장과 유대 민족 지도자의 지위(이미 시몬이 자발적으로 3년 전부터 이 지위를 행사하고 있었지만)를 인정해 준 사건이 그것이다.
11) 알렉산드로스 발라스(Alexander Balas)의 아들인 이 안티오쿠스(Antiochus)가 신(God)이라고 불렸다는 사실은 그의 주화를 볼 때 명백하다. 즉 이 주화에는 '신이신 안티오쿠스왕, 정복왕 에피파네스'(King Antiochus the God, Epiphanes the Victorious)라는 문구가 새겨져 있다.

였다. 트리폰은 안티오쿠스를 살해한 후에, 외과 수술을 받다가 사망했다고 발표했다.[12] 결국 안티오쿠스는 4년간의 재위 끝에 비참한 죽음을 당한 것이었다. 트리폰은 그 후 친한 친구들을 병사들에게 보내 자기를 왕으로 옹립해 주면 거액의 돈을 주겠다고 약속했다. 데메트리우스는 바대의 포로가 되었으며 그와 형제지간인 안티오쿠스가 왕이 되면 형의 원수를 갚으려고 할 것이니 신중하게 생각해 보라고 하였다. 병사들은 트리폰이 제안한 거액의 돈을 받을 것을 기대하고 그를 왕으로 옹립하였다. 트리폰은 정권을 장악하더니 곧 악한 인물임을 드러냈다. 사인(私人)으로 있을 때는 평민들에게 관대하게 대하면서 친숙해지려고 애를 쓰더니 권좌에 오르고 난 후에는 본색을 드러내기 시작했다. 이런 그의 행동은 적들에게 유리하게 작용했다. 병사들이 그를 미워할 뿐 아니라 그 당시 자녀들과 함께 셀레우키아(Seleucia)에 유폐되어 있었던, 데메트리우스의 아내 클레오파트라(Cleopatra)를 지지하게 되었기 때문이었다. 한편 데메트리우스의 동생 안티오쿠스 소테르(Antiochus Soter)가 트리폰의 방해로 국내의 어떤 도시에서도 거주할 수 없게 되자 클레오파트라는 사람을 보내 자신과 결혼해서 왕국을 되찾자고 제안하였다. 그녀가 이 같은 제안을 한 데는 두 가지 이유가 있었다. 첫 번째는 그녀의 친구들이 그렇게 하도록 강하게 설득한 데 있었고, 두 번째는 셀레우키아의 주민들이 도시를 트리폰에게 넘겨주게 될 경우 자칫하면 신변에 위험이 찾아올지도 모른다는 생각이 들어서였다.

2. 이에 안티오쿠스는 셀레우키아시로 왔다. 그 후 그의 세력은 날이 갈수록 커졌다. 그리하여 그는 마침내 트리폰과의 결전을 벌이기 위해 군대를 동원했다. 전쟁의 결과로 안티오쿠스는 트리폰을 상부 수리아(Upper Syria)에서 베니게(Phoenicia)로 쫓아낼 수 있었다. 그는 트리폰을 내버려두지 않고 계속 추격하여 그가 도피한 난공불락의 요새인 도라(Dora)를 포위하였다. 안티오쿠스

---

[12] 트리폰이 안티오쿠스를 어떤 방법으로 살해했는가에 관해서 리비우스(Livius)의 로마사 적요(epitome) 제53장은 이같이 밝히고 있다. "트리폰은 그의 의사들을 매수하였다. 이에 그들은 왕이 결석으로 죽어가고 있으므로 수술을 받아야 한다고 거짓으로 백성들에게 발표한 후 왕을 살해하였다." 그런데 이 기록은 요세푸스의 기록과 너무나도 정확하게 일치하고 있다.

는 유대 대제사장 시몬에게 사신을 보내 상호 우호 원조 동맹을 체결하자고 제안하였다. 이에 시몬은 그 제안을 쾌히 승낙하고 안티오쿠스에게 도라(Dora)시 공략군을 위한 전쟁 물자와 거액의 돈을 제공하였다. 어찌나 풍성하게 물자를 공급해 주었던지 시몬은 한참 동안은 안티오쿠스 최고의 우방으로 인정되었다. 한편 트리폰은 도라에서 다시 아파미아(Apamia)로 피신하였으나 그곳에서 공격을 당해 3년간의 재위를 끝으로 세상을 떠나고 말았다.

3. 한편 안티오쿠스는 워낙 탐욕스럽고 악한 성품의 소유자였기에 어려울 때 자기를 도와준 시몬의 은혜를 망각하고, 일부 병사를 친구인 켄데베우스(Cendebeus)에게 일임하여 유대국을 약탈하고 시몬을 생포해 오라고 지시하였다. 시몬은 안티오쿠스가 동맹을 깨뜨렸다는 소식을 듣고 이미 연로했음에도 불구하고, 안티오쿠스에게 당한 부당한 취급에 몹시 분노하면서 나이에 어울리지 않게 마치 청년처럼 결연한 각오로 군대를 지휘하였다. 그는 자기 아들들을 정예 부대에 포함시켜 선두에 서게 하는 한편 자기는 다른 부대를 거느리고 다른 길로 가서 산에 매복하여 적을 공격하곤 하였다. 그는 전투에서 결코 패한 적이 없었으며 어떤 적도 감히 그를 이길 수 없었다. 이렇게 해서 그는 여생을 행복하게 지냈으며 그도 역시 로마와 동맹 관계로 친선을 유지했다.

4. 시몬은 8년간 유대의 지도자로서 일을 감당했으나 그만 한 잔치 석상에서 세상을 떠나고 말았다. 시몬은 불행히도 사위인 프톨레마이우스(Ptolemy)의 음모에 걸려 죽음을 당했다. 프톨레마이우스는 시몬을 살해하는 것으로 그치지 않고 시몬의 아내와 두 아들을 잡아 결박하였다. 그는 또한 병사들을 보내 히르카누스(Hyrcanus)라고 부르는 셋째 아들 요한(John)을 살해하려고 하였다. 그러나 히르카누스는 이를 미리 눈치채고 도망을 쳐서 예루살렘시로 피신했다.[13] 히르카누스가 그리로 도망한 것은 예루살렘 주민들이 자기를 호의로

---

[13] 여기서부터 요세푸스는 마카비 1서 끝에 언급된 히브리 성경 다음 책 요한 히르카누스의 대제사장 연대기(The Chronicle of John Hyrcanus's High Priesthood)를 따르면서 그 내용을 요약해서 싣고 있다. 어떤 헬라어 사본에는 이 책이 마카비 4서(Fourth book of Maccabees)로 되어 있다.

받아줄 것을 기대했기 때문이었다. 자기 아버지에게서 받은 혜택을 생각해서, 그리고 프톨레마이우스에 대한 반감이 있었기에 그들이 그를 보호해 주리라고 나름대로 추측한 것은 결코 무리가 아니었다. 결국 프톨레마이우스가 히르카누스를 추격하여 예루살렘의 다른 성문으로 들어오려고 하였으나 주민들이 그를 쫓아 버리고 히르카누스를 보호해 주었다.

제8장

히르카누스가 대제사장직에 오르고 프톨레마이우스를 나라 밖으로 내쫓은 경위, 그리고 처음에는 안티오쿠스와 전쟁을 하였으나 후에 동맹을 맺고 화친하게 된 경위

1. 이에 프톨레마이우스는 여리고 윗편 다곤(Dagon)이라는 요새로 퇴각하였다. 히르카누스는 부친의 뒤를 이어 대제사장이 된 후 맨 처음으로 제사를 드려 하나님을 기쁘시게 하였다. 그 후 그는 서둘러서 프톨레마이우스에 대한 원정을 감행하였다. 히르카누스는 모든 면에서 프톨레마이우스를 능가하였으나 모친과 형들이 적의 손아귀에 갇혀 있는 바람에 달리 손을 쓸 수가 없었다. 프톨레마이우스는 그들을 성벽 위에 세우고 모든 사람이 보는 가운데 모진 고문을 가하고 히르카누스에게 포위를 풀지 않으면 성벽 위에서 그들을 거꾸로 떨어뜨려 죽일 것이라고 위협하였다. 사랑하는 식구들이 처참한 죽음을 당하는 것을 막기 위해서는 포위를 풀어야만 한다고 생각하자 히르카누스는 성을 공격해서 빼앗고 싶은 생각이 점점 사라지기 시작했다. 그러나 이때 그의 모친은 양손을 펼치고 간청하듯이 이같이 말했다. "나 때문에 주저하거나 머뭇거려서

는 안 된다. 그럴수록 더 마음을 굳게 먹고 이를 악물도록 해라. 재빨리 맹공을 퍼부어 이곳을 함락시키고 이놈들을 혼내 주도록 해라. 그리고 이놈들이 행한 그대로 네가 사랑하는 식구들의 원수를 갚아주기 바란다. 이놈들이 벌을 받을 수만 있다면 비록 모진 고통으로 죽는다 하더라도 우리는 그것을 즐거움으로 받아들일 것이다." 이 모친의 격려의 말을 들은 히르카누스는 즉시 그 요새를 공략하기로 결심을 굳혔다. 그러나 모친이 모진 고문을 당하는 것을 보자 히르카누스는 모친을 동정하지 않을 수 없었고 결국은 공격할 엄두를 내지 못했다. 프톨레마이우스는 이런 식으로 히르카누스의 공격을 지연시켰다. 이러다 보니 유대인들이 안식하는 안식년이 돌아왔다. 유대인들은 7일마다 한 번씩 안식일로 쉬는 것처럼 7년마다 한 번씩 안식년으로 쉬는 것이 율법으로 규정되어 있었다. 이런 이유로 해서 공격의 위험에서 벗어난[14] 프톨레마이우스는 히르카누스의 모친과 형들을 살해하였다. 프톨레마이우스는 히르카누스의 식구들을 이같이 살해한 후 당시 필라델피아(Philadelphia)시의 참주였던, 코틸라스(Cotylas)라고 부르는 제논(Zeno)에게로 도망쳤다.

2. 한편 안티오쿠스는 시몬에게 당한 피해를 생각하면 치가 떨리자 그의 재위 제4년에 직접 유대를 공격해 왔다. 이때는 히르카누스가 대제사장이 된 첫 해요 제162올림피아드(olympiad)에 해당하는 해였다.[15] 안티오쿠스는 유대 땅을 침략하여 방화하고 약탈한 후 히르카누스를 예루살렘시에 묶어 놓고 일곱 진영으로 부대를 나누어 성을 포위하게 하였다. 유대인들은 한때 물이 없어서 곤경을 겪으면서도 어찌나 용감하게 저항했던지 안티오쿠스는 좋은 성과를 거둘 수가 없었다. 게다가 예루살렘성은 난공불락이었기에 더더욱 공성(攻城)이

---

[14] 이 위대한 대제사장 요한 히르카누스(John Hyrcanus)의 시대에는 어쩔 수 없는 경우, 즉 적의 공격을 당한 경우가 아니면, 안식일에 쉬듯이 안식년에는 전쟁을 하지 않았다는 점을 주목할 필요가 있다. 적의 공격을 당했을 때는 비록 안식일이라도 전쟁을 하는 것이 율법을 어기는 것은 아니었다. 그러나 안식년에 전쟁을 하지 않았다는 기록은 마카비 1서(16장)에는 전혀 나타나지 않으며 오히려 그 정반대의 기록을 볼 수 있음을 상기해야 한다. 아스모네우스(Asamoneus) 가문, 아니 마카비(Maccabee) 가문이 그렇게 결정하기까지는 비록 공격을 당하는 경우라도 안식일에는 결코 전쟁을 하지 않았다.

[15] 요세푸스는 요한 히르카누스의 통치 제1년이 제162올림피아드라고 말하고 있으나 그 해가 안식년이었다고 방금 전에 말한 것으로 볼 때 제161올림피아드의 두 번째 해인 것이 확실하다.

힘들었다. 유대인들은 한때 물이 없어 고생하였으나 플레이아데스(Pleiades)성단이 지기 시작하는 때[16] 소나기가 내려 어려움에서 벗어날 수가 있었다. 그런데 북쪽 성벽 부분은 공교롭게도 성벽 안과 밖의 지면의 높이가 동일했다. 이에 안티오쿠스는 그곳에 3층 높이의 망대를 100개나 세우고 그곳에 일단의 병사들을 배치하였다. 그는 하루도 쉬지 않고 공격을 감행하는 한편 깊고 넓은 참호를 이중으로 파서 마치 성벽의 역할을 하도록 만들었다. 한편 포위된 유대인들은 자주 습격을 감행하였다. 습격을 나가서 적이 경계를 게을리하고 있으면 공격하여 막대한 피해를 입혔으며 경계가 심하면 곧바로 성 안으로 돌아오곤 하였다. 히르카누스는 성 안에 너무 많은 사람이 있으면 오히려 불편한 점이 많음을 깨닫게 되었다. 숫자가 너무 많으면 서로 방해가 될 수 있을 뿐 아니라 비축해 둔 물자가 빨리 동이 나기 때문이었다. 이에 히르카누스는 전쟁을 할 능력이 있는 젊은이들만 남기고 나머지 사람들은 성 밖으로 내보냈다. 그런데 안티오쿠스가 이들을 그대로 내버려둘 리가 없었다. 결국 이들은 양편에서 오도 가도 못하고 방황하다가 다수가 비참하게 굶어서 죽었다. 장막절이 다가오자 성 안에 있던 유대인들은 그들을 측은하게 여기고 다시 성 안으로 불러들였다. 한편 히르카누스가 안티오쿠스에게 사신을 보내 장막절 절기를 지킬 수 있도록 7일간만 휴전하는 것이 어떻겠느냐고 제안하자 안티오쿠스는 이에 선뜻 응했을 뿐 아니라 막대한 예물, 즉 뿔을 도금시킨[17] 황소들과 각종 향료와 금잔, 은잔들을 보내왔다. 이에 성전 문을 지키는 병사들은 이 예물들을 건네받아 성전에 넘겨주었다. 이때 안티오쿠스는 그 기간에 병사들과 잔치를 베풀었다. 이것은 예루살렘을 점령한 후 유대 율법과 조상 전래의 종교를 무너뜨리기 위해 돼지를 잡아 제단에 드리고 그 피를 성전에 뿌린 안티오쿠스 에피파네스(Antiochus Epiphanes)와는 전혀 다른 행동이었다. 물론 우리는 에피파네스의 이런 행동 때문에 그와 전쟁을 벌이고 결코 화해하지 않았었다. 그러나 이 안

---

16) 플레이아데스(Pleiades)성단은 히르카누스와 요세푸스의 시대에는 유대 땅에 늦은 비가 내리는 초봄 2월경에 지기 시작했다. 헤롯 시대에 월식을 한 번 언급한 것을 제외하고는 요세푸스의 모든 저서에서 천문학적 시간을 언급한 것은 이것이 유일한 경우이다.
17) 희생 제물로 바칠 황소의 뿔을 도금하는 이런 풍습은 시인들은 물론 웅변가들에게는 널리 알려진 사실이라고 허드슨(Hudson) 박사는 말한다.

티오쿠스왕은 종교에 대한 열성이 있었기 때문에 모든 이들이 그를 '경건한 왕 안티오쿠스'(Antiochus the Pious)라고 불렀다.

3. 이에 히르카누스는 안티오쿠스의 예물을 감사하게 받았다. 히르카누스는 이것을 통해 안티오쿠스가 종교성이 강한 인물임을 깨닫고 그에게 사신을 보내 양편 선조들이 상호 간에 맺었던 친선 관계를 다시 회복시키는 것이 어떻겠느냐고 제의했다. 안티오쿠스의 모든 신하들은 유대인들이 비사교적이며 독단적인 삶의 방식을 가지고 있으므로 전멸시켜야 한다고[18] 강력히 주장하였으나 안티오쿠스는 그들의 제안을 받아들이지 않았다. 안티오쿠스는 유대인들이 비사교적이며 독단적인 것은 모두 그들의 종교 때문인 것을 알고 있었기에, 무기를 버리고 항복하고 욥바와 유대 변경에 있는 다른 도시들을 위해 조공을 바치고 수리아군 수비대를 주둔시키는 것을 허락하는 조건이라면 군대를 철수시킬 것이라고 사신들에게 말했다. 유대인들은 다른 조건은 대체로 만족했으나 수비대를 주둔시키는 것만은 용납이 되지 않았다. 그들은 다른 민족과는 어울릴 수도 없으며 교제할 수도 없었기 때문이었다. 따라서 그들은 수비대를 주둔시키는 조건 대신 은 500달란트와 인질을 주는 쪽을 택하였으나, 조금 낮게는 300달란트와 인질들을 보냈다. 안티오쿠스는 돈과 인질들을 받았다. 인질들 중에는 히르카누스의 형제도 끼어 있었다. 안티오쿠스는 여기서 끝나지 않고 도시의 요새들을 헐어 냈다. 결국 안티오쿠스는 이 같은 조건 하에서 포위를 풀고 돌아갔다.

4. 한편 히르카누스는 다른 왕들의 무덤보다 많은 돈이 묻혀 있는 다윗의 무덤을 열고 3,000달란트를 꺼냈다. 히르카누스는 결국 무덤에서 돈을 꺼내 외국 군대를 위해 사용한 첫 번째 인물이 되었다. 히르카누스는 안티오쿠스와 상호 우호 원조 동맹을 체결했기에 안티오쿠스를 도시 안으로 들어오도록 허락

---

[18] 안티오쿠스의 부하들이 비록 실패는 하였으나 왕에게 유대인과는 평화 조약을 맺지 말고 모두 전멸시켜야 한다고 주장했다는 이 요세푸스의 기록은 디오도루스 시쿨루스(Diodorus Siculus)에 의해 조금도 틀림이 없음이 확증되었다.

했고 그의 군대가 필요한 것을 풍성하게 공급해 주었다. 그뿐 아니라 히르카누스는 바대(Parthia, 파르티아)를 원정하는 안티오쿠스를 따라나섰다. 이에 대해서는 다메섹의 니콜라우스(Nicolaus of Damascus)가 증명해 주고 있다. 그는 역사서에서 이같이 기록하고 있다. "안티오쿠스는 바대의 군대 장관 인다테스(Indates)를 무찌른 후에 리쿠스(Lycus) 강가에 전승 기념비를 세우고 그곳에 이틀을 유했다. 이틀을 그곳에서 유한 것은 유대인 히르카누스의 간청 때문이었다. 즉 유대인들이 여행할 수 없는 조상 전래의 절기가 다가왔기 때문이었다." 니콜라우스의 기록은 조금도 틀림이 없다. 왜냐하면 우리가 오순절(Pentecost)이라고 부르는 절기가 그 당시 안식일 다음에 연거푸 이어져 있었기 때문이었다. 우리 유대인은 안식일이나 절기에 여행하는 것은 율법으로 금지되어 있다.[19] 한편 안티오쿠스는 바대의 왕 아르사케스(Arsaces)와 접전을 벌인 결과 대부분의 군대를 잃고 자신도 전사하고 말았다. 이에 그의 형제인 데메트리우스(Demetrius)가 아르사케스의 허락으로 수리아 왕국의 왕위를 계승했다. 우리가 앞서 살핀 대로 아르사케스는 안티오쿠스가 바대를 공격한 바로 그 시각에 데메트리우스의 결박을 풀어 주고 석방시켜 주었던 것이다.

---

[19] 유대인은 안식일이나 혹은 그와 맞먹는 큰 절기에는 안식일에 갈 수 있는 거리(Sabbath day's journey), 즉 2,000규빗 이상은 여행하거나 행군할 수 없도록 되어 있었다.

제9장

안티오쿠스가 전사한 후에
히르카누스가 수리아를 공격하고 로마와 동맹을 맺은 경위,
그리고 데메트리우스왕과 알렉산드로스의 죽음에 관한 역사

1. 히르카누스(Hyrcanus)는 안티오쿠스(Antiochus)가 죽었다는 소식을 듣고 수리아의 도시들에 싸울 만한 능력을 갖춘 자들이 많지 않으리라 생각하고는 즉시 수리아를 공격하기 시작했다. 그러나 무려 6개월도 더 지나고서야 비로소 메드바(Medaba)시를 함락시킬 수 있었다. 게다가 그가 입은 손실도 결코 적지 않았다. 그 후 그는 사메가(Samega)와 그 인근 지역을 장악했으며 이 외에도 세겜(Shechem)과 그리심(Gerizzim)과 구다인(Cutheans)의 거주 지역을 정복하였다. 이들은 알렉산드로스(Alexander)가 대제사장 야두아(Jaddua)의 사위가 되는 므낫세(Manasseh)를 위해 군대 장관 산발랏(Sanballat)을 시켜 예루살렘의 성전을 본떠서 그리심산에 세운 성전 주위에 모여 살고 있었다. 그러나 이 성전은 그 당시 세워진 지 200년 동안 버려져 있는 상태였다. 히르카누스는 또한 도라(Dora)와 마레사(Marissa)와 이두매(Idumea)의 도시들을 정복하고 모든 이두매인들을 복속시켰다. 그는 이들이 할례를 행하고 유대 율법을 지키는 것을 조건으로 고향에서 살 수 있도록 했다. 이에 그들은 조상의 뼈가 묻힌 고향을 떠나가기 싫었기 때문에 할례를 행했으며[20] 기타의 유대인의 삶의

---

[20] 히르카누스 시대 이후로 이두매인들이 할례와 유대 율법을 전적으로 따르게 되었다는 이 기록은 이후 그들의 역사를 살펴볼 때 사실임을 확실히 알 수 있다. 요세푸스의 견해는 이것이 이두매인들을 의의 개종자(proselytes of justice)가 아니면 진짜 유대인(entire Jews)으로 만들었다고 보는 것 같다. 그러나 헤롯의 적인 안티고누스(Antigonus)는 헤롯이 여러 대 전부터 내려온 의의 개종자의 후손이었음에도 불구하고 기껏해야 반쪽 유대인(half Jew)에 불과하다고 주장한다. 문법학자인 암모니우스(Ammonius)의 말을 들어 보자. "유대인은 그 본질상 처음부터 유대인인 반면에 이두매인들은 처음에는 유대인이 아니요 베니게인(페니키아인)이요 수리아인이었다. 그러나 후에 유대에 정복되어 병합되고 할례와 유대 율법을 지킬 것을 강요받고 난 다음부터 비로소 유대인이라고 불리게 되었다." 디오(Dio)의 말도 들어 보자. "이두매 지역 역시 유대라 불리게 되었고 그곳 주민들은 유대인이라고 불리게 되었다. 이 명칭은 비록 민족은 달랐으나 종교가 같았기에 붙여진 것이었다."

방식을 따랐다. 결국 이렇게 해서 그 후부터는 이들이 다름 아닌 바로 유대인이 된 것이다.

2. 대제사장 히르카누스는 로마와 맺은 우호 동맹을 재확인하고 싶었다. 이에 그는 사신을 로마에 보냈다. 로마 원로원은 그의 서신을 받고 아래와 같이 우호 동맹 관계임을 재확인하였다. "법무관(praetor)인, 마르쿠스(Marcus)의 아들, 파니우스(Fanius)는 2월의 이데스(Ides, 로마력에서 각 달의 중간 무렵을 가리키는 날짜로 날짜를 세는 기준점이 됨. 3월, 5월, 7월, 10월은 15일, 그 밖의 달은 13일을 가리킴-역자 주, 편집자 주) 8일 전에 원로원 의사당에서 원로원 회의를 소집하였다. 이때 메네니아(Menenia) 부족에서 온 루키우스(Lucius)의 아들 루키우스 만리우스(Lucius Manlius)와 팔레르나(Falerna) 부족에서 온 카이우스(Caius)의 아들 카이우스 셈프로니우스(Caius Sempronius)가 참석하였다. 원로원 회의를 개최하게 된 계기는 이러하였다. 유대 백성들이 보낸[21] 사신들인 도시테우스(Dositheus)의 아들 시몬(Simon)과 알렉산드로스(Alexander)의 아들 아폴로니우스(Apollonius)와 야손(Jason)의 아들 디오도루스(Diodorus)가 양국 간의 상호 우호 조약과 그 밖의 문제에 관해 제안을 해왔기에 원로원 회의를 개최한 것이었다. 유대 사신들은 원로원의 지난번 결정은 무시하고 안티오쿠스가 전쟁을 통해 빼앗은 욥바(Joppa)와 욥바 항구와 가사라(Gazara)와 요단(Jordan)강의 근원지와 그 밖의 그들의 영토를 되찾도록 해줄 것을 요청해 왔으며 왕의 군대가 함부로 그들의 영토로 들어가지 못하도록 해줄 것과 전쟁 시에 원로원의 허락도 없이 안티오쿠스가 결정한 모든 것을 무효로 해줄 것을 요구해 왔다. 그들은 또한 전쟁으로 황폐된 땅들을 측정하고 안티오쿠스가 빼앗은 땅을 도로 찾는 일을 감독할 사신들을 파견할 권한을 부여해 달라고 요청하였으며 세계 여러 나라의 왕들에게 편지를 보내 유대인들을 보호하고 원하는 자들은 무사히 귀국할 수 있도록 모든 조치를 강구하라는 명령을 내려 달라고 요구해 왔다.

---

[21] 이 로마 원로원의 법령을 볼 때 이 유대 사신들은 통치자요 대제사장인 요한 히르카누스뿐 아니라 유대 백성들에 의해 보냄을 받았던 것처럼 보인다.

따라서 원로원은 선한 우방인 유대인들과 상호 원조 동맹을 맺을 것을 결의하였으며 그들이 요구한 대로 모두 들어줄 것을 결정했음을 선포하노라." 그러나 유대인들이 요구한 서신에 대해서는 원로원이 의논하여 국내 사정이 허락하는 대로 각국에 보내겠다고 대답하였다. 그리고 이에 덧붙여 유대국이 다시는 그런 피해를 입지 않도록 최선을 다하겠다고 하였으며 사신들이 귀국할 때 드는 모든 비용은 법무관 파니우스가 공비(公費)에서 지출할 것이라고 답변하였다. 이에 파니우스는 공비에서 여비를 지출하고 원로원의 법령을 길 안내자들에게 주며 유대 사신들이 무사히 귀국할 때까지 신변 안전에 최선을 다하라고 당부한 후 사신들을 돌려보냈다.

3. 대제사장 요한 히르카누스의 행적은 이와 같았다. 한편 히르카누스를 공격할 기회만 엿보고 있던 데메트리우스왕은 아무리 해도 틈을 찾을 수가 없었다. 게다가 수리아인들과 병사들은 그를 미워하기 시작했다. 왜냐하면 그는 결코 선한 인물이 아니었기 때문이었다. 이에 그들은 사신을 피스콘(Physcon)이라고 부르는 프톨레마이우스(Ptolemy)에게 보내 셀레우쿠스(Seleucus) 가문 중에 한 사람을 보내 주면 그를 옹립해서 왕으로 삼고 데메트리우스를 쫓아내겠다고 제의했다. 그러자 프톨레마이우스는 자비나스(Zebina)라고 부르는 알렉산드로스(Alexander)를 군대와 함께 그들에게 보내 주었다. 그리하여 자비나스와 데메트리우스 사이에는 일대 결전이 벌어졌다. 이 전투에서 데메트리우스는 크게 패하였으며 결국은 아내 클레오파트라가 있는 프톨레마이스(Ptolemais)로 피신할 수밖에 없었다. 그 후 그는 그곳을 떠나 두로(Tyre)로 갔다가 거기서 잡혔으며 적으로부터 모진 고문을 당하고 급기야는 세상을 떠나고 말았다. 이에 알렉산드로스가 왕위에 올라 왕국을 장악하였으며 히르카누스와는 친선 동맹을 맺었다. 그러나 알렉산드로스는 그 후에 그리푸스(Grypus)라고 부르는 데메트리우스의 아들 안티오쿠스(Antiochus)와 전쟁을 하다가 패하여 전사당하고 말았다.

제10장

안티오쿠스 그리푸스와 안티오쿠스 키지케누스 사이에
왕위 쟁탈전이 벌어지자
히르카누스가 사마리아를 공격하여 철저히 폐허로 만든 역사,
그리고 히르카누스가 개인적으로는 사두개파에 가입했으면서도
바리새파를 그대로 내버려둔 경위

1. 안티오쿠스는 왕국을 장악한 후에도 동복형제인 동명이인(同名異人) 안티오쿠스가 군대를 일으켜서 자기와 싸우기 위해 키지쿠스(Cyzicum)를 떠났다는 소식에 감히 유대를 공격할 엄두를 내지 못했다. 이에 안티오쿠스는 키지쿠스에서 자랐기에 키지케누스(Cyzicenus)라고 부르는 동복형제의 공격에 대비하기 위해 유대 원정을 하지 않고 전쟁 준비만 하기로 결심했다. 키지케누스는 바대(Parthia, 파르티아)에서 죽은 안티오쿠스 소테르(Antiochus Soter)의 아들이었다. 그런데 안티오쿠스 소테르는 그리푸스(Grypus)의 부친인 데메트리우스(Demetrius)와는 형제지간이었다. 이것은 우리가 앞서 살펴본 대로 한 인물인 클레오파트라(Cleopatra)가 형제지간인 두 남자와 결혼했기 때문에 이런 인척 관계가 성립된 것이었다. 안티오쿠스 키지케누스는 수리아를 침입하여 수년간 안티오쿠스 그리푸스와 전쟁을 벌였다. 이 기간에 히르카누스는 평화롭게 나라를 다스리며 살 수 있었다. 안티오쿠스가 죽은 후 히르카누스는 마게도냐인들에게 반기를 들었으며[22] 속국이나 우방으로서 취해야 할 최소한의 의무나 책임도 이행하지 않았다. 히르카누스는 알렉산드로스 자비나스(Alexander Zebina)의 시대, 특히 동복형제들이 왕권을 다투고 있던 시기에는 크게 번창하고 번영할 수 있었다. 즉 그들이 서로 싸우느라 정신이 없는 틈을 타서 히르카

---

[22] 유스티누스(Justin)는 "유대의 국력은 크게 신장되어 이 안티오쿠스가 죽은 후에는 어떤 마게도냐 왕도 섬기지 않았으며 독자적인 통치 체제를 갖추었을 뿐 아니라 수리아를 공격하여 크게 괴롭히기까지 하였다."라고 말하고 있다.

누스는 유대를 평화롭게 잘 다스렸으며 또 엄청난 돈을 축적할 수가 있었다. 히르카누스는 안티오쿠스 키지케누스가 유대 땅을 침범하여 괴롭히자 드러내 놓고 마음먹은 것을 실행에 옮겼다. 히르카누스는 애굽의 원군이 안티오쿠스를 떠난 상태에 있고 형제끼리 피를 흘리며 싸우는 데 열중하자 그들을 모두 깔보았다.

2. 이에 히르카누스는 매우 함락시키기 어려운 난공불락의 요새인 사마리아(Samaria)를 공격했다. 사마리아가 오늘날은 세바스테(Sebaste)로 불리고 있다는 사실과 헤롯(Herod)왕이 사마리아를 다시 건설한 이야기에 관해서는 후에 적절한 기회를 보아서 다루도록 하겠다. 난공불락의 요새였으나 히르카누스는 사마리아를 포위하고 젖 먹던 힘까지 내서 맹공을 퍼부었다. 그가 이같이 사마리아를 함락시키려고 애를 쓰는 이유는 그들이 유대의 식민지인 마레사(Marissa) 주민들을 괴롭혔다가 나중에는 수리아의 왕들에게 아부하기 위해 그들과 손을 잡은 것을 매우 불쾌하게 생각했기 때문이었다. 히르카누스는 참호를 파는 동시에 80펄롱이나 되는 성벽 주위에 이중(二重)의 토성을 쌓았다. 그러고는 자기 아들인 안티고누스(Antigonus)와 아리스토불루스(Aristobulus)를 공격 선봉에 내세웠다. 겹겹으로 포위된 사마리아인들은 굶주림에 견디다 못해 먹지 못하는 것으로 알고 있던 것들이라도 먹지 않을 수 없었으며 마침내는 안티오쿠스 키지케누스에게 원군을 요청하기에 이르렀다. 이에 안티오쿠스 키지케누스는 그들을 도우려고 군사를 이끌고 달려왔으나 아리스토불루스에 의해 패하고 말았다. 안티고누스와 아리스토불루스 두 형제에 의해 스키토폴리스까지 추격을 당한 안티오쿠스는 전세를 회복하지 못하고 결국은 도망을 쳤다. 이에 유대인들은 추격을 멈추고 돌아와 다시 사마리아 공성에 나섰다. 결국 사마리아인들은 안티오쿠스 키지케누스에게 두 번째로 원군의 요청을 보내기에 이르렀다. 이때 안티오쿠스 키지케누스는 프톨레마이우스 라티루스(Ptolemy Lathyrus)에게서 6,000명의 병사를 확보해 놓은 상태였다. 프톨레마이우스 라티루스는 모친의 승낙을 받지 않고 이 병사들을 안티오쿠스에게 보냈다가 모친에 의해 왕위에서 쫓겨나고 만다. 안티오쿠스는 이 애굽의 병사들을 거느리

고 마치 산적 모양으로 히르카누스가 지배하는 유대 땅을 휩쓸고 다니면서 약탈을 자행했다. 안티오쿠스는 충분한 병력이 없었으므로 히르카누스와 정면 대결을 할 엄두는 내지 못하고 이같이 게릴라식의 방법으로 사마리아의 포위를 풀게 만들려고 하였다. 그러나 결국 그는 함정에 걸려 수많은 병사를 한순간에 잃고 트리폴리(Tripoli)로 도망하여 후일을 기약하였으나, 마침내 유대 정복의 문제는 칼리만드로스(Callimander)와 에피크라테스(Epicrates)에게 넘겨주지 않을 수 없었다.

3. 한편 칼리만드로스는 적을 너무 성급하게 공격하다가 대패하여 전멸을 자초하고 말았다. 또한 에피크라테스는 돈을 몹시 좋아하는 사람이었기에 스키토폴리스(Scythopolis)와 그 인근 지역을 돈을 받고 유대인들에게 넘겨줄 정도였다. 그러나 어떻게 유대인들을 사마리아 공격에서 물러나게 할 수 있었겠는가? 결국 히르카누스는 1년여의 줄기찬 포위 공격으로 사마리아를 수중에 넣을 수 있었다. 그러나 그는 이 정도로 만족하지 않고 성을 기초가 드러나도록 완전히 파괴하였으며 도랑을 파서 강물을 끌어들여 그 위로 물이 흐르게 하였다. 히르카누스는 그곳에 도시가 있었다는 흔적조차 없애려고 하였다. 그런데 우리가 여기서 한 가지 지적하고 넘어가야 할 부분이 있다. 즉 대제사장 히르카누스가 하나님과 대화를 나눈 매우 놀라운 사건은 결코 그냥 지나칠 수가 없다. 그의 두 아들이 안티오쿠스 키지케누스와 싸우던 바로 그날 히르카누스는 대제사장으로서 성전에 홀로 들어가 분향을 하고 있을 때 "이제 막 너의 아들이 안티오쿠스를 이겼다."라는 소리를 들었다는 것이었다. 이에 히르카누스는 성전을 나오면서 온 백성에게 이 사실을 알렸는데 이것이 후에 사실임이 입증되었다는 것이다. 히르카누스 때의 유대 형편은 이와 같았다.

4. 이 당시에는 예루살렘과 유대에 거하는 유대인뿐 아니라 알렉산드리아(Alexandria)와 애굽(Egypt)과 구브로(Cyprus, 키프로스)에 사는 유대인들까지도 번영을 누렸다. 왜냐하면 왕후 클레오파트라(Cleopatra)가 아들인 프톨레마이우스 라티루스(Ptolemy Lathyrus)와 불화하여 헬리오폴리스(Heliopolis)에

예루살렘 성전과 유사한 성전을 지은 오니아스(Onias)의 아들들인 켈키아스(Chelcias)와 아나니아스(Ananias)를 그녀의 군대 장관으로 임명했기 때문이었다. 클레오파트라는 이들에게 그녀의 군대를 맡기고 이들의 충고대로만 일을 처리하였다. 이에 대해서는 갑바도기아의 스트라본(Strabo of Cappadocia)이 아래와 같이 입증해 주고 있다. "결국 대부분의 사람들, 즉 우리와 함께 구브로에 온 자들이나 후에 보냄을 받은 자들은 즉시 프톨레마이우스에게 투항하였으나 단지 유대인들인 오니아스의 편만은 충성을 버리지 않았다. 왜냐하면 그들의 동족인 켈키아스와 아나니아스가 왕후의 총애를 받고 있었기 때문이었다." 스트라본의 증언은 위와 같았다.

5. 그러나 이같이 형편이 좋아지자 유대인들 가운데는 히르카누스를 시기하는 무리들이 생겨나기 시작했다. 그러나 그들 중에서도 가장 히르카누스를 반대하는 자들은 우리가 앞서 살펴본 바 있는 유대 세 종파 중의 하나인 바리새파(Pharisees)였다.[23] 바리새파는 백성들에게 막대한 영향을 끼치고 있었기에 그들이 어떤 왕이나 대제사장직에 관해 비난을 하면 그것이 곧 백성들 사이의 여론이 될 정도였다. 히르카누스는 바리새파에 속해 있었으며 바리새파의 지지를 한 몸에 받고 있었다. 히르카누스가 한번은 바리새인들을 초청하여 큰 잔치를 베풀었다. 히르카누스는 그들의 기분이 퍽 유쾌한 것을 보고는 이같이 말문을 열었다. "내가 의로운 사람이 되려고 애쓰고 있고 하나님이 기뻐하시는 것은 무엇이든지 하려고 한다는 것을 여러분도 잘 아실 것입니다. 사실 이것이 우리 바리새파의 신조가 아닙니까? 그러나 혹시라도 제게 잘못된 것이 있으면

---

[23] 프리도(Prideaux)는 사두개파의 이 첫 번째 공식적 출현에 대해 이같이 말하고 있다. "성문화된 율법에 장로들의 유전을 첨가하고 그것을 성문화된 율법과 같은 권위를 가진 것으로 인정하는 바리새파의 교리에 반대함으로써 히르카누스는 사두개파로 넘어갔으나 그렇다고 부활과 사후 세계를 부인하는 사두개파의 교리까지 믿은 것은 아니다. 요한 히르카누스와 같이 의롭고 경건한 인물이 이런 것까지 믿지 않았다고 볼 수는 없기 때문이다. 이 당시의 사두개인들이 바리새파가 그렇게도 좋아하는 장로들의 모든 유전을 다 부인하는 것 이상으로 교리를 발전시킨 것 같지는 않다. 왜냐하면 요세푸스가 이 두 파의 차이에 대해 그 밖의 점에 대해서는 언급을 하지 않기 때문이다. 바리새파의 모든 유전을 인정하지 않는 것 이외의 다른 점에서 히르카누스가 사두개파로 넘어갔다고 요세푸스는 결코 말하지 않고 있다. 사실 이 장로들의 유전에 대해서는 사두개파뿐 아니라 우리 주님도 통렬히 비난하셨다.

직접 나를 불러서 잘못된 것을 말하고 고쳐 주십시오." 그러자 그들은 모두 히르카누스가 모든 일을 잘 해왔다고 칭찬해 주었다. 이에 히르카누스는 몹시 마음이 흡족했다. 그러나 그날 초대 손님 가운데는 성품이 나쁘고 선동하기를 좋아하는 엘르아살(Eleazar)이라는 인물이 있었다. 엘르아살은 일어나서 이같이 말했다. "그대가 진실을 알기 원한다니 내가 말하겠소. 그대가 진정 의로워지길 바란다면 대제사장직을 내어놓고 백성을 다스리는 직책으로만 만족하도록 하시오." 이에 히르카누스가 대제사장직을 사임해야 할 이유가 무엇이냐고 묻자 그는 "우리가 선인(先人)들로부터 듣기로는 그대의 모친이 안티오쿠스 에피파네스(Antiochus Epiphanes) 시대 때 포로로 잡혀갔었다고들 하던데 그것이 바로 그 이유요."라고 대꾸하였다.[24] 물론 이 이야기는 모두 날조였다. 이에 히르카누스는 그에게 분노를 터뜨렸으며 모든 바리새인들도 그에게 화를 냈다.

6. 한편 히르카누스의 가장 친한 친구 중에는 바리새파와는 그 사상이 전혀 다른 사두개파(Sadducees)에 속한 요나단(Jonathan)이라는 친구가 있었다. 그는 요나단에게 이같이 말했다. "엘르아살이 자네에게 이 같은 중상모략을 한 것은 단지 모든 바리새인들의 공통적인 생각을 대변한 것으로 보아야 할 것이네. 이것이 사실인지 아닌지 알아보고 싶으면 바리새인들에게 '엘르아살에게 어떤 벌을 주어야 마땅하냐?'라고 물어보게. 이때 만일 그들이 그를 벌주는 데 동의한다면 그들이 이번 일과는 아무 관련이 없는 것일 테고 만일 그 반대라면 일은 심각한 것이네." 히르카누스가 이 같은 질문을 바리새인들에게 던지자 그들은 "그가 잘못은 했으나 그렇다고 해서 죽을 만한 죄를 저지른 것은 아니니 채찍으로 때려서 감옥에 가두는 것이 좋겠습니다."라고 대답했다. 바리새인들은 이번뿐 아니라 다른 경우에도 엄벌을 내리는 데는 늘 반대하는 경향이 있었다. 히르카누스는 이들의 온건한 태도에 매우 화가 났으며 엘르아살은 전체 바리새인의 견해를 대표한 것이라고 생각했다. 요나단의 부추김을 받은 히르

---

[24] 한 바리새인이 히르카누스를 헐뜯은 이 중상모략은 그 후계자인 랍비들에 의해 후대까지 전해져 내려오고 있다. 다비트 간츠(David Gantz)가 그의 연대기에서 히르카누스의 모친은 모딘트(Modinth)산에 포로로 잡혀 있었다고 기록한 것을 보아서 이 사실을 알 수가 있다.

카누스는 도저히 분을 참지 못했으며 스스로 바리새파에서 탈퇴하는 한편 바리새파가 백성들에게 지시한 모든 법규들을 철폐하였으며 그 법규들을 지키는 자들을 벌하기 시작했다. 이로 인해 히르카누스와 그의 자손들은 바리새파로부터 심한 미움을 사게 되었다. 이 자세한 내용에 관해서는 후에 살펴보도록 하자. 지금까지 내가 설명하려고 한 요지(要旨)는 다음과 같다. 바리새파는 모세의 율법에 기록되지 않은 조상 전래의 수많은 규칙을 백성들에게 부과하여 지키도록 하였다. 바로 이런 이유 때문에 사두개파는 이 규칙들을 인정하지 않았던 것이다. 사두개파는 성문화(成文化)된 모세 율법은 의무적으로 꼭 지켜야 하나 조상 전래의 유전은 꼭 그럴 필요가 없다고 주장하였다. 사실상 이 유전들 사이에는 수많은 불일치와 논란의 소지가 많았다. 그럼에도 불구하고 바리새파는 대중들의 지지를 획득할 수 있었던 반면에 사두개파는 부자들에게만 영향력을 행사할 수가 있었다. 이 두 종파와 세 번째 종파인 에세네파에 대해서는 내가 이미 유대에 관한 나의 두 번째 저서에서 개별적으로 상세히 다룬 바가 있다.

7. 히르카누스는 이같이 소동을 진압한 후 평화롭게 여생을 보냈으며 31년간 유대 백성을 다스린 후 다섯 명의 아들을 남기고 세상을 떠났다.[25] 히르카누스는 하나님의 은총을 받아 세 가지 특권, 즉 유대 통치권과 대제사장직과 예언의 특혜를 누렸던 인물이었다. 하나님이 늘 그와 함께하셨기에 그는 미래를 내다볼 수 있었다. 특별히 그는 큰아들과 둘째 아들을 불러 그들이 지배권을 오래 차지하지 못할 것이라고 예언하였다. 이들이 당한 비참한 재난은 우리가 한번 살펴보고 지나가야 할 필요가 있다. 왜냐하면 이를 통해서 그들의 형편이 부친인 히르카누스 때보다 얼마나 나빠졌는가를 금방 알 수 있기 때문이다.

---

[25] 이 위대한 인물의 생애가 여기서 끝남과 동시에 유대국의 신정 정치와 이에 부수적으로 따라오는 우림(Urim)을 통한 계시는 종말을 고하고 만다. 이제 후로는 불경스럽고 독재적인 유대 왕정, 즉 아스모네우스(Asamoneus) 혹은 마카비(Maccabee) 왕정과 이두매인(Idumean) 헤롯 대왕(Herod the Great)의 왕정이 메시아의 강림까지 계속되기에 이른다.

제11장

아리스토불루스가 유대의 통치권을 장악한 후 무엇보다도 먼저 왕위에 오르려고 기를 쓴 역사와 모친과 형제들에게 야만스러울 정도로 잔인하게 된 경위, 결국은 안티고누스를 살해하고 자신도 죽게 된 역사

1. 히르카누스가 세상을 떠나자 장남인 아리스토불루스는 통치 체계를 왕정으로 바꾸려고 결심하고 최우선으로 머리에 왕관을 썼다. 이것은 유대 민족이 바벨론 포로에서 해방되어 고국으로 귀환해 온 지 꼭 481년 3개월 만의 일이었다. 아리스토불루스는 바로 밑의 동생 안티고누스를 사랑하여 자기와 동등하게 취급하였으나 나머지 동생들은 모두 결박하여 가두었다. 그는 또한 모친을 정적(政敵)으로 여기고 감옥에 수감하였다. 왜냐하면 히르카누스가 그녀를 유대인의 여지배자로 임명했었기 때문이었다. 아리스토불루스는 이 정도에서 그치지 않고 자기 모친을 감옥에서 굶겨 죽이는 야만스러운 행동을 서슴지 않았다. 게다가 그는 사람들의 중상모략으로 동생 안티고누스와 사이가 벌어지게 되었으며 결국은 동생을 죽이고 말았다. 아리스토불루스는 처음에는 동생 안티고누스를 사랑하여 마치 자기와 동등한 위치의 공동 통치자처럼 대해 주었다. 따라서 그는 동생을 헐뜯는 중상모략에 귀를 기울이지 않았다. 이는 그가 동생을 사랑했기 때문이요, 또 이런 중상모략이 자기를 시기하는 이들의 모함에서 나온 것이라고 믿은 까닭이었다. 초막을 짓고 하나님을 찬양하는 초막절 절기가 가까운 가운데 안티고누스가 잠시 예루살렘에 들렀었다. 이때 공교롭게도 아리스토불루스는 병에 걸려 있었다. 따라서 안티고누스는 정장을 멋지게 차려입고 무장한 병사들을 거느리고 절기를 지키러 성전에 들어가서 형의 쾌유를 비는 기도를 하나님께 드렸다. 이때 형제 사이를 이간시키기를 원했던 악한 무리들이 안티고누스가 위엄을 자랑하고 정장을 멋지게 한 것을 기화로 그를 모함하기로 결심하고 왕에게 달려가 이같이 고했다. "오늘 안

티고누스는 정장을 멋지게 차려입고 백성들 앞에서 위용을 자랑했습니다. 그러면서 백성들에게 이 모든 상황이 결코 자기의 사사로운 행동이 아닌 것처럼 행세하였습니다. 이런 행동은 그가 왕권을 탐내고 있다는 것을 보여준 좋은 예입니다. 게다가 일단의 무장 병사들을 데리고 들어온 것은 분명코 왕을 살해할 의사가 있었음을 반증하고 있는 것입니다. 자기 손에 나라를 다스릴 모든 힘과 능력이 있는데 형이 한 자리를 주는 것만으로 만족하고 고맙게 생각하는 정도로 끝나서야 어찌 말이 되느냐고 나름대로 생각했을 공산이 큽니다."

2. 아리스토불루스는 그만 이들의 말에 넘어갔다. 그러나 그는 동생의 의심을 샀다가는 자기 신변이 위태로울 것 같아 비밀리에 일을 진행하기로 했다. 이에 그는 경호 병사들에게 지하 어두운 곳에 숨어 있다가 안티고누스가 무장하지 않고 오면 그냥 놔두고 무장하고 오면 쳐 죽이라고 지시했다. 이때 그는 안토니아(Antonia) 망대에 병들어 누워 있었다. 그러면서 그는 동생에게 무장하지 말고 오라고 전갈을 보냈다. 그러나 왕후와 또한 그녀와 함께 안티고누스를 없애기로 공모한 자들은 왕명을 전달하는 자를 불러 그 반대로 전하도록 했다. 즉 왕이 군복을 차려입은 동생의 모습이 너무 멋지다는 소식을 듣고 한번 보고 싶어 하니 군복을 입고 가는 것이 좋을 것이라고 전하도록 했다. 이에 안티고누스는 음모가 있다고는 꿈에도 생각하지 못하고 오히려 형의 호의에 감사하는 마음으로 군복을 입고 무장을 하고 형에게 보여주기 위해 집을 나섰다. 안티고누스가 칠흑같이 어두운 스트라톤의 망대(Strato's Tower)의 골목길에 들어서자 왕의 경호 병사들이 그를 살해하였다. 안티고누스의 죽음을 통해서 우리는 시기와 중상모략보다 더 무서운 것은 없으며 이런 정욕보다 더 인간의 호의와 자연스러운 감정을 말살시키는 것은 없다는 것을 배울 수 있다. 그런데 우리는 여기서 한 번도 틀린 예언을 한 적이 없는, 에세네파(Essenes)의 유다스(Judas)라는 사람의 기이한 행동에 놀라지 않을 수가 없다. 이 유다스란 인물은 안티고누스가 성전 옆을 지나가는 것을 보고는 자기 밑에서 미래사를 예언하는 기술을 배우고 있던 친구들과 제자들에게 아래와 같이 말했다는 것이다. "저 안티고누스가 아직도 살아 있다니! 제발 그에 대한 나의 예언이 틀리지 않도록 지금

죽어 주었으면 좋으련만. 바로 오늘 그가 스트라톤의 망대에서 죽을 것이라고 내가 예언했었지. 여기서 600펄롱도 더 떨어진 곳에서 말야. 그런데 그가 지금 내 앞에 살아서 걸어가고 있다니. 벌써 오늘 하루가 다 가는데 자칫하면 나는 거짓 예언자가 될 위험이 있겠군." 유다스가 이같이 말하고 수심에 차 있을 때 안티고누스가 스트라톤의 망대라고 불리는 곳에서, 바로 바닷가에 위치한 가이사랴(Caesarea)와 같은 이름을 가진 장소에서 살해되었다는 소식이 들려왔다는 것이다. 물론 이 사건으로 인해 그 예언자도 크게 놀랐다는 것이다.

3. 그러나 아리스토불루스는 얼마 못 가 동생을 살해한 것을 후회하였다. 이에 그의 병은 더욱 심해져 갔고 동생을 죽인 죄책감으로 마음의 고통은 견딜 수가 없었다. 마침내 그는 참을 수 없는 고통으로 인해 창자가 썩어 들어가 피를 토할 정도까지 악화되었다. 이때 왕의 시중을 들던 한 하인이 그가 쏟은 피를 갖다 버리러 나가다가, 하나님의 섭리로(나는 이렇게밖에는 달리 생각할 방도가 없다) 안티고누스의 피가 아직도 고여 있는 살해 현장에서 미끄러져 그만 들고 가던 피를 흘리고 말았다. 이에 주위에 있던 자들이 그가 고의로 그런 줄 알고 소리를 질렀다. 아리스토불루스는 이 소리를 듣고 도대체 무슨 일이 일어났느냐고 물었다. 그러나 신하들은 이에 아무 대답도 하지 않았다. 사람들이 숨기고 말을 하지 않으면 무엇인가 좋지 않은 일이 일어났다고 생각하는 것이 인지상정인 것처럼 신하들이 숨기려 들자 그는 더욱 궁금하여 말을 하지 않으면 가만히 놔두지 않겠다고 위협했다. 마침내 그들은 사실을 말하지 않을 수가 없었다. 모든 사실을 알고 난 아리스토불루스는 자기가 저지른 죄에 대한 죄책감에 눈물을 흘리면서 몹시 괴로워했다. 그러더니 고통스러운 신음 소리를 내고 이같이 입을 열었다. "아, 내가 저지른 끔찍하고 추한 죄악을 하나님 앞에서는 숨길 수 없음을 알았도다. 골육의 피를 무참히 흘리게 한 내게 갑작스러운 심판이 임하는구나. 오! 너 뻔뻔스러운 육신아! 나의 모친과 동생의 영혼을 달래기 위해 너는 언제까지 죽어 마땅한 영혼을 붙잡으려는가? 왜 단번에 목숨이 끊어지게 못 하는가? 왜 나의 피를 한 방울씩 한 방울씩 내가 무참히 죽인 그자들에게 주려 하는가?" 그는 이 말을 마지막으로 남기고 1년간의 재위를 끝

으로 세상을 떠났다. 그는 그리스를 동경한 자였으며 유대국에 많은 유익을 남긴 인물이었다. 그는 이두래(Iturea)를 공격하여 그 땅의 대부분을 유대국에 복속시켰으며 계속 그곳에 거주하기를 원하는 자들에게는 할례와 유대 율법을 따를 것을 강요하였다. 그는 본성적으로 정직한 사람이요 겸손한 인물이었다. 이에 대해서는 스트라본(Strabo)이 티마게네스(Timagenes)의 말을 빌려 아래와 같이 입증해 주고 있다. "이 사람은 솔직한 사람이요 유대국에 매우 유익했던 인물이었다. 그는 이두래를 공격하여 그 땅의 대부분을 유대국에 병합시켰으며 할례라는 끈으로 그 주민들을 유대인에게 묶어 놓았다."

제12장

알렉산드로스가 통치권을 장악한 후 프톨레마이스를 공격했다가
프톨레마이우스 라티루스를 두려워하여 포위를 풀게 된 경위,
그리고 알렉산드로스가 클레오파트라에게 사신을 보내
자신과 전쟁을 벌이도록 설득했다는 이유로
프톨레마이우스가 알렉산드로스를 공격하기로 결심한 경위,
알렉산드로스가 우방 사이인 척하였으나
프톨레마이우스가 전투에서 유대인을 격파해 버린 역사

1. 아리스토불루스가 죽자 그의 아내, 즉 헬라인들이 알렉산드라(Alexandra)라고 부르는 살로메(Salome)가 시동생들을 감옥에서 풀어 주고(우리가 앞서 살펴보았듯이 아리스토불루스는 동생들을 감옥에 가두어 놓았었다) 알렉산드로스 얀네우스(Alexander Janneus)를 왕으로 옹립시켰다. 왜냐하면 그가 나이가 제일 많았고 또 신중했기 때문이었다. 알렉산드로스 얀네우스는 태어날 때부터 부친의 미

움을 받는 신세가 되어 부친이 죽는 순간까지 그 면전에 나갈 수가 없었다. 부친이 그를 미워한 이유는 다음과 같다고 전해지고 있다. 히르카누스가 큰아들인 아리스토불루스와 둘째 아들인 안티고누스를 가장 사랑하고 있었는데, 하나님이 꿈에 나타나자 그가 아들 중에 누가 자기 후계자가 될 것이냐고 물었다는 것이었다. 그러자 하나님은 알렉산드로스의 얼굴을 보여주시더라는 것이었다. 이때부터 그는 알렉산드로스가 자기 후계자가 될 것이라는 점이 늘 마음에 걸렸고 그리하여 그를 갈릴리에서 자라도록 조치했다는 것이었다. 그러나 하나님의 말씀은 조금도 틀리지 않았다. 아리스토불루스가 죽자 알렉산드로스가 통치권을 장악했다. 그는 왕위를 넘보는 한 동생은 살해하였고 조용히 뒤에 물러나 살기를 원한 동생은 존중해 주었다.

2. 알렉산드로스 얀네우스는 국내의 통치 기반을 나름대로 확고히 한 후에 프톨레마이스(Ptolemais)를 공격했다. 그는 전투에서 적을 이긴 후에 적을 프톨레마이스에 가두고 포위하였다. 해변 도시들 가운데서 참주 조일루스(Zoilus)가 지배하고 있는 스트라톤의 망대(Strato's Tower)와 도라(Dora)를 제외하면 정복하지 못한 곳이라곤 프톨레마이스와 가사(Gaza)뿐이었다. 이 당시에는 안티오쿠스 필로메토르(Antiochus Philometor, 안티오쿠스 크리푸스를 가리킴 – 편집자 주)가 키지케누스(Cyzicenus)라고 불리는 안티오쿠스(Antiochus)와 서로 전쟁을 하고 있었기 때문에 프톨레마이스 주민들은 이들에게서 어떤 도움도 받을 처지가 못 되었다. 단지 이 두 왕이 서로 싸우는 틈을 이용해서 자신의 영향력을 행사해 보려는 조일루스(Zoilus)가 프톨레마이스에게 소수의 원군을 끌고 도우러 왔을 뿐이었다. 조일루스는 스트라톤의 망대와 도라 그 인근 지역을 지배하는 독재자였다. 프톨레마이스 주민과 이 두 왕 사이의 교분이 매우 두터웠기 때문에 그들이 이 두 왕에게 기대하는 것은 당연한 일이었다. 그러나 이 두 왕은 서로 지칠 대로 지쳐서 힘에 부치는 것을 알고도 항복하기를 부끄러워했기 때문에 할 수 있는 한 전쟁을 길게 질질 끌려고 하였다. 따라서 그들에게 남은 유일의 희망은 모친 클레오파트라(Cleopatra)에게 밀려나 구브로(Cyprus, 키프로스)에 와서 그곳을 다스리고 있는 프톨레마이우스 라티루스(Ptolemy Lathyrus)

와 애굽의 왕들이었다. 이에 그들은 프톨레마이우스 라티루스에게 사신을 보내 원군을 파견하여 알렉산드로스의 손에서 구원해 달라고 간청하였다. 수리아로 건너와서 자기들을 구해 준다면 프톨레마이스를 지지하는 가사(Gaza)와 시돈(Sidon)의 주민들과 조일루스와 그 밖의 많은 사람이 그를 지지하게 될 것이라고 부추겼다. 이에 고무된 프톨레마이우스 라티루스는 서둘러서 전쟁 준비를 했다.

3. 한편 이 사이에 설득력이 대단한 백성의 지도자 데메트리우스(Demetrius)는 다음과 같은 말로 프톨레마이스 주민들의 마음을 바꾸어 놓았다. "여러분! 독재자의 지배에 들어가 노예가 되기보다는 차라리 유대인에게 굴복하는 편이 나을 것입니다. 게다가 이렇게 되면 지금 치르는 전쟁도 전쟁이려니와 이보다 더 큰 전쟁을 애굽과 치러야 할 것입니다. 왜냐하면 클레오파트라가 인근 지역에서 프톨레마이우스가 직접 군사를 일으키는 것을 간과하지 않을 것이며 손수 군대를 이끌고 그를 공격할 것이기 때문입니다. 클레오파트라는 그렇지 않아도 프톨레마이우스를 구브로에서 쫓아내기 위해 고심하고 있는 중입니다. 게다가 만일의 경우 프톨레마이우스가 우리의 기대에 못 미쳐 전쟁에 패배한다면 그는 구브로로 돌아갈 수 있을는지 모르나 우리는 무서운 전쟁의 소용돌이에 휘말리게 될 것입니다." 한편 프톨레마이우스는 프톨레마이스 주민들의 마음이 변했다는 소식을 듣고도 항해를 멈추지 않고 계속해서 시카미네(Sycamine)라는 지역에 당도하여 바닷가에 군대를 하선시켰다. 그의 군대는 기병과 보병을 합해서 약 30,000명가량이었다. 그는 이 군대를 거느리고 프톨레마이스 근처까지 행군하여 그곳에 진을 쳤다. 그러나 프톨레마이스 주민들은 그가 보낸 사신들을 영접하려고 하지도 않았을 뿐 아니라 그들의 말을 들으려고도 하지 않았다. 이에 프톨레마이우스는 그야말로 난감한 처지에 놓이게 되었다.

4. 그러나 이때 조일루스와 가사 주민들이 그에게 와서 도와 달라고 간청하였다. 이유인즉 알렉산드로스와 유대인들에 의해 그들의 땅이 황폐되어 가고

있다는 것이었다. 한편 알렉산드로스는 프톨레마이우스를 두려워하여 프톨레마이스의 포위를 풀고 철군했다. 그는 은밀하게 클레오파트라에게 사신을 보내 프톨레마이우스를 공격해 줄 것을 요청하면서도 겉으로는 프톨레마이우스에게 상호 우호 원조 동맹을 맺고 싶다는 의사를 던지는 양면 작전을 구사하였다. 그는 프톨레마이우스에게 참주 조일루스를 제거해 주고 그의 땅을 유대인에게 넘겨주면 은 400달란트를 내겠다고 제의하였다. 프톨레마이우스는 이 제의에 넘어가 알렉산드로스와 동맹을 맺고 조일루스를 공격해 정복하였다. 그러나 얼마 후에 알렉산드로스가 그의 모친인 클레오파트라에게 은밀히 사신을 보냈다는 사실을 알게 된 프톨레마이우스는 맹세로 맺은 동맹을 깨고 알렉산드로스와 프톨레마이스를 동시에 공격하기 시작했다. 그는 일부 병사들은 프톨레마이스를 포위 공격하도록 남겨 두고 나머지 병사들을 거느리고 직접 유대를 공격하여 폐허로 만들기 시작했다. 프톨레마이우스의 의도를 눈치챈 알렉산드로스는 50,000명(어떤 이에 따르면 80,000명)의 병사를 소집했다. 그는 이 병사들을 이끌고 프톨레마이우스를 맞으러 나갔다. 이때 프톨레마이우스는 갈릴리의 도시인 아소키스(Asochis)를 공격하여 안식일에 함락시키고 수많은 노획품과 함께 약 10,000명의 포로를 사로잡았다.

5. 그 후 프톨레마이우스는 아소키스에서 얼마 떨어지지 않은 세포리스(Sepphoris)를 공격했으나 많은 희생자만 내고 말았다. 그럼에도 불구하고 그는 알렉산드로스와 맞서 싸우려고 하였다. 알렉산드로스는 사폿(Saphoth)에서 멀지 않은 요단강가에 진을 치고 프톨레마이우스와 대항했다. 그는 맨 앞 열에 8,000명의 병사를 배치하고 100명의 병사를 단위로 해서 놋방패를 들고 방어하도록 조치하였다. 역시 프톨레마이우스 병사의 첫 열도 방패로 몸을 가렸다. 그러나 거의 모든 면에서 프톨레마이우스군은 유대군보다 열세에 있었다. 따라서 그들은 어딘가 두려워하고 있었다. 그러나 이때 지휘관인 필로스테파누스(Philostephanus)라는 인물이 병사들에게 용기를 불어넣고 양 진영 사이에 가로놓인 요단강을 건너라고 명령했다. 알렉산드로스는 적이 도망가는 것을 막지 않는 것이 유리할 것으로 보고 막지 않았다. 적이 강을 건너면 퇴로가 없

으므로 적을 생포하기가 쉬웠기 때문이었다. 결국 두 나라 간에는 치열한 접전이 벌어졌다. 양편 모두 사력을 다해 싸웠기 때문에 서로 큰 희생자를 내게 되었다. 처음에는 알렉산드로스가 유리한 듯했으나 필로스테파누스가 운이 좋게도 지고 있는 쪽에 지원군을 보내는 바람에 승세는 그쪽으로 기울어지게 되었다. 유대인들은 한쪽이 지면 그쪽으로 지원군을 보내야 하는데 그럴 만한 병사들이 없었기에 한쪽이 달아나니까 그 옆에 있던 병사들도 덩달아서 달아나기 시작했다. 그러나 프톨레마이우스의 병사들은 이와는 정반대였다. 그들은 유대 병사들의 뒤를 악착같이 쫓았으며 철제 무기들의 날이 무뎌지고 피곤해서 팔을 움직일 수 없을 때까지 유대인들을 살해하였다. 그 당시 전사한 유대인의 수가 30,000명에 달했다고 전해지고 있으나 티마게네스(Timagenes)는 그 수가 50,000명에 육박했다고 말하고 있다. 나머지 병사 중 일부는 포로로 잡혔고 나머지는 간신히 도망쳐서 목숨을 부지했다.

6. 이 전투에서 승리한 프톨레마이우스는 인근 지역을 휩쓸었다. 밤이 찾아오자 그는 한 유대 마을에서 야영하기로 결심했다. 마을에 부녀자와 아이들만 있는 것을 본 프톨레마이우스는 그들을 모두 목 졸라 죽여서 토막을 낸 후 끓는 솥에 삶아서 수족은 희생 제물로 생각하고 먹으라고 병사들에게 지시하였다. 이때 유대 패잔병들이 적이 혹시 인육(人肉)을 먹는 식인종들이 아닌가 의심하고 그곳에 왔다가 이 모습을 보고는 더욱 공포에 질렸다. 스트라본(Strabo)뿐 아니라 다메섹의 니콜라우스(Nicolaus of Damascus)도 이들이 내가 앞서 말한 대로 인육을 먹는 식인종들이었음을 밝히고 있다. 프톨레마이우스는 또한 내가 앞서 언급한 대로 프톨레마이스(Ptolemais)도 무력으로 함락시켰다.

제13장

알렉산드로스가 클레오파트라와 공동 방위 조약을 체결하자마자
코엘레수리아를 공격하고 가사를 폐허로 만들어 버린 사건과
자기에게 반역을 꾀한 유대인 수만 명을 학살한 경위,
안티오쿠스 그리푸스, 셀레우쿠스, 안티오쿠스 키지케누스,
안티오쿠스 피우스와 그 밖의 여러 인물에 관한 역사

1. 클레오파트라는 유대를 마음대로 휩쓸고 다니고 가사(Gaza)시를 점령하는 등 자기 아들 프톨레마이우스의 세력이 날로 강대해지면서 문턱까지 위협해 오자 더 이상 그대로 방치해 두어서는 안 되겠다고 결심했다. 클레오파트라는 프톨레마이우스가 예전보다 크게 강성해졌으므로 틀림없이 애굽의 왕좌를 넘볼 것이라는 결론을 내렸다. 이에 그녀는 즉시 해상과 육로를 통해 동시에 프톨레마이우스를 공격하러 나섰다. 그녀는 유대인 켈키아스(Chelcias)와 아나니아스(Ananias)를 전군 사령관으로 임명하는 한편 대부분의 재산과 손자들과 유언장을 코스(Cos) 사람들에게 맡겼다.[26] 클레오파트라는 또한 아들 알렉산드로스(Alexander)에게 대선단을 주어 베니게(Phoenicia)로 항해하도록 명령했다. 그 지역이 반역을 꾀했으므로 그녀는 프톨레마이스로 행군했다. 그러나 프톨레마이스 주민들은 클레오파트라를 맞아들이려고 하지 않았다. 이에 그녀는 그 도시를 포위했다. 한편 프톨레마이우스는 애굽에 군대가 없으므로 쉽게 장악할 수 있을 것이라고 기대하고(물론 기대대로 되지는 않았지만) 수리아에서 서둘러 애굽으로 향했다. 이때 클레오파트라의 사령관 중 하나였던 켈키아스가 프톨레마이우스를 추격하다가 코엘레수리아에서 죽는 일이 생겼다.

---

[26] 이 코스(Cos)는 위대한 히포크라테스(Hippocrates)의 출생지로 유명한 에게해(Aegean Sea)의 먼 섬나라를 의미하는 것이 아니라, 스테파누스(Stephanus)와 프톨레마이우스(Ptolemy)도 언급한 바 있는 애굽에 연접한 동명(同名)의 도시 혹은 섬을 가리키는 것이다.

2. 클레오파트라는 아들 프톨레마이우스가 애굽을 공격했으나 실패했다는 소식을 듣고 일부 군대를 파견하여 그를 쫓아내라고 명령했다. 한편 프톨레마이우스는 애굽에서 나와 겨울 동안 가사에 거주했다. 그동안 클레오파트라는 프톨레마이스와 수비대를 포위 공격하여 함락시켰다. 이때 알렉산드로스가 그녀를 찾아와서 예물을 주고 극진한 경의를 표시했다. 프톨레마이우스의 세력 앞에서 견뎌낼 수 있는 유일의 피난처는 클레오파트라밖에 없었기 때문이었다. 이때 그녀의 측근들은 이같이 주장했다. "알렉산드로스를 사로잡고 유대를 공격하여 손아귀에 넣으십시오. 그토록 용맹한 유대인들이 알렉산드로스 한 사람에게 복종하는 것을 가만히 앉아서 보기만 하시렵니까? 이들을 직접 수하에 거느리면 얼마나 좋겠습니까?" 그러나 아나니아스(Ananias)는 정반대의 의견을 내놓았다. "우리와 동맹을 맺고 있는 자에게서 그의 고유한 권리를 빼앗는 것은 부당한 행동입니다. 게다가 우리 모두는 이 사실을 분명히 짚고 넘어가야 할 것입니다. 만일 알렉산드로스에게 부당한 행위를 한다면 유대인 모두가 우리와 철천지원수가 된다는 사실을 말입니다." 클레오파트라는 아나니아스의 의견에 동조하고 알렉산드로스에게 아무 해도 가하지 않았으며 코엘레수리아의 스키토폴리스(Scythopolis)에서 상호 원조 동맹을 체결하였다.

3. 알렉산드로스는 프톨레마이우스의 위험에서 벗어나게 되자 즉시 코엘레수리아를 공격했다. 그는 열 달간의 포위 공격 끝에 가다라(Gadara)를 함락시켰다. 그는 또한 제논(Zeno)의 아들 테오도루스(Theodorus)가 보물 보관소로 삼고 소중히 여기던 난공불락의 요새인 아마투스(Amathus)도 장악했다. 이에 제논은 불시에 유대인을 습격하여 10,000명이나 살해하고 알렉산드로스의 갑옷을 빼앗아 갔다. 그러나 알렉산드로스는 기죽지 않았다. 그는 해변 지역과 라피아(Raphia)와 후에 헤롯(Herod)왕이 아그립피아스(Agrippias)라고 개명한 안테돈(Anthedon)을 공격하여 무력으로 빼앗았다. 알렉산드로스는 프톨레마이우스가 가사에서 구브로로 돌아가고 그의 모친 클레오파트라도 귀환하자 프톨레마이우스에게 원군을 요청했다는 이유로 가사 주민들에게 분노를 표시하고 성을 포위하는 한편 인근 마을들을 약탈했다. 그러나 가사군의 총사령관

아폴로도투스(Apollodotus)는 자기 병력 10,000명과 용병 2,000명을 거느리고 밤을 틈타 유대 진영을 급습하였다. 그는 마치 프톨레마이우스의 군대인 것처럼 꾸미고 유대 진영을 습격하여 밤 동안에는 우세할 수 있었다. 그러나 날이 밝자 그들의 속임수는 탄로가 났다. 프톨레마이우스의 군대인 줄 알고 겁을 먹었던 유대군은 반격을 시도하여 가사군 약 1,000명을 살해하였다. 그러나 가사인들은 부족한 것도 많았고 수많은 동료들이 전사했음에도 불구하고 항복하려고 하지 않았으며 오히려 완강하게 저항했다. 그들은 적의 압제를 받느니 차라리 어떤 고생이라도 감내해 내겠다는 태도였다. 그러자 그 당시 위대한 인물이었던 아라비아 왕 아레타스(Aretas)가 용기를 내라고 가사인들을 격려하면서 원군을 보내 주겠다고 약속하였다. 그러나 공교롭게도 아레타스가 원군을 끌고 오기 전에 아폴로도투스는 살해되고 말았다. 동생인 리시마쿠스(Lysimachus)가 형이 시민들 사이에서 명성이 드높았던 점을 시기하여 살해하고 군대를 끌고 알렉산드로스에게 투항했던 것이다. 알렉산드로스는 가사시에 입성하여 잠시 동안은 조용히 있었으나 곧바로 가사 주민들을 마음대로 처치해도 좋다고 부하들에게 허락하였다. 이에 유대 병사들은 닥치는 대로 가사인들을 쳐 죽였다. 그러나 가사인들도 결코 만만치는 않았다. 어떤 이들은 달려드는 유대 병사와 맞붙어 싸워 여러 명을 죽이기도 하였고 어떤 이들은 도망할 때 자기 집에 불을 질러 적들이 아무것도 노획하지 못하도록 하였다. 심지어 어떤 이들은 처자들이 적의 노예가 되는 것이 싫어서 자기 손으로 그들을 직접 죽이기까지 하였다. 한편 모두 500명이 되는 의회 의원들이 아폴론(Apollo) 신전으로 도망하여 회의를 하고 있을 때 유대인들이 공격해 왔다. 알렉산드로스는 이들을 한 명도 남기지 않고 모두 살해하였다. 그는 1년간의 포위 공격 끝에 가사를 점령하고 완전히 폐허로 만든 후에 예루살렘으로 귀환했다.

4. 안티오쿠스 그리푸스(Antiochus Grypus)가 세상을 떠난 것은 이 무렵이었다.[27] 그는 헤라클레온(Heracleon)의 음모에 걸려 세상을 떠났다. 그때 그

---

[27] 안티오쿠스 그리푸스의 죽음에 관한 기사는 아피아누스(Appian)에 의해 확증되었다.

의 나이는 45세였고 통치 기간은 29년이었다.[28] 이에 그의 아들 셀레우쿠스(Seleucus)가 왕위를 계승했다. 셀레우쿠스는 왕위에 오르자 숙부인 안티오쿠스 키지케누스(Antiochus Cyzicenus)와 전쟁을 벌여 그를 격파하고 생포하여 감옥에 수감하였다가 후에 살해하였다. 그러나 얼마 후 키지케누스의 아들 안티오쿠스 피우스(Antiochus Pius)가 아라두스(Aradus)에 와서 스스로 왕관을 머리에 쓰고 왕임을 자처하였다. 그는 셀레우쿠스와의 전쟁에서 승리하였고 결국은 셀레우쿠스를 수리아 밖으로 완전히 쫓아냈다. 셀레우쿠스는 수리아에서 쫓겨난 후 다시 몹수에스티아(Mopsuestia)에 나타나 주민들에게 돈을 낼 것을 강요하였다. 몹수에스티아 주민들은 그의 행동에 분개하여 왕궁을 불태우고 그를 그의 친구들과 함께 살해하였다. 한편 키지케누스의 아들 안티오쿠스가 수리아의 왕이 되자 셀레우쿠스의 형제인 안티오쿠스(Antiochus)[29]가 전쟁을 걸었으나 대패하고 그와 그의 군대는 전멸하고 말았다. 그의 뒤를 따라 그의 형제 필리푸스(Philip)가 스스로 왕위에 올라 수리아 일부를 통치했다. 프톨레마이오스 라티루스(Ptolemy Lathyrus)는 크니두스(Cnidus)에서 필리푸스의 형제 (형제 중 넷째) 데메트리우스 에우케루스(Demetrius Eucerus)를 보내 다메섹의 왕으로 삼았다. 안티오쿠스는 필리푸스와 에우케루스 두 형제에 대항하여 사력을 다해 싸웠으나 얼마 못 가 죽고 말았다. 길르앗인(Gileadites)의 여왕 라오디케(Laodice)[30]가 바대를 공격할 때 원군을 거느리고 가 용감하게 싸우다가 전사한 것이었다. 이에 데메트리우스와 필리푸스가 수리아를 통치하게 되었다.

5. 한편 알렉산드로스는 백성들의 반역에 직면하게 되었다. 장막절이 다가와 알렉산드로스가 단 곁에 서서 막 제사를 드리려고 할 때였다. 백성들이 벌

---

28) 포르피리우스(Porphyry)는 그의 통치 기간이 단지 26년이라고 주장하고 있다.
29) 포르피리우스(Porphyry)는 이 두 형제 즉 안티오쿠스(Antiochus)와 필리푸스(Philippus)를 쌍둥이라고 부르고 있다. 네 번째 형제는 다메섹(Damascus, 다마스쿠스)의 왕이었다.
30) 라오디케아(Laodicea)라는 도시는 요단강 건너 길르앗(Gilead)에 위치했다. 포르피리우스는 안티오쿠스 피우스(Antiochus Pius)가 이 전투에서 전사한 것이 아니라 도망치다가 오론테스(Orontes)강에 빠져 익사한 것이라고 주장한다. 또한 아피아누스(Appian)는 그가 티그라네스(Tigranes)에게 수리아 왕국을 빼앗긴 것이라고 주장하는 반면에 포르피리우스는 칼라만(Calamans)의 여왕 라오디케(Laodice)에게 빼앗긴 것이라고 반론을 펴고 있다.

떼같이 일어나더니 그를 향해 손에 들고 있던 시트론(citron) 나뭇가지를 마구 던졌다. 우리가 앞서 살펴본 대로 유대 율법에 따르면 장막절에는 모든 사람이 손에 종려나무와 시트론 나무의 가지를 들어야만 했었다. 백성들은 알렉산드로스에게 몹쓸 자식이라고 욕설을 퍼부으면서 대제사장직을 가지고 제사를 드리는 데는 적합하지 못한 자라고 소란을 피우기 시작했다. 이에 알렉산드로스는 분개하여 자그마치 6,000명이나 되는 동족을 살해했다. 그는 또한 제단과 성전 사이에 나무로 분리 벽을 쌓고 그 안에는 제사장들만 들어올 수 있도록 함으로써 일반 백성들이 자기에게 가까이 나아오지 못하도록 했다. 그는 또한 비시디아(Pisidia, 피시디아)와 길리기아(Cilicia)의 이방인들을 식객으로 거느리고 있었다. 수리아(Syria, 시리아)와는 전쟁 중이었기에 아무 쓸모가 없자 수리아인들은 식객으로 두지 않았다. 그는 또한 모압인(Moabites)과 길르앗인(Gileadites) 같은 아라비아인(Arabians)들을 정복하여 조공을 바치게 했다. 더욱이 그는 감히 싸울 엄두도 내지 못하는 테오도루스(Theodorus)[31]를 누르고 아마투스(Amathus)를 폐허로 만들었다. 그러나 그는 아라비아의 왕 오베다스(Obedas)와 전쟁을 하다가 거칠고 통과하기 힘든 협곡에서 적의 복병에게 걸리고 말았다. 그는 길르앗(Gilead)의 한 마을인 가다라(Gadara)에서 수많은 약대의 떼에 밀려 깊은 계곡으로 떨어졌으나 구사일생으로 목숨만은 건질 수 있었다. 그는 그곳을 피해 예루살렘으로 돌아왔으나 이제는 백성들의 반대에 부딪히게 되었다. 백성들은 전쟁에서의 패배 외에도 그 밖의 실정(失政)을 들어 그를 비난했다. 이에 그는 6년 동안이나 백성들과 싸움을 하면서 무려 50,000명이나 되는 동족을 학살하였다. 그는 백성들에게 자기에 대한 악감정을 버려 줄 것을 호소했으나 그러면 그럴수록 그의 지난 행적으로 인해 백성들은 그를 더욱 미워하였다. 그가 그렇다면 자기가 어떻게 해야 좋겠느냐고 묻자 백성들은 자살하라고 이구동성으로 요구하였다. 백성들은 이러는 한편 데메트리우스 에우케루스(Demetrius Eucerus)에게 사신을 보내 상호 방위 동맹을 체결하고자 요청했다.

---

31) 이 테오도루스(Theodorus)는 제논(Zeno)의 아들로서 그 당시 아마투스(Amathus)를 지배하고 있던 인물이었다.

제14장

데메트리우스 에우케루스가
알렉산드로스를 무찌르고 승리했으나
얼마 못 가 유대인을 두려워한 나머지 유대에서 물러간 경위,
그리고 알렉산드로스가 수많은 유대인을 학살하고
그로 말미암아 그 앞에 산적한 문제를 해결한 역사와
데메트리우스의 죽음에 관하여

1. 이에 데메트리우스는 군대를 거느리고 유대 땅으로 들어와서 자기를 부른 유대인들과 합세하여 세겜(Shechem)시 근처에 진을 쳤다. 그러자 알렉산드로스도 6,200명의 용병과 그를 지지하는 유대인 약 20,000명을 거느리고 데메트리우스에게 대항했다. 데메트리우스의 병력은 기병 3,000명, 보병 40,000명이었다. 데메트리우스는 헬라인들로 구성된 알렉산드로스의 용병을 회유하려고 많은 애를 쓴 반면에 알렉산드로스는 데메트리우스 쪽에 가담한 유대인들의 생각을 돌이키려고 온갖 수단을 다 동원했다. 그러나 그 어느 쪽도 상대편의 회유에 넘어가지 않았다. 이에 일대 접전이 벌어졌고 그 결과 데메트리우스가 승자가 되었다. 이 전투에서 알렉산드로스의 용병들은 충성심과 용감성을 유감없이 발휘하였으나 모두 전사하고 말았다. 물론 데메트리우스의 병사들도 많은 희생을 당했다.

2. 패배한 알렉산드로스는 산간 지방으로 도피하였다. 그러자 그의 처지가 하루아침에 바뀐 것을 동정한 유대인들이 6,000명이나 (데메트리우스를 이탈하여) 그의 편으로 돌아섰다. 이에 데메트리우스는 겁이 나서 유대를 떠났다. 그 후 유대인들은 알렉산드로스에 대항하여 싸웠으나 여러 전투에서 패배하여 수많은 희생자를 내었다. 알렉산드로스는 대항하는 유대인 중 가장 강력한 자들을 베토메(Bethome)시로 몰아넣고 공격하였다. 그는 이 도시를 함락시킨 후 반대

자들을 생포하여 예루살렘으로 끌고 온 다음 세계 역사상 가장 야만스러운 행동의 하나로 기록될 잔인한 행동을 저질렀다. 알렉산드로스는 첩들과 함께 잔치를 즐기면서 반대자 800명을 모든 예루살렘 주민들이 보는 가운데 십자가에 매달라고 명령하였다. 게다가 그들이 아직 목숨이 끊어지기 전에 그들 앞에서 그들의 처자식의 혀를 자르라고 지시하였다. 이것은 그들이 알렉산드로스에게 끼친 해에 대한 복수의 한 방편이었으나 그 처벌 방법은 너무나 비인간적이었다. 물론 그가 그들 때문에 얼마나 많은 고통을 당했는가는 우리도 쉽게 짐작할 수가 있다. 그들 때문에 알렉산드로스는 자신의 개인의 생명뿐 아니라 국가의 생존까지 여러 번 위태로웠기 때문이었다. 더욱이 그들은 자기들만 대항한 것이 아니라 외세(外勢)까지 끌어들여 자기들의 목적을 달성하려고 한 것도 사실이었다. 결국 이들 때문에 전에 그가 정복했던 모압과 길르앗 땅을 고스란히 아라비아 왕에게 넘겨주지 않을 수가 없었다. 그러나 이 모든 사실을 고려한다 하더라도 꼭 이렇게 야만적인 행위를 할 필요가 있었나 하는 의구심은 남는다. 물론 이 때문에 그는 '유대인 가운데 있는 트라키아인'(Thracian among the Jews)[32]이라는 별명을 얻게 되었다. 이에 알렉산드로스에게 대항했던 약 8,000명의 병사들은 밤을 틈타 모두 도피하였으며 그가 살아 있는 동안 내내 도망자로 지냈다. 이렇게 반대자들의 위험에서 벗어난 알렉산드로스는 최고의 안정 가운데 나라를 다스리며 여생을 보냈다.

3. 한편 데메트리우스는 유대를 떠나 베레아(Berea)로 가서 보병 10,000명과 기병 1,000명을 동원하여 자기 형제인 필리푸스(Philip)를 포위했다. 이에 필리푸스의 우방이요 베레아의 지배자인 스트라톤(Strato)은 아라비아족의 지배자 지존(Zizon)과 바대인(Parthians, 파르티아인)의 지배자 미트리다테스 시낙스(Mithridates Sinax)에게 도움을 요청했다. 그러자 이들은 대군을 거느리고 와서 데메트리우스의 진영을 포위하고 화살을 마구 쏘아 댔다. 이에 데메트리우스

---

[32] 유대인들이 알렉산드로스에게 붙인 이 '트라키다'(Thracida)란 별명은 문맥의 일관성에서 비추어 볼 때 '트라키아인처럼 야만스러운'(as barbarous as a Thracian) 혹은 이와 유사한 뜻을 의미하고 있음이 명약관화하다.

는 꼼짝도 할 수 없었다. 게다가 데메트리우스의 병사들은 먹을 물을 구할 수 없어 갈증을 견디다 못해 모두 적에게 투항하였다. 적들은 데메트리우스를 생포하고 수많은 노획물을 약탈한 후 데메트리우스는 바대의 왕이었던 미트리다테스(Mithridates)에게 보냈으며 안디옥 포로들은 아무 보상도 받지 않고 안디옥으로 돌려보냈다. 한편 바대의 왕 미트리다테스는 데메트리우스가 병으로 죽기까지 그를 극진히 대우해 주었다. 필리푸스는 이 전쟁이 끝나자마자 안디옥으로 가서 그곳을 장악하고 수리아를 다스렸다.

제15장

안티오쿠스 디오니시우스와 아레타스가 유대를 공격한 이야기, 알렉산드로스가 여러 도시를 정복하고 예루살렘으로 귀환한 후 3년간 병석에 누워 고생하다가 세상을 떠난 경위와 알렉산드라에게 남긴 충고

1. 이후 필리푸스의 형제인 안티오쿠스 디오니시우스(Antiochus Dionysius)[33]가 정권욕에 불타 다메섹으로 와서 다메섹을 장악하고 통치하게 되었다. 디오니시우스가 아라비아를 공격하러 떠났다는 소식을 들은 필리푸스는 다메섹으로 달려왔다. 그러자 다메섹시와 요새를 지키고 있던 밀레시우스(Milesius)가 시와 요새를 필리푸스에게 넘겨주었다. 그러나 필리푸스는 밀레시우스의 기대에 어긋나게도 아무런 보상을 내리지 않았을 뿐 아니라 자기에게 시를 넘겨준

---

[33] 이 안티오쿠스 디오니시우스(Antiochus Dionysius)는 안티오쿠스 그리푸스(Antiochus Grypus)의 다섯 번째 아들이었다. 그는 고대 주화에 '안티오쿠스, 에피파네스, 디오니시우스'(Antiochus, Epiphanes, Dionysius)로 나타나고 있다.

것은 호의에서가 아니라 두려움에서라는 식의 태도를 취하였다. 그리하여 필리푸스는 밀레시우스의 의심을 사게 되었고 결국은 다시 다메섹에서 쫓겨나지 않을 수 없었다. 밀레시우스는 경기장(hippodrome)에서 나오는 필리푸스를 사로잡아 그곳에 가두고, 필리푸스의 소식을 듣고 아라비아에서 돌아온 안티오쿠스(윌리엄 휘스턴은 에우케루스라고 첨언하고 있으나 문맥상 아라비아로 원정 갔던 디오니시우스라고 보아야 할 듯함-편집자 주)를 위해 다메섹을 지켰다. 안티오쿠스는 즉시 다메섹으로 돌아온 후 보병 8,000명과 기병 800명을 거느리고 유대를 공격했다. 알렉산드로스는 이 공격을 두려워하여 현재 안티파트리스(Antipatris)라고 부르는 카파르사바(Capharsaba)에서 욥바해(Sea of Joppa)에 이르는 전 구간에 깊은 호(濠)를 팠다. 그는 또한 길이가 150펄롱이나 되는 성벽과 목조 망대와 중간 흉벽을 쌓고 안티오쿠스가 오기만을 기다렸다. 그러나 안티오쿠스는 이것들을 모두 불태우고 군대를 이끌고 그곳을 통과하여 아라비아로 향했다. 아라비아 왕 아레타스(Aretas)는 처음에는 퇴각하였으나 얼마 후에 기병 10,000명을 끌고 갑자기 나타났다. 안티오쿠스는 적과 맞붙어 그야말로 필사적으로 싸웠고 전투에서 승리를 거두었으나 곤경에 빠진 부대를 지원하려던 중 그만 전사하고 말았다. 안티오쿠스가 전사하자 그의 군대는 가나(Cana)로 도피하였으나 대부분의 병사가 기근으로 굶어 죽고 말았다.

2. 안티오쿠스가 죽은 후, 다메섹을 장악하고 있던 자들의 초청으로 아레타스(Aretas)가 코엘레수리아(Coelesyria)를 다스리게 되었다.[34] 그들이 아레타스 왕을 초청한 것은 프톨레마이우스 멘네우스(Ptolemy Menneus)를 미워했기 때문이었다. 아레타스는 유대를 공격하여 아디다(Adida) 근처의 전투에서 알렉산드로스를 격파하였으나 알렉산드로스와 협정을 맺고 유대에서 철군하였다.

---

34) 이 아레타스(Aretas)는 다메섹(Damascus, 다마스쿠스)을 장악하고 통치한 최초의 아라비아 왕이었다. 그 후로 이 이름은 페트라(Petra)와 다메섹(Damascus)에서 아라비아 왕들에게 붙여진 공동 명칭이 되었다. 이것은 사도 바울의 서신인 고린도후서 11장 32절을 통해 알 수가 있다(한글판 개역개정 성경에는 아레다로 되어 있음-역자 주).

3. 한편 알렉산드로스는 디온(Dios)시를 공격하여 함락시킨 후 제논(Zeno)이 몹시 아끼는 에사(Essa)를 공격하였다. 그는 삼중의 토성을 쌓아 성을 탈취한 후 고랄(Golar)과 셀레우키아(Seleucia)로 진격했다. 그는 이 두 도시를 점령하고 그 외에도 가말라(Gamala) 요새와 안티오쿠스의 골짜기(Valley of Antiochus)라 부르는 골짜기를 장악하였다. 알렉산드로스는 이 지방의 총독인 데메트리우스(Demetrius)의 많은 죄악을 신랄히 비난한 후 그를 쫓아냈다. 알렉산드로스는 3년간의 원정을 끝내고 귀국했다. 알렉산드로스가 이같이 혁혁한 성공을 거두고 돌아오자 유대인들은 열렬하게 환영해 주었다.

4. 이 당시에 유대인들이 소유하게 된 수리아(Syria)와 이두매(Idumea)와 베니게(Phoenicia, 페니키아)에 속한 도시들은 아래와 같다. 해변 지역으로는 스트라톤의 망대(Strato's Tower), 아폴로니아(Apollonia), 욥바(Joppa), 얌니아(Jamnia), 아스돗(Ashdod), 가사(Gaza), 안테돈(Anthedon), 라피아(Raphia)와 리노콜루라(Rhinocolura)가 있었다. 중앙부로는 이두매 지방의 아도라(Adora)와 마레사(Marissa), 사마리아 지방의 갈멜(Carmel)산과 다볼(Tabor)산과 스키토폴리스(Scythopolis)와 가다라(Gadara), 골란(Gaulanitis, 가울라니트스) 지방의 셀레우키아(Seleucia)와 가발라(Gabala), 모압 지방의 헤스본(Heshbon)과 메드바(Medaba)와 렘바(Lemba)와 오로나스(Oronas)와 겔리톤(Gelithon)과 자라(Zara)와 길리기아인(Cilices)의 골짜기와 펠라(Pella)가 있었다. 유대인들은 펠라시 주민들이 유대 종교로 개종하기를 거부했다는 이유로 그 도시를 완전히 폐허로 만들어 버렸다.[35] 이 밖에도 유대인들은 이미 파괴된 수리아의 주요 지역들도 장악하였다.

---

[35] 아스모네우스(Asamoneus) 왕가는 인근 국가의 어떤 지역을 정복하든지 히르카누스(Hyrcanus) 시대 이후로는 그곳 주민들을 강요하여 그들이 섬기던 신을 버리고 전적으로 모세의 율법을 받아들이도록 하였다. 즉 의의 개종자가 되기를 강요했다. 그리고 이를 받아들이지 않는 자들은 그곳에서 추방해 버렸다. 요한 히르카누스(John Hyrcanus)는 그 당시 약속의 땅에 거하던 이두매인들에게 이런 일을 행하였다. 이것은 내가 보기에도 잘한 일 같다. 그러나 약속의 땅 밖에 있는 나라나 도시에게는 어떤 권리로 이런 일을 강요한 것인지 나로서는 도저히 알 길이 없다. 이것은 부당한 종교의 박해가 아닌가 생각된다.

5. 그 후 알렉산드로스왕은 상습적인 과음으로 인한 사일열의 중병에 걸려 3년간 고생을 한 몸임에도 불구하고 전쟁터에 나갔다가 무리하여 그만 요단강 건너편 라가바(Ragaba) 요새 근방에서 세상을 떠나고 말았다. 왕후는 알렉산드로스왕이 숨을 거두려고 하자 울면서 그 앞에 나아가 자기는 물론 자식들의 앞날을 걱정하면서 이같이 말했다. "우리는 이제 끝장이 났습니다. 도대체 우리는 누굴 의지하고 살아야 합니까? 온 백성들이 당신을 미워하고 있는 것을 당신도 잘 아시지 않습니까?" 그러자 알렉산드로스는 자기 아내에게 이같이 답변했다. "내가 자식들과 당신은 물론 왕위까지도 안전히 보존할 수 있는 비책을 가르쳐 줄 터이니 내 말을 잘 듣고 그대로 따르도록 하시오. 우선 이곳을 함락시킬 때까지는 내가 죽었다는 사실을 병사들에게 알리지 마시오. 이곳을 함락시킨 다음에는 예루살렘으로 개선하자마자 바리새인들에게 권력의 일부를 양보하도록 하시오. 그러면 그들이 당신을 칭찬할 것이고 백성들과의 화해를 주선해 줄 것이오. 바리새인들은 백성들에게 가장 큰 영향력을 행사하고 있는 자들로서 그들의 호의를 사면 이롭게 될 것이고 그들의 미움을 사면 해를 입게 될 것이오. 그들이 비록 시기심에서 어떤 한 인물을 악평한다 하더라도 일반 백성들은 그들의 말을 절대적으로 신봉한다는 사실을 잊어서는 안 될 것이오. 내가 백성들의 신망을 잃어버린 것도 바리새인들과의 관계가 악화되었기 때문이오. 그러므로 예루살렘으로 돌아가거든 백성의 지도급 인사들을 불러 모으고 내 시신을 보여주시오. 그리고 진지한 표정으로 내 시신을 그들 마음대로 처리해도 좋다고 허락하시오. 장례를 치러 주지 않아도 좋고, 원한을 갖고 있다면 시신에 손을 대도 좋다고 말하시오. 그리고 덧붙여서 그들의 허락 없이 국사(國事)를 마음대로 하는 일은 결코 없을 것이라고 그들에게 맹세하도록 하시오. 이렇게 한다면 아마 그들이 당신이 하는 것보다 훨씬 장엄한 장례식을 치러 줄 것이오. 내 시신을 그들 손에 맡기면 그들은 결코 내 시신을 건드리지도 않을 것이며 당신도 안전하게 이 나라를 다스릴 수 있을 것이오."[36] 알렉

---

36) 임종 직전에 아내에게 준 마지막 조언을 통해서 볼 때 알렉산드로스 얀네우스(Alexander Janneus)는 부친 히르카누스처럼 장로들의 유전을 믿는 바리새파에 반대하고 성문화된 모세 율법에 충실한 사두개파의 편이었으나 자기 아내와 식구들이 유대국의 왕권을 유지해 나가기 위해서는 정치적으로 바리새파와

산드로스왕은 이와 같이 아내에게 조언한 후 마침내 숨을 거두었다. 이때 그의 나이는 50세였고 그의 통치 기간은 27년이었다.

제16장

알렉산드라가 바리새파의 호의를 얻어내는 데 성공하여 9년간 나라를 다스리면서 찬란한 업적을 남기고 세상을 떠나게 된 경위

1. 알렉산드라(Alexandra)는 남편이 시키는 대로 라가바 요새를 점령한 후 바리새파에게 남편의 시신과 국사(國事)의 문제를 모두 맡겼다. 이렇게 하여 그녀는 남편에 대한 그들의 분노를 진정시킬 수 있었으며 호의와 친선을 얻어낼 수 있었다. 이에 바리새인들은 백성들에게 나아가 알렉산드로스가 의로운 왕이었음을 강조하였다. 그들은 알렉산드로스의 업적을 칭찬함으로써 백성들로 하여금 역대의 어떤 왕보다 더 멋진 장례식을 치러 주게 하였다. 알렉산드로스는 히르카누스(Hyrcanus)와 아리스토불루스(Aristobulus)라는 두 아들을 두었으나 왕위는 알렉산드라에게 넘겨주었다. 두 아들 중에 히르카누스는 국사(國事)

그들의 유전에 굴복하지 않을 수 없다고 생각했던 것으로 보인다. 그러나 사실상 바리새파는 유대국 멸망에 크게 기여했다. 바리새파는 유대국이 하나님의 심판을 받아 멸망의 지경에 이르도록 만든 부패의 장본인이었다. 이것은 가야바(Caiaphas)가 유대 산헤드린 공회 앞에서 행한 정치적 조언을 볼 때 분명히 드러난다. 공회 의원들이 "만일 그를 이대로 두면 모든 사람이 그를 믿을 것이요 그리고 로마인들이 와서 우리 땅과 민족을 빼앗아 가리라"(요 11:48)라고 고민하자 이에 대해 가야바는 "한 사람이 백성을 위하여 죽어서 온 민족이 망하지 않게 되는 것이 너희에게 유익한 줄 생각하지 아니하는도다"(요 11:50)라고 충고하였다. 이렇게 나사렛 예수를 정치적으로 십자가에 못 박히게 한 결정은 하나님의 심판을 자초하였으며, 땅과 민족을 빼앗기지 않기 위해 예수를 죽이기까지 하였으나 결국은 38년도 못 가 로마인들에게 실제로 그들의 땅과 민족을 빼앗기는 비참한 결과를 낳게 하였다.

를 돌볼 능력이 없었으므로 뒷전에서 조용히 살기를 원했다. 그러나 동생 아리스토불루스는 활동적이며 대담한 인물이었다. 한편 알렉산드라는 남편이 저지른 잘못을 유감으로 생각하고 있는 것처럼 백성들의 눈에 비쳤기 때문에 백성들의 사랑을 받았다.

2. 알렉산드라는 히르카누스를 대제사장으로 임명하였다. 이는 히르카누스가 장자이며 정치에는 관심이 없었기 때문이었다. 알렉산드라는 모든 일을 바리새인들에게 맡기고 백성들에게는 이들의 명령에 복종하라고 명령하였다. 그녀는 또한 장로들의 유전에 따라 바리새인들이 도입하였으나 시아버지인 히르카누스(Hyrcanus)가 철폐시켰던 풍습들을 부흥시켰다. 알렉산드라는 섭정이라는 명칭은 가지고 있었으나 실권은 바리새파가 쥐고 있었다. 왜냐하면 철폐되었던 풍습을 부활시키고 죄수들을 석방하는 일을 바리새인들이 했기 때문이었다. 한마디로 말해서 바리새인들은 군주들과 조금도 다를 바가 없었다. 그러나 그렇다고 해서 여왕이 아무 실권도 없었던 것은 아니었다. 알렉산드라는 국사를 돌보면서 군대를 강화하였다. 여왕은 용병을 고용하는 등의 세력 확장에 힘써 인근 국가에는 두려운 존재가 되었다. 왜냐하면 그들을 공격하여 포로로 잡아 오곤 했기 때문이었다. 이리하여 바리새파만 제외하면 전국은 그야말로 태평성대였다. 바리새인들은 알렉산드로스를 충동질하여 800명이나 되는 인명을 학살하도록 만든 배후 인물들을 처형해 줄 것을 요구하면서 여왕을 괴롭혔다. 바리새인들은 배후 인물 중의 하나인 디오게네스(Diogenes)의 혀를 잘랐다. 그들은 이런 식으로 한 사람씩 혀를 자르기 시작했다. 이에 알렉산드로스를 받들던 배후 인물 중 유력 인사들이 왕궁으로 몰려가기에 이르렀다. 이때 아리스토불루스는 모친인 알렉산드라가 하는 일이 마음에 들지 않자 바리새인들과 야합하였다. 그는 기회만 있으면 모친이 하는 일에 제동을 걸 작정이었다. 알렉산드라는 그제야 남편의 충성스러운 신하들이 큰 위험에 처하게 되었으며 또 그들이 혀를 잘리면서까지 얼마나 충성심을 보이고 있는가를 깨닫게 되었다. 그들은 알렉산드라에게 이같이 간청했다. "제발 저희를 살려 주십시오. 비록 (공공연하게) 저희를 죽이려는 적의 계략에서 벗어난다 하더라도, 적

이 (은밀히) 보낸 자객에 의해 집에서 쥐도 새도 모르게 살해될지도 모르는 위험에 빠져 있습니다. 적들이 피 흘리기를 이 정도에서 그친다면 선왕을 생각해서라도 여왕께 계속 봉사해 드리고 싶습니다. 그러나 적들이 앞으로도 계속 피를 흘리고 싶어 한다면 저희는 더 이상 여기에 남아 있을 수가 없습니다. 그러므로 저희가 여길 떠날 수 있도록 허락해 주십시오. 그러나 여왕의 허락 없이는 단 한 발자국도 움직이지 않을 것입니다. 만약 여왕께서 허락하시지 않는다면 저희는 모두 왕궁 문 앞에서 죽을 것입니다. 여왕께서 저희의 처지를 못 본 체 하여 선왕의 적들의 손에 잡히게라도 되는 날이면 저희뿐 아니라 여왕께도 큰 수치가 될 것입니다. 왜냐하면 아라비아의 왕 아레타스(Aretas)와 군주들은 이름만 들어도 벌벌 떠는 저희를 용병으로 얻을 수 있다면 어떤 대가라도 치르려고 하기 때문입니다. 만일 여왕께서 저희의 소청을 듣지 아니하시고 바리새인들을 더 소중히 여기시기로 작정하셨다면 저희를 여왕의 요새에 각기 배치해 주십시오. 무서운 악마가 선왕 알렉산드로스의 가문을 끈질기게 괴롭히고 있는 것이라면 저희는 저희 운명을 각기 책임지고 그곳에서 조용히 여생을 보낼 각오가 되어 있습니다."

3. 그들이 이같이 말을 마치고 이미 적의 손에 살해된 자와 위험에 처해 있는 자를 동정하기 위해 알렉산드로스의 혼을 불러올리자 곁에 있던 자들이 모두 눈물을 터뜨렸다. 그러나 아리스토불루스는 모친인 알렉산드라에게 비난 섞인 말을 던졌다. "사실은 저들의 말과 같지 않습니다. 저들은 자기들이 뿌린 씨를 당연히 거두고 있는 것에 불과합니다. 저들은 선왕의 아들들이 장성하여 나라를 다스릴 충분한 능력이 있음에도 불구하고 정권에 눈이 먼 여인이 이 나라를 통치하도록 내버려둔 장본인이기 때문입니다." 이에 알렉산드라는 어찌해야 좋을지 몰라 당황하다가 그녀의 국고성인 히르카니아(Hyrcania), 알렉산드리움(Alexandrium), 마케루스(Macherus)를 제외한 모든 요새를 그들에게 맡겼다. 그로부터 얼마 후 알렉산드라는 프톨레마이우스 멘네우스(Ptolemy Menneus)를 치기 위해 아들 아리스토불루스와 군대를 다메섹으로 파견했다. 그러나 그는 그곳에서 별다른 성과를 거두지 못하고 예루살렘으로 귀환했다.

4. 아르메니아(Armenia) 왕 티그라네스(Tigranes)가 500,000명의 병력[37]을 거느리고 수리아를 침공하고 유대로 진격해 오고 있다는 소식이 전해진 것은 이때쯤이었다. 이 소식을 들은 여왕과 유대국은 크게 두려워하였다. 티그라네스가 프톨레마이스를 공격하고 있을 때 유대인들은 사신과 수많은 진귀한 예물들을 그에게 보냈다. 그 당시 수리아는 클레오파트라(Cleopatra)라고도 불리는 여왕 셀레네(Selene)가 통치하고 있었다. 셀레네는 모두 힘을 합쳐 티그라네스를 몰아내자고 수리아 주민들에게 호소했다. 유대 사신들은 티그라네스에게 유대국에게 해를 끼치지 않겠다는 약속을 해달라고 간청했다. 그러자 티그라네스는 멀리서부터 와서 자기에게 경의를 표한 것에 대해 흡족히 여기면서 그렇게 하겠다고 약속했다. 그러나 티그라네스는 프톨레마이스를 함락시키자마자 불길한 소식을 듣게 되었다. 루쿨루스(Lucullus)가 미트리다테스(Mithridates)를 쫓다가 그가 이베리아(Iberia)로 도망쳐서 더 이상 추격할 수 없으니까 아르메니아(Armenia)로 돌아와서 도시들을 포위하고 공격하여 온 나라를 폐허로 만들고 있다는 나쁜 소식이었다. 이에 티그라네스는 부리나케 고국으로 돌아갔다.

5. 그 후 알렉산드라가 중병에 걸리게 되자 아리스토불루스는 왕권을 탈취하기로 마음먹었다. 이에 그는 밤을 틈타 예루살렘을 빠져나와 부친이 살아 있을 때부터 그의 친구들이 거주하고 있던 요새로 부하 한 명을 거느리고 갔다. 그는 얼마 전까지만 하더라도 모친이 하는 일이 그렇게 마음에 들지 않을 수가 없었는데, 이제 모친이 병들었다니까 모친이 죽으면 온 가문이 바리새인들의 손아귀에 넘어가는 것이 아닐까 무척 걱정되었다. 왜냐하면 왕위를 계승할 형이 무능하였기 때문이다. 아리스토불루스가 무슨 일을 하고 있는지는 그가 자식들과 함께 예루살렘에 남겨 둔 아내 외에는 아무도 몰랐다. 아리스토불루스는 맨 먼저 아가바(Agaba)로 갔다. 그곳에는 앞서 언급한 대로 유력 인사 중 하

---

[37] 아르메니아에서 수리아와 유대를 침공해 온 티그라네스의 병력이 500,000명 혹은 300,000명이라고 하는 것은 너무 과장된 것처럼 보인다. 허드슨(Hudson) 박사는 그 수가 40,000명에 불과하다고 주장한다.

나인 갈레스테스(Galestes)가 있었는데 아리스토불루스는 이 사람의 따뜻한 환대를 받았다. 알렉산드라는 날이 밝자 아들 아리스토불루스가 도망친 것을 알게 되었다. 그러나 한동안은 그가 반역을 꾀하기 위해 도망을 친 것은 아니라고 생각하고 있었다. 그러나 각처에서 그곳이 아리스토불루스의 손에 넘어갔다는 전갈이 도착하자(한 곳이 아리스토불루스에게 굴복하자마자 모두가 차례로 그에게 굴복하기 시작했기 때문이었다), 그때에야 비로소 알렉산드라와 유대국은 크게 놀라게 되었고 그로 인해 큰 혼란에 빠지게 되었다. 그들은 얼마 못 가 아리스토불루스가 전국을 장악하게 될 것이라는 사실을 쉽게 짐작할 수 있었기 때문이었다. 그들이 가장 두려워한 이유는 아리스토불루스가 자기 가문이 핍박을 받은 것을 꼬투리를 잡아 그들에게 보복을 가하지나 않을까 해서였다. 이에 그들은 그의 아내와 자식들의 신변을 보호해 주기로 결심하고 그들을 성전 위 요새[38])에 거하도록 조치했다. 한편 각처에서 수많은 사람들이 아리스토불루스에게 몰려드니 그는 왕 못지않은 수행원들을 거느리게 되었다. 그뿐 아니라 보름이 약간 넘은 사이에 그는 무려 22군데의 요충지를 손에 넣을 수 있었다. 이로 말미암아 그는 리바누스(Libanus)와 드라고닛(Trachonitis, 트라코니티스)과 방백들로부터 군대를 소집할 수 있었다. 왜냐하면 인간들이란 숫자가 많은 쪽으로 기울어지기 마련이기 때문이었다. 게다가 아무런 기대도 하지 않을 때 도와주어서 그가 왕권을 획득하는 데 일익을 담당한다면 후에 여러 가지 이득을 볼 수 있을 것이라는 계산도 적지 않게 작용했음이 분명했다. 한편 유대의 장로들과 히르카누스는 여왕 알렉산드라를 찾아가 이같이 말했다. "현재 상황에 대해 여왕께서는 어떤 생각을 갖고 계신지 말씀 좀 해주십시오. 아리스토불루스는 이미 수많은 요새를 장악하고 실질적인 왕으로 군림하고 있습니다. 그러나 그렇다고 해서 저희끼리 결정을 내릴 수는 없는 노릇 아닙니까? 아무리 여왕께서 중병에 걸렸다 하더라도 아직까지 살아 계시는데 말입니다. 어쨌든 분명한 한 가지 사실은 위험이 멀지 않아 여기까지도 몰려올 것이라는 점입니다." 그

---

[38]) 아리스토불루스의 처자식들을 거하게 한, 성전을 굽어보는 이 요새는 히르카누스 1세(Hyrcanus I)가 건축하고 헤롯 대왕(Herod the Great)이 재건한 안토니아(Antonia) 망대를 가리키는 것이다.

러자 알렉산드라는 이같이 답변했다. "여러분들이 좋을 대로 의논해서 결정하도록 하십시오. 아직까지는 상황이 우리에게 유익할 것입니다. 유대국이 아직 우리 수중에 있고 군대도 있으며 여러 국고성에 자금도 넉넉하지 않습니까? 내 몸이 이미 쇠약하여 더 이상 공무를 전처럼 볼 수 없는 것을 양해해 주기 바랍니다."

6. 알렉산드라는 이같이 말한 후 얼마 지나서 세상을 떠났다. 이때 그녀의 나이는 73세고 재위 기간은 9년이었다. 알렉산드라는 여성으로서의 약한 점을 드러내 보이지 않는 그야말로 여장부였다. 그녀는 정권욕을 가졌으면서도 매우 현명한 여인이었다. 그녀의 행적을 볼 때 그녀는 활동적인 여인이었다는 사실과 인간이란 실수를 범하지 않을 수 없는 존재라는 사실을 깨닫지 않을 수가 없다. 그녀는 미래보다는 현실을 중요하게 여겼으며 절대적 왕권을 무엇보다도 소중히 생각하여 이것과 상충할 때에는 선(善)이나 의(義)는 염두에 두지도 않았다. 결국 그녀로 말미암아 그녀의 가문은 왕권을 빼앗기는 비운을 겪지 않을 수 없게 된다. 그것도 그녀가 죽은 지 얼마 안 되어 그녀가 그토록 수많은 위험과 고생을 겪고 얻은 왕위를 빼앗기게 된다. 그녀는 여인이 원해서는 안 될 것을 요구했던 것이며 그것도 그녀의 가문에 악의를 품은 자들에게 굴종하면서까지 왕위에 연연했던 것이다. 이렇게 되다 보니까 훌륭한 인재들은 통치권 밖으로 밀려나지 않을 수 없었던 것이다. 따라서 그녀가 살아 있을 때는 나라가 잘 운영되는 것처럼 보였으나 죽고 나니 그다음에는 재난과 혼란이 가중되기 시작했다. 물론 알렉산드라의 통치 방식이 이런 결점을 안고 있었으나 그래도 그녀가 살아 있는 동안은 유대국은 평안을 누릴 수가 있었다. 알렉산드라 시대의 유대국 상황은 이와 같았다.

제14권

32년간의 역사 기록

알렉산드라 여왕의 죽음부터
안티고누스의 죽음까지

제1장

왕권을 놓고 아리스토불루스와 히르카누스가 전쟁을 벌이다가 아리스토불루스가 왕이 되고 히르카누스는 조용한 삶을 살기로 의견의 일치를 보게 된 경위, 그리고 그 후 히르카누스가 안티파테르의 부추김을 받아 아레타스에게로 가게 된 경위

1. 우리는 전권(前卷)에서 알렉산드라의 일생과 죽음에 대해서 살펴보았다. 그러므로 이제는 그 후에 전개된 역사를 살펴보도록 하자. 그러나 이에 들어가기 전에 한 가지 점을 지적하고 넘어가도록 하자. 우리는 무지에서든지 태만에서든지 간에 역사적 사실을 생략하고 그냥 넘어가는 일이 없도록 하는 데 최선의 노력을 기울였다. 그것은 현재 우리의 작업이 먼 과거의 우리와는 친숙하지 못한 역사적 사실을 기술하는 데 있기 때문이다. 물론 독자들이 만족과 기쁨을 가지고 이 글을 대할 수 있도록 하기 위해서는 적절한 단어의 구사와 수사법을 동원하여 아름다운 필치로 역사를 기술하는 것은 매우 중요하다. 그러나 저자가 전달하는 내용이 전혀 생소할 때에 저자의 이야기에 독자들이 신빙성을 가지도록 하기 위해서는 무엇보다도 정확성과 진실성에 초점을 두어야 한다.

2. 히르카누스(Hyrcanus)는 제107올림피아드 제3년, 그러니까 퀸투스 호르텐시우스(Quintus Hortensius)와 그레데의 메텔루스(Metellus of Crete)라 부르는 퀸투스 메텔루스(Quintus Metellus)가 로마의 집정관(consul)으로 있을 때 대제사장직에 올랐다. 그 후 곧 아리스토불루스는 히르카누스에 대항하여 전쟁을 일으켰다. 여리고(Jericho) 근처에서의 전투가 임박해 오자 히르카누스의 병사들은 진영을 이탈하여 아리스토불루스에게로 넘어갔다. 이에 히르카누스는 아리스토불루스의 처자식들이 알렉산드라에 의해 수감되어 갇혀 있는 요새로 피신하여 성벽 안에서 공격해 오는 적에 대항하였다. 히르카누스는 동생에게 사신을 보내 타협을 하자고 제안하였다. 타협의 조건은 아리스토불루스가 왕이 되고 히르카누스는 공무(公務)에서 손을 떼고 그가 소유한 영지에서 조용한 삶을 누린다는 내용이었다. 이에 그들은 성전에서 이 협정에 동의하고 맹세로 서약을 했다. 그들은 온 백성이 보는 가운데 오른손으로 악수를 교환하고 포옹한 후 헤어졌다. 즉 아리스토불루스는 왕궁으로 들어가고 히르카누스는 사인(私人)으로서 그전 아리스토불루스의 저택으로 들어갔다.

3. 한편 히르카누스의 친구 가운데는 안티파테르(Antipater)라는 이두매인(Idumean)이 있었다. 그는 매우 큰 부자였고 본성이 활동적이며 선동을 좋아했다. 그는 히르카누스를 좋아했기 때문에 아리스토불루스에게는 적대감을 품고 있었다. 다메섹의 니콜라우스(Nicolaus of Damascus)가 안티파테르는 바벨론에서 유대로 귀환해 온 명문 유대 가문에 속한 인물이라고 말한 것은 사실이다. 그러나 그의 이런 주장은 후에 운이 좋아 유대국의 왕이 된 헤롯(Herod), 즉 안티파테르의 아들인 헤롯의 환심을 사려고 그가 날조한 것이다. 한편 이 안티파테르는 처음에는 안티파스(Antipas)라고 불렸는데 그의 부친의 이름도 안티파스(Antipas)였다.[1] 안티파테르의 부친은 알렉산드로스(Alexander)왕과 그의 아내에 의해 전 이두매(Idumea)의 총독으로 임명된 인물로서, 아라비아인(Arabians)

---

1) 저 유명한 안티파테르(Antipater) 혹은 안티파스(Antipas)의 부친의 이름이 헤롯(Herod)이라고 에우세비우스(Eusebius)가 말하고 있는 데 반해 요세푸스는 부친의 이름도 역시 안티파테르(Antipater) 혹은 안티파스(Antipas)였다고 주장하고 있다.

과 가사인(Gazites)과 아스글론인(Ascalonites)과 우호 동맹을 맺고 자주 많은 예물을 그들에게 보내 맹방으로 만든 유능한 인물이었다는 것이다. 그러나 이 아들 안티파테르는 아리스토불루스에게 의혹을 품고 있었고 행여 양자 간의 불화로 인해 해를 당하지나 않을까 걱정하고 있었다. 이에 그는 유대인 유력 인사들에게 아리스토불루스를 아래와 같이 은밀히 비난하면서 선동을 서둘렀다. "아리스토불루스의 행위를 그냥 묵과한다는 것은 부당합니다. 그자는 마땅히 형이 차지해야 할 왕위를 부당하게 빼앗고 형을 쫓아낸 무뢰한입니다." 안티파테르는 히르카누스에게도 아래와 같이 항상 말하였다. "그대가 아리스토불루스를 조심하고 스스로 신변 보호 조치를 취하지 않는다면 자칫 목숨을 잃을지도 모르네. 아리스토불루스의 측근들이 그의 통치 기반을 튼튼히 하기 위해 기회만 오면 그대를 죽이라고 그에게 간청할 것일세." 그러나 히르카누스는 그의 말에 귀를 기울이지 않았다. 그는 성품이 온유하며 중상모략에 쉽게 넘어가는 사람이 아니기 때문이었다. 정치에 휘말리기 싫어하고 권세욕이 없었던 히르카누스는 제삼자의 눈에는 패기도 없고 남자답지도 못한 인물로 보였던 반면에, 아리스토불루스는 그와는 정반대로 활동적이며 대범하고 아량이 넓은 사람이었다.

4. 안티파테르는 히르카누스가 자기 말에 조금도 귀를 기울이려 하지 않는데도 불구하고 날마다 아리스토불루스를 비방하는 일을 그치지 않았다. 아리스토불루스가 그를 살해할 계획을 갖고 있음이 틀림없다고 중상모략을 서슴지 않았다. 안티파테르는 이 같은 말로 아리스토불루스를 비방하는 한편 히르카누스에게는 아라비아(Arabia) 왕 아레타스(Aretas)에게로 피신하는 것이 좋겠다는 설득 작전을 폈다. 게다가 아레타스에게로 피신하면 자기도 그를 도와 (함께 가겠다고) 약속했다. 히르카누스는 결국 그의 설득에 넘어가 아레타스에게로 피신하는 것이 자기에게 유익할 것이라는 결론을 내렸다. 아라비아는 유대 변경에 위치한 나라였다. 히르카누스는 먼저 안티파테르를 아라비아 왕에게 보내 무슨 일이 있다 하더라도 자기를 적에게 넘기지 않겠다는 약속을 받아 오라고 했다. 결국 안티파테르는 이런 약속을 받아서 예루살렘의 히르카누스에게 돌아왔다. 그로부터 얼마 후 그는 야음을 틈타 히르카누스를 데리고 성을 빠져나

와 먼 길을 여행하여 아레타스의 궁전이 있는 페트라(Petra)시로 갔다. 그 후 안티파테르는 아라비아 왕과 각별한 사이임을 이용하여 히르카누스를 데리고 다시 유대로 돌아가도록 해달라고 요청했다. 그는 하루도 빼놓지 않고 아레타스에게 요청했다. 그는 또한 아레타스에게 이번 요청만 허락해 주면 많은 예물을 주겠다고 제의했다. 결국 안티파테르는 아레타스를 설득하는 데 성공했다. 더욱이 히르카누스는 자기가 유대로 돌아가 왕권을 되찾는 데 성공한다면 부친 알렉산드로스가 아라비아에서 빼앗은 열두 도시를 모두 돌려주겠다고 약속했다. 그 열두 도시는 다음과 같다. 즉 메드바(Medaba), 나발로(Naballo), 리비아스(Libyas), 타라바사(Tharabasa), 아갈라(Agala), 아토네(Athone), 소알(Zoar), 오로네(Orone), 마레사(Marissa), 룻다(Rudda), 룻사(Lussa), 오루바(Oruba)이다.

제2장

아레타스와 히르카누스가 아리스토불루스를 공격하여 예루살렘을 포위한 경위, 그리고 로마 장군 스카우루스가 포위 공격을 푼 경위와 오니아스의 죽음에 관하여

1. 히르카누스는 아레타스에게 이같이 약속한 후 50,000명의 보병과 기병을 거느리고 아리스토불루스를 공격하여 격퇴하였다. 이 전투에서 승리하게 되자 아리스토불루스의 많은 병사들이 히르카누스에게로 넘어오게 되었다. 결국 이로 인해 아리스토불루스는 궁지에 몰리게 되었고 어쩔 수 없이 예루살렘으로 피신했다. 이에 아라비아 왕 아레타스는 전군을 거느리고 아리스토불루스가 숨어 있는 성전을 포위 공격하기 시작했다. 유대인들은 히르카누스를 지

지하였으며 그를 도와 포위 공격에 나섰다. 이리하여 아리스토불루스는 제사장을 제외하고는 그를 지지하는 사람이 없게 되었다. 아레타스는 아라비아군과 유대인의 연합 부대를 편성하여 맹공격을 퍼부었다. 유월절이라고도 부르는 무교절 절기가 되자 유대의 유력 인사들은 유대 땅을 떠나 애굽으로 도망쳤다. 한편 의인으로서 하나님의 사랑을 받는 오니아스(Onias)라는 인물이 있었다. 그는 언젠가 한 번 기근이 계속되자 하나님께 비를 내려 달라고 기도하여 비를 내리게 했던 적이 있는 그런 인물이었다. 그런데 그는 이 전쟁이 오래갈 것을 미리 알고 몸을 숨기고 있었다. 그러나 유대인들은 그를 찾아내어 유대 진영으로 끌고 와서는, 전에 기도하여 기근을 멈추게 했던 것처럼 이번에는 아리스토불루스와 그의 추종자들이 저주를 받도록 하나님께 기도하라고 요구하였다. 그러나 오니아스는 이런저런 핑계를 대면서 그 요구를 들어주려고 하지 않았다. 그러나 유대인들도 역시 마찬가지로 막무가내였다. 그러자 오니아스는 무리들 가운데 서서 이같이 기도하였다. "온 세계의 왕이신 하나님이시여! 저와 함께 이곳에 선 자들은 당신의 백성들이며 공격을 당하고 있는 자들 역시 당신의 제사장들이옵니다. 그러므로 이제 제가 당신께 비옵나니 이자들의 기도에 귀를 기울이지 마시고 이자들의 소원을 들어주지 마옵소서." 오니아스가 이같이 기도하자마자 주위에서 이 기도를 듣던 악한 유대인들이 돌을 들어 오니아스를 쳐 죽였다.

2. 그러나 하나님이 이들의 이런 야만적인 행동을 그대로 두고 보실 리가 없었다. 하나님은 아래와 같이 오니아스를 살해한 죄의 대가를 즉시 지불하게 하셨다. 아리스토불루스와 제사장들이 공격을 당하고 있을 때 유월절 절기가 찾아왔다. 유월절이 되면 많은 제사를 하나님께 드리는 것이 유대인의 풍습이었다. 그리하여 아리스토불루스와 함께한 자들은 하나님께 제사를 드리고 싶어 밖에서 포위하고 있는 동족들에게 원하는 대로 돈을 줄 터이니 제물을 공급해 달라고 요청했다. 이에 바깥에서 포위하고 있던 유대인들은 가축 한 마리당 1,000드라크마씩 내라고 요구하였다. 이에 아리스토불루스와 제사장들은 자원해서 돈을 낸 다음 성벽 너머로 돈을 건네주었다. 그러나 밖에 있는 유대

인들은 돈을 받고도 제물을 넘겨주지 않았다. 그들은 맹세를 어겼을 뿐 아니라 희생 제물을 원하는 자들에게 공급해 주지 않음으로써 하나님께 불경죄를 짓는 무서운 악을 저지르고 말았다. 제사장들은 사기를 당했다는 것을 알게 되자 동족을 심판해 달라고 하나님께 기도하였다. 이에 하나님은 단 한순간도 심판을 늦추시지 않고 강하고 격렬한 바람을 보내 전 유대 땅의 열매를 망가뜨리셨다. 그리하여 밀 한 모디우스(modius)가 11드라크마에 거래될 정도로 무서운 타격을 가하셨다.

3. 한편 이러는 사이에 폼페이우스(Pompey)는 아르메니아(Armenia)에서 티그라네스(Tigranes)와 전쟁을 계속하면서 스카우루스(Scaurus)를 수리아로 보냈다. 스카우루스는 다메섹(Damascus, 다마스쿠스)에 도착하였으나 바로 얼마 전에 롤리우스(Lollius)와 메텔루스(Metellus)가 그 시를 장악한 것을 알고 서둘러서 유대 땅으로 침공해 들어왔다. 스카우루스가 유대로 들어오자 아리스토불루스와 히르카누스가 동시에 보낸 사신들이 그를 찾아와 협조하겠다고 했다. 그들은 또한 사신들을 통해 스카우루스에게 돈을 주겠다고 약속했다. 아리스토불루스는 400달란트를 제시했으며 히르카누스도 그에 못지않은 금액을 제시하였다. 스카우루스는 아리스토불루스와 손을 잡기로 결심했다. 아리스토불루스는 부유한 데다가 대범하여 별로 요구하는 것이 많지 않은 반면에 히르카누스는 가난하고 옹졸하며 단지 더 큰 이득을 바라보고 터무니없는 약속을 했기 때문이었다. 더욱이 난공불락의 요새를 점령하는 것보다는 유대인 도망자 소수와 비록 다수지만 용맹하지 못한 나바테아인(Nabateans)들을 쫓아내는 것이 더욱 쉬웠기 때문이었다. 이런 이유로 스카우루스는 아리스토불루스와 협정을 맺고 돈을 받은 다음 포위를 풀었다. 그리고는 아레타스에게 유대 땅을 떠나라고 명령하였다. 만일 자기 명령에 불복할 때는 로마의 적으로 간주하겠다고 엄포를 놓았다. 그리고 나서 스카우루스는 다시 다메섹으로 돌아갔다. 한편 아리스토불루스는 대군을 동원하여 아레타스(Aretas)와 히르카누스를 공격하였다. 그는 파피론(Papyron)에서 싸워 적을 격퇴하고 6,000명의 적을 전사시켰다. 이때 안티파테르의 형제인 팔리온(Phalion)이 전사하였다.

제3장

왕위 계승의 정통성을 입증하기 위해 아리스토불루스와 히르카누스가 폼페이우스 앞에 나아간 경위, 그리고 아리스토불루스가 알렉산드리움 요새로 도망을 치자 폼페이우스가 군대를 거느리고 그를 공격하고 항복하라고 명령한 경위

1. 얼마 후 폼페이우스(Pompey)는 다메섹으로 왔으며 코엘레수리아로 행군해 왔다. 그러자 온 수리아와 애굽과 유대 지방에서는 폼페이우스에게 사신들을 보냈다. 아리스토불루스는 500달란트나 나가는 금 포도나무를 폼페이우스에게 예물로 바쳤다. 이 예물에 대해 갑바도기아의 스트라본(Strabo of Cappadocia)은 이와 같이 적고 있다. "애굽에서 온 사신은 금화 4,000개의 값이 나가는 왕관을 예물로 드렸다. 유대에서도 '포도나무'(vine) 혹은 '정원'(garden)이라고 부르는 예물을 드렸는데 그들은 그것을 '테르폴레'(Terpole), 즉 '환희'(Delight)라고 불렀다. 우리는 이 예물이 로마의 유피테르 카피톨리누스(Jupiter Capitolinus) 신전에 보관되어 있는 것을 보았다. 그 예물에는 '유대 왕 알렉산드로스가 드린 예물'이라는 글이 적혀 있었다. 그것의 가치는 500달란트나 되는데 전하는 바에 따르면 유대 총독 아리스토불루스가 그것을 보냈다고 한다."

2. 그로부터 얼마 후 사신들이 다시 폼페이우스에게 왔다. 히르카누스는 안티파테르(Antipater)를 보냈으며 아리스토불루스는 니코데무스(Nicodemus)를 보냈다. 니코데무스는 가비니우스(Gabinius)는 300달란트, 스카우루스(Scaurus)는 400달란트의 뇌물을 받았다고 고발하였다. 이 일로 인해 그는 두 명의 적을 더 만들게 되었다. 폼페이우스는 피차 밝힐 것이 있는 사람들은 이른 봄에 자기를 찾아오라고 명령한 후 군대를 겨울 진영에서 이끌고 나와 다

메섹 지방으로 행군하였다. 폼페이우스는 진격하면서 안티오쿠스 키지케누스 (Antiochus Cyzicenus)가 건설한 아파메아(Apamea) 요새를 함락시켰다. 그리고 프톨레마이우스 멘네우스(Ptolemy Menneus)의 영토에 대한 조사에 들어갔다. 프톨레마이우스 멘네우스는 이미 참수당한 트리폴리의 디오니시우스(Dionysius of Tripoli) 못지않게 사악한 인간으로, 폼페이우스와 혼인 관계로 연결된 자였다. 프톨레마이우스 멘네우스는 폼페이우스에게 1,000달란트를 지불하고 그가 저지른 죄에 대한 형벌을 면하였고, 폼페이우스는 이 돈을 받아 병사들의 급료로 나누어 주었다. 폼페이우스는 또한 유대인 실라스(Silas)가 지배하고 있는 리시아스(Lysias)를 정복하였다. 그는 헬리오폴리스(Heliopolis)와 칼키스(Chalcis)를 지나 코엘레수리아의 변경에 놓인 산을 넘은 후에 펠라(Pella)에서 다메섹(Damascus)으로 갔다. 폼페이우스가 서로 왕좌를 놓고 다투고 있는 히르카누스와 아리스토불루스가 각기 올린 상소와 이 둘 모두를 거부하는 유대 일반 백성들의 상소를 들은 것은 바로 다메섹에서였다. 유대 평민들은 왕정(王政)이라는 통치 체제하에 들어가는 것을 싫어하였다. 왜냐하면 그들이 섬기는 하나님의 제사장들에게 복종하는 정치 체제를 선조들로부터 물려받았기 때문이었다. 유대 평민들은 폼페이우스에게 "히르카누스와 아리스토불루스는 둘 다 제사장의 후손이나 백성들을 노예화하기 위해 국가의 통치 체제를 바꾸려고 기를 쓰고 있는 인물입니다."라고 비난했다. 히르카누스는 아래와 같이 폼페이우스에게 호소하였다. "제가 장남임에도 불구하고 아리스토불루스에게 장자의 권리를 빼앗겼습니다. 게다가 저는 매우 적은 일부 지역만을 다스리고 있는데 그는 내게서 나머지 지역을 무력으로 빼앗아 갔습니다. 게다가 인근 국가들을 침략하고 바다에서 해적 행위를 한 것은 모두 아리스토불루스가 저지른 짓입니다. 그가 폭력과 무질서의 장본인이 아니라면 무엇 때문에 유대 백성들이 반역을 일으켰겠습니까? 저의 이 고소를 확증해 줄 유대인은 1,000명도 더 됩니다. 그것도 모두 존경받는 인물들 가운데서 말입니다. 안티파테르에게 물어보셔도 이것이 사실임을 아실 수 있을 것입니다." 이에 반해 아리스토불루스는 다음과 같이 주장하였다. "히르카누스가 왕좌에서 밀려난 것은 바로 그 자신의 성격 때문이었습니다. 즉 그는 활동적인 인물이 못 되기 때문에 사람들에게 경멸을 받곤 했습니다. 따라서 저는 왕위가 다른 자에게 넘어갈까 두려워서 어쩔 수 없이 왕좌를 수락한 것입니다. 게다가 왕이라는 명칭은 (저보다 앞서) 부친이 이미 사용한 바가 있었습니다." 아리스토불루스는 이같이 주장한 후 젊고 거만한 자들을 증인으로 데리고 들어왔다. 이들은 자주색 옷을 걸치고 머리를 멋지게 손질하고 화려한 장식품들을 치렁치렁 몸에 걸고 있었다. 이런 복장은 (법정에서는) 그야말로 혐오의 대상이었다. 더욱이 그들은 법정에서 공손히 자기주장을 탄원하려는 자세가 아니라 마치 화려한 행렬을 하는 듯한 태도로 입장을 했다.

3. 폼페이우스는 이 둘의 고소를 들은 후에 아리스토불루스의 폭력 사용을 정죄하고 선포한 다음 돌려보냈다. 폼페이우스는 우선 나바테아인들의 문제를 살펴본 다음 다시 돌아와서 그들의 문제를 수습해 주겠다고 했다. 그는 아리스토불루스가 반역을 일으켜서 돌아오는 길을 방해할까 봐 될 수 있는 한 부드럽게 대해 주었다. 그러나 아리스토불루스는 반역을 일으켰다. 아리스토불루스는 폼페이우스가 후에 돌아와 문제를 수습해 주겠다고 한 약속을 믿지 않고 델리우스(Delius)시로 갔다가 거기서 다시 유대로 행군하였다.

4. 아리스토불루스의 행동에 폼페이우스는 몹시 화가 났다. 그는 나바테아를 공격하러 데리고 간 원정군과 다메섹과 그 외 수리아 지역의 후원군과 휘하의 로마군을 총동원하여 아리스토불루스를 공격했다. 그는 펠라(Pella)와 스키토폴리스(Scythopolis)를 지나 중부 지방으로 들어가는 유대 첫 관문인 코레아이(Coreæ)로 갔다. 그는 거기서 아리스토불루스가 피신한 산 정상에 세워진 알렉산드리움(Alexandrium)이라 부르는 아름다운 요새로 진격했다. 폼페이우스는 거기서 아리스토불루스에게 사신을 보내 내려와서 자기를 만나라고 명령하였다. 이에 아리스토불루스는 로마군과 싸워서는 이로울 것이 없다는 주위 사람들의 설득에 못 이겨 폼페이우스 앞에 나타났다. 아리스토불루스는 히르카누스와 함께 통치권을 놓고 폼페이우스 앞에서 갑론을박을 벌인 후 폼페이우스의 허락을 받아 다시 요새로 올라갔다. 아리스토불루스는 이러기를 두세 번

이나 하였다. 그는 이러면서 은근히 통치권이 자기에게 인정될 것이라고 자위하였다. 그는 폼페이우스가 통치권을 히르카누스에게 넘겨줄지 모른다는 염려에서 어쩔 수 없는 경우라면 전쟁도 불사할 각오를 하고 전쟁 준비를 하면서도, 폼페이우스의 말이라면 무슨 명령이라도 복종할 것인 양 처신하였다. 폼페이우스는 아리스토불루스에게 그가 소유하고 있는 모든 요새를 양도하고 부하들에게 그런 취지를 자필로 써서 보내라고 지시하였다. 왜냐하면 아리스토불루스가 누구의 명령이 있더라도 요새를 남에게 넘겨서는 안 된다고 엄명을 내렸기 때문이었다. 이에 아리스토불루스는 그렇게 하겠다고 대답은 했지만 불만이 가득 차서 예루살렘으로 돌아와 전쟁 준비를 서둘렀다. 이에 폼페이우스는 군대를 거느리고 아리스토불루스를 공격하기 위해 떠났다. 그러나 도중에 본도(Pontus, 폰투스)에서 사신이 당도하여 미트리다테스(Mithridates)가 아들 파르마케스(Pharnaces, 파르나케스[Pharnaces]를 영역 과정에서 오기한 듯함-편집자 주)에게 살해되었다는 소식을 알렸다.

제4장

예루살렘 주민들이 성문을 닫아걸고 대항하자 폼페이우스가 성을 포위하고 무력을 써서 함락시킨 경위와 그 밖에 그가 유대에서 한 행적

1. 폼페이우스는 여리고에 진을 쳤다(여리고에는 종려나무가 무성했으며, 뾰족한 돌로 상처를 내면 고급 기름이 나오는 발삼나무가 자라고 있었다). 폼페이우스는 아침이 되자 예루살렘으로 진격했다. 이에 아리스토불루스는 자기가 한 일을 후회하고 폼페이우스에게 돈을 주고 예루살렘 입성을 환영하겠다고 약속했다. 그는 그러면

서 폼페이우스에게 평화적으로 일을 해결하자고 제의했다. 폼페이우스는 그의 간청에 못 이겨 그를 용서해 주고 가비니우스(Gabinius)와 병사들을 보내 돈을 받아 오고 예루살렘을 접수하라고 지시하였다. 그러나 가비니우스는 약속한 돈도 받아 오지 못했을 뿐 아니라 예루살렘에서 문전박대만 받고 그냥 맨손으로 돌아왔다. 아리스토불루스의 병사들이 약속을 방해했기 때문이었다. 이에 폼페이우스는 몹시 격분하여 아리스토불루스를 가두고 직접 군대를 거느리고 예루살렘으로 진격했다. 예루살렘은 북쪽을 제외하고는 사방이 매우 견고한 성벽으로 둘러싸인 요새였다. 북쪽은 넓고 깊은 도랑으로 둘러싸여 있었기 때문에[2] 그렇게 요새화할 필요가 없었다. 예루살렘 안에는 성전이 있었는데 성전 또한 견고한 석벽으로 둘러싸여 있었다.

2. 예루살렘 주민 가운데는 폼페이우스에게 항복하는 것이 좋겠다는 사람들도 있었고 목숨을 걸고 싸우자는 사람들도 있었다. 그러나 아리스토불루스의 추종자들은 그가 갇혀 있었기 때문에 성문을 닫아걸고 대항하자고 주장하였다. 이들은 다른 편 사람들의 일을 방해하고 성전을 장악한 후 도시에서 성전으로 들어가는 다리를 부수고 적의 포위 공격에 대비했다. 그러나 다른 편 사람들은 폼페이우스에게 투항하고 도시와 왕궁을 그에게 넘겨주었다. 이에 폼페이우스는 부장(副將) 피소(Piso)와 군대를 보내 도시와 왕궁 내에 수비대를 설치하고 성전과 연결된 건물들과 그 밖의 여러 곳을 요새화시켰다. 폼페이우스는 처음에는 성전 안에서 대항하는 자들에게 여러 조건을 제시하여 타협을 보려고 하였다. 그러나 이들이 이 조건에 응하려고 하지 않자 성전을 포위하였다. 히르카누스는 이 모든 일에 자원해서 폼페이우스를 도왔다. 폼페이우스는 성전 북쪽에 진을 쳤다. 왜냐하면 그쪽이 가장 취약한 부분이기 때문이었다. 그러나 그렇다고 하더라도 그곳에는 높은 망대들이 세워져 있었으며 깊은 호(濠)가 있었다. 게다가 또 깊은 계곡이 둘려 있었다. 또한 도시 쪽으로는 절벽이 형성되어 있었으며 폼페이우스가 이용해서 들어간 다리는 끊어져 버렸다. 그러나 폼

---

[2] 스트라본(Strabo)에 따르면 이 도랑은 깊이가 60피트(feet), 너비가 250피트였다고 한다.

페이우스는 무진 애를 써서 하루하루 토성을 쌓아 나갔다. 이에 필요한 흙은 로마 병사들을 시켜 주위 여러 곳에서 퍼 오도록 지시했다. 토성이 충분히 올라가고 호(壕)도 매우 깊긴 했지만 어느 정도 메워지자 폼페이우스는 공성 장비와 공성 망치를 두로(Tyre)에서 가지고 왔다. 그는 이 장비들을 토성 위에 올려놓고 성전을 향해 돌을 쏘았다. 제7일에 쉬는 조상 전래의 풍습이 없었다면 유대인들의 방해 공작 때문에 토성은 결코 완성될 수 없었을 것이다. 안식일이라 하더라도 공격을 당할 때 수비하는 것은 율법이 허락하나, 적이 공격하지 않고 다른 일을 할 때 먼저 공격하는 일은 안식일에는 허용되지 않기 때문이었다.

3. 이것을 눈치챈 로마군들은 안식일에는 유대인을 공격하지 않고 토성을 쌓는 일과 공성 장비를 토성 위에 올려놓아 다음 날 공격 준비를 하는 데만 시간을 들였다. 독자들은 여기서 우리가 하나님에 대해 얼마나 큰 경외심을 갖고 있으며 율법을 지키기 위해 얼마나 애를 썼는가를 쉽게 짐작할 수 있을 것이다. 제사장들은 공격을 당하고 있다고 해서 성무(聖務)를 중단하지 않았다. 그들은 아침과 제9시에 한 번씩 하루에 두 번 제단 위에서 제사를 드렸다. 돌이 날아오는 가운데서도 그들은 제사를 생략하지 않았다. 카이우스 안토니우스(Caius Antonius)와 마르쿠스 툴리우스 키케로(Marcus Tullius Cicero)가 로마의 집정관으로 있던 제179올림피아드 제3월 금식일[3]에 성전이 함락되어 로마군들이 들어와 성전 안에 있던 자들의 혀를 자르는 상황에서도 제사를 드리던 제사장들은 한 발짝도 움직이지 않았다. 그들은 이미 수많은 사람이 살해된 것도 두려워하지 않았으며 자기 목숨이 아까워 도망을 치려고 하지도 않았다. 그들은 율법이 요구하는 바를 생략하는 것보다는 차라리 제단 옆에서 죽는 편이 훨씬 좋다고 생각하였다. 이것은 거짓된 경건의 깊이를 자랑하려는 일종의 과시도 아니요 만용도 아니었다. 그것은 참된 진실이었다. 이에 대해서는 폼페이우스의 행적을 기록한 역사가들이 잘 입증해 주고 있다. 스트라본(Strabo)과

---

[3] 이날은 시완(Sivan)월 제23일로서 "이스라엘에게 범죄하게 한" 여로보암의 배신과 우상 숭배를 기억하고 1년에 한 번씩 금식하는 날이다.

다메섹의 니콜라우스(Nicolaus of Damascus)와 로마의 역사를 집필한 티투스 리비우스(Titus Livius)가 이 사실을 입증하고 있다.[4]

4. 적이 공성 망치를 사용하여 공격을 가하자 높은 망대가 부서지면서 성벽의 일부가 무너졌다. 그러자 적들이 그리로 마구 쏟아져 들어왔다. 실라(Sylla)의 아들 코르넬리우스 파우스투스(Cornelius Faustus)가 병사들을 거느리고 성벽을 제일 처음 넘었으며 그 뒤를 이어 백부장 푸리우스(Furius)가 성벽을 넘었다. 또한 백부장 파비우스(Fabius)가 성벽 중앙부를 넘자 수많은 병사들이 그 뒤를 따랐다. 이어서 큰 살육이 일어났다. 일부 유대인은 로마인의 손에 죽고 일부 유대인은 서로 살해하였다. 어떤 유대인들은 절벽 아래로 몸을 던지기도 하였고 어떤 유대인들은 집에 불을 지르기도 하였다. 이에 사망한 유대인은 모두 12,000명이나 되었다. 그러나 이에 비해 전사한 로마인의 수는 얼마 되지 않았다. 아리스토불루스의 숙부인 동시에 장인도 되는 압살롬(Absalom)이 포로로 잡혔다. 또 전에는 아무나 접근할 수도 없고 볼 수도 없었던 성전을 마구 짓밟았다. 폼페이우스와 그의 많은 부하들은 성전에 들어가 대제사장을 제외하고는 아무도 볼 수 없는 것까지 보았다. 성전 안에는 금상과 거룩한 등대와 그릇들과 다량의 향료들은 물론 2,000달란트나 되는 돈이 보관되어 있었다. 그러나 폼페이우스는 종교를 존중했기 때문에 이런 것들은 건드리지 않았다.[5] 이 점에서 폼페이우스는 칭찬할 만한 덕을 가진 인물이었다. 그다음 날 폼페이우스는 성전을 책임 맡은 자들에게 성전을 청결케 한 후 하나님께 제사를 드리라고 지시하였다. 또한 그는 히르카누스의 대제사장직을 다시 회복시켜 주었다. 이에는 두 가지 이유가 있었다. 첫째는 히르카누스가 여러모로 폼

---

[4] 안식일에는 어떤 상황에서도 유대인의 공격적인 전투가 불법이라는 이 바리새인적 미신적 관념은 마카비(Maccabee) 시대 이전에는 결코 들어 보지 못한 소리이다. 폼페이우스(Pompey)와 소시우스(Sossius)와 티투스(Titus)에 의해 예루살렘이 함락된 사건은 모두 이 관념이 계기가 되었다. 바리새인들이 이를 주장할 때마다 우리 주님은 항상 이를 반대하셨다. 이것은 신약 성경 여러 곳에 분명히 나타나 있다. 주님은 로마군을 피해 도망치게 될 때 이 미신이 그들에게 얼마나 유해한가가 드러나게 될 것이라고 말씀하셨다(마 24:20).

[5] 이 사실은 키케로(Cicero)의 증언에 의해서 확증되고 있다.

페이우스에게 유익한 존재였기 때문이었고, 둘째는 유대인들이 아리스토불루스와 결탁하여 대항하는 것을 미리 예방하기 위해서였다. 그는 또한 전쟁을 일으킨 장본인들의 목을 베는 한편 파우스투스와 그 밖의 용감한 병사들에게는 공로에 따라 적절한 포상을 내렸다. 그는 예루살렘을 로마의 속국으로 만드는 한편 유대인들이 정복한 코엘레수리아의 여러 도시를 빼앗아 직접 로마의 지휘권 아래 두었으며 기세가 드높았던 유대국의 세력이 유대 지방 밖으로 나가지 못하도록 제한시켰다. 더욱이 폼페이우스는 부하인 가다라의 데메트리우스(Demetrius of Gadara)를 기쁘게 해주기 위해 얼마 전에 파괴되었던 가다라(Gadara)를 재건해 주었으며 히포스(Hippos), 스키토폴리스(Scythopolis), 펠라(Pella), 디온(Dios), 사마리아(Samaria), 마레사(Marissa), 아스돗(Ashdod), 얌니아(Jamnia), 아레투사(Arethusa) 등을 원래 주민들에게 돌려주었다. 이 도시들은 내륙 지방의 도시들이다. 이 밖에도 그가 재건한 해변의 도시들은 가사(Gaza), 욥바(Joppa), 도라(Dora), 스트라톤의 망대(Strato's Tower) 등이었다. 스트라톤의 망대는 후에 헤롯이 거창하게 재건하고 항구와 신전까지 건설한 다음 가이사랴(Cæsarea)로 개명하였다. 폼페이우스는 이 모든 도시를 해방하고 수리아 지역에 통합시켰다.

5. 예루살렘이 이 같은 재난을 겪은 것은 모두가 히르카누스와 아리스토불루스 때문이었다. 즉 이 둘이 서로 다투었기 때문이었다. 결국 이로 인해 유대국은 자유를 상실하고 로마에 굴복하게 되었을 뿐 아니라 힘으로 수리아에게서 빼앗은 영토를 수리아에 다시 돌려주지 않을 수 없게 되었다. 더욱이 그로부터 얼마 후 로마인들은 10,000달란트도 더 되는 돈을 빼앗아 갔으며 형식상 대제사장에게 수여되는 왕권은 일개 사인(私人)의 소유가 되어 버리고 말았다. 그러나 이에 관한 이야기는 후에 적절한 기회에 상세히 다루도록 하자. 한편 폼페이우스는 로마군 2개 군단(legion)을 스카우루스(Scaurus)에게 주어 유브라데강과 애굽에 이르는 코엘레수리아 전 지역을 관할하게 한 후 길리기아(Cilicia)에 들렀다가 서둘러 로마로 돌아갔다. 폼페이우스는 이때 아리스토불루스와 그의 자녀들을 결박하여 끌고 갔다. 아리스토불루스에게는 아들과 딸

이 각기 둘씩 있었다. 그러나 장남은 도망을 쳤다. 그래서 결국 차남인 안티고누스(Antigonus)와 딸 둘만이 로마로 붙잡혀 가는 신세가 되었다.

제5장

스카우루스가 아레타스와 상호 원조 동맹을 체결하게 된 경위, 그리고 가비니우스가 아리스토불루스의 아들 알렉산드로스를 정복한 후에 유대에서 행한 업적에 관하여

1. 스카우루스(Scaurus)는 아라비아의 페트레아(Petrea)를 공격했으나 성에 접근하기가 어려워 인근 지역에 불을 질렀다. 한편 스카우루스의 군대가 기근으로 곤경에 처하게 되자 안티파테르(Antipater)는 히르카누스(Hyrcanus)의 명령에 따라 유대 지역에서 곡식을 실어다 주었으며 그 밖에 스카우루스가 원하는 것은 무엇이나 공급해 주었다. 또한 안티파테르는 전에 아레타스(Aretas)와 함께 거한 적이 있었다는 이유로 스카우루스의 사신이 되어 아레타스에게 가게 되었다. 안티파테르는 스카우루스에게 돈을 주고 방화에 의해 국토가 폐허가 되지 않도록 하라고 아레타스를 설득했다. 이에 300달란트만 내면 나라가 안전할 것이라고 제안했다. 이 조건으로 스카우루스와 아레타스는 더 이상 전쟁을 하지 않기로 결의했다. 이는 아레타스만큼이나 스카우루스도 바라던 바였다.

2. 그 후 아리스토불루스의 아들 알렉산드로스(Alexander)가 유대를 침입해 오자 가비니우스(Gabinius)는 로마군 총사령관으로 수리아에 왔다. 가비니우스

는 여러 가지 괄목할 만한 일을 했다. 특히 히르카누스가 아직 알렉산드로스에 대항할 능력이 없었기 때문에 가비니우스가 알렉산드로스와 맞서 전투를 벌였다. 히르카누스는 알렉산드로스에게 대항할 능력이 없으면서도, 폼페이우스가 허물어뜨린 예루살렘 성벽을 벌써 재건하고 있었다. 물론 로마군은 그의 이 계획을 조금도 지원해 주지 않았다. 한편 알렉산드로스는 유대 전역을 돌아다니면서 유대인들을 무장시키기 시작했다. 이에 그의 병력은 보병 10,000명에 기병 1,500명으로 급격히 불어났다. 알렉산드로스는 코레아이(Coreæ) 근처의 알렉산드리움(Alexandrium)과 아라비아 산간 지방 근처의 마케루스(Macherus)를 요새화하였다. 이에 가비니우스는 마르쿠스 안토니우스(Marcus Antonius) 등의 지휘관들을 앞서 보낸 후 직접 병사를 거느리고 알렉산드로스를 공격했다. 그의 부하들이 이끌고 간 병력은 무장한 로마군 외에 피톨라우스(Pitholaus)와 말리쿠스(Malichus)가 이끄는 로마 지지 유대군과 안티파테르 추종자 등이었다. 가비니우스는 휘하 로마 군단을 거느리고 이들 뒤를 따랐다. 이에 알렉산드로스는 예루살렘 근방으로 후퇴하였다. 결국 그곳에서 알렉산드로스와 로마군 사이에 치열한 접전이 벌어졌다. 전쟁의 결과 로마군이 승리하게 되었다. 로마군은 유대인 3,000명을 죽이고 3,000명을 포로로 사로잡았다.

3. 이때 가비니우스는 알렉산드리움으로 가서 그곳 주민들에게 지난 죄는 모두 용서해 줄 테니까 항복하라고 설득했다. 그러나 알렉산드리움 주민들은 요새 앞에 진을 치고 대항할 태세를 갖추었다. 이에 로마군은 공격을 개시했다. 마르쿠스 안토니우스는 용감하게 싸워 수많은 유대인을 살해하였다. 이에 가비니우스는 일부 병력을 남겨 알렉산드리움 요새를 함락시키도록 명한 다음 자기는 유대의 다른 지역을 돌면서 무너진 모든 도시를 재건하도록 지시하였다. 이때 재건된 도시는 사마리아, 아스돗, 스키토폴리스, 안테돈, 라피아, 도라, 마레사, 가사 및 그 밖의 여러 도시였다. 가비니우스의 명에 의해 이 도시들이 재건되기에 이르렀고 오랫동안 버려졌던 곳이 다시 사람들이 거주하는 도시로 바뀌게 되었다.

4. 가비니우스는 이같이 조치한 후 다시 알렉산드리움으로 돌아왔다. 그가 다시 맹공격을 할 기미가 보이자 알렉산드로스는 사신을 보내 지난 과오를 용서해 달라고 간청했다. 결국 알렉산드로스는 히르카니아(Hyrcania)와 마케루스(Macherus) 요새뿐 아니라 마침내는 알렉산드리움(Alexandrium) 요새까지 가비니우스에게 넘겨주었다. 이에 가비니우스는 알렉산드리움 요새를 파괴했다. 남편과 다른 자녀들을 로마에 두고 있던 까닭에 로마의 편을 들지 않을 수 없었던 알렉산드로스의 모친이 오자 가비니우스는 그녀가 원하는 것은 무엇이든지 들어주었다. 그 후 가비니우스는 히르카누스를 예루살렘으로 오게 한 후 그에게 성전 관리를 맡겼다. 또한 가비니우스는 다섯 개의 의회를 구성한 다음 유대국을 다섯 지역으로 구분하여 다스리게 했다. 결국 이 의회가 백성들을 다스리게 된 것이다. 제1의회는 예루살렘(Jerusalem)을, 제2의회는 가다라(Gadara)를, 제3의회는 아마투스(Amathus)를, 제4의회는 여리고(Jericho)를, 제5의회는 갈릴리의 세포리스(Sepphoris)를 다스리게 되었다. 이렇게 해서 유대인은 왕정에서 벗어나게 되었고 귀족 정치(aristocracy)의 지배를 받게 되었다.

제6장

가비니우스가 로마에서 도망친 아리스토불루스를 잡아
다시 로마로 보낸 경위,
그리고 가비니우스가 애굽에서 돌아온 후
알렉산드로스와 나바테아인들을 전쟁에서 무찌른 경위

1. 한편 아리스토불루스는 로마에서 탈출하여 유대로 돌아와 무너진 지 얼마 안 되는 알렉산드리움을 재건하기 시작했다. 이에 가비니우스는 시센나

(Sisenna)와 안토니우스(Antonius)와 세르빌리우스(Servilius)를 사령관으로 하는 군대를 파견하여 아리스토불루스가 그 지역을 장악하지 못하게 하는 한편 그를 생포해 오라고 지시했다. 유대인들은 변혁을 좋아하는 자들이기에 아리스토불루스의 그 전 영광을 상기하고 많은 사람이 그의 편에 가담했다. 아리스토불루스에 가담한 자들은 주로 무장을 하지 않은 평민들이었으나 그중에는 부하 1,000명을 이끌고 온 예루살렘의 부장(副將) 피톨라우스(Pitholaus) 같은 자도 있었다. 아리스토불루스는 마케루스(Macherus)로 가기로 결심하고 무장하지 않은 유대인들은 돌려보냈다. 무장하지 않은 사람은 오히려 그가 하려고 하는 일에 방해만 되기 때문이었다. 아리스토불루스는 무장 병사 8,000명만 거느리고 행군을 시작했다. 도중에 그들은 로마군의 맹습을 받아 용감하게 싸웠으나 그만 패배하고 말았다. 그들은 중과부적으로 로마군에 패해 도망을 칠 수밖에 없었다. 이날 유대인은 5,000명이 전사했으며 나머지 병사들은 목숨을 부지하기 위해 뿔뿔이 흩어져 도망을 쳤다. 그러나 아리스토불루스에게는 아직도 약 1,000명가량이 남아 있었다. 그리하여 아리스토불루스는 이들을 끌고 마케루스로 가서 그곳을 요새화하였다. 비록 그는 실패했으나 희망은 버리지 않았다. 그는 이틀간의 적의 포위 공격에 대항하여 사력을 다해 싸웠으나 많은 부상을 입고 로마에서 같이 탈출한 아들 안티고누스(Antigonus)와 함께 포로가 되어 가비니우스에게 끌려오고 말았다. 결국 아리스토불루스는 다시 로마로 압송되어 감금되는 신세가 되고 말았으니 그가 왕과 대제사장으로서 유대를 다스린 기간은 3년 6개월이었다. 아리스토불루스는 진정 뛰어난 인물이요 용감한 사람이었다. 한편 가비니우스는 로마 원로원에 서신을 보내 아리스토불루스의 자녀들을 돌려주면 그의 아내가 요새들을 로마에 넘겨주겠다고 약속했다는 사실을 알렸다. 이에 원로원은 아리스토불루스의 자녀들을 석방시켰다. 따라서 그들은 예루살렘으로 돌아올 수 있었다.

2. 한편 가비니우스는 바대(Parthia, 파르티아)를 정복할 계획을 가지고 유브라데(Euphrates)강을 건너가기까지 했으나 갑자기 생각이 달라졌다. 그래서 프톨레마이우스(Ptolemy)를 애굽 왕위에 복귀시키기 위해 애굽으로 말 머리를 돌리

기로 결심했다.[6] 이에 대해서는 다른 곳에서 이미 언급하였다. 한편 안티파테르(Antipater)는 아르켈라우스(Archelaus)에 대항하는 가비니우스의 원정군이 필요로 하는 곡물과 무기와 돈을 원조해 주었다. 가비니우스는 애굽으로 내려가는 길목을 지키는, 펠루시움(Pelusium) 상부의 유대인들을 우방으로 끌어들여 친선 관계를 맺었다. 그러나 가비니우스가 애굽에서 다시 돌아왔을 때는 수리아가 온통 반란과 고통의 수라장이 되어 있었다. 아리스토불루스의 아들 알렉산드로스가 두 번째로 무력을 이용하여 통치권을 장악하고 수많은 유대인들로 하여금 가비니우스에게 반역을 일으키도록 만들었기 때문이었다. 게다가 알렉산드로스는 대군을 거느리고 유대 전역을 휩쓸면서 닥치는 대로 로마군을 살해했으며 로마군이 그리심산으로 퇴각하자 그곳까지 쫓아가 산을 포위하기까지 하였다.

3. 가비니우스는 수리아가 이런 지경에 놓인 것을 보고 신중한 인물인 안티파테르를 반란군에 보내 안정을 찾도록 설득을 시도하였다. 이에 안티파테르는 그들에게 나아가 많은 이들로 하여금 안정을 찾게 하는 데는 성공하였으나 알렉산드로스를 설득시킬 수는 없었다. 그는 30,000명이나 되는 병력을 믿고 있었기 때문이었다. 알렉산드로스는 이에 가비니우스에 대항하여 전투를 벌였으나 다볼(Tabor)산 근처에서 10,000명의 부하를 잃는 패배를 당하고 말았다.

4. 가비니우스는 예루살렘에 관한 모든 문제를 안티파테르의 의향에 따라 처리한 후에 나바테아인(Nabateans)들을 공격하여 패배시켰다. 그는 또한 바대(Parthia, 파르티아)를 배반하고 그에게 온 미트리다테스(Mithridates)와 오르사네스(Orsanes)가 그를 배신했다는 소문이 떠돌고 있음에도 불구하고 그들을 부드럽게 대하고 돌려보냈다. 가비니우스는 이같이 전투에서 찬란하고도 혁혁한 전공을 세운 후 로마로 돌아갔으며 그의 자리는 크라수스(Crassus)에게 넘

---

[6] 허드슨(Hudson) 박사는 리비우스(Livius)를 인용하여 "지방 총독(proconsul) 가비니우스(Gabinius)는 그들이 왕으로 세운 아르켈라우스(Archelaus)를 쫓아내고 프톨레마이우스(Ptolemy)를 애굽 왕위에 복귀시켰다."라고 말하고 있다.

겨주었다. 다메섹의 니콜라우스(Nicolaus of Damascus)와 갑바도기아의 스트라본(Strabo of Cappadocia)은 모두 폼페이우스와 가비니우스의 유대 원정사를 기록하고 있는데 두 기록이 대동소이(大同小異)하다.

제7장

크라수스가 유대를 침공하고 성전을 약탈한 후 바대를 정복하기 위해 떠났으나 그의 군대와 함께 전멸당하게 된 경위, 그리고 카시우스가 수리아를 장악하고 바대의 세력 확장을 중지시킨 후에 유대를 침공한 경위

1. 크라수스(Crassus)는 바대(Parthia, 파르티아) 원정을 떠나기에 앞서 유대를 침공하여 폼페이우스가 남겨 둔 성전 돈 2,000달란트와 8,000달란트에 달하는 성전의 금을 약탈하였다. 그는 또한 300미나(mina)나 나가는 순금을 두드려 만든 들보도 빼 갔다. 1미나(mina)는 2.5파운드(pound)이다. 이 들보를 빼서 크라수스에게 준 사람은 그 당시 성전 곳간을 담당한 제사장 엘르아살(Eleazar)이었다. 그는 악한 생각에서 그렇게 한 것은 아니었다. 그는 의롭고 선한 인물이었다. 그 당시 그는 이 들보에 매달린 미와 정교함의 극치인 성전 휘장을 돌보는 일을 책임지고 있었다. 그는 크라수스가 돈을 모으는 데 혈안이 되어 있는 것을 보고 성전의 모든 보물이 없어질 것을 두려워한 나머지 그것 외에는 다른 것을 절대로 건드리지 않겠다는 약속을 크라수스에게서 받아 내고 10,000세겔의 값어치가 있는 이 금들보를 그에게 준 것이었다. 이 금들보는 텅 빈 나무 들보 안에 들어 있었기 때문에 엘르아살 외에는 아무도 아는 자

가 없었다. 그러나 크라수스는 성전에 속한 것은 절대로 건드리지 않겠다는 약속을 하고 이 금들보를 받은 후에 약속을 어기고 성전에 있는 모든 금을 다 빼앗아 갔다.

2. 우리 성전에 그토록 많은 재산이 들어 있는 것에 대해 그렇게 놀랄 필요는 없다. 그것은 세상의 모든 유대인과 하나님을 경외하는 자들, 심지어는 아시아인과 유럽인까지도 하나님께 예물을 바쳤기 때문이었다. 그것도 매우 오래전부터 그렇게 해왔기 때문이었다. 아무런 증거도 없이, 허영심에 들떠 이토록 많은 돈이 성전에 있었다고 떠드는 것은 아니다. 왜냐하면 이를 입증해 주는 증인들이 많기 때문이다. 이 중에서 특별히 갑바도기아의 스트라본(Strabo of Cappadocia)은 다음과 같이 말하고 있다. "미트리다테스(Mithridates)는 코스(Cos)로 사람을 보내 클레오파트라 여왕이 모아 놓은 돈과 유대인 소유의 800달란트를 빼앗았다." 유대인은 하나님께 속한 돈 외에는 공금(公金)이 없다. 이 돈은 미트리다테스를 두려워한 나머지 아시아의 유대인이 코스(Cos)로 옮긴 돈임이 분명하다. 왜냐하면 견고한 도시와 성전이 있는 유대의 유대인이 돈을 코스로 보낼 리는 만무하기 때문이다. 또한 알렉산드리아의 유대인은 미트리다테스를 두려워할 이유가 없기 때문에 그들이 보냈을 리도 만무하다. 스트라본은 실라(Sylla)가 미트리다테스와 싸우기 위해 그리스로 들어가면서 유대인이 구레네(Cyrene, 키레네)에서 일으킨 반역을 진압하라고 루쿨루스(Lucullus)에게 명령하는 장면에서 다시 이 사실을 이와 같이 증명해 주고 있다. "구레네에는 시민(citizen), 농부(husbandman), 이방인(stranger), 유대인(Jews)의 네 계급이 있었다. 현재는 유대인이 안 들어간 도시가 없다. 이 유대족을 받아들이지 않은 곳, 즉 이들이 차지하지 않은 곳은 사람이 거주하는 곳에서는 찾아보려야 찾아볼 수가 없다. 따라서 같은 지배자의 통치를 받는 애굽과 구레네는 물론 그 외의 여러 나라가 유대인의 삶의 방식을 모방하고, 특별한 방식으로 다수의 유대인을 보유하면서 그들과 함께 번영을 누리게 되었을 뿐 아니라 유대국과 동일한 율법을 사용하기에 이르렀다. 이에 유대인은 애굽에서는 알렉산드리아(Alexandria)뿐 아니라 그 밖의 여러 곳을 유대인 지역으로 할당받게

되었다. 또한 유대인에게는 자치권이 부여되었다. 마치 자유 공화국의 지배자와 같은 통치자가 있어서 유대인을 다스리고 의를 실행하며 계약과 율법의 문제를 감독하였다. 애굽에서 이 유대 자치국은 막강하였다. 유대인은 원래 애굽인이었던 데다가 유대인이 애굽으로 들어오기 전에 거하던 곳이 바로 애굽과 인접해 있었기 때문이었다. 유대인은 또한 구레네로도 이주해 들어갔다. 구레네는 유대와 마찬가지로 애굽의 통치 지역에 인접해 있었기 때문이다. 예전에는 애굽 왕국의 지배를 받았던 곳이기도 하다." 이것이 스트라본이 기록한 내용이다.

3. 크라수스는 이같이 모든 일을 제 마음대로 처리한 후에 바대로 행군하였으나, 우리가 다른 곳에서 언급한 바와 같이 크라수스는 물론 그의 군대가 모두 전멸당하고 말았다. 한편 카시우스(Cassius)는 로마에서 탈출한 후 수리아를 장악하고 바대의 세력 확장에 제동을 걸었다. 바대는 크라수스를 이기게 되자 기고만장하여 수리아를 침공해 왔다. 카시우스는 두로(Tyre)로 돌아온 후 다시 유대를 침입하였으며 타리케아이(Tarichex)를 공격하여 함락시키고 30,000명의 유대인을 포로로 잡아가는 한편 아리스토불루스의 뒤를 이어 반란을 주도하던 피톨라우스(Pitholaus)를 살해하였다. 그런데 카시우스가 피톨라우스를 살해한 것은 안티파테르가 뒤에서 그렇게 조종했기 때문이었다. 안티파테르는 카시우스에 대해 깊은 관심을 보이고 있었으며 그 당시 이두매인들의 신망을 한 몸에 받고 있었다. 안티파테르는 이두매의 유명 인사의 딸인 키프로스(Cypros)[7])와 결혼하였다. 안티파테르는 아내와의 사이에서 네 아들과 한 딸을 두었다. 아들은 파사엘루스(Phasaelus)과 후에 왕이 된 헤롯(Herod)과 요셉(Joseph)과 페로라스(Pheroras)였으며 딸은 살로메(Salome)였다. 안티파테르는 주변의 실력자들과 친선을 맺으며 상호 우의를 두텁게 했다. 그는 특히 아라비아(Arabia)의 왕과 교분을 두텁게 하였으며 아리스토불루스와 전쟁을 할

---

7) 허드슨(Hudson) 박사는 이 이름이 몇몇 비평가들이 지적하듯 베누스(Venus)의 그리스식 이름인 키프리스(Cypris)를 말하는 게 아니라 히브리식 어미(語尾)를 가진 키프로스(Cypros)라고 주장한다.

때는 자녀들을 그에게 맡겼다. 한편 카시우스는 적과 맞서 싸우기 위해 진영을 옮겨 유브라데강까지 진군하였다. 이에 대해서는 다른 역사가들이 상세히 다루고 있다.

4. 한편 그로부터 얼마 후 카이사르(Cæsar)가 로마를 장악하게 되자 폼페이우스와 원로원 의원들은 이오니아해(Ionian Sea) 건너로 도망쳤다. 카이사르는 정권을 장악한 후 아리스토불루스를 석방하고 2개 군단을 맡겨 수리아로 보내면서 모든 일을 이치에 맞게 바로잡으라고 지시하였다. 그러나 아리스토불루스는 카이사르가 부여해 준 권력을 제대로 행사해 보지 못하고 폼페이우스 지지 세력의 손에 독살되고 말았다. 이에 카이사르 지지자들이 그를 장사 지냈다. 그의 시신은 안토니우스(Antony)가 후에 유대로 보내 왕의 묘실에 장사 지낼 때까지 오랫동안 꿀로 방부 처리를 한 채로 있었다. 로마에 반역을 꾀한 죄로 아리스토불루스의 아들 알렉산드로스를 처형하라는 폼페이우스의 명령이 떨어지자 스키피오(Scipio)는 그의 머리를 베었다. 이렇게 해서 알렉산드로스는 안디옥(Antioch)에서 죽었다. 한편 리바누스(Libanus)산 아래의 칼키스(Chalcis)를 지배하고 있던 멘네우스(Menneus)의 아들 프톨레마이우스(Ptolemy)는 알렉산드로스의 형제들을 데려다가 돌봐 주었다. 그는 아들 필리피온(Philippion)을 아스글론(Askelon)에 있는 아리스토불루스의 아내에게 보내 그녀의 아들 안티고누스(Antigonus)와 딸들을 자기에게 보내 달라고 요청했다. 딸들 가운데는 알렉산드라(Alexandra)라는 딸이 있었는데 필리피온이 그녀를 사랑하게 되었고 결국은 결혼하게 되었다. 그러나 프톨레마이우스는 아들 필리피온을 죽인 후 알렉산드라와 결혼하였고 계속해서 그녀의 형제들을 돌봐 주었다.

제8장

카이사르가 애굽과 싸울 때
유대인이 카이사르와 동맹을 맺게 된 경위와
안티파테르의 찬란한 업적과 카이사르와 맺은 교분에 관하여,
그리고 유대인이 로마인과 아테네인에게서 받은 영예에 관하여

1. 카이사르(Cæsar)에게 패배한 폼페이우스가 죽자 유대를 관할하고 있는 안티파테르는 카이사르의 애굽 원정에 많은 도움을 주었다. 이는 모두 히르카누스가 안티파테르에게 시킨 것이었다. 버가모(Pergamus, 페르가무스)의 미트리다테스(Mithridates)가 원군을 끌고 카이사르를 도우려고 하였으나 펠루시움(Pelusium) 주민들의 방해로 진로가 막혀 아스글론(Askelon)에 머물 수밖에 없었을 때 안티파테르는 유대인 무장 병사 3,000명을 거느리고 미트리다테스를 도왔다. 안티파테르는 또한 아라비아의 세력가들을 설득하여 원군을 보내게 했다. 이에 카이사르의 관심을 끌기 위해서는 무슨 짓이라도 할 수리아인들도 안티파테르에게 뒤질세라 원군을 자청하고 나섰다. 그들의 이름을 살펴보자면 리바누스(Libanus)산에 거주하는 얌블리쿠스(Jamblicus)와 그의 아들 프톨레마이우스(Ptolemy)와 소헤무스(Sohemus)의 아들 톨로마이우스(Tholomy) 등이었다(윌리엄 휘스턴의 번역대로 옮기긴 했으나 헬라어 사본에서는 얌블리쿠스[Jamblicus]와 소헤무스[Sohemus]의 아들 프톨레마이우스[Ptolemy] 두 사람만 거론되고 있음-편집자 주). 이에 미트리다테스는 수리아에서 펠루시움으로 진격하였다. 그러나 주민들이 그를 환영하지 않자 미트리다테스는 성을 포위하고 공격을 시작했다. 여기서 안티파테르는 그의 명성을 발휘하였다. 즉 그는 제일 먼저 성벽의 일부를 허물고 성에 진입하여 아군이 성 안으로 들어갈 수 있는 기회를 만들어 주었고 그리하여 성을 함락시키는 데 결정적인 기여를 하였다. 그러나 오니아스(Onias)의 이름을 딴 지역에 거하는 애굽계 유대인들이 안티파테르와 미트리다테스의 군대가 카이사르에게 가는 길을 또다시 가로막고 나섰다. 이에 안티파테르가 다시

나서서 그들을 설득시켜 우방으로 만드는 데 성공하였다. 안티파테르가 성공한 것은 그들과 같은 민족이었다는 점에도 그 이유가 있었으나 대제사장 히르카누스의 편지에 더 큰 원인이 있었다. 히르카누스는 이 서신에서 그들에게 카이사르와 친선 관계를 맺고 돈과 그 밖의 물자로 카이사르를 도와줄 것을 권면했던 것이었다. 그들은 히르카누스의 서신을 보고 안티파테르와 히르카누스의 생각이 같다는 점을 깨닫고 안티파테르가 요구하는 대로 움직여 주었다. 한편 멤피스(Memphis) 주변에 거하는 유대인들은 이 유대인들이 카이사르의 원군이라는 것을 알고 미트리다테스를 초청했다. 이에 미트리다테스는 그들의 초청에 응했을 뿐 아니라 그들을 자기 군대에 편입시켜 주었다.

2. 미트리다테스는 델타(Delta) 지역을 지나 유대 진영(Jewish Camp)이라고 불리는 곳에서 적과 일대 접전을 벌였다. 미트리다테스는 오른쪽을 맡았으며 안티파테르는 왼쪽을 맡았다. 그런데 전투가 벌어지자 미트리다테스가 맡은 부대는 적에게 밀리기 시작했다. 만일 안티파테르가 일찍 자기 쪽의 적을 물리치고 해변을 따라 급히 달려와서 도와주지 않았다면 심한 타격을 입을 뻔하였다. 안티파테르는 급히 달려와서 미트리다테스를 구해 냈으며 애굽군을 격퇴했다. 애굽군은 도저히 안티파테르의 적수가 되지 않자 모두 도망을 치기 시작했다. 이에 안티파테르는 적 진영을 장악하고 계속해서 도망가는 적을 추격했다. 그 후 그는, 패배하여 한참 뒤로 물러나 있던 미트리다테스에게로 돌아왔다. 이 전투에서 미트리다테스의 부하는 800명이 전사한 반면에 안티파테르의 병사는 50명밖에 전사하지 않았다. 미트리다테스는 이 전쟁의 전말을 카이사르에게 보고하면서 전쟁 승리의 주역은 안티파테르이며 그가 자기의 목숨까지도 구해 주었다는 사실을 숨기지 않았다. 이에 카이사르는 안티파테르를 극찬했으며 전쟁의 주요 고비에서마다 그를 중용(重用)하였다. 그런데 안티파테르는 한 전투에서 어쩌다가 부상을 당하게 되었다.

3. 그 후 카이사르는 전쟁을 끝마치고 수리아로 배를 타고 건너간 후 안티파테르를 극진하게 대우해 주었고 히르카누스의 대제사장직을 재확인해 주었다.

카이사르는 안티파테르에게 로마 시민권을 부여해 주었을 뿐 아니라 세금을 면제해 주었다. 그런데 히르카누스가 안티파테르와 함께 이 원정에 참가하여 애굽까지 갔었다는 점이 많은 이들을 통해 전해져 내려오고 있다. 갑바도기아의 스트라본(Strabo of Cappadocia)은 아시니우스(Asinius)의 말을 빌려 이 같은 사실을 아래처럼 입증하고 있다. "미트리다테스가 애굽을 침략했을 때 유대의 대제사장 히르카누스가 동행했었다." 또한 힙시크라테스(Hypsicrates)의 말을 빌려서는 이같이 말하고 있다. "미트리다테스는 처음에는 혼자 출정하였으나 유대를 관할하고 있던 안티파테르를 아스글론에서 불렀다. 이에 안티파테르는 미리 대기하고 있던 3,000명의 병사를 이끌고 직접 왔을 뿐 아니라 주변의 지배자들을 설득하여 합세하게 했다. 이때 대제사장 히르카누스도 이 원정에 참가하였다." 이것이 스트라본의 증언이다.

4. 한편 아리스토불루스의 아들 안티고누스(Antigonus)는 이때 카이사르에게 와서 부친의 비극적 종말에 대해 이야기하면서 이같이 탄원하였다. "저의 부친 아리스토불루스가 독살된 것이나 형이 스키피오(Scipio)의 손에 참수당한 것은 모두가 안티파테르 때문입니다. 부당하게 권좌에서 쫓겨난 저를 불쌍히 여겨 주십시오. 안티파테르와 히르카누스는 나라를 무력으로 다스리고 있으며 제게도 수많은 해를 가했습니다." 그 자리에 참석하고 있던 안티파테르는 안티고누스의 고소에 대해 자기 입장을 변호하였다. 그는 안티고누스와 그의 추종자들은 변혁을 좋아하는 반란의 무리임을 역설하였다. "제가 각하를 대신하여 전쟁에서 어떤 고생을 하였는지 친히 보시고 아시지 않습니까? 게다가 아리스토불루스가 로마로 잡혀간 것은 정당한 것입니다. 그는 로마의 적이었고 또 도저히 로마의 우방이 되기는 어려운 인물이기 때문입니다. 또한 안티고누스의 형이 스키피오에게 목숨을 잃은 것은 강도 짓을 하다가 그렇게 된 것입니다. 폭력을 휘두르고 불의를 일삼다가 스키피오에 의해 죗값을 치른 것뿐입니다."

5. 안티파테르가 이같이 말을 끝내자 카이사르는 히르카누스를 대제사장으로 임명하였으며 안티파테르에게는 어떤 자리든 원하는 것을 줄 터이니 스

스로 선택하라고 결정권을 양도하였다. 이에 안티파테르가 유대의 행정 장관을 요구하자 카이사르는 그를 유대의 행정 장관으로 임명하였다. 또한 그는 폼페이우스가 허문 예루살렘 성벽을 재건할 수 있도록 허락해 달라는 히르카누스의 청을 들어주었다. 그는 로마의 집정관들에게 이같이 허락했다는 사실을 알리고 카피톨리누스(Capitolinus) 신전에 새겨 놓으라고 지시하였다. 원로원의 법령은 다음과 같았다.[8] "법무관(praetor) 루키우스(Lucius)의 아들 루키우스 발레리우스(Lucius Valerius)는 콩코르디아(Concord) 신전에서 12월 이데스(Ides, 로마력에서 각 달의 중간 무렵을 가리키는 날짜로 날짜를 세는 기준점이 됨-편집자 주)에 원로원에 이같이 보고한다. 이 법령을 작성할 때 참석했던 자는 콜리나(Collina) 부족 루키우스(Lucius)의 아들 루키우스 코포니우스(Lucius Coponius)와 퀴리나(Quirina) 부족 파피리우스(Papirius)였다. 법령의 내용은 유대의 사신인, 야손(Jason)의 아들 알렉산드로스(Alexander)와 안티오쿠스(Antiochus)의 아들 누메니우스(Numenius)와 도시테우스(Dositheus)의 아들 알렉산드로스(Alexander)가 제안한 로마와 유대 간의 기존 우호 동맹의 갱신에 관한 것이다. 유대 사신들은 우정의 표시로 금화 50,000개의 값어치가 있는 금방패를 가져왔으며 모든 자유 도시들의 지배자들과 열왕에게 유대국을 침략하거나 해하지 말 것을 명하는 서신을 보내 줄 것을 요청하였다. 이에 원로원은 유대와 우호 동맹을 갱신하는 것을 결의하였으며 유대를 돕기로 결정하고 유대국이 보낸 금방패를 받았다. 이것은 민족 지도자(ethnarch)요 대제사장인 히르카누스(Hyrcanus) 제9년 파네무스(Panemus)월에 결정되었다." 히르카누스는 또한 여러모로 아테네인(Athenians)들에게 유익했기 때문에 아테네인들의 사랑을 받았다. 아테네인들은 히르카누스에게 아래와 같은 공식 결정을 보내왔다. "에

---

8) 이 구절에 관한 허드슨(Hudson) 박사의 주석을 살펴보자. "여기서 요세푸스가 약간 실수를 범했다. 그는 여기서 예루살렘 재건에 관한 법령을 이야기하겠다고 해놓고서는 로마와의 상호 우호 동맹에 관한, 이보다 훨씬 오래전의 법령을 소개하고 있다. 아마도 요세푸스는 바르게 지시하였으나 그의 필기생들이 히르카누스(Hyrcanus)라는 이름을 가진 첫 번째 대제사장인 요한 히르카누스(John Hyrcanus)와 요세푸스가 여기서 언급하고 있는 후대 인물인 알렉산드로스 얀네우스(Alexander Janneus)의 아들 히르카누스(Hyrcanus)의 이름이 같으므로 혼동을 일으켜 요한 히르카누스 때의 법령을 잘못 기록한 것이 아닌가 하고 누구나 쉽게 짐작할 수 있다. 그러나 요세푸스가 여기서 밝히려고 했던 원로원의 법령은 유대에 관한 로마 법령집의 아랫부분에 나오는 것이며 카이사르가 다섯 번째로 집정관이 되었을 때 반포한 것이다."

스쿨라피우스(Esculapius)의 아들 디오니시우스(Dionysius)가 사제로, 아가토클레스(Agathocles)가 행정관(archon)으로, 알리무시아의 메난드로스(Menander of Alimusia)의 아들 에우클레스(Eucles)가 서기관(書記官)으로 있을 때의 파네무스(Panemus)월 후반부 제5일에 아테네인들의 결의가 지배자들에게 넘겨졌다. 무니키온(Munychion)월 프루타네이아(Prutaneia, 행정 임기-편집자 주) 제11일에 행정 집행관(president)들의 회의가 극장에서 소집되었다. 대사제 도로테우스(Dorotheus)와 동료 행정 집행관들은 그것을 국민 투표에 부쳤다. 디오니시우스(Dionysius)의 아들 디오니시우스(Dionysius)가 결정을 내렸다. 유대의 민족 지도자요 대제사장인, 알렉산드로스의 아들 히르카누스는 우리 민족 모두뿐 아니라 개개인에게도 온갖 친절과 호의를 다 베풀어 주었다. 우리 아테네인들이 공무를 띠고 사신으로 가든지 개인상의 일로 가든지 간에 히르카누스는 그들을 극진히 환대하였으며 무사히 귀국하도록 조치해 주었다. 우리는 이런 선례를 여러 번 보았다. 특히 테오도루스(Theodorus)의 아들 테오도시우스(Theodosius)의 보고 덕택으로 우리는 히르카누스가 얼마나 힘껏 아테네인들을 도우려고 했는지를 알게 되었다. 따라서 우리는 법률에 따라 히르카누스에게 금관을 수여하고 동(銅)으로 그의 동상을 만들어 데무스(Demus)와 삼미신(三美神, Graces)의 신전에 세우기로 결정하였다. 금관을 수여하기로 한 이 결정은 새로운 비극(悲劇)들이 공연되는 디오니소스 축제(Dionysian shows) 때, 여신 아테나(Athena)를 기리는 파나테나이아 축제(Panathenean shows) 때, 엘레우시스 제식(Eleusinian shows) 때, 체육 경기(Gymnical shows) 때 극장에서 공식적으로 선포되도록 한다. 아테네의 지도자들은 히르카누스의 우의와 호의가 변치 않는 한 그에게 가능한 모든 영예와 호의를 베푸는 일에 소홀히 하지 않기로 결의하였다. 이렇게 함으로 우리 아테네인들이 남의 호의를 얼마나 잘 받아들이며 또 얼마나 잘 갚는가를 보여주는 한편 히르카누스에게서 계속 호의를 유도해 내기로 결정하였다. 이에 이 결정을 전달하고 우리의 호의를 받아들이고 계속 호의를 베풀어 줄 것을 바라는 우리의 의사를 밝히는 사신들을 아테네인에게서 선택하기로 결의하였다." 이것을 보아도 로마인과 아테네인이 히르카누스를 얼마나 정중하게 대했는가를 짐작하고도 남음이 있다.

제9장

안티파테르가 갈릴리 지역을 헤롯에게 맡기고
예루살렘 지역은 파사엘루스에게 맡긴 경위,
그리고 안티파테르를 시기하는 유대인의 질투로 인해
헤롯이 히르카누스 앞에 고소당하게 된 경위

1. 한편 카이사르(Cæsar)는 수리아의 문제들을 해결한 후 배를 타고 수리아를 떠났다. 안티파테르는 카이사르를 수리아 밖까지만 안내한 후 바로 유대로 돌아왔다. 그 후 안티파테르는 폼페이우스가 무너뜨린 성벽을 재건하고 회유책과 강격책을 번갈아 사용하면서 반란을 진압하였다. 그는 이같이 유대인들을 설득하였다. "만일 여러분이 히르카누스를 지지한다면 누구에게도 방해받지 않고 재산을 마음대로 쓰면서 행복하게 살 수 있을 것입니다. 그러나 만일 대변혁이 일어나 큰 부(富)를 손에 넣을 수 있을 것이라는 막연한 기대를 가지고 반란을 꾀한다면 온화한 주인 대신 무서운 주인, 왕 히르카누스가 아닌 독재자 히르카누스, 유대인 통치자가 아닌 무서운 적 로마인과 카이사르를 만나게 될 것입니다. 로마인들이 세운 통치자를 여러분의 힘으로 밀어낼 수 있겠습니까?" 안티파테르는 이 같은 방식으로 유대인들을 무마하면서 유대를 다스렸다.

2. 안티파테르는 히르카누스가 태만하고 느린 성품의 소유자인 것을 알게 된 후에 장남인 파사엘루스(Phasaelus)를 예루살렘과 인근 지역의 총독으로 임명하는 한편 갈릴리 지역을 이제 겨우 25세밖에 안 된 차남 헤롯(Herod)에게 맡겼다. 헤롯은 나이가 연소함에도 불구하고 그의 연소함이 결코 장애 요인은 되지 않았다. 남달리 야망이 큰 헤롯은 자기의 용기를 과시할 기회를 찾았다. 그는 인근 수리아 지역을 휩쓸고 다니는 큰 도적 떼의 두목이 헤제키아스(Hezekias)라는 것을 알아내고 그들을 공격하여 한 사람도 남겨 놓지 않고 모조리 죽였다. 이로 인해 헤롯은 수리아인의 사랑을 독차지하게 되었다. 수리아

인들은 이 도적 떼의 손에서 해방되는 것이 소원이었는데 헤롯이 그 일을 했기 때문이었다. 이에 수리아인들은 마을에서나 도시에서나 재산을 지켜 주고 평화를 되찾게 해준 헤롯의 업적을 크게 칭송했다. 이로 인해 헤롯은 위대한 카이사르의 친척이요 그 당시 수리아의 지배자였던 섹스투스 카이사르(Sextus Cæsar)에게까지 알려지게 되었다. 한편 헤롯의 형인 파사엘루스(Phasaelus)는 동생이 용감한 행동으로 수많은 명성을 얻게 된 것이 은근히 샘이 났으며 동생에게 결코 져서는 안 되겠다고 굳게 결심하였다. 그리하여 파사엘루스는 예루살렘 주민들의 호의를 사는 방법을 강구해 냈다. 그는 예루살렘을 다스리는 동안 부당하게 일을 처리하거나 권력을 휘두르는 일이 없도록 극히 자제하였다. 이렇게 해서 안티파테르는 유대인에게서 왕의 대접을 받았으며 유대국의 절대 군주로서의 영예를 누리게 되었다. 그러나 그렇다고 해서 안티파테르는 세간에 흔히 있는 일처럼 히르카누스에게 진 호의와 신실의 빛을 망각하지는 않았다.

3. 한편 유대인 유력 인사들은 안티파테르와 그의 아들들이 유대 백성의 신망을 얻고 유대와 히르카누스로부터 막대한 부(富)를 빼내어 가는 것을 보고 그들에게 적대감을 품기 시작했다. 안티파테르는 로마 황제들과 교분을 두텁게 하기 위해서 애를 썼다. 그는 히르카누스에게 황제에게 돈을 보내는 것이 좋겠다고 제안한 다음 히르카누스가 돈을 내면 그것이 마치 자기가 보낸 선물인 것처럼 가장하여 로마 황제에게 보내곤 하였다. 히르카누스는 이런 사실을 알고도 괴로워하기는커녕 오히려 기뻐하였다. 그러나 헤롯이 난폭하며 독재자의 기질을 다분히 가지고 있는 것을 아는 유대인 유력 인사들로서는 헤롯에게 직접 이야기를 꺼낼 수가 없었다. 따라서 그들은 히르카누스에게 가서 안티파테르를 정면으로 비난하면서 이같이 따졌다. "언제까지 이런 수모를 당하고 있겠습니까? 당신에게는 왕이란 명칭만 붙여 놓고 안티파테르와 그의 아들들이 실권을 다 장악하고 있는 것을 모르시지는 않겠지요? 이런 일을 숨긴다고 해서 해결되리라고 보십니까? 결코 당신 자신과 나랏일에 무관심한 방법으로 위험에서 벗어날 수 있다고 생각하지 마십시오. 안티파테르와 그의 아들들은 이

제는 더 이상 당신의 청지기가 아닙니다. 그들은 절대 군주임이 명확해졌습니다. 안티파테르의 아들 헤롯이 헤제키아스와 그 부하들을 자기 멋대로 살해한 것을 볼 때 이것은 너무나 명확합니다. 아무리 잘못을 저질렀다 하더라도 산헤드린 공회의 사형 선고가 있기 전에 사람을 살해하는 것은 명백한 율법 위반입니다.[9] 헤롯은 오만하게도 우리와는 일언반구의 상의도 없이 이 일을 저지른 것입니다."

4. 히르카누스는 이들의 말에 수긍했다. 게다가 헤롯에게 살해당한 이들의 모친들의 극성 때문에 히르카누스도 헤롯에 대해 분노를 느끼기 시작했다. 이 여인들은 하루도 쉬지 않고 날마다 성전을 찾아와서 산헤드린 공회가 헤롯을 심판해 줄 것을 간청하였다. 히르카누스는 이 여인들의 간청에 감동하여 헤롯에게 출두하여 심문을 받으라고 명령하였다. 안티파테르는 헤롯에게 심문을 받으러 갈 때 일개 평민처럼 가지 말고 신변 안전을 위해 경호 병사들을 거느리고 가라고 충고하였다. 헤롯은 갈릴리 지방을 잘 다스렸기 때문에 불리할 것이 없다고 생각하고 심문을 받기 위해 출두하였다. 그러나 그는 여행 중의 신변 안전을 위해 일단의 병사들을 호위병으로 데리고 떠났다. 너무 많은 병사를 거느리고 가면 히르카누스에게 위압감을 줄 것 같아 신변 안전에 필요한 소수의 병력만 거느리고 떠났다. 그러나 당시 수리아의 총독이었던 섹스투스 카이사르(Sextus Cæsar)는 히르카누스에게 서신을 보내 헤롯을 심문하지 말고 그대로 석방할 것을 요구하면서 그렇게 하지 않을 경우에는 그냥 두지 않겠다고 위협까지 하였다. 이 편지를 핑계 삼아 히르카누스는 헤롯을 산헤드린의 심문에서 구해 내려고 하였다. 헤롯을 자기 아들처럼 아낀 히르카누스에게는 불행 중 다행이 아닐 수 없었다. 그러나 헤롯은 경호 병사들을 대동하고 산헤드린 공회 앞에 나타나 매우 고압적인 자세를 취하였다. 그러자 헤롯을 고소하던 자들은

---

[9] 유대에서는 유대 산헤드린 공회의 허가 없이는 아무도 사형에 처할 수 없게 되어 있다. 모세 율법에는 비록 범죄한 사람이라 하더라도 생명이 관련된 중형을 받게 되는 경우에는 각 도시의 7인 소의회에서 예루살렘의 71인 최고 회의까지 거칠 것을 의무적으로 지시한 놀라운 규정이 있기 때문이다. 우리 주님이 "선지자가 예루살렘 밖에서는 죽는 법이 없느니라"(눅 13:33)라고 하신 것은 이를 정확히 반영한 것이다.

감히 입을 열 수가 없었다. 그리하여 무거운 침묵이 장내를 감싸게 되었고 일이 어떻게 진전될지 아무도 예측할 수 없었다. 일이 이렇게 되었을 때 의인인 사메아스(Sameas)[10]가 용감하게 일어나 이같이 입을 열었다. "공회 의원 여러분, 그리고 우리의 왕이시여! 나는 공회에 심문을 받으러 나온 자들 가운데 이와 같이 행동한 자를 본 적이 없소. 아니 그와 비슷한 행동이라도 한 자가 있으면 이름을 대 보시오. 이 산헤드린 공회에 심문을 받으러 나온 자들은 누구를 막론하고 두려워하는 마음으로 겸손한 자세를 취해 왔소. 그리고 공회 의원들의 동정을 사기 위해 머리를 풀고 옷은 애도를 뜻하는 검은 복장을 걸쳤었소. 그러나 살인죄란 중죄로 고소를 당해 심문을 받으러 나온 이 존경할 만한 헤롯을 보시오. 자주색 옷을 입고 머리는 단정하게 빗고 오지 않았소? 게다가 우리가 율법으로 정죄하면 우리를 모두 죽여 없앨 양으로 병사들까지 끌고 온 것을 보시오. 그러나 내가 지금 여기서 비난하고자 하는 대상은 헤롯이 아니오. 그는 원래 율법보다는 자기 자신에 더 관심이 많은 사람임이 분명하기 때문이오. 내가 여기서 비난하고자 하는 사람은 헤롯을 그렇게 하도록 내버려둔 여러분과 여러분의 왕이오. 그러나 한 가지 사실은 분명코 명심하도록 하시오. 하나님은 위대하신 분이며 또한 여러분이 히르카누스의 눈치를 보고 용서해 주려고 하는 이 헤롯이 여러분과 여러분의 왕을 한 날에 멸망하게 할 것이라는 점을 말이오." 사메아스의 이 예언은 한 군데도 틀리지 않았다. 후일 헤롯이 왕위에 오른 후에 사메아스를 제외한 전 산헤드린 공회 의원과 히르카누스를 살해했기 때문이었다. 헤롯이 사메아스를 살려 둔 데는 두 가지 이유가 있었다. 그 첫째는 사메아스가 의로웠으므로 그를 존경했기 때문이며, 둘째는 헤롯과 소시우스(Sosius)에 의해 예루살렘이 포위되었을 때 그들의 죄로 인해 헤롯의 손에서 벗어날 수 없을 것이라고 주민들을 설득해 성문을 열고 헤롯을 입성하게 만든 인물이 바로 사메아스였기 때문이었다. 이에 대해서는 후에 적절한 기회에 자세히 다루도록 하자.

---

10) 이 기사(記事)는 사메아스(Sameas)를 '세타크의 아들 시므온'(Simeon the son of Shetach)이라고 부르는 탈무드 편찬자들에 의해 확증되고 있다고 렐란트(Reland)는 말한다.

5. 한편 히르카누스는 산헤드린 공회 의원들이 헤롯에게 사형 선고를 내릴 것처럼 보이자 공판을 다음 날로 연기하고 은밀히 헤롯에게 사람을 보내 예루살렘을 탈출하라고 충고하였다. 그리하여 헤롯은 마치 왕(히르카누스)에게서 도망친 것으로 가장하여 다메섹으로 피신하였으며 섹스투스 카이사르와 함께 거하였다. 그는 자신의 기반을 튼튼하게 하는 한편 산헤드린 공회의 출두 명령이 있더라도 이에 굴복하지 않겠다고 굳게 결심하였다. 이에 산헤드린 공회 의원들은 사태의 진전에 몹시 분노하였으며 따라서 히르카누스에게 만사가 불리하게 돌아가고 있다는 것을 설득시키려고 많은 애를 썼다. 히르카누스도 이를 모르는 바는 아니었다. 그러나 기질이 어리석고 용감하지 못하기 때문에 아무 일도 해내지 못하는 것뿐이었다. 이때 섹스투스는 돈을 받고 헤롯을 코엘레수리아 군사령관으로 임명하였다. 이에 히르카누스는 헤롯이 공격해 오지 않을까 걱정이 되었다. 그의 걱정은 얼마 후 현실로 드러났다. 자신을 산헤드린 공회 앞에 심문을 받도록 명령한 것에 앙심을 품은 헤롯이 군대를 거느리고 히르카누스를 공격해 온 것이었다. 그러나 그의 부친 안티파테르와 형(파사엘루스)은 헤롯을 찾아가 예루살렘 공격을 만류했다. "드러내 놓고 정면 공격은 하지 말아라. 단지 위협만 주어서 놀라게 해라. 은혜를 입은 사람에게 그 이상의 행동은 옳지 못하다. 히르카누스가 출두 명령을 내려 공회 앞에 불려 간 것을 기분 나쁘게 생각하지 말고 정죄 받지 않고 무사히 빠져나간 것을 고맙게 생각해라. 특히 히르카누스가 너를 구해 준 것을 잊지 말고 감사하는 마음을 가지도록 해라. 기분 나쁜 것만 생각하고 감사할 줄 몰라서는 안 된다. 더욱이 전쟁의 승패를 좌우하시는 분은 하나님이시기 때문에 네가 승리한다고 확신할 수도 없는 법이다. 더욱이 너를 믿어 주고 은혜를 베풀어 주었으며 나쁜 일이 생기지 않도록 보살펴 준 너의 왕과 전쟁을 하는 마당에 어찌 승리를 기대할 수 있겠느냐? 왕이 너를 고소한 것은 주위의 악한 간신들에게서 나온 것이지 왕에게서 직접 나온 것은 아니다. 따라서 너무했다는 기분은 들지만 그렇다고 실제로 네게 너무 한 것은 아니었다." 헤롯은 부친과 형의 이 논법에 수긍하고 단지 유대인에게 자신의 힘을 과시하는 것만으로 그쳤다. 그것이 미래를 위해서도 더 현명하다는 결론을 내렸기 때문이다. 그 당시 유대의 형편이 이러했다.

제10장

유대인들이 받은 영예와
유대인들이 로마를 위시해서 그 밖의 여러 나라와
동맹을 맺게 된 경위

1. 한편 카이사르는 로마로 돌아간 후 스키피오(Scipio)와 카토(Cato)를 정벌하기 위해 아프리카로 항해할 모든 준비를 다 갖추었다. 이때 히르카누스는 카이사르에게 사신을 보내 상호 우호 원조 동맹을 비준해 달라고 요청하였다. 우리는 여기서 로마와 그 황제들이 유대국에게 베푼 영예와 상호 우호 원조 동맹에 관해서 언급할 필요가 있다. 이를 통해서 세상 모든 사람이 아시아와 유럽의 열왕들이 유대인의 충성심과 용기를 극찬하고 유대인을 극진히 대우해 주었음을 알기를 바라는 마음 간절하다. 왜냐하면 많은 이들이 유대인에 관해서는 바사인들과 마게도냐인들이 기록한 것은 믿으려고 하지 않는 반면에 로마의 법령들에 대해서는 별 이의(異義)를 달지 않기 때문이다. 사람들이 바사인들과 마게도냐인들의 기록을 쉽게 믿으려 하지 않는 것은 이 기록들을 어디서나 쉽게 대할 수 없고 또 공공 기관에서 찾아볼 수 없을 뿐 아니라 유대국과 그 외 야만국들에서만 찾아볼 수 있기 때문이다. 이와 반대로 로마의 법령을 신뢰하는 것은 도시들의 공공 기관에 그 기록들이 보관되어 있을 뿐 아니라 카피톨리누스(Capitolinus) 신전의 놋기둥에 새겨져 있는 것을 지금도 볼 수 있기 때문이다. 이외에도 율리우스 카이사르(Julius Cæsar)는 알렉산드리아에 유대인을 위해 놋기둥을 세우고 유대인은 알렉산드리아의 시민이라고 공적으로 선언했다. 이런 증거에 기초해서 나는 원로원과 율리우스 카이사르가 히르카누스와 유대국에 보낸 법령들을 소개하려고 하는 것이다.

2. "최고 명령권자(imperator)이며 대사제요, 두 번째 임기의 독재관(dictator)인 카이우스 율리우스 카이사르(Caius Julius Cæsar)는 시돈(Sidon)의 정무관들

과 의회와 백성들에게 문안하노라. 그대들이 모두 잘 있다니 반갑기 그지없다. 나와 군대는 모두 평안하다. 알렉산드로스의 아들이며 유대 대제사장이요 민족 지도자인 히르카누스에 관한 법령을 적어 보내니 공문서 보관소에 잘 보관해 두도록 하라. 나는 이 법령을 헬라어와 라틴어로 동판에 기록하여 공적으로 선포할 작정이다. 법령은 아래와 같다. 두 번째 임기의 최고 명령권자이자 대사제인 나 율리우스 카이사르는 원로원의 동의를 얻어 이같이 선포하노라. 유대인 알렉산드로스의 아들 히르카누스는 우리 일에 충성심을 가지고 최선을 다해 애써 왔음을 알고 있노라. 우리 군대 장관들의 보고에 따르면 예나 지금이나 평화 시나 전쟁 시나 변함이 없으며 알렉산드리아 전쟁(Alexandrian war) 때는 1,500명의 병사를 거느리고 원군으로 참전했다고 하노라. 또한 내가 그를 미트리다테스에게 보냈을 때는 그 누구보다 용감한 인물임을 스스로 입증해 보였노라. 이런 이유로 나는 알렉산드로스의 아들 히르카누스와 그의 후손을 유대의 민족 지도자로 임명할 것이며, 그들의 조상 전래의 율법에 따라 그들을 영원토록 유대의 대제사장으로 삼겠노라. 그리고 그와 그의 후손을 나의 동맹으로 인정할 것이며 특별한 나의 친구로 삼겠노라. 나는 또한 그의 후손에게 대제사장직에 수반되는 모든 권리와 특혜를 인정하겠노라. 그러므로 앞으로 유대 풍습에 관한 문제가 발생할 시에는 그가 모든 것을 결정하도록 일임하노라. 더욱이 로마는 그들에게 겨울 진영을 제공할 것을 요구하지 말 것이며 돈을 내도록 강요해서는 안 될 것임을 선포하노라."

3. "집정관(consul) 카이우스 카이사르(Caius Cæsar)의 법령은 아래와 같이 허락하고 결의하노라. 히르카누스와 그의 후손은 유대국의 지배자로서 유산을 받은 모든 토지에서 나오는 수익을 차지할 권리와 유대 대제사장과 민족 지도자로서 공격해 오는 적에 대항하여 방어할 권리가 있음을 인정하노라. 유대 대제사장인 알렉산드로스의 아들 히르카누스에게 사신을 보내 상호 우호 원조 동맹에 관한 의견을 나누도록 할 것임을 결의하노라. 이 법령이 유대인 우호자들과 각 도시의 재무관(quaestor)과 법무관(praetor)들에게 알려질 수 있도록, 놋판에 로마어와 헬라어로 새겨 카피톨리누스(Capitolinus) 신전과 시돈과 두로

와 아스글론과 성전에 보관할 것을 결의하노라. 사신들을 유대에 보내 예물을 전하게 하고, 각 도시에 이 법령을 반포하도록 선포하노라."

4. "최고 명령권자요 독재관(dictator)이요 집정관인 카이우스 카이사르는 아래와 같이 허락하노라. 로마 원로원과 백성의 친절과 덕에서 우러나오는 결의로, 알렉산드로스의 아들 히르카누스와 그의 아들을 그들의 선조들이 대제사장직을 차지할 때 의거한 율법과 풍습에 따라 유대국과 예루살렘의 대제사장과 제사장으로 임명할 것을 선포하노라."

5. "다섯 번째 임기의 집정관 카이우스 카이사르는 선언하노라. 유대인은 예루살렘을 소유하고 성벽을 건설해도 좋으며 알렉산드로스의 아들 히르카누스는 본인의 원대로 유대국의 대제사장과 민족 지도자로 임명하노라. (안식년 후의) 2년째마다 유대인의 세금을 1고르(corus) 감면해 주기로 결의했노라. 유대인의 세금은 도급 맡기는 일이 없도록 할 것이며, 항상 일정한 세금을 거두지는 않겠노라."

6. "두 번째 임기의 최고 명령권자 카이우스 카이사르는 명령하노라. 안식년이라 부르는 제7년을 제외하고는 욥바 외의 모든 유대 지역은 매년 예루살렘에 세금을 보내도록 하라. 밭의 소산이나 나무의 열매를 거두지 않는 안식년은 제외한다. 그리고 (안식년 후의) 2년째에는 소산의 4분의 1은 시돈(Sidon)에 바치고 4분의 1은 조상들이 하던 대로 히르카누스와 그 아들들에게 바치도록 하라. 어떤 행정 집행자도, 부장(副將)도, 사신도 유대 지경 안에서는 원군을 일으켜서는 안 되며, 겨울 진영 유지비 명목이든 아니면 그 밖의 어떤 명목이든지 간에 군대가 유대인에게서 돈을 요구해서는 안 된다. 그리고 그들에게 어떤 해를 가하는 것도 금한다. 이후로는 유대인들이 무엇을 소유하고 무엇을 사든지 그것은 그들의 재산이다. 원래 유대인의 소유였던 욥바는 우리 로마와 유대국이 우호 동맹을 맺은 이상 그들에게 돌려주는 것이 옳다고 생각한다. 알렉산드로스의 아들 히르카누스와 그의 아들들은 안식년이라 부르는 매 7년째 해를

제외하곤 20,675모디우스(modius)를 매년 시돈으로 보내야 한다. 안식년은 나무의 열매나 땅의 소산을 거두지 않으므로 면제해 주는 것이다. 히르카누스와 그의 선조들의 소유였던 평지의 여러 마을을 히르카누스와 유대인에게 돌려주기로 원로원은 가결했노라. 대제사장직에 관해서는 그전 법령이 아직까지 유효하노라. 따라서 대제사장은 그전에 백성들과 의회의 동의를 얻어 누렸던 특권과 혜택을 계속해서 누려도 되느니라. 이것은 룻다(Lydda, 리다)의 경우와 마찬가지이다. 또한 원로원은 로마의 우방인 수리아와 베니게의 왕들이 선물한 지역과 토지와 마을을 민족 지도자 히르카누스와 유대인들이 보유하는 것을 허락하노라. 또한 검투사끼리의 검투 경기와 검투사와 야수 간의 검투 경기를 원로원 의원들과 함께 볼 수 있는 특권을 히르카누스와 그의 아들들과 유대인 사신들에게 허락하노라. 또한 그들이 청문을 원할 때는 독재관이나 기병 장군이 그들을 원로원으로 인도할 것이며, 원로원은 그들의 일을 의결한 후 열흘 안에 답변할 작정이노라."

7. "최고 명령권자요 네 번째 임기의 독재관이요 집정관인 카이우스 카이사르는 영원한 독재관임을 선언하며 유대의 민족 지도자요 대제사장인, 알렉산드로스의 아들 히르카누스의 권리와 특혜에 대해 이같이 선포하노라. 나보다 앞서 유대를 다스렸던 최고 명령권자(imperator)[11]들이 원로원과 로마 백성들을 대표하여 유대 대제사장 히르카누스와 유대인들에게 감사의 표시를 한 것을 나는 잘 알고 있노라. 따라서 원로원과 로마의 백성이 히르카누스와 유대인이 보여준 호의와 사랑에 대해 그전처럼 응분의 보상을 해야 한다고 나는 생각한다."

8. "로마의 법무관(집정관)인 율리우스 카이우스(Julius Caius)는 파로스(Paros)의 정무관과 의회와 주민들에게 문안하노라. 델로스(Delos)의 유대인과 그 외

---

[11] 여기서 말하고 있는 로마의 최고 명령권자 혹은 군대 장관들은 주로 폼페이우스(Pompey), 스카우루스(Scaurus), 가비니우스(Gabinius)를 가리키는 것이라고 허드슨(Hudson) 박사는 주장한다.

그곳 인근 지역에 거주하는 유대인들은 그대들의 사신 앞에서 그대들이 유대인의 예배와 삶의 풍습을 금지시켰다고 호소하였노라. 로마의 우방이요 동맹인 유대인에게 그런 금령을 내린 것은 나에게는 몹시 유감스러운 일이도다. 로마에서도 유대인이 그들 나름의 고유한 삶의 방식과 거룩한 절기를 따라 사는 것을 금하지 않는데 그대들이 이를 금하다니 심히 불쾌한 일이로다. 우리의 최고 명령권자요 집정관이신 카이우스 카이사르께서는 주신(酒神) 바쿠스(Bacchus) 숭배자들이 로마에 들어오는 것을 금하시고 유대인들이, 아니 유대인만이 예물을 드리고 공동의 만찬을 즐기도록 허락하셨노라. 따라서 내가 주신(酒神) 바쿠스 숭배자들을 억압한 것은 유대인들이 조상들의 율법과 풍습에 따라 모여서 절기를 지키도록 하기 위해서였노라. 그러므로 그대들은 우리의 우방이요 동맹인 유대인에게 내린 명령을 취소하는 것이 그대들에게 유익할 것임을 명심하도록 하라."

9. 한편 카이우스(Caius)가 살해되자 마르쿠스 안토니우스(Marcus Antonius)와 푸블리우스 돌라벨라(Publius Dolabella)가 집정관이 되었다. 이들은 원로원 회의를 소집하고 히르카누스의 사신들을 원로원 회의에 출석시켜 로마에 파견된 용건을 말하게 한 후 우호 동맹을 체결했다. 원로원은 또한 유대 사신들이 원하는 모든 요구 사항을 다 들어주었다. 나는 여기서 독자들이 나의 이야기의 진실성을 믿도록 하기 위해 그 법령을 소개하려고 한다.

10. 이 원로원의 법령은 퀸투스 루틸리우스(Quintus Rutilius)와 카이우스 코르넬리우스(Caius Cornelius)가 재무관(quaestor)으로 있던 해 4월 이데스(Ides) 3일 전에 콩코르디아(Concord) 신전에서 첫 번째 부류의 두 번째 동판에서 옮겨 적은 것이다. 이 법령을 기록할 때 메네니아(Menenia) 부족의 루키우스 칼푸르니우스 피소(Lucius Calpurnius Piso)와, 레모니아(Lemonia) 부족의 세르비우스 파피니아스 포티투스(Servius Papinias Potitus)와, 테렌티나(Terentina) 부족의 카이우스 카니니우스 레빌리우스(Caius Caninius Rebilius)와, 세르기아(Sergia) 부족의 푸블리우스 티데티우스(Publius Tidetius)와 루키우스(Lucius)의

아들 루키우스 아풀리누스(Lucius Apulinus)와, 레모니아(Lemonia) 부족의 루키우스(Lucius)의 아들 플라비우스(Flavius)와, 파피리아(Papiria) 부족의 푸블리우스(Publius)의 아들 푸블리우스 플라티우스(Publius Platius)와, 메키아(Mecia) 부족의 마르쿠스(Marcus)의 아들 마르쿠스 아킬리우스(Marcus Acilius)와, 스텔라티나(Stellatina) 부족의 루키우스(Lucius)의 아들 루키우스 에루키우스(Lucius Erucius)와, 폴리아(Pollia) 부족의 마르쿠스(Marcus)의 아들 마르쿠스 퀸투스 플란킬루스(Marcus Quintus Plancillus)와, 푸블리우스 세리우스(Publius Serius)가 참석했다. 집정관인 푸블리우스 돌라벨라(Publius Dolabella)와 마르쿠스 안토니우스(Marcus Antonius)는 카이우스 카이사르(Caius Cæsar)가 원로원의 법령으로 유대인에 관해 선포한 법령이 아직 공기록(公記錄)으로 작성되어 문서 보관소에 보관되지 않은 것을 원로원에 통고하고 이 법령을 하루속히 로마시 재무관에게 넘겨 이중판에 새겨 보관하도록 하는 것이 좋겠다고 제안하였다. 그리하여 이 일은 콩코르디아 신전에서 2월 이데스 제5일 이전에 완료되었다. 이때 대제사장 히르카누스가 보낸 사신은 파우사니아스(Pausanias)의 아들 리시마쿠스(Lysimachus)와 테오도루스(Theodorus)의 아들 알렉산드로스(Alexander)와 케레아스(Chereas)의 아들 파트로클루스(Patroclus)와 오니아스(Onias)의 아들 요나단(Jonathan) 등이었다.

11. 히르카누스는 이 사신 중 한 명을 아시아(Asia)의 지사(prefect)였던 돌라벨라(Dolabella)에게 보내 유대인을 병역의 의무에서 면제해 줄 것과 조상 전래의 율법대로 살도록 허락해 줄 것을 요청했다. 돌라벨라는 히르카누스의 서신을 읽어 보더니 즉석에서 승낙하고 전 아시아 지역에, 그중에서도 특히 아시아의 중심지인 에베소(Ephesus)시에 아래와 같은 서한을 보냈다.

12. "아르테몬(Artemon)이 행정 집행관(prytanis)이었을 때인 레네온(Leneon)월 제1일에 최고 명령권자 돌라벨라(Dolabella)는 에베소의 정무관과 의회와 주민들에게 문안하노라. 유대의 민족 지도자요 대제사장인 알렉산드로스의 아들 히르카누스가 보낸 사신인, 테오도루스(Theodorus)의 아들 알렉산드로스

(Alexander)가 내게 왔었노라. 그는 유대인들은 안식일에는 무기를 들 수도 없고 여행을 할 수도 없을 뿐 아니라 전쟁터에서는 조상 적부터 먹어 오던 음식을 구할 수가 없으므로 유대인을 병역에서 면제해 달라고 요청했었노라. 따라서 나는 그들을 병역의 의무에서 면제해 주고 조상 전래의 풍습을 지킬 수 있도록 허락해 주었노라. 율법의 요구대로 모여서 절기를 지키는 것과 제사에 필요한 예물을 걷는 것을 허용했노라. 그러므로 그대들은 그대들의 관할 구역 내의 각 도시에 이 사실을 알리도록 하라. 이것이 나의 뜻임을 결단코 잊지 않도록 하라."

13. 위의 서한이 히르카누스가 사신을 보냈을 때 돌라벨라가 허락한 내용인 반면에 집정관 루키우스(Lucius)의 법령은 아래와 같다. "나는 로마의 시민권을 가진 유대인들이 에베소에 거주하면서도 유대 종교 의식을 지킬 권리가 있음과 그들의 미신으로 인해 병역에서 면제해 줄 필요가 있음을 판결했노라. 이 판결은 루키우스 렌툴루스(Lucius Lentulus)와 카이우스 마르켈루스(Caius Marcellus)가 집정관으로 있던 해 10월의 칼렌다에(Calendae, 로마력에서 각 달의 첫날을 가리키는 날짜로 날짜를 세는 기준점이 됨-편집자 주) 12일 전에 있었으며, 이때 참석한 사람은 호라티아(Horatia) 부족의 부장(副將)이요 티투스(Titus)의 아들인 티투스 아피우스 발구스(Titus Appius Balgus), 크루스투미나(Crustumina) 부족의 티투스(Titus)의 아들 티투스 통기우스(Titus Tongius), 퀸투스(Quintus)의 아들 퀸투스 레시우스(Quintus Resius), 티투스(Titus)의 아들 티투스 폼페이우스 롱기누스(Titus Pompeius Longinus), 테렌티나(Terentina) 부족의 카이우스(Caius)의 아들 카이우스 세르빌리우스(Caius Servilius), 군단(軍團) 지휘관 브라쿠스(Bracchus), 베투리아(Veturia) 부족의 푸블리우스(Publius)의 아들 푸블리우스 루키우스 갈루스(Publius Lucius Gallus), 사바티나(Sabbatina) 부족의 카이우스(Caius)의 아들 카이우스 센티우스(Caius Sentius), 그리고 부장이요 부(副)법무관인, 티투스(Titus)의 아들 티투스 아틸리우스 불부스(Titus Atilius Bulbus) 등이었다. 이 모든 사람이 에베소의 정무관과 의회와 주민들에게 문안을 보내노라. 집정관 루키우스 렌툴루스(Lucius Lentulus)가 나의 요청으로 아시아의 유대

인들에게 병역 면제의 혜택을 부여했노라. 나는 또한 그로부터 얼마 후 최고 명령권자 파니우스(Phanius)와 부재무관 루키우스 안토니우스(Lucius Antonius)에게도 요청하여 같은 승낙을 얻어냈노라. 그러므로 그대들도 이 일을 숙지하고 내 뜻대로 조처해 주기를 바라노라."

14. 델로스인(Delians)들의 법령. "베오투스(Beotus)가 행정관(archon)으로 있던 해 타르겔레온(Thargeleon)월 제20일에 있었던 법무관들의 답변. 우리 도시에 거주하면서 신병 모집의 책임을 지고 있던 부장(副將) 마르쿠스 피소(Marcus Piso)는 우리 시민들을 불러 모으고, 유대인들은 특별한 미신을 믿고 있으므로 병역에서 면제해 주라는 집정관 코르넬리우스 렌툴루스(Cornelius Lentulus)의 명령이 있었으므로 도시 안에 로마 시민권을 소유한 자들에게는 병역의 문제로 왈가왈부하지 말라고 명령하였다. 그는 우리에게 법무관의 말에 순종하라고 요구하였다." 유대인에 관한 이와 비슷한 법령을 사르디스인(Sardians)들도 선포하였다.

15. "최고 명령권자요 집정관인 카이우스(Caius)의 아들 카이우스 파니우스(Caius Phanius)는 코스(Cos)의 정무관들에게 문안하노라. 유대 사신들이 내게 와서 원로원이 반포한 법령을 실행에 옮겨 달라고 부탁하였노라. 따라서 나는 그 법령을 여기 함께 보내니 그대들은 이 사신들을 그대들의 나라를 통과하여 무사히 귀국하도록 조치할 것이며 원로원의 명령대로 따르도록 하라. 이것이 나의 뜻이니라."

16. 집정관 루키우스 렌툴루스(Lucius Lentulus)의 법령. "나는 로마 시민권을 가진 유대인들이 특별한 미신을 가졌으므로 에베소에서도 그들 전래의 종교 의식과 율법을 지키며 살 수 있도록 허락하노라. 이 결정은 10월의 칼렌다에(Calendae, 로마력에서 각 달의 첫날을 가리키는 날짜로 날짜를 세는 기준점이 됨-편집자 주) 13일 전에 한 것이노라."

17. "부재무관이자 부법무관인 마르쿠스(Marcus)의 아들 루키우스 안토니우스(Lucius Antonius)가 사르디스인(Sardians)들의 정무관들과 의회와 주민들에게 문안하노라. 로마 시민권을 가진 우리의 동료 시민인 유대인들이 내게 와서 자기들의 조상 전래의 율법에 따라 종교적 모임을 갖고 자기들끼리의 소송 사건을 판결하고 대화를 나눌 수 있도록 해달라고 요구해 왔노라. 이들의 요구가 합법적인 것이었으므로 나는 그들의 요청대로 허락했노라."

18. 스푸리우스(Spurius)의 아들 마르쿠스 푸블리우스(Marcus Publius), 마르쿠스(Marcus)의 아들 마르쿠스(Marcus), 푸블리우스(Publius)의 아들 루키우스(Lucius), 이 세 사람의 증언. "우리는 지방 총독(proconsul)에게 가서 알렉산드리아의 클레오파트리다(Cleopatrida of Alexandria)의 아들 도시테우스(Dositheus)의 전갈을 전했다. 전갈의 내용은 유대인은 특별한 미신을 믿고 있으므로 지방 총독의 허락만 있다면 로마 시민권을 가진 유대인들이 유대 종교 의식을 지키는 것을 허락하는 것이 좋겠다는 내용이었다. 이 전갈을 받은 지방 총독은 이를 허락했다. 이것은 10월의 칼렌다에(Calendae, 로마력에서 각 달의 첫날을 가리키는 날짜로 날짜를 세는 기준점이 됨-편집자 주) 13일 전에 내린 결정이었다."

19. "루키우스 렌툴루스(Lucius Lentulus)와 카이우스 마르켈루스(Caius Marcellus)가 집정관으로 있던 해 퀸틸리스(Quintilis)월에, 호라티아(Horatia) 부족의 부장(副將), 티투스(Titus)의 아들 티투스 아피우스 발부스(Titus Appius Balbus)와, 크루스투미나(Crustumina) 부족의 티투스 통기우스(Titus Tongius)와, 테렌티나(Terentina) 부족의 퀸투스(Quintus)의 아들 퀸투스 레시우스(Quintus Resius)와 티투스(Titus)의 아들 티투스 폼페이우스(Titus Pompeius)와 코르넬리우스 롱기누스(Cornelius Longinus)와 군단(軍團) 지휘관, 카이우스(Caius)의 아들 카이우스 세르빌리우스 브라쿠스(Caius Servilius Bracchus)와, 베투리아(Veturia) 부족의 푸블리우스(Publius)의 아들 푸블리우스 클루시우스 갈루스(Publius Clusius Gallus)와, 에밀리아(Emilia) 부족의 군단 지휘관, 카이우스(Caius)의 아들 카이우스 텐티우스(Caius Tentius)와, 에스퀼리나(Esquilina) 부족의 섹스투

스(Sextus)의 아들 섹스투스 아틸리우스 세라누스(Sextus Atilius Serranus)와, 사바티나(Sabbatina) 부족의 카이우스(Caius)의 아들 카이우스 폼페이우스(Caius Pompeius)와, 콜리나(Collina) 부족의 티투스(Titus)의 아들 티투스 아피우스 메난데르(Titus Appius Menander)와 푸블리우스(Publius)의 아들 푸블리우스 세르빌리우스 스트라보(Publius Servilius Strabo)와 루키우스(Lucius)의 아들 루키우스 파키우스 카피토(Lucius Paccius Capito)와, 아울루스(Aulus)의 아들 아울루스 푸리우스 테르티우스(Aulus Furius Tertius)와 아피우스 메나스(Appius Menas) 등이 참관한 가운데 렌툴루스(Lentulus)는 아래와 같은 법령을 선포했다. '나 렌툴루스는 유대인들이 특별한 미신을 갖고 있으므로 로마 시민권을 가진 유대인들은 에베소에서 그들 고유의 종교 의식을 거행하는 것을 허락하노라.'"

20. "라오디게아인(Laodiceans)의 정무관 일동이 카이우스(Caius)의 아들인 집정관 카이우스 루빌리우스(Caius Rubilius)에게 문안을 드립니다. 대제사장 히르카누스의 사신인 소파테르(Sopater)가 집정관께서 보내신 편지를 가져왔습니다. 이것을 통해서 저희는 유대 대제사장 히르카누스가 사신들을 파견하여 조상 전래의 율법대로 안식일과 그 밖의 절기를 지킬 수 있도록 허락해 줄 것과 저희와 우방 관계를 맺고 있으므로 해를 가하지 말고 보호해 줄 것을 요청했다는 사실을 알 수 있었습니다. 트랄레스인(Trallians)들은 이 법령에 불만을 표시하고 순종할 의사를 보이지 않았으나, 집정관께서 저희에게 이에 복종할 것을 요구하신 이상 저희는 그에 순종할 것입니다. 그리고 집정관께서 보내신 서신은 공문서 보관소에 잘 보관해 둘 것입니다. 그리고 이 밖의 다른 문제에 대해서도 원망을 듣지 않도록 최선을 다하겠습니다."

21. "갈바(Galban) 부족(tribe, 윌리엄 휘스턴의 번역에 따라 그대로 기재했으나 헬라어 사본에 따르면 '가문'을 가리키는 듯함-편집자 주) 푸블리우스(Publius)의 아들, 지방 총독(proconsul) 푸블리우스 세르빌리우스(Publius Servilius)는 밀레투스인(Milesians)들의 정무관들과 의회와 주민들에게 문안하노라. 내가 트랄레스(Tralles)에서 재판을 맡고 있을 때 그대들의 동료 시민인 헤르메스(Hermes)의 아들 프리타

네스(Prytanes)가 왔었노라. 그런데 소문에 의하면 그대들이 유대인을 내 생각과는 다르게 취급한다고 하니 어찌 된 일인가? 조상 전래의 안식일과 절기를 지키는 일을 금하고 토지의 소산을 그들의 율법대로 처분하는 것을 못 하게 했다는 말을 들었노라. 헤르메스는 그대들의 법률을 제정한 인물 중의 하나였으므로 나는 그와 유대인의 주장을 공정하게 듣고 생각해 본 결과 유대인이 그들 고유의 율법을 지키는 것을 금지해서는 안 된다는 결론을 내리고 그렇게 판결했노라. 그러니 그대들도 그리 알고 그대로 따르도록 하라."

22. 버가모(Pergamus, 페르가무스) 주민들의 법령. "크라티푸스(Cratippus)가 행정 집행관(prytanis)이었을 때인 데시우스(Desius)월 제1일에 내린 법무관들의 명령. 로마인들은 조상 대대로 온 인류의 공동의 안전을 위해서 위험을 무릅쓰고 우방국과 동맹국들이 평화와 행복을 누릴 수 있도록 최선을 기울여 왔다. 그런데 유대국의 대제사장 히르카누스가 테오다투스(Theodatus)의 아들 스트라톤(Strato)과 알렉산드로스(Alexander)의 아들 아폴로니우스(Apollonius)와 안티파테르(Antipater)의 아들 에네아스(Eneas)와 아민타스(Amyntas)의 아들 아리스토불루스(Aristobulus)와 필리푸스(Philip)의 아들 소시파테르(Sosipater)를 사신으로 보내 그들의 사정을 아뢰고 특별한 요청을 해왔다. 이에 원로원은 그들의 요청을 듣고 아래와 같은 법령을 선언했다. 안티오쿠스(Antiochus)의 아들 안티오쿠스(Antiochus)왕은 로마의 동맹국인 유대국에 해를 가해서는 안 되며 유대국에서 빼앗은 것은 무엇이든, 즉 항구나 토지나 모두 유대국에 되돌려 주어야 한다. 유대국은 그들의 항구에서 물건을 수출하는 것이 마땅하다. 우리의 우방이요 동맹인 알렉산드리아(Alexandria) 왕 프톨레마이우스(Ptolemy)를 제외하고는 어떤 왕이나 민족을 막론하고 세(稅)를 내지 않고는 유대의 국토나 항구에서 물건을 수출하지 못한다. 또한 유대인의 요청대로 욥바의 수비대는 철수해야 한다. 한편 원로원 의원인 의롭고 존경받는 인물인 루키우스 페티우스(Lucius Pettius)는 이 일이 원로원의 법령대로 잘 이루어지는지 감독을 게을리해서는 안 되며 유대 사신들이 무사히 귀국할 수 있도록 최대의 조치를 해주어야 한다고 명령하였다. 따라서 우리는 테오도루스(Theodorus)를 우리 의회

에 출석시켜 원로원의 법령과 서신을 제출하도록 지시했다. 그는 유대인에 대하여 열성적으로 우리에게 설명을 해주었으며 히르카누스의 관용과 덕에 대해 칭찬을 서슴지 않았다. 그는 히르카누스가 모든 인간에 대해 자비심을 가지고 있을 뿐 아니라 특히 찾아오는 손님에게는 극진한 환대를 해준다고 부연했다. 따라서 우리는 이 서신을 공문서 보관소에 보관하고 우리 나름의 법령을 작성했다. 우리가 로마와 동맹을 맺고 있는 이상 원로원의 법령에 따라 유대인을 위해 할 수 있는 한 최선을 다하는 것이 옳기 때문이었다. 원로원의 서한을 가지고 온 테오도루스는 우리 법무관들에게 법령의 복사본 한 통을 히르카누스에게 보내고 또 사신들을 파견해 히르카누스에 대한 우리 주민의 우정을 알릴 것을 요구하였다. 그리고 우리가 그에게 계속해서 우정과 호의를 보일 테니 앞으로도 우리에 대한 우의와 친절을 잊지 말아 줄 것을 당부하라고 하였다. 또 우리가 소유하고 있는 공문서에서 찾아볼 수 있듯이 우리의 선조들이 온 히브리 민족의 조상인 아브라함 시대부터 유대인과 교분을 가지고 있음을 다시 한번 상기시키는 것이 좋겠다고 충고하였다."[12]

23. 할리카르나수스(Halicarnassus) 주민들의 법령. "혈통으로는 오레스티다스(Orestidas)의 아들이나 에우오니무스(Euonymus)의 양자가 된 멤논(Memnon)이 제사장으로 있던 해 아리스테리온(Aristerion)월에 주민들을 대표해서 마르쿠스 알렉산드로스(Marcus Alexander)가 선포한 법령은 이와 같다. 우리는 하나님을 섬기는 신앙과 성결을 무엇보다도 소중히 여기는 민족이며, 만인의 은인인 로마의 뜻을 따르기를 원하는 바 유대인과 상호 우호 원조 동맹을 맺고 그들의 종교 의식과 절기 의식을 지키는 것을 금하지 말라는 로마의 명령이 있으므로 아래와 같이 선언한다. 유대인은 남녀노소를 무론하고 원하는 대로 유대 율법에 따라 누구나 안식일을 지켜도 되며 거룩한 의무를 실행할 수 있다. 또

---

[12] 우리는 여기서 아브라함이 온 히브리 민족의 조상이요, 자기 조상들이 고대부터 유대인과 교분을 맺었으며, 이 점은 그 당시 그들이 보유하고 있는 공기록(公記錄)으로 입증할 수 있다는 버가모(Pergamus, 페르가무스) 주민들의 놀랍고도 신빙성 있는 주장을 주목해 볼 필요가 있다. 이 두 민족이 고대부터 교분과 동맹 관계를 맺었다는 사실을 입증하는 증거가 너무 뚜렷하기 때문에 우리는 이 점을 결코 소홀히 하고 지나갈 수 없다.

한 유대인은 조상의 풍습대로 해변가에서 기도를 드려도 된다. 행정 장관이건 일개 평민이건 간에 유대인이 이런 일을 하는 것을 방해할 시에는 관례에 따라 벌금을 물게 될 것이다."

24. 사르디스인(Sardians)들의 법령. "이 법령은 의회와 주민들이 작성한 것을 법무관들이 대표로 선포한 것이다. 우리 시에 살고 있는 동료 시민인 유대인들이 그동안 우리에게 많은 혜택을 입었음에도 불구하고 이번에는 또다시 의회를 찾아와서 로마 원로원과 백성들이 그들의 율법과 자유를 회복시켜 주었으니 조상 전래의 율법대로 종교 집회를 가질 수 있도록 해달라고 요청해 왔다. 그들은 로마 원로원이 허락했으므로 이 점에 대해서 더 이상 문제 삼지 말 것을 요구하는 한편 유대인들이 모두 모여 조상의 풍습대로 하나님께 기도를 드릴 수 있는 장소를 제공해 달라고 요구하였다. 따라서 우리 의회와 주민은 이같이 결정하고 선언한다. 유대인들은 그들의 율법에 규정된 날 모임을 가져도 된다. 그들이 모일 장소와 건물은 그들의 모임의 목적에 알맞은 곳을 스스로 결정하게 하여 법무관들이 차후 조정하도록 한다. 또한 도시의 식량 공급을 책임진 관리들은 유대인들이 특별히 먹는 음식을 수입해 오는 데 최선을 다해야 한다."

25. 에베소인(Ephesians)들의 법령. "메노필루스(Menophilus)가 행정 집행관(prytanis)이었을 때인 아르테미시우스(Artemisius)월 제1일에 주민들이 이같이 제정하였다. 이것을 에우페무스(Euphemus)의 아들 니카노르(Nicanor)가 법무관들을 대표하여 선포하였다. 이 도시에 거주하는 유대인들이 브루투스(Brutus)의 아들인 지방 총독(proconsul) 마르쿠스 율리우스 폼페이우스(Marcus Julius Pompeius)를 찾아가 어느 누구의 방해도 받지 않고 조상 전래의 풍습과 안식일을 지킬 수 있도록 허락해 달라고 요청하자 지방 총독께서는 그들의 요청을 들어주었다. 따라서 우리 의회와 주민은 로마와도 관련이 되어 있는 문제임을 중시하여 유대인이 안식일을 지키는 것을 방해하거나 또는 그런 일로 벌금을 물리지 않아야 하며, 유대인이 조상의 율법에 따라 모든 일을 할 수 있도록 허용되어야 함을 선언하는 바이다."

26. 우리가 살펴본 것 외에도 히르카누스와 유대국에 유리한 조치를 내린 로마 원로원과 최고 명령권자들의 법령이 많이 있다.[13] 이 밖에도 유대국의 권리와 특혜를 보장한 도시와 법무관들의 법령은 더 많이 있다. 이런 법령들은 한결같이 우리가 조금 전 살펴본 법령의 예들과 똑같은 취지로 되어 있다. 유대국이 로마와 친선 관계를 맺고 있었다는 사실을 입증하는 충분한 증거가 오늘까지 남아 있으며 그것도 카피톨리누스(Capitolinus) 신전의 동판에 새겨져 있다는 사실을 충분히 살펴본 이상, 이런 내용을 하나도 빠짐없이 다 수록한다는 것은 오히려 불필요하고 부담을 가중시키는 일이라 생각된다. 왜냐하면 로마인들과 유대인들과의 우호 관계를 보여주는 법령을 수없이 보고도 그 사실을 의심할 사람은 아마도 거의 없을 것이라 생각되기 때문이다. 그 당시 유대국과 로마와의 사이에 맺었던 우호 동맹 관계에 대해서는 이 정도로 충분히 설명되었으리라 생각한다.

---

13) 유대국에 유리한 조치를 취한 로마의 모든 법령을 수록하겠다고 1절에서 약속한 요세푸스가 이제 와서 다 수록하지 못한 데 대한 양해를 구하고 있다. 이것은 그가 수집한 모든 법령을 맨 처음에는 다 수록하려고 마음먹었으나 그 수가 너무 많았기 때문에 독자들이 싫증을 느낄 것 같아 그 밖의 많은 부분을 생략하고 양해를 구한 것이 아닌가 생각한다.

제11장

섹스투스가 바수스의 음모에 걸려 살해된 후
무르쿠스가 그의 뒤를 계승하게 된 경위와
카이사르가 죽은 후 카시우스가 수리아를 침범하여
유대를 괴롭힌 사건의 전말,
그리고 말리쿠스가 안티파테르를 살해하였으나
결국은 헤롯에 의해 그도 살해당하게 된 경위

1. 바로 이때 수리아(Syria, 시리아)는 아래와 같은 이유로 큰 혼란에 빠져 있었다. 폼페이우스(Pompey) 추종자의 한 사람인 케킬리우스 바수스(Cecilius Bassus)가 음모를 꾸며 섹스투스 카이사르(Sextus Cæsar)를 살해한 후 군대를 장악하고 권력을 자기 손아귀에 넣었다. 이에 카이사르의 장군들이 보병과 기병의 대군을 거느리고 진격하여 아파미아(Apamia)에서 대회전(大會戰)이 일어나기에 이르렀다. 이때 안티파테르(Antipater)는 카이사르에게서 입은 은총도 많이 있었고 또 남을 살해한 자는 마땅히 보복해야 한다는 생각도 있었기에 원군은 물론 아들들까지 카이사르 지지군에 파견했다. 전쟁이 장기전으로 확대되자 섹스투스의 정권을 이양받기 위해 무르쿠스(Murcus)가 로마에서 왔다. 그런데 카이사르(Cæsar)가 원로원 의사당에서 카시우스(Cassius)와 브루투스(Brutus)의 손에 살해되는 불상사가 일어났다. 이에 카이사르는 3년 6개월간의 통치를 끝으로 세상을 떠나게 된 것이다. 이 사건에 관해서는 다른 곳에서 다루도록 하자.

2. 카이사르의 죽음을 계기로 이곳저곳에서 세력가들이 저마다 군대를 모집하여 전쟁을 일으키기 시작하자 카시우스(Cassius)는 아파미아(Apamia)에 진을 치고 있는 군대를 접수하기 위해 로마에서 수리아로 왔다. 그는 포위를 푼 후 바수스(Bassus)와 무르쿠스(Murcus)를 그의 편으로 끌어들였다. 그 후 카시

우스는 각 도시를 돌아다니면서 무기와 병사들을 모았고 거액의 세금을 부담시켰다. 그는 주로 유대를 가장 많이 짓밟았으며 자그마치 700달란트의 돈을 착취해 갔다. 안티파테르는 유대인들이 놀라서 경악을 금치 못하며 큰 혼란에 빠져 있는 것을 보고 세금 징수하는 것을 아들들에게 분담시켜 거두어들이도록 했다. 이에 일부분은 안티파테르에게 악의를 품고 있는 말리쿠스(Malichus)가 세금을 징수해야 했으며 나머지는 또 다른 이들이 맡았다. 헤롯(Herod)은 갈릴리에 분담된 세금을 누구보다도 먼저 징수해 냈기 때문에 카시우스의 호감을 사게 되었다. 헤롯은 로마와 친선 관계를 유지하는 것이 무엇보다도 현명한 일이라고 판단하고 남을 희생시켜서라도 로마의 호의를 얻어내기로 결심했기 때문에 좋은 실적을 낼 수 있었던 것이다. 그러나 이와는 반대로 몇몇 도시는 노예로 팔리는 신세가 되었다. 카시우스는 고프나(Gophna)와 엠마오(Emmaus), 그리고 룻다(Lydda)와 탐나(Thamna) 전체를 노예로 전락시켰다. 카시우스는 또한 히르카누스가 안티파테르를 통해서 사비(私費) 100달란트를 보내 그의 노여움을 누그러뜨리지 않았더라면 말리쿠스(Malichus)에게 분노한 나머지 그를 죽였을지도 모른다. 그것은 말리쿠스가 카시우스를 공격했기 때문이었다.

3. 한편 카시우스가 유대 땅을 떠나가자, 말리쿠스는 안티파테르를 살해하는 길만이 히르카누스의 정권을 유지할 수 있는 유일한 길이라고 생각하고 안티파테르를 살해할 음모를 꾸몄다. 그러나 그의 음모는 사전에 안티파테르에게 발각되고 말았다. 안티파테르는 자신의 살해 음모를 알아채고 요단강 건너로 피신한 후 아랍족과 동족으로부터 병사들을 모집하였다. 그러나 속임수의 천재였던 말리쿠스는 안티파테르 살해 음모를 꾸민 적이 없다고 주장하면서 자기와 자기 아들들의 목숨을 걸고 맹세하면서 결코 그런 일이 없다고 했다. 파사엘루스(Phasaelus)가 예루살렘의 수비대를 지휘하고 있고 헤롯이 전쟁 무기를 보관하고 있는 상황에서 자기가 감히 어찌 그런 일을 저지를 수 있겠느냐는 것이었다. 이에 안티파테르는 말리쿠스의 측은한 모습을 보고 화해를 하기로 했다. 이 당시 수리아의 총독은 무르쿠스(Murcus)였는데 말리쿠스가 유대에

서 소란을 피우는 것을 보고 그를 살해하려고 했으나 안티파테르의 중개로 목숨만은 살려 주었다.

4. 그러나 안티파테르는 말리쿠스를 살려 준 것이 자기의 목숨을 재촉하는 화근이 되리라고는 전혀 예측하지 못했다. 한편 카시우스와 무르쿠스는 군대를 소집한 후 헤롯을 코엘레수리아 군사령관으로 임명하고 기병과 보병은 물론 양 떼까지도 감독하게 했다. 그들은 헤롯에게 전쟁만 끝나면 그를 유대의 왕이 되게 해주겠다고 약속했다. 그때는 이미 아들 카이사르(younger Cæsar)와 안토니우스(Antony) 사이에 전쟁이 일어난 때였다. 한편 말리쿠스는 안티파테르를 두려워한 나머지 그를 제거하기로 결심했다. 그는 히르카누스의 청지기를 돈으로 매수하여 그와 안티파테르가 함께 식사를 나눌 때 안티파테르의 음식물에 독약을 넣어 독살하게 했다. 그는 이같이 안티파테르를 독살한 후 예루살렘을 장악했다. 안티파테르의 아들들인 헤롯과 파사엘루스는 부친이 독살되었다는 소식을 듣고 몹시 분개하였다. 그러나 말리쿠스는 그가 독살되었다는 사실조차도 몰랐다고 딱 잡아뗐다. 경건과 정의감과 조국애가 유난히 남달랐던 안티파테르는 이렇게 해서 세상을 떠났다. 안티파테르의 차남인 헤롯은 즉시 부친의 원수를 갚기 위해 군대를 거느리고 말리쿠스를 공격하러 출발한 반면에, 장남인 파사엘루스는 내란을 겪지 않기 위해서는 음모로 말리쿠스를 제거하는 것이 상책이라고 생각하고 있었다. 따라서 파사엘루스는 말리쿠스의 변명을 인정하고 부친의 죽음과는 아무런 연관이 없다는 그의 주장을 믿는 척했다. 파사엘루스는 부친을 위해 멋진 기념비를 세워 주었다. 한편 헤롯은 사마리아에 들렀다가 주민들이 몹시 괴로워하는 것을 보고 그들의 마음을 진정시키고 용기를 북돋워 주었다.

5. 그로부터 얼마 후 헤롯은 절기가 다가오자 병사들을 거느리고 예루살렘으로 갔다. 말리쿠스는 헤롯이 예루살렘으로 온다는 소식을 듣고 크게 놀란 나머지, 히르카누스에게 그를 성 안으로 들어오지 못하도록 해달라고 요구했다. 히르카누스는 이에 동의하고 헤롯을 입성시키지 않기 위한 핑계로 이방인들은

몸을 정결케 하기 전에는 성에 들어올 수 없다는 명령을 내렸다. 그러나 헤롯은 히르카누스가 보낸 말에는 조금도 개의치 않고 밤을 틈타 예루살렘성으로 잠입해 들어갔다. 이에 말리쿠스는 기겁을 할 정도로 놀랐다. 말리쿠스는 가증스럽게도 안티파테르가 독살되었다는 사실조차도 몰랐다고 부인할 때는 언제고 이제는 안티파테르의 죽음이 마치 친한 친구의 죽음이었던 것처럼 큰 소리로 눈물을 흘리면서 울어 대는 것이었다. 헤롯과 그의 측근들은 말리쿠스의 의심을 사지 않기 위해서는 그의 거짓말을 정면에서 폭로하지 않는 정도로 그치지 말고 상호 우의의 표시까지 보여주어야 한다고 생각했다.

6. 헤롯은 카시우스(Cassius)에게 사신을 보내 부친의 죽음을 알렸다. 카시우스는 말리쿠스가 어떤 부류의 인간인가를 알고 있었으므로 헤롯에게 부친의 원수를 갚으라고 명하는 한편 두로에 있는 군사령관에게 사신을 보내 헤롯이 부친의 원수를 갚는 일을 도와주라고 은밀히 지시하였다. 카시우스가 라오디게아(Laodicea)를 함락시키자 그들 모두는 그에게로 나아와 화환과 돈을 예물로 바쳤다. 헤롯은 말리쿠스가 라오디게아에 있는 동안 해치워야겠다고 생각했다. 그러나 말리쿠스는 이 낌새를 알아차리고 큰 모험을 감행하기로 결심했다. 그 당시 그의 아들은 두로에 볼모로 잡혀 있었는데 말리쿠스는 두로로 가서 몰래 아들을 빼내낸 후 유대로 돌아가려고 급히 계획을 세웠다. 게다가 카시우스가 안토니우스(Antony)와 싸우려고 급히 떠난 것을 기회로 유대인들을 카시우스에게 반역하게 하고 권력을 자기가 장악하려고까지 마음먹었다. 그러나 하나님의 섭리는 그의 계획을 따라 주지 않았다. 헤롯은 영리한 사람이었기에 말리쿠스의 의도를 알아차리고 미리 선수를 치기로 했다. 헤롯은 두로로 종을 미리 보내 만찬을 준비하는 척하라고 지시했다. 그리고는 말리쿠스에게 만찬에 사람들을 초대할 작정이니 참석해 달라고 초청하는 척하면서 부하들을 시켜 말리쿠스를 기다리고 있다가 나타나면 단검으로 살해하라고 지시하였다. 이에 부하들은 두로시 근처 바닷가에서 말리쿠스를 만나 단검으로 그를 살해하였다. 한편 히르카누스는 말리쿠스의 살해 소식을 듣고 너무 놀란 나머지 말할 기력조차 상실했다. 히르카누스는 한참 후에야 가까스로 기력을 회복한 후

말리쿠스를 살해한 장본인은 누구며 또 어떻게 해서 그런 일이 일어날 수 있었는지 헤롯에게 물어보았다. 이에 헤롯이 카시우스가 말리쿠스를 살해하라는 명령을 내렸다고 말하자, 히르카누스는 그가 조국에 반역을 일으킨 악한 인물이므로 잘한 일이라고 칭찬하였다. 이렇게 해서 말리쿠스는 안티파테르를 무고하게 살해한 죄의 대가로 이런 처참한 최후를 맞이하게 된 것이다.

7. 한편 카시우스가 수리아를 떠나자 유대에서는 큰 혼란이 일어나게 되었다. 왜냐하면 군대를 거느리고 예루살렘에 남아 있던 펠릭스(Felix)가 파사엘루스(Phasaelus)에게 급습을 감행하였고 유대 주민들조차 무기를 들고 일어났기 때문이었다. 이에 헤롯은 다메섹 지사(prefect) 파비우스(Fabius)를 찾아가 형에게 원군을 보내 달라고 요청하려 했으나 그만 병에 걸려 뜻을 이룰 수가 없었다. 결국 파사엘루스는 펠릭스를 당해 낼 수가 없어서 망대 안에 꼼짝없이 갇히는 신세가 되었고 결국은 모종의 조건으로 쫓겨나기에 이르렀다. 파사엘루스는 히르카누스가 자기에게 많은 은혜를 입었음에도 불구하고 오히려 적을 도울 수가 있느냐고 그에게 불평을 늘어놓았다. 왜냐하면 말리쿠스의 형제가 유대의 많은 지역 주민들을 반역에 가세시켜 수비대를 주둔시킨 것을 모른 체 했기 때문이었다. 그중에서도 크게 문제가 된 것은 말리쿠스의 형제가 최고 최강의 요새인 마사다(Masada) 요새를 장악한 것이었다. 한편 그 사이에 헤롯은 건강을 회복하였고 펠릭스를 공격하여 그에게 빼앗긴 지역을 모두 탈환하였으며 그도 모종의 조건으로 내쫓아 버렸다.

제12장

헤롯이 아리스토불루스의 아들 안티고누스를
유대 밖으로 쫓아내고,
이제 막 수리아로 들어온 안토니우스에게
막대한 거금을 주어 환심을 사게 된 경위,
이로 인해 안토니우스가 헤롯을 고소하려는 자들을
용납하지 않게 된 역사와
유대인을 대신해서 안토니우스가 두로인들에게
서신을 보내게 된 사건의 전말

1. 멘네우스(Menneus)의 아들 프톨레마이우스(Ptolemy)는 전에 군대를 일으킨 적이 있었던 아리스토불루스(Aristobulus)의 아들 안티고누스(Antigonus)를 유대로 되돌려 보내고 파비우스(Fabius)에게 돈을 주어 안티고누스와 친분을 가질 수 있도록 만들어 주었다.[14] 프톨레마이우스가 이 같은 배려를 베푼 것은 안티고누스와 인척 관계를 맺고 있었기 때문이었다. 마리온(Marion) 역시 안티고누스를 도와주었다. 마리온은 카시우스가 남겨 놓은 부하로서 두로(Tyre)의 독재자였다. 카시우스가 수리아를 장악한 후 독재를 휘둘렀으므로 그 부하도 역시 마찬가지였기 때문이었다. 마리온은 두로의 변경에 위치한 갈릴리 지역을 침공하여 요새 셋을 빼앗고 그곳에 수비대를 주둔시켰다. 그러나 헤롯은 이에 반격을 가하여 마리온에게 빼앗긴 세 요새를 탈환하였다. 그러나 두로 수비대에게는 조금도 해를 끼치지 않고 정중히 돌려보내 주었다. 헤롯은 두로인들에게는 호의를 가지고 있었기에 일부 병사들에게는 선물까지 주었다. 헤롯은

---

[14] 그로노비우스(Gronovius)는 유대인에게 유리한 조치를 내린 로마 법령에 대한 그의 연구에서 유대인들이 받은 혜택과 특권은 로마인들에게서 돈을 주고 산 것이라고 정확히 지적하고 있다. 사도 바울에게 천부장이 "나는 돈을 많이 들여 이 시민권을 얻었노라"(행 22:28)라고 솔직히 고백하는 부분에서 이 사실을 볼 수 있다.

이같이 갈릴리 지역의 평정을 되찾은 후 안티고누스에 대항하기 위해 군대를 출동시켰다. 헤롯은 안티고누스와 접전을 벌인 결과 그를 격퇴할 수 있었으며 이제 막 유대로 들어온 그를 당분간 유대 밖으로 몰아낼 수 있었다. 헤롯이 예루살렘에 당도하자 히르카누스와 주민들은 그의 머리에 화관을 씌워 주었다. 헤롯은 이미 히르카누스의 후손과 결혼하여 인척 관계를 맺고 있었기 때문이었다. 헤롯은 히르카누스의 손녀, 그러니까 아리스토불루스의 아들인 알렉산드로스의 딸과 결혼한 것이었다. 헤롯은 이 아내를 통해서 아들 셋과 딸 둘을 두었다. 헤롯은 이미 그전에 자기보다 신분이 낮은 그의 동족 도리스(Doris)와 결혼하여 안티파테르(Antipater)라는 장남을 두고 있었다.

2. 다른 역사가들의 기록을 보면 알 수 있듯이 안토니우스(Antonius)와 카이사르(Cæsar)는 빌립보(Philippi, 필리피) 근처에서 카시우스(Cassius)를 격퇴했다. 이 전투에서 승리한 후 카이사르는 갈리아(Gaul, 이탈리아[Italy]) 지방으로 진격한 반면에 안토니우스는 아시아 지방으로 진격했다. 안토니우스가 비두니아(Bithynia, 비티니아)에 당도하자 사방에서 사신들이 그에게 몰려왔다. 유대인 유력 인사들도 파사엘루스와 헤롯을 고소하기 위해 그곳으로 왔다. 그들은 히르카누스가 통치하는 것처럼 보이나 실권은 파사엘루스와 헤롯이 모두 장악하고 있다고 비난했다. 그러나 안토니우스는 이러한 고소에 대해 자신의 입장을 방어하러 온 헤롯을 존중했기 때문에 유대 유력 인사들의 비난은 안토니우스에게 설득력이 없었다. 이미 헤롯이 안토니우스에게 돈을 주어 그의 환심을 사두었기 때문이었다. 그 후 안토니우스가 에베소(Ephesus)에 당도했을 때 대제사장 히르카누스와 유대국은 사신들을 그에게 파견해 금관을 예물로 바치게 하고, 카시우스에게 무고히 잡혀간 유대인들을 석방할 것과 카시우스 시대에 빼앗긴 유대 영토를 되돌려줄 것을 명하는 서신을 총독(governor)들에게 보내 달라고 요청하였다. 안토니우스는 유대인의 요구가 정당하다고 생각하고 즉시 히르카누스와 유대인에게 답변을 보내는 한편 두로인들에게도 서신을 보냈는데 그 취지는 똑같았다.

3. "최고 명령권자(imperator) 마르쿠스 안토니우스(Marcus Antonius)는 유대 민족 지도자(ethnarch)요 대제사장인 히르카누스에게 문안하노라. 그대가 잘 있다니 기쁘기 그지없노라. 나 또한 무사하며 나의 군대도 평안하노라. 그대가 보낸 사신들인 파우사니아스(Pausanias)의 아들 리시마쿠스(Lysimachus)와 멘네우스(Menneus)의 아들 요세푸스(Josephus)와 테오도루스(Theodorus)의 아들 알렉산드로스(Alexander)를 에베소에서 만나 보고 그대와 유대국이 우리에게 보인 호의와 성심을 충분히 보았노라. 나는 그대의 말과 행동을 통해 그대가 우리에게 호의를 보인 데 대해 크게 만족했노라. 나는 또한 그대의 삶의 방식이 초지일관하고 깊은 신앙심에 차 있음을 보았노라. 따라서 나는 그대를 우리와 똑같이 여기노라. 만일 그대와 로마인의 적들이 맹세로 세운 약속을 어기고 함부로 도시를 침공해 오고 신전을 약탈할 경우에는, 우리뿐 아니라 전 인류에 대한 적대 행위로 보고 인간과 신들에 대해 악을 행한 그들을 결코 내버려두지 않을 것임을 선언하노라. 카이사르(Cæsar)의 암살 사건 같은 무서운 죄악을 보고 싶지 않아 태양도 우리에게 빛을 거두어 갔음을 우리는 잘 알고 있노라.[15] 우리는 신들조차도 위협한 이 무서운 음모를 물리치고 결국은 승리했었노라. 그런데 이번에는 마게도냐인들이 그 음모를 이어받았노라. 이는 불경하고 오만한 모든 시도의 특징임을 스스로 드러내려고 하는 것 같았노라. 그러나 우리는 로마에 대한 적대감으로 반쯤 미친 이자들을 제압하는 데 성공했노라. 그들은 자기들의 목적 달성을 위해 마게도냐의 빌립보(Philippi)를 장악하고 산에서부터 바다에 이르기까지 성벽을 쌓고 성문 하나로만 통행이 가능하게 만들었노라. 그러나 우리가 이런 상황에서도 승리할 수 있었던 것은 신들께서 그들의 악한 계획을 저주하셨기 때문이었노라. 이때 빌립보까지 도망을 친 브루투스(Brutus)도 카시우스(Cassius)와 함께 멸망하는 비운을 같이 맛보았노라. 이제 이들이 벌을 받아 멸망하였으니 우리는 앞으로 당분간 평화를 누

---

15) 이 구절은 브루투스(Brutus)와 카시우스(Cassius)가 율리우스 카이사르(Julius Cæsar)를 암살했을 때 이상하게도 매우 오랫동안 태양이 어두워졌던 그 유명한 역사적 사건을 암시하고 있는 것이 분명하다. 이 사건은 베르길리우스(Virgil), 플리니우스(Pliny), 그리고 그 밖의 여러 로마 저술가들의 큰 주목을 끈 사건이었다.

릴 수 있을 것이며 아시아에서는 전쟁의 소용돌이가 일어나지 않을 것이라고 확신하노라. 그러므로 우리는 신께서 주신 이 평화를 우리의 모든 우방과 나누어 가지려고 하노라. 우리의 승리로 인해 전 아시아가 전쟁의 병에서 회복되기 위해 우리는 최선을 다할 것이노라. 따라서 나는 그대와 유대국을 잊지 않고 은혜를 베풀려고 하노라. 나는 여러 도시에 나의 친서를 보내 자유민이든지 노예이든지 간에 카이우스 카시우스(Caius Cassius)나 그의 부하의 창칼에 의해 노예가 된 사람은 석방하도록 하겠노라. 그러므로 그대는 나와 돌라벨라(Dolabella)가 그대에게 베푼 은혜를 잘 이용하도록 하라. 나는 또한 두로인들에게 명하여 유대인들에게 폭력을 함부로 사용하지 말 것을 지시하였노라. 그리고 유대인들이 현재 소유하고 있는 장소는 그들의 소유로 인정하라고 명령하였노라. 마지막으로 나는 그대가 보낸 금관을 기쁘게 받았음을 밝히노라."

4. "최고 명령권자 마르쿠스 안토니우스(Marcus Antonius)는 두로의 정무관들과 의회와 주민들에게 문안하노라. 유대의 민족 지도자요 대제사장인 히르카누스의 사신들이 에베소로 나를 찾아왔었노라. 그들은 그대들이 전에 유대를 침입하여 강제로 빼앗은 땅을 아직도 돌려주지 않고 있다는 사실을 내게 알렸노라. 우리는 지금까지 세계의 통치권을 장악하기 위해, 그리고 의와 경건이 무너지지 않도록 하기 위해, 그리고 은혜를 모르는 배은망덕한 자들과 맹세를 지킬 줄 모르는 자들을 벌하기 위해 전쟁을 해왔음을 그대들도 잘 알 줄 믿노라. 따라서 나는 그대들이 우리의 우방들과 평화를 유지하기 원하며 로마의 적의 힘을 빌려 남에게서 빼앗았던 것은 원래의 소유자에게 되돌려주기를 바라노라. 그것은 그 땅이나 군대는 원로원이 선물로 하사한 것이 아니라 폭력이라는 부당한 방법으로 탈취한 것이기 때문이노라. 로마의 적들은 마땅한 벌을 받았으므로 이제 우리 로마의 우방들은 원래의 소유를 아무런 방해도 받지 않고 되찾아야 한다고 나는 생각하노라. 따라서 그대들은 유대 지배자 히르카누스의 소유 중 그대들이 지금 차지하고 있는 것을 즉각 돌려주도록 하라. 비록 카이우스 카시우스(Caius Cassius)가 결코 정당화될 수 없는 전쟁을 일으켜서 로마의 영토로 들어오기 전 하루 동안 히르카누스가 소유했던 땅이라도 돌려

주도록 하라. 그대들은 히르카누스를 약화하기 위해 무력을 써서는 안 된다는 점을 명심하도록 하라. 그러나 만일 그대들이 그대들의 고유 권한에 관한 문제로 히르카누스와 논쟁을 벌일 경우에는 우리가 정한 특정 장소에 나와서 그대들의 주장을 펴도록 하라. 우리는 모든 우방의 권익을 존중할 것이며 모든 주장을 끝까지 경청할 것이노라."

5. "최고 명령권자 마르쿠스 안토니우스(Marcus Antonius)는 두로의 정무관들과 의회와 주민들에게 문안하노라. 내가 그대들에게 법령을 보내노니 로마어와 헬라어로 판에 새겨 공공장소에 놓아 모든 이들이 볼 수 있도록 조치하라. 최고 명령권자 마르쿠스 안토니우스가 이같이 선포하노라. 카이우스 카시우스가 반역을 일으켜 남의 땅을 침범하여 약탈하던 중에 로마의 동맹인 유대국의 땅을 강탈하였었노라. 그런데 우리가 그의 광기(狂氣)를 무력으로 진압하여 평정을 되찾기에 이르렀느니라. 그러므로 우리는 법령과 사법적 결정을 통해 잘못된 것을 바로잡고 잃은 것을 되찾도록 하는 데 심혈을 기울이고 있노라. 따라서 그대들은 유대인의 소유는 그것이 몸이든지 재산이든지 원상태로 되돌려주도록 하라. 몸이 노예가 된 자는 해방하도록 하고 재산은 원래 소유주에게 돌려주도록 하라. 나의 이 명령을 어기는 자는 불순종의 대가를 치를 줄 알라. 나의 명령을 어긴 자가 발각되어 체포될 경우에는 그에 합당한 처벌을 받게 될 것임을 명심하도록 하라."

6. 안토니우스는 이와 같은 내용의 서신을 시돈인(Sidonians)들과 안디옥인(Antiochians)들과 아라비아인(Arabians)들에게도 보냈다. 내가 지금까지 이런 법령들을 소개한 것은 로마인들이 유대국에 지대한 관심을 가지고 있다는 나의 주장을 입증해 보이기 위해서 그렇게 한 것이다.

제13장

안토니우스가 헤롯과 파사엘루스에 대한 고소를 기각시킨 후에
그들을 분봉왕으로 임명한 경위,
그리고 바대인들이 안티고누스를 유대로 보내
히르카누스와 파사엘루스를 생포하였으나
헤롯은 도망할 수 있었던 역사,
그리고 히르카누스와 파사엘루스가 당한 고통에 관하여

1. 그 후 안토니우스(Antony)는 수리아로 와서 길리기아(Cilicia)에서 클레오파트라(Cleopatra)를 만나 보고 첫눈에 반해 버렸다. 이때 유대 유력 인사 100명도 헤롯(Herod)과 그의 측근들을 고소하기 위해 말 잘하는 사람을 대동하고 안토니우스에게 나타났다. 그러나 메살라(Messala)가 젊은이들을 대표해서 그들의 의견을 논박했다. 그것도 헤롯의 장인[16]이었던 히르카누스의 면전에서 내내 그들의 주장에 반박을 가했다. 안토니우스는 다프네(Daphne)에서 양편의 주장을 들은 후에 히르카누스에게 유대국을 누가 통치하는 것이 좋겠느냐고 물었다. 그러자 히르카누스는 헤롯과 그의 지지 세력이 좋겠다고 대답하였다. 이에 안토니우스는 전에 그가 가비니우스(Gabinius)와 함께 있었을 때 헤롯의 부친(안티파테르)과 맺었던 옛 우정을 생각하고 헤롯과 파사엘루스를 분봉왕으로 임명하였으며 유대의 정무(政務)를 그들에게 맡기고 이를 알리는 서한을 보냈다. 안토니우스는 헤롯의 적 15명을 결박하여 처형하려 했으나 헤롯이 간청하여 그들의 목숨을 살려 주었다.

---

[16] 히르카누스가 여기서 헤롯의 장인(father in law, 윌리엄 휘스턴의 번역에 따라 '장인'이라고 했으나 헤롯은 히르카누스의 외손녀와 결혼했으므로 정확히는 '처조부' 또는 '장조'라고 해야 함–편집자 주)이라고 불리고 있는 것을 볼 때 고대에는 약혼만으로도 인척 관계로 충분히 인정되었다는 점을 주목할 필요가 있다. 왜냐하면 비록 헤롯이 히르카누스의 손녀 마리암네(Mariamne)와 약혼은 했으나 아직 4년이 더 흘러야 정식 결혼을 할 수 있는 사이였기 때문이다. 마태복음 1장 16절을 보라(한글판 개역개정 성경으로는 1장 18절이 연관성 있는 구절로 보임–편집자 주).

2. 그러나 이들은 돌아와서도 잠자코 있지 않았다. 한편 1,000명의 유대인은 안토니우스가 두로로 온다는 소식을 듣고 두로로 그를 마중하러 갔다. 안토니우스는 헤롯과 파사엘루스에 의해 이미 매수되어 있었다. 따라서 안토니우스는 그곳 총독에게 변혁을 꾀하는 유대 사신들을 처벌하고 헤롯의 통치 기반을 든든히 해주라고 지시하였다. 이를 들은 헤롯은 급히 유대 사신의 뒤를 따랐다. 이때 히르카누스는 헤롯과 함께 있었다(히르카누스와 헤롯은 두로성 앞 해변에 있었다). 헤롯은 그들에게 계속해서 자기를 비난하면 큰 불상사를 당하게 될 것이라고 충고하였다. 그러나 그들은 헤롯의 말을 순순히 받아들이려고 하지 않았다. 그러자 로마 병사들이 그들에게 달려들어 단검을 마구 휘둘러 댔다. 이에 일부는 목숨을 잃었고 일부는 부상을 당했으며 나머지는 간신히 도망을 쳐서 유대로 돌아갔다. 간신히 목숨만 건진 이들은 너무 놀란 나머지 잠자코 있었다. 그러나 유대 백성들은 헤롯에 대한 비난의 소리를 멈추지 않았다. 이에 화가 난 안토니우스는 죄수들을 살해하였다.

3. 한편, 제2년에 바대(Parthia, 파르티아) 왕의 아들 파코루스(Pacorus)와 바대군 사령관 바르자파르네스(Barzapharnes)는 수리아를 정복했다. 멘네우스(Menneus)의 아들 프톨레마이우스(Ptolemy)는 세상을 떠났고 그의 아들 리사니아스(Lysanias)가 통치권을 장악했다. 리사니아스는 아리스토불루스(Aristobulus)의 아들 안티고누스(Antigonus)와 우호 동맹을 맺었다. 그는 안티고누스와 동맹을 맺기 위해 자기에게 깊은 관심을 보이는 바대군 사령관을 이용했다. 한편 안티고누스는 헤롯을 살해하고 히르카누스의 정권을 빼앗아 자기에게 준다면 돈 1,000달란트와 여자 500명을 주겠다고 바대인들에게 제시하였다. 그런데 바대인들은 안티고누스가 약속을 지키지 못했는데도 불구하고 안티고누스를 데리고 유대로 침입해 들어갔다. 파코루스는 내내 해변 쪽으로 진격을 거듭한 반면에 사령관 바르자파르네스는 내륙 지방으로 쳐들어갔다. 두로인들은 파코루스를 받아들이지 않은 반면에 시돈인들과 프톨레마이스인들은 그를 환영했다. 파코루스는 유대의 정세를 살펴보고 안티고누스를 지원하도록 하기 위해 자기와 이름이 같은 파코루스를 대장으로 하는 기병 부대를 파견하였다.

한편 갈멜산 근방에 거하는 유대인들이 안티고누스를 찾아와 함께 유대 원정에 참여할 것을 제의해 오자 안티고누스는 이들의 힘을 빌려 유대의 일부 지역을 빼앗을 수 있을 것이라는 기대에 부풀어 오르게 되었다. 다시 그가 드리미(Drymi)라는 곳에 이르자 일단의 유대인들이 또 찾아와 그를 돕겠다고 나섰다. 이에 그들은 예루살렘을 급습하였다. 그러자 유대인들이 또다시 몰려와 그 수가 급증하게 되었다. 그들은 이에 힘을 모아 왕궁을 공격하기 시작했다. 그러자 파사엘루스와 헤롯의 지지 세력도 가만히 있지 않았다. 이에 시장에서 큰 전투가 벌어지게 되었다. 전투 결과 안티고누스 쪽이 승리하게 되었고 그는 도주하는 적을 성전과 그 옆의 건물 안까지 추격하였다. 그는 성전 옆 건물로 적들이 도망을 치자 건물에 불을 질러 적을 태워 죽였다. 그러나 그 후 헤롯은 반역을 시도하고 수많은 적을 살해하여 이번 일로 당한 모욕을 설욕하였다.

4. 양편 사이에 매일 작은 접전이 있었다. 안티고누스의 군대는 오순절에 각 지역에서 올라오는 유대인들을 기다리고 있었다. 오순절이 되자 수만의 유대인들이 더러는 무장을 하고 더러는 맨손으로 성전을 향해 몰려들었다. 이들은 헤롯이 소수의 병사로 지키고 있는 왕궁을 빼놓고 예루살렘과 성전을 지켰다. 파사엘루스가 성벽 방비를 책임지고 있는 동안 헤롯은 일단의 부하들을 거느리고 외곽 지역에 진 치고 있는 적을 습격하였다. 이에 적들은 예루살렘 시내로, 성전으로, 요새 안으로 뿔뿔이 도망쳤다. 예루살렘 안에는 요새들이 여럿 있었다. 이때 파사엘루스가 헤롯을 도운 것은 두말할 나위도 없다. 한편 바대군 사령관 파코루스(Pacorus)는 안티고누스의 청에 못 이겨 소수의 기병을 거느리고 예루살렘 안으로 들어왔다. 겉으로는 반란 진압이 목적이었으나 실제로는 안티고누스가 정권을 탈취하는 것을 돕는 데 그 의도가 있었다. 파사엘루스가 파코루스를 따뜻하게 영접하자, 파코루스는 파사엘루스에게 자기를 대신해서 바르자파르네스(Barzapharnes)에게 사신으로 가 줄 수 없겠느냐고 했다. 이는 물론 속임수였다. 그러나 이를 알지 못하는 파사엘루스는 이에 동의하였다. 그러나 헤롯은 야만인들의 진실성은 믿을 수 없다는 이유로 파코루스의 제안에 동의하지 않고 오히려 파사엘루스에게 예루살렘성 안으로 들어온 자들과 싸우자고 했다.

5. 결국은 히르카누스와 파사엘루스가 사신으로 떠나게 되었다. 파코루스는 헤롯에게 200명의 기병과 10명의 자유민만 남겨 놓고 히르카누스와 파사엘루스의 여행길을 직접 안내하였다. 그들이 갈릴리에 이르자 각 도시의 총독들이 무장을 하고 그들을 맞이했다. 바르자파르네스 역시 그들을 죽이기로 공모해 놓고서도 처음에는 예물까지 주면서 환대하였다. 파사엘루스는 기병들의 길 안내를 받아 해변 길로 여행을 하고 있었다. 그는 안티고누스가 정권을 장악하게 협조해 주면 1,000달란트와 여자 500명을 주기로 바대인들과 약속했다는 소식을 듣고 바대인들을 의심하게 되었다. 게다가 그를 호위하고 있던 한 병사가 몰래 그를 찾아와 밤에 그를 살해할 음모가 있으니 조심하라고 넌지시 일러 주었다. 히르카누스와 파사엘루스를 살해하자마자 혹시 헤롯이 그 사실을 눈치채고 도망을 칠지도 모른다는 우려에서 예루살렘의 바대군이 먼저 헤롯을 붙잡았다는 소식을 기다리지만 않았더라도 벌써 히르카누스와 파사엘루스는 저세상 사람이 되었을 것이라고 일러 주었다. 파사엘루스는 그야말로 진퇴양난의 위험에 빠져 있는 셈이었다. 게다가 그를 호위하고 있는 병사들이 오히려 그의 목숨을 노리는 자들임이 드러났으니 그의 목숨은 풍전등화와 같았다. 이에 파사엘루스의 측근들은 더 이상 주저하지 말고 말을 타고 도망치라고 하였다. 그중에서도 오펠리우스(Ophellius)는 다른 이들보다 더 강력하게 종용하였다. 그 당시 수리아 최고 부호인 사라말라(Saramalla)가 타고 도망칠 배를 마련해 준다고 약속하였는데 그만 그가 변절하고 말았다는 소식을 듣자 오펠리우스는 이대로 있다가는 큰일을 당할 것이라는 직감이 들었기 때문이었다. 그러나 파사엘루스는 히르카누스를 버리고 싶은 마음도 없었고 헤롯을 위험 속에 놓아두고 혼자 가고 싶은 생각은 더욱 없었다. 따라서 파사엘루스는 바르자파르네스에게 가서 이같이 말했다. "우리를 살해할 음모를 꾸미다니 그런 부당한 일이 어디 있소. 만일 당신이 돈을 원한다면 내가 안티고누스보다 더 많은 돈을 주겠소. 그러나 무엇보다도 신변의 안전을 보장하겠다고 맹세한 것만을 믿고 찾아온 사람을, 그것도 아무런 해도 끼치지 않은 사람을 죽이는 일보다 더 끔찍한 일이 어디 있소." 그러나 바르자파르네스는 "그대의 의심은 쓸데없는 의심이오. 공연히 사서 걱정하지 마시오."라고 딱 잡아떼고는 파코루스에게로 가 버렸다.

6. 바르자파르네스가 떠나자마자 어떤 자들이 나타나더니 히르카누스와 파사엘루스를 결박하였다. 이에 파사엘루스는 바대인들의 속임수에 심한 욕설을 퍼부어 댔다. 한편 헤롯을 살해하는 임무를 맡은 바대인 집사는 부하들에게 헤롯을 성 밖으로 유인해 내어 체포하라고 지시하였다. 그러나 그때는 이미 파사엘루스가 보낸 사신들이 헤롯에게 바대인들의 음모를 알린 후였다. 헤롯은 바대인들이 히르카누스와 파사엘루스를 체포했다는 소식을 듣고 파코루스와 그 밖의 바대 유력 인사들을 찾아갔다. 그러나 그들은 사실을 다 알고 있으면서도 모르는 척 시치미를 뗐다. "그렇게 의심스럽다면 성문 앞에 나가서 소식을 전해 온 자들을 만나 보시오. 파사엘루스와 히르카누스는 적에게 포로가 되기는커녕 매우 평안하다고 하오." 그러나 헤롯은 이들의 말을 믿지 않았다. 왜냐하면 형 파사엘루스가 포로가 되었다는 소식을 직접 들었으며, 그의 장모가 될 히르카누스의 딸의 정보를 통해서 바대인들에 대한 의심이 점점 굳어 갔기 때문이었다. 다른 이들은 히르카누스의 딸의 말을 귀담아듣지 않았으나 헤롯은 그녀를 매우 지혜로운 여인으로 생각하고 있었다.

7. 한편 바대인들은 고심한 끝에 헤롯과 같은 인물에게 정면 공격을 감행하는 것은 적합하지 못하다는 결론을 내렸다. 따라서 그들은 헤롯에게 자세한 이야기는 내일 하자고 했다. 이에 헤롯은 갈피를 잡을 수 없었다. 그러나 바대인들의 말보다는 파사엘루스가 생포되었다는 소식이 더 사실에 가까울 것이라는 예감이 들었다. 이에 헤롯은 아직 위험이 없다고 공연히 지체하고 있을 것이 아니라 밤을 틈타 탈출을 시도해야겠다고 마음을 굳혔다. 헤롯은 부하 병사들을 거느리고 아내들을 짐승에 태우고 도망을 쳤다. 헤롯은 이때 모친과 누이와 막내 남동생과 장차 결혼할, 아리스토불루스의 아들 알렉산드로스의 딸 마리암네(Mariamne)와 그녀의 모친인 히르카누스의 딸과 집의 하인들과 그 밖의 측근들을 모두 데리고 떠났다. 헤롯은 적의 눈을 피해 교묘하게 이두매(Idumea)로 도망을 칠 수 있었다. 여인들은 아이들을 업고 정든 고향을 떠났으며 감옥에 갇힌 친구들은 슬픔에 찬 눈물을 흘리면서 낙심에 빠졌다. 헤롯의 이 비참한 모습은 그의 적들까지도 동정을 금하지 못하는 그런 처절한 몰락이었다.

8. 그러나 당사자인 헤롯은 역경 가운데서도 낙심치 않았으며 처참한 지경 가운데서도 용기를 잃지 않았다. 헤롯은 모든 이들에게 낙심하지 말고 용기를 내라고 격려하였다. 그들의 유일한 살길은 도망하는 것뿐인데 기운을 잃고 낙심하게 되면 도망조차 할 수 없기 때문이라고 권면하였다. 이에 그들은 헤롯의 권면에 힘입어 어려움을 끈기 있게 잘 이겨 나갈 수 있었다. 그러나 헤롯도 한 번은 마차가 전복되어 그의 모친이 죽음을 당할 뻔한 위기에 처했을 때 자살하려고 하였다. 모친에 대한 지나친 염려와 지연으로 인해 적의 추격을 당할지도 모른다는 걱정이 이중 삼중으로 헤롯을 괴롭혔기 때문이었다. 헤롯은 이에 칼을 뽑아 들어 자살을 기도하려고 하였으나 주위 사람들이 달려들어 적극 만류하였다. 워낙 여러 명이 달려들어 만류하는 바람에 헤롯은 일을 이룰 수가 없었다. 그들은 헤롯의 자살을 만류하면서 이같이 말했다. "우리를 적의 손에 붙잡히도록 버려두고 혼자만 가실 겁니까? 고통스럽다고 해서 같이 고통에 빠진 친구들을 모른 체하고 스스로 목숨을 끊는 것이 진정 용감한 자의 행동이라 할 수 있습니까?" 헤롯은 그들의 말에 부끄러움을 느끼는 한편 워낙 여러 명이 완력으로 자살을 만류하는 바람에 일을 이룰 수가 없었다. 헤롯은 결국 모친을 위로하고 시간이 나는 대로 극진히 보살피는 한편 마사다(Masada) 요새를 향해 서둘러 나아갔다. 그는 비록 추격하여 공격해 오는 바대군과 여러 번 싸워야 하는 어려움을 겪었으나 결국은 그들을 물리치고 승리하였다.

9. 헤롯은 도망을 치는 동안 내내 유대인의 공격을 받았다. 그가 예루살렘에서 60펄롱 떨어진 곳에 도착했을 때 유대인들이 공격을 가해 왔다. 그러나 헤롯은 낙심하여 도주하는 패잔병이 아니라 마치 전투를 기다리기나 한 사람처럼 용감히 대항하여 유대인을 격퇴하고 많은 물자를 약탈하였다. 헤롯은 후에 유대인을 격퇴한 장소에 멋진 궁전을 건설하고 도시를 세운 후에 헤로디움(Herodium)이라고 불렀다. 헤롯이 이두매의 트레사(Thressa)에 도착하자 동생 요셉(Joseph)이 마중을 나왔다. 헤롯은 그가 당한 문제를 해결하기 위해 조언을 듣고자 회의를 소집하였다. 헤롯은 용병 외에도 뒤를 따르는 자의 수가 엄청나게 많음에도 불구하고 그가 피신하려고 하는 마사다 요새는 그리 넓지

못하다는 현실적인 문제에 봉착해 있었다. 결국 헤롯은 9,000명가량 되는 대부분의 추종자들을 이두매 곳곳으로 돌려보내면서 여비를 나누어 주었다. 그는 행동에 지장을 주지 않을 측근들만 거느리고 마사다 요새로 갔다. 그는 곡식과 물과 생필품이 충분히 비축되어 있는 마사다 요새에 아내와 측근 등 모두 합해서 800명가량의 추종자들을 거주하게 한 후에 즉시 아라비아의 페트라(Petra)로 향했다. 한편 바대인들은 온 예루살렘에서 약탈을 자행했다. 그들은 왕궁을 약탈하였을 뿐 아니라 300달란트 되는 히르카누스의 돈을 제외하고는 모두 노략질해 갔다. 그러나 헤롯의 돈은 이미 선견지명을 가진 헤롯이 이두매로 보낸 후였기에 바대인들의 손길을 벗어날 수가 있었다. 바대인들은 예루살렘의 약탈만으로는 마음에 차지 않았던지 인근 마을로 나가 노략질을 했으며 마레사(Marissa)시를 파괴했다.

10. 안티고누스(Antigonus)는 이같이 바대 왕의 도움을 입어 유대로 복귀할 수가 있었을 뿐 아니라 히르카누스와 파사엘루스를 인질로 잡을 수 있었다. 그러나 돈과 함께 바대인들에게 주기로 약속했던 여자들이 모두 도망가 버린 바람에 안티고누스는 크게 낙심하지 않을 수 없었다. 안티고누스는 현재 바대 병사들의 감시를 받고 있는 히르카누스가 유대 백성들의 옹립으로 다시 왕위에 오를까 두려워하여 히르카누스의 귀를 잘랐다. 모세 율법에 따르면 신체가 온전한 사람만이 대제사장이 될 수가 있으므로[17] 귀가 온전하지 못한 히르카누스에게 더 이상 대제사장직이 돌아가지 못할 것이라는 비열한 계산에서 이런 행동을 한 것이었다. 그런데 여기서 우리는 파사엘루스의 용기에 정말 찬탄을 금하지 않을 수가 없다. 파사엘루스는 죽음이 가까웠다는 것을 알았으나 결코 죽음을 무서워하거나 두려워하지 않았다. 그러나 적의 손에 죽음을 당하는 것은 가장 비참하며 치욕적인 굴욕이라고 생각하였다. 따라서 그는 몸이 결박되어 손을 자유롭게 움직일 수가 없자 큰 돌에 머리를 세게 부딪혀 스스로 목숨을 끊었다. 자신이 처한 상황에서는 그렇게 하는 것이 최선이라고 생각했기 때

---

[17] 이 모세 율법은 레위기 21장 17-24절에 나온다.

문이었다. 즉 그렇게 함으로써 적이 자기를 어쩌지 못하게 하려고 한 것이었다. 그러나 한편으로는 파사엘루스가 머리에 큰 부상을 입게 되자 안티고누스가 그를 치료해 준다는 핑계로 의사들을 들여보내 상처에 독을 주입해서 죽게 했다는 이야기도 전해져 내려오고 있다. 그렇지만 파사엘루스는 죽기 직전에 한 여인에게서 헤롯이 탈출했다는 소식을 전해 들었고 자신의 원수를 갚아 줄 동생이 살아났다는 것이 기쁘다면서 즐겁게 임종의 순간을 맞이하였다.

제14장

헤롯이 아라비아 왕에게서 도망하여 애굽으로 간 후 거기서 다시 급히 로마로 가서는 안토니우스에게 거액의 돈을 줄 것을 약속하고 로마 원로원과 카이사르에게 유대의 왕으로 임명받게 된 경위

1. 헤롯은 닥쳐온 재난으로 의기소침하기는커녕 오히려 이를 계기로 해서 남이 생각도 못 할 큰일을 꾸몄다. 헤롯은 자기가 그전에 은혜를 베풀어 준 적이 있었던 아라비아(Arabia) 왕 말쿠스(Malchus)를 찾아가 도움을 청하기로 했다. 그때가 헤롯에게는 가장 큰 도움이 필요한 때였기 때문이었다. 헤롯은 말쿠스를 찾아가서 전에 자기에게서 받은 은혜를 생각해서 그냥 주어도 좋고 아니면 꾸어 주어도 좋으니 돈을 좀 줄 수 없겠느냐고 요구하려고 하였다. 헤롯은 형 파사엘루스가 죽은 줄도 모르고 속전으로 300달란트를 주고 형을 구해 내기 위해 말쿠스에게 돈을 빌릴 생각까지 한 것이다. 헤롯은 돈을 갚겠다는 담보로 일곱 살밖에 되지 않은 파사엘루스의 아들을 맡기기 위해 함께 데리고 떠났다. 그러나 도중에 말쿠스의 사신들이 나타나더니 헤롯에게 그냥 돌

아갈 것을 요청하였다. 바대인들이 헤롯을 맞아들이지 말라는 명령을 내렸다는 것이었다. 그러나 이것은 말쿠스가 은혜를 갚지 아니하려는 핑계에 불과했다. 게다가 아라비아의 유력 인사들은 (헤롯의 부친인) 안티파테르가 자기들에게 맡긴 돈이나 자기들이 그에게서 빚진 돈은 얼마 되지 않는다고 헤롯을 속이는 것이었다. 이에 헤롯은 괴롭히기 위해 그들을 찾아온 것이 아니라 그에게 매우 중요한 문제를 의논하기 위해 찾아온 것이라고 답변하였다.

2. 결국 헤롯은 이런저런 사정을 고려해 본 끝에 그곳을 떠나기로 결심하고 매우 신중하게 애굽으로 향하는 길을 따라 여행을 계속했다. 헤롯은 어떤 신전에서 하룻밤을 묵은 후에 많은 추종자를 그곳에 남겨 놓았다. 그다음 날 헤롯은 리노콜루라(Rhinocolura)에 도착했고 형 파사엘루스가 죽었다는 소식을 들은 곳도 바로 그곳이었다. 한편 말쿠스는 자기가 한 행동을 곧 후회하고 헤롯의 뒤를 쫓았으나 따라잡을 수가 없었다. 헤롯이 이미 멀리 떠나 버렸기 때문이었다. 그때 헤롯은 펠루시움(Pelusium)을 향해 길을 재촉하고 있었다. 헤롯은 펠루시움에 도착하여 알렉산드리아(Alexandria)로 가는 배를 타려 하였으나 어느 배도 그의 승선을 허락하지 않았다. 이에 헤롯은 배의 선장들을 찾아다녔다. 결국 선장들의 도움을 받아 헤롯은 알렉산드리아로 갈 수 있었다. 헤롯은 알렉산드리아에서 클레오파트라(Cleopatra)의 따뜻한 대접을 받았다. 클레오파트라는 헤롯을 붙들어 두려고 하였으나 헤롯은 그야말로 막무가내였다. 헤롯은 이탈리아(Italy)의 상황이 극도의 혼란에 빠져 있다는 소식을 듣고 비록 폭풍이 불고 기후 조건이 좋지 않다 하더라도 로마로 급히 떠나야겠다고 생각했다.

3. 결국 헤롯은 알렉산드리아를 떠나 밤빌리아(Pamphylia, 팜필리아)로 항해했다. 그는 도중에 무서운 폭풍을 만났으며 배의 짐을 모두 바다에 던지는 등 갖은 고생을 다 겪은 끝에 로도(Rhodes, 로도스)로 간신히 피할 수 있었다. 헤롯은 그곳에서 친구인 사피나스(Sappinas)와 프톨레메우스(Ptolemeus)를 만났다. 헤롯은 로도가 카시우스(Cassius)에 대항하여 싸우다가 크게 훼손된 것을 보고

는 자신도 어려운 처지에 있음에도 불구하고 도시를 원상 복구하는 데 최선을 다했다. 헤롯은 또한 그곳에서 배를 한 척 건조한 후에 친구들과 이탈리아로 항해를 시작하여 브룬두시움(Brundusium) 항구를 경유해서 로마에 도착하였다. 헤롯은 로마에 도착하자마자 안토니우스(Antony)에게 유대에서 일어난 일을 소상히 알렸다. "저의 형 파사엘루스는 바대인들의 손에 붙잡혀 죽음을 당했으며 히르카누스는 지금까지 포로로 붙잡혀 있습니다. 게다가 바대인들은 1,000달란트나 되는 거액의 돈과 유대 귀족 출신 여인 500명을 주겠다는 약속을 한 안티고누스를 왕으로 임명했습니다. 안티고누스는 약속을 지키기 위해 밤에 여인들을 납치해 가는 만행을 저질렀습니다. 저도 죽을 고비를 여러 번 넘기면서 간신히 적의 소굴에서 빠져나올 수 있었습니다. 저의 친척들은 아직도 적의 포위 속에 갇혀 있으며 언제 생포될지 모르는 위기에 처해 있습니다. 저는 저의 유일한 소망이요 구원자이신 각하께 가능한 한 빨리 와서 이 사실을 알리고 구원을 간청하기 위해 폭풍 속을 뚫고 이렇게 달려온 것입니다."

4. 이런 이야기를 들은 안토니우스는 하루아침에 비참한 신세가 된 헤롯의 처지를 불쌍히 여기게 되었다.[18] 안토니우스는 이런 일들이 헤롯과 같은 세력가들 사이에서도 비일비재하며 운명에 희생되어 일조일석에 비참한 신세로 전락하는 일이 다반사라는 생각이 들자 어떻게 해서든지 헤롯을 돕고 싶은 생각이 들었다. 게다가 안토니우스는 헤롯의 부친인 안티파테르와의 옛정을 모른 척할 수가 없었다. 헤롯은 과거 분봉왕의 지위를 얻기 위해 돈을 바쳤던 것처럼 이번에도 자기를 유대 왕으로 임명해 달라며 돈을 바쳤다. 이 또한 안토니우스가 헤롯에게 호감을 가진 중요한 원인이기도 했다. 그러나 무엇보다도 안토니우스가 헤롯 쪽으로 기울어진 것은 안티고누스를 미워했기 때문이었다. 안토니우스는 안티고누스를 반역을 일삼는 인물이요 로마의 적으로 간주하고 있었다. 카이사르는 헤롯의 지위를 높여 주고 원하는 것은 무엇이나 들어주고

---

[18] 이 장(章)과 다음 두 장의 내용을 주요 기반으로 한 헤롯의 연대기에 관해서는 6절과 15장 10절의 주(註)를 참조하도록 하는 것이 좋겠다.

자 하였다. 이는 헤롯이 부친 안티파테르와 함께 로마를 위해 애굽에서 전쟁을 수행한 공로가 있었을 뿐 아니라 줄곧 호의와 친절을 베풀어 왔기 때문이었다. 또한 헤롯을 매우 아꼈던 안토니우스를 기쁘게 하기 위해서였다. 원로원 회의가 소집되자 메살라(Messala)와 아트라티누스(Atratinus)가 차례로 헤롯을 원로원 의원들에게 소개하면서, 헤롯은 물론 그의 부친 때부터 로마가 큰 혜택을 입었다고 칭찬을 아끼지 않았다. 그들은 헤롯이 로마에 항상 호의를 보이고 있음을 놓치지 않고 덧붙였다. 그들은 이와 동시에 안티고누스를 원로원 의원들 앞에서 비난했다. 안티고누스가 과거에 로마에 적대한 경험이 있었기 때문만이 아니라 이번에도 로마를 무시하고 바대의 세력을 등에 업고 정권을 장악한 것을 볼 때 로마의 적인 것이 분명하다고 단정 지었다. 이 말을 들은 원로원 의원들은 크게 분노했다. 그러자 안토니우스는 바대에 효과적으로 대항하기 위해서는 헤롯을 유대의 왕으로 임명하는 것이 좋겠다고 제의하였다. 원로원 의원들은 모두 이에 찬성하고 법령을 선포했다.

5. 이 일은 안토니우스가 헤롯을 얼마나 극진히 사랑했는가를 보여준 가장 큰 실례이다. 헤롯이 기대하지도 않았던 왕위를 하사했기 때문이다(헤롯은 왕위를 달라고 안토니우스를 찾아온 것이 아니었다. 헤롯은 로마인들이 왕족에게 왕위를 수여하는 것을 줄곧 지켜보아 왔기 때문에 자기에게 왕위를 주리라고는 전혀 생각하지도 못했다. 헤롯은 단지, 부친 쪽으로 보면 아리스토불루스의 손자요 모친 쪽으로 보면 히르카누스의 손자인, 자기 처남에게 왕위를 수여해 달라고 청원하기 위해 안토니우스를 찾아온 것뿐이었다). 그러나 헤롯은 전혀 기대하지도 않았던 왕위를 갑자기 받고 단지 7일 만에 이탈리아를 떠났다. 헤롯은 후에 그의 처남인, 아리스토불루스와 히르카누스의 손자를 살해하게 되는데 이에 관해서는 뒤에서 적절한 기회에 살펴보도록 하자. 원로원 회의가 끝나자 헤롯은 안토니우스와 카이사르의 사이에 끼어 집정관들과 정무관들의 뒤를 따라 원로원 의사당을 나왔다. 그들은 제사를 지냈으며 자신들이 내린 법령을 카피톨리누스(Capitolinus) 신전에 보관하였다. 안토니우스는 헤롯의 즉위 첫날을 기념하는 잔치를 베풀어 주었다. 그러니까 헤롯은 카이우스 도미티우스 칼비누스(Caius Domitius Calvinus)가 두 번째로 집정관이 되고, 카이우스

아시니우스 폴리오(Caius Asinius Pollio)가 처음으로 집정관의 일을 맡고 있을 때인 제184올림피아드 때 유대 왕국을 차지하게 된 것이다.

6. 한편 그동안에 안티고누스는 마사다 요새를 집요하게 공격했다. 마사다 요새에는 모든 생필품이 비축되어 있었으나 물이 모자라[19] 어려움을 겪었다. 물이 없어 어찌나 괴로웠던지 헤롯의 동생 요셉(Joseph)은 부하 200명을 거느리고 아라비아로 도망을 가려고 할 정도였다. 말쿠스(Malchus)가 헤롯을 냉대했던 것을 후회하고 있다는 소문을 듣고 아라비아로 가면 환영해 줄 것이라는 계산을 했기 때문이었다. 그러나 하나님이 밤에 비를 내려 물통에 물이 가득하게 하심으로 그가 도망가는 것을 막으셨다. 물이 풍부하므로 도망칠 이유가 없어졌기 때문이었다. 마사다 요새에 갇혀 있는 헤롯의 추종자들은 물을 내려 주신 것이 하나님의 섭리의 징표라고 생각하고 더욱 용기백배하였다. 이에 그들은 안티고누스의 군대를 (때로는 정면에서, 때로는 은밀하게) 공격하여 많은 적을 살해하였다. 이와 때를 같이하여 로마 군대 장관 벤티디우스(Ventidius)가 수리아에서 바대군을 몰아내라는 명령을 받고 요셉을 돕는다는 핑계로 유대로 진격해 들어왔다. 명목은 요셉을 돕는다는 핑계였으나 실상은 안티고누스에게서 돈을 뜯어내기 위한 전략에 불과했다. 벤티디우스는 예루살렘 근처에 진을 치고 안티고누스에게서 거액의 돈을 긁어낸 다음 대부분의 군대를 거느리고 철수하였다. 그는 자기의 죄가 적발되지 않도록 하기 위해 일단의 부대를 실로(Silo)에게 맡기고 떠났다. 안티고누스는 실로와 우호 관계를 지속하여 불편한 일이 생기지 않도록 주의하는 한편 바대군이 어서 와서 자기를 도와주었으면 하고 은근히 기대하고 있었다.

---

[19] 마사다 요새의 이 무서운 물 부족 상황은 그때가 여름철이었음을 우리에게 보여주고 있다.

제15장

헤롯이 이탈리아를 떠나 유대로 온 후에
안티고누스와 전쟁을 하게 된 경위,
그리고 그 당시 유대에서 발생했던 사건

1. 이때 헤롯은 이탈리아에서 프톨레마이스(Ptolemais)로 온 후 외국인과 동족 가운데서 많은 병사를 소집하고 갈릴리를 가로질러 안티고누스를 공격하기 시작했다. 실로(Silo)와 벤티디우스(Ventidius) 역시 헤롯을 도왔다. 이는 헤롯을 복귀시키는 데 최선을 다하라는 안토니우스의 명령을 받고 파견된 델리우스(Dellius)가 그들을 설득시켰기 때문이었다. 그 당시 벤티디우스는 바대인들로 인해 야기된 각 도시의 반란을 진압하느라고 정신이 없었던 반면에, 실로는 유대를 담당하고 있었으나 안티고누스에게 매수되어 있었다. 한편 헤롯은 진격을 거듭하면 할수록 매일 군대의 수가 늘어났다. 그리하여 몇 군데를 제외하고 전 갈릴리가 헤롯을 지지하기에 이르렀다. 마사다 요새에는 친척들이 포위되어 괴로움을 당하고 있었으므로 헤롯은 그들을 구출하기 위해 마사다 요새로 진격하려 하였으나 욥바가 방해가 되었다. 욥바만 장악하면 예루살렘까지는 손쉽게 진격할 수 있기에 우선 욥바를 먼저 함락시킬 필요가 있었다. 한편 실로는 이를 기화로 헤롯을 지지하려고 하였다. 그러자 유대인들이 실로를 공격하기 시작했다. 이에 헤롯은 소수의 병력을 이끌고 실로를 추격하는 유대인을 공격하여 격퇴하고 실로를 구해 냈다. 헤롯은 마침내 욥바를 함락시켰으며 마사다 요새에 갇혀 있는 식구들을 구해 내기 위해 서둘러 마사다로 떠났다. 이때 유대의 주민들이 헤롯에게 가세했다. 어떤 이들은 헤롯의 부친 안티파테르와 맺었던 우의를 생각해서, 어떤 이들은 헤롯의 행렬의 장관(壯觀)을 보고, 또 어떤 이들은 안티파테르와 헤롯에게서 입은 은혜에 보답하기 위해서 헤롯의 뒤를 따랐으나, 대부분은 헤롯이 유대 왕국을 장악하면 무엇인가 소득이 있을 것이라는 기대감에서 헤롯에게 가세한 것이었다.

2. 그리하여 헤롯은 막강한 병력을 소유하게 되었다. 헤롯이 진격을 계속하자 안티고누스는 곳곳에 함정을 파고 매복을 시켜 헤롯을 습격했으나 큰 타격을 주지 못했다. 헤롯은 마사다 요새에서 식구들을 빼내고 레사(Ressa) 요새를 함락시킨 후 예루살렘으로 진격하기 시작했다. 이에 헤롯의 세력을 무서워한 유대인들뿐 아니라 실로(Silo)의 부대도 예루살렘 공격에 가담했다. 헤롯이 시 서쪽에 진을 치자마자 서쪽 성벽을 지키고 있던 안티고누스의 병사들이 활을 마구 쏘고 창을 던져 댔다. 그러더니 일부 병사들이 달려 나와 헤롯 군대의 전열을 공격해 왔다. 이에 헤롯은 먼저 자기 병사들에게 이같이 소리치라고 지시했다. "헤롯이 온 것은 백성들의 유익과 예루살렘의 안전을 위한 것이다. 헤롯은 철천지원수에게라도 원한을 품고 있지 않다. 과거의 지난 일은 모두 잊어버릴 것이다." 안티고누스는 병사들을 시켜 헤롯이 한 말에 대하여, 로마군과 실로가 보는 앞에서 이같이 대꾸하였다. "일개 평민에다가 그것도 반쪽 유대[20]인 이두매인(Idumean) 헤롯아, 너 같은 자에게 유대 왕국을 넘겨주다니 그게 어디 될 법이나 한 소리냐! 왕족에게 왕위를 넘겨주는 것이 우리 유대의 관습임을 너는 어째서 모르느냐. 비록 유대 백성들이 내가 바대의 세력을 등에 업고 왕위를 차지했다고 해서 내게 반감을 가지고 권좌에서 축출하길 원한다 하더라도, 로마의 비위를 건드리지 않고도 합법적으로 왕위를 계승할 인물이 우리 가족 중에는 얼마든지 있다. 게다가 그들은 모두 제사장 가문에 속하니 어째서 너 같은 자에게 왕국을 넘겨주겠느냐!" 안티고누스와 헤롯은 이같이 상대방을 비난하는 말을 주고받았다. 안티고누스는 부하 병사들에게 공격하라고 지시했다. 이에 그들은 활을 쏘면서 기민하게 적을 공격하여 헤롯의 군대가 망대 근처에서 멀리 물러가도록 만들었다.

---

20) 헤롯(Herod) 당대에, 그것도 헤롯의 면전(面前)에서 한 이 안티고누스(Antigonus)의 주장은 헤롯이 바벨론 유수 때부터 이어져 내려온 유대인의 가문에서 태어났다는 다메섹의 니콜라우스(Nicolaus of Damascus)의 아첨 섞인 말보다 내겐 더 권위와 신빙성이 있어 보인다. 이두매인 같은 의의 개종자(proselytes of justice)들이 유대인과 동등하게 여겨진 것이 사실이기 때문에 요세푸스는 헤롯의 부친 안티파테르(Antipater)가 태생이 유대인이요 유대인과 같은 민족 출신이라고 말한 적은 있으나 헤롯은 항상 이두매인으로 간주하였다.

3. 실로가 뇌물을 받았음이 드러난 것도 바로 이때였다. 실로는 부하 병사들을 시켜 물자가 부족하다는 불평을 크게 늘어놓게 한 다음 음식 살 돈을 요구하였다. 안티고누스의 병사들에게 쫓겨서 예루살렘에서 한참 떨어진 사막에 진을 치고 있었기 때문에, 부하 병사들이 겨울을 보내기에 알맞은 진영으로 이동시켜야 한다고 주장하며 부하들을 거느리고 이동할 준비를 갖추었다. 이에 헤롯은 안토니우스와 카이사르와 원로원이 물자를 이미 보냈기 때문에 조금만 기다리면 부족한 것이 없을 것이라고 권면하면서 실로에게 떠나지 말 것을 강요하는 한편 실로의 부하 지휘관들에게도 자기를 버리고 가지 말 것을 요청하였다. 이렇게 간청한 후에 헤롯은 실로에게 떠날 기회를 조금도 주지 않기 위해 사마리아의 친구들에게 사신을 보내 곡식과 포도주와 기름과 짐승과 그 밖의 물자를 여리고로 보내 달라고 요구하였다. 전혀 예기치 않았던 물자를 가져오면 실로도 떠날 핑계를 댈 수 없기 때문이었다. 한편 안티고누스는 이 점을 눈치채고 여리고로 병사들을 보내 매복하게 했다. 안티고누스의 부하들은 이 명령에 순종하고 많은 병사를 여리고에 모이게 한 후 산 위에 앉아서 감시를 계속했다. 그러나 헤롯도 가만히 있지 않았다. 헤롯은 유대군 5개 부대와 로마군 5개 부대, 도합 10개 부대와 용병과 기병을 거느리고 여리고로 떠났다. 여리고에 도착하니 여리고시는 텅텅 비어 있었고 주민 500여 명이 처자들을 거느리고 언덕에 앉아 있었다. 이에 헤롯은 그들을 붙잡아 돌려보냈다. 그러나 로마군은 집마다 온갖 좋은 것들이 가득 차 있는 여리고시를 습격하고 약탈했다. 헤롯은 여리고에 수비대를 주둔시키고 돌아온 다음 로마군을 유대와 갈릴리와 사마리아의 겨울 진영으로 보냈다. 안티고누스가 실로에게 준 뇌물이 효력을 발생하여 안티고누스는 유익을 얻을 수 있었다. 로마군은 룻다(Lydda)에 숙영하면서 무기를 손에서 놓고 즐기는 일에만 전념했다.

4. 헤롯은 가만히 앉아 있는 것만으로 만족하지 않고 동생 요셉에게 보병 2,000명과 기병 400명을 주어 이두매(Idumea)를 공격하도록 하는 한편, 자신은 마사다에서 모셔 온 모친과 친척들을 사마리아로 데리고 가서 그곳에 정착시켰다. 그 후 헤롯은 갈릴리로 진격하여 안티고누스가 장악하고 있던 요새들

을 탈취한 다음 세포리스(Sepphoris)로 진군하였다. 이때 하나님이 눈을 내리셨고 안티고누스의 수비대 병사들은 도망치기에 바빴다. 그리하여 헤롯은 많은 물자를 취득할 수 있었다. 헤롯은 동굴에 거하면서 선량한 백성들에게 막대한 피해를 주고 있던 도적 떼들을 소탕하기로 결심했다. 헤롯은 1개 기병대와 3개 보병 부대를 파견하였다. 도적 떼들은 아르벨라(Arbela) 마을 근처에 거주하고 있었다. 그로부터 40일이 지난 후 헤롯은 직접 전군을 이끌고 도착했다. 이때 도적 떼들이 과감하게 헤롯의 군대에 습격을 감행해 오자 헤롯의 왼쪽 부대가 밀려 패주하게 되었다. 이에 헤롯은 일단의 병사들을 거느리고 이미 전쟁에서 승리한 양 의기양양해 있는 도적들을 공격하여 패퇴시키고 도망친 부하 병사들을 되돌아오게 했다. 헤롯은 여러 길로 도망치는 적을 요단강까지 추격하였다. 이렇게 해서 헤롯은 동굴에 거주하는 자들을 제외하고는 전 갈릴리 지역의 주민들을 장악할 수 있었다. 헤롯은 또한 모든 병사에게 150드라크마씩 나눠 주고 지휘관들에게는 병사들보다 많은 돈을 지불한 후에 그들을 겨울 진영으로 돌려보냈다. 실로와 그의 부하들이 헤롯을 찾아온 것은 바로 이때였다. 안티고누스가 겨울 한 달 정도의 물자만 공급해 주었을 뿐 더 이상 공급을 해주지 않았기 때문이었다. 아니, 오히려 안티고누스는 로마군이 식량 부족으로 굶어 죽도록 하기 위해 각지에 부하들을 보내 식량을 거두어들여 산악 지방에 비축해 놓도록 조치하였다. 이에 헤롯은 그 문제를 막냇동생 페로라스(Pheroras)에게 일임시켰다. 헤롯은 또한 페로라스에게 알렉산드리움(Alexandrium)을 재건할 것을 지시하였다. 이에 페로라스는 병사들과 온갖 물자를 동원해 그동안 황폐해 있던 알렉산드리움을 다시 건축하였다.

5. 이때 안토니우스(Antony)는 아덴(Athens, 아테네)에 머물고 있었다. 한편 수리아에 거하고 있던 벤티디우스(Ventidius)는 실로(Silo)를 소환한 다음, 먼저 헤롯을 도와 안티고누스와의 전쟁을 종결짓고 그다음에 동맹군을 동원하여 자기를 도우라고 명령하였다. 이때 헤롯은 실로를 벤티디우스에게 보낸 후, 서둘러서 동굴에 거하는 도적 떼들을 섬멸하기 위한 원정에 나섰다. 도적 떼들이 은거하고 있는 동굴들은 깎아지른 듯한 절벽에 있었기 때문에 입구로 통하

는 좁은 길 외에는 온통 절벽이었으며 주위가 험한 바위들로 둘러싸여 있었다. 도적 떼들은 식구들을 거느리고 이 동굴들에 은거하고 있었다. 동굴들이 절벽 중간에 있었기 때문에 밑에서부터 기어올라 공격할 수도 없고 위에서부터 기어 내려와 공격할 수도 없었다. 따라서 헤롯은 이들을 공격하기 위해 궤를 만들고, 쇠사슬을 매달아 기계로 달아 내리기로 하였다. 병사들이 궤 안에 타고 긴 갈고리를 가지고 저항하는 자들을 낚아채 절벽 아래로 내던져 죽이는 공격 방법을 택한 것이었다. 그러나 궤를 쇠사슬로 매달아 내리는 것은 보통 위험한 일이 아니었다. 비록 궤 안에 모든 장비는 갖추고 있었으나 워낙 깊은 계곡이기 때문에 큰 위험이 뒤따랐다. 궤를 달아 내리자 동굴 입구의 도적들은 두려워서 감히 접근하지 못했다. 이에 몇몇 병사들은 갑옷의 허리띠를 조이고 손에 잡은 갈고리를 쇠사슬에 건 다음 동굴 안으로 뛰어들었다. 시간을 끌면 끌수록 도적들이 동굴 밖으로 나오려고 하지 않을 것 같았기 때문이었다. 병사들은 동굴 입구를 지키는 도적들을 창으로 살해한 후 대항하는 적들을 긴 갈고리로 낚아채 절벽 아래로 떨어뜨렸다. 그 후 동굴 속으로 들어가 많은 도적을 죽인 다음 다시 궤 안으로 들어와 사태를 관망했다. 이에 도적들은 공포에 휩싸이게 되었다. 통곡 소리에 그들은 도망칠 기력조차 상실하였다. 그러나 밤이 다가오자 더 이상 공격을 할 수가 없었다. 헤롯왕은 항복하면 용서해 주겠다는 전갈을 보냈다. 이에 많은 도적이 그 제의를 수락했다. 그다음 날도 헤롯은 같은 공격 방법을 썼다. 병사들은 궤를 타고 내려간 다음 동굴 입구의 도적들을 살해하고, 동굴 안에 가연성의 물건이 많은 것을 이용하여 동굴에 불을 질렀다. 이때 한 노인이 아내와 일곱 자녀들과 같이 동굴에 갇혀 있었다. 아내와 자녀들은 노인에게 밖에 나가 적에게 항복할 수 있도록 해달라고 빌다시피 간청하였다. 그러나 노인은 동굴 입구에 서서 밖으로 나가려는 자식들을 하나씩 모두 죽인 다음 아내까지 살해하고 시체들을 절벽 아래로 내던진 후 자신도 뒤를 따랐다. 이 노인은 노예가 되기보다는 차라리 죽음을 택한 것이었다. 노인은 죽기 전에 헤롯이 비록 왕이 되었으나 집안은 상놈 출신이라고 온갖 욕설을 다 퍼부었다. 헤롯은 이 노인의 하는 행동을 보고 온갖 방법을 다 동원해 그를 살리려 하였으나 허사였다. 이렇게 해서 동굴의 모든 도적 떼들은 완전히 섬멸되었다.

6. 헤롯왕이 프톨레마이우스(Ptolemy)를 일부 지역 군대 장관으로 임명하자, 프톨레마이우스는 기병 600명과 보병 3,000명을 거느리고 안티고누스를 공략하기 위해 사마리아로 떠났다. 그러나 프톨레마이우스는 이 원정에서 성공을 거두지 못했다. 전부터 갈릴리에서 말썽을 일으키던 자들이 먼저 공격해 왔기 때문이었다. 그들은 프톨레마이우스를 습격한 후, 추격이 가능한 지역은 약탈해서 폐허로 만들고 추격이 불가능한 호수와 험로로 도주하였다. 이에 헤롯은 즉시 반격을 시도하여 복수를 하였다. 심지어는 요새로 도피해 들어간 자들은 요새를 공격하여 요새와 함께 완전히 섬멸시켜 버렸다. 헤롯은 이렇게 반란을 진압한 후에 반란에 가담한 도시들에 100달란트의 벌금을 물렸다.

7. 그 사이에 파코루스(Pacorus)는 전사했으며 바대군은 전투에서 패배하였다. 한편, 벤티디우스(Ventidius)는 안토니우스(Antony)의 독촉을 받아 2개 군단과 기병 1,000명을 마케라스(Macheras)에게 맡겨 헤롯을 지원하도록 조치했다. 그러나 마케라스는 뇌물을 받고 안티고누스의 부추김을 받아 헤롯의 동의도 없이 안티고누스의 정세를 살피겠다고 나섰다. 안티고누스는 마케라스의 의도를 의심한 나머지 입성을 금지하고 돌을 던지면서 본래 의도를 솔직히 밝히라고 요구하였다. 이에 마케라스는 헤롯의 충고가 생각이 나서 그의 충고를 듣지 않았다가 실수라도 하는 날이면 큰일이라고 생각하고 엠마오(Emmaus)로 후퇴하였다. 마케라스는 냉대를 당한 것이 분해서 친구나 적을 막론하고 유대인들을 만나는 대로 살해하였다. 헤롯왕은 마케라스의 이 행동에 격분하여 사마리아로 갔으며 안토니우스에게 자초지종을 알리고 "마케라스 같은 자의 도움은 조금도 원하지 않습니다. 그는 적보다 오히려 나에게 더 많은 해를 끼칩니다. 나 혼자서도 안티고누스는 충분히 처치할 수가 있습니다."라고 호소하려고 결심하였다. 그러나 마케라스가 헤롯을 따라와서는 제발 안토니우스에게 가지 말라고 부탁을 하였다. 꼭 가겠다고 한다면 헤롯의 동생 요셉과 힘을 합쳐 안티고누스를 공격하도록 해달라고 간청하였다. 헤롯은 마케라스의 간절한 요청에 그만 마음이 녹아 화해를 했다. 헤롯은 동생 요셉에게 뒷일을 맡긴 후 모험을 한다거나 마케라스와 다투는 일이 없도록 하라고 특별히 주의를 주었다.

8. 헤롯은 이같이 조치한 후 유브라데 강변의 사모사타(Samosata)를 공격하고 있던 안토니우스를 지원하기 위해 보병과 기병을 거느리고 서둘러서 떠났다. 헤롯은 안디옥(Antioch)에서 안토니우스를 지원하고 싶었으나 도중에 야만인들의 습격을 받아 살해될까 봐 주저하고 있던 많은 이들에게 길 안내를 해줄 테니까 같이 가자고 설득하여 데리고 떠났다. 사모사타를 향해 이틀 길을 갔을 때 안토니우스의 지원군을 방해하기 위해 매복해 있던 야만인들이 갑자기 공격을 해왔다. 그들은 평지로 통하는 숲이 우거진 좁은 길목에 매복하고 있다가, 지나가는 자들이 넓은 평지로 들어서면 갑자기 뛰어나와 공격을 가하곤 했다. 헤롯은 그때 먼 후방에 있었는데 전열이 평지로 들어서자마자 약 500명의 기병들이 갑자기 들이닥쳤다. 헤롯 군대의 전열이 적에게 쫓기게 되자 헤롯은 후방의 병사들을 이끌고 쏜살같이 달려와서 적을 격퇴하였다. 이 모습을 본 병사들은 용기백배하였으며 심지어 도망갔던 병사들까지 돌아와 사방에서 적을 에워싸고 공격을 하였다. 헤롯왕은 적을 살해하고 빼앗겼던 물건을 운반하는 짐승들과 노예들을 되찾은 후에 행군을 계속했다. 숲속에는 물론 근처 통로에 아직도 많은 적이 남아 있었기에 헤롯은 일단의 정예 병사들을 거느리고 적을 공격하여 살해하고 격퇴했으며 뒤따라오는 아군이 안전하게 통행할 수 있도록 길을 텄다. 이에 병사들은 헤롯을 그들의 구원자요 보호자라고 칭하면서 칭찬을 아끼지 않았다.

9. 헤롯이 사모사타 근처에 이르자 안토니우스는 군대를 보내 헤롯에게 경의를 표하는 한편 융숭하게 환대하였다. 이는 헤롯이 원군을 끌고 직접 왔을 뿐 아니라 (유대에서) 야만인들을 격퇴한 헤롯의 무용담을 들어서 알고 있었기 때문이었다. 안토니우스는 헤롯이 오는 도중에 야만인들을 격퇴한 이야기를 듣고는 더욱 기뻐하면서 헤롯의 용기를 극찬하고 극진하게 환대해 주었다. 안토니우스는 헤롯을 보자마자 달려와 껴안고 인사를 나눌 정도로 따뜻한 애정을 보였다. 최근에 그에게 왕위를 하사한 만큼 극진한 예우를 갖추었다. 그로부터 얼마 후 안티오쿠스(Antiochus)가 요새를 넘겨주고 항복함으로써 안토니우스는 전쟁에서 승리하고 전쟁은 끝났다. 안토니우스는 소시우스(Sossius)에

게 뒷일을 맡기고 헤롯을 지원하라는 명령을 남긴 후에 직접 애굽으로 향했다. 이에 소시우스는 헤롯을 지원하기 위해 먼저 2개 군단을 유대로 파견한 후, 나중에 일단의 부대를 이끌고 직접 유대로 들어왔다.

10. 그러나 그때 요셉(Joseph)은 유대에서 아래와 같은 이유로 살해를 당했다. 요셉은 형 헤롯이 안토니우스를 지원하기 위해 떠나면서 부탁한 말을 지키지 않았다. 마케라스(Macheras)가 맡긴 5개 연대(regiment)를 거느리고 산악 지방에 진을 치고 있던 요셉은 여리고 근방의 곡식을 거두기 위해 여리고로 서둘러 내려갔다. 그가 거느리고 있던 로마 병사들은 수리아에서 새로 뽑은, 전투에 능숙하지 못한 초년병들이었기 때문에 불리한 지형에서 적의 공격을 받아 전멸을 당하고 말았다. 이때 요셉은 용감하게 대항하여 싸웠으나 전사하고 말았다. 이 전투로 숨진 로마 병사는 약 6개 연대 병력이었다. 안티고누스는 시신들을 거둔 후에 요셉의 동생 페로라스(Pheroras)가 50달란트를 주겠다는 제의도 거절하고 요셉의 목을 잘랐다. 요셉이 이같이 패배하자 갈릴리인들은 반역을 일으켜 헤롯의 추종자들을 사로잡아 호수에 빠뜨려 익사시켰다. 이에 유대의 많은 지역이 반란에 가세하였다. 그러나 마케라스는 (사마리아의) 기타(Gitta)를 요새화하는 일만 하고 있었다.

11. 헤롯에게 사신이 당도하여 이런 사실을 알린 것은 바로 이때였다. 헤롯이 안디옥을 경유하여 다프네(Daphne)에 도착했을 때 동생 요셉의 전사 소식을 들었다. 그러나 헤롯은 꿈에 본 환상을 통해 동생의 죽음을 미리 짐작은 하고 있었다. 이에 헤롯은 행군 속도를 빨리하여 리바누스(Libanus)산에 도착한 후 그곳 주민 약 800명을 동원하고 원래 거느리고 있던 로마 병사 1개 군단과 함께 프톨레마이스(Ptolemais)로 행군하였다. 그는 다시 밤을 이용하여 갈릴리 지역을 따라 진격을 거듭했다. 그는 그곳에서 적의 습격을 받았으나 격퇴했다. 이에 적은 퇴각하여 요새로 숨어 버렸다. 헤롯은 동이 트자 그 요새를 공격하기 시작했으나 무서운 폭풍 때문에 아무런 효과도 거두지 못하고 인근 마을로 후퇴하였다. 그날 안토니우스가 보낸 로마 지원군 1개 군단이 헤롯에게 합

세하자 요새에 숨어 있던 적들은 겁이 나서 밤에 모두 도망을 쳤다. 그 후 헤롯왕은 동생의 원수를 갚기 위해 서둘러 여리고로 떠났다. 헤롯은 진을 친 후 주요 지휘관들을 위한 잔치를 베풀었다. 잔치가 끝나자 헤롯은 손님들을 돌려보내고 자기 거처로 돌아왔다. 이때 하나님이 헤롯을 얼마나 사랑하셨는지를 누구나 알 수 있는 한 사건이 발생했다. 즉 잔치를 베푼 집의 지붕이 안에 아무도 없을 때 무너져 내린 것이었다. 이로 인한 사망자가 아무도 없었던 것은 물론이었다. 헤롯이 그토록 놀라운 위험에서 벗어난 것을 보고 모든 사람은 헤롯이 하나님의 사랑을 받는 인물이라고 믿게 되었다.

12. 그러나 그다음 날 적 6,000명이 산꼭대기에서 나타나더니 로마군을 공격하기 시작했다. 그러나 로마군의 반격으로 적은 크게 겁을 집어먹었으나 경무장한 병사들이 다가와 헤롯왕의 경호 병사들에게 창과 돌을 마구 던졌다. 그중의 한 명은 헤롯의 옆구리를 향해 창을 던졌다. 한편 안티고누스는 자기 힘을 과시해 보이고 적과 싸울 병사들이 충분히 있음을 드러내기 위해 파푸스(Pappus)라는 군대 사령관에게 일단의 병사들을 주어 사마리아를 공격하게 했다. 이에 그는 마케라스에 대항하기 시작했다. 한편 헤롯은 5개 도시를 함락시키고 약 2,000명가량의 주민을 붙잡아 살해하고 도시들에 불을 지른 다음, 그 당시 이사나스(Isanas)에 진을 치고 있던 파푸스를 공격하기 위해 말 머리를 돌렸다. 그러자 여리고와 유대 지방의 많은 주민이 헤롯에게로 몰려왔다. 이를 본 적들은 헤롯의 군대에 공격을 가해 왔다. 헤롯의 병력은 그 당시 막강했기 때문에 적과의 접전에서 적을 물리칠 수가 있었다. 헤롯은 동생의 원수를 갚기 위해 도망가는 적들도 끝까지 쫓아가 살해하였다. 적들은 집 안으로 도망쳤기 때문에 집마다 적병들로 가득 찼으며[21] 어떤 적은 지붕 위로 도망가기도 하였다. 이에 헤롯은 적병이 숨어들어 간 집을 포위하고 지붕을 뜯어 내렸다. 집 안

---

[21] 헤롯의 병사들이 적병이 가득 찬 집을 공격할 때 밖에서 사다리를 놓고 지붕에 올라가 지붕을 뜯어내고 밑에 있는 적병을 죽인 점을 주목할 필요가 있다. 이것은 밖에서 사다리를 놓고 지붕에 올라간 것처럼 보이는 신약 성경의 몇 구절을 설명해 주고 있다. 마태복음 24장 17절, 마가복음 13장 15절, 누가복음 5장 19절, 17장 31절 등을 참조하라.

에는 적병들이 포개져 있을 정도로 가득 차 있었다. 헤롯은 병사들에게 집 안으로 돌을 던져 적병을 살해하라고 지시했다. 이에 병사들은 돌무더기가 쌓일 때까지 돌을 던져 적을 전멸시켰다. 벽 너머로 수많은 시체가 포개져 있는 이 장면보다 더 처참한 모습은 일찍이 어떤 전쟁에서도 찾아보기 힘들 것이다. 적의 사기를 완전히 꺾어 놓은 것은 헤롯의 잔인한 행동 때문이었다. 적들은 이 광경을 보고 자기에게도 언젠가 그런 끔찍한 일이 닥칠 것이라고 지레 겁을 먹었다. 먼 지방에서 온 수많은 안티고누스의 병사들은 이것을 보고 모두 도망을 쳤다. 만일 한겨울이 아니었더라면 승승장구로 사기충천했던 헤롯왕의 군대는 예루살렘까지 진격할 수 있었을 것이며, 단숨에 일을 마무리 지을 수도 있었을 것이다. 왜냐하면 안티고누스는 이미 예루살렘을 탈출할 기회만을 엿보고 있었기 때문이었다.

13. 밤이 늦었기 때문에 헤롯은 병사들에게 빨리 저녁을 들라고 명한 후에 피곤을 풀기 위해 목욕을 하러 들어갔다. 그는 이때 큰 위험에 빠졌으나 하나님의 섭리로 용케 목숨을 건질 수 있었다. 옷을 벗고 부하 하나만을 거느리고 목욕을 하러 들어갔을 때 그 안에는 도망치다가 몰래 숨어들어 온 적병들이 있었다. 헤롯이 목욕을 시작하자 적병 셋이 칼을 뽑아 들고 연달아 나타났다. 그러나 적병들도 너무나 놀란 나머지 자기들 목숨만 부지하면 그만이라고 생각해서인지 헤롯왕을 해하지 않았다. 그다음 날 헤롯은 동생의 원수를 갚은 것을 보여주려고 이미 전사한 파푸스(Pappus)의 목을 베어 페로라스(Pheroras)에게 보냈다.

14. 겨울의 혹한이 지나가자 헤롯은 군대를 옮겨 예루살렘 바로 옆에 진을 쳤다. 이때는 헤롯이 로마에서 왕으로 임명된 지 3년째 되는 해였다. 헤롯은 가장 공략하기 쉬운 성벽 앞에 진을 치기로 했다. 그는 옛날에 폼페이우스(Pompey)가 공성할 때 사용했던 방법을 그대로 답습해서 예루살렘을 공략할 의도를 가지고 성전 앞에 진을 쳤다. 헤롯은 수많은 인력을 동원해 토성 셋과 망대들을 쌓고 성 주변의 나무들을 잘라냈다. 헤롯은 성 앞에 진을 치게 하고 공

성 준비를 감독하는 감독관을 임명한 후 결혼식을 올리기 위해 사마리아로 갔다. 우리가 앞서 살펴본 대로, 이미 약혼한 바가 있는 아리스토불루스의 아들인 알렉산드로스의 딸과 결혼식을 정식으로 올리게 된 것이었다.

제16장

헤롯이 마리암네와 결혼한 후
소시우스의 지원을 받아 무력으로 예루살렘을 함락시킨 경위와
아스모네우스 왕가의 통치가 종국을 고하게 된 경위

1. 헤롯의 결혼식이 끝난 후에, 소시우스(Sosius)는 먼저 군대를 앞서 보낸 다음 베니게를 경유하여 예루살렘에 나타났다. 소시우스는 올 때 수많은 보병과 기병을 거느리고 왔다. 헤롯왕도 사마리아에서 약 30,000명의 병력을 더 데리고 예루살렘으로 왔다. 그들은 모두 한군데 집결하였고 예루살렘 북쪽 성벽 밖에 진을 쳤다. 이들의 병력은 수리아에서 온 원군까지 합쳐서 보병이 11개 군단(legion), 기병이 6,000명이었다. 지휘관은 헤롯을 지원하라는 안토니우스의 명을 받고 온 소시우스와, 로마의 적으로 낙인찍힌 안티고누스에게서 권좌를 빼앗아 원로원의 법령을 등에 업고 스스로 왕위에 오르려는 야망을 가진 헤롯이었다.

2. 예루살렘 안에 포위된 유대인들은 헤롯에 대항하여 사력을 다해 민첩하게 싸웠다(이때 예루살렘에는 유대 전 국민이 다 모인 것이나 진배없었다). 이때 유대인들 사이에는 성전에 관한 많은 예언이 쏟아져 나왔으며, 하나님이 그들을 위험에서 건져 주실 것이라는 귀가 솔깃한 예언도 없지 않았다. 그들은 예루살렘 밖

의 적의 식량 기지를 공격하여 사람이나 짐승의 식량을 모두 빼앗아 적이 식량 부족으로 곤경에 처하도록 했다. 헤롯은 이를 보고 적소에 병사들을 매복시켜 적의 습격을 막는 한편 병사들을 먼 지방까지 보내 식량과 물자를 가져오도록 조치했다. 이에 얼마 안 가 헤롯은 충분한 식량을 비축할 수가 있었다. 한편 워낙 많은 인부들이 동원되어 쉬지 않고 일한 덕택에 세 개의 토성이 쉽게 완성될 수 있었다. 게다가 때는 여름철이었고 인부들이나 기후에 있어서 조금도 방해되는 요소가 없었기 때문에 일은 무척 순조로웠다. 이에 헤롯은 공성 장비를 동원하여 예루살렘의 성벽에 강타를 퍼부었으며 온갖 방법을 동원하여 성 안으로 진입하려고 하였다. 그러나 성 안의 유대인들도 만만치 않았다. 그들은 전혀 두려워하는 기색을 보이지 않았을 뿐 아니라 헤롯의 공성 장비에 대항하는 장비들을 많이 만들어서 대항했다. 그들은 또한 성 밖으로 습격을 감행하여 아직 완성되지 못한 공성 장비뿐 아니라 이미 완공되어 설치된 공성 장비까지도 불을 질러 파괴하였다. 그들은 로마군에 비해서는 전력이 한 수 아래였으나 대담성과 용기에 있어서는 조금도 뒤지지 않았다. 그들은 무너진 성벽을 재건하고 땅속으로 굴을 파면서까지 항쟁을 계속했다. 그들은 지혜로운 용기라기보다는 야수와 같은 용맹을 가지고 끝까지 한 발짝도 물러서려고 하지 않았다. 그것도 막강한 군대가 포위하고 있을 뿐만 아니라 안식년이었기 때문에 기근과 생필품의 부족으로 갖은 고생을 다 하면서도 끝까지 버틴 것이었다. 그러나 결국 예루살렘성은 함락되고야 말았다. 예루살렘 성벽을 사다리로 제일 먼저 기어오른 자들은 정예 병사 20명이었고 그 뒤를 이어 소시우스 군대의 백부장들이 성벽을 기어올랐다. 첫 번째 성벽은 40일 만에 함락되었고, 두 번째 성벽은 그 후 15일이 더 걸렸다. 이때 성전을 두르고 있는 회랑이 불에 탔다. 헤롯은 유대인들이 안티고누스를 미워하도록 하기 위해 안티고누스가 회랑에 불을 지른 장본인이라는 소문을 퍼뜨렸다. 성전의 외곽 뜰과 하부 도시(lower city, 아래 성)가 함락되자, 유대인들은 성전의 내곽 뜰과 상부 도시(upper city, 위 성)로 피신했다. 유대인들은 로마군이 매일 하나님께 상번제를 드리는 것을 방해할까 봐 사신을 보내 제사에 사용할 짐승을 반입하는 것을 허락해 달라고 요청했다. 이에 헤롯은 그들이 항복하리라고 기대하고 허락했다. 그러나 그들은 헤롯의 기대와는 정반대로 안티고누스에게 왕위가 돌아가는 것이 옳다면서 헤롯에게 더 맹렬히 대항하였다. 이에 헤롯은 맹공격을 퍼부었다. 결국 예루살렘은 곳곳에 죽은 자의 시신으로 가득 차게 되었다. 오랫동안 끈질기게 저항한 데 대한 로마 병사들의 분노와 적이 살아 있는 것을 눈 뜨고 보지 못하는 헤롯 측 유대인들의 살기가 합쳐져 무서운 살인극을 연출한 것이었다. 그들은 골목에서나 집에서나 닥치는 대로 유대인을 살해하였다. 심지어는 성전으로 피신한 자들도 가만히 내버려두지 않았으며 어린아이나 노인들에게도 동정의 여지를 보이지 않았다. 연약한 여성들까지도 무참히 살해한 것은 두말할 나위도 없었다. 한마디로 말해 남녀노소를 무론하고 닥치는 대로 잡아 죽인 것이었다. 헤롯왕이 병사들에게 유대인들의 목숨만이라도 살려주자고 호소하였으나 아무도 들은 척하지 않았다. 그들은 마치 피에 굶주려 미쳐 날뛰는 사람들 같았다. 한편 안티고누스는 지위고 체면이고 모두 내팽개치고 성채에서 내려와 소시우스의 발 앞에 무릎을 꿇고 애걸했다. 그러나 소시우스는 그의 신세가 하루아침에 전락한 것에 조금도 동정을 보이지 않고 오히려 온갖 모욕을 다 가하면서 그를 안티고네(Antigone, 안티고누스라는 남성 이름에 여성 이름의 어미를 붙여 남자가 아닌 여자라고 부른 것임 – 역자 주)라고 놀렸다. 그러나 소시우스는 그렇다고 해서 안티고누스를 여자로 대우해 석방한 것이 아니라 결박하여 가두고 엄중하게 감시했다.

3. 적을 누르고 승리한 헤롯이 그다음에 할 일은 그를 지원해 준 외국인들을 다스리는 문제였다. 외국인들이 성전과 그 안의 거룩한 물건들을 보려고 떼를 지어 몰려왔기 때문이었다. 헤롯은 아무리 도움을 준 자들이라 하더라도 그들이 불법을 행하는 것을 방치해 두면 패배보다 오히려 승리가 더 고통스러운 것이 될 것이라고 간주하고 그들을 통제하기 위해 간청은 물론 위협을 가하기도 했으며 심지어는 강압적인 방법을 동원하기도 하였다. 헤롯왕은 예루살렘 시내에서의 약탈을 금지하는 한편 소시우스에게 로마 병사들이 사람을 살해하고 돈을 강탈해 가는 일이 없도록 해달라고 여러 번 요구하였다. 헤롯은 자칫하다가는 자신이 아무것도 남지 않은 폐허의 왕이 되겠다고 불평을 호소했다. "자

기 백성이 살해되는데 좋다고 할 왕은 이 세상 어느 천지에 살펴봐도 없을 것이오."라고 헤롯이 불만을 털어놓자 소시우스는 "성을 공략할 때는 병사들에게 약탈을 해도 좋다고 허락하지 않았소?"라고 응수했다. 이에 헤롯은 "병사들에게 빠짐없이 대가를 지불한 지가 언제인데 아직까지 그런 일을 저지르다니 그건 말이 되지 않소."라고 말문을 막았다. 헤롯은 이렇게 해서 예루살렘을 폐허 일보 직전에 구해 낼 수 있었다. 헤롯은 약속한 대로 모든 병사에게 좋은 선물을 주었으며 지휘관들에게도 응분의 보상을 했다. 헤롯은 또한 소시우스에게는 왕에 상당하는 예물을 주었다. 이렇게 해서 그들은 돈을 한 아름씩 안고 돌아갔다.

4. 예루살렘이 함락되던 날은 마르쿠스 아그립바(Marcus Agrippa)와 카니니우스 갈루스(Caninius Gallus)가 로마의 집정관으로 있던 해,[22] 제185올림피아드 제3월 금식일이었다. 이날은 폼페이우스(Pompey)에 의해 27년 전 예루살렘이 함락되던 날과 동일한 날이었으니 예루살렘에 재난이 마치 주기적으로 닥치는 것과 같았다. 소시우스는 금관을 하나님께 바친 후에 예루살렘을 떠나면서 안티고누스를 결박하여 안토니우스에게 끌고 갔다. 한편 헤롯은 안토니

---

[22] 요세푸스가 헤롯이 로마에서 왕위를 부여받은 때로부터 실제로 예루살렘을 함락시키고 안티고누스의 죽음으로 왕위에 오를 때까지 3년 이상의 세월이 흘렀다는 점을 기회 있을 때마다 강조하고 있음을 주목할 필요가 있다. 이 3년 기간에 일어난 역사를 기술하면서 요세푸스는 로마군이 두 번 겨울 진영에 들어갔다고 언급하고 있다. 이는 두 번의 겨울이 지나갔음을 의미하는 것일 것이다(15장 3, 4절). 비록 요세푸스가 얼마나 오랜 기간 겨울 진영에서 군대가 숙영을 했는지는 전혀 언급하고 있지 않으나, 헤롯이 실권을 장악하도록 도와야 하는 벤티디우스(Ventidius), 실로(Silo), 마케라스(Macheras) 같은 인물들이 긴 시간 계획적으로 일을 지연시켰던 과정을 서술하고 있고 그 사이에 헤롯이 이룬 업적들을 상세하게 적고 있는 것을 볼 때 그 기간, 즉 헤롯이 사모사타(Samosata)에 가기 전까지의 기간이 상당히 오랜 기간이었음을 충분히 추측해 볼 수 있다. 그리고 이 기간의 역사에 관해서 요세푸스가 언급하고 있지 않은 부분은 아르메니아(Armenia) 역사가 모세 코레넨시스(Moses Chorenensis)의 기록으로 충분히 보충되고 있다. 그는 아래와 같이 기록하고 있다. "바대 전쟁(Parthian war)을 일으킨 장본인이요 그 당시 아르메니아의 왕이었던 티그라네스(Tigranes)는 헤롯이 로마에서 왕이 된 후 2년을 통치했다. 그러나 안토니우스(Antony)는 티그라네스가 죽은 것을 근처에 있었으면서도 알지 못하다가 사모사타를 공격하러 와서야 비로소 알게 되었다. 그 후 헤롯은 적이 우글거리는 험난한 지역을 뚫고 군대를 거느리고 무려 340마일을 행군하여 안토니우스를 찾아와 사모사타의 공략을 도왔으며 마침내 안토니우스와 함께 성을 함락시켰다. 그 후 헤롯은 소시우스(Sosius)와 함께 대군을 거느리고 340마일을 되돌아왔다. 그로부터 얼마 후 헤롯과 소시우스는 예루살렘을 공략하기 시작했다. 처음에는 쉽게 예루살렘을 공략하지 못했으나 5개월의 공성 끝에 결국은 함락시키고 말았다." 이 모든 증거를 종합해 볼 때 요세푸스의 기록에서 부족한 부분은 충분히 보충되며 이 기간의 전 연대표를 모순 없이 작성할 수 있다.

우스가 단지 안티고누스를 감옥에 수감하는 정도로 그치지 않을까 적이 염려되었다. 안티고누스를 로마로 끌고 간다면 분명히 그의 주장이 로마 원로원에까지 들릴 것이 분명했다. 자기는 왕족이고 헤롯은 평민에 불과한데, 비록 자기가 로마에 반역했다 하더라도 왕위는 자기 아들들에게 돌아가야 마땅한 것이 아니냐고 안티고누스가 주장을 한다면 결코 그것은 작은 문제가 아닐 것이다. 그리하여 헤롯은 안토니우스에게 거액의 돈을 보내고 안티고누스를 살해해 달라고 부탁했다. 일이 마음먹은 대로 성취만 된다면 헤롯은 그런 두려움 때문에 걱정할 필요가 없기 때문이었다. 이렇게 해서 126년간 지속되어 오던 아스모네우스(Asamoneus) 왕가의 통치는 종말을 고하게 된 것이다. 이 왕가는 명문 귀족 가문이며 대제사장 가문이라는 점에서뿐 아니라 유대국에 공헌한 선조들의 업적이 찬란하다는 점에서 훌륭하고 뛰어난 가문이었다. 그러나 이 가문은 서로 간의 불화로 통치권을 상실하고 말았다. 그리하여 이제 통치권은 다른 왕들 밑에 복종하던, 결코 명문 귀족 출신이 아닌 평민 안티파테르의 아들 헤롯에게로 돌아가게 되었다. 이것이 소위 역사에서 말하는 아스모네우스 왕가의 종말사이다.

제15권

18년간의 역사 기록

안티고누스의 죽음부터
헤롯 성전의 완공까지

제1장

폴리오와 사메아스에 관하여,
그리고 헤롯이 안티고누스의 주요 측근들을 살해하고
예루살렘시를 약탈한 경위,
한편 안토니우스가 안티고누스를 참수한 경위

1. 소시우스와 헤롯이 어떻게 예루살렘을 점령했으며 안티고누스가 어떻게 포로로 잡혀갔는지에 관해서는 전권(前卷)에서 이미 상세하게 다루었다. 이제 그다음 부분을 계속하도록 하자. 헤롯은 전 유대를 한 손에 장악한 후에 자기 추종자들을 승진시키는 한편 하루도 쉬지 않고 적대 세력을 제거하는 데 온 힘을 기울였다. 그러나 헤롯은 바리새인 폴리오(Pollio)와 그의 제자 사메아스(Sameas)는 극진히 대우해 주었다. 이들은 헤롯에 의해 예루살렘이 포위되었을 때 헤롯을 받아들이자고 주민들에게 충고했다가 오히려 앙갚음만 당했기 때문이었다. 그런데 이 폴리오는 그전에 언젠가 한번은 헤롯이 생사의 기로에 놓여 있을 때, 히르카누스와 다른 지배자들에게 헤롯을 놓아주면 후에 그에게서 큰 화를 당하게 될 것이라고 예언한 바로 그 사람이었다. 물론 하나님이 그의 말을 성취하셨지만 폴리오의 예언은 이같이 정확하게 현실로 나타난 것이었다.

2. 헤롯은 예루살렘을 장악한 후에 모든 왕궁의 보물들을 탈취하였으며 부유한 자의 재산을 강탈하였다. 헤롯은 이런 식으로 모은 엄청난 금과 은을 모두 안토니우스와 그의 측근들에게 갖다 바쳤다. 헤롯은 안티고누스의 측근 중 유력한 인사 45명을 살해하고 성문에 병사들을 배치해 시신 외에는 아무것도 성 밖으로 가져가지 못하도록 했다. 이에 병사들은 시신을 뒤져 금이나 은이나 보석이나 귀중한 것은 모두 빼내 헤롯왕에게 갖다 바쳤다. 헤롯왕의 핍박과 박해로 인한 고통은 끝이 없는 것 같았다. 유대인들은 만족할 줄 모르는 헤롯왕의 탐욕으로 인해 생활이 말이 아니었으며 경작이 율법으로 금지된 안식년(Sabbatic Year)이 아직 끝나지 않았기 때문에 그 생활상은 이루 표현할 수 없을 정도로 악화되었다. 한편 안토니우스는 안티고누스를 포로로 인수한 후에 승리의 상징으로 그를 계속 살려 두려고 했었다. 그러나 유대국이 반란의 기미가 있고 유대인들이 아직도 헤롯을 미워하고 안티고누스에게 호감을 가지고 있다는 소식을 듣고는 그를 살려 두는 날에는 유대가 잠잠할 날이 없을 것이라 생각하고 안디옥에서 그를 참수시키기로 했다. 갑바도기아의 스트라본(Strabo of Cappadocia)은 아래와 같이 나의 말을 입증해 주고 있다. "안토니우스는 유대인 안티고누스를 안디옥으로 끌고 가서 거기서 참수시키라고 명령하였다. 아마 이 안토니우스는 내 생각에는 왕을 참수시킨 최초의 인물인 것 같다. 안티고누스 대신 그가 세운 헤롯왕을 유대인들이 받아들이도록 하기 위해서는 그 길 외엔 별다른 방법이 없다고 생각했기 때문이었다. 또한 전 왕인 안티고누스에 대한 애정이 지극한 유대인들에게 어떤 고문이나 물리적 힘으로도 헤롯을 왕으로 부르게 할 수는 없었기 때문이었다. 따라서 안토니우스는 안티고누스를 참수라는 굴욕적인 처형 방법으로 처형함으로써 유대인들에게서 안티고누스에 대한 좋은 인상을 지워 버리려고 했으며 동시에 헤롯에 대한 미움을 감소시키려는 이중의 효과를 노렸다." 스트라본의 증언은 이와 같다.

제2장

히르카누스가 바대인들의 손에서 풀려나 헤롯에게 돌아온 경위, 그리고 아나넬루스가 대제사장이 되었다는 소식을 듣고 알렉산드라가 보인 행동에 관하여

1. 헤롯이 유대 왕국을 장악한 후에, 그 당시 바대인들의 포로로 잡혀 있던 대제사장 히르카누스(Hyrcanus)가 아래와 같은 경위로 석방되어 헤롯에게 돌아왔다. 바대의 군대 사령관이었던 바르자파르네스(Barzapharnes)와 파코루스(Pacorus)는 처음에 대제사장으로 임명되었다가 후에 왕까지 겸임하게 된 히르카누스와, 헤롯의 형 파사엘루스(Phasaelus)를 포로로 잡아 바대로 끌고 갔었다. 그런데 파사엘루스는 결박이라는 수모를 끝내 견딜 수 없어 부끄럽게 목숨을 부지하는 것보다는 차라리 영광스러운 죽음을 택하는 편이 좋겠다고 생각하여 스스로 목숨을 끊었다. 이는 우리가 앞서 살펴본 것이다.

2. 한편 히르카누스는 바대로 끌려갔어도 프라아테스(Phraates)왕이 그가 명문 귀족 출신인 것을 알고 극진하게 대우해 주었기 때문에 결박에서 풀려 유대인이 많이 사는 바벨론(Babylon)[1)]에 거주할 수가 있었다. 유브라데강에 이르는 전 유대국이 그러했던 것처럼 바벨론의 이 유대인들도 히르카누스를 그들의 대제사장과 왕으로 받들었다. 히르카누스는 이런 영예를 매우 흡족하게 받아들였다. 그러던 중 헤롯이 유대 왕국을 장악했다는 소식을 듣게 되었다. 이에 히르카누스는 아직도 헤롯에게 호감을 가지고 있었기 때문에 서광이 비치

---

1) 요세푸스가 여기서 바벨론(Babylon)이라고 부르는 도시는 셀레우쿠스(Seleucus) 왕조의 누군가가 티그리스(Tigris) 강가에 건설한 도시인 것 같다. 후대에 그 근처에 세워진 바그닷(Bagdat)시를 바벨론(Babylon)이라는 옛 명칭으로 종종 부르는 것처럼, 고대 바벨론(Old Babylon)이 완전히 황폐해진 지 오랜 세월이 흘렀음에도 이 도시를 바벨론으로 부른 것이 아닌가 하고 생각된다.

는 것 같았다. 히르카누스는 헤롯이 사형 선고를 받을 위험에 처해 있을 때 자기가 손을 써서 구해 주는 등 많은 호의를 베풀어 주었으므로 헤롯도 자기에게 호의를 베풀 것이라고 은근히 기대하였다. 따라서 히르카누스는 그를 자주 찾아오는 유대인들에게 기대에 찬 이런 이야기를 들려주었다. 그러자 이 유대인들은 히르카누스에게 떠나지 말아 달라고 간청하면서 이같이 말했다. "저희가 대제사장과 왕으로 생각하고 보인 성의와 사랑을 생각해서라도 저희를 버리지 말아 주십시오. 저희는 어떤 대제사장이나 어떤 왕에게도 결코 뒤지지 않는 경의와 존경을 드렸습니다. 게다가 안티고누스가 왕의 몸을 불구로 만들었기 때문에 (유대에서는) 대제사장이 될 수 없음을 명심하셔야 합니다. 더구나 왕위에 오른 이들은 일개 평민으로 있을 때 받은 은혜는 잊어버리는 것이 보통입니다. 운이 좋아 하루아침에 왕이 된 자들은 변하는 게 한두 가지가 아닙니다."

3. 이들이 히르카누스의 유익을 위해서 이토록 만류했음에도 불구하고 히르카누스는 계속 떠나고 싶어 했다. 헤롯 역시 아래와 같은 내용의 편지를 히르카누스에게 보내왔다. "나는 그대에게 은혜를 입은 바가 크오. 그대 밑에서 양육을 받은 것은 물론 그대의 도움으로 목숨을 건졌으니 어찌 그 은혜를 작다고 하겠소. 따라서 나는 지금이 그대에게 받은 은혜를 보답할 적기라고 생각하오. 나는 그대와 함께 공동 왕위에 올라 유대를 다스리고 싶소. 그러니 프라아테스(Phraates)와 그곳 유대인들에게 헤롯과 함께 공동 왕위에 오르는 것을 막지 말아 달라고 이야기하도록 하시오." 헤롯은 이같이 히르카누스에게 서신을 보낸 후에 사신 사라말라스(Saramallas)를 프라아테스에게 보내고 많은 예물을 바치면서 매우 정중하게 은인에게 보답할 수 있는 길을 열어 달라고 요청하였다. 그러나 헤롯이 이렇게 열성을 보인 것은 은인에게 보답하고자 하는 데 그 원인이 있는 것은 아니었다. 어떤 정당한 근거도 없이 유대의 왕위에 올랐기 때문에 정당한 근거에 의해 자기의 처지가 하루아침에 몰락할지도 모른다는 염려에서 될 수 있으면 빨리 히르카누스를 자기 힘이 미치는 범위 안에 놓기 위한 것이었다. 아니, 사실을 말하자면 히르카누스를 아주 제거해 버리고 싶은 것이었다. 그래야 문제가 아주 해결될 것이기 때문이었다.

4. 이에 히르카누스는 바대 왕의 허락을 받고 유대인들이 마련해 준 돈을 가지고 확신에 차서 유대로 돌아왔다. 헤롯은 매우 정중하게 히르카누스를 영접했으며 공식 석상에서와 잔치 석상에서 그를 상좌에 앉힘으로 히르카누스의 눈을 속였다. 헤롯은 히르카누스를 아버지라고 부르면서 가능한 모든 수단을 다 동원하여 음모를 눈치채지 못하도록 했다. 헤롯은 또한 통치의 기반을 확고히 하기 위해 다른 조치도 취했으나 이로 인해 그의 가정 내에 분란을 초래하고 말았다. 즉, 훌륭한 인물로 하나님의 대제사장을 삼도록 최대의 주의를 기울여야 함에도 불구하고[2] 헤롯은 바벨론 출신의 아나넬루스(Ananelus)라는 무명의 제사장을 불러서 대제사장으로 임명한 것이 화근이 되었다.

5. 히르카누스의 딸인 동시에 아리스토불루스왕의 아들 알렉산드로스의 아내로서, 알렉산드로스의 두 자녀를 거느리고 있던 알렉산드라(Alexandra)는 이 모욕을 결코 참을 수가 없었다. 그녀의 두 자녀 중 아들은 준수하게 생긴 미남인 아리스토불루스(Aristobulus)였고 딸은 미모가 뛰어난 마리암네(Mariamne)로서 헤롯에게 출가한 사실은 우리도 다 아는 바다. 알렉산드라는 자기 아들 아리스토불루스가 엄연히 살아 있음에도 불구하고 다른 사람에게 대제사장직이 돌아갔다는 것은 도저히 참을 수 없는 모욕이라고 생각하고 어쩔 줄 몰랐다. 알렉산드라는 (그녀의 서신을 전달하는 일을 맡은 악사를 통해) 클레오파트라(Cleopatra)에게 서신을 보내고 안토니우스에게 잘 말하여 자기 아들 아리스토불루스가 대제사장직을 차지할 수 있도록 해달라고 요청하기에 이르렀다.

6. 그러나 안토니우스는 그녀의 요청을 쉽게 받아들이지 않고 있었다. 그러던 차에 안토니우스의 친구인 델리우스(Dellius)가 어떤 일로 유대를 방문하게 되었다. 델리우스는 아리스토불루스의 훤칠한 키와 준수한 용모는 물론 헤롯

---

[2] 우리는 여기서 헤롯의 세속적이고 불경스러운 정치 행위의 한 단면을 볼 수 있다. 헤롯은 남에게서 불법적으로 빼앗은 권력을 남용하여 자기 마음에 드는 아나넬루스(Ananelus)라는 인물을 대제사장으로 삼음으로써 유대 왕국뿐 아니라 그의 가정 내에 분란을 가져오게 되었고 이로 말미암아 그는 이후 단 한순간도 평화와 평정을 누리지 못하는 비극을 맛보게 된다.

왕의 아내인 마리암네의 빼어난 미모를 보고 훌륭한 자녀들을 두었다고 알렉산드라를 칭찬해 마지않았다. 델리우스는 알렉산드라와 대화를 나누던 중에 아리스토불루스와 마리암네의 모습을 그린 그림을 안토니우스에게 보내면 안토니우스가 그 모습을 보고 아마 무슨 청이라도 다 들어줄 것이라고 하였다. 그의 이 말에 귀가 번쩍 뜨인 알렉산드라는 안토니우스에게 그림을 보냈다. 게다가 델리우스는 안토니우스에게 그들은 사람의 소생이라기보다는 신이나 그와 비슷한 존재의 소생이라고 보는 편이 나을 것이라고 입에 침이 마르도록 칭찬하였다. 델리우스의 이 같은 행동의 의도는 안토니우스를 꾀어 그들과 성적 쾌락을 나누도록 유도하는 데 있었다. 안토니우스는 마리암네가 헤롯의 아내이기 때문에 부르러 보내기가 창피했고, 또 아내인 클레오파트라의 비난이 빗발칠 것 같아서 마리암네는 피하고, 가장 정중하게 아리스토불루스를 초청했다. 그러나 안토니우스는 굳이 오고 싶지 않더라도 이번에는 꼭 와야 한다는 점을 분명하게 못 박았다. 안토니우스의 서신이 헤롯에게 전달되자 헤롯은 16세의 한창나이에 있는 미남에다가 귀족 출신인 아리스토불루스 같은 인물을 보낸다는 것은 자신에게 결코 안전하지 못하다고 생각했다. 안토니우스는 로마의 세력가이므로 그런 밀애에 빠지면 아리스토불루스를 함부로 대할 가능성이 있었기 때문이다. 게다가 자신을 절제할 줄 모르고 권력을 이용하여 쾌락에 자신을 떠맡기는 그런 인물에게 아리스토불루스를 보낸다는 것은 화를 자초하는 일이라고 나름대로 생각하였다. 따라서 헤롯은 아리스토불루스가 유대 밖으로 나가기만 해도 유대국은 전쟁과 반란의 소용돌이에 휘말리게 될 것이라고 안토니우스에게 답신을 보냈다. 유대인들이 왕국을 전복하고 새 왕을 옹립할 기회만을 호시탐탐 노리고 있기 때문에 그럴 수 없다는 것이었다.

7. 헤롯은 이같이 안토니우스에게 변명함으로 사태를 마무리한 후에 알렉산드라의 자녀들이 굴욕적인 대우를 받는 것을 도저히 묵과할 수 없다고 했다. 헤롯의 아내 마리암네는 동생 아리스토불루스에게 대제사장직을 주어야 한다고 헤롯을 맹렬하게 다그쳤다. 이에 헤롯은 그에게 대제사장직을 주면 유대 땅을 떠날 수 없을 테니까 자기에게도 유익할 것이라고 생각했다. 헤롯은 모든

측근을 불러 모은 후에 이같이 말했다. "알렉산드라가 은밀히 나의 왕위를 가로챌 음모를 꾸몄소. 클레오파트라를 이용해서 나를 왕위에서 몰아내고 자기 아들을 대신 왕위에 앉히려고 공작을 벌여 왔소. 그러나 그녀의 행동이 얼마나 의롭지 못한가는 그로 말미암아 그녀의 딸이 왕비의 자리에서 물러나야만 하고 왕국이 큰 혼란에 빠지게 된다는 사실에서 명백히 알 수가 있소. 이 왕국은 내가 만 가지 고통과 위험을 무릅쓰고 획득한 것이오. 그녀가 악한 일을 꾸미고 있는 동안 나는 줄곧 정당한 일에 힘써 왔소. 어쨌든지 나는 아리스토불루스에게 대제사장직을 줄 작정이오. 전에 내가 아나넬루스를 대제사장으로 임명한 것은 아리스토불루스가 아직 어린아이에 불과했기 때문이었소." 헤롯이 이같이 말한 것은 생각나는 대로 한 이야기가 아니라 여인들과 측근들까지도 눈치채지 못하게 하려고 신중하게 꾸며서 한 말이었다. 알렉산드라는 한편으로는 기대하지 못했던 약속을 받아서 너무나 기쁜 나머지 눈물이 나왔으며 또 다른 한편으로는 의심을 받게 된 데 대한 서글픔으로 눈물이 나왔다. 따라서 알렉산드라는 엎드려 울면서 아래와 같이 변명하였다. "(대)제사장직에 관해서는 제 아들이 임명되지 않아 수모를 느끼고 안절부절못했던 것이 사실입니다. 그러나 왕위에 관해서는 꿈에도 생각한 적이 없습니다. 만일 왕위가 (제 아들에게) 주어진다고 하더라도 저는 그것을 거절했을 것입니다. 저는 지금 제 아들의 현재 위치에 만족하고 있습니다. 왕께서 통치권을 장악하고 선정을 베푸시는 덕택에 저희 온 가정은 편안하게 살고 있습니다. 저는 왕께서 베푼 은혜에 몸 둘 바를 모르겠으며 제 아들에게 보여주신 호의에 감사를 드리는 바입니다. 이제 앞으로는 절대복종할 것입니다. 만일 귀족이라는 신분과 그 신분에 주어지는 특권으로 인해 경솔하고 교만하게 행동했다면 용서해 주시기 바랍니다." 이같이 헤롯과 알렉산드라는 의견을 나눔으로써 일치를 볼 수 있었고 모든 의심은 사라지게 되었다.

제3장

헤롯이 아리스토불루스를 대제사장으로 임명한 후
얼마 지나지 않아 음모를 꾸며서 살해하고
안토니우스 앞에서 변명을 늘어놓게 된 경위,
그리고 요셉과 마리암네에 관하여

1. 그 후 헤롯왕은 우리가 앞서 살펴본 대로 유대 출신이 아니라 유브라데강 너머 포로로 잡혀갔던 유대인의 후손이었던 아나넬루스(Ananelus)를 즉시 대제사장직에서 해임했다. 포로로 잡혀가 바벨론에 거하게 된 유대인은 부지기수로 많았는데 아나넬루스는 바로 이들의 후손이었다. 아나넬루스는 대제사장 가문의 후손이었으며[3] 헤롯과는 각별한 친구 사이가 되는 사람의 소생이었다. 헤롯은 왕위에 처음 올랐을 때 아나넬루스를 불러서 대제사장직을 수여했음에도 불구하고 이제 집안에 불화가 생기니까 이를 무마하기 위해 그를 대제사장직에서 해임하는 명백한 불법을 저지르고 말았다. (옛날에는) 한 번 대제사장직에 올랐다가 쫓겨난 예가 없었다. 그러나 이 율법을 처음으로 어기고 예수(Jesus)를 쫓아낸 다음 그의 형제 오니아스(Onias)를 대신 대제사장으로 앉힌 자는 안티오쿠스 에피파네스(Antiochus Epiphanes)였다. 두 번째로 이 율법을 어기고 형제(히르카누스)에게서 대제사장직을 빼앗은 사람은 아리스토불루스였다. 그러니까 (아나넬루스에게서) 대제사장직을 빼앗아 아리스토불루스에게 준 헤롯은 세 번째 인물이 되는 셈이다.

2. 이렇게 해서 헤롯은 가정 내의 불화를 무마한 듯이 보였다. 그러나 화해한 자들 가운데서 흔히 나타나는 현상대로 헤롯은 의혹을 완전히 버릴 수는 없

---

3) 아나넬루스가 대제사장 가문의 후손이라는 요세푸스의 주장은 얼마 전 무명의 제사장 가문 출신이라고 말했던 것(2장 4절)과 비교해 볼 때 크게 모순된다.

었다. 알렉산드라가 한 번 변혁을 꾀한 적이 있었기에 기회가 주어지면 다시 한번 변혁을 시도할 것이 아니냐는 의구심이 머리에서 사라지지 않았다. 이에 헤롯은 알렉산드라에게 궁에서 거주할 것과 국사에는 관여치 말 것을 명령하는 한편 감시병들로 하여금 그녀의 일거수일투족을 낱낱이 알아내어 보고하라고 지시했다. 알렉산드라는 시간이 흘러감에 따라 이런 압박감을 도저히 견뎌낼 수 없었으며 마침내 헤롯을 미워하기 시작했다. 자만심이 누구보다도 강했던 알렉산드라는 감시병의 감시의 눈초리가 그 무엇보다도 싫었다. 마음 놓고 말할 자유를 상실하고 사느니 그 무슨 고통이나 괴로움인들 참지 못하겠느냐고 생각하기에 이르렀다. 감시 속에서의 삶이란 그야말로 공포와 결박의 삶과 조금도 다를 바가 없었기 때문이었다. 이에 알렉산드라는 클레오파트라에게 자신의 신세를 끝없이 한탄하고 최선을 다해 도와 달라고 호소하였다. 그러자 클레오파트라는 아들을 데리고 즉시 애굽으로 오라고 조언하였다. 알렉산드라는 클레오파트라의 조언에 만족하고 즉시 도망칠 묘책을 강구했다. 알렉산드라는 관을 두 개 만든 후에, 아들과 각기 관 속에 들어간 다음 종들에게 밤에 성 밖으로 들고 나가라고 명령했다. 그러고는 곧장 해변으로 가는 길로 가서 미리 대기하고 있던 배를 타고 애굽으로 가려는 계획이었다. 그런데 알렉산드라의 종인 아이숍(Æsop)이 알렉산드라의 친구인 사비온(Sabion)을 우연히 만났을 때 그 사실을 미리 알고 있을 것이라고 생각하고 비밀을 말해 버렸다. 사비온은 (헤롯의 부친인) 안티파테르를 독살한 음모를 꾸민 장본인 중의 하나로 간주될 정도로 헤롯의 적대 세력을 형성하고 있던 인물이었다. 사비온은 이 사실을 듣고 헤롯의 미움을 호감으로 바꿀 수 있는 좋은 기회라고 생각한 나머지 헤롯에게 이 사실을 고해바쳤다. 이에 헤롯은 알렉산드라를 즉시 체포하지 않고 내버려두었다가 도망가려는 현장에서 적발하여 체포하였다. 헤롯은 알렉산드라를 용서해 주는 척하였다. 당장이라도 없애 버리고 싶었으나 클레오파트라 때문에 중벌을 내릴 수가 없었다. 따라서 마음이 관대하고 아량이 많아서 그녀를 용서해 주는 척하였다. 그러나 헤롯은 속으로는 어떻게 해서든지 아리스토불루스는 제거해 버려야겠다고 계획하였다. 그러나 즉시 이 계획을 실행에 옮기기에는 여러 가지 어려운 점이 많으므로 가능한 한 이 사실을 숨기는 것이 이롭겠다고 생각했다.

3. 유대인들이 귀히 여기는 장막절이 다가오자 헤롯은 유대인들에게 절기를 지키도록 허락한 후에 그들과 함께 즐겼다. 그러나 이때 헤롯은 시기심에 눈이 멀게 되었고 그로 인해 마음에 계획한 바를 일찍 서둘러 실행에 옮기게 되었다. 이제 17세가 된 청년 아리스토불루스가 대제사장 의복을 입고 율법에 따라 제단에 올라가 제사를 드리는데,[4] 그 나이 또래의 청년보다 키가 훤칠한 데다가 훌륭한 용모로 귀족 출신임이 한눈에 드러나 보였다. 이에 유대 백성들은 그에 대해 호감과 애정을 나타냈으며 그의 조부인 아리스토불루스에 대한 옛 기억을 새삼스럽게 되살리기 시작했다. 그들의 아리스토불루스에 대한 자연스러운 애정과 호감은 감추려야 감출 수 없었다. 그들은 기쁨에 넘쳐 아리스토불루스를 향해 환호성을 지르면서 축복을 빌었다. 이에 백성들의 마음이 누구에게로 기울었는가를 한눈에 알 수 있었다. 게다가 유대 백성들은 성급하게도 왕정 하에서는 허용될 수 없는 말을 해 버렸다. 즉, 아리스토불루스의 가문을 통해 유대인들이 받은 은혜는 그 무엇으로도 비교할 수 없다고 칭송을 늘어놓았던 것이다. 이에 헤롯은 아리스토불루스를 제거하려던 계획을 빨리 서둘러야 하겠다고 결심하기에 이르렀다. 절기가 끝난 후 헤롯은 알렉산드라의 초청으로 여리고에서 잔치를 즐기게 되었다. 헤롯은 아리스토불루스와 함께 마음껏 즐거워하였다. 헤롯은 또한 아리스토불루스를 데리고 호젓한 곳으로 들어가서 유치하고 우스꽝스러운 장난을 즐겼다. 여리고는 다른 곳보다 유달리 더운 곳이었다. 이에 그들은 더워 미칠 것만 같아 함께 밖으로 나왔다. 집 옆에는 매우 큰 연못이 있었다. 때는 한낮이었기 때문에 그들은 (수영으로) 몸을 식히려고 하였다. 처음에는 헤롯의 측근들과 종들만이 수영을 했다. 그러나 한참 후에 아리스토불루스도 헤롯의 부추김을 받아 물속으로 뛰어들었다. 이때 헤롯의 측근들은 이미 계획했던 대로 일을 시행에 옮겼다. 날이 어두워지자, 마치 장난을 하는 것처럼 아리스토불루스를 잡아 물속에 넣어 올라오지 못하게 했다. 그들은 그가 완전히 질식해서 죽을 때까지 물 밖으로 나오지 못하게 했다. 이렇

---

4) 이 구절은 20세 미만의 사람은 유대인 가운데서 대제사장의 직분을 감당할 수 없었다고 주장한 탈무드 편찬자들의 말과 정면으로 상충된다.

게 해서 아리스토불루스는 겨우 1년간의 대제사장직을 끝으로 18세의 어린 나이로 비참한 최후를 맞이하고 말았다. 결국 대제사장직은 다시 아나넬루스에게로 돌아갔다.

4. 이 슬픈 소식이 알렉산드라와 마리암네에게 전해지자 그들의 기쁨은 즉시 애통으로 바뀌었다. 그들은 앞에 놓인 아리스토불루스의 시신 앞에서 슬픔을 억제할 길이 없었다. 또한 (예루살렘) 시민들도 이 비보로 깊은 근심에 사로잡히게 되었고, 남의 일로 생각지 않고 마치 자기 식구가 당한 슬픔인 양 애통해 했다. 더욱이 알렉산드라는 고의적인 타살이라는 사실을 알고 어찌할 줄을 몰랐다. 부주의로 인한 불상사가 아니라 고의적인 살인이라는 사실을 알고 있는 알렉산드라의 슬픔은 다른 사람과 비길 바가 못 되었다. 그러나 알렉산드라는 억울하더라도 참을 수밖에 별다른 도리가 없었다. 자칫하다가는 더 무서운 재난을 일으킬까 두려웠기 때문이었다. 그녀는 때로는 스스로 목숨을 끊을까도 생각해 보았으나, 비열한 음모로 자기 아들을 살해한 살인자들에게 복수하기 위해서라도 끝까지 살아남아야 한다고 결심하고 자제하였다. 그녀는 어떻게 해서든지 살아남아야 한다고 생각하고 자기가 아들의 살해에 대해 의혹을 품고 있다는 기미를 조금도 눈치채지 못하도록 최선을 다했다. 그렇게 해야 적절한 기회가 오면 복수도 할 수 있을 것이기 때문이었다. 따라서 그녀는 의혹을 품고 있다는 기미를 남이 알지 못하도록 여러 가지로 자제를 했다. 한편 헤롯은 아리스토불루스를 살해한 장본인이 바로 자기라는 사실이 국외로 알려지지 않도록 온갖 수단을 다 동원했다. 헤롯은 이를 위해 그저 평범한 애도의 표시를 하지 않고 마음이 갈기갈기 찢어지는 듯한 표정을 해가면서 눈물을 흘렸다. 비록 아리스토불루스의 죽음이 자신에게 여러 가지로 유익했던 것은 사실이지만 그의 출중한 용모를 생각해 볼 때 진정한 애도의 눈물을 흘렸는지도 모른다. 따라서 그의 이런 태도는 적어도 그때까지는 효력을 발생할 수 있었다. 헤롯은 또한 장례식을 성대하게 치러 주었다. 멋진 무덤을 준비하고 많은 향료를 예비했을 뿐 아니라 많은 보물을 시신과 함께 묻어 주었다. 따라서 슬픔에 잠긴 두 여인들조차도 이에 놀랄 정도였다. 그들은 이에 약간의 위로를 받았다.

5. 그러나 이런 정도로 알렉산드라의 슬픔을 가시게 할 수는 없었다. 아들이 살해됐다는 생각이 떠오를 적마다 알렉산드라는 견딜 수 없는 슬픔의 수렁으로 빠져들어 갔다. 이에 그녀는 클레오파트라에게 이 사실을 알리고 아들의 비참한 죽음을 소상하게 설명했다. 전부터 알렉산드라를 도와주고 싶어 했던 클레오파트라는 알렉산드라의 처지를 불쌍히 여기고 자기 일같이 생각하여 안토니우스에게 이같이 요구하였다. "아리스토불루스를 살해한 헤롯 그놈을 그냥 내버려두어서는 안 됩니다. 당신께서 아무 자격도 없는 자를 세워 왕으로 삼았는데 그 은혜도 모르고 감히 왕족의 혈통에서 태어난 자를 그토록 처참하게 살해하다니, 그런 자는 결코 살려 둘 가치가 없는 존재입니다." 안토니우스는 결국 클레오파트라의 설득에 넘어갔다. 이에 안토니우스는 라오디게아(Laodicea)로 가서 헤롯에게 사신을 보내 이같이 명령했다. "내게 와서 아리스토불루스의 살해 사건에 관해 변호하도록 하라. 만일 그대가 그의 살인 사건과 관련이 되어 있다면 이는 결코 잘한 일이 못 됨을 알아야 한다." 헤롯은 이에 큰 두려움에 사로잡히게 되었다. 안토니우스에게 고소를 당한 것도 문제이거니와 자기에게 원한을 품고 안토니우스에게 끈질기게 매달릴 알렉산드라의 모습에 그만 눈앞이 캄캄해지는 것 같았다. 그러나 달리 모면할 길이 전혀 없었으므로 그는 안토니우스의 소환에 응하기로 결심했다. 이에 헤롯은 숙부뻘인 요셉(Joseph)에게 국사와 정무(政務)를 맡긴 후에 아래와 같이 은밀히 지시하였다. "내가 만일 안토니우스의 손에 죽게 되면 그 즉시 마리암네도 죽이도록 하시오. 첫째는 내가 아내를 극진히 사랑하기 때문이고, 둘째는 빼어난 미모 때문에 내가 죽어도 다른 남자와 살게 될 터인데 그로 인해 내가 욕을 당하기는 싫기 때문이오." 사실상 이런 지시의 밑바탕에는 아내의 미모에 대해 익히 알고 있는 안토니우스가 그녀를 사랑하게 될지도 모른다는 걱정이 깔려 있었다. 헤롯은 이같이 은밀히 지시한 후 목숨을 부지하지 못할지도 모른다는 두려움을 안고 안토니우스에게로 갔다.

6. 한편 요셉은 정무를 살피면서도 헤롯의 은밀한 지시가 있었기 때문에 자주 마리암네와 자리를 같이했다. 임무도 임무이려니와 요셉은 왕비에게 경의

를 표할 의무도 있었다. 따라서 요셉은 헤롯이 마리암네를 얼마나 사랑하고 아끼고 있는가에 대해 자주 언급하였다. 두 여인 중 특히 알렉산드라는 여성 특유의 야유로 그의 말을 장난 비슷하게 받아넘겼다. 그러자 요셉은 마리암네를 향한 헤롯의 애정을 너무나 보여주고 싶었던 나머지 헤롯이 내린 비밀 지시까지 발설하고 말았다. "헤롯왕께서는 왕비가 없으면 단 하루도 못 사실 것입니다. 따라서 왕께서는 자신의 신변에 무슨 일이 생기면 죽은 후에라도 왕비와는 조금도 떨어질 수가 없기 때문에 왕비를 제 손으로 살해하라고 지시하셨습니다." 그러나 마리암네와 알렉산드라는 이것을 그들을 향한 헤롯의 뜨거운 애정의 표시라고 받아들이지 않았다. 물론 이는 모든 여인의 공통적인 반응일 것이다. 두 여인은 여기서 죽는 순간까지도 파멸과 죽음에서 자신들을 벗어나지 못하게 하려는 야수 같은 헤롯의 손길만을 느낄 뿐이었다. 요셉의 말로 인해 두 여인은 그 후로 항상 헤롯을 의심하지 않을 수 없게 되고 만다.

7. 바로 이때 헤롯의 적대 세력들을 통해 헤롯이 안토니우스의 고문을 받고 처형당했다는 소문이 예루살렘에 나돌기 시작했다. 이 소문은 왕궁 주변에 있는 자들, 특히 여인들의 마음에 큰 심적 동요를 일으켰다. 이에 알렉산드라는 요셉을 설득하여 왕궁을 빠져나가, 율리우스(Julius)의 명에 따라 유대 왕국을 지키고 있던 예루살렘 외곽 지역의 로마군 진영으로 도피하려고 갖은 애를 다 썼다. 이렇게 해야 만일 왕궁에 무슨 일이 생겨도 신변의 안전을 기할 수 있었기 때문이었다. 로마군은 그들에게 호의적이기 때문에 아무래도 그쪽이 안전했다. 게다가 안토니우스가 만일 한 번이라도 마리암네를 보게 되는 날이면 왕국을 되찾을 수도 있을 것이라는 희망을 가졌다. 그들은 왕족의 후손이기 때문에 그런 희망을 가지는 것은 어떤 면에서는 지극히 당연한 것이기도 했다.

8. 그러나 그들의 이런 망상은 헤롯에게서 온 편지 한 통으로 산산이 부서져 버렸다. 그 서신에 의하면 소문은 모두 거짓이었다. 그들의 기대와는 전혀 반대였다. 그 실상은 이와 같다. 헤롯은 안토니우스 앞에 출두한 후 예루살렘에서부터 가져간 뇌물로 오히려 안토니우스의 환심을 샀다. 그는 안토니우스와

의 대화를 통해 그의 분노를 누그러뜨렸다. 헤롯의 자기변호를 듣고 선물을 받게 된 안토니우스에게 클레오파트라의 말은 효력을 상실하게 되었다. 안토니우스는 이같이 말했다. "내정(內政)을 간섭하게 되면 말만 왕이지 실제 왕이랄 수 없으니 내정은 간섭하지 않는 것이 좋겠다고 나는 생각한다. 통치권을 부여해 주었으면 그 통치권을 사용할 수 있는 권한도 부여해 주는 것이 마땅하다고 확신한다." 안토니우스는 또한 클레오파트라에게 헤롯왕의 통치 행위에 대한 문제로 공연한 신경을 쓰지 않는 것이 좋겠다고 하였다. 헤롯은 이에 대한 자세한 내용을 쓰고 안토니우스에게서 받은 영예에 대해서는 일부 과장을 서슴지 않았다. "나는 그분 옆에 앉아서 내 변호를 했으며, 날마다 그분과 함께 식사를 나누었다. 클레오파트라가 나의 왕국을 탐내고 나를 쫓아내기 위해 나를 심히 비난하면서 나의 왕국을 달라고 날마다 안토니우스께 간청하였으나 그분은 내게 이와 같은 은총을 베푸셨다. 안토니우스께서는 내게 아직까지 공의롭게 대해 주고 계시며 나를 해할 기미는 전혀 없으시다. 그러므로 나는 나의 통치권을 지지하겠다는 확약을 안토니우스께 받아서 곧 귀국하게 될 것이다. 안토니우스께서는 클레오파트라가 원하는 것 대신에 코엘레수리아를 주었으므로 더 이상 나의 왕국을 차지하려는 욕심은 부리지 않을 것이다. 안토니우스께서는 이런 방법으로 유대 왕국을 달라는 클레오파트라의 청원을 교묘히 뿌리치고 분노를 가라앉히셨다."

9. 이 서신이 당도하자 두 여인은 로마군에게로 피신하려던 계획을 포기했다. 그러나 알렉산드라의 이 의도는 알려지고 말았다. 헤롯왕은 바대 원정길에 나선 안토니우스의 길을 안내한 후에 유대로 돌아왔다. 헤롯은 누이 살로메(Salome)와 모친을 통해 알렉산드라가 도피하려고 계획했었다는 이야기를 들었다. 살로메는 또한 요셉이 마리암네와 자주 간통하는 것을 보았다고 고자질했다. 살로메가 이같이 고해바친 이유는 오랫동안 마리암네에 대해 악의를 품고 있었기 때문이었다. 마리암네가 자기만 귀족 출신이라고 뽐내면서 나머지 사람들을 깔보고 무시했기 때문이었다. 헤롯은 마리암네를 몹시 사랑했기 때문에 누이의 말을 듣고 어찌해야 좋을지를 몰랐으며 끓어오르는 질투를 억누

를 길이 없었다. 그러나 아내를 끔찍이 사랑했기에 당장 심하게 대하지는 않았다. 그러나 끓어오르는 질투와 애정의 복합 감정은 끝내 헤롯으로 하여금 마리암네에게 요셉과의 관계를 묻게 했다. 마리암네는 무죄한 여인이 자신을 변명할 때 사용할 수 있는 모든 방법을 동원하여 전혀 그런 일이 없다고 부인하였다. 하나님께 맹세하라면 맹세하겠다고 했다. 이에 헤롯은 조금씩 의심이 사라지기 시작했으며 아내에 대한 분노가 누그러지기 시작했다. 헤롯은 소문만 듣고 아내를 부정한 여자로 생각해서 미안하다고 사과했다. 헤롯은 아내의 정숙한 행동을 극구 칭찬한 후에 이 세상의 누구보다도 뜨겁게 당신을 사랑한다고 고백했다. 이에 그들은 흔히 연인(戀人)들이 하는 것처럼 뜨겁게 포옹하고 눈물을 흘렸다. 헤롯이 아내의 정절에 대해 더욱 확신하면서 아내도 그처럼 남편에 대한 신뢰감을 갖도록 하려고 애를 쓰고 있을 때, 마리암네는 "당신이 안토니우스에게서 무슨 일을 당하면 그와는 아무 상관도 없는 나를 당신의 사랑의 징표로 살해하도록 하라고 명령하셨다면서요?"라고 물어보았다. 이 말이 마리암네의 입에서 떨어지기가 무섭게 헤롯은 충격을 받은 듯 안고 있던 아내의 몸을 밀어내고 자기 머리카락을 뜯으면서 이같이 울부짖었다. "요셉이 내 아내와 간통을 한 확실한 증거를 이제야 잡았도다. 둘 사이가 그런 사이가 아니라면 내가 은밀히 지시한 그런 내용까지 어떻게 말할 수 있겠는가!" 헤롯은 격정을 이기지 못해 아내를 죽이고 싶어 했다. 그러나 아내를 극진히 아끼던 헤롯이었기에 비록 오랫동안 그로 인해 괴로워하고 번민했으나 결국은 이 격정을 이길 수 있었다. 헤롯은 요셉을 눈앞에 보이지 않도록 처형하라고 지시하는 한편 이 모든 재난의 화근인 알렉산드라를 결박하여 감금하였다.

제4장

안토니우스에게서 유대와 아라비아의 일부 지역을 분할받은
클레오파트라가 유대를 방문하게 되자
헤롯이 많은 예물을 증정하고
애굽으로 귀국하는 길을 안내하게 된 경위

1. 한편 이 무렵 수리아는 매우 혼란에 빠져 있었다. 클레오파트라가 안토니우스를 선동하여 아무 나라나 공격했기 때문이었다. 클레오파트라는 여러 지배자에게서 통치권을 빼앗아 자기에게 줄 것을 안토니우스에게 끊임없이 요구하였다. 안토니우스는 클레오파트라의 사랑의 노예가 되어 있었기 때문에 클레오파트라의 말은 그만큼 막강한 영향력을 행사할 수 있었다. 클레오파트라는 본성이 탐욕스러웠으며 참혹한 일을 저지르고도 눈 하나 깜빡하지 않았다. 그녀는 남동생이 불과 15세 때 애굽의 왕이 될 것을 알고 독살하는 죄를 서슴지 않고 저질렀다. 또한 클레오파트라는 안토니우스를 시켜 자매인 아르시노에(Arsinoe)를 살해하는 한편 에베소(Ephesus)의 디아나(Diana) 신전을 눈여겨 보았다가 여차하면 약탈할 생각까지 하였다. 그녀는 자금이 제대로 모이지 않으면 신전이나 무덤을 약탈하는 것을 대수롭지 않게 생각하였다. 그녀에게 있어서 그 안의 보물을 절대 건드릴 수 없는 불가침의 성소(聖所)란 있을 수가 없었다. 그녀는 탐욕을 조금이라도 채울 수만 있다면 세속적인 곳도 결코 가리지 않았다. 그러나 이 모든 것도 욕망의 포로가 된 이 여인의 만족을 결코 채울 수는 없었다. 따라서 그녀는 생각나는 것마다 욕심을 부렸으며 욕심을 채우기 위해 수단과 방법을 가리지 않았다. 이에 클레오파트라는 안토니우스를 한시도 쉬지 않고 충동하여 남의 통치권을 빼앗았다. 그녀는 안토니우스와 함께 수리아로 건너와서 수리아를 자기 손에 장악하기 위해 안토니우스를 뒤에서 조종했다. 이에 안토니우스는 바대인들을 받아들였다는 죄명으로 프톨레마이우스(Ptolemy)의 아들 리사니아스(Lysanias)를 처형하였다. 또한 클레오파트라는 안

토니우스에게 유대와 아라비아를 달라고 간청하면서 이를 위해서 현재 그 나라들을 다스리는 지배자들을 해임하라고 요구하였다. 한편 안토니우스는 클레오파트라에게 완전히 매료되어 있었기 때문에 마술에 홀리지 않고서야 어떻게 여자가 시키는 대로 할 수 있을까 의심될 정도였다. 그러나 점차 클레오파트라가 저지르는 불의에 부끄러움을 느끼기 시작한 안토니우스는 그녀가 요구하는 대로 항상 따르지는 않게 되었다. 그러나 그렇다고 해서 그녀의 요구를 전적으로 묵살하면 곤란한 일이 많이 발생할 것 같기에 유대와 아라비아의 일부 지역만을 떼어서 그녀에게 주었다. 안토니우스는 두로와 시돈을 제외하고 엘레우테루스(Eleutherus)강에서 애굽에 이르는 땅을 그녀에게 주었다. 클레오파트라는 두로와 시돈도 달라고 끈질기게 요구하였다. 조상 적부터 그 두 도시가 자유 도시였음을 감안하여 안토니우스가 특별히 제외한 것이었다.

2. 클레오파트라는 이같이 여러 지역을 획득한 후에 안토니우스를 따라 유브라데강까지 아르메니아(Armenia) 원정길에 나섰다가 귀환하는 길에 아파미아(Apamia)와 다메섹(Damascus)를 경유하여 유대에 들르게 되었다. 이에 헤롯은 클레오파트라를 영접하였고, 그녀에게 속한 아라비아의 일부 지역과 여리고 일대에서 나오는 세금을 도급 맡았다. 그 당시 가장 값비싼 약재였던 발삼(balsam)은 여리고에서만 자생하였다. 또한 여리고에는 우수한 품종의 종려나무가 수없이 자라고 있었다. 클레오파트라는 유대에 머무르는 동안 헤롯왕과 정을 통하려고 애를 썼다. 그녀는 이런 쾌락에 자신을 맡기면서도 비밀을 지키려고 하지 않았다. 아마도 그녀는 헤롯에 대해 어느 정도 사랑을 느끼고 있던 것 같다. 아니, 그보다는 정을 통함으로써 헤롯에게 올가미를 씌우려고 했을 가능성이 더 크다. 그러나 어찌 되었든 전체적으로 볼 때 그녀는 헤롯에 대한 애정에 압도되었던 것처럼 보였다. 헤롯은 그녀가 모든 이에게 해를 가하는 인물인 줄 알았기에 그전부터도 호감을 갖지 않고 있었다. 헤롯은 더욱이 그녀의 접근이 욕망에서 나온 것이라면 자신의 미움을 받아 마땅하다고 생각했다. 더욱이 그녀가 자신에게 올가미를 씌우려고 하는 음모를 꾸미고 있다면 이 기회에 그녀를 죽여 음모에서 벗어나야겠다고까지 생각하였다. 헤롯은 클레오파

트라의 제의를 거절한 후 측근들을 모아 이 일을 의논했다. 그는 이같이 말했다. "클레오파트라가 내 손아귀에 있을 때 죽이는 것이 어떻겠소? 그렇게 한다면 그녀가 이제까지 저질러 온, 그리고 앞으로 저지를 온갖 죄악에서 모든 이들을 구원해 낼 수 있을 것이라 생각하오. 남편에게 성실하지 못한 것이 분명하니 이 일은 결국 안토니우스에게도 유익이 되리라고 생각하오. 그녀의 충성이 요구되는 상황이 닥쳐온다 해도 그녀는 결코 안토니우스에게 충성을 보이지 않을 것이 너무나 분명하기 때문이오." 헤롯이 이같이 자기 생각을 이야기하자 그의 측근들은 그를 만류하면서 이같이 말했다. "첫째로 그렇게 큰일을 꾸며 스스로 큰 위험 속에 뛰어드는 것은 현명하지 못합니다. 너무 성급하게 서두르지 마십시오. 안토니우스가 결코 가만히 있지 않을 것입니다. 누가 감히 안토니우스에게 클레오파트라의 죽음이 그에게 유익하다는 것을 명확하게 납득시킬 수 있겠습니까? 속임수를 써서 그것도 무참하게 자기 연인을 빼앗아 간 것을 알게 되면 아마도 안토니우스는 클레오파트라에 대한 애정이 더 뜨겁게 타오를 것입니다. 게다가 오늘날 이 세상의 여성 중 가장 고귀한 신분의 여성을 살해한 상황에서는 그 어떤 자기변호도 용납될 수가 없을 것입니다. 그러한 시도를 통해 왕이 얻을 수 있는 유일의 소득이라고 하면 저주받아야 마땅하다는 세평(世評)밖에 아무것도 없을 것입니다. 그러므로 이 모든 것을 종합해 볼 때 클레오파트라를 잘못 건드렸다가는 왕뿐 아니라 왕의 후손에 이르기까지 이 나라는 큰 재난을 면치 못할 것이라는 사실을 쉽게 미루어 짐작할 수가 있습니다. 따라서 왕께서는 클레오파트라의 제의를 정중히 거절하시고 그녀가 무안을 당하지 않고 무사히 귀국할 수 있도록 최선을 다하셔야 할 것입니다." 헤롯의 측근들은 서툰 시도로 인해 부딪치게 될 위험을 열거하면서 헤롯에게 겁을 주는 방법을 써서 그를 자제하게 만들었다. 이에 헤롯은 클레오파트라를 친절하게 대해 주고 예물을 준 후 애굽으로 귀환하는 길을 안내해 주었다.

3. 한편 안토니우스(Antony)는 아르메니아를 정복한 후 티그라네스(Tigranes)의 아들 아르타바제스(Artabazes)와 그의 자식들과 행정 장관들을 결박하여 애굽으로 끌고 왔으며 아르메니아 왕궁에서 탈취한 보물들을 클레오파트라에게

선물로 주었다. 한편 아르타바제스의 장남인 아르탁시아스(Artaxias)는 이때 안 토니우스의 손에서 도망을 쳐서 아르메니아 왕국의 왕위에 올랐다. 그러나 그 후 아르켈라우스(Archelaus)와 네로 카이사르(Nero Cæsar)는 아르탁시아스를 쫓 아내고 그의 동생 티그라네스(Tigranes)에게 왕위를 넘겨주었다. 그러나 이 사 건은 바로 뒤에 일어난 역사가 아니라 그로부터 한참 후에 일어난 사건이었다.

4. 한편 헤롯은 안토니우스가 클레오파트라에게 준 땅에서 나오는 세금을 꼬박꼬박 정확하게 바쳤다. 왜냐하면 클레오파트라의 눈에 거슬려서 이로울 것이 조금도 없었기 때문이었다. 헤롯은 세금을 거두어서 클레오파트라에게 납부해야 하는 책임을 지고 있었다. 그런데 아라비아의 왕은 처음에는 때로 200달란트나 되는 세금을 잘 냈으나 나중에는 늑장을 부리거나 잘 납부하려 고 하지 않았다. 어떤 때는 일부만 가져왔으며 심지어는 손해를 가하지 않으면 그나마 내려고도 하지 않았다.

제5장

헤롯이 아라비아 왕을 공격하여
여러 번의 전투 끝에 결국은 그를 누르게 되자
아랍인들에 의해 아라비아의 총독으로 선출된 경위,
그리고 대지진에 관하여

1. 비록 헤롯도 로마 내전을 핑계로 세금 납부를 뒤로 미루긴 했으나 아라비 아(Arabia) 왕은 세금 납부에 대해 전혀 성의를 보이지 않았을 뿐 아니라 배은 망덕하기까지 했다. 이에 헤롯은 군대를 일으켜 아라비아 왕을 위협하려고 하

였으나 사정이 여의치 않았다. 왜냐하면 제187올림피아드 때 세계의 패권을 놓고 카이사르(Cæsar)와 안토니우스(Antony)가 악티움(Actium)에서 한판 승부를 할 기미가 있었기 때문이었다. 헤롯은 매우 비옥한 땅을 그것도 오랫동안 다스리고 있었고, 많은 세금을 거두어들이는 혜택을 입고 있었기에 대군을 일으키고 전쟁 물자를 충분히 장만하여 안토니우스를 지원하려고 하였다. 그러나 안토니우스는 헤롯의 도움이 필요 없다고 사양한 후 그 대신 아라비아 왕을 공격하라고 지시했다. 그전부터 헤롯과 클레오파트라를 통해서 아라비아 왕이 반역을 일으켰다는 사실을 안토니우스는 익히 알고 있었다. 사실상 이것은 클레오파트라가 원하던 바였다. 헤롯왕과 아라비아 왕이 서로 치고받으면 자기에게 유익할 것이라는 계산하에 클레오파트라는 이를 좋아했다. 안토니우스에게 이런 지시를 받은 헤롯은 즉시 귀환하여 직접 군대를 거느리고 아라비아를 침공했다. 헤롯은 보병과 기병을 동원하여 디오스폴리스(Diospolis)로 진격했다. 이에 아라비아인들도 헤롯의 공격에 맞서기 위해 그곳으로 왔다. 헤롯이 공격해 온다는 사실을 미리 알았기 때문이었다. 이곳에서 대접전을 벌인 결과 유대인은 승리를 거두게 되었다. 그러나 이것도 잠시뿐 유대인은 코엘레수리아의 가나(Cana)에서 아라비아의 대군과 맞닥뜨리게 되었다. 헤롯은 이 사실을 미리 알고 휘하의 군대를 거의 다 동원하여 적과 맞서 싸웠다. 헤롯은 가나 근처에 도착하자 진을 치기로 했다. 헤롯은 적을 공격할 적절한 기회가 다가올 때까지 토성을 쌓으라고 지시했다. 그러나 유대인들은 지체하지 말고 아라비아인들을 공격하자고 아우성을 쳤다. 유대인들은 스스로 질서가 잡힌 막강한 부대라고 생각하고 사기충천해 있었다. 특히 얼마 전의 아라비아군과의 전투에 참가하여 승리해 본 경험이 있는 자들, 그것도 단숨에 적을 제압해 본 자들이 더 사기가 충천해 있었다. 그들이 소란을 피우며 사기가 충천해 있는 것을 본 헤롯은 오히려 이들의 사기를 이용하면 좋은 결과를 얻을 수 있겠다고 생각했다. 헤롯은 자기도 용기에 있어서는 그들에게 조금도 뒤지지 않는다고 확신을 심어 준 후에 갑옷을 입고 맨 선두에 섰다. 그러자 모든 병사가 열을 맞추어 헤롯의 뒤를 따랐다. 이에 아라비아인들은 사기를 잃고 벌벌 떨었다. 유대인들의 사기가 하늘을 찌를 듯한 것을 본 그들은 자기들은 도저히 적수가 될 수 없다고 생각하여 대부분이 전의(戰意)를 상실하고 도망쳤다. 만일 아테니온(Athenio)이 유대인을 공격해서 괴로움을 끼치지 않았다면 그들은 철저히 궤멸당했을 것이다. 아테니온은 수리아 지역의 클레오파트라의 군대를 지휘하는 사령관으로서 헤롯과는 적대 관계에 있었는데 헤롯과 아라비아인 간의 전쟁 상태를 유심히 관찰하고 있었다. 그는 아라비아인들이 용감하게 싸워 조금이라도 성과를 거둔다면 가만히 관망만 하려고 마음먹었다. 그러나 만일의 경우 아라비아인들이 패배한다면(실제로 그렇게 되었지만) 휘하에 거느리고 있던 병사들과 그 지역 주민들이 그를 위해 뽑아 준 병사들을 거느리고 유대인을 공격하려고 생각했었다. 그런데 아라비아인들이 힘도 써 보지 못하고 패했다. 이에 아테니온은 유대인들이 적을 모두 격퇴했다고 생각하고 태만해져 있고 피곤한 틈을 이용해 불시에 기습을 감행하여 많은 유대인을 살해하였다. 그들이 예상했던 적을 무찌르느라고 힘을 다 소비하고 승리의 기쁨을 맛보면서 조용히 쉬고 있을 때 불시의 기습을 당했기 때문에 어쩔 도리가 없었다. 게다가 그곳은 돌이 많아 말이 제대로 기동력을 발휘하지 못하는 곳이었고 적이 유대인보다 지형에 익숙한 곳이었기 때문에 유대인이 입은 타격은 몹시 컸다. 유대인들이 이같이 타격을 입자 패배한 아라비아인들까지도 사기를 얻고 되돌아와서 도주하는 유대인들을 잡아 죽였다. 갖가지 방식의 살육이 자행되었고 진영으로 살아 되돌아온 유대인의 수는 소수에 불과했다. 헤롯왕은 전투에 패했다는 소식을 듣고 낙담하여 원군을 이끌고 달려왔다. 헤롯은 사력을 다해 도우러 왔으나 시간이 이미 늦었다. 유대 진영은 이미 적의 손에 들어가 있었다. 이렇게 해서 아라비아인들은 전혀 뜻밖에도 대승을 거두게 되었다. 그들은 수많은 적을 살해하고 결코 그들 자신의 힘으로 얻을 수 없는 대전과를 거두게 된 것이다. 따라서 그 후로 헤롯은 산간 지방에 진을 치고 평지에서의 정면 대결은 무슨 일이 있더라도 피하면서 아라비아의 여러 지역을 급습하는 방법으로 아라비아를 괴롭힐 수밖에 없었다. 한마디로 말해서 일개 도적과 같은 행동 밖에는 달리 취할 길이 없었다. 그러나 헤롯은 이런 방법으로 온갖 수고를 다 하면서 적을 공격하여 아라비아인들을 크게 괴롭힐 수가 있었다. 헤롯은 또한 군비 증강에 전력을 기울이면서 이전의 상태로 돌아가기 위해 많은 애를 썼다.

2. 바로 이때, 그러니까 헤롯의 재위 제7년[5]에 악티움(Actium)에서 옥타비우스 카이사르(Octavius Cæsar)와 안토니우스(Antony) 사이에 전투가 벌어졌다. 또한 수많은 가축의 생명을 빼앗아 간, 전에 없었던 무서운 지진이 유대에서 일어난 것도 바로 이때였다. 이 지진으로 인해 집이 무너져 약 10,000명가량의 인명이 목숨을 잃었으나, 들에서 야영을 하던 병사들은 조금도 해를 입지 않았다. 한편 아라비아인들과 유대인들을 미워하는 자들은 이 소식을 듣고 매우 좋아하였다. 그들은 적대국인 유대가 완전히 파괴되어 국민이 모두 죽고 대항할 자가 전혀 남아 있지 않은 것처럼 사기가 올랐다. 이에 그들은 지진이 발생한 후 화친을 청하러 온 유대 사신들을 잡아 죽인 후 신속하게 군대를 이끌고 유대를 공격해 왔다. 유대인들은 잇달아 다가오는 재난에 낙심하여 대항할 생각조차 하지 못했다. 그들은 자기들의 힘으로도 적과 대항할 능력이 없는 데다가 집안 사정으로 인해 어디에서도 지원을 받을 처지가 못 되자 모든 희망을 버리고 자포자기의 상태에 들어갔다. 사태가 이 지경에 이르자 헤롯왕은 낙심하고 있는 군대 지휘관들을 말로 설득하는 한편, 사기를 북돋워 주기 위해 애를 썼다. 그는 먼저 그중 나은 사람들을 격려하고 고무한 다음에 백성들을 모아 놓고 설득을 시도했다. 헤롯은 백성들이 계속되는 재난으로 인해 폭동이라도 일으킬까 봐 그전에는 이런 일을 피하려고 했으나 이제는 상황이 다급해져 어쩔 수가 없었다. 이에 헤롯은 다음과 같이 병사들을 위로하고 고무하는 말을 했다.

3. "나의 동료 병사 여러분! 우리 모두는 불과 얼마 전에 우리를 꼼짝없이 주저앉게 만드는 불행한 사건들을 경험했습니다. 이런 상황에서는 용기가 남다른 자들도 어쩔 도리가 없음을 모두 잘 알고 있습니다. 그러나 우리는 지금 싸움을 피할 수 없는 절박한 상황에 처해 있습니다. 게다가 우리가 지금까지 당한 불상사 가운데서 우리의 힘으로 극복하지 않아도 호전될 가능성이 있는 불

---

[5] 여기서 헤롯의 재위 제7년이라는 연대는 요세푸스의 기록에서 언급되는 헤롯의 다른 재위 연도와 마찬가지로 안티고누스(Antigonus)의 죽음을 기점으로 계산한 것이지 그보다 3년 전 로마에서 유대 왕국을 처음 얻었을 때를 기점으로 계산한 것이 아님을 주목할 필요가 있다.

상사는 없었습니다. 지금 우리는 용기가 아니고서는 결코 헤쳐 나올 수 없는 재난 속에 갇혀 있습니다. 따라서 나는 이 시간 여러분에게 용기를 북돋워 주는 한편 난국을 헤쳐 나갈 방안을 제시하고자 하는 바입니다. 한마디로 우리가 어떻게 용기를 잃지 않을 수 있는가에 대해 말을 하고자 합니다. 첫째로, 나는 여러분에게 이 전쟁은 우리 편에서 볼 때 정당한 전쟁임을 밝히고 싶습니다. 이 전쟁은 우리의 적의 불의에서 기인한 전쟁이기에 우리는 정정당당한 것이며 따라서 이 전쟁은 피치 못할 전쟁인 것입니다. 여러분이 만일 이에 수긍한다면 지금이라도 당장 적을 향해 박차고 일어서야 할 것입니다. 더욱이 나는 여러분에게 우리가 당한 재난이 별것 아니며 승리를 소망할 수 있는 충분한 근거가 있음을 밝히고 싶습니다. 먼저 나는 여러분을 내가 앞으로 할 말의 증인으로 택하고 싶습니다. 여러분들은 아라비아인들의 사악함에 대해 누구보다도 잘 알고 있을 것입니다. 그들의 죄악은 보지 않은 사람은 도저히 믿으려고도 하지 않을 정도로 극에 달해 있으며 하나님에 대한 무지와 야만성은 타의 추종을 불허할 정도라는 것은 나보다 여러분이 더 잘 알고 있을 것입니다. 그들이 우리를 모욕하고 미워하는 것은 시기와 탐욕 때문입니다. 게다가 그들은 비겁하게도 속임수를 잘 쓰며 습격하기를 좋아합니다. 내가 왜 그들의 죄를 실례를 들어가면서 언급하는지 압니까? 그들이 자치권을 잃고 클레오파트라의 속국으로 전락할 위기에 그들을 자유 국가가 되게 해준 사람이 우리 외에 누가 있습니까? 내가 안토니우스와 맺은 특별한 교분이 없었다면 어찌 될 법이나 한 일입니까? 아라비아인들이 잘못을 저질렀을 때 위기를 벗어날 수 있었던 것은 안토니우스가 우리를 생각했기 때문이었습니다. 안토니우스는 우리에게 조금도 해를 끼치려고 하지 않았습니다. 그러나 사정상 클레오파트라에게 유대와 아라비아의 일부 지역을 주려고 했을 때 사비(私費)를 털어 예물을 바쳐 양국의 안전을 기하게 만든 것은 바로 나였습니다. 나는 게다가 아라비아에서 나올 세금의 담보로 안토니우스에게 200달란트를 주어 아라비아인들의 이익을 도모해 주었으나 그들은 우리를 속이고 세금을 내지 않았습니다. 유대인인 우리가 인세(人稅)나 지세(地稅)로 세금을 무는 것도 부당한데, 하물며 우리가 은혜를 베푼 아라비아인들을 대신해서 세금을 문다는 것이 어찌 말이나 될 법한 일입니까? (진실과 성심으로) 우리 때문에 국권을 지키게 되어 고맙다고 인사해야 할 자들이 오히려 우리를 해하고 우리가 마땅히 차지할 권리마저 박탈해 가다니 어찌 그럴 수가 있습니까? 그것도 지금까지 우호 관계를 유지해 온 우방을 말입니다. 철천지원수 간에도 약속을 지키는 일이 있고 우방 사이에서는 신뢰를 지키는 것이 절대적인 법칙으로 되어 있는 상황에서 이 자들만은 약속을 지키지 않고 헌신짝처럼 내동댕이쳤습니다. 그들은 어떠한 수단이든지 간에 이익을 볼 수만 있으면 그것을 목적으로 삼고 수지타산만 맞으면 불의도 문제 삼지 않았습니다. 여기서 나는 여러분께 한 가지 질문을 하고 싶습니다. 하나님은 불의는 벌을 받아야 마땅하다고 선언하셨습니다. 세상 여러 나라 간의 전쟁에서 정당화되고 필요악처럼 인정되어 있는 불의와 해악을 미워하라고 명령하고 계시는 이 마당에, 불의가 벌을 받아야 마땅한지 그렇지 않은지 대답해 주시기 바랍니다. 이 아라비아인들은 헬라인들이나 야만인들이 공히 최대의 죄악이라고 선언한 바 있는 죄악을 우리가 보낸 사신들에게 저질렀습니다. 헬라인들이 사신들은 거룩하고 침범할 수 없는[6] 존재로 인정해야 한다고 선포한 데 반하여 그들은 우리의 사신들을 참수시키는 악랄한 행위를 서슴지 않았습니다. 우리의 경우를 살펴봅시다. 우리는 천사들이나 혹은 사신들을 통해서 가장 뛰어난 우리의 교리와 가장 거룩한 율법을 하나님께 배워 왔습니다. 사신들은 하나님의 뜻을 인간들에게 알리고 적대적인 인간관계를 융화시키는 임무를 맡은 자들을 가리키는 대명사가 아닙니까? 그러므로 의를 실현하려고 애쓰는 사신들을 살해하는 죄보다 더 무서운 죄악이 세상에 어디 있겠습니까? 아라비아인들의 죄악이 이에 이르렀다면 어찌 그들이 일상적인 평온한 삶을 누릴 수 있으며 전쟁에서 승리할 수 있겠습니까? 내 생각으로는 그것이 결코 불가능하리라고 봅니다. 그러나 혹시 이렇게 말하고 싶은 분이 있을 것입니다. 거룩함과 의가 우리의 편이라고 하더라도 아라비아인들이 우리보다 용감할 뿐 아니라 수적으로도 우세하지 않습니까? 이에 대해 나는 이렇게 답변하고 싶습니다. 우

---

6) 헤롯은 여기서 사신들이 남에게 전갈을 전할 때 성스러운 존재로 여겨졌던 것처럼, 유대 율법도 천사들(혹은 하나님의 사신들)에 의해 하나님으로부터 인간에게 전달되었기 때문에 성스러운 권위를 갖게 되었다는 점을 밝히려고 했다. 바울 사도도 이 점에서는 마찬가지였다(갈 3:19; 히 2:2).

리는 그렇게 말해서는 안 됩니다. 의(義)가 우리와 함께 있고, 하나님이 우리와 함께하시기 때문입니다. 하나님이 함께하시면 어찌 수와 용기가 문제가 되겠습니까? 그러나 여기서 조금만 우리 자신에 대해서 살펴봅시다. 우리는 첫 번째 전투에서는 승리를 거두었습니다. 따라서 우리가 다시 한번 더 싸운다면 적은 우리의 용기와 공격을 견뎌내지 못하고 도주하고 말 것입니다. 우리에게 지고 있다가 선전 포고도 없이 아테니온이 우리를 공격한 틈을 타서 전세를 만회한 것이 사실 아닙니까? 어찌 이를 그들의 용기라 하겠습니까? 사악과 속임수에 능하다는 사실을 보여준 두 번째 실례가 아니고 무엇입니까? 이로 판단해 보건대, 우리가 마땅히 소망을 가져야 함에도 불구하고 오히려 용기를 잃고 있음은 어찌 된 일입니까? 대등한 위치에서 싸울 때 한 번도 우리를 이겨본 적이 없으며 단지 속임수로 우리를 이긴 그들을 무서워하고 떨고 있으니 도대체 어찌 된 영문입니까? 그들이 진정 용기 있는 자들이라고 생각한다면 어째서 내가 한번 도전해 보아야겠다고 나서지 못합니까? 진정한 용기는 약자를 짓누르는 데 있는 것이 아니라 강자에게 도전하여 승리하는 데서 나타나는 것이 아닙니까? 지금 우리가 경험한 전쟁의 패배와 지진의 재난으로 인해 낙심한 분이 있습니까? 그런 분은 먼저 이렇게 생각해 봅시다. 아라비아인들이 우리가 당한 패배와 지진의 재난을 실제보다 크게 생각하고 우리를 얕잡아 본다면 우리에게 승산이 있지 않겠습니까? 더욱이 적은 이런 일로 용기를 얻는 데 반해 같은 일로 우리가 낙심에 빠진다는 것은 있을 수가 없습니다. 여러분도 잘 알다시피 적들은 자기들의 무슨 우세한 점이 있어서가 아니라 우리가 불행한 재난으로 낙담해 있을 것이라는 취약점을 이용해서 승리를 거두겠다고 이같이 일을 벌이고 있습니다. 그러나 우리가 정신을 차리고 과감하게 적과 맞서 싸운다면, 단숨에 그들의 거만한 코를 납작하게 만들 수 있을 것이며 앞으로도 함부로 거만하게 굴지 못하게 본을 보여줄 수 있을 것입니다. 우리가 당한 재난은 결코 심각한 것이 아니며, 어떤 이들의 생각대로 하나님의 진노의 결과도 아닙니다. 그런 재난들은 우연한 것이며 흔히 나타나는 자연 현상에 불과한 것입니다. 또한 이것이 하나님의 뜻이라고 인정한다 하더라도, 하나님이 이번 일로 만족하셨는지 그의 뜻을 알아보아야 할 필요가 있을 것입니다. 하나님이 계속해서 우리를 벌주길 원하신다면 쉽게 마음을 바꾸시지는 않을 것입니다. 우리가 적과 전쟁을 벌이는 가운데 하나님이 우리를 계속 벌하실 것인지 아니면 이 전쟁을 정당한 전쟁으로 인정하실 것인지를 스스로 나타내 보여주실 것입니다. 비록 지방에 사는 백성들이 일부 생명을 잃을는지 모르나, 무기를 손에 든 여러분은 아무런 해도 당하지 않을 것이며 모두 목숨을 보전할 것입니다. 처자들을 모두 동원해서 군대를 편성하고 싸웁시다. 그러면 어떤 해도 당하지 않을 것입니다. 그러나 그 무엇보다도 이 한 가지 점은 잊지 맙시다. 하나님이 항상 여러분의 보호자가 되신다는 사실입니다. 하나님은 우방의 약속을 헌신짝처럼 버리고 사신들을 살해한 비겁한 아라비아인들을 진정한 용기를 가진 자들을 통해 벌하실 것이라는 점을 결코 잊지 맙시다."

4. 유대인들은 헤롯의 이 말을 듣고 용기가 생겼으며 싸워야겠다는 생각이 전보다 더 들기 시작했다. 이에 헤롯은 율법에 규정된 제사를 드리고[7] 유대인들을 거느리고 속히 아라비아인들과 대항하기 위해 행군을 시작했다. 헤롯은 요단강을 건너 적 진영 근처에 진을 쳤다. 헤롯은 양 진영 가운데 있는 성을 빼앗는 길이 승리의 첩경이라고 생각했다. 만일의 경우 전쟁이 장기전으로 확대된다면 진영을 요새화할 필요가 있었기 때문이었다. 적도 마찬가지 의도를 갖고 있었기 때문에 성을 장악하기 위한 쟁탈전이 벌어졌다. 처음에는 작은 전투가 있었으나 점차 치열한 접전이 벌어져 양편이 모두 희생자를 내었다. 그러나 전쟁은 아라비아인들이 패하고 도주하는 결과로 끝났다. 이것은 유대인들에게는 매우 고무적인 일이었다. 헤롯은 적들이 전의를 상실한 것을 보고 적 진영에 접근하여 적을 공격하기 위해 토성을 공격하기 시작했다. 적들은 참호에서 쫓겨 나가면서 승전의 희망을 잃고 우왕좌왕하였다. 그러나 적들은 수적으로 유대인보다 우세했으며 용감하게 대항하지 않으면 안 되는 지경에 몰렸

---

7) 헤롯의 이런 경건한 모습이 요세푸스의 기록에서는 이곳에 단 한 번 언급되기 때문에 주목할 필요가 있다. 헤롯이 이런 모습을 보인 때는 큰 역경에 처해 있을 때인 점을 놓치지 말아야 한다. 사실상 고난의 때에 인간은 가장 종교적이 되기 때문이다. 결국 헤롯의 희망은 좌절되지 않았고 곧 아라비아인들을 무찌르고 혁혁한 승리를 거둘 수 있었다. 전에 대승을 거두었던 아라비아인들은 이번에는 어찌 된 일인지 겁이 나서 대항할 엄두도 내지 못했다.

기 때문에 이를 악물고 대항하였다. 따라서 치열한 전투가 벌어졌으며 양편의 희생자가 적지 않았다. 그러나 결국은 유대인의 승리로 끝났다. 아라비아인들은 도망치다가 무수히 죽음을 당했다. 그들은 유대인의 추격에 걸려 목숨을 잃었을 뿐 아니라 워낙 많은 무리가 무질서하게 도망치다가 서로 밟혀 죽기도 하였고 자기들의 창칼에 찔려 목숨을 잃기도 하였다. 이에 그 장소에서만 무려 5,000명이 전사했다. 한편 나머지 적들은 (목숨을 부지하기 위해) 토성 안으로 숨어 들어갔으나 생필품, 그중에서도 특히 물이 모자랐기 때문에 살아날 소망은 별로 없었다. 유대인들은 적의 뒤를 추격했으나 토성 안으로 들어갈 수는 없었다. 따라서 토성을 에워싸고 물자가 안으로 공급되는 것을 중단하였으며 단 한 명이라도 도망치지 못하도록 했다.

5. 아라비아인들은 이런 곤란한 지경에 처하게 되자 처음에는 사신을 헤롯에게 보내 화친을 요청했으나 물이 없어 갈증이 극에 달하자 시키는 것은 무엇이든지 할 테니 제발 곤경에서 구해 달라고 애걸해 왔다. 그러나 헤롯은 그들의 불의한 행동에 철저히 복수를 가하고 싶었기 때문에 사신들도, 속전(贖錢)도, 그 밖의 어떤 제안도 받아들이지 않았다. 이에 적들은 다른 동기도 있었겠지만 특별히 갈증을 견디다 못해 제 발로 걸어 나와 항복을 하고 포로가 되기를 자청했다. 5일 동안에 항복하여 포로가 된 자는 4,000명에 달했다. 그러나 나머지 적들은 불명예스럽게 그것도 서서히 죽어가기보다는 죽을 수밖에 다른 도리가 없다면 차라리 전사하는 길을 택하겠다고 유대인을 습격할 결심을 했다. 적들은 이같이 결심하고 토성에서 나와 싸우려고 했으나 몸과 정신이 너무 지쳐 싸울 기력을 낼 수가 없었다. 도저히 몸이 말을 듣지 않았다. 이에 그들은 차라리 사는 것이 불행이고 죽음이 행복이라고 생각했다. 결국 그들은 첫 번째 습격에서 7,000명이 쓰러졌다. 그들은 앞서 보였던 용기를 모두 잃었고, 불행을 딛고 일어선 헤롯의 용기에 놀라움을 표했다. 적들은 결국 미래를 생각하고 항복한 후 헤롯을 그들 나라의 지배자로 삼았다. 이에 헤롯은 때맞춰 승리한 것을 기뻐했으며 남다른 용기로 혁혁한 전공을 세우고 아라비아의 권력을 한 손에 장악한 후 유대로 돌아왔다.

제6장

헤롯이 히르카누스를 살해한 후 서둘러 카이사르에게 달려가서
그에게서 다시 유대 왕국의 지배권을 인정받게 된 경위,
그리고 그로부터 얼마 후
카이사르를 가장 정중하게 접대하게 된 경위

1. 헤롯은 다른 면에서도 번영을 누리게 되었고 그 누구도 쉽게 그를 무너뜨릴 수 없게 되었다. 그러나 안토니우스(Antony)가 카이사르(Cæsar, 옥타비아누스[Octavian])에 의해 악티움(Actium) 전투에서 패배한 후 헤롯에게도 그의 전 통치 기반을 흔들어 놓을지 모를 큰 위험이 닥쳐오게 되었다. 헤롯이 안토니우스와 우호 관계를 맺고 있었기 때문에 분명히 카이사르에게 벌을 받을 것이라고 생각하고 헤롯의 적은 물론 친구들까지도 헤롯을 멀리하려고 했기 때문이었다. 친구들까지도 멀리하려고 했으므로 헤롯은 도망할 길마저 막혀 버렸으며, 헤롯의 적들은 겉으로는 그에게 동정하고 걱정하는 척했으나 내심으로는 자기들에게 유리하게 상황이 호전될 것이라고 생각하고 매우 좋아하였다. 한편 헤롯은 히르카누스(Hyrcanus)를 제외하고는 왕의 재목감이 없는 것을 보고 그를 제거하는 것이 자기에게 유리할 것이라고 생각하기에 이르렀다. 자신이 이번 위험에서 벗어나 살아남는다면, 자신보다 왕위에 오를 조건을 더 구비한 자를 제거하여 자신의 왕권에 도전하지 못하도록 하는 것이 후일을 기약하는 것이라고 생각했기 때문이었다. 만일의 경우 카이사르에게 죽음을 당한다고 하더라도 히르카누스가 자신의 뒤를 이어 왕위에 오르는 꼴은 도저히 볼 수 없었기 때문이었다.

2. 헤롯이 이런 결심을 굳히고 있을 때 좋은 기회가 왔다. 히르카누스는 그때뿐 아니라 언제나 조용한 성품의 소유자였기 때문에 국사(國事)에 관여한다거나 변혁을 꾀하려고 하기보다는 모든 것을 운수에 맡기고 주어진 여건에 항

상 만족하며 사는 인물이었다. 그러나 (그의 딸) 알렉산드라(Alexandra)는 분쟁을 좋아하며 정권의 변화를 오래전부터 몹시 갈망해 오고 있던 차라 상황이 달라지자 아버지인 히르카누스에게 이같이 말했다. "헤롯이 우리 가족을 학대하는 것을 언제까지 두고 보실 작정이에요? 우리에게도 잘만 하면 미래에 희망이 있어요. 아라비아의 총독인 말쿠스(Malchus)에게 서신을 보내 우리를 받아 주고 (헤롯에게서) 보호해 달라고 요청하세요. 우리가 무사히 이곳을 빠져나갈 수만 있다면, 카이사르가 헤롯을 미워하기 때문에 헤롯이 실각할지도 모르는 일이고 그렇게 된다면 우리 말고 누가 유대 왕국을 이어받겠어요? 우리는 왕족의 후손이며 백성들이 우리에게 호의를 가지고 있기 때문에 틀림없이 왕좌는 우리의 차지가 될 거예요." 알렉산드라가 이같이 설득 작전을 폈으나 히르카누스는 좀처럼 귀를 기울이려고 하지 않았다. 그러나 알렉산드라 또한 보통 여자가 아니었다. 게다가 그녀는 분쟁을 좋아하는 여인이었다. 그녀는 낮이고 밤이고 쉬지 않고 이 같은 말로 히르카누스를 설득했다. 또한 헤롯의 음모가 있으므로 먼저 손을 쓰는 것이 중요하다고 집요하게 물고 늘어졌다. 결국 히르카누스는 딸의 집요한 설득에 넘어가 아라비아 총독에게 보내는 서신을 친구인 도시테우스(Dositheus)에게 주어 전달하게 했다. 그는 이 서신에 자신의 결심을 적고 일단의 기병을 보내 자신을 예루살렘에서 300펄롱 떨어진 아스팔티테스(Asphaltites) 호수까지 길 안내를 해달라고 아라비아 총독에게 요청했다. 히르카누스가 이 서신을 도시테우스에게 맡긴 것은 그만한 이유가 있었다. 도시테우스는 히르카누스와 알렉산드라의 충복이었으며 헤롯에게는 적지 않은 적대감을 품고 있었기 때문이었다. 도시테우스는 헤롯이 살해한 요셉(Joseph)과는 친족지간이며, 전에 안토니우스가 두로에서 그의 형제를 살해한 일이 있었기 때문에 헤롯과는 견원지간이었다. 그러나 이런 동기들이 이번 일에 히르카누스를 섬기도록 할 만큼 충분한 효력을 발휘하지는 못했다. 그는 히르카누스와 알렉산드라에게서보다는 헤롯에게 얻을 것이 더 많다고 생각하고 이 서신을 헤롯에게 갖다 바쳤다. 그러자 헤롯은 그의 호의를 선의로 받아들이고 난 후 서신을 다시 말아 준 다음 말쿠스에게 갖다주고 답신을 받아 오라고 지시했다. 말쿠스의 의도도 알 수만 있다면 금상첨화였기 때문이었다. 도시테우스는 헤롯의 명령대로 서신을 말쿠스에게 전달했다. 그러자 말쿠스는 아래와 같은 답신을 써 주었다. "나는 그대를 반갑게 환영하오. 그대뿐 아니라 그대의 측근들과 그대를 지지하는 모든 유대인을 환영하오. 나는 그대를 안전하게 호위할 충분한 병력과 그대가 원하는 것은 무엇이든지 공급해 주도록 하겠소." 헤롯은 이 답신을 보자마자 즉시 히르카누스를 잡아들인 연후에 말쿠스와 동맹을 맺은 일이 없느냐고 문초했다. 히르카누스가 없다고 부인하자 헤롯은 그 서신을 산헤드린에 보여준 후 히르카누스를 즉시 처형했다.

3. 내가 지금까지 독자들에게 기술한 이 역사는 헤롯왕의 실록에 나온 것을 그대로 전한 것이다. 그러나 이와는 달리 기술하는 역사가들도 몇 명 있다. 그들에 따르면 헤롯이 히르카누스의 잘못을 발견할 수 없자 누명을 씌워 히르카누스를 살해했다는 것이다. 그들의 말을 들어 보면 다음과 같다. 언젠가 한번은 헤롯과 히르카누스가 함께 잔치에 참석한 적이 있었다. 헤롯은 히르카누스에게 조금도 싫은 눈치를 보이지 않고 "말쿠스에게서 서신을 받은 적이 있소?"라고 질문을 던졌다. 그러자 히르카누스는 편지를 받은 적이 있으나 모두 안부 편지일 뿐이라고 대답했다. 헤롯은 "그러면 말쿠스에게 예물을 받은 적도 있겠군?"이라고 다그치듯 재차 물었다. 이에 히르카누스가 말 네 마리 외에 별다른 예물은 없었다고 대답했다. 이에 헤롯이 히르카누스가 뇌물을 받은 것과 반역죄를 지은 것이 분명하므로 끌어내어 처형하라고 명령했다는 것이다. 그 역사가들은 히르카누스가 최후를 맞이했을 때 아무런 죄가 없었다는 것을 보여주기 위해 그의 성품이 원래 온유했음을 힘주어 강조하였다. 그는 젊었을 때부터 대담하거나 저돌적인 데가 전혀 없었으며 왕이 되어서도 마찬가지여서 정무(政務)의 대부분조차도 안티파테르(Antipater)에게 맡겼다. 그는 이미 80세가 넘었고 헤롯의 정권의 기반이 튼튼한 것을 알고 있었다. 또한 헤롯의 손 아래 있을 것을 알면서도 그를 극진히 존경하는 자들을 남겨 두고 유브라데강을 넘어왔다. 그런 그가 그의 성격에 전혀 맞지 않게 급격한 변화를 꾀하는 어떤 일을 시도했다는 것은 믿기 어려운 일이다. 그러므로 사실상 이 모든 것은 헤롯 자신이 만들어 낸 각본이었다는 것이다.

4. 히르카누스의 종말은 이와 같았다. 그는 파란만장한 우여곡절 끝에 이토록 비참한 최후를 맞이했다. 9년 동안 왕국을 지배했던 모친 알렉산드라의 집권 초기에 그는 유대국의 대제사장으로 임명되었으며 모친 사망 후 왕위에 올라 3개월간 나라를 다스렸으나, 동생인 아리스토불루스에 의해 왕권을 상실했었다. 그 후 그는 폼페이우스(Pompey)에 의해 복직되어 온갖 총애를 받으며 40년간 평안을 누렸었다. 그러나 다시 안티고누스에게 밀려나 귀를 잘리고 바대인들의 포로 신세가 되었다. 그로부터 얼마 후 그는 헤롯에게 일말의 기대를 걸고 고국으로 귀환해 왔으나 모든 것이 뜻대로 되지 않았다. 한마디로 그는 온 인생을 불행 속에 보낸 사람이었다. 그러나 이 모든 불행 중에서 가장 큰 불행은, 우리가 앞서 살펴보았듯이 억울한 누명을 쓰고 처형을 당한 것이었다. 그는 온유하고 부드러운 성품의 소유자였으며 제반 일을 밑의 사람에게 맡기는 그런 인물이었다. 그는 정무(政務)에 간섭하는 것을 싫어하였으며, 또 왕국을 다스릴 만한 능력도 없는 사람이었다. 사실 안티파테르와 헤롯이 크게 성장할 수 있었던 것은 히르카누스가 온유했기 때문이었다. 그럼에도 불구하고 그는 그들에게서 의나 경건과는 정면으로 상치되는 배반을 맛보고 비참한 종말을 맞게 된 것이었다.

5. 한편 헤롯은 히르카누스를 제거하자마자 카이사르(Cæsar)에게로 서둘러 나아갔다. 안토니우스와 우호 관계를 맺었던 터였기에 헤롯은 카이사르에게서 조금도 호의를 기대할 수가 없었다. 헤롯은 혹시 이 틈을 타서 알렉산드라가 유대인의 반역을 선동하고 나서지 않을까 적지 않게 걱정이 되었다. 따라서 헤롯은 뒤의 모든 문제를 동생인 페로라스(Pheroras)에게 맡기는 한편 모친인 키프로스(Cypros)와 누이인 살로메(Salome)와 전 가족을 마사다 요새의 안전한 곳으로 피신시키라고 페로라스에게 이같이 당부했다. "내게 무슨 불상사가 생기거든 네가 통치권을 장악하도록 해라. 내 아내인 마리암네(Mariamne)는 시누이와 시어머니와 사이가 좋지 않고 감정적인 대립이 있으므로 함께 살기가 힘들 것이다. 그러므로 내 아내를 장모인 알렉산드라와 함께 알렉산드리움(Alexandrium)에 거하도록 네가 신경을 써라. 그리고 내 재무관인 요셉(Joseph)

과 이두래의 소헤무스(Sohemus of Iturea)를 알렉산드리움에 배치해 그 요새를 잘 돌보도록 해라. 이 두 사람은 처음부터 내게 충성을 다 바치던 자들이므로 이 두 여인을 잘 보살펴 줄 것이다." 또한 헤롯은 이 두 사람에게 "내가 카이사르에게 무슨 일을 당했다는 소식이 들리면 그 즉시 이 두 여자를 살해하여 왕국이 나의 아들들과 동생인 페로라스의 손에서 떠나지 않도록 최선을 다하라."라고 신신당부하였다.

6. 헤롯은 이같이 당부한 후 카이사르를 만나기 위해 신속하게 로도(Rhodes, 로도스)로 갔다. 헤롯은 배를 타고 항해하여 로도에 도착한 후 왕관은 벗었으나 왕의 위엄을 나타내는 평상시의 왕복은 그대로 착용했다. 헤롯은 카이사르를 만나자마자 드릴 말씀이 있다고 요청한 후, 범인과는 다른 비범한 데가 있음을 엿볼 수 있는 모습을 보여주었다. 그는 보통 그런 처지에 처한 사람들처럼 간청하지도 않았으며, 무슨 큰 잘못을 저지른 자처럼 애걸하지도 않았다. 그러나 그렇다고 해서 교만하게 보이지는 않게 하면서 지나온 일들을 아래와 같이 대담하게 말했다. "사실상 저는 안토니우스와 깊은 우호 관계를 맺고 있었으며, 정권을 장악하기 위해서는 온갖 수단과 방법을 가리지 않았습니다. 아라비아인들을 정벌하는 문제 때문에 안토니우스와 함께 전쟁에 직접 참여하지는 않았으나 돈과 곡식은 보냈습니다. 물론 제가 안토니우스에게서 입은 은혜에 비하면 보잘것없었습니다. 친구 사이라고 고백을 하고 특히 큰 은혜를 입었다면, 그를 위해서 갖고 있는 재물은 물론 몸과 영혼까지도 다 바쳐 위험을 무릅쓰고 은혜에 보답하는 것이 당연한 것이 아닙니까? 그런 점에서 볼 때 사실 저는 부족한 것이 많습니다. 그러나 지금까지는 제가 그래도 할 도리는 다했습니다. 저는 악티움 전투에서 안토니우스를 저버리지 않았습니다. 저는 안토니우스가 몰락할 것을 분명히 알면서도 다른 이에게 눈을 돌리지 않았습니다. 저는 비록 안토니우스에게 귀중한 동료 병사는 못 되었더라도 충실한 상담역 노릇은 해왔습니다. 저는 안토니우스에게 목숨을 구하고 모든 권력을 다 잃지 않을 수 있는 유일한 길은 클레오파트라를 살해하는 것이라고 조언했습니다. 클레오파트라가 죽으면 안토니우스와 카이사르 사이에 적대감이 사라지고 화해

하게 될 것이며 그렇게 되면 권력을 유지할 수 있는 길도 트일 것이라고 직언을 했습니다. 그러나 그는 저의 충고는 귀담아듣지 않고 자신의 성급한 생각대로 일을 처리했습니다. 그 결과 그는 불리하게 되었고 카이사르께서는 유리하게 되신 것입니다. 그러므로 카이사르께서 안토니우스에 대한 분노의 감정으로 저의 행동을 보신다면 저는 제가 지금까지 한 행동에 대해 조금도 부인하고 싶은 생각이 없습니다. 또 안토니우스에게 최선을 다했다는 사실이 조금도 부끄럽지 않으며, 오히려 그렇게 했다고 공적으로 선언하고 싶은 마음도 있습니다. 그러나 카이사르께서 단지 제가 은인에게 어떻게 보답했으며 또 제가 어떤 인물인가만을 따져 보신다면, 제가 앞으로 카이사르께도 충성을 보일 인물이라는 것을 체험으로 깨닫게 되실 것입니다. 사실상 저의 충성의 대상의 이름만 바뀐 것이 아닙니까? 제가 카이사르께 보일 충성은 카이사르께 결코 실망을 안겨 드리지 않을 것입니다."

7. 카이사르는 헤롯의 말과 행동을 보고 그의 솔직함에 마음이 끌렸다. 카이사르는 아량이 넓은 데다가 워낙 통이 큰 사람이기 때문에 자신에게 해가 될 수 있었던 사람에게 오히려 호의를 베풀었다. 이에 카이사르는 헤롯에게 왕관을 되돌려주면서 안토니우스에게 충성과 존경을 바쳤던 것처럼 자기에게도 그렇게 하라고 격려를 아끼지 않았다. 더욱이 카이사르는, 검객들의 문제가 생겼을 때 헤롯이 적극적으로 자신을 도왔다는 퀸투스 디디우스(Quintus Didius)의 서신을 보관하고 있다가 헤롯에게 주었다. 이렇게 해서 헤롯은 기대 밖으로 융숭한 대접을 받았으며 왕위를 전보다 더 확고하게 장악할 수 있었다. 로마 원로원의 법령에다가 카이사르의 허락까지 받았으니 그야말로 금상첨화였다. 게다가 안전을 지켜 주겠다는 카이사르의 확약까지 받았으므로 헤롯의 통치 기반은 반석 위에 서게 된 것이다. 헤롯은 카이사르가 애굽으로 가는 길을 안내하였으며, 힘에 지나도록 카이사르는 물론 측근들에게까지 예물을 주었다. 헤롯은 배짱이 크게 행동했다. 헤롯은 안토니우스의 친구였던 알렉산드로스(Alexander)라는 인물을 살려 줄 것을 간청하였으나, 카이사르는 그의 간청을 들어주지 않았다. 카이사르가 그를 죽이겠다고 맹세한 바가 있었기 때문

이었다. 헤롯은 그전보다 더 확고한 지지 약속과 영예를 획득하고 금의환향했다. 그토록 큰 위험에서 하나님의 은총에 힘입어 오히려 전보다 더 큰 영광을 안고 돌아오는 헤롯을 보고 그 반대를 은근히 기대하고 있던 자들은 대경실색하게 되었다. 헤롯은 카이사르가 수리아를 떠나 애굽을 정벌하러 올 것을 대비하여 그를 마중할 채비를 갖추었다. 카이사르가 오자 헤롯은 프톨레마이스 (Ptolemais)에서 온갖 왕의 위엄으로 그를 영접했다. 헤롯은 또한 병사들에게도 예물을 주었으며 물자를 충분하게 공급해 주었다. 헤롯은 카이사르의 가장 가까운 우방임을 입증하기 위해 부대를 질서 정연하게 정돈시킨 후 카이사르와 함께 나란히 말을 달렸으며, 카이사르와 그의 측근들을 최고로 잘 대접하기 위해 모든 면에서 뒤질 것이 없는 사람 150명을 동원시켰다. 헤롯은 또한 메마른 사막을 건널 때 필요한 것들을 공급해 주었다. 사막에서는 물이 제일 필요하기 때문에 포도주와 물도 부족하지 않게 조달해 주었다. 그뿐 아니라 헤롯은 카이사르에게 800달란트를 주었다. 이로 인해 그는 모든 이들의 환심을 살 수 있었다. 그것은 유대 왕국 전체가 도울 수 있는 것보다 훨씬 많은 도움을 헤롯 혼자서 감당해 냈기 때문이었다. 이렇게 해서 헤롯은 카이사르에게 충성을 보이겠다는 자신의 확고한 결심을 굳게 심어 줄 수 있었다. 더욱이 헤롯의 원조는 시기적절한 것이었기 때문에 카이사르에게 최대의 효과를 나타낼 수가 있었다. 이들이 애굽에서 되돌아 나올 때 헤롯은 전에 못지않은 많은 도움을 그들에게 베풀어 줌으로써 효과를 극대화하였다.

제7장

헤롯이 처음에는 소헤무스와 마리암네를,
그다음에는 알렉산드라와 코스토바루스를,
그리고 다음에는 그의 가장 친한 친구들을,
그리고 마지막으로 바바스의 아들들까지 살해하게 된 경위

1. 그러나 헤롯이 유대 왕국으로 되돌아오니 집안은 그야말로 엉망이었고 아내인 마리암네와 장모인 알렉산드라는 불만에 가득 차 있었다. (누구나 쉽게 그런 식으로 생각할 수 있듯이) 마리암네와 알렉산드라는 신변의 안전을 위해서 알렉산드리움 요새에 자기들을 거하게 한 것이 아니라, 죄수처럼 가두어 두고 심지어는 자기들이 관련된 문제까지도 손을 대지 못하게 하기 위해서 그렇게 한 것이라고 나름대로 생각하고 몹시 큰 불만에 사로잡혀 있었던 것이다. 더욱이 마리암네는 자기를 향한 헤롯의 사랑은 진실한 사랑이 아니라 (자신의 이익만을 구하는) 위선적인 거짓 사랑이라고 생각하고 거들떠보지도 않았다. 마리암네는 또한 헤롯에게 무슨 일이 생기지 않고는 자신이 살아날 희망이 조금도 없다고 생각했다. 그녀는 전에 헤롯이 요셉에게 내렸던 살인 지령을 기억해 내고 자신을 지키는 자들의 환심을 사려고 애를 썼다. 그녀는 소헤무스(Sohemus)가 모든 열쇠를 쥐고 있는 것을 알아차리고 그를 특별히 대접해 주었다. 소헤무스는 처음에는 헤롯의 명령에 충실하여 조금도 비밀을 입 밖에 내지 않았다. 그러나 마리암네가 친절한 말과 귀한 예물로 마침내 그를 자기편으로 만들고 말았다. 소헤무스는 차츰 그녀에게로 넘어가기 시작하더니 마침내는 왕의 명령을 소상하게 일러 주기에 이르렀다. 소헤무스는 헤롯이 왕위를 부지하기가 힘들 것이라고 생각했다. 따라서 비밀을 누설한다 해서 헤롯에게 벌을 받는 일은 생기지 않을 것이라고 나름대로 추측했다. 게다가 마리암네의 환심을 사게 되면 후에 큰 보상을 받게 될 것이라는 은근한 기대를 갖고 있었다. 헤롯이 밀려나고 새로운 통치 구조가 들어선다면 알렉산드라와 마리암네가 직접 권력을 장악하든지,

아니면 적어도 최고 통치자의 측근이 될 것은 너무나도 분명했기 때문이었다. 더구나, 비록 헤롯이 실각하지 않고 무사히 귀환한다 하더라도 아내인 마리암네가 요구하는 것은 무엇이든지 들어줄 것이기 때문에 소헤무스는 한 가닥의 희망을 더 걸 수가 있었다. 헤롯왕이 마리암네를 극진히 사랑한다는 사실을 모르는 자는 아무도 없었기 때문이었다. 이런 여러 가지 동기에서 소헤무스는 헤롯왕의 비밀 지령을 마리암네에게 폭로하게 되었다. 마리암네는 이를 듣고 매우 기분이 언짢았으며 헤롯 밑에 있다가는 언제 죽을지 모르겠다고 탄식했다. 이에 그녀는 더 이상 헤롯과는 함께 살 수 없을 것 같아 헤롯이 (카이사르의) 눈 밖에 나기를 은근히 빌었다. 마침내 그녀는 이런 감정을 숨기지 않고 드러내기까지 하였다.

2. 한편 헤롯은 기대하지 않았던 뜻밖의 성공을 거두고 즐거운 마음으로 배를 타고 귀국길에 올랐다. 그는 당연한 처사지만 귀국하자마자 제일 먼저 아내를 찾았다. 헤롯은 아내를 몹시 사랑했고 둘 사이는 누구보다도 친밀한 사이였으므로 다른 사람들은 제쳐놓고 아내에게만 기쁜 소식을 들려주었다. 그런데 마리암네는 그 소식을 듣자마자 기뻐하기는커녕 도리어 슬퍼하는 안색이었다. 마리암네는 감정을 속일 수가 없었다. 왕비라는 체면도 있고, 또 명문 귀족 태생이었기에 왕의 문안에 답변은 했으나 깊은 감정은 속이지 못하고 헤롯의 성공 소식이 기쁘기보다는 오히려 괴롭다고 분명하게 실토하였다. 아내의 말에서 의혹의 정도가 아니라 명백한 불만의 표시를 듣게 된 헤롯은 정신을 차릴 수가 없었다. 아내가 자기를 향한 미움을, 그것도 숨기지 않고 노골적으로 드러내게 되자 헤롯은 괴로워 견딜 수 없었다. 헤롯은 아내를 사랑했기 때문에 큰 충격을 받아 온전한 정신을 차리지 못했다. 따라서 어떤 때는 아내에게 화를 내기도 했고 어떤 때는 부드럽게 대하기도 했다. 헤롯의 감정은 안정 상태를 이루지 못하고 미움과 사랑의 양극을 계속해서 왔다 갔다 했다. 헤롯은 아내의 오만함을 벌주고 싶을 때가 한두 번이 아니었으나 너무나 뜨겁게 사랑했기 때문에 아내를 어떻게 할 수가 없었던 것이다. 한마디로 말해서, 아내를 벌주고 싶었으나 아내를 죽이면 자신도 동시에 천벌을 받을 것 같아 주저한 것이었다.

3. 한편 헤롯의 누이와 모친은 헤롯이 마리암네에 대해 이같이 주저하고 있는 모습을 보고 마리암네를 제거할 절호의 기회를 놓쳐서는 안 되겠다고 생각하여, 헤롯의 미움과 시기심을 동시에 자극할 수 있는 비난과 중상모략으로 헤롯의 분노를 자극하기 시작했다. 이들의 이야기를 귀담아듣기는 들었으나 헤롯은 아내를 어떻게 할 용기는 아직 없었다. 그러나 아내가 노골적으로 싫은 감정을 표시하는 데다가 누이와 모친이 양옆에서 계속 충동질을 하는 바람에 아내를 향한 헤롯의 감정은 점점 악화 일로를 걷게 되었다. 마리암네에 대한 헤롯의 사랑은 이제 분노로 바뀌게 되었다. 헤롯이 문제를 결정적으로 매듭지으려고 할 즈음에 카이사르가 전쟁에서 승리하고 애굽을 정복했으며, 안토니우스와 클레오파트라는 모두 죽었다는 소식이 왔다. 이에 헤롯은 가정의 문제는 잠시 그대로 두고 카이사르를 영접하기 위해 속히 떠나기로 했다. 헤롯이 떠나려고 하자 마리암네는 소헤무스에게 은혜를 입은 것이 많이 있으니 높은 자리를 그에게 하나 주었으면 좋겠다고 요청했다. 이에 헤롯은 소헤무스에게 영예로운 지위를 부여해 주었다. 헤롯이 애굽에 도착하자 카이사르는 우방 사이였으므로 헤롯을 극진히 환대해 주고 큰 은혜를 베풀어 주었다. 카이사르는 헤롯에게 클레오파트라의 경호 병사였던 갈라디아인(Galatians) 400명을 부하로 주었으며 클레오파트라가 그에게서 빼앗았던 땅을 되돌려주었다. 게다가 카이사르는 가다라(Gadara), 히포스(Hippos), 사마리아(Samaria)와 해변 도시들인 가사(Gaza), 안테돈(Anthedon), 욥바(Joppa), 스트라톤의 망대(Strato's Tower)를 헤롯에게 주었다.

4. 이렇게 새로운 땅을 얻게 됨으로써 헤롯의 세력은 막강하게 되었다. 이에 헤롯은 안디옥(Antioch)까지 카이사르를 수행한 후 귀국하였다. 귀국해 보니 외국의 영토가 병합되어 그의 세력이 커진 것만큼이나 가정의 불화도 커져 있었다. 물론 문제는 주로 아내 때문이었다. 전에는 무척이나 행복했던 그의 가정이 아니었던가! 사실상 헤롯의 아내에 대한 사랑은 역사에 이름을 남긴 어떤 사람보다 더 극진한 것이었다. 마리암네는 다른 점에 있어서는 정숙한 여인이었고 헤롯에 대해서도 충성스러운 여인이었다. 그러나 그녀는 본성이 거

친 여인이었기에 헤롯이 자기를 얽어매기 위해 사랑한다는 것을 안 다음부터는 위험스러울 만큼 남편을 마구 대했다. 그녀는 자신이 절대 군주 밑에 살고 있기 때문에 어쩔 수 없이 그 군주에 맞추어 살아야 한다고 생각하지 않았다. 따라서 그녀는 남편에게 매우 무례하게 행동했었다. 이럴 때 헤롯은 보통 부드럽게 웃어넘기면서 참았었다. 게다가 그녀는 헤롯의 누이와 모친이 천한 신분이었다는 이유로 깔보면서 말을 함부로 했었다. 따라서 이전에도 이들 사이에는 불화가 있었으며 서로 용서할 수 없는 미움이 마음속 깊이 자리 잡고 있었다. 그러나 이제는 전보다 더 심하게 서로 비난을 퍼부었으며, 이런 극심한 비난은 헤롯이 카이사르에게서 떠나올 때까지 무려 1년간이나 지속되고 있었. 오랜 세월 동안 체면이라는 가면 밑에 숨겨 두었던 모든 불행이 때를 만난 듯 일시에 터져 나온 것이었다. 헤롯은 하루는 정오쯤 되어서 침대에 누워 쉬면서 마리암네를 몹시 보고 싶어서 오라고 불렀다. 이에 마리암네는 헤롯에게 왔으나 옆에 누우려고 하지 않았다. 헤롯이 동침하기를 심히 원하자 그녀는 헤롯을 경멸하는 태도를 취하면서 자기 조부와 동생을 살해한 살인자라고 욕설을 퍼부었다. 이에 헤롯은 격분하여 성급하게 마리암네에게 폭력을 쓰려고 하였다. 이때 헤롯왕의 누이인 살로메(Salome)는 그가 보통 이상으로 흥분한 것을 보고, 이런 때를 위해서 오래전부터 준비해 놓았던 술을 따라 올리는 사람을 왕의 방에 들여보냈다. 살로메는 전에 이자에게 이렇게 교육을 시켰었다. "내가 왕에게 들어가라고 지시하면 그때 왕께 이렇게 말씀드리도록 하게. '마리암네 왕비께서 왕께서 마시는 술잔에 미약(媚藥)을 넣는 일을 도와 달라고 제게 부탁하셨습니다.'라고 말일세. 이때 왕께서 관심을 가지고 어떤 미약이냐고 물으시면, '미약은 왕비께서 갖고 계시고 저는 단지 그런 제안만을 받았을 뿐입니다.'라고 대답하게. 그러나 만일 왕께서 이에 아무런 관심도 표명하시지 않을 경우에는 그대로 가만히 있게. 그래야 자네가 무사할 것일세." 이렇게 단단히 교육시켜 두었던 자를 살로메는 적기를 놓치지 않고 왕에게 들여보냈다. 이에 그는 왕에게 신빙성을 주기 위해 태연하게 들어갔으나 그만 말을 너무 성급하게 하고 말았다. "마리암네 왕비께서 왕께 이 미약을 드리라고 제게 부탁하셨습니다." 이 말을 들은 헤롯은 감격했다. 그러나 뒤의 말을 들을 때 기분이 완전히 달라졌다. "그러나 왕비께서 주신 미약이 어떤 성분과 효능을 갖고 있는 것인지를 알 수 없기 때문에 왕을 위해서나 저를 위해서나 이 길이 제일 안전한 것 같아 이렇게 알려 드리는 것입니다." 헤롯은 그가 하는 말을 듣고 그전부터 미움이 커지고 있던 터에 화가 치밀어 견딜 수가 없었다. 이에 헤롯은 마리암네의 내시를 고문하고 문초하여 이 미약에 관한 모든 사실을 알아내라고 지시했다. 이 내시는 마리암네의 충성스러운 신하로서 마리암네에 관한 일은 크든 작든 그를 통하지 않고는 이루어지는 일이 없음을 헤롯은 누구보다도 잘 알고 있었기 때문이었다. 아무리 극심한 고문을 당해도 그 내시는 미약에 관해서는 아는 것이 없었기 때문에 할 말이 없었다. 그러나 마리암네가 헤롯을 미워하게 된 것이 소헤무스가 무슨 말인가를 그녀에게 했기 때문이라는 것은 알고 있었다. 따라서 그는 그 말을 했다. 헤롯은 이 말을 듣고 큰 소리로 이같이 부르짖었다. "지금까지 단 한 번도 나를 배반하거나 나의 왕국에 충성을 보이지 않은 적이 없었던 소헤무스가 내가 내린 비밀 지령을 폭로하다니, 이는 마리암네와 보통 사이가 아닌 것이 분명하도다!" 헤롯은 소헤무스를 즉시 체포하여 처형하라고 지시했다. 그러나 헤롯은 아내는 즉시 처형하지 않고 재판을 받게 했다. 헤롯은 가장 충성스러운 측근들을 소집한 후에 미약 사건에 관해 상세한 설명을 하면서 마리암네에게 죄를 뒤집어씌웠다. 헤롯은 말투 속에서 이번만은 제대로 잘 판결해야겠다는 굳은 결의를 보여주었다. 따라서 법정은 헤롯이 굳은 결의를 보여준 데 만족하고 마리암네에게 사형을 선고했다. 사형 선고가 내려지자 헤롯은 물론 일부 재판관들은 사형 집행을 서두르지 말고 유대 왕국에 속한 한 요새의 감옥에 마리암네를 수감하는 것이 좋겠다는 의향을 보였다. 그러나 살로메와 그녀의 지지 세력들은 마리암네의 사형이 집행되도록 하기 위해 무진 애를 썼다. 그들은 마리암네를 살려 두면 백성들이 소란을 일으킬 것임을 환기시키면서 왕에게 사형을 집행할 것을 촉구하였다. 그리하여 마리암네는 마침내 처형당하고 말았다.

5. 알렉산드라는 돌아가는 상황을 보고 자기도 자칫 잘못하다가는 딸의 신세가 될 것이라고 생각하고, 예전의 대담한 태도를 바꾸고 얌전하게 처신하기

시작했다. 알렉산드라는 자신은 마리암네의 죄와는 전적으로 무관하다는 것을 보여주기 위해 집 밖으로 나와 모든 사람이 들을 수 있도록 큰 소리로 딸을 비난하기 시작했다. "마리암네 그년은 남편에게 감사할 줄 모르는 못된 년이다. 따라서 벌을 받아 마땅하다. 그 남편이 우리 모두의 은인이심에도 보답을 할 줄 몰랐으니 벌을 받아야 마땅한 것이다." 알렉산드라는 전에도 언젠가 머리를 쥐어뜯으면서 가식적인 행동을 한 적이 있었기에, 이런 보기 흉한 위선적인 행동은 보는 이들의 눈살을 찌푸리게 했다. 그러나 그 누구보다도 알렉산드라를 경멸한 사람은 이제 곧 처형될 그녀의 딸 마리암네였다. 마리암네는 모친의 조급해하는 몰골에 놀라지 않았다. 그녀는 처음엔 말 한마디 하지 않고 물끄러미 모친을 쳐다보았다. 그러나 후에는 자신을 공중 앞에서 모욕하는 모친의 모습에 분개하였다. 그러나 마리암네는 자신에 관해서는 안색 하나 변하지 않았으며 조그만 마음의 동요도 일으키지 않고 담담하게 죽음을 맞아들였다. 그럼으로써 죽는 마지막 순간까지 보는 사람들에게 명문 귀족의 후손임을 여실히 보여주었다.

6. 정숙할 뿐 아니라 대담하기까지 했던 이 위대한 여인 마리암네는 이같이 세상을 떠났다. 그녀는 온건함을 원했으나 타고난 성품이 워낙에 분쟁적이었다. 또한 그녀는 절세의 미인이었고 타고난 웅변가였다. 그녀가 헤롯과 함께 행복한 삶을 살 수 없었고 헤롯의 마음에 들 수 없었던 대부분의 원인은 여기에 근거하고 있다. 헤롯왕이 그녀를 너무나 사랑한 나머지 지나치게 관대하게 대해 주었고, 또 그녀 자신도 헤롯왕이 자신에게는 심한 행동을 하지 않을 것이라고 기대했기 때문에 도에 넘치도록 자유를 누렸던 것이 문제였다. 게다가 헤롯이 그녀의 친족을 심하게 학대한 것이 그녀에게 치명적인 타격을 안겨 주었던 것이다. 이에 그녀는 이런 사실을 헤롯왕에게 정면에서 이야기하다가 급기야는 헤롯의 모친과 누이의 비위를 건드려 적대감을 싹트게 했고, 마침내는 최후의 형벌만은 피하게 해줄 수 있었던 헤롯의 감정마저 폭발시키고 말았던 것이다.

7. 한편, 마리암네가 처형되고 나자 헤롯은 전보다 더 격정적으로 아내가 그리워지기 시작했다. 아내에 대한 그의 애정은 우리가 이미 살펴보지 않았던가! 아내에 대한 헤롯의 애정은 평범한 애정이 아니었으며, 우리가 흔히 경험하는 아내에 대한 보통 남편들의 애정과는 전혀 다른 애정이었다. 헤롯의 애정은 그야말로 처음부터 불붙는 듯한 열정적인 애정이었다. 오랫동안 같이 거주하며 자유로운 교제를 누리다가 생기게 된 애정이 아니었다. 마리암네가 처형된 후 다시 불붙게 된 아내에 대한 헤롯의 애정은 아내의 생명을 빼앗은 데 대한 하나님의 복수로 보일 만큼 광적인 것이었다. 헤롯은 매우 자주 아내의 이름을 소리쳐 부르기도 하고 아내를 위해 통곡을 하기도 했다. 그는 마치 정신 나간 사람 같았다. 따라서 그는 아내에 대한 생각을 없애기 위해 잔치를 베풀고 연회를 즐겼으나 아무 소용이 없었다. 그는 정무(政務)를 살피는 일은 아예 등한시하고 이 격정에 완전히 사로잡혀 시종들에게 마리암네를 빨리 대령시키라고 고함을 질렀다. 마치 아내가 아직도 살아 있어서 그들의 소리를 듣는 것처럼 당장이라도 불러오라는 것이었다. 헤롯이 이런 지경에 빠져 있을 때 전염병이 돌아 수많은 백성들과 헤롯의 가장 가까운 측근들이 생명을 잃는 불상사가 일어났다. 이에 모든 사람은 마리암네를 처형한 데 대한 하나님의 진노라고 생각하게 되었다. 이런 일은 헤롯에게도 큰 심적 영향을 미치지 않을 수 없었다. 헤롯은 괴로움을 견디다 못해 사냥을 한다는 핑계를 대고 사막으로 들어가 자신을 심하게 학대했다. 그러나 그는 며칠 못 가 중병에 걸리고 말았다. 몸에 염증이 생기기 시작했으며, 광기(狂氣)를 동반한 뒤통수의 통증이 무척 심했다. 백방의 치료도 아무 소용이 없었고 그의 병은 악화만 되었다. 이에 그는 절망 상태로 빠져들어 갔다. 주변의 모든 의사는 온갖 약이 아무런 효력을 발휘하지 못하자 먹고 싶은 음식을 먹는 것도 일종의 치료법이기에 마지막 회복의 기대를 걸고 헤롯왕에게 먹고 싶은 것이 있으면 무엇이든지 먹으라고 하였다. 말하자면 헤롯을 운명의 손에 맡기는 수밖에 다른 도리가 없었던 것이다.

8. 한편 알렉산드라는 이 당시 예루살렘에 거주하고 있었다. 알렉산드라는 헤롯이 중병에 걸렸다는 소식을 접하자 예루살렘 시내의 두 요새를 장악하려

고 하였다. 두 요새 중 하나는 도시 자체에 속해 있었고 하나는 성전에 속해 있었다. 이 두 요새를 장악하는 세력이 전국을 장악할 수 있었던 것이 당시 유대의 상황이었다. 이 두 요새를 점령하지 않고는 제사를 드릴 수 없었는데 제사를 드리지 않는다는 것은 모든 유대인에게 있어서 상상조차 할 수 없는 일이기 때문이었다. 사실상 오늘날도 유대인들은 하나님께 마땅히 드려야 할 제사를 드리지 않고 사느니 기꺼이 죽음을 택할 마음의 자세를 갖추고 있다. 따라서 알렉산드라는 이 요새들을 지키고 있던 자들에게 이같이 말했다. "여러분이 요새를 나와 헤롯의 아들들에게 넘겨주는 것이 좋을 것 같습니다. 헤롯왕이 죽는다면 다른 이가 왕권을 넘볼 위험이 있기 때문입니다. 만일의 경우 헤롯왕이 살아난다 하더라도 나의 가문보다 더 그의 왕권을 잘 보호해 줄 자들이 없기 때문입니다." 그러나 그들은 알렉산드라의 말을 조금도 선의로 받아들이지 않았다. 그들은 예전부터 (헤롯에게) 충성을 바쳐 오던 터였으므로 계속해서 충성을 보이기로 결의했다. 그들이 이렇게 결의한 데는 두 가지 이유가 있다. 첫째는 알렉산드라가 싫었기 때문이었고, 둘째는 헤롯이 아직 살아 있는데 헤롯이 죽을 것이라고 비관하는 것은 일종의 불충이라고 생각했기 때문이었다. 그들이 이렇게까지 생각한 것은 모두가 헤롯의 옛 친구들이었고, 그중에는 헤롯의 친사촌도 있었기 때문이었다. 이에 그들은 헤롯에게 사신을 보내 알렉산드라의 의도를 알렸다. 그러자 헤롯은 조금도 지체하지 않고 알렉산드라를 처형하라고 명령했다. 그 후 헤롯은 온갖 고통을 다 겪고 무진 애를 다 쓴 후에야 간신히 병에서 나을 수 있었다. 그러나 헤롯은 그 후에도 계속 정신적으로나 육체적으로 큰 괴로움을 당했다. 그는 계속 불안해했으며 전보다도 쉽게 아무나 닥치는 대로 처형하기를 좋아했다. 헤롯은 아래와 같은 동기로 가장 친한 친구들인 코스토바루스(Costobarus)와 리시마쿠스(Lysimachus)와 안티파테르(Antipater)라고도 부르는 가디아스(Gadias)와 도시테우스(Dositheus)까지 살해하였다.

9. 코스토바루스(Costobarus)는 이두매 태생으로서, 이두매인들이 전에 신으로 받들었던 코제(Koze)를 섬기는 제사장의 후손이었으며 귀족이었다. 히르카누스(Hyrcanus)가 이두매의 정치 체제를 바꾸고 이두매인들에게 유대 풍습과

율법을 받아들이도록 한 후에, 헤롯은 코스토바루스를 이두매와 가사의 총독으로 임명하고 누이동생인 살로메(Salome)를 아내로 주었다. 그것도 우리가 앞서 살펴본 대로 (숙부뻘인) 요셉(Joseph)을 살해하고, 그 자리에 대신 앉힌 것이었다. 코스토바루스는 기대했던 것 이상으로 높이 승진하게 되자 자기의 출세가 남다른 데 대한 자만심으로 점점 교만해지기 시작했다. 그 후 코스토바루스는 하늘 높은 줄 모르고 기고만장하게 되었으며, 헤롯이 통치자로서 명령한 것에 순종할 필요도 없고 이두매인이 유대 풍습을 따를 필요도 없으며 유대인에게 복종할 필요는 더더욱 없다고 생각하기에 이르렀다. 이에 그는 클레오파트라에게 사신을 보내 이같이 말했다. "이두매인들은 지금까지 항상 저의 선조들의 지배를 받고 살아왔습니다. 그러므로 여왕께서 안토니우스께 말씀드려 제가 이두매를 다스리도록 해주시는 것은 정당한 것이라 생각됩니다. 그렇게만 해주신다면 여왕께 대한 저의 충성에는 결코 변함이 없을 것입니다." 코스토바루스가 이 같은 일을 꾸민 것은 클레오파트라의 지배 밑에 들어가기를 원해서가 아니라 헤롯의 세력이 약해지는 것을 보고 이두매에 대한 절대적 통치권은 물론 그 이상의 것도 확보할 수 있을 것이라고 나름대로 계산했기 때문이었다. 그는 고귀한 신분을 가지고 있었으며 그동안 더러운 이익을 탐해 수많은 부를 축적해 놓았기 때문에 큰 기대를 가져 볼 만했다. 그러나 그의 의도는 그만 실패로 돌아갔다. 클레오파트라가 간청을 했으나 안토니우스가 들어주지 않았기 때문이었다. 이 사실이 결국은 헤롯에게까지 알려지게 되었다. 이에 헤롯은 코스토바루스를 처형하려고 했다. 그러나 모친과 누이동생이 애걸하고 사정하는 통에 그를 용서하고 완전히 사면하겠다고 했다. 하지만 헤롯은 이 일로 인해 이후에도 그에 대한 의심을 거두지 않았다.

10. 그로부터 얼마 후 살로메는 코스토바루스와 크게 싸우게 되었다. 이에 살로메는 유대 율법에 어긋남에도 불구하고 그에게 이혼 증서[8]를 써 주고 파

---

8) 요세푸스의 시대에는 여자가 이혼을 청구하는 것이 율법에 어긋난 것으로 간주되었음에도 불구하고, 유대 여인이 남편에게 이혼 증서를 써 준 명백한 역사적 사건이 여기에 있다. 그러나 간음을 했을 경우에는 이혼을 허용하는(마 5:32) 기독교의 법은 순결한 남편이 부정한 아내와 이혼할 수 있도록 허락하는 것은

혼을 선언했다. 유대 율법에 따르면 남편이 아내에게 이혼 증서를 주는 것은 율법에 어긋나는 것이 아니나, 전남편이 버리기 전에는 아내는 자기 스스로 다른 남자와 결혼하는 것이 율법에 어긋나는 것으로 되어 있다. 그러나 살로메는 율법을 따르지 않고 자기 의지의 법을 따랐다. 이에 그녀는 파혼을 선언하고 난 다음 오빠인 헤롯에게 이같이 말했다. "제가 남편을 떠난 것은 오빠를 더 귀하게 여기기 때문이에요. 저는 제 남편이 안티파테르(Antipater)와 리시마쿠스(Lysimachus)와 도시테우스(Dositheus)와 함께 공모하여 오빠에게 반역을 일으킬 계획을 갖고 있는 것을 어떻게 알게 되었어요. 바바스(Babas)의 아들들의 예만 보아도 분명히 알 수 있지 않아요? 제 남편은 그들을 무려 12년 동안이나 살려 두고 보살펴 주었어요." 헤롯은 살로메의 뜻밖의 말에 크게 놀랐다. 더욱이 그가 크게 놀란 것은 코스토바루스와 바바스의 아들들 간의 관계가 그에게는 너무 뜻밖의 일이기 때문이었다. 바바스의 아들들에 관한 사건은 아래와 같다. 헤롯은 그들이 그에게 적대적인 세력이었으므로 오래전부터 그들을 처형하려고 애를 써 왔었다. 그러나 헤롯은 (그들을 처형하라는 지시를 내린 지가) 너무 오래되었기 때문에 그들에 대해서는 까맣게 잊어버리고 있었다. 헤롯이 그들을 미워하게 된 데는 아래와 같은 사연이 있었다. 그러니까 안티고누스(Antigonus)가 왕으로 있을 때였다. 헤롯은 그의 군대를 거느리고 예루살렘을 공격했다. 포위된 예루살렘 주민들은 고통과 괴로움이 극에 달하자 다수가 헤롯에게 기대를 걸고 헤롯의 입성을 원했다. 이 당시 그들 가운데는 명문 귀족의 후손으로 백성들에게 영향력을 행사하고 있을 뿐 아니라 안티고누스에게 충성을 바치던 바바스(Babas)의 아들들이 있었다. 그들은 항상 헤롯을 비난하고 있던 터에 백성들의 이런 움직임을 보고 대대로 계승되어 온 왕권을 지키자고 백성들에게 호소하였다. 이들은 이렇게 하는 것이 자기들에게 여러모로 유익할 것이라고 생각하고 이 같은 정치적 행동을 한 것이었다. 그러나 결국 예루살렘은 함락되고 통치권은 헤롯의 수중에 들어가고 말았다. 헤롯은 죄를 지은 자들이

물론 순결한 아내가 부정한 남편과 이혼할 수 있도록 허락하고 있다. 이 사실은 그러한 이혼을 한 기독교인들을 박해했다고 기록하고 있는 헤르마스의 목자(The Shepherd of Hermas)와 순교자 유스티누스(Justin Martyr)의 『제2변증서』(Second Apology)를 통해서 잘 알 수 있다.

나 자기에게 대항하던 반대파들이 성을 빠져나가는 것을 막기 위해 코스토바루스에게 성문을 관할하고 출입하는 자들을 검색하는 임무를 맡겼다. 코스토바루스는 바바스의 아들들이 백성들의 존경과 신망을 한 몸에 받는 것을 알고, 살려 두면 후에 정권이 바뀔 때 자기에게 유익하리라 생각하고 그들만 따로 불러내 자기 농장에 숨겼다. 이 일로 의심을 받게 되자 그는 헤롯에게 자기는 맹세코 그런 일을 알지도 못한다고 딱 잡아뗌으로써 의심에서 벗어날 수 있었다. 그 후 헤롯왕이 현상금을 걸고 온갖 방법으로 그들의 소재를 파악하려고 했을 때도 코스토바루스는 사실을 실토하려고 하지 않았다. 처음에 모른다고 부인했기 때문에 이제 와서 실토했다가는 벌을 면할 수가 없음이 분명했다. 따라서 그는 바바스의 아들들에 대한 호의도 물론 있었지만 자신의 안전을 위해서도 결코 입을 열 수가 없었다. 그런데 결국은 아내였던 헤롯의 누이동생의 밀고를 통해서 모든 사실이 탄로 나고야 말았다. 헤롯은 누이동생의 정보로 모든 사실을 알게 되자 부하들을 그들이 은닉했을 것으로 보이는 곳에 보내 그들과 공모자를 모두 함께 처형하라고 지시했다. 헤롯은 그들과 함께 히르카누스의 친족들은 단 한 명도 남기지 않고 모두 살해하라고 지시하였다. 이렇게 해서 왕국은 헤롯의 손아귀에 완전히 들어가게 되었으며, 헤롯이 율법에 어긋나게 행동하는 것을 중지시킬 만한 인물이 아무도 없게 되었다.

제8장

헤롯이 외국의 풍습을 들여오자
이 명백한 유대 율법의 위반에 대해
예루살렘의 시민 10명이 헤롯을 해하기로 공모하게 된 경위,
그리고 헤롯이 세바스테와 가이사랴에 세운 건물과
그 밖의 건축물에 관하여

1. 헤롯이 외국의 풍습을 들여옴으로써 신성하게 지켜져야 할 전통적인 고대 풍습을 더럽히고 유대 율법을 어기게 된 것은 바로 그의 이런 잘못을 막을 만한 사람이 없었기 때문이었다. 이로 말미암아 우리 유대인은 후에 큰 죄악을 저지르게 되었고, 온 백성을 경건으로 인도하던 종교의 풍습들은 무시되기에 이르렀다. 헤롯은 처음에 카이사르(Cæsar)에게 경의를 표하기 위하여 5년마다 성대한 경기 대회를 열기로 작정하고 평지에 원형 경기장을 건설한 것은 물론 예루살렘에도 경기장을 건축하였다. 이 두 경기장은 모두 엄청난 공사비가 투입된 건축물이었으나 유대 풍습에는 어긋나는 것이었다. 우리 유대인들은 조상 적부터 그런 경기를 직접 하거나 관람하는 것을 옳게 여기지 않는 풍습이 있기 때문이었다. 그러나 헤롯은 5년마다 그것도 성대하게 경기 대회를 개최하였다. 헤롯은 인근 국가들에 경기 대회가 있음을 알리고 사람들을 불러 모았다. 그는 씨름꾼들과 경기에 참여하여 상을 받기를 원하는 그 밖의 많은 사람들에게 와서 상도 받고 승리의 영광도 맛보라고 초청하였다. 이에 여러 경기 종목에 뛰어난 선수들이 모여들었다. 왜냐하면 나체로 자기 힘과 기술을 과시하는 자들뿐 아니라 티멜리키(Thymelici)라고 부르는 악사들에게도 상이 주어졌기 때문이었다. 헤롯은 이런 경기 종목들의 유명한 선수들을 모두 초청하는 데 온갖 수고를 아끼지 않았다. 헤롯은 또한 두 쌍, 세 쌍, 혹은 네 쌍의 말이 끄는 전차 경주에도 막대한 상금을 걸었다. 헤롯은 자신의 힘을 모든 사람에게 과시하고 싶은 욕망에서 다른 나라에서 하는 것은 모두 흉내 냈으며 그것도 더

욱 화려하고 성대하게 했다. 그는 카이사르의 위대한 업적과 그가 정복한 나라들을 모두 순금과 순은으로 만든 전승 기념비들에 적고 경기장 둘레에 세웠다. 값비싼 의복이나 질서 정연하게 박힌 보석이나 경기 때 눈에 들어오는 모든 것 중 헤롯의 과시 욕구가 나타나지 않는 곳은 단 한 군데도 없었다. 게다가 헤롯은 사자들과 맹수들과 힘이 세거나 아니면 희귀한 짐승들을 엄청나게 많이 준비했다. 이 맹수들은 서로 싸우게 하기 위해서나 아니면 처형될 죄수들과 싸우게 하기 위해서 미리 준비시켜 놓은 것이었다. 외국인들은 이에 소모된 엄청난 경비와 숨 막히는 위험스러운 장면들에 놀라는 한편 매우 즐거워하였으나, 보통 유대인들에게 있어서 이것은 그들이 그토록 존중해 오던 전통적인 풍습의 사멸을 의미하는 바로 그것이었다.[9] 관람객들의 눈을 즐겁게 하기 위해서 사람들을 맹수에게 던진다는 것은 하나님에 대한 정면 도전이었다. 유대인들에게 있어서 하나님의 율법을 버리고 대신 이런 이방 풍습을 받아들인다는 것은 바로 불신앙이었다. 그러나 무엇보다도 유대인들의 비위를 상하게 한 것은 전승 기념비들이었다. 왜냐하면 기념비 주위에 매달아 놓은 갑옷과 투구 안에 상(像, image)이 들어 있었기 때문이었다. 유대인들은 그런 상에 경의를 표하지 않는 것이 전통이기 때문에 이를 보고 몹시 불쾌하게 생각했다.

2. 헤롯이 이들의 불만을 모르는 바는 아니었으나 무력을 사용하는 것은 현명하지 못하다고 생각하고 회유책을 쓰기로 했다. 그리하여 헤롯은 유대인들 일부를 불러 그들이 빠져 있는 미신적 두려움에서 그들을 해방시키기 위해서 그런 것이라고 둘러댔다. 그러나 이 말이 유대인들을 만족시킬 수는 없었다. 그들은 헤롯의 그동안의 처사에 큰 불만을 갖고 있었기에 한목소리로 이같이 외쳤다. "다른 모든 것은 참을 수 있어도 전승 기념비에 새긴 사람의 상이 예루살렘 안에 있는 것만은 결코 용납할 수가 없습니다. 이것은 우리의 율법이

---

[9] 이 거대한 운동 경기, 공연, 음악 경연 그리고 전차 경주 등은 우리가 여기서 살펴볼 수 있는 바와 같이, 건전한 유대인들에게 있어서는 유대국의 삶의 방식을 부패시키고 이방 우상 숭배와 이교적인 생활 태도를 진작시킬 위험성이 있을 뿐 아니라 모세 율법의 사멸을 촉진하는 이방의 스포츠에 지나지 않았다. 오늘날 우리의 가면무도회, 연극, 오페라, 그리고 그 밖의 '이 악한 세상의 허영과 허세'도 기독교 아래 있다고 해서 이보다 나은 경향을 띠고 있다고 볼 수는 없다.

정면으로 금지하고 있는 것이기 때문입니다." 헤롯은 유대인들이 소동을 벌이는 데다가 납득할 만한 이유가 있기 전에는 쉽게 결심을 바꿀 의사가 없음을 보고 유력 인사들을 부른 다음 경기장으로 데리고 가서 전승 기념비를 보여주면서 무엇 때문에 그러느냐고 물어보았다. 그들은 사람의 상 때문에 그런다고 대답하였다. 이에 헤롯은 전승 기념비에서 외부 장식품을 떼어 내라고 지시한 후 장식품을 떼어 낸 나무 조각들만을 보여주었다. 장식품이 없는 단지 나무 조각들은 그들에게는 웃음과 조롱거리에 불과했다. 왜냐하면 그들은 이전부터 상의 장식품을 항상 조롱해 왔기 때문이었다.

3. 헤롯이 이같이 유대 백성에게서 큰 불만거리 하나를 제거해 주자 대부분의 유대인들은 마음을 바꾸고 더 이상 헤롯이 하는 일을 불쾌하게 생각하지 않기로 했다. 그러나 아직도 일부 유대인들은 헤롯에 대해 계속 불만을 가지고 있었다. 헤롯이 새 풍습을 자꾸 도입하고 있었기 때문이었다. 그들은 율법을 범하는 것이 유대 민족이 벌을 받는 최대의 원인이라고 생각하였을 뿐 아니라 헤롯에 대해 무관심한 척하는 것보다는 차라리 (목숨을 잃는 한이 있더라도) 위험을 무릅쓰는 것을 경건으로 간주하였다. 사실상 헤롯은 정권을 장악하자마자 전에는 듣지도 보지도 못한 새 풍습을, 그것도 강제적으로 도입하였다. 어떻게 보면 헤롯은 유대의 왕이라기보다는 유대의 적이었다. 바로 이 때문에 (예루살렘의) 시민 10명이 헤롯을 살해하기로 공모하는 일이 발생하게 된 것이었다. 그들은 어떤 위험이라도 달게 받겠다고 맹세까지 한 후 (헤롯을 살해할 목적으로) 단검을 옷 속에 넣고 다녔다. 이같이 헤롯을 살해하기로 맹세한 공모자 10명 가운데는 헤롯의 처사에 대한 이야기를 듣고 분을 참지 못해 공모에 가담하게 된 맹인이 한 사람 있었다. 그는 실제로 아무런 도움도 줄 수가 없는 사람이었으나, 만일의 경우 그 일로 인해 다른 이들이 벌을 받는다면 자기도 함께 벌을 받겠다고 맹세하는 등 다른 이들의 사기를 크게 북돋워 주었다.

4. 그들은 이같이 결심하고 합의한 후 경기장으로 나갔다. 불시에 급습하면 헤롯이 피할 길이 없을 것이고, 설령 그가 피한다 하더라도 많은 측근을 살해

할 수 있는 장소로 경기장보다 좋은 곳이 없었기 때문이었다. 그들은 비록 자신들이 실패한다 하더라도 헤롯이 백성들에게 얼마나 많은 해를 끼치고 있는가를 헤롯에게 상기시켜 줄 수 있을 것이라는 기대가 있었기에 이런 음모를 꾸밀 수 있었던 것이었다. 그들은 이같이 만반의 준비를 갖추고 계획을 실행에 옮기기 위해 신속하게 움직였다. 그러나 헤롯을 해하려는 음모를 탐지해 내는 임무를 맡고 활동 중인 정탐꾼에게 그만 살해 계획이 탄로가 나고 말았다. 이 정탐꾼은 모든 계획을 알아낸 후 막 경기장으로 들어가려는 헤롯왕에게 이 같은 사실을 알렸다. 헤롯은 대부분의 유대인들이 자신을 미워하고 있고 또 틈만 있으면 소란을 일으키려 하고 있다는 사실을 잘 알고 있었기에, 자신을 살해하려는 음모가 충분히 있을 수 있다고 생각하고 왕궁으로 돌아갔다. 그는 왕궁으로 돌아온 후 음모를 꾸민 자들을 체포해 오라고 지시하였다. 경호 병사들이 그들을 급습하여 현장에서 체포하였다. 그들은 도망칠 길이 없다는 것을 깨닫고는 태연자약하게 최후를 맞을 준비를 했다. 그들은 자신들이 하려고 했던 계획이 조금도 부끄럽지 않았기 때문에 결심이 조금도 흔들리지 않았을 뿐 아니라 그런 음모를 꾸민 적이 없다고 부인하지도 않았다. 그들은 체포되자 단검을 꺼내 보이면서 이같이 실토했다. "우리가 하려고 했던 계획은 거룩하고 경건한 행위였소. 우리는 이득을 보기 위해서 이런 일을 꾀한 것이 아니오. 그렇다고 격정에 휘말려 헤롯을 살해하려고 했던 것도 아니오. 우리는 단지 모든 유대인이 지켜야 할 의무가 있는 전래의 풍습을 지키기 위해서 일을 꾸민 것이오. 이 풍습을 지키기 위해 차라리 목숨을 버리기로 굳은 각오를 한 것이오." 그들은 이같이 용감하게 외쳤다. 결국 이들은 헤롯의 경호 병사들에 의해 처형장으로 끌려갔으며 죽기까지 온갖 고문을 잘 참아냈다. 그로부터 얼마 후 이들을 고발한 헤롯의 정탐꾼이 누구에겐가 붙잡혀 살해되었을 뿐 아니라 사지가 갈기갈기 찢겨 개의 먹이로 던져진 비참한 사건이 발생하였다. 그를 미워한 일부 유대인들이 저지른 일이었다. 많은 예루살렘 시민들이 이 사건을 목격하였으나 아무도 누가 그를 살해한 자인지 말하려고 하지 않았다. 이에 헤롯은 그들을 혹독한 고문으로 하나씩 문초하기 시작했다. 결국 고문을 견디다 못한 몇몇 여인들이 입을 열었다. 그리하여 살해를 주도한 주모자의 가정은 헤롯왕에 의해 몰살당하는 비극을 겪게 되었다. 그러나 유대 율법을 지키기 위한 이 같은 유대인들의 불굴의 용기와 고집도 헤롯을 꺾지는 못했다. 헤롯은 더욱 자기 신변을 안전하게 보호하는 조치를 취하는 한편 그러한 음모들이 공개적인 반역으로 확산되지 않도록 유대인들에 대한 감시를 철저하게 했다.

5. 헤롯은 왕궁과 자신이 직접 건설한 성전(성전에는 안토니아[Antonia] 망대가 설치되어 있었다)으로 이미 요새화된 예루살렘시가 있었음에도 불구하고, 유대인들에게 대항하기 위하여 사마리아(Samaria)를 요새화하고 세바스테(Sebaste)라고 부르기로 결심했다. 왜냐하면 사마리아에 요새를 건설하면 예루살렘 못지않은 난공불락의 요충지가 될 수 있었기 때문이었다. 이에 그는 사마리아를 요새화 하였다. 그곳은 예루살렘에서 하루면 도착할 수 있는 거리에 있었다. 헤롯은 사마리아를 요새화함으로써 유대 백성들에게 큰 두려움을 안겨 줄 수 있었다. 헤롯은 또한 옛날에 스트라톤의 망대(Strato's Tower)라고 부르던 곳을 요새화하고 가이사랴(Caesarea)라고 불렀다. 그는 또한 평지 지역인 갈릴리(Galilee)의 가바(Gaba)와 페레아(Perea)의 헤세보니티스(Hesebonitis)에 건물을 짓고 정예 기병 부대를 배치했다. 이 밖에도 헤롯은 항상 자신의 안전을 돌보기 위한 조치를 창안해 냈다. 그는 감시병을 전국에 배치해 틈만 있으면 소란을 일으키려고 하는 유대인들이 반역을 꾀하고 파문을 일으키는 일이 없도록 조치했다. 또한 정탐꾼들을 이용해 유대인들이 무슨 일을 꾸미고 있는지를 알아내는 한편 사전 예방에도 힘썼다. 헤롯은 사마리아의 성벽을 건축하기 위해 전쟁 때 그를 도왔던 많은 자들을 끌고 갔으며, 사마리아 인근 주민들과 함께 사마리아의 시민이 되게 했다. 헤롯이 이 같은 일을 서두른 것은 사마리아에 신전을 짓고 사마리아시를 전보다 더욱 유명하게 만들고 싶은 욕심도 있었으나, 그보다는 자신의 안전을 꾀하고 자신의 장대한 기념비를 세우고 싶은 욕심이 더욱 컸다. 헤롯은 사마리아의 이름을 바꾸고 세바스테(Sebaste)라고 불렀다. 그는 사마리아인들이 행복을 누리며 살 수 있도록 하기 위해 비옥한 사마리아 인근의 땅을 사마리아인들에게 나누어 주었다. 이 밖에도 헤롯은 사마리아시를 튼튼한 성벽으로 둘러쌓고 난공불락의 요새로 만들기 위해 치받이 경사를 만들었다. 사

마리아시의 크기는 그전보다 결코 작지 않았다. 그 당시의 다른 유명한 도시에 비해 조금도 손색이 없었다. 둘레가 20펄롱(furlong)이나 되었기 때문이었다. 헤롯은 사마리아시 중심부에 (둘레가) 1펄롱 반이 되는 거룩한 건물을 짓고 온갖 장식으로 화려하게 치장한 다음 그 안에 신전을 세웠다. 이 신전은 그 크기에 있어서나 화려함에 있어서 매우 걸출한 신전이었다. 헤롯은 또한 도시 곳곳을 온갖 종류의 장식으로 아름답게 치장하였다. 헤롯은 자신의 신변 안전을 위해 성벽을 튼튼히 쌓고 대부분의 성벽에 성채를 건설했다. 그는 또한 미래에까지 자신의 미적 감각과 선행이 드러나도록 하기 위해 건축물들을 최대한 고상하고 우아하게 꾸몄다.

제9장

유대와 수리아에 심한 기근이 발생한 것에 관하여, 그리고 헤롯이 또 다른 아내와 결혼한 후 가이사랴와 그 밖의 다른 그리스식 도시들을 재건하게 된 경위

1. 바로 그 해, 그러니까 헤롯의 재위 제13년에 무서운 재난이 유대에 들이닥쳤다. 하나님의 진노에 의한 것인지, 아니면 어떤 주기에 따라 발생한 자연적인 재난인지는 알 수 없었으나 그야말로 극심한 재난이었다.[10] 우선 매우 오랫동안 기근이 계속되었다. 따라서 땅은 메마르게 되었고 전처럼 풍성한 수확

---

10) 우리는 여기서 요세푸스가 유대인을 대상으로 글을 쓸 때와 이방인을 대상으로 글을 쓸 때 어떻게 다른가를 분명히 볼 수 있다. 유대인을 대상으로 글을 쓸 때는 이런 모든 재난이 하나님의 진노로 말미암은 것이라고 말하고 있으나, 이방인들은 일정 주기에 따라 재난이 자연적으로 닥친다고 믿고 있다는 점을 알고 있었기에 이방인을 대상으로 하는 글에서는 그들의 의견에 동조하기도 한다.

을 내지 못했다. 땅이 이같이 메마르게 되니 곡식이 모자랐고, 식량의 부족은 사람의 몸에 여러 가지 질병을 일으켰다. 따라서 각종 전염병이 횡행하게 되었다. 그야말로 엎친 데 덮친 격이었다. 음식은 물론 치료할 약까지 부족했으므로 급속히 번지기 시작한 전염병은 좀처럼 사라지지 않았다. 이런 식으로 사람들이 죽어가자 그때까지 살아 있는 자들도 용기를 잃었다. 그들이 걸린 병에서 나을 만한 해결 방법이 전무했기 때문이었다. 게다가 그해 소출은 완전히 망가져 버렸고 비축해 놓은 식량도 바닥이 나자 그나마 남아 있던 모든 소망이 다 끊어지게 되었다. 그들의 소망과는 정반대로 불행은 자꾸 가중되기만 했다. 기근 첫해 (마지막에) 비축해 놓은 식량은 다 먹어 치워 바닥이 난 데다가 둘째 해에 땅이 메말라서 심은 씨앗이 다 죽어 버렸기 때문이었다.[11] 이런 극심한 곤경에 처하게 되자 그들은 하는 수 없이 전에는 건드리지도 않았던 것까지 먹게 되었다. 헤롯도 또한 땅의 소산에서 나오는 세금을 받을 수가 없게 되었으므로 다른 평민들과 마찬가지로 큰 곤경에 처하게 되었다. 그는 도시들을 건설하는 데 많은 돈을 사용했기 때문에 갖고 있던 돈을 거의 다 써 버렸다. 게다가 재난이 닥치면 위정자(爲政者)들의 탓으로 돌리는 것이 동서고금의 원리였기 때문에 어떤 백성들도 그를 도우려고 하지 않았다.

2. 이런 상황에서 헤롯은 필요한 도움을 얻을 방법이 없을까 궁리해 보았으나 이웃 나라들도 팔 곡식이 없기 때문에 뾰족한 수가 없었다. 비싼 가격으로 약간의 곡식을 살 수 있는 곳이 있다 하더라도 돈을 다 써 버렸기 때문에 불가능한 일이었다. 그러나 그는 어떻게 해서든지 유대 백성들을 돕는 것이 최선

---

11) 유대와 수리아를 강타한 이 2년간의 기근은 야곱 시대(창 41장; 42장)보다 이때가 더욱 극심했던 것처럼 보인다. 그런데 여기서 이 당시와 야곱 시대를 비교해 볼 때 아래와 같은 놀랄 만한 사실을 접하게 된다. 야곱 시대의 기근이나 이때의 기근이나 마찬가지로 애굽에서 원조를 받았다는 점이다. 야곱 시대에는 애굽 왕 바로의 휘하에 있는 애굽 총리 요셉(Joseph)을 통해 도움을 받았고, 이때는 로마 황제 아우구스투스(Augustus)의 휘하에 있는 애굽 지사 페트로니우스(Petronius)에게서 도움을 받았다. 여기서 또한 우리가 주목해야 할 점은 이 2년간의 기근이 있었던 때가 안식년과 희년이 겹쳤던 때였다는 사실이다. 신정 정치 아래에서는 안식년과 희년이 겹치게 되면 하나님이 그 이전 해에 미리 3년 치의 수확을 거둘 수 있도록 섭리로 도와주셨으나, 이 당시의 유대인들은 하나님의 벌을 받아 이런 축복을 상실했기 때문에 야합 시대 이후 최대의 극심한 기근이 엄습했던 것이다.

의 길이라고 생각하였다. 따라서 그는 왕궁에 있는 금과 은으로 된 화려한 가구들을 처분하였다. 그는 최고의 품질과 기술로 만든 값진 그릇들도 아까워하지 않았다. 헤롯은 그 후 카이사르에 의해 애굽 지사(prefect)로 임명되었던 페트로니우스(Petronius)에게 돈을 보냈다. 이미 적지 않은 이들이 기근을 견디다 못해 페트로니우스에게로 피신을 했었다. 페트로니우스는 헤롯과 각별한 친구 사이였기에 그의 백성들을 보호해 주어야겠다고 생각하고 그들에게 곡식을 수출할 수 있는 권한을 주었을 뿐 아니라 곡식을 사고파는 일에 어려움이 없도록 각별히 도와주었다. 이렇게 페트로니우스는 유대인들을 힘껏 도와주었다. 페트로니우스는 유대인들을 도운 유일의 인물은 아니었으나 유대인을 가장 많이 도왔다. 헤롯은 이런 도움이 모두 자기 덕택이라는 것을 유대인이 깨닫도록 은근히 강조함으로써 백성들이 전에 가지고 있던 미움을 없앨 수 있었을 뿐아니라 유대 백성들을 아끼고 사랑한다는 사실을 과시할 수 있었다. 헤롯은 손수 음식을 해 먹을 수 있는 사람들에게는 분량대로 정확하게 곡식을 나눠 주는 한편 병이나 노쇠함으로 인해 스스로 음식을 조리할 수 없는 사람들에게는 빵을 만들어서 주도록 빵 굽는 자들에게 지시하였다. 헤롯은 또한 겨울의 추위로 인해 고통을 당하는 자들이 없도록 백성들을 보살폈다. 왜냐하면 겨울이 다가오는데 의복이 절대적으로 모자랐기 때문이었다. 양과 염소들이 전멸했을 뿐 아니라 완전히 소모되었기 때문에 옷을 짤 털은 물론 그냥 위에 걸칠 것도 구하기 어려웠다. 헤롯은 자기 백성들을 위해 이런 일을 하는 데 그치지 않고 한 걸음 더 나아가 이웃 나라 백성들을 위해서도 생필품을 공급해 주었다. 헤롯은 수리아인들에게 종자(種子, seed)를 나눠 주었다. 후에 헤롯의 이 선행은 헤롯에게 큰 이익을 가져다주었다. 그것은 수리아인들의 비옥한 옥토에 때맞춰 종자를 뿌린 결과 모두가 풍성한 수확을 거둘 수 있었기 때문이었다. 수확기가 다가오자 헤롯은 휘하에 부양하고 있던 50,000명이나 되는 부하들을 시골로 내려보내 어려움을 겪고 있던 동족들을 도와주었을 뿐 아니라 마찬가지로 재난을 겪고 있던 인근 국가들도 도와주게 했다. 어려움을 겪은 사람들 중에 헤롯의 도움을 받지 않은 사람이 거의 없을 정도였다. 부양해야 할 국민이나 주민이나 식구가 많았기 때문에 어려움을 겪다가 헤롯에게 도움을 요청하여 혜택을 입지 않은 인근 민족이나 도시나 개인은 거의 없었다. 이것을 계산해 보면 외국인에게 준 곡식은 밀 10,000고르(cor)-10아티카 메딤노스(Attic medimnos)가 1고르에 해당한다-에 달하였으며 유대 백성들에게 준 곡식은 80,000고르에 달하였다. 헤롯의 이런 관심과 적절한 도움은 그동안에 그가 저질렀던 방법으로 인해 유대인들의 마음에 쌓였던 미움을 해소시킬 수 있었다. 더욱이 이웃의 외국 백성들이 큰 곤경에 처해 있을 때 풍성한 원조를 한 것이 계기가 되어 헤롯은 외국인들 사이에서 큰 명성을 얻게 되었다. 따라서 믿기 어려울 정도로 극심하게 유대 땅에 몰아닥친 이런 재난들은 헤롯의 영광을 높여 주고 헤롯에게 유익을 주기 위해 나타난 것처럼 보일 정도였다. 이런 극심한 재난 가운데서 그 누구도 기대하지 않았던 헤롯이 보인 이 넓은 아량은 그를 대하는 유대인들의 자세를 완전히 바꾸어 놓았다. 따라서 유대인들은 자기들이 헤롯을 처음부터 나쁜 사람으로 알고 있었는데 이제 보니 결코 그런 사람이 아니라고 생각했다.

3. 헤롯이 자기 경호 부대에서 정예 병사 500명을 뽑아 카이사르에게 원군으로 보낸 것은 바로 이 무렵이었다. 그들은 아일리우스 갈루스(Ælius Gallus)[12]의 인도로 홍해까지 갔으며, 거기서 카이사르에게 도움이 되었다. 헤롯은 나라가 다시 융성해지고 번창하기 시작하자 상부 도시에 왕궁을 지었다. 그는 방들을 매우 높게 짓고 금으로 된 값비싼 가구들과 대리석 의자와 침대 등으로 아름답게 치장했다. 이 방들은 매우 넓었기 때문에 수많은 인원을 수용할 수 있었다. 또한 이 방들이 매우 거창했기 때문에 각기 특별한 이름으로 불렸다. 한 방은 카이사르의 방(Cæsar's), 다른 방은 아그립바의 방(Agrippa's)이라고 불렸다. 헤롯은 또다시 한 여인과 사랑에 빠지게 되었으며, 멋대로 살아서는 안 된다는 이성의 소리에 귀를 막고 그 여인을 아내로 맞이하였다. 그 경위는 아래와 같다. 예루살렘 시민 가운데 시몬(Simon)이라는 자가 있었다. 그는 알렉

---

[12] 아일리우스 갈루스(Ælius Gallus)는 디오(Dio)가 말한 것처럼 그 당시 아라비아 펠릭스(Arabia Felix)를 공격하는 원정군을 이끌고 있던 아일리우스 라르구스(Ælius Largus) 바로 그 사람이 아닌가 생각한다.

산드리아의 유명한 제사장이요 시민이던 보에투스(Boethus)의 아들이었다. 이 시몬에게는 당대 최고의 미인으로 손꼽히는 딸이 하나 있었다. 예루살렘 주민들이 이 처녀의 미모를 칭찬하는 말이 헤롯의 귀에까지 들리게 되었다. 이에 헤롯은 호기심이 생기기 시작했다. 그러던 중 헤롯은 이 처녀를 보게 되었다. 그 처녀를 보자마자 그의 미모에 완전히 빠지고 말았다. 그러나 헤롯은 권력을 이용해서 그 처녀를 욕을 보이고 싶은 생각은 전혀 없었다. 왜냐하면 폭력을 마구 휘두르는 폭군이라는 소리는 듣고 싶지 않기 때문이었다. 따라서 헤롯은 그 처녀를 아내로 맞이하는 것이 제일 좋겠다고 생각했다. 시몬은 헤롯과 인척 관계를 맺을 만큼 신분이 좋은 것도 아니었지만 그렇다고 해서 무시해도 좋을 만큼 천한 신분도 아니었기 때문에 시몬의 가문의 지위를 높여 주는 방법을 써서 지혜롭게 일을 처리했다. 헤롯은 파벳(Phabet)의 아들 예수(Jesus)를 즉시 대제사장직에서 몰아내고 시몬을 대제사장직에 앉힌 다음 (그의 딸과 결혼함으로써) 그와 인척 관계를 맺었다.

4. 이 결혼식이 끝난 후에 헤롯은 자신이 안티고누스에게 쫓겨났다가 다시 복귀할 때 유대인들을 격퇴했던 곳에 성채를 건설했다. 그곳은 예루살렘으로부터 약 60펄롱 떨어진 곳으로서, 천연적인 요새였으며 성채를 건설하기에 적합한 곳이었다. 원래는 완만한 언덕이었는데 인공적으로 더욱 높이 쌓아 올려 여자의 유방과 같은 형태가 되었다. 헤롯은 그 주위를 원형 망대들로 에워싼 후, 올라가는 좁고 가파른 길을 만들었다. 이 오르막길은 다듬은 돌 200개로 만든 계단으로 되어 있었다. 헤롯은 이 성채 안에 화려한 왕실용 건물들을 지었다. 그는 안전성과 미를 함께 고려하여 건물을 세웠다. 성채가 세워진 언덕 기슭에는 여러 면에서 볼 만한 가치가 있는 건물들이 있었다. 그곳은 물이 귀한 지역이었기에 멀리서 막대한 경비를 들여 물을 끌어들였다는 점에서 특히 주목할 만했다. 성채 주변의 평야에는 여느 도시 못지않은 큰 건물들이 많이 있었고, 그 위에 솟아 있는 언덕은 흡사 하나의 거대한 성(castle)과도 같아 보였다.

5. 헤롯은 하는 일이 모두 뜻대로 잘 되자 백성들 가운데 소란이 일어나리라고는 생각도 하지 않았다. 왜냐하면 처벌을 가하는 데 있어서는 조금도 양보하는 것이 없었으므로 유대 백성들은 헤롯을 모두 무서워하고 있었기 때문이었다. 게다가 그들이 큰 어려움에 처해 있을 때 최선을 다해 도와준 일이 있었기 때문이었다. 그 밖에도 헤롯은 백성들의 반역을 대비해서 요새를 세우는 등 외적인 안전 점검을 철저히 하는 일을 게을리하지 않았다. 헤롯은 또한 각 도시에 보내는 서한도 부드럽고 친절하게 썼다. 헤롯은 각 도시의 총독들과도 적절한 교분을 나누었으며 선물들을 줌으로써 호의를 갖도록 유도했다. 그는 자신의 아량과 배포를 과시하여 정권의 기반을 확고히 하려 한 것이다. 결국 이로 인해 헤롯은 만사가 잘 되어 나가기에 이르렀다. 그러나 워낙 성격이 남달랐으며 로마의 카이사르와 세력가들의 환심을 어떻게 해서든지 사야겠다는 생각에 사로잡혀서 거대한 도시들을 세우고, 비록 유대 땅은 아니었으나 신전들을 건설했으므로 유대 율법을 어기지 않으려야 않을 수 없었다. 유대인들은 헬라인들처럼 상(像)이나 동물의 형상에 경의를 표하는 것이 금지되어 있기 때문에 유대에 이런 신전을 세웠다면 아마 유대인이 가만히 있지 않았을 것이다. 어쨌든 헤롯은 우리 유대 지경 밖의 도시들에 신전을 세웠다.13) 이렇게 율법을 어긴 헤롯의 변명은 이와 같았다. "이 모든 것은 내가 하고 싶어서 한 것이 아니라, 카이사르와 로마인의 환심을 사기 위해서는 어쩔 수 없이 그렇게 해야 한다는 다른 이들의 뜻에 따른 것뿐이오." 헤롯은 마치 로마인들의 환심을 사는 것이 중요할 뿐 유대의 율법은 안중에도 없다는 듯이 이렇게 변명하였다. 그러나 사실상 헤롯이 이런 일을 벌인 것은 자신의 업적을 후대에 길이 남기고 싶었기 때문이었다. 헤롯은 이 때문에 막대한 경비를 들이면서까지 아름다운 건축물들을 건설하는 데 몰두했던 것이다.

---

13) 헤롯이 그리스 도시들에 있어서는 연극, 공연, 이방 신전들을 거창하게, 그것도 자기 멋대로 공연하고 건축하는 폭정을 휘둘렀음에도 불구하고, 유대인들의 도시에는 이런 것들을 거의 시도하지 않으려고 했다는 점을 주목해야 한다. 요세푸스의 말에 의하면 유대인들이 아직까지는 모세 율법을 지키려는 열정이 강했기 때문에 이런 것들을 가만히 두고 보지 않았을 것이라는 말이다.

6. 헤롯은 전에 스트라톤의 망대(Strato's Tower)라고 불렀던 해변의 한 지역이 도시를 건설하기에 아주 좋은 것을 확인하고 거대한 도시를 만들고 건물들을 흰 돌로 지을 계획을 세웠다. 그는 계획대로 도시를 건설하고 호화로운 왕궁과 큰 건물들을 지어 도시를 치장했다. 그러나 무엇보다도 힘들고 거대했던 공사는 사철 바다의 파도와는 상관없는 항구를 건설하는 일이었다. 이 항구의 크기는 아덴(Athens, 아테네)의 피라이움(Pyræum) 항구보다 작지 않았으며 도시를 향해 이중으로 배를 댈 수가 있었다. 이 항구는 뛰어난 기술로 만들어졌다. 그러나 이 항구는 그런 멋진 건축물이 어울리지 않는 곳인데 막대한 비용을 들여 외부에서 가져온 재료를 사용하여 완성을 보았다는 점이 더 특기할 만했다. 이 도시는 베니게(Phoenicia) 안에 있는데 정확히 말하면 항구로는 적합하지 않은 소규모 해안 도시인 욥바(Joppa)와 도라(Dora) 사이 애굽으로 향하는 바다의 관문에 위치하고 있었다. 욥바와 도라가 항구로 적합하지 못한 원인은 강한 남풍에 의해 바다로부터 모래가 밀려와서 바닷가에 쌓이는 바람에 배가 항구에 접근하지 못해서였다. 따라서 상인들은 바닷가에 배를 대지 못하고 바다에다 그냥 닻을 내리는 경우가 허다했다. 헤롯은 이런 불편을 없애기 위해 큰 배들도 안전하게 정박할 수 있는 항구를 건설할 적지를 물색하고 계획을 세웠던 것이다. 헤롯은 길이가 50피트(feet), 너비가 18피트, 높이가 9피트 이상 되는 큰 돌들을 깊이가 120피트(20패덤[fathom]) 되는 바닷속에 넣어 항구를 건설했다. 사실상 돌의 크기는 이보다 더 큰 것도 있고 더 작은 것도 있었다. 헤롯이 바닷가에 건설한 이 인공항은 너비가 200피트였다. 이 중 반은 부딪혀 오는 파도를 막아 내는 방파제였기에 프로키마티아(procymatia) 혹은 파도 첫 차단 장치라고도 불렀다. 나머지 반은 그 위에 성벽과 여러 망대가 건설되어 있었다. 그 망대 중에서 가장 큰 망대는 드루수스(Drusus) 망대였다. 이 망대는 매우 뛰어난 건축물인데 젊어서 죽은 카이사르의 조카사위인 드루수스의 이름을 딴 것이었다. 또한 이 항구에는 선원들이 거주하는 수많은 아치형 구조물들이 있었으며 이 아치형 구조물 앞에는 전 항구를 가로지르는 선창(부두)이 있었다. 이 선창은 산보하기에는 더할 나위 없이 좋은 곳이었다. 항구의 입구는 이곳에서 가장 바람이 잠잠한 북쪽 지역에 만들었다. 항구로 들어서면 왼쪽에는 원형 탑

이 하나 서 있었다. 이 탑은 매우 견고하게 만들어졌으며 아무리 심한 파도라도 견딜 수 있었다. 이와 반대편, 즉 항구로 들어서서 오른쪽에는 탑보다 큰 두 개의 거대한 돌이 연결되어 서 있었다. 원형의 항구를 따라 다음은 돌로 지은 많은 건축물들이 있었다. 게다가 약간 높은 언덕에는 신전이 세워져 있어서 항구를 향해 들어오는 배들이 멀리서도 바라볼 수 있었다. 또한 이 항구에는 로마(Rome, 국가 로마를 의인화한 로마의 여신 – 편집자 주)와 카이사르의 상(像)이 하나씩 있었다. 이 항구 도시는 가이사랴(Caesarea)라고 불렀는데 좋은 건축 자료와 멋진 기술이 만들어 낸 아름다운 도시였다. 게다가 지하실이나 지하 저장실 또한 지상의 건물 못지않게 아름다운 구조로 건축되었다. 몇몇 지하 저장실은 항구나 바다까지 지하 통로로 연결되어 있어서 물건을 지하로 직접 운반할 수 있었다. 그중 한 지하 통로는 경사지게 만들어 다른 지하 통로와 모두 연결되어 있어서 빗물이나 각 가정의 하수를 모아 바다로 흘려보내는 하수구 역할을 했다. 즉 밀물 때에 바닷물이 도시 내까지 들어와서 지하 통로에 모인 온갖 더러운 것들을 깨끗하게 쓸어 갔던 것이다. 헤롯은 또한 돌로 경기장을 건설하였으며 항구 뒤편 남쪽 지역에 바다를 바라볼 수 있는 전망이 좋은 곳을 택하여 수많은 인원을 수용할 수 있는 거대한 원형 경기장(amphitheatre)을 건설하였다. 가이사랴는 이렇게 해서 12년 동안의 공사를 거쳐 완공되기에 이르렀으나, 그동안 헤롯은 공사를 진척시키는 데 있어서나 필요한 자금을 조달하는 데 있어서 어려움을 거의 겪지 않았다.

제10장

헤롯이 자기 아들들을 로마에 보낸 경위,
제노도루스와 가다라인들이 헤롯을 카이사르에게 고소하였으나
헤롯이 혐의를 벗고 오히려 카이사르의 호의를 사게 된 경위,
그리고 바리새파와 에세네파와 마나헴에 관하여

1. 헤롯은 이같이 건축에 온 정성을 기울이면서 세바스테(Sebaste, 사마리아 [Samaria])도 다시 건설하였다. 그 후 헤롯은 카이사르와 교분을 가질 기회를 주기 위해서 아들인 알렉산드로스(Alexander)와 아리스토불루스(Aristobulus)를 로마로 보냈다. 헤롯의 아들들은 로마에 도착한 후 헤롯과 매우 친한 사이 였던 폴리오(Pollio)[14]의 집에 거하게 되었다. 카이사르는 헤롯의 아들들을 극진하게 영접한 후에 자신의 왕궁에 거해도 좋다고 허락하였다. 카이사르는 또한 헤롯에게 유대 왕국을 마음에 드는 아들에게 물려주어도 좋다고 허락하였다. 이 밖에도 카이사르는 헤롯에게 드라고닛(Trachonitis, 트라코니티스)과 바타네아(Batanea)와 아우라니티스(Auranitis)를 아래와 같은 경위로 하사해 주었다. 제노도루스(Zenodorus)[15]라는 인물이 있었는데 그는 리사니아스의 집(House of Lysanias)이라 불리는 곳을 임차했었다. 그런데 수입이 얼마 안 되자 드라고닛에 근거지를 둔 일단의 강도들과 공모하여 많은 수익을 올리게 되었다. 드라고닛의 강도들은 닥치는 대로 살아가는 자들로서 다메섹 지역을 계속 약탈하였으나 제노도루스는 그들을 금하기는커녕 약탈품을 나누어 가졌다. 이로 인해 인근 지역 주민들이 큰 피해를 입게 되었고 그들은 수리아의 총독이었던 바로(Varro)에게 고통을 호소하는 한편 제노도루스의 이런 죄에 대하여 카이사르

---

[14] 헤롯의 아들들이 로마에 거주할 때 묵었던 집의 주인인 폴리오(Pollio)는 요세푸스가 앞서 언급한 바 있는 바리새인 폴리오(Pollio)가 아니라 로마인 아시니우스 폴리오(Asinius Pollio)였다.
[15] 이 제노도루스(Zenodorus)는 성격이 스트라본(Strabo)의 기록에 나오는 동명(同名)의 유명한 강도와 아주 흡사할 뿐 아니라 활동한 나라와 시기도 동일하기 때문에 이 두 인물이 동일 인물임은 의심할 여지가 거의 없어 보인다.

에게 서신을 통해 알릴 것을 간청하였다. 이런 내용의 서신을 받은 카이사르는 바로에게 강도들의 소굴을 습격하여 분쇄해 버리고 그 땅을 헤롯에게 주어 관리하게 하여 인근 주민들이 드라고닛인들의 강도 짓으로 인해 괴로움을 당하지 않도록 하라고 지시하는 답신을 보냈다. 사실상 이들을 통제하는 일은 결코 쉬운 일이 아니었다. 왜냐하면 남을 약탈하는 방식으로 삶을 영위해 온 것이 하루 이틀이 아니었으며 달리 생활을 꾸려 갈 방도가 없기 때문이었다. 그들은 그들 소유의 도시도 없고 땅도 없었으며 땅속의 동굴과 은신처밖에 아무 것도 가진 것이 없으며 사람과 가축이 이 동굴 속에서 함께 생활하였다. 더욱이 그들을 쉽게 억제할 수 없는 또 다른 이유는 나름대로 물을 얻는 방법을 고안해 내고 곡식을 비축해 놓았을 뿐 아니라 어떤 습격에도 강력히 대항할 준비를 다 갖추어 놓은 데 있었다. 게다가 동굴로 들어가는 입구는 한 사람이 겨우 통과할 정도로 좁은 반면에 내부는 믿기 어려울 정도로 넓었다. 이들이 거처하는 은신처는 산간 지방이 아니라 평지에 있었으나 바위들이 많아 접근하기가 무척 어려웠고 길이 복잡해서 길을 잘 아는 안내자가 없이는 길을 찾기가 무척 어려웠다. 이들은 사정에 의해 인근 지역 주민들을 약탈하지 못할 경우에는 자기들끼리 서로 약탈을 자행하는 것이 예사로 되어 있었다. 따라서 온갖 죄악이 들끓는 곳이었다. 그러나 헤롯은 카이사르에게서 이런 명령을 받은 후에, 이 지역으로 출동하여 노련한 안내자들의 길 안내를 받아 그들이 더 이상 강도 짓을 하지 못하도록 조치했으며 인근 지역 주민들에게 평화와 안정을 가져다주었다.

2. 이에 제노도루스는 몹시 괴로웠다. 자기의 세력이 위축된 것도 괴로운데, 게다가 헤롯이 그것을 차지했으니 질투심이 생겨 견딜 수가 없었다. 따라서 그는 로마로 가서 헤롯을 고소하였으나 성공을 거두지 못하고 빈손으로 돌아올 수밖에 없었다. (바로 이 무렵) 아그립바(Agrippa)가 카이사르(Cæsar)의 뒤를 이어 이오니아해(Ionian Sea) 이북 지역을 다스리게 되었다. 헤롯은 아그립바와 각별한 친구 사이였기 때문에 그가 미틸레네(Mitylene)에서 겨울을 지내는 동안 가서 만나 본 후 다시 유대로 돌아왔다. 그런데 일부 가다라인(Gadarens)들이 아

그립바를 찾아와 헤롯을 고소하는 사건이 발생했다. 그러나 아그립바는 그들의 이야기를 들으려고도 하지 않고 헤롯왕에게 복종하라고 명한 후 돌려보냈다. 한편, 그렇지 않아도 그 전부터 헤롯에게 적대감을 가지고 있던 아라비아인(Arabians)들은 어떤 문제로 나쁜 감정을 품고 있었으며 따라서 헤롯의 왕국 안에서 반란을 일으키려고 시도하였다. 그들은 자기들의 행동이 정당하다고 생각하였다. 그 자세한 내막은 아래와 같다. 헤롯을 고소하려다가 실패의 쓴 잔을 마신 적이 있던 제노도루스는 아우라니티스(Auranitis) 지역을 아라비아인들에게 50달란트를 받고 팔았다. 그러나 이 지역은 카이사르가 헤롯에게 하사한 땅이었다. 따라서 아라비아인들은 돈을 주고 산 땅을 부당하게 빼앗길 수 없다고 하여 헤롯과 투쟁을 벌이게 되었다. 그들은 때로는 헤롯을 무력을 동원해서 습격하기도 하고 때로는 헤롯을 고소하는 방법을 동원하는 등 이중 전략을 쓰면서 헤롯과 투쟁을 벌였다. 더욱이 이들은 가난한 병사들을 부추겨 헤롯에게 반역을 하도록 유도하였다. 그들은 어떻게 해서든지 헤롯에 대해 반란을 일으켜야 승산이 있다고 본 것이었다. 그들의 이런 의도에 가장 열성적인 자세를 취한 자들은 가장 비참한 삶을 영위해 가던 자들이었다. 그러나 헤롯은 이런 시도들이 진행되고 있다는 것을 알면서도 그들을 가혹하게 대하지 않았으며 부드럽게 유화시키는 방법을 택했다.

3. 헤롯이 유대를 다스린 지 17년이 지났을 때 카이사르가 수리아를 방문하게 되었다. 이때 대부분의 가다라(Gadara) 주민들은 헤롯을 엄한 명령만 내리는 독재자라고 비난하며 아우성을 쳤다. 이들이 헤롯을 비난하고 나선 것은, 가다라 지역을 헤롯에게서 빼앗아 카이사르의 영토에 병합시킬 때까지는 헤롯을 그냥 내버려두지 않겠다고 굳게 맹세한 제노도루스의 사주에 의한 것이었다. 가다라 주민들은 제노도루스의 사주를 받고 헤롯을 향해 적지 않은 비난을 퍼부은 것도 사실이나 그들이 용감하게 비난의 목소리를 높일 수 있었던 것은 아그립바가 처벌하라고 넘겨준 자를 헤롯이 처벌하지 않고 그냥 놓아주었기 때문이었다. 사실상 헤롯은 자기 가족의 잘못은 무참할 정도로 무섭게 다루면서도 다른 이의 죄는 너그럽게 용서해 준 인물로 세상에서 둘째가라면 서러워

할 인물이었다. 그들은 헤롯이 자기들에게 해를 가하고 약탈을 서슴지 않았으며 신전들을 파괴했다고 카이사르에게 고소하였다. 이에 헤롯은 그들의 고소에 조금도 개의치 않는 듯한 태도로 자기변호를 했다. 그러자 카이사르는 헤롯에게 오른손을 내밀면서 지지한다는 태도를 보여주었다. 이에 첫날만 헤롯에 대한 고소가 있었을 뿐 더 이상 그에 대한 고소는 없었다. 그것은 카이사르와 그의 보좌역들이 헤롯에게 호감을 갖고 있는 것을 본 가다라 주민들이 헤롯왕에게 넘겨져 처벌당할지도 모른다는 우려에서 밤에 혀를 물고 자결하는가 하면 절벽에서 투신하기도 하고 강에 몸을 던져 스스로 목숨을 끊기도 했기 때문이었다. 이러한 사건은 가다라 주민들이 죄를 저질렀으며 또 성급했다는 점을 스스로 보여준 증거처럼 보였다. 이에 카이사르는 더 이상 지체하지 않고 헤롯의 모든 혐의를 벗겨 주었다. 이때 헤롯에게 유익을 안겨다 준 또 다른 사건이 발생했다. 제노도루스가 수리아의 안디옥에서 병이 들어 배가 터져 많은 피를 흘리고 세상을 떠난 것이다. 이에 카이사르는 그의 적지 않은 영토를 헤롯에게 하사해 주었다. 그 영토는 드라고닛과 갈릴리 사이에 위치해 있었으며 울라타(Ulatha)와 파네아스(Paneas)와 인근 지역을 포함하고 있었다. 카이사르는 또한 헤롯을 수리아의 행정 장관 중의 하나로 임명하고, 그들에게 무슨 일이든지 그의 허락을 받고 시행하라고 지시하였다. 한마디로 말해, 헤롯은 이제 더할 나위 없는 행복의 정점에 오르게 된 것이다. 거대한 로마 제국을 단 두 사람, 즉 카이사르와 카이사르가 총애하는 측근인 아그립바가 다스리고 있었는데, 카이사르는 아그립바를 제외하고는 헤롯을 가장 총애하였으며 아그립바 또한 카이사르를 제외하고는 헤롯을 가장 절친한 친구로 생각하고 있었다. 헤롯은 이같이 카이사르와 교분을 두텁게 한 후에 카이사르에게 동생 페로라스(Pheroras)에게 분봉령(tetrarchy)[16]을 내려 달라고 요청했다. 헤롯은 자기의 왕국에서 나오는 세입(稅入) 중에서 100달란트를 동생에게 주겠다고 덧붙였다. 자기에게 무슨 일이 생기더라도 자기 아들들이 동생을 지배하지 못하도록 동생을 안

---

16) 분봉령(tetrarchy)은 원래 전체 왕국이나 지역의 4분의 1의 영토를 의미하며 분봉왕(tetrarch)은 전체 왕국이나 지역의 4분의 1을 다스리는 지배자를 의미한다.

전하게 보호하기 위해서 그러는 것이니 허락해 달라고 요청했다. 그 후 헤롯은 해안까지 카이사르를 배웅한 후 돌아와서는 제노도루스의 영토였던 파니움(Panium, 파네아스[Paneas]를 가리킴-편집자 주) 근처에 흰 돌로 매우 아름다운 신전을 지었다. 이곳은 원래 천연적인 아름다운 동굴이 있는 곳이다. 이 동굴 안에는 땅속으로 큰 공동(空洞)이 있었다. 동굴은 가팔랐으며 몹시 깊었고 고요한 물이 가득 차 있었다. 그 동굴 위로 큰 산이 솟아 있었고 요단강은 이 동굴로부터 발원(發源)하였다. 헤롯은 그렇지 않아도 아름다운 이곳을 신전을 지어 아름답게 치장한 후에 신전을 카이사르에게 봉헌하였다.

4. 이때 헤롯은 기근으로 인한 어려움을 도와준다는 명목으로 백성들의 세금을 3분의 1 감면해 주었다. 그러나 실제 이유는 실추된 백성들의 신망을 회복하고자 하는 데 있었다. 그 당시 헤롯은 백성들의 신망을 회복해야 할 필요성이 있었다. 헤롯이 유대 종교와 풍습을 와해시킬 위험이 있는 새로운 풍습을 도입하는 등 변혁을 꾀했기 때문에 백성들은 헤롯에 대해 불만이 많았다. 백성들은 헤롯의 처사에 대해 모이기만 하면 불만을 터뜨렸으며 헤롯의 후속 행동에 따라서 불만을 폭발시킬지도 모르는 양상을 보였다. 백성들이 이렇게 불만이 많은 것을 안 헤롯은 각별히 신변 안전에 주의를 기울였으며 소란을 일으킬 기회를 주지 않고 계속 일에만 몰두하도록 몰아붙였다. 헤롯은 시민들이 함께 만나거나, 걷거나, 심지어는 같이 식사를 나누는 것조차 못하게 금지하였으며, 시민들의 일거수일투족을 감시하다가 명령을 어긴 것이 적발되면 무섭게 처벌하였다. 따라서 알게 모르게 히르카니아(Hyrcania) 성채로 끌려가 죽음을 당한 사람의 수는 적지 않았다. 헤롯은 도시마다 길마다 정탐꾼을 배치하고 만나는 사람들의 동태를 감시하게 했다. 헤롯은 이런 식의 경계를 게을리하지 않는 한편 밤이면 가끔 평민 복장으로 변장하고 사람들 속에 끼어들어 자기의 통치 방법에 대해 어떤 생각을 갖고 있는지를 타진해 보았다. 헤롯은 자기의 통치 밑에서 입을 다물고 순종할 가능성이 전혀 없는 사람들은 온갖 방법으로 박해를 가한 반면에 나머지 백성들에 대해서는 충성을 다 바치겠다고 맹세할 것을 강요했다. 이에 대부분의 백성은 헤롯의 환심을 사기 위해

서인지 아니면 두려워서인지 모르나 그의 요구에 복종했다. 그러나 헤롯의 강압적인 방법에 분개했던 일부 직선적이고 노골적인 백성들은 헤롯의 손에 이런저런 방법으로 죽음을 당했다. 헤롯은 또한 바리새인 폴리오(Pollio)와 사메아스(Sameas)와 바리새파 사람들을 설득시켜 자신에게 충성을 맹세하도록 하기 위해 많은 애를 썼다. 그러나 이들은 헤롯의 요구에 굴복하지 않았다. 그럼에도 불구하고 이들은 다른 이들처럼 처형되지 않았다. 왜냐하면 헤롯이 폴리오에게 존경심을 갖고 있었기 때문이었다. 유대 종파의 하나인 에세네파도 충성할 것에 대한 헤롯의 요구에서 면제되었다. 에세네파는 헬라인들이 피타고라스 학파(Pythagoreans)라고 부르는 자들과 동일한 생활 방식을 갖고 있었다. 이 에세네파에 대해서는 다른 곳에서 더 상세히 다루도록 하겠다. 그러므로 여기서는 단지 헤롯이 무슨 이유로 에세네파를 존경했으며 그들도 똑같은 인간임에도 불구하고 그 이상으로 생각했는가를 살펴보는 것만으로 그치도록 하겠다. 이것이 우리가 현재 살펴보는 역사와 결코 무관한 것이 아님은 그 당시의 사람들이 에세네파를 어떻게 생각하고 있었는가를 우리에게 보여주고 있기 때문이다.

5. 에세네파의 일원 가운데는 매우 모범적인 삶을 영위할 뿐 아니라 미래를 예언하는 능력이 있다는 평판을 지닌 마나헴(Manahem)이라는 인물이 있었다. 이 마나헴이 헤롯이 소년이었을 때 학교에 가는 것을 보고는 "유대인의 왕이시여, 안녕하십니까?"라고 문안 인사를 건네었다. 헤롯은 마나헴이 자기가 누구인지를 전혀 모르거나 아니면 농담을 하고 있는 줄로 생각하고 자기는 일개 평민에 불과하다고 대꾸했다. 그러나 마나헴은 얼굴에 웃음을 띠고 손으로 헤롯의 등을 툭 치면서 이같이 말했다. "지금은 비록 그럴지라도 소년은 장차 왕이 될 것이고 행복한 시작을 맞을 것이오. 하나님이 소년이 그럴 만한 자격이 있다고 보셨기 때문이오. 이 마나헴이 소년의 운명의 일대 전환의 상징으로 등을 두드린 것을 잊지 마시오. 그러므로 왕이 되면 하나님을 경외하고 인간에게 의를 베풀고 백성들을 부드럽게 대하는 것이 자신에게도 유익한 것임을 기억하시오. 그러나 나는 미래에 소년의 행동이 어떠할 것임을 이미 알고

있소. 소년은 내가 앞서 말한 그런 인물은 되지 않을 것이오. 소년은 누구보다도 큰 명성을 얻고 큰 행복을 누릴지는 모르나 하나님을 경외하지 않을 것이며 백성들에게 의도 베풀지 않을 것이오. 그러나 이런 죄들은 소년의 생의 종말에 가서 하나님이 결코 모르시지 않음이 드러날 것이오. 그때 가서야 소년은 하나님이 그 모든 죄악을 기억하고 계시며 그 죄악에 대해 심판하시려고 한다는 점을 깨닫게 될 것이오." 그러나 이때 헤롯은 자기가 어떻게 왕의 자리에까지 올라갈 수 있을까를 의심하여 마나헴의 말에 귀를 기울이지 않았다. 그러나 그 후 헤롯이 왕위에 오르고 권력의 절정에 달했을 때야 비로소 마나헴의 말이 그냥 지나칠 수 없는 말임을 깨닫고 마나헴을 찾아내 불러온 다음 얼마나 오랫동안 왕으로 통치할 수 있는지를 물었다. 그러나 마나헴은 묵묵부답이었다. 이에 헤롯이 답답하여 "10년은 통치할 것 같소?"라고 다그쳐 물었다. 그러나 마나헴은 "그렇소. 20년, 아니 30년은 통치할 것 같소."라고 대답할 뿐 정확한 통치 기간은 말하지 않았다. 헤롯은 그의 대답에 만족하여 그에게 손을 내밀었다. 그리고 그를 돌려보내고는 그 후부터 에세네파라고 하면 누구든지 존경하였다. 독자들이 보기에 이해할 수 없는 일일지 몰라도 유대 역사 가운데 실제로 발생한 일이기에 잠깐 살펴보았다. 유대인들은 많은 에세네파 사람들이 경건한 삶을 살았기에 하나님의 계시를 받을 만한 자격이 충분하다고 일반적으로 생각하였다.

제11장

헤롯이 성전 재건을 시작하여
전보다 더 높이 더 장엄하게 건축한 경위,
그리고 안토니아 망대를 건설하게 된 경위

1. 헤롯이 위에서 언급한 여러 가지 일을 행한 후 재위 제18년에 매우 거대한 공사, 즉 하나님의 성전 건축 공사[17]를 시작했다. 헤롯은 성전을 전보다 더 넓히고 더 높여서 웅장한 건축물로 만들고자 하였다. 이 공사는 사실상 나타난 결과도 그러했으나 완공만 되면 그의 업적 중 가장 뛰어난 업적으로 영원히 기록될 만한 것이었다. 그러나 헤롯은 백성들이 그런 엄청난 계획을 도와줄 준비뿐 아니라 자세도 갖추어지지 않은 것을 보고, 먼저 백성들을 설득한 다음 일을 시작해야겠다고 생각했다. 따라서 헤롯은 백성들에게 이같이 말했다. "동포 여러분! 내가 왕위에 오른 후 벌인 다른 많은 건축 공사에 대해서는 일일이 말을 하지 않아도 여러분이 잘 알고 있을 것입니다. 내가 건축물을 지을 때 나의 영광보다는 여러분의 안전을 더 생각했음을 굳이 밝힐 필요는 없을 것입니다. 그렇다고 해서 여러분이 극심한 고통을 당했을 때 모른 척한 것도 아닙니다. 지금까지 지어온 건물은 나보다는 바로 여러분의 안전을 위한 것이었습니다. 더욱이 나는 하나님의 도우심을 힘입어 역대 어느 때보다도 유대국을 행복한 나라로 만들 수 있었습니다. 여러분의 나라, 여러분의 도시, 그리고 최근에 우리가 획득한 도시에 이르기까지 우리가 세우고 아름답게 꾸며 우리 유대국의 국위를 만방에 떨친 건축물들이 어떤 것이 있는지 여러분이 너무 잘 알고 있으므로 일일이 열거할 필요가 없을 것입니다. 그런데 이 시점에서 나는 내 마음속에 품고 있는 계획 하나를 여러분에게 밝히고자 합니다. 이 계획은 우리

---

[17] 이 헤롯의 성전이 제3의 성전임에도 불구하고 제2성전이라고 부르는 현대 유대인들의 잘못된 인식은 후대의 기독교인들도 지지한 바가 있으나 어떤 확고한 근거가 있는 것은 아닌 것 같다.

가 이룰 수 있는 가장 경건하고 우수한 건물을 짓자는 것입니다. 우리의 선조들은 바벨론에서 귀환한 후 이 성전을 전능하신 하나님께 지어 바쳤습니다. 그러나 이 성전은 넓이와 높이가 60규빗이 모자랍니다. 솔로몬이 지었던 첫 성전은 이 성전보다 그만큼 더 컸습니다. 그러나 그렇다고 해서 우리 선조들이 태만했다거나 경건함이 부족했다고 비난해서는 안 됩니다. 성전을 더 크게 짓지 않은 것이 그들의 잘못은 아니기 때문입니다. 고레스(Cyrus)와 히스타스페스(Hystaspes)의 아들 다리오(Darius)가 성전의 규모를 미리 결정해 놓고 그렇게 건축하라고 지시했기 때문입니다. 이 성전을 원래의 성전의 규모대로 짓지 못한 또 하나의 이유는 우리 선조들이 그들과 그들의 후손과 또 나중에는 마게도냐인들의 세력에 계속 굴복할 수밖에 없었기 때문입니다. 따라서 그들은 성전을 더 크게 지을 기회를 갖지 못했던 것입니다. 그러나 이제 내가 하나님의 뜻에 의해 여러분의 지배자가 되었고 오랫동안 평화를 누려왔으며 많은 세입(稅入)과 부를 축적할 수가 있었습니다. 게다가 가장 중요한 것은, 내가 전 세계의 지배자인 로마인들과 우호 관계를 맺고 있을 뿐 아니라 로마인들에게 큰 대접을 받고 있다는 사실입니다. 따라서 나는 이제 우리가 그동안 남의 속박을 받으면서 살아왔기에 어쩔 수 없이 보고만 있었던 불완전을 고치기 위해 최선을 다하고 싶습니다. 내가 할 수 있는 한 가장 완전한 성전을 하나님께 지어 드림으로써, 내게 이 왕국을 주시는 등 한없는 은혜를 베푸신 하나님께 가장 경건한 방법으로 감사하고자 하는 것입니다."

2. 헤롯이 백성들에게 한 말이 너무나 예상 밖이기 때문에 많은 백성은 놀라움을 표시했다. 이는 너무나 엄청난 것이기 때문에 백성들의 마음은 착잡하기만 했다. 헤롯이 성전을 더 크게 짓는답시고 현재의 성전을 다 헐어 버리고 계획했던 대로 완공시키지 못하면 어떻게 할까 하는 의심이 백성들의 마음을 사로잡았다. 너무나 엄청난 공사였기 때문에 마음먹은 대로 되지 않을 것을 알고 있는 유대인들로서는 걱정이 적지 않았다. 그들이 이런 생각에 잠혀 있자 이를 간파한 헤롯은 성전을 완공시킬 만큼 만반의 준비를 갖추기 전에는 성전을 헐지 않겠다고 약속했다. 헤롯은 이같이 약속한 것을 끝까지 지켰다. 그

는 석재(石材)를 운반할 마차 1,000대를 준비하고 건축 숙련공 10,000명을 동원하는 한편 제사장 의복 1,000벌을 샀다. 그는 제사장의 일부는 석공 기술을 배우게 하고 일부는 목공 기술을 배우게 한 후 성전 건축을 시작하였다. 즉 헤롯은 만반의 준비를 갖춘 후에 성전을 건설하기 시작한 것이다.

3. 헤롯은 성전의 옛 기초를 제거한 후에 새 기초를 놓고 그 위에 성전을 세웠다. 그는 길이는 100규빗으로, 높이는 기존 높이에서 20규빗을 더 높여 성전을 지었다. 그런데 기초가 내려앉는 바람에 그만 20규빗 부분이 무너지고 말았다. 네로(Nero) 시대에 유대인들이 다시 세우려고 계획했던 것이 바로 이 무너진 부분이었다. 성전은 희고 견고한 돌로 만들어졌다. 돌 하나의 크기는 길이 25규빗, 높이가 8규빗, 너비가 약 12규빗이었다. 전체의 구조는 왕의 행각(Royal Cloister)처럼 양쪽 측면은 낮고 가운데는 높은 형태였다. 따라서 멀리 떨어진 곳에 사는 사람들도 그 모습을 볼 수 있었다. 그러나 특별히 맞은편 너머에 거주하는 자들과 성전을 향해 오는 자들은 그 모습을 더욱 뚜렷이 볼 수 있었다. 성전에는 입구에 문이 있으며 문 위에는 성전과 높이가 같은 상인방(上引枋, lintel)이 있었다. 문 위에는 자색 꽃들과 기둥 모양이 수놓아진 휘장이 늘어져 있었다. 또한 기둥 모양에는 꼭대기 부분 밑에 금포도나무가 수놓아져 있었는데 포도나무 가지가 높은 꼭대기에 멋지게 매달려 있는 모양으로 되어 있었다. 그 웅장한 크기와 정교한 솜씨는 보는 이들의 찬탄을 자아낼 만한 것이었다. 헤롯은 또한 성전과 조화되게 비례를 맞추어서 매우 큰 행각들로 성전 전체를 둘러싸게 했다. 헤롯은 성전을 공사하는 데 막대한 비용을 들였다. 헤롯 이전의 어떤 사람도 성전을 짓는 데 그만큼 많은 돈을 투자한 적은 없을 것이다. 행각 옆에는 높은 벽을 쌓았다. 이 벽 또한 그전에는 들어 보지 못했을 만큼 거대한 구조물이었다. (성전이 세워진) 산은 바위투성이의 언덕으로서 예루살렘시의 동쪽 부분으로 서서히 낮아져 평지보다 약간 높은 지대와 연결되어 있었다. 이 산은 솔로몬왕이 하나님의 계시를 받아 성벽을 둘러쌓은 바로 그 산이었다. 이 성벽은 윗부분과 정상 주위가 모두 훌륭한 솜씨로 건설되었다. 헤롯은 또한 맨 밑바닥 지점에서 시작한 성벽도 쌓았다. 이 성벽은 깊

은 골짜기를 에워싸는 성벽이었다. 헤롯은 또한 남쪽에 바위들을 무더기로 쌓아 놓고 납으로 바위들을 서로 연결시켜 높이 솟게 하여 그 위에 세울 사각형의 구조물이 더욱 크게 보이고 더욱 높게 보이게 했다. 헤롯은 바위들의 내면은 쇠로 고정시켜 접합 부분이 오랜 세월이 지나도록 흔들리지 않도록 했다. 그는 이렇게 깊숙이 파인 곳을 메꾸어 산의 꼭대기와 거의 평평하게 기초 공사를 마무리했다. 헤롯은 또한 이 산 전체를 성벽으로 둘러쌓았다. 이 성벽은 한 면이 1펄롱씩, 주위가 모두 4펄롱이었다. 이 성벽 안쪽으로는 성벽 꼭대기부터 돌로 만든 또 다른 성벽이 있었다. 이 안쪽 성벽의 동쪽 부분에는 이중의 행각이 성벽 길이만큼 만들어져 있었다. 그리고 바로 이 성벽 중앙에 성전이 세워져 있었던 것이다. 이 이중의 행각은 성전의 정문을 정면으로 바라보고 있었다. 이 행각은 그전부터 많은 왕들이 치장을 해왔었다. 성전 전체 주위에는 헤롯이 아라비아인들은 물론 그 밖의 야만국에서 빼앗아 하나님께 바친 약탈품들이 그야말로 즐비하게 놓여 있었다.

4. 한편 (성전의) 북쪽에는 매우 견고한 사각형 모양의 성벽으로 지어진 성채가 있었다. 이 성채는 헤롯 이전에 대제사장까지 겸임했던 아스모네우스(Asamoneus) 왕조의 왕들이 세운 것이었다. 그 왕들은 이 성채를 '망대'(Tower)라고 부르고 대제사장이 제사 때만 유일하게 입는 대제사장의 의복들을 그곳에 보관해 두곤 했었다. 헤롯도 이 의복들을 그곳에 보관해 두었다. 그런데 헤롯이 사망한 후 이 의복들은 티베리우스 카이사르(Tiberius Cæsar, 한글판 개역개정 성경에는 디베료로 되어 있음-편집자 주) 때까지 로마의 관리하에 그곳에 보관되어 있었다. 그런데 티베리우스 카이사르의 통치 때 수리아의 총독이었던 비텔리우스(Vitellius)는 한번 예루살렘을 방문하게 되었다가 유대인들로부터 극진한 영접을 받게 되자 그들이 보여준 호의에 무엇인가 보답해야겠다고 생각하기에 이르렀다. 이에 백성들이 그 거룩한 의복들을 자기들이 관리할 수 있도록 해달라고 간청하자 비텔리우스는 이를 티베리우스 카이사르에게 서신으로 알리고 그들의 요청을 들어주도록 요구하였다. 이 요구를 티베리우스 카이사르가 들어줌으로써 이 거룩한 의복들에 대한 관리권은 아그립바(Agrippa)왕 때까지 계

속 유대인이 소유할 수 있었다. 그러나 그 후 수리아의 총독이었던 카시우스 롱기누스(Cassius Longinus)와 유대의 총독이었던 쿠스피우스 파두스(Cuspius Fadus)가 예전처럼 그 의복들은 안토니아 망대에 보관하는 것이 마땅하다고 주장하면서 유대인들에게 그렇게 하도록 지시하였다. 이에 유대인들은 사신들을 클라우디우스 카이사르(Claudius Cæsar)에게 보내 도와줄 것을 요청하였다. 사신들이 로마에 도착하자, 그 당시 로마에 있던 아그립바 2세(Agrippa junior)는 황제에게 간청하여 대제사장의 의복들을 계속 관리할 수 있는 특권을 얻어 냈다. 황제는 그 당시 수리아 사령관이었던 비텔리우스(Vitellius)에게 유대인들이 그 의복들을 관리할 수 있도록 하라고 지시했다. 그전부터 이 의복들은 대제사장과 성전의 재무관들의 책임 아래 보관되고 있었다. 절기 전날이면 재무관들이 성전을 지키는 로마 수비대 대장을 찾아가 그들 자신의 증인(證印)을 보여주고 대제사장의 의복들을 받았다. 그 후 절기가 끝나면 재무관들은 의복을 가지고 로마 수비대 대장을 다시 찾아가 증인을 보이면, 수비대 대장은 자기가 소유하고 있던 증인과 대조해 보고 그곳에 보관하였다. 이것만 보아도 이 의복 하나 때문에 우리가 얼마나 많은 고통을 당했는가를 충분히 알 수가 있을 것이다. 한편 헤롯왕은 성전을 더욱 안전하게 지키기 위해 이 성채를 전보다 더욱 견고하게 요새화하고 자기 친구요 로마의 통치자였던 안토니우스(Antonius)의 환심을 사기 위해 그 성채를 안토니아(Antonia) 망대라고 이름 붙였다.

5. 성전의 서쪽 방면에는 문이 네 개가 있었다. 첫째 문은 중간의 계곡을 가로질러 왕궁으로 통하는 문이었고, 두 개의 문은 도시의 교외로 통하는 문이었으며, 나머지 마지막 문은 바로 도시로 통하는 문이었다. 이 문을 나서면 수많은 계단이 계곡 깊숙이까지 내려가다가 다시 오르막 비탈을 따라 올라가는 형식으로 나 있었다. 왜냐하면 도시와 성전이 경기장 모양으로 마주 보고 있었으며 성전의 남쪽 부분과 도시 사이에 깊은 계곡이 가로놓여 있었기 때문이었다. 한편 성전의 남쪽 면의 중앙에는 문들이 있었으며 동쪽 계곡에서 서쪽 계곡에 이르는 짧은 간격을 따라 왕의 행각(Royal Cloister)이 세 통로로 만들어져 있었다. 양쪽에 계곡이 있었기에 더 가려야 갈 수가 없었다. 이 행각은 이 세

상의 어떤 행각보다 언급할 가치가 있는 행각이었다. 계곡이 워낙 깊기 때문에 산 정상에서 내려다보아도 바닥이 보이지 않을 정도였는데, 행각이 워낙 높게 건설되었기 때문에 그 위에서 내려다보면 계곡 밑바닥까지는 아득하여 보이지 않았고 현기증이 날 정도였다. 이 행각은 4열로 된 기둥들이 떠받치고 있었다. 그리고 네 번째 열의 기둥들은 (돌로 만들어진) 석벽 속에 끼어 있었다. 이 기둥들은 각각 세 사람이 팔을 펴고 손을 맞잡아야 둘러쌀 수 있을 만큼 굵었으며 길이는 무려 27피트(feet)나 되었다. 그리고 기둥의 기단에는 이중 나선형 장식이 있었다. 게다가 기둥들의 수는 모두 162개나 되었다. 기둥머리의 조각은 코린트 양식(Corinthian order)이었으며 그 장대한 기둥들의 모습은 보는 이들로 하여금 찬탄을 금할 수 없도록 하는 그야말로 장관이었다. 이 4열의 기둥들 사이로는 통로가 셋이 나 있어서 보행자들이 통과할 수 있도록 설계되어 있었다. 이 중 두 통로는 서로 나란히 같은 모양으로 설계되었다. 이 통로는 폭은 30피트, 길이는 1펄롱, 높이는 50피트로 건설되었으며, 가운데 통로의 폭은 양쪽 통로보다 반이 더 넓었으며 높이는 양쪽 통로보다 두 배나 더 높았다. 왜냐하면 가운데가 양쪽보다 더 높았기 때문이었다. 한편 지붕은 온갖 모양의 조각이 깊게 새겨진 나무로 장식되어 있었다. 물론 중앙이 양쪽 가보다 높았으며, 전면(前面)의 벽은 기둥에 지탱되어 벽속에 들어간 대들보로 장식되었다. 벽은 다듬은 돌로 건설되었는데 어찌나 정확히 들어맞았는지 보지 못한 사람은 믿으려고 하지 않았고 본 사람은 그저 찬사를 발할 뿐이었다. 이것이 첫 번째 뜰이었다. 이 뜰 안쪽으로 얼마 떨어지지 않은 곳에 몇 층계 올라가서 두 번째 뜰이 있었다. 이 두 번째 뜰도 구분하기 위해서 석벽으로 둘러싸여 있었으며 외국인은 들어오면 죽음을 면치 못한다는 경고문이 붙어 있었다. 이 안뜰의 남쪽과 북쪽에는 (같은) 간격을 두고 문이 세 개가 있었다. 그러나 해가 떠오르는 동쪽에는 정결한 자들이 아내와 함께 들어오는 커다란 문 하나가 있었다. 그리고 이 뜰 안쪽에는 성전의 세 번째 뜰이 있었다. 이 세 번째 뜰은 제사장 외에는 아무도 들어갈 수가 없는 곳이었다. 사실상 성전 자체는 이 세 번째 뜰 안에 있었다. 이 성전 앞에는 우리가 하나님께 희생 제물과 번제를 드리는 제단이 있었다. 헤롯왕은 제사장이 아니었기 때문에 이 세 곳 어디에도 들어갈 수가 없었다.18) 이 세 곳은 들어갈 수 없었으나 헤롯은 행각들과 바깥뜰들은 손수 건축 과정을 감독했다. 헤롯은 8년 동안 행각과 바깥뜰을 건축했다.

6. 한편 성전 자체는 제사장들에 의해서 1년 6개월 걸려 지어졌다. 이에 온 백성들은 즐거워하며 제일 먼저 하나님께 감사를 드렸으며 그다음으로 헤롯의 신속함에 고마움을 표시했다. 그들은 성전 재건을 축하하며 즐거워했다. 먼저 헤롯왕이 하나님께 수소 300마리를 드렸으며 그다음에 백성들이 각자 능력껏 하나님께 드렸다. 얼마나 많은 예물을 드렸는지 그 수가 워낙 많아 셀 수가 없을 정도였다. 그런데 성전 재건을 기념하는 날과 헤롯왕의 즉위 기념일이 겹치게 되었다. 헤롯왕은 자기 즉위 기념일을 그전부터 축제로 즐겨 왔었기 때문에 경사가 두 번 겹치게 되자 즐거움은 더욱 컸다.

7. 한편 헤롯왕을 위한 비밀 통로(occult passage)가 있었다. 이 통로는 안토니아(Antonia) 망대로부터 안쪽 성전 동문에 이르는 통로였다. 헤롯은 이 동쪽 문 위에 자신을 위한 망대를 하나 세웠다. 만일의 경우 유대인들이 반역을 일으킨다면 지하 통로를 통해 성전으로 들어와서 이 망대 안에 몸을 숨겨 신변을 보호하고자 한 것이었다. 한편 성전 공사가 진행되는 동안에는 낮에는 한 번도 비가 오지 아니하고 밤에만 소나기가 내렸다는 이야기가 전해져 내려오고 있다.19) 이로 인해 성전 건축은 조금도 방해를 받지 않고 무난히 진척될 수 있었다. 이것은 우리 선조들이 우리에게 전해 준 이야기이다. 사실상 하나님의 역사를 조금이라도 믿는 사람이라면 이 사건이 결코 믿지 못할 이야기는 아닌 것이다. 성전 재건 공사는 이런 식으로 이루어졌다.

---

18) '헤롯왕은 제사장이 아니었기 때문에 이 세 곳 어디에도 들어갈 수가 없었다.'라는 말은 제사장의 뜰과 성전 자체와 제단이 놓인 구별된 장소에 들어갈 수 없었다는 뜻이다. 이 장소들에 들어갈 수 없었던 것은 제사장이나 그들을 시중드는 레위인들 외에는 아무도 들어갈 수 없었기 때문이다.

19) 헤롯이 성전을 짓는 동안 낮에는 비가 안 오고 밤에만 소나기가 내려 성전 건축 공사가 아무런 방해를 받지 않고 무난하게 진척될 수 있었다는, 요세푸스가 여기서 밝힌 전승(傳承, tradition)의 내용은 성전 건축이 그 당시 유대에서 잘 알려진 사건이었음을 밝히 보여주고 있다. 요세푸스가 성전 건축이 끝난 후 46년 뒤에 태어났다 하더라도, 성전 건축에 종사했던 일꾼들과 그 건축을 지켜본 많은 유대인들의 이야기를 직접 눈으로 보고 들었을 것이 분명하다.

제16권

12년간의 역사 기록

헤롯 성전의 완공부터
알렉산드로스와 아리스토불루스의 죽음까지

제1장

헤롯의 강도 방지법에 관하여,
알렉산드로스와 아리스토불루스가 로마에서 돌아오자
살로메와 페로라스가 그들을 비난하고 나섬에도 불구하고
헤롯이 그들에게 아내를 구해 준 경위

1. 헤롯왕은 매우 열성적으로 전 왕국을 통치하고 싶었고, 특히 도시에서나 지방에서 범죄자들에 의해 저질러지는 특정한 범죄 행위들을 근절하고 싶었기 때문에 남의 주거를 침입한 강도들을 그의 왕국에서 쫓아내는 법을 만들었다. 이 법은 우리 유대의 원래 율법과 조금도 같지 않은 것으로서 헤롯이 만든 법이었다. 이 법은 그 처벌이 범죄자들에게는 너무 가혹했을 뿐 아니라 우리 선조들의 율법을 와해시키는 요소 또한 적지 않았다. 왜냐하면 이렇게 해서 외국인의 노예가 되어 유대인의 풍습대로 살지 못하고 외국인이 시키는 것은 무엇이든지 해야만 하는 그런 불가피한 상황으로 몰아넣는 것은, 범죄 행위에 대한 처벌이라기보다는 유대인의 종교적 관습을 깨뜨리는 범죄로밖에 볼 수 없기 때문이었다. 이런 처벌은 유대인의 원래 율법에서는 피하려고 하였다. 유대 율법은 남의 물건을 훔친 자는 네 배로 배상하여야 한다고 규정하고 있다. 배

상할 능력이 없을 경우에는 남에게 팔리되 외국인에게는 팔지 못하도록 규정하고 있다. 6년 후에는 종에서 해방되어야만 하기 때문에 외국인에게 팔려 종신 노예 생활을 할 위험을 아예 처음부터 없애기 위해서였다. 이렇게 볼 때 지나친 처벌을 가능케 한 이 비율법적인 헤롯의 법령은 백성들은 조금도 염두에 두지 않은 그의 오만의 소산이 아닌가 생각한다. 그는 왕으로서가 아니라 독재자로서 백성들을 얕잡아 보고 이런 가혹한 처벌을 가능케 하는 법을 만든 것이라고 생각된다. 이 법이 시행되자 헤롯은 백성들의 반감을 사게 되었고 그의 다른 행동과 함께 백성들의 비난과 원성의 대상이 되고 말았다.

2. 한편 헤롯은 이때 카이사르도 만나고 로마에 거주하고 있던 아들들도 볼 겸해서 이탈리아(Italy)로 배를 타고 떠났다. 카이사르는 여러모로 헤롯을 극진하게 대접해 주었고, 그의 아들들의 학문 수업이 이미 다 끝났으므로 데려가도 좋다고 허락해 주었다. 헤롯의 아들들이 이탈리아에서 유대로 돌아오자마자 백성들은 그들을 보고 싶어 했다. 백성들이 볼 때 그들은 온갖 행운을 다 가졌을 뿐만 아니라 왕족의 위엄이 철철 넘치는 그야말로 준수한 청년들이 되어 있었다. 그러나 그들은 얼마 후 왕의 누이동생인 살로메(Salome)와 마리암네(Mariamne)를 중상한 자들의 시기를 받지 않을 수 없었다. 그 자들은 헤롯의 아들들이 정권을 장악하게 되는 날이면 자신들이 그들의 모친인 마리암네를 모함한 죄로 처벌을 받을 것이라는 두려움에 사로잡혀 있었다. 그래서 헤롯의 아들들을 중상모략하기 시작했다. 부친인 헤롯이 모친을 살해했다는 이유로 함께 있기를 싫어한다는 소문을 퍼뜨렸다. 마치 모친을 살해한 자와 이야기를 나누는 것이 경건하지 못한 처신인 양 헤롯을 피한다는 소문이었다. 물론 이 소문에는 진실이 전혀 없는 것도 아니었으나 그 당시 상황에서는 어떻게 해서든지 헤롯의 총애를 빼앗아 아들들을 궁지에 몰 목적으로 퍼뜨린 중상모략이었다. 따라서 노골적으로 헤롯 앞에서 아들들을 비난하지 못하고 백성들 사이에서만 은밀하게 이런 소문을 퍼뜨리고 다녔다. 결국 이런 소문은 헤롯의 귀에까지 들리게 되었고 마침내 헤롯도 아들들을 미워하지 않을 수 없었으며 이 미움은 시간이 아무리 흘러도 사라지지 않았다. 그러나 그 당시에는 아

들들에 대한 온갖 중상모략과 의심보다는 아버지로서의 천륜적인 부정(父情)이 더 강했다. 따라서 헤롯은 아들들에게 대접을 잘 해주었으며 결혼할 나이가 되었으므로 아내를 맞이하게 해주었다. 헤롯은 아리스토불루스(Aristobulus)에게는 살로메(Salome)의 딸 버니게(Bernice, 베르니케)를 아내로 주었으며, 알렉산드로스(Alexander)에게는 갑바도기아(Cappadocia, 카파도키아)의 왕 아르켈라우스(Archelaus)의 딸 글라피라(Glaphyra)를 아내로 주었다.

제2장

헤롯이 두 번이나 배를 타고 아그립바에게 다녀온 경위, 그리고 이오니아의 유대인들이 헬라인들에 대해 고소하자 아그립바가 유대인의 율법이 인정되도록 조치해 준 경위

1. 헤롯이 이같이 일을 마무리하였을 때 마르쿠스 아그립바(Marcus Agrippa)가 다시 이탈리아(Italy)에서 아시아(Asia)로 왔다는 소식이 들려왔다. 이에 헤롯은 서둘러 그에게 나아가서 국빈으로 정중히 모실 테니 자기 나라를 한 번 방문해 달라고 간곡히 간청했다. 헤롯이 어찌나 간절히 부탁했던지 아그립바는 이에 동의하고 유대를 방문하게 되었다. 이에 헤롯은 아그립바를 기쁘게 해주기 위해 온갖 정성을 다 기울였다. 헤롯은 그에게 새로 건축한 도시들과 신 건축물들을 보여주는 한편 값비싼 각종 진수성찬으로 푸짐하게 대접했다. 헤롯은 그에게 세바스테(Sebaste)와 자신이 건설한 인공항인 가이사랴(Caesarea)와 알렉산드리움(Alexandrium), 헤로디움(Herodium), 히르카니아(Hyrcania) 등의 요새들을 보여주었다. 헤롯은 또한 그를 예루살렘으로 안내했다. 그러자 온 백성이 연도에 나와 절기 때 입는 옷을 입고 큰 함성을 지르면서 열렬한 환영

을 해주었다. 이에 아그립바 역시 하나님께 100마리의 수소를 잡아 제사를 드렸으며 온갖 좋은 음식을 백성들에게 제공하고 즐기게 하였다. 아그립바는 그곳에 머물면서 한껏 즐겼다. 그래서 여러 날이 흘렀다. 아그립바는 더 머무르고 싶었으나 겨울이 다가오면 항해에 많은 위험이 따랐기 때문에 어쩔 수 없이 서둘러 이오니아(Ionia)로 떠났다.

2. 아그립바가 떠날 채비를 갖추자 헤롯은 그에게뿐 아니라 측근들에게까지 많은 선물을 주었다. 겨울이 지난 후에 아그립바가 보스포루스(Bosphorus)에서 원정을 계획하고 있다는 소식을 듣고 헤롯은 봄에 서둘러 그에게로 나아갔다. 헤롯은 로도(Rhodes)와 코스(Cos)를 경유하여 그곳에서 아그립바를 만날 수 있을 것이라고 생각하고 레스보스(Lesbos)에 배를 대기로 결심했다. 그러나 북풍이 부는 바람에 배를 바닷가에 댈 수가 없었다. 따라서 헤롯은 키오스(Chius)에 여러 날 머물렀다. 헤롯은 그곳에 머무는 동안 찾아오는 많은 사람에게 친절하게 대하는 한편 하사품으로 호의를 베풀었다. 헤롯은 크고 멋진 건축물이었으나 미트리다테스 전쟁(Mithridatic war) 때 허물어졌다는 도시 입구의 주랑(柱廊)을 보고 재건 비용을 충분히 주는 한편 주랑을 빨리 재건하여 도시의 미관을 하루속히 되찾으라고 지시하였다. 강풍이 잠잠해지자 헤롯은 미틸레네(Mitylene)로 항해하였고 거기서 다시 비잔티움(Byzantium)으로 항해하였다. 헤롯은 아그립바가 키아네아이 암초(Cyanean rocks) 너머로 항해하고 있다는 소식을 듣고 가능한 한 빨리 따라잡기 위해 서두른 결과 본도(Pontus, 폰투스)의 시노페(Synope)에서 그를 만날 수가 있었다. 아그립바의 부하 선원들은 헤롯이 다가오는 것을 보고 깜짝 놀라는 한편 매우 기뻐하였다. 아그립바와 헤롯은 반가운 인사를 나누었다. 아그립바는 헤롯의 대단한 호의와 성의가 무척 고마웠다. 왜냐하면 헤롯이 국내 사정은 뒤로 미루고 자기를 돕는 일을 더 중히 여긴 데다가 먼 길을 항해하여, 그것도 적시에 도움을 주러 왔다는 점이 더 없이 가슴 뿌듯했기 때문이었다. 아그립바에게는 전투를 하는 데 있어서나, 정무(政務)를 보살피는 데 있어서나, 특별한 문제들에 관해 조언을 받는 데 있어서 헤롯이 더할 나위 없는 존재였다. 헤롯은 또한 아그립바가 휴식을 취하는 데도 없어서

는 안 될 유쾌한 친구였다. 헤롯은 언제나 아그립바와 함께 희로애락을 나누는 동반자였다. 헤롯은 친절했기 때문에 고통을 당할 때 아그립바에게 큰 도움이 되었으며 기쁠 때는 헤롯이 보인 충성을 잊을 수가 없어서 함께 즐거움을 나누었다. 아그립바를 그곳으로 오게 했던 본도의 문제가 마무리되자마자 그들은 항해가 적합하지 않다고 생각하고 파플라고니아(Paphlagonia)와 갑바도기아(Cappadocia, 카파도키아)를 가로질러 여행을 했다. 그들은 거기서 다시 대(大)브루기아(Phrygia, 프리기아)로 여행했으며 그곳에서 다시 에베소(Ephesus)로 갔다. 그리고 에베소에서 배를 타고 사모스(Samos)로 항해하였다. 헤롯왕은 이렇게 여행하는 동안 들르는 도시마다 어려운 형편의 정도에 따라 많은 혜택을 주었다. 돈이 없는 도시에는 자비(自費)로 돈을 주었으며 친절한 대접을 받지 못한 도시에는 친절을 베풀어 주었다. 또한 아그립바의 호의를 구하는 도시에는 헤롯이 손수 중재자가 되어 호의를 베풀 것을 아그립바에게 간청하였다. 헤롯이 간청한 것은 모두 들어주었기 때문에 간청자들이 모두 흡족해하였다. 아그립바는 천성이 선하고 매우 자비로웠으며 간청자들에게 도움이 될 만한 요구는 남에게 해가 되지 않는 한 무엇이든지 들어주려고 하였다. 게다가 헤롯왕의 부탁은 거절할 수가 없는 처지였다. 이런 두 가지 요소가 복합적으로 작용하여 간청자들에게 큰 혜택을 베풀 수가 있었던 것이다. 헤롯왕은 일리움(Ilium) 주민들에 대해 몹시 분노하고 있던 아그립바의 분노를 누그러뜨려 화해하도록 중재를 하는 한편 키오스(Chius) 주민들이 카이사르의 행정 장관에게 빚진 돈을 대신 지불하여 조세를 바치지 못해 고민하던 자들의 짐을 덜어 주었다. 이 밖에도 헤롯왕은 각종 어려움에 시달리는 자들을 모두 도와주었다.

3. 아그립바와 헤롯이 이오니아(Ionia)에 있을 때 그곳의 여러 도시에 거주하는 수많은 유대인들이 기회를 놓치지 않고 찾아와 애로 사항을 늘어놓았다. "저희는 유대 율법을 지킬 수 있도록 허용이 되지 않고 있을 뿐 아니라 재판관들의 횡포 때문에 거룩한 절기에 절기를 지키지 못하고 법정에 나서야 하는 어려움을 겪고 있습니다. 게다가 예루살렘에 저축해 두었던 돈을 빼앗겼으며 강제로 군대에 끌려가기도 했습니다. 그 밖에도 거룩한 돈을 쓰지 않을 수 없게

만드는 그런 직무를 강제로 떠맡기도 했습니다. 이런 어려운 문제가 있을 때마다 로마인들이 우리를 도와주었습니다. 따라서 지금도 마음만 먹는다면 로마인들이 유대 율법대로 살아도 좋다는 허락을 저희에게 내려 줄 수 있다고 봅니다." 유대인들이 이같이 호소하자 헤롯왕은 아그립바에게 그들의 청을 들어줄 것을 부탁하면서 그의 친구인 니콜라우스(Nicolaus)가 유대인을 위한 변호를 하도록 해달라고 요청하였다. 이에 아그립바는 그 지역의 로마인 유력 인사들과 왕들과 통치자들을 재판 보좌역으로 소환하였다. 이때 니콜라우스가 일어나 다음과 같이 유대인들을 변호하였다. "고통을 당하는 자들이 그 고통에서 자기들을 해방시켜 줄 수 있는 힘을 가진 사람에게 호소하는 것은 어쩔 수 없는 일이라 생각됩니다. 지금 고통을 당하고 있는 유대인들은 여러분께 호소하고 있습니다. 그것은 전에 유대인들이 단지 요망 사항으로 요구한 것을 여러분이 쾌히 들어주신 전례가 있기 때문입니다. 지금 유대인들이 여러분께 간청하고 있는 것은 그전에 베푼 혜택을 취소하지 말아 달라는 것뿐입니다. 저희는 이 혜택을 여러분에게 부여받았으나 저희보다 조금도 낫지 못한 같은 로마의 신민들에게 이 혜택을 빼앗기고 말았습니다. 저희가 황공하게도 이런 혜택을 입은 것은 여러분께서 이런 혜택을 입을 수 있다고 보신 까닭이 아니겠습니까? 이 혜택이 아무리 작은 혜택이라 하더라도 한 번 혜택을 베푸셨으면 계속 혜택을 누릴 수 있도록 보장해 주는 것이 강자(强者)의 윤리라고 생각합니다. 저희 유대인에게 이런 혜택을 빼앗고 고통을 주는 자들은 혜택을 받은 저희뿐 아니라 혜택을 베푼 여러분까지 모욕한 것입니다. 여러분께서 혜택을 받을 자격이 있다고 본 저희를 그렇게 대우하지 않은 점에서는 혜택을 받은 저희를 경멸한 것이지만, 여러분께서 베푼 혜택을 무효로 돌리고자 한 점에서는 여러분을 경멸한 것입니다. 여러분 중에 누구든지 우리 유대인들에게 목숨을 버리든지, 그들이 믿는 하나님을 기쁘게 해 드리기 위해 조상 적부터 지켜 오던 풍습과 제사와 예배와 절기를 버리든지 둘 중의 하나를 택하라고 요구한다면, 제가 확신하건대 그들은 분명코 죽음을 택할 것입니다. 왜냐하면 유대인들은 율법을 어기지 않기 위해 전쟁까지도 불사하는 민족이기 때문입니다. 우리에게 조상 전래의 율법에 따라 제사드릴 수 있는 자유를 주셔서 (평화롭게) 살아가도록 해주신다면 그로 말미암아 세상은 한층 더 행복해지리라 믿습니다. 만일 유대인들을 괴롭히는 자들을 그냥 내버려두신다면 그들은 남의 종교를 와해하려는 것이 자기들의 종교에 태만한 것만큼 나쁜 죄라는 것도 모르고 계속해서 자기들의 종교를 따르라고 할 것입니다. 우리 모두 이 문제를 진지하게 생각해 봅시다. 로마 제국과 로마인들의 혜택을 받지 않은 백성이나 도시나 공동체가 어디 있습니까? 로마인들이 베풀어 준 혜택을 내동댕이치고 싶은 사람이 있겠습니까? 그럴 정도로 미친 사람은 아마 아무도 없을 것입니다. 공적으로나 사적으로 로마의 혜택을 입지 않은 사람은 아무도 없습니다. 여러분이 우리에게 베푼 혜택을 탈취해 간 자들은 자신들도 언젠가는 혜택을 여러분에게 박탈당할지 모르는 일이므로 결코 안심할 수가 없을 것입니다. 그들은 여러분이 베푼 은혜를 모르고 있는 것이 분명합니다. 그들이 만일 로마가 베푼 은혜를 알았다면 지금처럼 방자하게 로마의 뜻도 생각하지 않고 멋대로 행동하지는 않았을 것입니다. 우리가 한창 번영할 때에 바라던 특권들도 남의 시기를 받을 만한 것은 아니었습니다. 우리가 번영한 것은 다 여러분 로마인의 덕택이기 때문입니다. 사실상 로마의 혜택은 어느 나라나 골고루 받은 것이 아닙니까? 또 이때 우리의 소원은 누구의 방해도 받지 않고 우리의 종교를 보호할 수 있도록 해달라는 그 이상의 것이 아니었습니다. 이것이 본질상 우리가 남의 시기를 받을 만한 이유는 되지 않았으며 이런 특혜를 허락한 이들에게는 큰 유익이 되는 것이었습니다. 왜냐하면 하나님이 경배받기를 즐거워하신다면 경배하도록 허락한 자들을 하나님이 기쁘시게 보는 것은 당연한 이치이기 때문입니다. 게다가 우리의 풍습은 비인간적인 요소가 한 군데도 없습니다. 우리의 풍습은 모두가 경건의 요소를 갖고 있으며 정의를 실현시키는 데 그 목적이 있습니다. 우리는 제7일을 노동에서부터 쉬는 날로 따로 떼어 놓고, 그날은 우리의 풍습과 율법을 배우는 데 모두 바칩니다.[1] 죄를 피하기 위해서는 다른 (선한) 것들도 생각해야 하지만 율법을 묵상하는 것이 무엇보다도 필요하다고 생각했기 때문입

---

[1] 우리는 여기서 안식일에 관한 유대인들의 고대 풍습을 주목해 볼 필요가 있다. 그들은 안식일을 빈둥거리며 보낸 것이 아니라 거룩한 의식과 종교적 풍습을 배우는 한편 모세 율법을 묵상하는 데 종일을 보낸 것이다.

니다. 그러므로 누구든지 우리의 풍습과 율법을 검토해 보면 그 자체가 선할 뿐 아니라 어떤 이들의 잘못된 주장과는 반대로 그 기원이 아주 오래된 것을 발견하게 될 것입니다. 따라서 그렇게 오랫동안 지켜져 내려온 풍습과 율법에 대한 존경심이 생겨 이 율법을 지키는 자들이 어떤 자들일까를 금방 깨닫게 될 것입니다. 그런데 우리의 적들은 불의한 방법으로 우리의 혜택을 빼앗아 갔습니다. 그들은 우리가 하나님께 드린 거룩한 돈(sacred money)이라고 불리는 돈을, 그것도 백주에 강탈해 갔습니다. 이 어찌 불경스러운 죄악이 아닙니까? 그들은 또한 우리에게 조공을 요구하였으며 거룩한 날들에 특별히 법정에 출두하도록 강요하는 한편 빚을 갚을 것을 요구하였습니다. 우리가 계약을 어겼기 때문에 빚진 것이 아닙니다. 우리의 종교를 모욕하겠다고 하기에 어쩔 수 없이 빚을 진 것처럼 된 것입니다. 이 사실은 우리뿐 아니라 그들이 더 잘 알고 있을 것입니다. 그들은 까닭 없이 우리를 미워했습니다. 우리는 여러분, 로마 제국이 적대감을 몰아내고 자애를 실천하기 위해 애를 쓰고 있음을 잘 알고 있습니다. 그러므로, 현명하신 아그립바 각하여! 우리가 더 이상 학대를 당하고 무시를 당하지 않도록 각하께 간청하는 것입니다. 우리가 율법대로 사는 데 더 이상 방해를 받지 않고 선을 추구하며 살 수 있도록 해주시기 바랍니다. 우리가 결코 누구에게도 강요한 바 없는 일들을 강요당하며 살지 않도록 선처해 주시기 바랍니다. 우리의 이런 특권은 정의에 어긋나는 것이 아니라 여러분이 전에 허락해 준 것이기 때문입니다. 지금도 이 문제에 관한 원로원의 법령과 기록이 카피톨리누스(Capitolinus) 신전 안에 남아 있습니다. 따라서 우리는 여러분에게 언제라도 이를 확증시켜 드릴 수 있습니다. 이런 특권은 우리가 로마에 보인 충성심이 충분히 입증된 후 우리에게 주어진 것입니다. 지금까지 그런 충성을 보인 예가 없었기 때문에 충분히 그런 특권을 받을 만한 자격이 있음은 엄연한 사실입니다. 여러분께서는 우리뿐 아니라 각 민족이 소유하고 있는 것을 보호해 주었고 그들이 기대했던 것 이상으로 큰 혜택을 베풀어 주셨습니다. 여러분이 각 나라에 베푼 은혜와 혜택을 일일이 열거하자면 문자 그대로 끝이 없을 것입니다. 그러나 우리가 여러분에게 받은 혜택은 거저 얻은 것이 결코 아닙니다. 다른 것은 차치하고서라도 지금 각하의 재판 보좌역으로 앉아 계신 우리의 왕 헤롯에 대해서 생각해 보십시오. 그가 각하의 집에 베푼 호의가 부족한 데가 있었습니까? 그가 각하께 빼놓은 충성이 있었습니까? 처음부터 각하가 필요할 때에 단 한 번이라도 도움을 거절한 적이 있었습니까? 그가 각하께 보인 그 큰 성의를 본다면 각하께서 베풀지 못할 혜택이 어디 있겠습니까? 여기서 우리는 그의 부친이신 안티파테르의 용맹함에 대해 한 번쯤 짚고 넘어가야 할 필요가 있다고 생각합니다. 안티파테르는 카이사르가 애굽 원정길에 올랐을 때 2,000명의 원군을 끌고 왔을 뿐 아니라 육전(陸戰)에서나 해전(海戰)에서 뛰어난 용맹을 발휘했습니다. 여기서 그가 끌고 온 원군이 얼마나 큰 힘이 되었으며 이에 감사해서 카이사르가 얼마나 많은 선물을 병사들에게 주었는가에 대해서는 말할 필요조차 없다고 생각합니다. 이에 대한 자세한 내용은 카이사르가 원로원에 보낸 서신에 다 적혀 있기 때문입니다. 안티파테르가 어떻게 로마인들의 존경을 받았나 하는 것도 잘 기록되어 있습니다. 이것만 보아도 우리가 이런 혜택을 받은 것은 우리의 공로 때문인 것을 분명히 아실 수 있을 것입니다. 바로 이런 점에서 우리는 또 각하께 은총을 베푸시기를 간청하는 것입니다. 비록 그전에는 허락하지 않으셨다 하더라도 헤롯왕이 각하께 보인 호의와 각하의 헤롯왕에 대한 각별한 배려를 생각하셔서 우리의 간청을 허락해 주시기를 빕니다. 더욱이 우리는 예루살렘의 유대인들이 각하를 얼마나 따뜻하게 환영했으며, 각하는 이에 대해 하나님께 완전한 제사를 드리고 특별한 맹세로 하나님을 기쁘시게 했을 뿐 아니라 백성들에게 잔치를 베푸셨고 백성들의 호의에 넘치는 선물을 받고 돌아오셨다는 사실을 잘 알고 있습니다. 우리 유대국과 예루살렘이 각하께 보인 극진한 환대는 각하께서 유대국에게 베푼 호의에 대한 감사라고 우리는 생각합니다. 물론 각하께서 우리에게 호의를 보이신 것은 헤롯 왕가의 덕택임을 잘 알고 있습니다. 그러므로 우리는 각하 옆에 앉아 계신 헤롯왕 앞에서 각하께서 전에 우리에게 베푸셨던 은혜를 다른 이들이 빼앗아 가지 못하도록 보호해 주실 것을 간곡히 간청하는 바입니다."

4. 니콜라우스(Nicolaus)가 이같이 말하자 헬라인들도 이에 아무런 이의를 달지 못했다. 그의 말이 법정에서의 심문 중에 한 말이 아니라 더 이상 유대인

이 고통을 당하지 않도록 해달라는 간청이기 때문이었다. 헬라인들은 자기변호를 하지도 않았으며 고소에 대해 부인을 하지도 않았다. 그들은 유대인들이 자기들 나라에 거주하는 한 (자기들이 드리는 예배에 참석하지 않는 것은) 부당한 일이라고 주장하였다. 그들은 유대인들이 그들 나름대로 제사를 드려도 크게 괴롭히지 않고 관대하게 대해 주었는데 어찌 된 영문인지 모르겠다고 하였다. 이에 아그립바는 유대인들이 박해를 받고 있음을 깨닫고 이같이 대답하였다. "헤롯이 내게 보인 호의와 우정을 생각해서 유대인들의 간청을 들어주도록 하겠소. 사실상 이들의 요청을 들어 보니 잘못된 것이 없는 것 같소. 로마 제국에 해만 되지 않는다면 유대인들이 이보다 더한 것을 요구했어도 내가 들어주었을 것이오. 그들의 요구는 그전에 로마로부터 부여받은 특권을 계속 누릴 수 있도록 해달라는 것 외에 다른 것이 아니었소. 그러므로 나는 유대인들이 그 누구의 방해도 받지 않고 유대의 율법을 지킬 수 있도록 허락하는 바이오." 아그립바는 이같이 말한 후 모임을 해산시켰다. 이에 헤롯은 자리에서 일어나 아그립바에게 치하를 드리고 호의를 베풀어 준 것에 대해 감사했다. 이에 아그립바 역시 헤롯을 격려하고 포옹하였다. 그 후 아그립바는 레스보스(Lesbos)를 떠났다. 한편 헤롯은 사모스(Samos)에서 배를 타고 귀국하기로 결심했다. 헤롯은 아그립바와 작별한 후 항해를 계속하여 순풍 덕택에 수일 만에 가이사랴(Caesarea)에 도착했다. 그는 가이사랴에서 예루살렘을 향해 떠났다. 예루살렘에는 예루살렘 주민뿐 아니라 지방에서도 적지 않은 사람이 올라와 운집해 있었다. 헤롯은 이들에게 나아가 여행 중에 일어났던 이야기를 해주었다. 특히 아시아에 사는 유대인들이 자기 덕택에 박해를 받지 않고 살 수 있게 되었다는 이야기는 빼놓지 않았다. 더욱이 헤롯은 그동안 자기가 운이 좋았으며 유대국을 통치하는 동안 유대인의 유익을 위해서 최선을 다했다는 사실을 새삼 강조하였다. 헤롯은 몹시 기분이 좋았으며 따라서 백성들에게 지난해의 조세를 4분의 1씩 감면해 주겠다고 하였다. 그러자 유대 백성들은 헤롯의 호의에 몹시 흡족해하였으며 헤롯왕의 만수무강을 빌면서 기쁜 마음으로 각자 집으로 돌아갔다.

제3장

헤롯이 다른 아들들보다 장남인 안티파테르를 편애하자
헤롯의 가문에 큰 분란이 일게 되었고
마침내 알렉산드로스가 이에 앙심을 품게 된 경위

1. 한편 헤롯 가문은 살로메(Salome)가 알렉산드로스(Alexander)와 아리스토불루스(Aristobulus) 두 조카를 미워함으로 점점 혼란에 빠지게 되었으며 헤롯은 이 일로 괴로움이 가중되어만 갔다. 살로메는 그들의 모친인 마리암네(Mariamne)를 미워하더니 이제는 그녀의 아들들까지 미워하기 시작했다. 게다가 마리암네를 감쪽같이 제거하는 데 성공을 거둔 연후였기에 살로메는 나중에 권력을 장악하면 자기를 해칠지도 모르는 마리암네의 후손들을 살려 두어서는 안 되겠다고까지 생각하였다. 또한 알렉산드로스와 아리스토불루스는 부친인 헤롯에 대하여 왠지 서먹서먹하고 불편한 태도를 취했다. 그들의 모친 마리암네가 부친의 권력욕 때문에 부당하게 살해되었다는 기억이 그들을 지배하고 있었기 때문이었다. 게다가 그들은 옛 원한이 되살아나자 살로메와 페로라스(Pheroras)를 비난하기 시작했다. 이에 대항하여 살로메와 페로라스는 음모를 꾸며 그들을 함정에 빠뜨릴 계획을 세웠다. 양편이 모두 미워하는 정도에서는 같았으나 미움을 표출하는 방법은 달랐다. 젊은 쪽은 경솔했기에 노골적으로 상대방을 비난하고 모욕하였다. 그들은 마음에 품은 생각을 용감하게 드러내는 것이 정정당당한 것이라고 생각할 만큼 경험이 없었다. 반면에 늙은 쪽은 이들과는 달리 간교하고 교활한 방법으로 상대방을 중상하여 상대방의 비위를 건드리는 방법을 썼다. 그러다 보면 언젠가 그들이 부친인 헤롯까지도 건드리게 될 것이라는 점을 계산에 넣었던 것이다. 그들이 모친에 대해 부끄러워하지 않을 뿐 아니라 모친이 무고하게 희생되었다고 생각하는 한에 있어서는, 이런 감정들이 언젠가는 폭발하게 될 것이고, 그때는 비록 자기들 손으로 직접 부친인 헤롯을 어떻게 할 수는 없다 하더라도 모친의 원수를 갚아야 한다는 생각을

가질 것이라는 계산이었다. 암투가 벌어지면 항상 그렇듯이, 마침내 예루살렘은 이들에 관한 이야기로 가득 차게 되었다. 예루살렘 주민들은 젊은이들이 노련미가 없음을 보고 그들을 동정했다. 사실상 살로메의 계략은 젊은이들이 당해 내기에는 역부족이었다. 마침내 살로메가 그들에게 씌운 누명은 그들의 행동으로 인해 신뢰감을 얻게 되었다. 그들은 모친의 비참한 죽음에 너무 큰 충격을 받은 나머지 모친뿐 아니라 자기들도 비참한 인생을 살아가고 있다고 떠들어 댔다. 그들은 자기들의 모친이 비참한 종말을 맞은 것에 대해 통렬히 비난하는 한편 모친을 살해한 살인자와 함께 살 수밖에 없는 자신들의 처지가 얼마나 불쌍하냐고 외쳐 댔다.

2. 이러한 혼란은 날이 갈수록 극심해졌고, 헤롯왕이 외국 나들이를 간 동안에는 제철을 만난 듯 극으로 치달았다. 이러한 상황에 처해 있을 때 헤롯이 귀국한 것이었다. 헤롯이 귀국한 후 백성들에게 앞에서 살펴본 대로 연설을 끝마치자마자 페로라스와 살로메는 이같이 헤롯의 아들들을 비난했다. "지금 왕께서는 큰 위험에 처해 있습니다. 왕의 아들들이 왕을 더 이상 살려 두지 않을 것이며 모친의 원수를 꼭 갚고 말 것이라고 노골적으로 선언했습니다. 그들이 믿는 사람은 갑바도기아(Cappadocia, 카파도키아)의 왕 아르켈라우스(Archelaus)입니다. 그들은 그의 힘을 빌려 카이사르 앞에 나아가 부친인 왕을 고소하려고 하고 있습니다." 헤롯왕은 이런 이야기를 듣자마자 큰 충격을 받았다. 그가 더욱 놀란 것은 이들뿐 아니라 다른 이들도 같은 이야기를 하기 때문이었다. 이에 헤롯은 지나온 과거의 불행을 더듬어 보았다. 가문의 분란 때문에 가장 가까운 식구들, 아니 그가 그토록 사랑했던 아내에게서마저 위로와 평화를 누리지 못했던 지난날을 돌이켜 보았다. 그러나 지금 불어닥치고 있는 불행은 과거의 것과는 비교도 안 될 정도로 큰 불행이 될 것임을 예감한 헤롯은 괴로워서 도저히 견딜 수가 없었다. 하나님의 섭리로 헤롯은 외적인 면에서는 기대 이상으로 행복의 조건들을 고루 갖추었으나 예기치 않은 가정의 불화로 행복감을 맛볼 수 없었기 때문이었다. 그는 외적인 행복에 있어서나 내적인 불행에 있어서 우리의 상상을 초월할 정도로 극심한 행복과 불행을 함께 경험한 사람

이었다. 따라서 이 점을 생각해 볼 때 그가 외적인 성공을 포기하고서라도 가정의 불행을 막았어야 옳은 것인지 아니면 가정의 불행을 막기 위해서 그토록 바라던 영광된 왕국의 건설을 포기했어야 옳은 것인지에 대해서는 답을 내릴 수가 없다.

   3. 헤롯은 가정의 불화로 고민하고 괴로워하던 차에 알렉산드로스와 아리스토불루스의 세력을 약화시키기 위해 그가 왕이 되기 전에 낳았던 아들인 안티파테르(Antipater)를 왕궁으로 불러들였다. 그러나 헤롯은 후에 그를 너무 편애하여 자기 마음대로 하도록 내버려둘 때와는 달리 처음에는 마리암네의 아들들의 기를 꺾어 놓기 위해서 불러들인 것에 불과했다. 즉, 일종의 경고였다. 왕위 계승은 필연적으로 자기들 차지라고 생각하는 그들에게 그렇지 않을 수도 있다는 것을 경고함으로써 행동이 달라지기를 헤롯은 은근히 기대했던 것이었다. 따라서 헤롯은 안티파테르를 그들의 라이벌로 내세웠으며, 이를 기화로 그들이 자존심을 꺾고 자기에게 부드럽게 나오리라고 예상했다. 그러나 이 일은 헤롯의 기대와는 다른 방향으로 진전되었다. 그들이 헤롯이 자기들에게 해를 가한 것으로 받아들였기 때문이었다. 게다가 안티파테르 또한 보통이 아니었다. 안티파테르는 좀처럼 잡기 어려운 기회가 주어지자 전에 바라던 것 이상의 것까지 바라보기 시작했다. 그의 머릿속은 어떻게 하면 이복동생들의 세력을 약화시키고 괴롭힐 수 있을까 하는 생각만으로 가득 차게 되었다. 그는 헤롯의 곁을 떠나지 않고 바짝 붙어 다녔다. 그럼으로써 그전부터 주변에서 들려오는 소문으로 인해 마리암네의 아들들과 소원해진 것은 물론 그들에 대한 증오심이 시키는 대로 어떤 식으로든 행동할 준비가 되어 있던 헤롯이 점점 더 그들을 가혹하게 대하도록 유도했다. 또한 안티파테르는 의심을 받지 않기 위해 용의주도한 방법을 써서 동생들을 비난하였다. 그는 왕에 대한 충성심을 인정받아 헤롯이 추호도 의심하지 않는 자들을 이용하여 그들을 비난하게 했다. 이 일은 장차의 유익을 기대하고 안티파테르와 교분을 나누려고 하는 사람이 벌써부터 적지 않았기 때문에 그리 어렵지 않았다. 이들은 대개가 왕에 대한 충성심 때문에 말을 하지 않을 수 없었던 것처럼 가장하여 헤롯을 설득시켰

다. 이런 연합적인 비난과 고소는 비록 근거는 달랐으나 헤롯이 고소의 신빙성을 믿게 하는 데 큰 힘을 발휘했다. 게다가 마리암네의 아들들의 처신 또한 안티파테르에게 좋은 고소의 재료가 되었다. 그들은 자신들의 처지를 한탄하면서 자주 눈물을 흘렸을 뿐 아니라 모친의 죽음을 입에 올리면서 친구들에게 부친인 헤롯의 부당한 행위를 비난했기 때문이었다. 안티파테르는 이를 목격한 후 잊지 않고 있다가 헤롯에게 고해바쳤다. 헤롯이 이 일을 알게 되자 가정의 불화는 극도로 악화되기에 이르렀다. 헤롯왕은 마리암네의 아들들에 대한 고소를 듣고 몹시 화가 나서 그들의 기를 죽이기 위해 안티파테르를 더욱 극진히 대했으며, 마침내 그의 청을 이기지 못해 그의 모친을 왕궁으로 불러들이기까지 하였다. 헤롯은 또한 카이사르에게 편지를 자주 보내면서 안티파테르를 칭찬하고 그를 특별히 보살펴 줄 것을 당부하기까지 했다. 게다가 아그립바가 10년간 아시아에서의 통치를 마무리 짓고 로마로 돌아갈 때 그를 만나러 로마를 방문하는 길에도 안티파테르만을 데리고 갔다. 헤롯은 또한 안티파테르가 카이사르에게 선물을 바치고 카이사르와 교분을 나눌 수 있도록 해달라고 아그립바에게 요청하기도 하였다. 이렇게 됨으로써 마리암네의 아들들은 왕위에서 이미 멀어진 반면 안티파테르는 헤롯의 총애를 받는 몸이 되었음이 명확하게 드러났다.

제4장

안티파테르가 로마에 거하고 있을 때
헤롯이 알렉산드로스와 아리스토불루스를
카이사르 앞에 끌고 와서 고소하자
알렉산드로스가 카이사르 앞에서 자신을 변호하고
부친과 화해하게 된 경위

1. 안티파테르는 로마에 가 있는 동안 유명 인사가 됨으로써 형제들보다 유리한 위치를 차지하게 되었다. 그가 로마에서 유명하게 된 것은 헤롯이 로마에 있는 친구들에게 서신을 보내 아들을 잘 봐 달라고 부탁했기 때문이었다. 안티파테르의 유일한 고민은 부친과 떨어져 있기에 계속해서 형제들을 비난할 수 없다는 것이었다. 안티파테르는 부친의 마음이 달라져 마리암네의 아들들을 좋게 생각할까 봐 걱정스러웠다. 이것을 생각하니 한시도 가만히 있을 수 없었다. 그는 부친의 비위를 건드려 형제들을 미워하게 만들 소지가 있는 이야기들을 적어 보냈다. 겉으로는 부친의 안위를 걱정했으나 이미 상당히 확보한 왕위 계승권을 확고히 하려는 데 그 저의가 있었다. 그가 어찌나 이복형제들을 비난하는 편지를 보냈던지 헤롯은 마리암네의 아들들을 극도로 미워하기에 이르렀다. 헤롯은 경솔한 일이 될지도 모르기에 그들에 대한 분노를 폭발시키지 않고 차일피일 미루던 차에 그들을 로마로 끌고 가서 카이사르 앞에 고소하면 직접 자기 손으로 처치하지 않아도 되니 제일 좋은 상책이 아닌가 생각하기에 이르렀다. 자칫하면 불경(impiety)에 해당하는 무서운 죄를 범할 수 있는데 그렇게 하면 일석이조가 될 수 있다고 생각한 것이었다. 헤롯은 로마로 가던 도중에 조급함을 참지 못하고 서둘러 아퀼레이아(Aquilei)시로 카이사르를 만나러 갔다.[2]

---

[2] 비록 헤롯이 아우구스투스(Augustus)를 만난 것은 아퀼레이아(Aquilei)에서였으나 아들들을 고소한 것은 로마(Rome)에 도착한 후였다. 그러니까 로마에 도착할 때까지 연기되었다는 말이다.

헤롯은 카이사르를 만난 후 이야기할 시간을 달라고 요청하였다. 헤롯은 카이사르 앞에서 자신의 비참한 처지를 밝히고 아들들을 카이사르 앞에 세운 다음 자신을 살해하려는 미친 짓을 꾸몄다고 고소하였다. "저놈들은 바로 저의 적입니다. 저놈들은 온갖 방법을 동원하여 부친인 저의 목숨을 빼앗고 극악무도한 방법으로 저의 왕국을 차지하려고 했습니다. 카이사르께서는 무엇에도 얽매이지 말고 제게 가장 효도하는 자를 선택하여 왕위를 물려주라고 하시지 않았습니까? 그런데 저의 이 아들놈들은 왕위에 오를 희망이 적어지니까 목숨을 걸고 제 생명을 노리고 있습니다. 시간이 갈수록 저놈들은 저를 더욱 미워하고 있으며 악하고 더러운 생각을 더욱 많이 꾀하고 있습니다. 제가 이런 불행을 겪은 것은 한두 해가 아닙니다. 그동안 참아 오다가 어쩔 수 없이 이렇게 카이사르께 호소하게 된 것입니다. 이렇게 해서 제 아들놈들이 제게서 어떤 학대와 괴로움을 당했는지 저 자신도 알고 싶었기 때문입니다. 어떻게 해서 저놈들이 제가 그토록 오랫동안 온갖 위험을 무릅쓰고 획득한 유대 왕국의 통치자의 위치에 제가 앉아 있어서는 안 된다고 생각하게 되었는지 알고 싶습니다. 게다가 저놈들이 제가 보기에 제일 적절한 자에게 왕위를 물려줄 수 있는 권한마저도 제게 없다고 생각하게 된 원인이 무엇인지를 알고 싶습니다. 저는 저를 본받아 충성을 보이는 자에게 상급으로 그 밖의 다른 혜택과 함께 왕위를 물려주겠다고 제의했습니다. 이런 상황에서 미리부터 왕위를 넘보는 것은 불충이 아닐 수 없습니다. 다른 방도로는 왕위에 오를 수 없으니까 부친을 살해하면서까지 왕위에 오르려고 하는 것이 아닙니까? 그렇다고 제가 이놈들에게 서운하게 대했느냐 하면 결코 그렇지 않습니다. 저는 가능한 한 그놈들에게 잘해 주었으며 왕자로서 갖추어야 할 것은 무엇이든지 갖추도록 해주었습니다. 원하는 보물은 무엇이든지 주었으며 종들과 각종 산해진미 등 부족한 것이 없도록 해주었습니다. 게다가 명문의 딸들과의 결혼도 주선해 주었습니다. 아리스토불루스는 저의 누이동생의 딸에게 장가를 보냈으며 알렉산드로스는 아르켈라우스(Archelaus)왕의 딸에게 장가를 보냈습니다. 그러나, 그 무엇보다도 제가 저놈들에게 큰 은혜를 베푼 것은 저놈들의 죄가 하늘에 사무쳤고 제가 처벌할 수 있는 능력이 있음에도 불구하고 직접 처벌하지 않고 우리 모두의 은인이

신 카이사르께 끌고 나와 고소하고 있다는 점입니다. 아버지의 위치에서 보면 불효자요 왕의 입장에서 보면 반역자인 저놈들을 엄하게 다스리지 않고 카이사르의 재판석 앞에 평등하게 섰다는 이 사실이 어찌 제가 베푼 큰 은혜가 아니겠습니까? 그러나 그렇다고 해서 저놈들을 벌주지 않고 그냥 내버려둔다는 것은 말도 안 되며 그로 인해 제가 두려움 가운데 일생을 보낸다는 것은 더구나 말도 안 되는 것입니다. 또한 그런 짓을 범하고도 벌을 받지 않고 살아남아 다시 햇빛을 본다는 것은 제 자식 놈들에게도 결코 이롭지 못합니다. 그놈들은 가장 추악한 일을 저질렀으므로 인류 역사에서 가장 엄한 벌을 받아야 마땅합니다."

2. 이것이 카이사르 앞에서 맹렬히 자기 아들들을 비난한 고소 내용이다. 이에 헤롯의 아들들은 부친의 비난에 고통을 참지 못하고 눈물을 흘렸다. 그들은 결백하였으나 부친의 고소에 직면하게 되자 변명을 하는 일이 쉽지 않음을 알게 되었다. 주위 분위기가 자기 생각을 충분히 토로할 수 있는 자유스러운 분위기이고 고소를 반박할 수 있는 권리도 있지만 상황이 그렇지 못했다. 따라서 무엇이라고 변명해야 할지 모르는 어려운 지경에 빠지게 되었다. 이에 그들은 눈물을 흘리며 깊은 한숨만 내쉬었다. 아무 말도 하지 않으면 죄책감 때문에 그런다고 오해를 할 터이고 그렇다고 자기변호를 할 준비는 안 되어 있고 그야말로 진퇴양난이었다. 나이는 아직 어린 데다가 충격을 받았기에 자기변호를 어떻게 해야 할지 몰랐던 것이다. 그러나 카이사르가 이를 모를 리 없었다. 카이사르는 그들이 크게 당황하는 것을 보고 자기변호를 못 하는 것은 죄책감 때문이 아니라 경험이 부족하고 용기마저 없기 때문이라는 것을 알아차렸다. 또한 그 자리에 참석했던 사람들은 그들을 불쌍하게 생각하고 헤롯의 마음에 마지막 남은 부정(父情)에 호소하여 아들들을 한 번 용서해 주라고 하였다. 이에 헤롯도 마음이 감동되었으나 이를 나타내지 않으려고 애를 썼다.

3. 그들은 헤롯과 카이사르의 마음에 동정심이 일고 있을 뿐 아니라 함께 참석한 자들이 눈물을 흘리거나 동정을 하고 있는 것을 보았다. 이때를 놓치지

않고 알렉산드로스는 자기변호를 시작했다. "오, 아버님이시여! 아버님께서 저희에게 베풀어 주신 은혜가 얼마나 큰지는 이 법정에서도 분명하게 나타났습니다. 아버님께서 저희를 해할 의도가 있으셨다면 저희를 만인의 은인이신 카이사르 앞에 심판을 받도록 세우지 않으셨을 것이기 때문입니다. 아버님께서는 왕으로뿐 아니라 부친으로서도 저희를 처벌할 충분한 권한이 있으셨음에도 불구하고 저희를 로마의 카이사르께 끌고 와 카이사르를 직접 증인으로 모심으로써 저희를 살리려고 하셨습니다. 처형할 의도를 가진 자가 죄인을 성전이나 제단으로 끌고 가는 일이 어디 있겠습니까? 저희가 만일 그토록 자애로운 아버님을 살해하려 했다는 것을 아버님이 믿으신다면 저희는 더 이상 살려고 발버둥치지 않겠습니다. 그렇게 사는 것은 더 고역이기 때문입니다. 아버님을 살해하려고 했다는 의심을 받고 사는 것보다 저희는 차라리 죽음을 택하겠습니다. 저희의 이 변호가 사실로 인정될 때에만 우리는 삶다운 삶을 누릴 수 있을 것이기 때문입니다. 이렇게 되어야만 아버님의 노를 풀 수 있을 것입니다. 그러나 저희가 만일 아버님을 살해하려고 했다면 저희가 지금까지 산 것도 너무 많이 산 것입니다. 이제부터 저희가 어떻게 해서 이런 의혹을 사게 되었는지 말씀드리겠습니다. 젊은 청년이니까 왕위를 한 번쯤은 넘볼 것이라는 이야기는 충분히 그럴듯한 이야기입니다. 게다가 한 걸음 더 나아가 모친이 비참한 죽음을 맞이했으니까 더욱 왕위를 넘보려고 할 것이라는 이야기도 충분히 납득이 갈 만한 이야기입니다. 야심이 있는 청년이니까 한 번쯤 왕위를 넘볼 것이라는 누명만 씌워도 저희는 지금과 같은 비참한 처지가 되기에 충분했을 것입니다. 그러나 그런 고소가 모든 젊은 청년들에게 차별 없이 적용될 수 있는지 살펴보는 것이 좋을 것 같습니다. 자녀들이 있고 모친은 세상을 떠났으며 부친이 모든 아들을 의심하고 있을 때 부친에게 반역을 일으키는 어리석은 자가 어디 있겠습니까? 게다가 어찌 의심만으로 그런 불경한 짓을 저질렀다고 확신할 수 있습니까? 저희가 만일 실제로 그런 극악무도한 일을 꾀하려고 했다면 누구든지 확실한 증거를 대라고 하십시오. 저희가 아버님을 독살하려고 독약을 준비했다는 사실을 입증할 사람이 있습니까? 아니면 음모를 같이 꾸민 공모자나, 돈으로 매수한 하수인이나, 음모가 적힌 서신 등의 증거물이 있습니까? 저희는 그런 일을 꾸민 적이 없습니다. 단지 다른 이들이 저희를 해하려고 중상모략을 꾸민 것에 불과합니다. 원래 왕가(王家)란 불화가 있는 곳이 아닙니까? 게다가 아버님께서 충성의 보상이라고 말씀하신 것은 악인들에게는 오히려 수단과 방법을 가리지 않고 목적을 성취할 수 있는 가능성을 열어 주는 소지가 되는 것입니다. 저희가 악한 일을 꾸몄다는 사실을 입증할 수 있는 증거를 제시한 사람은 아무도 없습니다. 단지 중상모략만이 무성했던 것입니다. 저희 힘으로 어떻게 이런 중상모략과 비난이 항간에 떠도는 것을 막을 수 있겠습니까? 저희가 아니라고 변명해도 아무 소용이 없지 않습니까? 저희가 너무 제멋대로 떠들었다고 하셨습니다. 예, 사실 저희가 멋대로 떠들어 댄 것은 부인할 수 없습니다. 그러나 그렇다고 해서 아버님을 비난한 것은 아닙니다. 왜냐하면 아버님을 비난하는 것은 옳지 못한 것이기 때문입니다. 저희가 비난한 사람들은 들려오는 소문을 진위도 확인해 보지 않고 아버님께 고해바친 자들입니다. 저희가 저희의 모친에 대해서 슬퍼하고 있는 것도 사실입니다. 그러나 모친이 단지 죽음을 당했기 때문에 슬퍼하는 것이 아니라 모친을 중상할 아무런 이유도 없는 자들이 모친을 중상하는 바람에 억울한 누명을 쓰고 죽음을 당했다는 사실 때문에 슬퍼하고 있습니다. 아버님이 장악하고 계신 왕국을 어떻게 저희가 넘볼 수 있겠습니까? 저희가 이미 왕족이라는 위치에 올라 있는데 무엇 때문에 아버님의 왕위를 헛되이 넘보려고 하겠습니까? 설사 저희가 아버님을 시해하는 데 성공한다고 하더라도 왕국까지 손에 넣을 수 있으리라고 보십니까? 그런 극악무도한 죄를 저지르고도 땅이 저희를 그대로 밟고 다니도록 내버려 두겠으며, 어찌 바다가 저희가 배를 타고 다니는 것을 보고만 있겠습니까? 아버님 휘하의 백성들이 하나님을 섬기며 신앙심이 있는데 어찌 저희가 왕국을 차지하고 아버님이 지으신 성전에 출입하는 것을 그냥 두고만 보겠습니까?[3)]

---

3) 헤롯이 성전을 재건했다는 요세푸스의 역사 기록은 우화에 불과하다고 의심하는 이들이 있으므로, 우리는 알렉산드로스가 부친인 헤롯 앞에서 자신과 동생을 변호하면서 헤롯이 성전을 재건한 것은 만인이 다 아는 사실로 이야기하고 있는 이 구절을 간과해서는 안 된다. 아직도 의심이 있는 자는 요한복음 2장 20절을 보라. 또한 헤롯이 성전 앞에 세운 금독수리를 끌어내린 젊은 청년들에게 행한 연설을 보도록 하라. 이 연설 가운데서 헤롯은 성전을 짓는 데 어마어마한 비용이 들어갔으며 125년간 유대 왕국을 다스렸던 아스모네우스(Asamoneus) 왕가도 하나님의 영광을 위해 이만한 큰일을 한 것이 없다고 강조하고 있다.

저희가 다른 위험은 무사히 다 통과했다고 가정한다 해도 카이사르께서 살아 계시는 한 살인자가 어찌 벌을 받지 않고 활개를 치며 살 수 있겠습니까? 저희는 아버님의 아들들입니다. 비록 아버님의 마음에 흡족한 아들들은 아닐지 모르나 그토록 불경하고 못된 자식들은 아닙니다. 아버님께서 저희에게서 불평의 이유나 음모의 원인을 발견하시지 못하신다면 어떻게 저희의 악을 입증할 수 있는 증거를 대실 수 있겠습니까? 저희의 모친이 돌아가셨다는 사실은 저희로 하여금 음모를 꾸미게 하기보다는 오히려 조심하라는 경고가 됩니다. 저희는 저희 자신을 위해 더욱 길게 변호하고도 싶으나, 결코 저지른 적이 없는 행동을 길게 변호한다는 것도 부질없는 짓이기에 긴 이야기는 생략하려고 합니다. 단지 만인의 주시요 지금은 아버님과 저희 사이의 중재자이신 카이사르 앞에서 아버님과 화해를 하고 싶습니다. 아버님, 만일 아버님께서 진리의 확실한 증거로 저희를 더 이상 의심하지 않으실 수 있다면 비록 저희가 그 후 비참한 삶을 살아간다 하더라도 저희를 살려 주십시오. 부친을 살해하려 했다는 죄목으로 누명을 쓰고 고소를 당했다는 사실만큼 충격적인 삶의 경험이 어디 있겠습니까? 그러나 만일 아버님께서 아직도 두려움이 남아 계신다면 부디 아버님의 경건한 삶을 계속 이어 가시기를 소원합니다. 한 가지 사실을 잊지 말아 주십시오. 저희의 생명이 그것을 우리에게 주신 아버님께 해를 끼칠 수 있는 가능성이 있다면, 그런 생명은 저희에게 그렇게 소중하지 않다는 점을 말입니다."

4. 알렉산드로스가 이같이 자기변호를 끝내자 그전에도 그토록 무서운 음모가 있으리라고 쉽게 믿지 않던 카이사르는 알렉산드로스의 말에 더욱 감명을 받아 헤롯을 뚫어지게 바라보았다. 이때 헤롯은 약간 당황해하였다. 옆에 있던 사람들은 모두가 헤롯의 아들들에 대해 걱정하는 눈빛을 띠고 있었다. 게다가 한편으로 이런 소문이 나면 헤롯왕은 모든 사람에게 미움을 받지 않을까 은근히 걱정하고 있었다. 사실상 헤롯의 고소는 도저히 믿을 수 없는 엄청난 내용이었다. 게다가 그의 아들들이 한창 젊은 청년이며 외모가 준수했기 때문에 아무래도 유리한 점이 많았다. 그러나 무엇보다도 결정적인 요인은 알렉산드

로스가 훌륭하고 멋지게 자기변호를 한 데 있었다. 이제는 알렉산드로스와 아리스토불루스의 안색도 전과 같지는 않았다. 전에는 눈물을 흘리면서 고개를 푹 숙이고 땅만 바라보고 있었는데 이제는 일말의 희망이 있으므로 안색이 많이 부드러워져 있었다. 헤롯왕은 아들들의 죄를 입증할 만한 충분한 증거나 근거를 갖고 있지 못한 것처럼 보였다. 이에 헤롯은 그렇게 고소한 것에 대해 사과하고 싶다고 했다. 그러자 카이사르는 가만히 있더니 이같이 말했다. "자네들은 부친의 고소와는 전혀 무관하며 결백한 것이 사실이나 그렇다고 아무런 잘못도 없다고 할 수는 없네. 자네들에 대한 그런 의심이 항간에 떠돌 정도로 부친에게 소홀히 한 것은 책망받아야 마땅한 것이네." 카이사르는 다시 헤롯에게 이같이 말했다. "아들들에 대한 의심은 모두 버리고 아들들과 화해하도록 하시오. 자녀들에 대한 소문을 진위 확인도 없이 무턱대고 믿는 것은 옳지 못한 일이오." 이렇게 부자지간이 모두 자신들의 잘못을 뉘우치게 됨에 따라 오랫동안 쌓였던 불화가 치유되고 다시 부자의 정을 회복할 수 있는 가능성이 생기게 되었다. 서로 경솔하게 상대방을 의심만 했던 사실을 잘못으로 알고 용서를 구함에 따라 애정이 다시 싹트게 되었다. 카이사르가 이같이 충고하자 헤롯은 아들들을 가까이 오도록 불렀다. 아들들이 무릎을 꿇고 용서를 빌자 헤롯은 눈물을 흘리면서 그들을 일으켜 세우고 껴안았다. 이에 아들들도 헤롯을 껴안았다. 또한 그 자리에 참석한 자는 모두가 다 감동을 받았다.

5. 그 후 그들은 카이사르에게 깊은 감사를 드리고 함께 돌아왔다. 이때 안티파테르도 함께 동행했다. 안티파테르는 속으로는 그렇지 않으면서 그들이 서로 화해한 것을 기뻐하는 척했다. 그들이 카이사르와 보낸 마지막 날 헤롯은 카이사르에게 300달란트를 선물함으로써 로마 주민들에게 그의 배짱과 통이 얼마나 큰가를 과시하였다. 이에 카이사르는 헤롯에게 구브로(Cyprus, 키프로스)의 구리 광산에서 나오는 수익의 반을 주었으며 나머지 반도 헤롯에게 관리하도록 맡겼다. 그 밖에도 카이사르는 헤롯에게 다른 수입원과 예물을 선물로 주었다. 특히 헤롯은 자기가 원하는 아들 중에서 후계자를 뽑을 수도 있고 아들들에게 골고루 왕국을 나눠 줄 수도 있는 권한을 더 확실히 부여받게 되었다.

이에 헤롯이 그 일을 즉시에 결정하려고 하자 카이사르는 자기가 살아 있는 동안에는 헤롯의 왕국과 아들들에 대한 지배권은 자신에게 있음을 상기시켰다.

6. 그 후 헤롯은 유대로 돌아왔다. 그가 없는 사이에 드라고닛(Trachonitis, 트라코니티스) 주위의 적지 않은 지역이 반역을 일으켰다. 또한 헤롯이 임명하고 떠난 사령관들은 모두 사라져 버렸다. 이에 헤롯은 아들들을 대동하고 배를 타고 길리기아(Cilicia)를 공격하러 떠났다. 그는 지금은 세바스테(Sebaste)로 이름이 바뀐 엘레우사(Eleusa)섬에 도착한 후 갑바도기아(Cappadocia, 카파도키아)의 왕 아르켈라우스(Archelaus)를 만났다. 아르켈라우스는 부자지간이 화해하게 되어 자기 딸과 결혼한 사위 알렉산드로스의 고통이 끝난 것에 대해 매우 기뻐하였다. 헤롯과 아르켈라우스는 서로 왕의 직위에 걸맞은 예물들을 주고받았다. 헤롯은 그 후 그곳을 떠나 유대로 돌아왔다. 헤롯은 성전에 나가 백성들을 모아 놓고 여행 중에 있었던 일을 이야기해 주었다. 그는 카이사르가 호의를 베푼 일과 백성들이 알면 자기에게 이익이 될 업적을 소상히 이야기했다. 마침내 그는 자신과 아들들이 화해한 이야기를 하면서 궁중에 거하는 자들과 일반 백성들이 화합할 것을 촉구하였다. 그는 자기 뒤를 이어 아들들이 통치할 것임을 밝혔다. 처음에는 안티파테르가 뒤를 이을 것이며 그다음에는 마리암네의 아들들인 아리스토불루스와 알렉산드로스가 뒤를 이을 것이라고 하였다. 그러나 당분간은, 즉 자신이 연로하여 정무를 능숙하게 보살필 수 없을 때까지는 자신이 왕이요 유대의 지배자임을 명심해야 한다고 했다. 아직까지는 정무를 살피는 일은 물론 자식들을 다스리는 데 조금도 어려움을 느끼지 않는다는 것이었다. 헤롯은 자기 휘하의 관리들과 병사들에게 자기만을 왕으로 알고 복종하면 개인이 행복을 누리게 됨은 물론 국가도 평화를 누리게 될 것이라고 권고하였다. 그는 이같이 말을 마치고 백성들을 귀가시켰다. 헤롯의 말은 대부분의 사람들의 마음을 흡족하게 했으나 전부는 아니었다. 왜냐하면 헤롯의 아들들이 서로 경쟁을 해왔으며 헤롯이 왕위를 넘겨주겠다는 희망적인 언질을 주자 변혁을 일으킬 생각을 가졌기 때문이었다.

제5장

헤롯이 가이사랴의 경기장에서
5년마다 경기를 개최하게 된 경위와
여러 지역에 거대한 건물들을 짓는 건축 사업을 일으킨 일과
그 밖의 뛰어난 업적에 관하여

1. 헤롯이 지은 가이사랴 세바스테(Caesarea Sebaste)가 완공된 것은 이 무렵의 일이었다. 그러니까 준공식은 헤롯의 재위 제28년, 즉 제192올림피아드(olympiad) 때 열린 것이었다. 완공을 기념하기 위한 성대한 축제가 열린 것은 물론이었다. 헤롯은 음악 경연 대회는 물론 나체로 하는 경기 대회를 계획했을 뿐 아니라 수많은 일대일 경기와 짐승과 인간과의 사투 경기도 계획했다. 헤롯은 또한 경마는 물론 로마와 그 밖의 여러 도시에서 거행하는 경기와 공연을 벌일 것도 계획했다. 헤롯은 이런 경기 대회를 카이사르에게 바쳤으며 5년마다 경기를 치르도록 했다. 또한 자신의 왕궁에서 온갖 장식품들을 가지고 와 멋지게 치장하여 화려함이 이를 데 없었다. 게다가 카이사르의 아내 율리아(Julia)가 로마로부터 값비싼 장식품들을 보내 주었으므로 헤롯은 조금도 부족한 것이 없었다. 장식품의 값만 해도 약 500달란트나 되었다. 많은 무리가 경기를 관람하기 위해 이 도시로 몰려들었을 뿐 아니라 (헤롯에게서) 은혜를 입은 다른 민족들이 파견한 사신들도 인사차 이 도시를 방문하게 되었다. 헤롯은 그들을 여관에 투숙시키는 한편 계속되는 잔치로 기쁘게 해주었다. 축제가 벌어지는 동안 낮에는 각종 경기가 계속되었으며 밤에는 엄청난 비용이 들었을 것으로 보이는 만찬과 모임이 줄을 이었다. 헤롯은 이를 통해서 자신의 아량과 배짱을 과시할 심산이었다. 또한 모든 면에서 과거의 어떤 도시나 인물이 주최했던 축제보다 더 멋진 축제를 베풀려고 애를 썼다. 이에 카이사르와 아그립바가 종종 "헤롯 그 친구는 배짱에 비해 영토가 너무 좁은 것 같아. 수리아 전체와 애굽까지 다스려도 될 만한 인물이야."라고 말했다는 일화가 전해져 내려오고 있다.

2. 준공식과 축제가 끝나자 헤롯은 카파르사바(Capharsaba) 평지에 다시 도시를 세우는 일에 착수했다. 카파르사바 평지는 헤롯이 보기에는 도시를 건설할 수 있는 최적지였다. 그곳은 물이 풍부하고 땅이 기름져 무엇을 심어도 잘 자랄 만한 곳이었다. 게다가 강이 도시를 감싸고 흐르며 울창한 수풀이 마치 담처럼 도시를 보호하고 있었다. 이에 헤롯은 도시를 건설하고 부친인 안티파테르(Antipater)의 이름을 본떠서 안티파트리스(Antipatris)라고 불렀다. 여리고(Jericho) 위쪽의 안전하고 거주하기 쾌적한 곳에도 도시를 건설하고 모친의 이름을 따라 키프로스(Cyprus)라고 불렀다. 헤롯은 형 파사엘루스(Phasaelus)를 무척 사랑했기 때문에 이 도시 안에 파로스(Pharos) 망대 못지않은 망대를 세우고 파사엘루스(Phasaelus) 망대라고 이름하였다. 이 망대는 도시를 수비하는 데 유용한 건축물이었을 뿐 아니라 고인의 이름이 붙어 있기에 고인을 기리는 기념물이기도 했다. 또한 헤롯은 그곳에서 북쪽으로 올라가는 길목에 있는 여리고의 골짜기에 도시를 건설하고 파사엘루스(Phasaelus)라고 명명하였다. 그는 주민들로 하여금 경작하게 하여 그 도시 인근을 비옥하게 만들었다.

3. 이 밖에도 헤롯이 수리아(Syria)와 그리스(Greece)의 도시들 및 기타 여행 중에 들른 여러 도시에 끼친 은혜는 일일이 열거할 수 없을 정도로 많다. 헤롯은 이 도시들이 당한 어려움을 넉넉하게 도와주었을 뿐 아니라 공공건물들을 짓도록 비용을 댔다. 헤롯은 그 밖에도 재정적인 손실이 있는 경우에는 그 손실도 보충해 주었다. 헤롯이 세운 건축물들 가운데서 가장 크고 유명한 것은 로도(Rhodes, 로도스)에 있는 아폴론(Apollo) 신전이었다. 헤롯은 또한 이들의 선대(船隊)의 수선 비용으로 거액의 돈을 주었다. 또한 악티움(Actium)에 있는 니코폴리스(Nicopolis)의 주민들을 위해서도 많은 공공건물을 지어 주었다.[4] 헤롯은 수리아의 가장 큰 도시인 안디옥 주민을 위해서도 큰일을 했다. 안디옥에는 직선으로 길게 뻗은 넓은 도로가 있었는데 헤롯이 길 양편에 회랑을 건설하

---

4) 수에토니우스(Suetonius)는 아우구스투스(Augustus)가 니코폴리스(Nicopolis)를 재건한 것을 아래와 같이 적고 있다. "악티움(Actium) 해전의 승리를 후대에까지 길이 기념하기 위하여 그는 악티움에 니코폴리스를 짓고 5년마다 경기를 성대하게 치르도록 명령했다."

는 한편 다듬은 돌로 길을 포장해 주었다. 이것은 안디옥 주민들에게 보통 편리한 시설이 아니었다. 재정적인 어려움 때문에 부진을 면치 못했던 올림피아 경기(olympic games)도 헤롯 때문에 과거의 명성을 되찾을 수가 있었다. 그는 올림피아 경기의 운영을 위한 경비를 충당할 재원을 확보했으며 희생 제물과 그 외의 필요한 준비물들을 넉넉하게 준비함으로써 올림피아 경기라는 성대한 제전을 더욱 뜻깊게 만들었다. 이런 열성적인 후원 때문에 헤롯은 올림피아 제전 비문들에 올림피아 경기의 영구 운영자 가운데 하나로 언급되고 있다.

4. 이에 어떤 이들은 헤롯의 성품과 의도의 다양성에 놀라움을 금치 못했다. 헤롯은 어떤 면에서 보면 관대한 성품의 소유자였으나 다른 면으로는 야수와 같은 잔인한 성품을 지닌 인물이기 때문이었다. 헤롯이 모든 인류에 끼친 혜택과 아량에 대해서는 헤롯을 전혀 존경하지 않는 사람들조차도 그가 넓은 아량의 소유자임을 부인하지 못한다. 아니, 어떤 점에서 그가 관대한 인물이었다고 솔직히 고백한다. 그러나 헤롯이 일반 백성뿐 아니라 식구들에게 내린 처벌과 형벌을 볼 때는 잔인하고 무서운 성품의 소유자인 것처럼 보인다. 인간답지 않은 야수와 같은 성격의 인물임을 인정하지 않을 수가 없는 것 같다. 그리하여 어떤 이들은 헤롯의 성품에 다른 면이 있으며 심지어는 서로 완전히 모순된다고까지 생각한다. 그러나 나는 이들의 견해와는 다른 생각을 가지고 있다. 헤롯의 이런 상반된 행동들의 동기는 단지 하나라고 생각한다. 헤롯은 명예를 매우 소중히 여기는 사람으로 명예욕에 한 번 불이 붙으면 그 격정을 이기지 못하는 사람이었다. 따라서 현재 그의 명성을 높여 줄 수 있고 미래에 그의 이름을 길이 남길 수 있는 가능성이 보이는 일이면 언제나 관대하게 대했던 것이다. 그러다가 보면 능력 이상으로 지출이 심하게 되니까 자기 백성들에게는 가혹하게 될 수밖에 없었던 것이다. 워낙 많은 사람에게 은혜를 베풀려고 하였으니 돈이 남아날 리가 없었던 것이다. 그는 백성들에게 해를 가했기 때문에 백성들이 자신을 미워한다는 사실을 잘 알고 있었다. 또한 실추된 신망을 되찾기란 보통 어려운 것이 아님을 잘 알고 있었다. 그러나 백성들에게 세금을 순순히 거두기도 그리 쉬운 일이 아니었다. 이에 헤롯은 자신에 대한 백성들의 악의(惡意)를

오히려 수입의 원천으로 삼으려고 하였다. 헤롯은 누구든지 자신을 비방하며 왕으로 인정하지 않고 정변을 일으키려는 자가 있는 것처럼 보일 때는 조금도 자신을 자제하지 못하고 친척이나 친구를 막론하고 누구든지 적으로 간주하여 처벌하였다. 나의 이 견해는 헤롯이 카이사르와 아그립바와 그의 다른 친구들에게 보인 호의를 볼 때 사실임이 확실히 드러난다. 헤롯은 자신의 상관들에게 보인 존경과 영예를 자신도 부하 백성들에게 받기를 갈망하였다. 헤롯이 다른 이들에게 최대의 선물을 준 것은 자신도 그런 선물을 받고 싶다는 일종의 심리 표출이었다. 그러나 유대 백성들은 율법을 통해 볼 때 그런 것과는 거리가 먼 백성들이었다. 그들은 영광보다는 의를 더 소중히 여겨온 민족이었다. 이 때문에 유대 민족은 헤롯과는 어울리지 못한 것이다. 유대인들은 조상(彫像)을 세우고 신전을 짓는 등의 일에 열중하면서 자신의 명예를 내세우려는 헤롯에게 아첨할 부류의 인간들이 아니기 때문이었다. 헤롯이 자기 정신(廷臣)들과 부하들에게는 마구 대하면서도 외국인이나 아무 관계도 없는 사람들에게는 친절했던 이유가 모두 여기에 있었던 것처럼 보인다.

제6장

구레네와 아시아에 거주하는 유대인들이
카이사르에게 사신을 보내 헬라인들에 대한 불평을 늘어놓자
카이사르와 아그립바가 각 도시에
유대인들을 위한 서한을 보내게 된 경위

1. 한편 전왕(前王)들이 유대인들을 시민으로 동등하게 대하라는 명령을 내렸음에도 불구하고 아시아(Asia)와, 구레네(Cyrene, 키레네)와 인접한 리비아(Libya)

의 각 도시는 유대인들을 학대하였다. 헬라인(Greeks)들은 유대인들을 모욕하는 정도에서 그치지 않고 거룩한 돈까지 강탈해 가는 등 큰 해를 끼쳤다. 유대인들은 이 같은 고통을 당하게 된 것도 괴로운데 헬라인들의 야만적인 행동이 언제 그칠지 모르는 상태까지 이르자 카이사르에게 사신을 보내 호소하였다. 이에 카이사르는 유대인들에게 그전부터 누려왔던 특권을 계속해서 누릴 수 있도록 허락하는 한편 각 속주(province)의 총독들에게 공한을 보냈다. 따라서 나는 로마 황제들이 유대인들에게 옛날부터 호의적이었다는 사실을 입증해 주는 증거로서 그중의 몇 서한만을 그대로 옮겨 적으려고 한다.

2. "대제사장이요 호민관인 카이사르 아우구스투스(Cæsar Augustus)는 아래와 같이 명하노라. 유대국은 지금뿐 아니라 과거, 즉 나의 부친이 세상을 통치할 때부터 로마인에게 많은 은혜를 끼쳤노라. 특히 대제사장 히르카누스(Hyrcanus)가 나의 부친인[5] 카이사르 황제(Cæsar the emperor)께 보인 호의는 매우 컸었노라. 따라서 나와 나의 고문들은 전능하신 하나님의 대제사장인 히르카누스 때부터 누려온 대로 유대인들이 조상의 율법에 따라 그들 고유의 풍속을 지킬 수 있는 자유가 있음을 로마인의 맹세와 선언으로 선포하노라. 또한 유대인이 모은 거룩한 돈은 건드리지 말고 예루살렘으로 보내 책임자가 관리하도록 하라. 그리고 유대인들을 안식일 날이나 안식일 예비일 제9시 이후에는 법정에 소환하는 일이 없도록 하라.[6] 유대인들의 거룩한 책이나 거룩한 돈을 훔친 죄로 붙잡힌 자들은 회당에서 훔쳤든지 학교에서 훔쳤든지 신성 모독을 범한 자로 여길 것이며 그의 재산은 몰수하여 로마의 국고(國庫)에 넣도록 하라. 나는 카이우스 마르쿠스 켄소리누스(Caius Marcus Censorinus)의 제안에 따라 유대인들이 내게 한 고소의 내용과 이 법령을 아시아인들이 앙키라(Ancyra)

---

[5] 아우구스투스(Augustus)는 실제 핏줄로만 따지면 율리우스 카이사르(Julius Cæsar)의 누이의 외손자(윌리엄 휘스턴은 율리우스 카이사르가 아우구스투스의 숙부[uncle]라고만 밝히고 있음. 현대보다 느슨한 친족 개념이라 하더라도 혼동을 줄이기 위해 실제 혈연 관계에 비추어 기재하였음—편집자 주)이지만 그의 양자가 되었기 때문에 부친이라고 부르고 있다.
[6] 이 구절은 아우구스투스(Augustus) 시대의 유대인들이 금요일 제9시부터 안식일을 지킬 준비를 시작했다는 점을 확인시켜 주는 중요한 구절이다.

에서 지어 내게 바친 그곳에 보관하기로 결정했노라. 누구든지 위에서 내가 명한 것을 어길 경우에는 엄벌을 받을 것임을 알라." 이 법령은 카이사르(Cæsar)의 신전의 기둥에 새겨져 있다.

3. "카이사르는 노르바누스 플라쿠스(Norbanus Flaccus)에게 문안하노라. 유대인들의 수가 얼마가 되든지 유대인들이 조상의 율법에 따라 그전처럼 그들의 거룩한 돈을 자유롭게 예루살렘에 보낼 수 있도록 허락하라." 이는 카이사르의 법령이었다.

4. 아그립바(Agrippa) 역시 유대인들을 위해서 아래와 같은 서한을 보냈다. "아그립바가 에베소의 정무관과 의회와 주민들에게 문안하노라. 예루살렘 성전으로 보내는 거룩한 돈을 관리하고 보관하는 일은 아시아의 유대인들에게 맡기고 그들이 전래의 풍습대로 알아서 처리하도록 내버려두라. 유대인의 거룩한 돈을 훔친 후에 신전(sanctuary)으로 도망친 도적들은 끌어낸 후 유대인들에게 넘겨주도록 하라. 신성 모독죄를 범한 자들은 신전으로 피해도 그곳에서 끌어내는 것이 법이 아닌가? 내가 법무관 실바누스(Sylvanus)에게도 서한을 보낸 바가 있듯이 유대인을 안식일에 법정으로 소환하는 일이 없도록 하라."

5. "마르쿠스 아그립바(Marcus Agrippa)는 구레네(Cyrene, 키레네)의 정무관, 의회, 주민들에게 문안하노라. 구레네의 유대인들이 내게 호소한 것이 있노라. 아우구스투스(Augustus)께서 그 당시 리비아(Libya)의 법무관이었던 플라비우스(Flavius)와 그 속주의 다른 행정 장관들에게 명령하기를 유대인 전래의 풍습에 따라 예루살렘에 돈을 자유롭게 보내도록 허락하라 하셨는데 그것이 제대로 시행되지 않는다는 호소였노라. 부과할 필요가 없는 세금을 내라는 명목으로 예루살렘에 돈을 보내는 것을 방해했다는 고소였노라. 그러므로 그들에게 빼앗은 것은 조금도 감하지 말고 돌려주도록 하라. 이는 나의 명령이다. 어느 도시에서든지 유대인이 수령자로 되어 있는 거룩한 돈을 빼앗은 일이 있다면 바로 그 유대인에게 그 돈을 그대로 돌려주도록 하라."

6. "지방 총독 카이우스 노르바누스 플라쿠스(Caius Norbanus Flaccus)가 사르디스인(Sardians)들의 정무관들에게 문안하노라. 카이사르께서 내게 서한을 보내셨노라. 카이사르께서는 유대인의 수효가 얼마가 되든지 조상의 풍습대로 모임을 갖는 것과 돈을 예루살렘으로 보내는 것을 금하지 말라고 명하셨노라. 그러므로 내가 다시 이렇게 편지하노니 카이사르와 나의 뜻이 무엇인지를 잘 알아 그대로 시행하도록 하라."

7. 지방 총독인 율리우스 안토니우스(Julius Antonius)도 역시 같은 내용의 서신을 보냈다. "에베소의 정무관과 의회와 주민들에게 문안하노라. 내가 2월의 이데스(Ides, 로마력에서 각 달의 중간 무렵을 가리키는 날짜로 날짜를 세는 기준점이 됨. 3월, 5월, 7월, 10월은 15일, 그 밖의 달은 13일을 가리킴 - 역자 주, 편집자 주)에 에베소에서 공의를 베풀고 있을 때 아시아에 거주하는 유대인들이 나를 찾아왔었노라. 아우구스투스(Augustus)와 아그립바(Agrippa)께서 유대인들이 그들 전통의 율법과 풍습에 따라 살 수 있도록 허락하셨고 각자 하나님에 대한 신앙에서 자유로 첫 소산을 하나님께 드리고 그것을 아무 방해도 받지 않고 예루살렘까지 보낼 수 있도록 특혜를 베푸셨으니 나도 이에 재가를 해주었으면 좋겠다는 것이었노라. 그러므로 나는 아우구스투스와 아그립바의 뜻을 따라 유대인들이 조상 전래의 율법과 풍습을 지키며 살 수 있도록 허락할 터이니 그대들은 이를 잘 알고 시행하도록 하라."

8. 내가 굳이 이와 같은 법령들을 소개하는 까닭은 유대 민족이 앞으로도 헬라인과 함께, 헬라인들 가운데서 살아가야 하기 때문이다. 우리 유대 민족은 지배자들에게서 특별 대우를 받았으며 조상 전래의 율법을 지키며 살아도 좋다는 허락을 받고 살아왔음이 위의 법령들 가운데서 분명히 드러났다. 우리 유대인들이 하나님을 바로 섬기고 우리 종교를 버리지 않았을 때는 지배자들이 우리를 도와주었다. 내가 자주 이런 법령들을 지면에 소개하는 것은 유대인을 향한 타민족의 이유 없는 미움을 해소하고 유대인과 타민족 간의 융화와 화해를 도모했으면 하는 바람에서이다. 우리 유대 민족의 풍습으로 말할 것 같

으면[7] 이와 같은 풍습을 지키는 국가는 어디에도 없다. 거의 모든 도시마다 다른 풍습을 지니고 있음을 본다. 그러나 자연 정의(natural justice)는 헬라인이나 야만인을 막론하고 모든 인간에게 골고루 큰 유익을 가져다주는데 우리 유대의 율법은 자연 정의를 가장 강조하고 있다. 따라서 그 율법을 순수하게 지키려는 유대인들은 모든 인간에게 호의적이고 자애로운 것이다. 이렇게 되면 다른 이들도 마찬가지로 호의로 보답해 오는 것이며, 실재하는 제도나 관습의 차이가 따돌림과 소외의 충분한 이유가 되지 못함을 여실히 증명하게 되는 것이다. 오히려 다른 이들이 (우리와 함께) 덕과 진실을 추구하기를 희망해 오는 것이다. 왜냐하면 정의란 모든 인류가 공통으로 소유하고 있는 것이며 정의 자체만으로도 인류의 생명이 보존되는 것이기 때문이다. 이제 이 이야기는 이 정도에서 그치고 진행해 오던 역사 서술로 되돌아가도록 하자.

제7장

헤롯이 다윗의 무덤을 열고 들어가자 가정 내의 불화가 극도로 악화된 경위

1. 한편 헤롯은 국내외로 많은 도시를 건설하다 보니 재정적인 어려움에 봉착하지 않을 수 없었다. 전의 히르카누스(Hyrcanus) 왕이 다윗의 무덤을 열고 은 3,000달란트를 꺼낸 적이 있으며 아직도 많은 돈이 남아 있을 것이라는 이

---

[7] 이 장(章)의 나머지 부분은 실재하는 제도를 자연 정의와 종교와 도덕과 올바르게 구분하고 있다는 점에서 특기할 만하다. 게다가 전자(前者)보다는 후자(後者)를 더 중요시하는 태도는 주목할 필요가 있다. 이는 구약 시대의 선지자들이나 신약 시대의 그리스도와 그의 사도들의 태도와도 같은 것이다. 이 점에서 요세푸스는 그 당시의 서기관과 바리새인보다는 오히려 기독교에 더 가까운 것처럼 보인다. 우리가 신약 성경에서 알 수 있듯이 서기관과 바리새인은 이와는 다른 견해와 풍습을 주장하고 있었다.

야기를 들은 헤롯은 그 정도면 자신의 재정적 어려움을 이길 수 있을 것이라 생각하고 오래전부터 무덤을 열고 들어가 봐야겠다고 생각했다. 그러던 중 헤롯은 백성들에게 숨기기 위해 밤을 틈타 충실한 심복들만 데리고 다윗의 무덤을 열고 들어갔다. 그러나 헤롯은 히르카누스처럼 돈은 발견할 수 없었다. 그 대신 금으로 만든 장신구들과 보석들은 많이 볼 수 있었다. 이에 헤롯은 그것들을 모두 꺼내 왔다. 그 외에 헤롯은 더 샅샅이 살펴보고 싶은 생각에 심지어는 다윗과 솔로몬의 시신까지도 들춰 보려고 하였다. 그러나 이때 전하는 바에 따르면 불이 나와 경호 병사들 둘이 불에 타 숨졌다는 것이다. 이에 헤롯은 크게 놀라 하던 일을 중단하고 밖으로 나왔다고 한다. 헤롯은 거액을 들여 흰 돌로 무덤 입구에 위령비를 세웠다. 헤롯의 역사가인 니콜라우스(Nicolaus)는 헤롯이 다윗의 무덤을 열고 들어간 것에 대해서 언급은 하지 않으면서도 이 위령비에 대해서는 언급하고 있다. 그가 헤롯이 무덤을 연 사실을 언급하지 않은 것은 헤롯의 평판 때문이었다. 사실상 그는 헤롯에 관한 많은 역사 자료를 이런 식으로 다루고 있다. 이는 헤롯 시대에, 그것도 헤롯이 직접 통치하고 있던 당시에 역사를 기록했으며 헤롯의 환심을 사려고 했기 때문에 어쩔 수 없이 빚어졌던 결과이다. 그는 단지 헤롯의 명성에 도움이 될 만한 것만 다루었으며 헤롯의 악명 높은 범죄들에 대해서는 노골적으로 변호했으며 한 걸음 더 나아가서 사실조차 은폐하려 하고 있다. 그는 마리암네와 그녀의 아들들을 살해한 헤롯의 야만적인 행동을 정당화하기 위해서 마리암네는 정숙하지 못했으며 그녀의 아들들은 헤롯에게 반역을 꾀했다는 등의 얼토당토않은 이야기를 날조하였다. 니콜라우스는 이같이 헤롯의 의로운 행동에 대해서는 찬사를 늘어놓고 불의한 행동에 대해서는 변명을 늘어놓는 일관된 방법으로 그의 전 역사를 기술하였다. 어떤 이들은 니콜라우스가 남을 위해서가 아니라 헤롯왕의 환심을 사기 위해서 쓴 역사 기록이니까 그럴 수도 있지 않겠느냐고 니콜라우스를 두둔할지도 모른다. 그러나 아스모네우스 왕가와 밀접한 인척 관계를 맺고 있고 따라서 제사장이라는 명예로운 직책을 소유하게 된 우리는 거짓을 말한다는 것은 도저히 있을 수 없는 일이라 생각된다. 따라서 우리는 지금까지 헤롯왕의 역사를 사실 그대로 공정하게 기술해 온 것이다. 비록 우리가 지금도 이 땅을 다스리는 헤롯왕의 후손에 대해 경의를 표하는 것은 사실이나 진리보다 더 그들을 중요하게 여길 수는 없다. 비록 이렇게 하다가 그들의 비위를 건드리는 한이 있더라도 진리보다 앞세울 수는 없는 것이다.

2. 한편 헤롯의 가정불화는 다윗의 무덤을 열고 들어갔던 헤롯의 행동으로 말미암아 더 악화되었다. 하나님이 그들의 불화를 더 이상 치유할 수 없을 정도로 악화시키기 위해 심판을 가하신 것인지, 아니면 오비이락으로 때마침 불행이 심화되어 그것이 마치 헤롯의 불경건한 행동에 대한 심판으로 보이게 된 것인지는 알 수 없으나 사태는 매우 심각해졌다. 가족들 간의 불화는 궁중 안의 내란(civil war)이었으며 서로 간의 미움은 무서운 중상모략으로 양상을 달리해 갔다. 안티파테르는 형제들을 제거하려는 음모를 항상 꾸미고 다녔다. 그의 음모는 교활하기 짝이 없었다. 그는 형제들이 없는 곳에서는 비난을 늘어놓다가도 그들이 보는 데서는 그들을 대신해서 용서를 비는 이중적인 계략을 통해서 자신의 참모습과 음모를 은폐하는 수법을 썼다. 그는 또한 온갖 수단을 다 동원하여 마침내 헤롯으로 하여금 그가 하는 일은 모두 자기의 신변 안전을 위한 일이라고 굳게 믿도록 만들었다. 이에 헤롯은 정무(政務) 책임자인 프톨레마이우스(Ptolemy)를 안티파테르에게 추천하는 한편 공무(公務)를 보살필 때 그의 모친과 상의하였다. 이 모든 여건은 헤롯으로 하여금 안티파테르와 그의 측근들을 제외한 다른 이들을 미워하게 만들었다. 이는 안티파테르와 그의 측근들이 바라던 바였다. 한편 이와는 반대로 마리암네의 아들들의 처지는 계속해서 악화만 되어 갔다. 그들의 신분은 고귀했지만 계속해서 좌천되기만 하자 그들은 그 치욕을 도저히 참을 수 없었다. 또한 알렉산드로스(Alexander)의 아내요 아르켈라우스(Archelaus)의 딸인 글라피라(Glaphyra)는 살로메(Salome)를 몹시 미워했다. 그 첫째 이유는 남편을 사랑했기 때문이었으며, 그 둘째 이유는 아리스토불루스(Aristobulus)의 아내인 살로메의 딸이 자신과 동등한 위치에 있다는 것이 못마땅했기 때문이었다. 이에 글라피라는 살로메의 딸에게 몹시 교만하게 대했다.

3. 가족 간의 이 두 번째 불화 외에 엎친 데 덮친 격으로 헤롯왕의 동생인 페로라스(Pheroras)가 문제를 일으켜 미움과 의심을 샀다. 페로라스는 아내의 미모에 미칠 정도로 반해 있었기 때문에 약혼한 처지인 헤롯의 딸을 쳐다보지도 않고 몹시 경멸하였다. 그의 아내는 종의 신분에 불과했으나 그의 마음은 온통 아내에게로 쏠려 있었다. 헤롯은 이에 몹시 기분이 상했다. 동생을 사랑했기에 많은 혜택을 베풀어 주었고 심지어는 그의 왕국의 제2인자로까지 부상시켜 주었음에도 불구하고 호의적인 반응을 받지 못한 것에 대한 모욕감이었다. 따라서 헤롯은 이 일로 자신을 무척 불행한 자로 간주하였다. 헤롯은 동생이 딸을 아내로 맞기를 거절함에 따라 딸을 파사엘루스(Phasaelus)의 아들에게 시집보냈다. 그 후 헤롯은 동생의 열정이 많이 식었으리라 생각하고 그를 불러 지난번 행동이 지나쳤음을 크게 책망한 후, 둘째 딸인 키프로스(Cypros)를 아내로 맞이하도록 하라고 요구하였다. 프톨레마이우스(Ptolemy)도 이같이 헤롯을 거들었다. "더 이상 형님을 욕되게 하지 말고 그 여자를 버리도록 하십시오. 신분이 천한 종에게 눈이 멀어 사랑에 빠진다는 것은 보기에도 우스운 일이 아닐 수 없습니다. 게다가 왕이신 형님의 호의를 거절하는 것은 형님의 미움을 사게 되어 결국은 화근을 자초하는 일이 되고 말 것입니다." 페로라스는 특히 과거에 고소를 당했다가 용서를 받은 적이 있기 때문에 그의 충고대로 따르는 것이 자기에게 유익할 것이라고 생각하였다. 이에 페로라스는 아들을 하나 낳아 준 아내임에도 불구하고 아내를 내어 쫓고, 헤롯의 둘째 딸을 아내로 맞이하기로 약속했다. 그는 30일 후에 결혼식을 올리는 데 동의하는 한편 내어 쫓은 아내와는 더 이상 동침하지 않기로 맹세하였다. 그 후 30일이 지났다. 그러나 페로라스는 전처에 대한 애정의 포로가 되어 있었기 때문에 약속을 지킬 수가 없었다. 그는 전처에 대한 사랑으로 미칠 것만 같았다. 이에 헤롯은 드러내 놓고 괴로워하였으며 노골적으로 분노를 터뜨렸다. 헤롯은 계속해서 페로라스에 대한 욕설을 퍼부어 댔다. 그러자 많은 사람들은 헤롯왕의 분노를 이용해서 페로라스를 제거하려고 애를 썼다. 헤롯왕은 단 하루, 아니 단 한 시간도 마음 편할 때가 없었다. 자기 가족들, 그것도 그가 가장 아끼는 자들의 다툼과 싸움이 꼬리를 물고 일어났기 때문이었다. 이번에는 살로메(Salome)가 또 분란을

일으켰다. 살로메는 성격이 거칠었으며 마리암네의 아들들을 탐탁하게 여기지 않고 있었다. 이에 살로메는 자기 딸이 남편인 아리스토불루스에게 호감을 갖지 못하게 하는 한편 그가 은밀하게 한 이야기는 무엇이든지 자기에게 고해바치도록 만들었다. 살로메는 이런 식으로 마리암네의 아들들에 대한 사정을 낱낱이 파악하는 한편 딸과 사위의 간격을 넓혔다. 살로메의 딸은 모친을 기쁘게 해주기 위해 찾아와서 이같이 고해바쳤다. "두 형제만 호젓이 모이게 되면 모친인 마리암네의 이야기를 자주 꺼내곤 해요. 게다가 두 형제는 아버님인 헤롯왕을 미워하고 있어요. 그리고 두 형제가 정권을 장악하게 되는 날이면 이복형제들을 학교 선생으로 만들 거라고 계획하고 있어요. 이복형제들이 현재 교육을 받고 있는 데다가 공부하는 데 열심이니까 학교 선생이 제일 잘 어울린다는 거예요. 게다가 모친인 마리암네의 옷을 입고 다니는 여자들은 모두 잡아다가 옷을 벗기고 베옷을 입힌 다음 햇빛을 평생 보지 못하도록 감금해 버릴 것이라고 입버릇처럼 말하고 있어요." 이 이야기는 살로메를 통해 즉시 헤롯에게 전달되었다. 헤롯은 이 이야기를 듣고 몹시 괴로워하면서도 문제를 해결하려고 노력하였다. 그러나 의심은 자꾸 눈덩이처럼 불어났으며 마침내 세상이란 모든 인간이 서로 잡아먹으려고 아우성치는 곳이라고까지 생각하기에 이르렀다. 그러나 그러면서도 헤롯은 자식들을 책망하는 한편 아들들이 변호할 수 있는 기회를 주었다. 이러는 동안 헤롯은 얼마간 의심을 푸는 듯하였으나 바로 또 불행한 사태가 일어나 더욱 악화 일로를 걷게 되었다.

4. 그 사태의 자세한 내막은 아래와 같다. 페로라스(Pheroras)가 아르켈라우스(Archelaus)의 딸인 글라피라(Glaphyra)의 남편 알렉산드로스(Alexander)를 찾아와, 살로메(Salome)로부터 들은 이야기인데 헤롯이 글라피라에게 완전히 미칠 정도로 반해 있다고 하더라고 전해 주었다. 알렉산드로스는 이 이야기를 듣고는 젊은 피에다가 질투심까지 겹쳐 매우 흥분하게 되었다. 알렉산드로스는 헤롯이 자주 글라피라에게 호의를 베푸는 것을 오해하기 시작했다. 이는 물론 페로라스가 한 말이 있었기 때문이었다. 마침내 알렉산드로스는 자신의 슬픈 감정을 숨기지 못하고 헤롯에게 페로라스가 한 말이 사실이냐고 물어보았다.

이에 헤롯은 전보다 더 큰 혼란에 빠지게 되었다. 헤롯은 수치스럽기 그지없는 중상모략을 참을 수가 없어 몹시 괴로워하였다. 헤롯은 자주 가족들의 추악한 모습을 생각하고 애통했다. 그는 식구들을 위해 최선을 다했음에도 불구하고 보답이라는 것이 오히려 자신을 중상모략하는 것이라는 사실을 생각할 때 애통하지 않을 수가 없었던 것이다. 이에 헤롯은 페로라스를 불러온 다음 이같이 모욕을 주었다. "이 세상에서 가장 악질 같은 놈아! 내가 그런 못된 짓을 하고 있다고 생각하는 것조차도 배은망덕인데 그런 모략을 입 밖으로 떠벌리고 다니다니 세상에 너같이 은혜를 모르는 못된 놈은 내 일찍이 본 일이 없다. 내가 이제야 네 놈의 진의를 알았도다. 네 놈이 그런 말을 내 아들에게 한 것은 나를 모욕하는 데 목적이 있는 것이 아니라 내 아들을 부추겨서 나를 독살하려는 데 그 목적이 있는 것이 아니냐? 내 아들처럼 선한 성품의 소유자가 아버지를 그런 식으로 의심하고 손수 복수의 칼을 뽑아 들 줄 알았더냐? 왜 네 놈은 부친을 살해하라고 직접 손에 칼을 쥐어 주지 않고 생각할 말 몇 마디만 던졌느냐? 네 놈은 내 아들들을 실제로 미워하면서도 나를 해하기 위해 그들을 위하는 척 했단 말이냐? 네 놈 말고 이 세상의 어떤 자가 그런 파렴치한 생각을 마음에 품고 입 밖에 낼 수가 있겠느냐? 은혜를 모르는 배은망덕한 놈아! 형제지간의 의도 모르는 벌레 같은 놈아! 사라져 버려라. 그리고 그 악한 양심도 함께 사라져 버려라. 나는 내 식구들에게 복수하기는커녕 오히려 혜택을 베풀 것이며 큰 호의를 보일 것이니라."

5. 헤롯왕이 이같이 말을 마치자 꼼짝없이 덜미가 잡힌 페로라스는 "이 음모를 꾸민 자는 살로메입니다. 이 모든 것은 살로메의 입에서 나온 것입니다."라고 소리쳤다. 곁에 있다가 이 말을 들은 살로메는 그 자리에서 도저히 말도 되지 않는다는 표정으로 이같이 부르짖었다. "저는 그런 말을 입에 담은 적이 없습니다. 이것은 제가 왕께 호의를 갖고 있다는 이유로 누명을 쓴 것입니다. 그들은 저에게 누명을 씌워 왕의 눈 밖에 나게 한 후 제거하려고 많은 애를 쓰고 있습니다. 그들이 저를 없애려는 또 하나의 이유는 제가 왕께 다가오는 위험을 항상 예고해 왔기 때문입니다. 오빠인 페로라스에게 지금 데리고 있는 아내

를 버리고 왕의 딸을 아내로 맞이하라고 충고한 사람은 저밖에 없습니다. 그러니 오빠인 페로라스가 저를 미워하는 것은 너무나 당연한 것 아닙니까?" 살로메는 이같이 말하면서 때로는 머리카락을 쥐어뜯기도 하고 가슴을 치기도 하였다. 게다가 살로메는 얼굴 표정으로 사실이 아니라는 것을 강조하려고 하였다. 그러나 오히려 그녀의 과장된 표정과 모습이 위선임을 동시에 드러내 주었다. 이에 페로라스는 궁지에 몰리게 되었다. 그는 자신을 변호해 줄 만한 증거를 대지 못했다. 그는 자신이 그런 말을 한 것은 사실이나 그 말은 자기가 만든 말이 아니라 살로메에게서 들은 것이라고 항변하였다. 이에 살로메는 절대로 그런 적이 없다고 부인하였다. 결국 페로라스와 살로메는 헤롯 앞에서 언성을 높이며 책임을 전가했다. 마침내 헤롯은 여동생과 남동생이 모두 꼴 보기 싫어 내쫓았다. 헤롯은 그런 소문을 자기에게 알린 아들의 신중한 태도를 칭찬하였다. 이런 분쟁이 있은 후 살로메의 평판은 극도로 나빠졌다. 왜냐하면 왕에 대한 중상모략을 제일 먼저 꾸며낸 것은 바로 살로메라는 이야기가 지배적이었기 때문이었다. 한편 헤롯왕의 아내들은 살로메를 몹시 싫어했다. 왜냐하면 살로메가 천성이 고약하며 어떤 때는 친구인 척하다가 어떤 때는 적으로 돌변했기 때문이었다. 헤롯왕의 아내들은 그전부터 살로메를 항상 비난해 오던 터에 이런 일이 생기자 더욱 노골적으로 비난하기 시작했다.

6. 이때 아라비아(Arabia) 왕은 오보다스(Obodas)라는 사람이었다. 오보다스는 천성이 느리고 게으른 인물이었다. 따라서 실레우스(Sylleus)라는 자가 그를 대신해 정무(政務)를 처리하고 있었다. 실레우스는 젊고 영리한 미남이었다. 실레우스는 어떤 일로 헤롯을 방문했다가 헤롯과 함께 식사를 하던 도중에 살로메를 보고 한눈에 반해 버렸다. 게다가 살로메가 미망인이라는 것을 알게 된 실레우스는 살로메에게 접근하여 대화를 시도했다. 살로메는 그 당시 오빠인 헤롯의 눈 밖에 나 있었기 때문에 실레우스를 더 사랑하게 되었고 그와 결혼하기를 더욱 갈망하게 되었다. 시간이 지나감에 따라 이 둘 사이는 다른 이들의 눈에 띄지 않을 수가 없었다. 이에 여인들이 이 사실을 헤롯에게 고해바치면서 추잡하기 그지없는 짓이라고 비난하였다. 이에 헤롯은 이 사실을 먼저 페

로라스(Pheroras)에게 알리고 식사할 때 서로의 사이가 어떤가를 눈여겨보라고 지시하였다. 페로라스는 지시대로 한 후 눈빛과 몸짓을 보니 둘이 사랑에 빠진 것이 틀림없다고 헤롯에게 보고하였다. 이 일 후 아라비아인 실레우스는 의심을 받자 고국으로 돌아갔다. 그러나 실레우스는 2-3개월 후 헤롯에게 정식으로 청혼할 생각을 가지고 유대를 다시 방문하였다. 실레우스는 헤롯에게 이같이 말했다. "살로메를 내게 아내로 주시오. 나와 인척 관계를 맺으면 왕에게도 유익할 것이오. 왜냐하면 아라비아국의 권력은 이미 내 손안에 있고 앞으로는 더더욱 나의 권력이 강해질 것이기 때문이오." 이에 헤롯은 여동생인 살로메에게 결혼할 의향이 있느냐고 먼저 의사를 타진해 보았다. 그러자 살로메는 그 자리에서 결혼하고 싶다고 대답했다. 그러나 실레우스에게 살로메와 결혼하기 위해서는 유대교로 개종해야 하며 그렇지 않고서는 결혼할 수 없다고 하자 그렇게 했다가는 아랍인들에게 돌에 맞아 죽을 것이라면서 그냥 돌아갔다. 그 후 페로라스는 살로메의 정숙하지 못한 행동을 마구 비난했다. 그러나 페로라스의 비난도 여인들의 비난에는 비할 것이 못 되었다. 여인들은 실레우스가 살로메를 타락시켰다면서 맹렬한 비난을 퍼부었다. 한편 살로메는 헤롯이 동생 페로라스에게 주려고 하였으나 페로라스가 전처에 눈이 멀어 싫다고 한 헤롯의 딸을 코스토바루스(Costobarus)와의 사이에서 낳은 자신의 아들의 아내로 달라고 헤롯에게 요청하였다. 헤롯은 이 제안이 마음에 들어 선뜻 승낙하려고 하였으나 페로라스 때문에 결국 이 결혼은 성사되지 못했다. 페로라스가 아래와 같이 간청했기 때문이었다. "살로메의 아들은 부친이 형님께 살해되었기 때문에 형님 딸에게 잘 대해 주지 않을 것입니다. 그러므로 내 뒤를 이어 분봉령을 물려받을 내 아들에게 시집을 보내는 것이 더 나을 것입니다." 페로라스는 헤롯에게 끈질기게 간청하여 결국 설득을 시켰다. 이에 헤롯의 딸은 배우자가 순식간에 바뀌어 페로라스의 아들에게 시집가게 되었다. 헤롯은 딸을 위해 100달란트를 주었다.

제8장

헤롯이 알렉산드로스를 체포하여 가두자
갑바도기아의 왕인 아르켈라우스가 나서서
헤롯과 알렉산드로스를 다시 화해시키게 된 경위

1. 헤롯 가문의 사정은 조금도 나아지는 기미가 보이지 않고 갈수록 악화되어 가기만 하였다. 그런데 여기에 또 다른 불상사가 생겨 헤롯의 괴로움이 가중되기에 이르렀다. 내시들 가운데는 준수한 용모 때문에 헤롯왕이 총애하는 내시들이 있었다. 헤롯은 한 내시에게는 술 따르는 일을, 다른 내시에게는 식사를 차리는 일을, 또 다른 내시에게는 잠자리를 준비하는 일을 각각 맡겼다. 게다가 이 내시들에게 정무를 보살피는 권한도 주었다. 그런데 어떤 자가 헤롯에게 와서 이 내시들이 왕의 아들인 알렉산드로스에게 거액의 돈으로 매수되었다는 이야기를 전해 주었다. 이에 헤롯은 내시들을 불러 알렉산드로스와 성적 접촉을 가졌는지를 추궁했다. 그러자 내시들은 그렇다고 시인했다. 그러나 내시들은 알렉산드로스가 부친을 살해하려고 했는지에 관해서는 결코 아는 바가 없다고 딱 잡아떼었다. 이에 고문을 가하는 자들이 안티파테르(Antipater)의 동의를 얻어 형틀에 매인 내시들의 몸을 끝까지 잡아 늘리자 그들은 견디다 못해 알렉산드로스가 부친인 헤롯에 대해 미움과 악의를 가지고 있다면서 이와 같이 말했다. "알렉산드로스는 늘 이같이 말했습니다. '헤롯왕은 장수하지 못할 것이라고 스스로 체념하고 있네. 그래서 왕은 늙은 것을 감추기 위해 머리카락을 검게 염색하고 나이를 감추려고 애를 쓰고 있는 것이네. 아무리 내 부친이 왕위를 다른 자에게 넘겨주려고 해도 결국은 내 차지가 될 걸세. 출생으로 보나 준비 상황으로 보나 왕위는 내게 돌아올 걸세. 많은 통치자와 친구들이 내 편일세. 그들은 무슨 고통을 당해도 이겨내고 나를 위해 싸워 줄 충성스러운 자들일세.'"

2. 헤롯은 내시들의 이런 고백을 듣고 온통 분노와 두려움에 사로잡히게 되었다. 헤롯은 치밀어 오르는 분노와 함께 동시에 위기감을 느끼게 되었다. 이에 헤롯은 화가 치밀어 오르는 한편 빠져나올 수 없는 또 다른 무서운 음모가 혹시 자기를 기다리고 있는 것이 아니냐는 짙은 의혹에 사로잡혔다. 이에 헤롯은 공개적인 조사를 하지 않고 정탐꾼을 보내 그런 음모가 있는지 알아보라고 지시하였다. 헤롯은 주위의 모든 사람에 대해 의심이 생겼으며 따라서 그들을 미워했다. 이렇게 모든 사람을 의심하다 보니 헤롯은 심지어 무고한 사람까지도 계속 의혹의 눈초리로 바라보게 되었다. 헤롯의 의심은 끝도 없이 계속되었다. 헤롯은 자기와 함께 거주하는 사람들이 자기를 해할 기회가 제일 많다고 생각하고는 그들을 두려워하기 시작했다. 헤롯은 자기가 가장 안전한 길은 주위 측근들을 모두 없애는 것이라고까지 생각하였다. 이에 측근들은 제일 먼저 남을 고소하는 자가 제일 마지막까지 살아남을 수 있으며 그 외에는 살아날 뾰족한 방법이 없다고 생각하고 서로 상대방을 마구 비난하기 시작했다. 한 사람이 다른 사람을 제거하면 제거한 사람은 미움을 받게 되었고 남을 무고해서 죽였으니 그도 죽어야 마땅하다는 소리를 듣게 되었다. 이렇게 해서 보복의 악순환이 계속되었다. 사적인 원수를 갚으려고 놓은 덫에 제 발이 걸려 똑같은 처형을 당했던 것이다. 헤롯은 분명한 증거도 없이 사람을 처형해 놓고는 얼마 안 가 그 일을 후회하였다. 그러나 더욱 심각한 것은 그런 짓을 다시 안 하겠다고 후회를 해놓고는 먼젓번 무고했던 자를 똑같은 방법으로 다시 처형한 것이었다.

3. 왕궁의 내부 사정은 이와 같이 혼란스러웠다. 헤롯은 많은 친구들을 앞에 세워 놓고 다시는 자기 앞에 얼굴을 내밀지도 말고 왕궁에 들어오지 말라고 명령한 적이 있었다. 이는 그들이 곁에 있으면 마음대로 행동하는 데 부자연스럽고 제약이 있기 때문이었다. 헤롯은 이제는 옛 친구인 안드로마쿠스(Andromachus)와 게멜루스(Gemellus)까지 내쫓았다. 안드로마쿠스와 게멜루스는 정무(政務)뿐 아니라 헤롯 집안일을 돌보는 데 있어서 조언과 특사의 임무를 맡아 헤롯에게 큰 도움을 준 인물들이었고 헤롯의 아들들의 교육까지 맡은 선

생이었기에 그간에 헤롯과는 둘도 없을 정도로 허물이 없는 가까운 사이였다. 헤롯은 안드로마쿠스의 아들 데메트리우스(Demetrius)가 알렉산드로스의 친구라는 이유로 안드로마쿠스를 내쫓았으며, 게멜루스는 알렉산드로스와 학교 때나 로마에 가 있을 때부터 친구였기에 알렉산드로스에게 호의를 가지고 있다는 이유로 내쫓았다. 헤롯은 이들을 왕궁에서 내쫓은 후 해를 가할 마음까지 먹었으나 그렇게 명망이 높은 인물에게 지나친 일을 하는 것은 좋지 않다고 생각하고 직위를 빼앗고 무력하게 하여 음모를 꾸미지 못하게 하는 것만으로 만족하였다.

4. 그런데 이 모든 일을 일으킨 장본인은 바로 안티파테르(Antipater)였다. 안티파테르는 자신이 오랫동안 부친의 자문 역할을 하는 것을 십분 활용하면서 부친이 반쯤 미쳐서 날뛰는 것을 보고 자기의 적대 세력을 이 기회에 모두 제거할 생각을 가지고 부친을 뒤에서 부추겼던 것이다. 헤롯은 안드로마쿠스와 그의 친구들을 내쫓아 왕궁에는 얼씬도 못 하게 한 후에 알렉산드로스에게 충성을 보인 자라고 생각이 들면 누구든지 붙잡아다가 고문을 하면서 알렉산드로스가 자기를 죽이려고 했던 음모를 꾸민 일이 있으면 이실직고하라고 불호령을 내렸다. 그러나 그들은 할 말이 없었다. 이에 그들은 알렉산드로스의 음모에 대해서는 한마디도 이야기하지 않고 고문을 못 이겨 죽어갔다. 헤롯은 의심했던 음모의 건에 대해서는 아무것도 알아낼 수가 없어서 더욱 화가 치밀어 올랐다. 이럴 때 교활한 안티파테르가 나서서 그들이 입을 안 여는 것은 (알렉산드로스에 대한) 충성심과 정조를 지키기 때문이라면서 무고한 자들을 중상모략하여 헤롯을 더욱 부추겼다. 이에 헤롯은 음모를 알아낸다는 이유로 수많은 이들을 잡아들여 고문을 가했다. 고문을 당한 많은 사람들 가운데 한 사람이 알렉산드로스가 종종 아래와 같이 말하는 것을 들었다고 했다. "나는 키도 크고 사격의 명수이며 다른 운동도 남에게 결코 뒤지지 않는 사람이오. 그러나 이런 천부적인 자질들은 좋은 것이긴 하나 내겐 조금도 유익이 되지 않소. 왜냐하면 나의 부친이 이를 시기하고 괴로워하기 때문이오. 나는 부친과 함께 걸을 때는 부친이 작아 보이지 않도록 일부러 내 키를 낮추려고 많은 애를 쓰고 있소.

나는 사냥을 하면 백발백중이지만 부친이 옆에 있으면 일부러 빗나가게 하고 있소. 그것은 부친이 사냥에서 나를 이기고 싶어 한다는 것을 내가 잘 알고 있기 때문이오." 이 이야기를 듣고 헤롯은 고문을 중지시켰다. 이에 그 사는 몸을 가누면서 아래와 같이 알렉산드로스가 말하는 것도 들은 적이 있다고 덧붙였다. "나는 동생 아리스토불루스의 협조 약속도 받았소. 나는 동생과 함께 사냥할 때처럼 부친을 숨어서 기다리고 있다가 살해할 작정이오. 그 후 로마로 가서 왕국을 우리에게 넘겨 달라고 청원할 것이오." 그자는 알렉산드로스가 아리스토불루스에게 보낸 편지들 속에는 (1년) 수입이 1,000달란트나 되는 땅을 안티파테르에게 준 부친의 행위는 옳지 못한 처사라고 비난하는 내용이 들어 있었다고 덧붙였다. 이 고백을 듣자 헤롯은 비로소 아들들의 음모에 대한 확증을 잡았다고 생각하고 알렉산드로스를 체포하여 감금하였다. 그러나 헤롯은 계속해서 마음이 편치 않았고 자기가 들은 이야기가 정말 사실인지 궁금하기 짝이 없었다. 헤롯은 혼자 곰곰이 생각해 보았다. 젊은 혈기에 불평을 늘어놓고 분통을 터뜨린 것에 불과한 것이 아닐까 하는 생각도 들었다. 자기를 살해하고 공공연히 로마로 가서 (왕국을 계승할 수 있도록 허락해 달라고 요청한다는 것은) 도저히 믿을 수 없는 노릇이었다. 이에 헤롯은 확실한 증거를 잡고 싶었다. 그래야 성급하게 아들을 감옥에 가두었다는 소리를 면할 수도 있기 때문이었다. 이에 헤롯은 알렉산드로스의 가장 가까운 측근들을 잡아다가 고문을 시작했다. 그리하여 적지 않은 그의 친구들이 고문에 목숨을 잃었으나 헤롯은 의심을 입증해 줄 증거를 얻지 못했다. 헤롯은 증거를 찾기 위해 알렉산드로스의 친구들을 고문하는 일에만 매달렸다. 그리하여 왕궁 안은 공포와 무질서가 난무하게 되었다. 결국은 고문을 견디다 못한 알렉산드로스의 한 젊은 친구가 이같이 고백하였다. "알렉산드로스가 친구들을 로마에 보내 비밀을 밝힐 것이 있으니 카이사르의 명으로 자기를 초청해 달라고 요청한 적이 있습니다. 비밀이란 바대(Parthia, 파르티아)의 왕 미트리다테스(Mithridates)가 헤롯왕과 손을 잡고 로마에 대항하려는 음모를 꾸미고 있다는 내용이었습니다. 게다가 카이사르를 살해하려고 아스글론(Askelon)에 독약까지 준비해 놓았다는 내용도 들어 있었습니다.

5. 헤롯은 이 말을 믿고 비참한 처지 가운데서 약간의 위로를 얻었다. 아들을 경솔하게 감옥에 수감한 게 아니라 지극히 당연한 처사였다고 생각하니 그 점에서는 부담이 줄어들었기 때문이었다. 헤롯은 이런 엄청난 이야기를 듣고도 자위의 요소를 찾아낼 만큼 극한 상태에 와 있었다. 헤롯은 준비해 놓았다는 독약을 찾으려고 애를 썼으나 결코 찾아낼 수 없었다. 한편 알렉산드로스는 헤롯을 더욱 괴롭히고 싶어서 그런 음모를 꾸몄다는 사실을 부인하려고 하지 않을 뿐 아니라 스스로 더 무서운 음모를 꾸며 부친의 경솔함에 보복을 가해야겠다고 결심했다. 알렉산드로스는 중상모략을 진위도 확인해 보지 않고 쉽게 믿는 부친의 경솔함을 부끄럽게 느끼도록 만들고 싶었다. 부친이 자기가 음모를 꾸몄다는 확실한 실증을 갖게 되면 더욱 괴로워할 것이고 전국이 그로 인해 고통을 당하게 될 것이라는 사실을 노린 것이었다. 이에 알렉산드로스는 네 통의 편지를 써서 헤롯에게 보냈다. "아버님께서는 다른 이들을 더 이상 고문하실 필요가 없습니다. 내가 아버님을 살해할 음모를 꾸몄기 때문입니다. 게다가 페로라스(Pheroras)와 아버님의 충실한 측근들이 다 나를 돕기로 했습니다. 살로메(Salome)는 밤마다 나를 찾아와 내가 원하든지 원하지 않든지 간에 동침을 요구해서 동침하였습니다. 모든 사람이 아버님을 두려워하여 가능한 한 빨리 아버님을 제거하고 공포에서 벗어나기로 의견의 일치를 보았습니다." 알렉산드로스가 누명을 씌운 인물 중에는 헤롯왕의 가장 충실한 심복인 프톨레마이우스(Ptolemy)와 사피니우스(Sapinnius)도 포함되어 있었다. 이에 왕궁은 온통 수라장이 되었다. 전에는 둘도 없이 친했던 친구들이 미친 사람들처럼 변해 야수와 같이 서로 물고 뜯었다. 사실을 밝히기 위해 자신을 변호할 시간도 없었다. 모두가 처참한 죽음을 당할 운명에 처하고 말았다. 이에 어떤 이는 감옥에 수감되었으며, 어떤 이는 처참한 죽음을 당하였고, 또 어떤 이는 같은 운명에 처할 것을 알고 슬퍼하였다. 이에 전국은 지난 태평성대와는 정반대로 슬픔과 고통으로 뒤흔들렸다. 물론 헤롯 자신의 삶도 완전히 깨어지고 말았다. 헤롯은 아무도 믿지 않았으며 또다시 불어닥칠 불행에 대한 예감으로 몹시 괴로워하였다. 헤롯은 알렉산드로스가 자기를 공격하거나 손에 칼을 들고 옆에 서 있는 악몽에 시달린 적이 한두 번이 아니었다. 그리하여 헤롯은 밤낮으로 이런 생각에 사로

잡혔다. 그는 이런 생각에서 좀처럼 벗어나지 못하고 반쯤 정신 나간 사람처럼 되어 버렸다. 헤롯의 생애는 이같이 불행한 상황으로 말려 들어갔다.

6. 한편 갑바도기아(Cappadocia, 카파도키아) 왕 아르켈라우스(Archelaus)는 헤롯에 대한 소식을 듣고 딸과 사위가 몹시 걱정되었다. 또한 헤롯이 고통을 겪고 있다는 소식에 친한 친구 일처럼 근심했다. 그리하여 부자 사이를 화해시킬 목적으로 예루살렘을 방문하였다. 그는 헤롯의 상태를 보고 경솔하게 일을 처리했다고 비난하거나 심한 말을 하는 것은 오히려 일을 그르칠 위험이 있다고 판단했다. 비난하게 되면 헤롯이 점점 자신을 방어하려고만 할 것이고 자칫하다가는 논쟁을 벌일 소지도 많았기 때문이었다. 이에 다른 전법을 구사하기로 마음먹고 오히려 알렉산드로스를 야단치는 시늉을 했다. "헤롯왕께서는 본시 온유한 분이신데 경솔하게 행동하실 리가 있겠습니까? 만일 제 딸년이 그 사실을 알고도 왕께 알리지 않았다면 파혼시키고 제 딸년을 그냥 두지 않겠습니다." 헤롯은 아르켈라우스가 자기편을 들고 알렉산드로스를 비난하는 것을 보고는 분노를 누그러뜨렸다. 알렉산드로스가 지금까지는 정당하게 행해 온 것으로 보였기에 헤롯은 점차 아버지로서의 부정(父情)을 되찾기 시작했다. 이 일은 양쪽 모두에게 안타까운 일이었다. 이때 어떤 이들이 와서 알렉산드로스의 죄가 모두 날조된 것이라고 하자 헤롯은 펄펄 뛰었다. 그러나 아르켈라우스가 가세하여 알렉산드로스가 누명을 쓴 것이 분명하다고 옹호하자 헤롯은 눈물을 흘리면서 자신이 한 행동을 슬퍼하였다. 아르켈라우스는 헤롯에게 아들을 파혼시키지 말고 전처럼 아들에게 분노하지 말아 달라고 요청하였다. 아르켈라우스는 헤롯의 분노를 진정시키는 한편 헤롯의 측근에게 비난의 화살을 돌렸다. "세상 물정을 모르는 알렉산드로스 같은 젊은이가 타락한 것은 모두 왕의 측근들 때문인 것 같습니다. 내 생각에는 아들을 의심하기보다는 동생을 의심할 필요가 있습니다." 이 말을 듣고 헤롯은 페로라스(Pheroras)를 몹시 싫어하기 시작했다. 그러나 형과 동생 사이를 화해시킬 사람이 아무도 없었다. 페로라스는 아르켈라우스가 헤롯에게 막강한 영향력을 행사하는 것을 보고 상주의 옷을 입고 몰락한 사람의 몰골을 하고 아르켈라우스에게 나아갔다. 이에 아

르켈라우스는 페로라스와 헤롯을 화해시키기로 결심하였으나 즉시 앞에 나서고 싶지 않아 이렇게 말했다. "당신이 직접 헤롯왕께 나아가 모든 책임은 당신에게 있다고 고백하시오. 그러면 왕의 진노가 많이 누그러질 것이오. 그때 내가 나가서 당신을 위해 요청을 할 것이오." 이렇게 해서 아르켈라우스는 알렉산드로스뿐 아니라 페로라스까지 헤롯과 화해시키는 데 성공하였다. 한편 알렉산드로스가 뒤집어썼던 모든 중상모략은 모두 사라지게 되었다. 아르켈라우스는 중재 역할이 끝나자마자 갑바도기아로 돌아갔다. 이 중대한 때에 아르켈라우스가 세상에서 가장 유익한 친구였음이 드러나자 헤롯은 경의의 표시로 많은 선물을 주었다. 그렇지 않아도 후하기로 이름난 헤롯이기에 아르켈라우스를 가장 아끼는 친구로 여기고 많은 예물을 준 것이었다. 헤롯은 이번 일로 로마에 서신을 보낸 일이 있으므로 함께 로마에 다녀오자고 아르켈라우스에게 부탁했다. 이에 헤롯과 아르켈라우스는 안디옥까지 함께 갔으며, 거기서 헤롯은 그 당시 수리아의 총독이었던 티투스(Titus)와 사이가 좋지 않았던 아르켈라우스를 화해하게 했다. 그리고 난 후 헤롯은 다시 유대로 돌아왔다.

제9장

드라고닛 주민들의 반역에 관하여,
그리고 실레우스가 카이사르에게 헤롯을 고소하자
카이사르가 헤롯에게 화를 낸 경위,
이에 헤롯이 니콜라우스를 로마로 보내기로 결심하게 된 경위

1. 헤롯이 로마에서 돌아와 보니 아래와 같은 이유로 유대국과 아라비아 사이에 전쟁이 벌어지고 있었다. 드라고닛(Trachonitis, 트라코니티스) 주민들은 카

이사르가 그들의 땅을 제노도루스(Zenodorus)에게서 빼앗아 헤롯의 영토에 병합시킨 이후로 더 이상 강도 짓을 할 수가 없어서 조용히 땅을 경작하며 살아갈 수밖에 없었다. 그러나 그들은 조용히 땅을 경작하며 사는 방법은 도저히 마음에 들지 않았다. 게다가 애써 농사를 지었지만 많은 수확을 거둘 수가 없었다. 그러나 헤롯왕이 강도 짓을 엄금했기 때문에 그동안 강도 짓만은 자제하고 있었다. 사실 헤롯은 이 업적 때문에 명성을 얻을 수 있었다. 그러나 헤롯이 자리를 비우고 로마로 떠나자(이때 헤롯이 로마를 방문한 것은 아들 알렉산드로스를 고소하고 안티파테르를 카이사르에게 맡기기 위해서였다) 드라고닛 주민들은 헤롯이 사망했다는 유언비어를 퍼뜨리고 반역을 일으키는 한편 전에 하던 짓대로 이웃 지방을 강탈하는 노략질을 다시 자행하기 시작했다. 그러나 헤롯왕의 군대 사령관들이 헤롯이 로마에 가 있는 동안 그들을 진압했다. 그러나 동료들이 체포되는 것을 보고 겁이 난 두목급 강도들 40여 명이 그곳을 탈출해 아라비아로 피신하자, 살로메와 결혼하려다가 실패했던 실레우스(Sylleus)는 이에 앙심을 품고 그들을 환영했을 뿐 아니라 견고한 처소를 주어 그곳에 거하게 했다. 실레우스가 그들에게 은신처와 소굴을 제공해 주는 바람에 유대는 물론 온 코엘레수리아(Coelesyria) 지역이 이들의 약탈 행위에 괴로움을 당하게 되었다. 한편 헤롯은 매우 놀랐으나 유대국이 그들에게 수많은 괴로움을 당하는 것을 뻔히 알면서도 어찌할 수 없었다. 왜냐하면 그들이 안전한 지역에 대피하고 있을 뿐 아니라 아라비아국이 그들을 뒤에서 지원해 주고 있었기 때문이었다. 헤롯은 이들의 행위에 몹시 화가 나서 드라고닛 지방으로 가 그들의 친척을 한 명도 남기지 않고 모조리 살해하였다. 이에 그들은 전과는 비교가 되지 않을 정도로 화를 내었다. 친척을 살해한 원수는 무슨 수를 써서라도 복수하는 것이 그들의 법이기 때문이었다. 그들은 헤롯의 영토를 침입하여 닥치는 대로 부수고 죽이며 온갖 만행을 다 저질렀다. 이에 헤롯은 이 사실을 사투르니누스(Saturninus)와 볼룸니우스(Volumnius)에게 알리고 이들을 처벌해 달라고 요청하였다. 이에 강도들은 더욱더 심하게 약탈을 자행하였으며 그 수는 점점 늘어만 갔다. 그들은 헤롯의 영토에 속한 땅과 마을을 침입하여 폐허로 만들었으며 잡히는 대로 모두 죽였다. 이들의 행위는 단순한 강도 짓이라기보다는 일종의 전투였다. 왜냐하면 그들의 수가 이미 1,000명에 육박했기 때문이었다. 이에 헤롯은 몹시 화가 나서 강도들을 넘겨줄 것과 실레우스(Sylleus)를 통해 오보다스(Obodas)에게 빌려준 돈을 갚을 것을 요구하였다. 60달란트를 갚을 기간이 벌써 지났는데도 갚으려고 하지 않았기 때문이었다. 그러나 오보다스를 제쳐놓고 모든 일을 제멋대로 처리하는 실레우스는 강도들이 아라비아에 없다고 딱 잡아떼는 한편 빚의 지불도 뒤로 연기해야겠다고 통보해 왔다. 이 문제로 그 당시 수리아의 총독이었던 사투르니누스와 볼룸니우스[8] 앞에서 심문이 열리게 되었다. 수리아의 총독들은 실레우스에게 30일 이내에 빚을 갚을 것을 명하는 한편 헤롯과 실레우스 모두에게 잘못을 범한 범인들이 있으면 서로 넘겨주라고 명령하였다. 헤롯의 영토 내에는 넘겨줄 범인이 단 한 명도 없는 데 반해 실레우스의 영토에서는 아라비아인들이 강도들을 숨겨 주고 있음이 드러나게 되었다.

2. 약속한 지불 날짜가 지났음에도 불구하고 실레우스는 두 가지 약속을 다 지키지 않았다. 그러고는 로마로 가 버렸다. 이에 헤롯은 빚을 즉시 갚을 것과 아라비아에 숨어 있는 강도들을 넘겨줄 것을 요구하였다. 헤롯은 사투르니누스와 볼룸니우스의 허락을 얻어 직접 반역의 무리들을 징벌하기로 했다. 헤롯은 휘하의 군대를 이끌고 아라비아를 침공하여 3일 동안 7만 시오(mansio, 하루 동안의 여행 거리를 나타내는 단위-편집자 주)를 행군하였다. 헤롯은 강도들이 은거하고 있는 요새에 당도한 후 공격하여 라에프타(Raepta)라고 부르는 요새를 함락시키고 강도들을 사로잡았으나 그 외의 사람들에게는 손 하나 대지 않았다. 아라비아인들이 대장 나켑(Naceb, 아래에 나오는 나케부스[Nacebus]와 동일한 인물로 생각됨-편집자 주)을 선두로 강도들을 도우려고 원군을 보낸 결과 헤롯과 전투가 벌어지게 되었다. 이 전투에서 헤롯 편은 병사 몇 명이 전사한 반면에 아라비아 편은 나켑을 위시해서 병사 20명이 전사했으며 나머지는 모두 도망쳤다. 헤롯

---

[8] 수리아의 연합 총독으로 언급된 사투르니누스(Saturninus)와 볼룸니우스(Volumnius)는 지위가 동등했던 것이 아니라 볼룸니우스가 행정 장관으로서 사투르니누스 밑에 있었던 것처럼 보인다.

은 이같이 강도들을 징벌한 후 3,000명의 이두매인들을 드라고닛에 이주시켜 살게 하여 강도들의 활동을 억제하였다. 헤롯은 베니게(Phoenicia)에 있는 총독들에게 이에 대한 자세한 소식을 전했다. 헤롯은 이 서신에서 자신이 한 일은 반역한 아라비아인들을 징벌한 매우 정당한 행위였음을 강조하면서 자세히 조사해 봐도 거짓을 발견할 수 없을 것이라고 했다.

3. 한편 아라비아인들은 사신을 로마에 있는 실레우스에게 보내 자초지종을 알렸다. 이때 실레우스는 은근히 자신의 존재를 카이사르에게 알린 후 왕궁 주위를 맴돌고 있었다. 실레우스는 사신들의 이야기를 듣자마자 검은 옷으로 바꾸어 입고 카이사르에게 들어가 이같이 말했다. "아라비아는 헤롯에 의해 전쟁의 소용돌이 속에 빠졌으며 헤롯이 군대의 힘으로 제 나라를 황폐화하는 바람에 극심한 고통을 당하고 있습니다." 실레우스는 눈물을 글썽거리면서 말을 이었다. "아라비아인 유력 인사 2,500명이 목숨을 잃었으며 저의 친구요 친족인 군대 장관 나케부스(Nacebus)도 전사했습니다. 게다가 라에프타에 있던 모든 재산은 깡그리 약탈을 당했습니다. 또한 오보다스(Obodas)는 전쟁을 할 만큼 몸이 강건하지 못하기 때문에 멍하니 바라볼 수밖에 없었습니다. 이에 아라비아 군대도 효력을 발휘할 수가 없었습니다." 실레우스는 이같이 말한 후 간교하게 아래와 같이 덧붙였다. "만일 카이사르께서 저와 헤롯이 평화롭게 지내도록 조처해 주실 것이라는 확신이 없었다면 제 나라를 비워 두고 이렇게 오지 않았을 것입니다. 만일 제가 제 나라를 지키고 있었다면 헤롯이 유리하게 전쟁을 이끌도록 방치해 두지는 않았을 것입니다." 카이사르는 실레우스의 말을 듣고 몹시 화가 난 듯 함께 있던 헤롯의 친구들과 수리아에서 온 자신의 친구들에게 "정말로 헤롯이 군대를 이끌고 아라비아를 침공했단 말이냐?"라는 한마디의 질문만 던졌다. 이에 그들은 그렇다고 실토하지 않을 수가 없었다. 그러자 카이사르는 그 이유가 무엇인지조차도 더 들어 볼 생각을 하지 않고 몹시 화가 나서 즉시 헤롯에게 날카롭게 꾸짖는 서신을 보냈다. 서신의 내용을 요약하면 오래전부터 실레우스와 친구 사이로 지내 오더니 왜 갑자기 그를 휘하 백성 다루듯이 했느냐는 추궁이었다. 실레우스도 이런 내용을 아라비아인

들에게 서신으로 알렸다. 아라비아인들은 이 소식에 기고만장하여 그들에게 피신해 온 강도들을 넘겨주려고 하지 않았을 뿐 아니라 갚아야 할 돈도 갚으려고 하지 않았다. 그들은 또한 목초지를 임대하였으면서도 임대료를 내지 않고 계속 목초지를 사용하였다. 그들이 이런 자세를 취한 것은 헤롯이 카이사르의 눈 밖에 나서 헤롯의 처지가 곤란해진 것을 잘 알고 있기 때문이었다. 드라고 닛 주민들은 이 기회를 놓치지 않고 이두매인 수비대를 공격했으며 아라비아인들과 똑같이 강도 짓을 자행하기 시작하였다. 그들은 약탈하는 방법에 있어서나 복수하는 데 있어서 아라비아인들보다 훨씬 잔인했다.

4. 헤롯은 카이사르의 총애가 전과 같지 않은 데다가 자신에 대한 카이사르의 신임도조차 최저로 떨어지는 바람에 이런 모든 수모를 참고 견디는 수밖에 다른 방도가 없었다. 카이사르는 헤롯이 변명하기 위해 보낸 사절단조차 만나려고 하지 않았다. 이에 헤롯이 다시 사절단을 파견하였으나 결과는 마찬가지였다. 그로 말미암아 헤롯은 슬픔과 걱정 가운데 빠지게 되었다. 게다가 실레우스가 카이사르의 신임을 받는 것을 볼 때 분통이 터지지 않을 수 없었다. 실레우스는 카이사르의 환심을 사려고 로마에 계속 머물고 있었다. 그런데 바로 그때 오보다스(Obodas)가 세상을 떠나고 아레타스(Aretas)[9]가 정권을 장악하는 일이 발생하고 말았다. 실레우스는 아레타스를 몰아내고 자신이 왕위에 오르기 위해 그를 중상모략하기 시작했다. 이를 실현하기 위해 실레우스는 카이사르의 정신(廷臣)들에게 거액의 돈을 주었으며 카이사르에게도 많은 돈을 내겠다고 약속하였다. 카이사르는 아레타스가 왕위에 오르기 전에 먼저 자기를 찾아오지 않았다고 몹시 화를 냈다. 그러나 아레타스는 카이사르를 직접 찾아오지 않고 서신과 여러 달란트 무게의 금으로 된 왕관을 선물로 보냈다. 그가 보낸 서신은 아래와 같은 비난으로 가득 차 있었다. "실레우스는 악한 종입니다. 왜냐하면 오보다스를 독살한 장본인이기 때문입니다. 게다가 실레우스는

---

[9] 이 아레타스(Aretas)라는 이름은 페트라(Petra)와 다메섹(Damascus, 다마스쿠스)에서 아라비아의 왕들을 부르는 명칭으로 이미 굳어진 상태였기 때문에 아이네아스(Æneas)도 왕위에 오른 후 아레타스로 명칭을 바꾼 것이다.

오보다스가 살아 있을 때도 제멋대로 나라를 다스렸습니다. 또한 실레우스는 아라비아의 여인들을 타락시켰으며 정권을 장악하기 위해 많은 빚을 졌습니다." 그러나 카이사르는 이런 비난에 귀를 기울이지 않았으며 예물을 받지 않고 사신들을 그냥 돌려보냈다. 한편, 이러는 동안 유대와 아라비아의 관계는 점점 더 악화되었다. 왜냐하면 양국 다 무정부 상태와 다름이 없었을 뿐 아니라 양국을 통제할 만한 능력을 가진 사람이 없었기 때문이었다. 아라비아는 실레우스와 아레타스 중 누구도 확고히 정권을 장악하여 악인들의 준동을 막을 만큼 분명한 위치를 확보하지 못한 반면에 헤롯은 카이사르의 눈 밖에 나 어떤 모욕과 고통도 감수하지 않으면 안 되는 처지였기 때문이었다. 헤롯은 가만히 있다가는 이런 상태가 언제까지 지속될지 모른다고 생각하고 로마에 다시 사신을 파견하기로 결심했다. 그는 사신들을 보내 로마에 있는 친구들을 설득해 그들이 직접 카이사르를 만나 보고 카이사르의 분노를 누그러뜨리도록 하는 방법을 선택했다. 그가 로마에 파견한 사신들 가운데는 다메섹의 니콜라우스(Nicolaus of Damascus)도 포함되어 있었다.

제10장

에우리클레스가 헤롯의 아들들에게 누명을 씌워 고소하자
헤롯이 그들을 잡아 감금한 후 이 사실을 카이사르에게 알린 경위,
그리고 실레우스가 니콜라우스의 고소에 직면하게 된 경위

1. 헤롯 가문의 불화와 고통은 날이 갈수록 더해만 갔다. 견디기 어려운 무서운 시련이 또다시 헤롯에게 불어닥쳤다. 그 발단과 전개 과정은 아래와 같다. 라케다이몬인(Lacedemonians)인 에우리클레스(Eurycles)라는 사람(라케다이몬

[Lacedemon]에서는 이름 있는 인물이었으나 아첨 잘하는 성격에다가 성적으로 방종한 못된 성품의 소유자였으며 겉으로는 안 그런 척하였다)이 여행 중에 헤롯을 방문하고 선물을 바쳤다. 물론 이에 헤롯이 더 많은 선물을 답례로 주었다. 그는 기회를 잘 이용하여 헤롯과 우정을 나누게 되었으며 마침내 헤롯의 가장 가까운 친구 중의 하나가 되었다. 그는 안티파테르의 집에 묵으면서도 알렉산드로스에게 자주 접근하여 마치 자신이 갑바도기아 왕 아르켈라우스의 총애를 받는 인물인 것처럼 행세하면서 말을 걸었다. 그는 이 사실을 입증이라도 하려는 듯이 글라피라(Glaphyra)에게 존경심을 갖고 있는 것처럼 행동하였다. 이뿐 아니라 그는 기묘한 방법으로 모든 사람과 교제를 나누어 친분을 넓혔다. 그러면서도 그는 항상 그들의 일거수일투족을 유심히 관찰하였다. 왜냐하면 그들 모두를 기쁘게 해 줄 수 있는 비난거리를 찾아낼 속셈이기 때문이었다. 한마디로 말해 그는 모든 사람을 대할 때 각 사람의 특별한 친구가 되는 것처럼 행동했으며 어디를 가든지 그 사람을 도와주려고 한다는 것을 믿게 만들었다. 이렇게 해서 에우리클레스는 아직 젊어 경험이 부족한 알렉산드로스의 마음을 사로잡을 수 있었다. 알렉산드로스는 그 누구에게도 털어놓지 않은 고민과 비밀을 에우리클레스에게 만큼은 믿고 털어놓게 되었다. 알렉산드로스는 부친과의 사이가 서먹서먹하다는 이야기부터 시작해서 모친 마리암네와 안티파테르에 관한 이야기까지 소상히 털어놓았다. 그는 또한 자신에 관해서도 이같이 말했다. "나의 부친인 헤롯 왕은 우리를 우리가 마땅히 차지해야 할 높은 위치에서 쫓아내고 혼자 모든 권력을 독차지하고 있소. 나는 견디기 어려운 것이 한두 가지가 아니오. 설상가상으로 부친이 나를 몹시 미워하고 있으며 나와 식사는커녕 대화도 하려고 하지 않소." 이런 알렉산드로스의 불만은 그가 겪고 있는 고통을 자연스럽게 밝힌 것뿐이었다. 에우리클레스는 이 이야기를 그대로 안티파테르에게 전하면서 이같이 말했다. "내가 이런 사실을 귀띔해 준 것은 나의 욕심을 채우려는 것이 아니라 세상에서 가장 귀한 호의를 그대에게 입었기 때문이오. 한 가지 그대에게 경고해 둘 것이 있소. 부디 알렉산드로스를 조심하시오. 그의 말투에는 독기가 서려 있고 그의 말로 미루어 볼 때 그의 손으로 언젠가 그대를 죽이려고 할 것임이 틀림없소." 안티파테르는 이런 정보를 전해 주고 충고까지 아끼지

않은 데 고마움을 느끼고 기회가 있을 때마다 선물을 주었으며 마침내 들은 이 야기를 헤롯에게 직접 고해바치도록 설득하는 데 성공했다. 이에 에우리클레스가 알렉산드로스의 말 속에서 부친에 대한 악의를 느꼈다고 고해바치자 헤롯은 그의 말을 쉽게 믿었다. 에우리클레스의 말을 들은 헤롯은 몹시 화가 났으며 알렉산드로스를 대하는 감정이 달라져 그를 몹시 미워하게 되었다. 당분간은 그 미움이 사라지지 않을 것만 같았다. 헤롯이 에우리클레스에게 50달란트의 선물을 준 것을 볼 때 당분간은 알렉산드로스와의 화해가 어려울 듯했다. 에우리클레스는 이 돈을 헤롯에게서 받은 후 갑바도기아의 왕 아르켈라우스에게로 가서 알렉산드로스의 칭찬을 마구 늘어놓았다. 그러면서 그는 자기가 헤롯과 알렉산드로스를 화해시키는 데 큰 기여를 했다고 떠벌렸다. 이렇게 해서 그는 아르켈라우스에게서도 돈을 받은 후 그의 간교함이 드러날까 무서워 급히 그곳을 떠났다. 에우리클레스는 라케다이몬(Lacedemon)으로 돌아온 후에도 못된 버릇을 버리지 못하다가 결국 고향인 그곳에서 쫓겨나는 신세가 되고 말았다.

2. 한편 유대 왕 헤롯은 알렉산드로스와 아리스토불루스에 대한 감정이 전과 같지 않았다. 전에는 다른 이들이 아들들을 비난하는 것을 듣는 것만으로 만족하더니 이제는 직접 다른 이들에게 아들들을 비난하도록 강요하는 정도로까지 아들들을 미워하게 되었다. 헤롯은 아들들에 대한 비난이 섞인 이야기는 끝까지 놓치지 않고 들으려 한 것은 물론 질문까지 던져 가면서 더 자세한 것을 알아내려고 귀를 기울였다. 그러다가 헤롯은 코스의 에우라투스(Euratus of Cos)가 알렉산드로스와 공모했다는 소식을 듣게 되었다. 이 소리야말로 헤롯이 꿈에도 그리던 가장 반가운 소식이 아닐 수 없었다.

3. 한편 알렉산드로스와 아리스토불루스에게는 더욱 큰 시련이 기다리고 있었다. 이들에 대한 비난은 날이 갈수록 많아졌으며, 헤롯왕의 신변을 염려하는 시늉을 하려는 사람은 누구든지 이들에 대한 비난을 늘어놓지 않으면 안 되는 풍조까지 조성되기에 이르렀다. 헤롯의 경호 병사 가운데는 힘이 장사이며

키가 큰 거한이었기에 대우를 받는 유쿤두스(Jucundus)와 티라누스(Tyrannus) 라는 인물이 있었다. 이들은 헤롯의 미움을 받아 결국은 쫓겨나는 신세가 되었 다. 이들은 알렉산드로스와 함께 나란히 말을 타는 것을 즐기곤 하였다. 왜냐 하면 알렉산드로스가 이들의 솜씨가 훌륭해 극진히 대우해 주었을 뿐 아니라 금과 그 밖의 선물을 하사했기 때문이었다. 이에 헤롯왕은 이들에게 의심을 품 고 붙잡아다가 고문을 가했다. 이들은 오랫동안 용감하게 고문을 잘 견뎌냈으 나 마침내 더 참지 못하고 이같이 고백을 했다. "알렉산드로스가 왕이 사냥을 나가 짐승을 쫓을 때 왕을 살해하라고 지시했습니다. 전에도 그런 불상사가 있 었으므로 말에서 떨어져 창에 찔려 목숨을 잃었다고 하면 아무도 의심하지 않 을 것이라고 했습니다." 이들은 이같이 고백한 후 마구간 땅속에 돈이 감추어 져 있다고 밝혔다. 게다가 왕의 사냥꾼 대장도 그 음모에 가담했다고 말했다. "그가 알렉산드로스의 사주를 받고 알렉산드로스의 종들에게 왕의 사냥용 창 과 무기들을 주는 것을 우리가 보았습니다."

4. 그 후 알렉산드리움(Alexandrium) 수비대 대장도 붙잡혀 고문을 받게 되 었다. 알렉산드로스를 요새에 은닉시켜 주고 그 요새에 비축된 왕의 돈을 주 기로 약속이 되어 있다는 혐의였다. 그러나 본인은 이를 극구 부인하였다. 그 러나 그의 아들이 들어와 사실이 그렇다면서 알렉산드로스의 필적이 틀림없 어 보이는 서신을 제시했다. 그 내용은 이와 같았다. "하나님의 도우심으로 우 리가 계획한 일이 성공적으로 끝난다면 우리는 그대에게 갈 것이오. 그러면 그 대가 약속한 대로 우리를 그대의 요새로 영접해 주길 바라오." 이 서신이 제시 되자 헤롯은 알렉산드로스가 자신을 해하려는 음모를 꾸몄다는 사실을 조금도 의심하지 않았다. 그러나 알렉산드로스는 이에 이의를 제기했다. "이 서신의 필적은 서기관 디오판투스(Diophantus)가 내 필적을 흉내 내어 쓴 것이며, 내 용은 안티파테르가 나를 해하기 위해 거짓으로 꾸민 것입니다." 사실상 디오 판투스는 그런 일에 능숙했으며 후에 다른 서류를 위조한 것이 탄로 나 처형을 당했다.

5. 헤롯왕은 여리고에서 알렉산드로스와 아리스토불루스를 백성들 앞에서 공개적으로 고소하기 위해 고문을 받은 자들을 백성들 앞에 내세웠다. 백성들은 이들을 돌로 쳐 죽이고 난 후 알렉산드로스와 아리스토불루스까지 돌로 쳐 죽이려고 하였다. 이에 헤롯왕은 백성들을 저지하고 프톨레마이우스(Ptolemy)와 페로라스(Pheroras)를 시켜 백성들을 진정시켰다. 알렉산드로스와 아리스토불루스에게는 아무도 접근하지 못하도록 항상 병사들이 감시했다. 이들의 일거수일투족은 항상 감시의 대상이 되었다. 이들의 고통과 두려움은 단죄된 죄인들과 다를 바가 없었다. 아리스토불루스는 큰 충격을 받고 고모이며 장모가 되는 살로메를 불러 자신의 불행을 함께 슬퍼하고 헤롯에 대해 증오심을 품도록 했다. 그때 아리스토불루스는 이런 말로 살로메의 마음을 흔들어 놓았다. "장모님이 실레우스와 결혼하려고 하셨을 때 실레우스에게 온갖 이야기를 다 했다는 사실이 알려진다면 장모님도 무사하지 못하실 것입니다." 그러자 살로메는 이 이야기를 즉시 그대로 헤롯에게 전했다. 이에 헤롯은 화가 치밀어 더 이상 참지 못하고 아리스토불루스를 감금하라고 명령했다. 헤롯은 또한 알렉산드로스와 아리스토불루스를 서로 떨어져 있게 하고는 자기를 해하려고 어떤 음모를 꾸몄는지 자세히 적어 올리라고 지시하였다. 이에 그들은 아래와 같은 내용의 글을 적어 올렸다. "저희는 음모를 꾸민 적도 없으며 아버님을 해할 어떤 준비도 한 적이 없습니다. 사실 아버님 곁에서 도망을 치려고 한 적은 있습니다. 지금도 저희가 당하는 고통을 생각할 때 저희의 삶은 불확실하고 지루하기만 합니다."

6. 바로 이때 아르켈라우스가 보낸 멜라스(Melas)라는 사신이 갑바도기아에서 왔다. 멜라스는 아르켈라우스가 신임하는 심복 가운데 하나였다. 헤롯은 알렉산드로스가 자기에게 악의를 갖고 있다는 것을 멜라스에게 보여주기 위해 알렉산드로스를 불러들여 언제 어디로 도망치려고 계획했는지 말해 보라고 다그쳤다. 이에 알렉산드로스는 아래와 같이 대답하였다. "아르켈라우스께 피신하려고 마음먹었습니다. 저희를 로마로 보내 주기로 약속하신 적이 있기 때문입니다. 그러나 저희는 아버님을 해하려는 음모를 꾸민 적도 없고 생각해 본

적도 없습니다. 저희의 적들이 저희에게 뒤집어씌운 죄목은 모두 거짓입니다. 저희는 티라누스와 유쿤두스를 더 철저히 심문해 주기를 바랐습니다만 안티파테르가 백성들 가운데 심복들을 넣어 백성들을 선동시켜 그들을 돌로 쳐 죽이게 함으로써 더 철저한 조사가 진행되지 못하게 가로막았습니다."

7. 이 말을 들은 헤롯은 이같이 명령하였다. "알렉산드로스와 멜라스를 아르켈라우스의 딸 글라피라에게 데리고 가라. 그리고 글라피라에게 나를 해하려는 알렉산드로스의 음모를 알고 있었는지 물어보고 그 대답을 직접 듣도록 해주어라." 이들이 글라피라가 있는 곳에 이르자 글라피라는 알렉산드로스가 결박되어 끌려온 것을 보고 크게 놀라 머리를 쥐어뜯으며 슬퍼하고 괴로워했다. 이에 알렉산드로스도 눈물을 흘렸다. 이 광경이 너무 애처로웠기 때문에 주위에 있던 사람들은 한동안 말문을 열지 못했을 뿐 아니라 어떻게 해야 좋을지 몰랐다. 마침내 헤롯의 명령을 받은 프톨레마이우스가 알렉산드로스에게, 그대가 무엇을 하고 다니는지 아내가 아느냐고 물어보았다. 그러자 알렉산드로스는 "내가 생명보다 더 아끼며 내 자녀까지 낳아준 나의 사랑하는 아내가 어찌 내가 하는 일을 모르겠소?"라고 대꾸하였다. 글라피라는 남편이 왕을 해하려는 음모를 꾸몄다는 것에 대해서는 전혀 모른다고 소리쳤다. 그러나 남편을 살릴 수만 있다면 거짓으로라도 모든 것을 자백하겠다고 했다. 이에 알렉산드로스는 "사람들이 생각하는 그런 음모를 꾸민 적은 결코 없소. 당신이 알고 있는 그런 음모는 나는 생각해 본 적도 없으며 단지 나는 당신과 함께 아르켈라우스께 피신하였다가 거기서 로마로 갈 계획만을 세웠을 뿐이오." 그러자 글라피라는 그 계획은 자기도 알고 있다고 대답했다. 헤롯은 아르켈라우스가 자기에게 악의를 가지고 있다는 사실이 여실히 증명되었다고 보고 올림푸스(Olympus)와 볼룸니우스(Volumnius)에게 서신 한 통을 써 준 후 이같이 명령하였다. "배를 타고 길리기아(Cilicia)의 엘레우사(Eleusa)에 내려 아르켈라우스에게 이 서신을 전하여라. 그리고 내 아들과 공모하여 나를 해하려고 한 이유가 무엇인지를 분명히 밝히라고 요구하라. 그리고 나서 로마로 항해하도록 하라. 니콜라우스가 벌인 일이 효과를 거두어 나에 대한 카이사르의 분노가 많이 가라앉았거든 알

렉산드로스와 아리스토불루스에 대한 나의 고소 내용이 들어 있는 편지를 카이사르께 전하도록 하라." 이에 대해 아르켈라우스는 이같이 자신을 변호하였다. "내가 그들이 오는 것을 환영하겠다고 약속한 이유는, 그것이 그들뿐 아니라 그들의 부친인 헤롯에게도 유익할 것 같았기 때문이오. 그들이 의심을 받는 상황에서 헤롯왕이 분노를 참지 못하고 너무 심한 조치를 가한다면 서로가 불행한 일이니 그 일만큼은 막아 보자는 것이 나의 의도였소. 그러나 그들을 카이사르께 보내 주겠다고 약속한 적은 결코 없소. 더구나 헤롯왕에게 의심을 사거나 해를 끼칠 소지가 있는 약속은 그들에게 결코 한 적이 없소."

8. 사신들이 로마에 도착했을 때는 카이사르에게 편지를 전할 충분한 조건이 다 갖추어져 있었다. 니콜라우스의 노력의 결과로 카이사르가 헤롯에 대한 오해를 풀었기 때문이었다. 니콜라우스는 로마 궁정에 도착하자마자 카이사르의 분노를 누그러뜨리려고 애쓰기보다는 실레우스를 비난하는 것이 더 시급하다고 생각하였다. 아라비아인들은 니콜라우스가 접근하기 전부터 자기들끼리 서로 다투고 있었다. 이에 일부 아라비아인들은 실레우스 편을 탈퇴하여 니콜라우스에게 접근하면서 실레우스의 온갖 비행을 알려 주었다. 게다가 실레우스가 오보다스의 친구들을 수없이 살해했다는 것을 보여주는 명백한 증거들을 제시해 주었다. 즉 이들이 실레우스를 배반하고 나올 때 그를 옭아맬 수 있는 서신들을 몰래 가지고 나왔던 것이다. 니콜라우스는 이 기회를 놓치지 않았다. 먼 훗날 자기 자신에게 큰 이득이 될 수 있고 직접적으로는 카이사르와 헤롯을 화해시킬 수 있는 좋은 기회를 놓칠 위인이 아니었다. 이에 니콜라우스는 크게 만족하였다. 헤롯을 직접 변호하고 나섰다가는 오히려 역효과를 가져올 가능성이 있으므로 매우 걱정했는데, 실레우스를 비난하다 보면 헤롯을 자연스럽게 변호할 수 있으니 좋은 결과를 기대할 만도 했다. 결국 실레우스를 심문하는 날짜가 정해졌다. 그날이 되자 니콜라우스는 아레타스(Aretas)의 사신들도 참석한 가운데서 실레우스를 아래와 같이 비난하였다. "오보다스왕과 그 외 수많은 아라비아인을 살해한 장본인은 바로 실레우스입니다. 그가 돈을 빌린 것도 선한 목적에 쓰려는 것이 아니었습니다. 그는 또한 아라비아 여인들뿐

아니라 로마의 여인들과도 간통을 했습니다. 그러나 무엇보다도 심각한 죄는 그가 카이사르와 헤롯 사이를 이간한 것입니다. 그가 헤롯에게 덮어씌운 모든 죄목은 날조된 것입니다." 니콜라우스가 이 점에 관해 이야기하자 카이사르는 더 이상 이야기하는 것을 중단시키고 이렇게 말했다. "앞으로는 헤롯에 관한 문제에 대해서만 이야기하도록 하라. 여기서 내가 한 가지 질문할 것이 있다. 헤롯이 군대를 이끌고 아라비아를 침공하지도 않았으며 2,500명의 인명을 살해하지도 않았고 사람들을 포로로 잡아가지도 않았으며 약탈하지도 않았단 말인가?" 이에 대해 니콜라우스는 다음과 같이 답변했다. "저는 카이사르께서 알고 계신 사실이 전부, 아니면 거의 대부분이 진실이 아님을 증명해 보이고 싶습니다. 만일 그 일들이 정말 사실이었다면 카이사르께서는 헤롯에게 그 정도로 화를 내셔서는 안 되었을 것입니다." 이 같은 색다른 주장에 카이사르는 관심이 생겨 유심히 귀를 기울였다. 니콜라우스는 계속 말을 이었다. "실레우스는 헤롯에게 500달란트의 빚을 졌습니다. 계약서에 따르면 지불 기한 내에 빚을 갚지 못할 경우에는 아라비아국의 어떤 토지를 빼앗아도 할 말이 없도록 되어 있습니다. 헤롯이 군대를 이끌고 아라비아를 침공했다고 했는데, 군대가 아니라 빚 지불을 독촉하는 임무를 띠고 파견된 분견대였습니다. 그것도 지불 기일이 지나자마자 바로 그런 것도 아닙니다. 실레우스가 수리아의 총독이었던 사투르니누스와 볼룸니우스 앞에서 여러 번 빚을 갚겠다고 약속을 했고 마침내는 베리투스(Berytus)에서 카이사르의 운명에 걸고[10] 30일 이내에 빚을 지불할 것과 강도들을 넘겨줄 것을 맹세할 때까지 꾹 참았습니다. 그런데 실레우스는 이 맹세마저 어기고 약속을 지키지 않았습니다. 이에 헤롯은 수리아의 총독들에게 가서 이 사실을 알리고 강제로 빚을 회수해도 좋다는 허락을 받아 낸 후에야 비로소 어려운 중에도 일개 분견대를 이끌고 아라비아로 갔던 것입니다. 이것이 소위 헤롯의 적들이 일부러 과장해서 표현한 전쟁의 전모이며 아라비아 원정의 전말입니다. 수리아의 총독들이 승인했고 계약상의 권리를 찾는

---

10) 로마의 총독은 서머나(Smyrna, 스미르나)의 감독이었던 폴리카르푸스(Polycarp)가 기독교인인지 아닌지를 가려내기 위해 카이사르의 운명에 걸고 맹세하라고 시켰다. 왜냐하면 그 당시 기독교인들은 이런 맹세는 하지 않는다고 알려졌기 때문이었다.

일인데 어찌 이를 전쟁이라 말할 수 있겠습니까? 오, 카이사르시여! 우리는 다른 신들뿐 아니라 카이사르의 이름이 더럽혀지기 전까지는 꾹 참았습니다. 이제는 순서에 따라 희생자들에 관해 설명을 드리겠습니다. 드라고닛 지방에 일단의 강도들이 거주하고 있었습니다. 그들은 처음에는 숫자가 겨우 40명에 지나지 않았으나 후에는 그 수가 크게 불어났습니다. 헤롯왕이 그들을 억제하고 처벌을 강화하자 그들은 아라비아를 은신처로 삼았습니다. 그런데 실레우스는 이 강도들을 받아주었을 뿐 아니라 먹을 식량까지도 공급해 주어 모든 인류에 해를 끼치게 했습니다. 실레우스는 거주할 장소를 제공하고 강도질해 온 약탈품의 일부를 상납받았습니다. 게다가 실레우스는 빚을 갚겠다고 한 날짜에 강도들을 모두 넘겨주겠다고 맹세까지 해놓고는 약속을 어겼습니다. 이들만 숨겨 주고 보호한 것이 아니라 그때까지 숨을 곳을 찾지 못했던 자들까지 은신처를 제공하여 헤롯의 처벌을 피하게 했습니다. 지금까지 카이사르께서 들어오신 이야기들은 카이사르의 감정을 자극하기 위하여 만들어 낸 거짓말과 꾸민 이야기에 지나지 않습니다. 저는 이 사실만큼은 확실히 말씀드릴 수 있습니다. 아라비아 군대의 습격이 있었고 그로 인해 헤롯의 병사 한두 명이 전사했습니다. 그럼에도 불구하고 헤롯은 단지 방어만 했습니다. 이때 아라비아군 대장 나케부스(Nacebus)와 약 25명가량의 병사들이 전사당하는 불상사가 있었습니다. 결코 25명 이상의 희생자는 없었습니다. 그런데 실레우스가 한 명을 100명으로 늘려서 2,500명의 병사가 희생되었다고 과장한 것입니다."

9. 이 이야기를 들은 카이사르는 일찍이 본 적이 없을 정도로 노발대발했다. 카이사르는 분에 찬 얼굴로 실레우스를 바라보며 몇 명의 아라비아인이 희생되었느냐고 물어보았다. 그러자 실레우스는 우물쭈물하더니 자기도 속은 것 같다고 대답하였다. 니콜라우스는 빚진 돈에 관한 계약 문서와 수리아 총독들의 서신과 강도들에 의해 여러 주민이 살해되었다는 원망이 섞인 주변 여러 도시의 진정서를 낭독했다. 그리하여 결국 실레우스는 처형당하고 헤롯과 카이사르는 화해하는 선에서 이 일은 결말이 맺어졌다. 카이사르는 헤롯에게 너무 가혹하게 편지를 쓴 것에 대해서 후회했다. 이에 카이사르는 거짓으로 중상모략

을 해 친구에게 못 할 짓을 하지 않았느냐고 실레우스에게 마구 호통을 쳤다. 실레우스는 헤롯에게 진 빚을 갚은 후에 처형되었다. 그러나 카이사르는 아레타스가 먼저 승낙을 얻지 않고 제멋대로 왕위에 올랐다는 이유로 실레우스를 처형한 후에도 아레타스를 탐탁하게 여기지 않았다. 카이사르는 아라비아를 헤롯에게 주기로 내심 결정했다. 그러나 헤롯이 카이사르에게 보낸 편지 때문에 카이사르는 마음을 바꾸었다. 그 내막은 이와 같다. 올림푸스와 볼룸니우스는 카이사르가 헤롯을 다시 총애하기 시작했다는 사실을 알아차리고 헤롯이 카이사르에게 전해 달라고 부탁한, 아들들을 비난하는 내용의 서신을 카이사르에게 보냈다. 카이사르는 이 서신을 읽고 아라비아를 헤롯에게 주는 것은 현명치 못하다는 결론을 내렸다. 나이가 들어 이미 노쇠한 데다가 아들과의 사이가 좋지 않은 것이 드러났기 때문이었다. 이에 카이사르는 아레타스가 보낸 사신들을 접견하고 승낙을 받지도 않고 왕위에 오른 아레타스의 경솔한 행동을 날카롭게 꾸중한 후에 예물을 받고 왕으로서의 자격이 있음을 인정해 주었다.

제11장

헤롯이 카이사르의 허락을 얻어
베리투스에 모인 재판관들 앞에서 자기 아들들을 고소한 경위,
그리고 테로가 마음대로 지껄인 죄로 처벌을 받은 경위와
알렉산드로스와 아리스토불루스가 처형당해
알렉산드리움에 장사된 경위

1. 카이사르는 헤롯에 대한 오해를 푼 후 이같이 서신을 보냈다. "아들들이 그대의 속을 썩인다니 나도 무척 안타깝게 여기노라. 만일 그대의 아들들이 그

대에 대해 불손하고 극악무도한 죄를 저질렀다면 내가 허락할 터이니 그들을 존속 살인죄(尊屬殺人罪)로 처벌하도록 하라. 그러나 단지 도망치려고만 계획했다면 너무 가혹하게 처벌하지 말고 따끔하게 훈계만 하도록 하라. 그리고 로마에 속한 베리투스(Berytus)[11]시 근처의 한 곳을 정해 수리아의 총독들과 갑바도기아 왕 아르켈라우스와 그 밖에 그대와 친분이 있는 귀족들을 초빙하여 자문을 얻고 거기서 내린 결론대로 조치하도록 하라." 이것이 카이사르가 헤롯에게 내린 지시였다. 이 서신을 받아 본 헤롯은 카이사르와 화해할 수 있게 된 것이 무엇보다도 기뻤다. 게다가 아들들을 마음대로 처벌할 수 있는 권한을 부여받은 것은 그의 기쁨을 더하게 했다. 전에 역경에 처해 있을 때는 잔인한 모습을 보였지만 아들들을 처형하는 데는 서두르지 않고 신중을 기울이더니, 이제 어려운 고비를 넘기고 나서는 자기에게 주어진 기회와 권한을 최대한 이용하여 듣지도 보지도 못한 방법으로 아들들의 처형을 서두르는 헤롯의 모습에 우리는 일종의 아이러니를 느끼게 된다. 아르켈라우스를 제외하고 헤롯은 자기의 의도에 방해가 되지 않을 사람은 모두 초빙했다. 헤롯이 아르켈라우스를 초빙하지 않은 것은 그를 미워했거나, 아니면 자신의 의도를 실현하는 데 방해가 될 인물이라고 판단했기 때문이었을 것이다.

2. 수리아의 총독들과 각 도시의 지배자들이 베리투스(Berytus)로 모여들자 헤롯은 필요할 때 즉시 대령하기 위해 아들들을 그 도시 근처에 위치한, 시돈(Sidon)에 속한 플라타나(Platana)라는 마을에 대기시켜 놓았다. 모임 전부터 아들들을 데리고 들어가는 것은 아무래도 좋지 못할 것 같았기 때문이었다. 150명의 재판관이 모이자 헤롯은 혼자 나가 아들들을 고소했다. 헤롯은 자기에게 불어닥친 불행에 어쩔 수 없어서 아들들을 고소할 수밖에 없는 슬픈 태도로 아들들을 고소한 것이 아니라, 아버지가 아들들에게 어찌 저럴 수가 있을

---

[11] 아우구스투스(Augustus)가 베리투스(Berytus)를 로마에 속한 시로 언급했다고 밝히고 있는 요세푸스의 기록은 슈판하임(Spanheim)에 의해서도 확증되고 있다. "그곳은 아우구스투스에 의해 세워진 식민 도시였다. 베리투스 식민 도시는 카이사르가 베푼 혜택에 의해 유명해졌다. 그래서 아우구스투스의 주화 가운데 '베리투스, 행복한 아우구스투스의 식민 도시'(The happy colony of Augustus at Berytus)라는 문구가 새겨진 것을 찾아볼 수 있다."

까 할 정도로 아들들을 맹렬하게 비난했다. 헤롯은 아들들의 죄를 증거하는 장면에서는 흥분을 감추지 못했으며 약간 정신이 나간 사람이 아닌가 의심될 정도였다. 그야말로 헤롯의 모습에서 격정과 야만스러움을 느낄 수 있을 정도였다. 헤롯은 재판관들에게 그가 제출한 증거의 신빙성을 생각할 여유조차 주지 않고 자신의 권위로 그것이 사실이라고 주장하였다. 부모로서 도저히 상상할 수 없는 꼴불견이 아닐 수 없었다. 헤롯은 아들들이 쓴 편지를 직접 재판관들 앞에서 읽었다. 그 편지에는 헤롯을 해하려는 음모나 계획을 꾸민 적이 있다는 실토는 한마디도 없었고 단지 그의 곁을 도망치고 싶어 빠져나갈 궁리는 한 적이 있다는 실토만 적혀 있었다. 그러나 이 편지에는, 내심 헤롯에 대한 미움이 있었기에 헤롯에 대한 비난이 섞이지 않을 수 없었다. 헤롯은 자기를 비난하는 대목에 이르자 마치 아들들이 음모를 꾸민 사실을 자백이나 한 것처럼 큰 소리로 과장해서 읽어 내려갔다. 헤롯은 그런 비난을 들으니 차라리 죽음을 택하겠다고 큰소리를 쳤다. "나는 부모로서뿐 아니라 카이사르의 허락이 있기 때문에 (내가 옳다고 생각한 대로) 조치할 충분한 권한이 있습니다. 유대의 율법을 보면 그런 자는 쳐 죽이도록 되어 있습니다. 부모가 그런 자식의 머리에 손을 얹으면 주위 사람들이 그를 돌로 쳐 죽이도록 유대 율법은 규정하고 있습니다. 따라서 내 아들놈들을 내 나라에서 처벌해도 무방하지만 여러분의 결정을 따르기로 하고 지금까지 기다린 것입니다. 여러분들을 이곳으로 오시게 한 것은 나를 해하려 한 놈들을 정죄하는 재판관으로서가 아닙니다. 극악무도한 죄를 저지른 자들에 대한 혐오를 나타내고 아무리 세상 끝에서 일어난 일이라도 그런 반역 행위는 꼭 처벌해야 한다는 점을 선언해 주십사 하는 의도에서 초청한 것입니다."

3. 헤롯왕이 아들들에게는 변호할 기회조차 주지 않고 이 같은 결론을 내리자, 재판관들은 화해할 가능성이나 공정성을 기대하는 것은 무리임을 알고 헤롯의 결정을 추인해 주었다. 귀족 출신이요 집정관이었던 사투르니누스(Saturninus)가 신중하게 그리고 괴로운 표정으로 다음과 같은 판결을 내렸다. "헤롯의 아들들은 정죄를 받아 마땅하나 처형까지 시킬 필요는 없다고 생각하

오. 나도 아들을 둔 사람으로서 아들을 자기 손으로 죽이는 일보다 더 큰 불행은 없을 것이라 생각하오." 그 후 사절로 부친을 따라왔던 사투르니누스의 세 아들도 부친과 같은 의견을 냈다. 그러나 볼룸니우스(Volumnius)는 이와는 반대로 판결을 내렸다. 부모에게 그런 불손한 죄를 범한 자는 마땅히 사형으로 다스려야 한다는 것이었다. 대부분의 참석자들도 볼룸니우스의 의견에 동조했다. 헤롯의 아들들은 처형되어야 한다는 것이 결론인 것처럼 보였다. 그 후 헤롯은 즉시 아들들을 끌고 두로(Tyre)로 왔다. 거기서 헤롯은 로마에서 배를 타고 돌아오는 니콜라우스(Nicolaus)를 만났다. 헤롯은 니콜라우스에게 베리투스에서 일어난 일을 소상히 설명해 준 후에 자기 아들들의 문제를 어떻게 처리하면 좋을지를 물었다. 그리고 로마에 있는 헤롯의 친구들이 자기 아들들의 문제에 관해서 어떻게 생각하고 있는지도 아울러 이야기해 달라고 했다. 이에 니콜라우스는 다음과 같이 답변했다. "왕의 아들들이 왕께 저지르려고 했던 짓은 불경(impious)에 가까운 죄입니다. 따라서 그들을 감옥에 수감해야 마땅하다고 생각합니다. 만일 왕께서 그 정도로는 안 되겠다고 생각하시면 처형하셔도 무방하리라고 생각됩니다. 이성으로 도저히 참을 수 없을 만큼 분노가 치밀어 오른다면 이 도리밖에는 없을 것입니다. 그러나 만일 왕께서 부드럽게 대하길 원하신다면 용서해 주셔도 상관없다고 생각됩니다. 자칫하면 왕께서 받으실 상처가 치유 불능할 정도로 악화될지도 모르기 때문입니다. 이것은 제 개인의 의견일 뿐 아니라 로마에 있는 왕의 친구들 대부분의 견해이기도 합니다." 이에 헤롯은 아무 말도 하지 않고 깊은 생각에 잠겼다. 그 후 헤롯은 니콜라우스에게 함께 배를 타고 돌아가자고 했다.

4. 그들이 가이사랴(Caesarea)에 도착하니 모든 사람이 헤롯의 아들들의 문제를 화제로 삼고 있었다. 나라는 마비가 되어 있고 백성들은 무슨 일이 생길까 크게 걱정하고 있었다. 해묵은 헤롯 가문의 불화가 어떤 비참한 불행을 가져올지도 모른다는 걱정이 백성들을 엄습하고 있었다. 그래서 백성은 헤롯의 아들들이 받는 고통에 대해 몹시 괴로워하고 있었다. 그러나 이런 문제에 관해 경솔하게 함부로 입을 열면 어떤 봉변을 당할지도 모르는 분위기였다. 아니

이런 이야기에 귀를 기울이려고 하는 것조차도 위험하게 생각하는 그런 분위기였다. 자연스러운 인간의 동정심을 강제로 억누르려다 보니 오히려 견디기가 어려웠지만 누구 하나 나서려는 사람이 없었다. 그러나 헤롯의 옛 부하 가운데는 알렉산드로스와 같은 나이 또래로 알렉산드로스와 친구로 지내는 아들이 있는 테로(Tero)라는 사람이 있었다. 그는 어떤 문제에 관한 일반 백성들의 여론을 솔직하게 드러내는 성품의 소유자였기 때문에 이번에도 가만히 있을 수가 없었다. 그리하여 백성들 가운데 서서 이같이 용감하게 입을 열었다. "진실은 사라졌고 정의는 없어져 버렸도다. 거짓과 악의(惡意)만이 가득하여 공무(公務)를 집행하는 자들이 인류 최대의 죄악을 저지르고도 깨닫지 못하는도다." 테로가 이같이 거리낌 없이 말하는 것을 볼 때 자신의 안전은 조금도 돌보지 않는 것 같았다. 그러나 그의 논리가 어찌나 정연한지 백성들은 그를 용감한 인물로 존경하지 않을 수 없었다. 게다가 때가 때인 만큼 백성들은 모두 그의 말을 즐겁게 받아들였다. 비록 자신들은 신변의 안전을 먼저 돌보는 바람에 말을 하지 못하고 있었으나 바른말을 하는 것은 칭찬하지 않을 수 없었던 것이다. 백성들은 큰 불행이 닥쳐올 것을 예상했기에 테로에 대해 내키는 대로 말할 수밖에 없었다.

5. 테로는 용감하게도 헤롯의 면전에 나아가 단둘이서 이야기를 나눌 수 있도록 해달라고 요청하였다. 이에 헤롯이 허락하자 테로는 다음과 같이 말했다. "오, 왕이시여! 불안을 더 이상 견디지 못하고 이렇게 무례하게 찾아온 것을 용서하시기 바랍니다. 왕께서 내 말에서 무엇인가 도움을 얻겠다는 마음만 갖고 계신다면 그것이 왕께도 유익하리라고 생각했기 때문입니다. 따라서 나 자신의 안전을 돌보지 않고 찾아뵙게 된 것입니다. 도대체 왕의 지각(知覺)은 어디로 갔으며, 어째서 왕의 영혼은 그토록 공허한 것입니까? 그토록 찬란한 업적을 남기게 했던 왕의 비범한 지혜는 다 어디로 가 버렸습니까? 무엇 때문에 친구들과 친척들을 모조리 쫓아내고 혼자 고독해하시는 것입니까? 전에 행복하기만 했던 이 나라에서 그런 일이 일어나는 것을 눈 뜨고 보지 못하시던 분이 어찌 그렇게 되셨습니까? 그들이 왕의 친구요 친척이신데 어떻게 그

런 일을 당해야 합니까? 도대체 왕께서는 무슨 일을 하고 계시는지 알고나 있으십니까? 왕후께서 낳으신 덕이 출중한 두 아들을 살해하고 노년을 쓸쓸하게 보내려 하십니까? 그 두 아들을 죽이고 나면 남는 것은 누구입니까? 왕께서 후계자로 삼겠다고 넌지시 비춘 그 언질을 믿고 못되게 행동하는 아들과, 몇 번 죽어 마땅하나 왕께서 용서해 주신 친척들밖에 또 누가 있습니까? 백성들이 입을 다물고 잠자코 있다는 사실 자체가 왕의 처사를 싫어한다는 증거임을 어째서 모르고 계십니까? 전 병사들과 지휘관들이 불쌍한 왕의 두 아들을 동정하고 있고 뒤에서 이를 조종한 이들을 미워하고 있습니다." 헤롯왕은 이 말을 듣고 잠시 동안은 선의로 기분 좋게 받아들였다. 그러나 누가 알 수 있었겠는가? 테로가 헤롯의 집안사람들의 불성실과 악한 행습을 정면에서 지적하기 시작하자 헤롯은 기분이 상했다. 그러나 테로는 이에 상관하지 않고 자극적인 언사를 사용하면서 헤롯을 통렬히 비난했다. 사실상 테로는 상황에 따라 자신을 조절할 줄 아는 훈련이 제대로 되어 있지 않은 인물이었다. 헤롯은 이에 몹시 기분이 상했다. 그의 말 가운데서 도움을 얻기보다는 오히려 모욕감을 느낀 것 같았다. 헤롯은 테로의 말을 통해서 병사들뿐 아니라 지휘관들까지도 자신의 처사에 불만이라는 사실을 알고 테로뿐 아니라 테로가 들먹거린 자들을 모두 잡아 감옥에 수감하라고 명령하였다.

6. 이 일 후에 왕의 이발사인 트리폰(Trypho)이 기회를 엿보다가 왕에게 나아가 이같이 말했다. "테로는 여러 번 저에게 접근하여 왕께서 이발하실 때 면도칼로 왕의 목을 베어 시해하면 알렉산드로스의 측근이 될 수 있을 것이며 그로부터 많은 보상도 받게 될 것이라면서 저를 설득시키려고 하였습니다." 이 말을 들은 헤롯왕은 테로와 그의 아들은 물론 이발사까지 고문을 가해 모든 사실을 실토하게 만들라고 지시하였다. 이에 이들은 심한 고문을 당하게 되었다. 테로는 고문을 끝까지 견디었으나 그의 아들은 그렇지 못했다. 테로의 아들은 부친이 위태로운 상태에 빠져 있으며 구원의 소망이 전혀 없고 이대로 계속되면 죽는 것이 분명한 사실임을 알고 부친과 자신을 풀어 주면 사실대로 말하겠다고 헤롯왕에게 말했다. 헤롯왕이 그렇게 해주겠다고 약속하자 테로의

아들은 이같이 말했다. "저의 부친이 왕이 혼자 있을 때 들어가는 것은 그리 어렵지 않으므로 저의 부친께서 왕을 시해하기로 했었습니다. 비록 일이 성사된다 하더라도 저희 부친이 살아날 수 있는 가능성은 없지만 알렉산드로스를 위해서 그 일을 맡겠다는 것이 저의 부친의 뜻이었습니다." 테로의 아들의 이런 고백으로 테로는 고통에서 벗어날 수 있었으나, 견디다 못해 사실을 그대로 실토한 것인지 아니면 부친을 구하기 위해 거짓으로 꾸며낸 것인지는 확실하지 않다.

7. 한편, 헤롯은 이제까지 두 아들을 꼭 처형해야만 하는가 하는 문제로 고심을 했으나 이제는 더 이상 고민의 여지가 없어졌다. 좋은 쪽으로 생각할 수 있는 조그만 가능성마저도 완전히 사라지자 헤롯은 결심을 즉시 실행에 옮겼다. 헤롯은 테로와 그의 아들은 물론 그들을 고소한 이발사와 고소를 당한 300명의 군대 지휘관들을 백성들 앞에 끌어다 놓고 그들을 고소했다. 이에 백성들은 손에 잡히는 대로 돌을 던져 그들을 모두 쳐 죽였다. 알렉산드로스와 아리스토불루스도 부친 헤롯의 명에 따라 세바스테(Sebaste)로 끌려와서 교살당하고 말았다. 그러나 그들의 시신은 밤에 숙부와 대부분의 조상들이 묻힌 알렉산드리움으로 옮겨져 모친 옆에 장사되었다.

8.[12] (부자간의) 이런 뿌리 깊은 미움이 도를 지나쳐 부자의 정(情)까지 갈라놓은 것이 어떤 이들에게는 충분히 그럴 수 있는 일로 보일는지 모른다. 그러나 부친의 비위를 건드려 분노하게 만들고 마침내 치유가 불가능할 정도로 미워하도록 하여 잔인한 짓을 서슴지 않게 만든 책임이 알렉산드로스와 아리스토불루스에게 있는지, 자신의 명예와 권력 유지를 위해서는 수단과 방법을 가리지 않는 헤롯 자신에게 책임이 있는지, 아니면 인간의 행동이 이미 어떤 절대적 필연에 의해 결정되기 때문에 인간의 힘으로는 어쩔 수 없다는 운명의 탓으

---

[12] 이 8절은 옛 라틴어 역본(譯本)에는 완전히 생략되어 있다. 이는 아마도 정확하게 번역하기 어려웠기 때문이었던 것으로 보인다.

로 돌려야 하는지는 깊이 고려해 볼 필요가 있다. 나는 여기서 이 운명의 개념과 인간의 다양한 행동에 대한 일부의 책임은 인간에게 돌리지만, 나머지 책임은 인간으로도 어쩔 수 없다는 사실을 인정하는 고대 유대 율법의 철학적 결정론(philosophical determination)과 비교해 봄으로써 이에 대한 해답을 찾을 수 있다고 본다. 먼저 이 불행한 사건의 두 당사자 가운데서 아들들을 비난할 수도 있을 것이다. 왕족의 혈통이라는 교만과 젊은이의 허영에 들뜬 그들의 행동은 비난받을 충분한 요소가 있다. 그들은 부친의 행위를 공정하게 판단할 수 있는 눈이 결여되어 있었기에 부친에 대한 비난의 소리를 듣고 그대로 간직해야 했음에도 불구하고 의심의 눈초리로 부친의 행동을 감시하고 경솔하게 부친을 비난했기 때문에 헤롯왕의 환심을 사려는 아첨꾼들이 쳐 놓은 그물에 걸려 그들의 먹이가 되어 버린 것이다. 그러나 그렇다고 해서 자식들을 무참히 살해한 헤롯에게 변명의 여지가 있는 것은 아니다. 자신을 해하려는 음모가 있었다는 사실을 입증해 줄 수 있는 결정적인 증거가 없었음에도 불구하고 준수한 용모로 사람들의 사랑을 한 몸에 받았음은 물론 사냥이나 격투나 화술(話術)에 있어서 모자람이 없었던 두 아들을 처형한 행위는 변명의 여지가 없다. 이 둘은 뛰어난 청년들이었다. 그중에서도 큰아들인 알렉산드로스는 정말 준수한 청년이었다. 비록 헤롯이 아들들을 정죄했다고 하더라도 죽이지는 말고 감금시켜 놓든지, 아니면 먼 나라로 추방하든지 둘 중의 하나를 택했어도 충분했을 것이다. 이는 헤롯이 로마군의 보호를 받고 있었기에 신변에는 조금도 위험이 없었기 때문이다. 누가 급습을 하거나 정면 공격을 해온다 하더라도 로마군이 있었기에 두려워할 것이 없는 상태였다. 그러나 헤롯은 치솟아 오르는 격정을 이기지 못하고 급작스럽게 두 아들을 처형하고 말았다. 그의 이 행위는 도저히 그냥 넘길 수 없는 무서운 죄악이다. 더구나 헤롯은 노년(老年)에 이런 무서운 죄를 저질렀다. 헤롯이 여러 번 연기를 해왔고 오랫동안 꾸준히 참아 오다가 어쩔 수 없이 아들들을 처형했다고 하더라도 이는 결코 변명밖에 될 수가 없다. 왜냐하면 갑작스러운 충격을 받아 마음의 갈피를 잡지 못하고 일시적인 흥분으로 악한 일을 저질렀다면 그것이 아무리 무서운 죄악이라 하더라도 인간사에는 빈번하게 일어나는 일이기에 어느 정도 참작의 요소가 있지만, 깊이 생각할 여유도 있고 여러 번 시도하려다가 다시 연기한 끝에 마침내 그 일을 저지른 것이라면 그것은 바로 고의적인 살인이요 그의 악한 성품에서 기인한 것이다. 헤롯의 이런 악한 성품은 후에 마지막 남은 사랑하는 친구들까지 처형하는 모습에서 그것을 찾아볼 수가 있다. 비록 처벌의 정당성이 있었기에 처형당한 자들이 백성들의 동정을 덜 받았다 할지라도 굳이 처형시키려고 했던 헤롯의 모습에서 우리는 그의 야만성을 다시 한번 보게 된다. 이들의 죽음에 대해서는 후에 적절한 기회에 상세히 살펴보도록 하자.

제17권

14년간의 역사 기록

알렉산드로스와 아리스토불루스의 죽음부터
아르켈라우스의 추방까지

제1장

안티파테르가 형제들을 살해한 배후의 인물로서
모든 유대국 백성들의 미움을 사게 되자
로마에 있는 부친의 친구들의 특별한 환심을 사기 위해
많은 선물을 바치는 한편
수리아의 총독 사투르니누스와 그 밑의 지방 통치자들에게도
선물을 바치게 된 경위,
그리고 헤롯의 아내들과 자녀들에 관하여

1. 한편 안티파테르(Antipater)는 부친으로 하여금 극악무도한 짓을 저지르도록 유도하여 동생들을 제거하는 데는 성공했으나 도저히 희망이 보이지 않았다. 비록 왕위에 오르는 길을 방해할지도 모르는 가장 강력한 라이벌인 동생들을 제거하는 데는 성공하여 그 점에서는 걱정이 없었으나, 그 일로 인해 유대 국민들의 미움 때문에 왕국에 접근하는 일이 매우 어려웠다. 아니, 실현 가능성이 거의 없다고 보아도 과장이 아니었다. 게다가 설상가상으로 군대 문제가 안티파테르를 더욱 괴롭혔다. 유대국이 반란을 일으키려고 할 때마다 그것을 진압하여 결정적인 도움을 주었던 로마 군대와 간격이 벌어지게 된 것이다. 이

런 모든 불리한 상황은 그가 동생들을 살해하도록 만들었기 때문에 닥쳐온 것이다. 그러나 안티파테르는 이미 왕이 된 것이나 다름없이 부친인 헤롯과 함께 나라를 다스렸다. 안티파테르는 동생들을 미워했기 때문이 아니라 부친 헤롯의 신변을 더욱 염려했기 때문에, 즉 동생들보다는 부친을 더욱 소중히 여겼기 때문에 동생들을 고소할 수밖에 없었던 것처럼 가장하여 헤롯의 신임을 한 몸에 받게 된 것이다. 그러나 안티파테르의 최후 목적은 부친인 헤롯조차 제거하는 것이었다. 따라서 자신의 음모를 알아차리고 비난할 자가 아무도 없도록 미리 그럴 만한 자들을 제거한 것이다. 그뿐 아니라 헤롯이 도움을 청할 사람이나 헤롯에게 도움을 줄 사람을 제거하려고 한 것이다. 결국 이렇게 보면 부친 헤롯에 대한 미움이 동생들을 제거하게 된 동기인 셈이다. 어찌 되었든 안티파테르는 이 시점에 와서 헤롯을 제거하려는 일에 골몰하기 시작했다. 왜냐하면 부친이 죽으면 왕국이 즉시 그의 차지가 되지만 부친이 오래 살게 되면 자칫 자신의 음모가 발각되어 부친과 적대 관계가 될 수도 있기 때문이었다. 이에 안티파테르는 자신에 대한 편견을 없애고 환심을 사기 위해 부친의 친구들을 환대하기 시작했다. 따라서 안티파테르는 로마에 있는 부친의 친구들에게 많은 예물을 보냈다. 그리고 누구보다도 수리아의 총독인 사투르니누스(Saturninus)에게 많은 예물을 보냈다. 그는 또한 사투르니누스의 형제에게도 예물을 보내는 한편 부친 헤롯의 친한 친구와 결혼한 헤롯의 누이동생 살로메(Salome)에게도 같은 수법을 썼다. 안티파테르는 사람과 사귀는 데는 귀신같은 재주가 있었다. 그는 상대방을 실제로는 미워하면서도 그 감정을 나타내지 않고 상대방의 신임을 얻어내는 뛰어난 솜씨가 있었다. 그러나 그는 웬만해서 잘 속지 않는 데다가 오래전부터 그를 잘 알고 있던 고모는 속일 수가 없었다. 그녀는 그전부터 그에 대한 경계심을 늘 게을리하지 않았기 때문이었다. 안티파테르의 계획과 수단에 의해 아리스토불루스의 아내였던 살로메의 딸을 안티파테르의 외삼촌과 결혼시키는 데 성공하였으나(살로메의 다른 딸은 칼레아스[Calleas]의 아들과 결혼했다) 살로메는 이에 전혀 개의치 않았다. 살로메는 안티파테르의 의도를 알아차리고 그가 얼마나 악한 인물인가를 깨닫게 되자 인척임에도 불구하고 그를 미워하였다. 한편 그전에 헤롯은 살로메가 아라비아인 실레우스(Sylleus)를 사랑하자 이를 방해하고 알렉사스(Alexas)와 결혼을 시켰었다. 살로메는 율리아(Julia)의 충고에 따라 이 결혼을 승낙했다. 율리아는 살로메에게 그 결혼에 승낙하지 않으면 그들의 적이 될 것이라면서 결혼을 받아들일 것을 설득했다. 살로메가 알렉사스를 남편으로 맞아들이지 않으면 헤롯이 다시는 상종도 하지 않겠다고 맹세까지 했다는 것이었다. 이에 살로메는 카이사르의 아내인 율리아의 충고인 만큼 그대로 따르기로 했다. 율리아는 이 외에도 살로메에게 몸조심을 하라고 각별히 당부했다. 헤롯은 또한 알렉산드로스의 아내였던 아르켈라우스왕의 딸을 그녀의 부친에게로 돌려보냈다. 헤롯은 이때 그녀가 결혼할 때 가지고 온 재산을 돌려보냈다. 그 문제로 아르켈라우스왕과 옥신각신하는 것이 싫었기 때문이었다.

2. 그러나 헤롯은 손자들에게 각별한 관심을 기울여 양육했다. 알렉산드로스는 글라피라(Glaphyra)와의 사이에서 두 아들을 두었으며, 아리스토불루스는 살로메의 딸 버니게(Bernice, 베르니케)와의 사이에서 세 아들과 두 딸을 두었다. 어느 날 헤롯은 친구들 앞에 손주들을 데리고 와서 자신의 아들들의 불운을 한탄하며 손주들에게는 그런 불행이 닥치지 않기를 바란다고 했다. 이 어린 것들이 덕을 쌓아 마땅히 얻을 것을 얻고 그들을 교육시킨 것에 대한 보답을 할 수 있게 되기를 바란다고도 했다. 헤롯은 손자 손녀들이 결혼할 연령이 되자 짝을 지어 주었다. 알렉산드로스의 장남은 페로라스의 딸과, 아리스토불루스의 장남은 안티파테르의 딸과 약혼을 시켰다. 헤롯은 또한 아리스토불루스의 두 딸 중 한 딸은 안티파테르의 아들과, 나머지 한 딸은 대제사장의 딸을 통해 낳은 자기 아들 헤롯(Herod)과 약혼을 시켰다. 한 남자가 동시에 여러 아내를 두는 것은 우리의 고대 풍습 가운데 하나였기에 헤롯도 여러 아내를 둔 것이다. 헤롯왕은 부모 없는 손자 손녀들을 불쌍히 여기는 마음에서 이같이 짝을 지어 주었으나 한편으로는 이런 결혼 관계를 통해서 안티파테르와 그들 사이를 화해시키려는 의도도 없지 않았다. 그러나 안티파테르의 미움을 없애는 데는 하등의 도움도 되지 못했다. 안티파테르는 동생들을 미워하던 것처럼 그들의 아들들도 미워했다. 헤롯이 그들에 대한 관심이 높자 안티파테르는 그들에 대해 분

노를 느꼈다. 그들이 자칫하면 그들의 아버지들보다 더 유력한 인물이 될지 모른다는 염려 때문이었다. 아르켈라우스왕이 외손자들을 뒤에서 후원하는 한편 분봉왕 페로라스도 아리스토불루스의 딸을 자부로 맞아들일 기미를 보였으며 설상가상으로 온 백성들이 부모를 잃은 헤롯의 손자들을 불쌍히 여기고 (그들을 고아로 만들었다는 이유로) 자기를 미워하는 데 분통이 터지지 않을 수 없었다. 백성 중에 이 사실을 모르는 사람이 없을 정도가 되었으니 분통이 터질 만도 했다. 이에 안티파테르는 그런 인척 관계가 성립된다면 그들을 당할 자가 없을 것이라는 생각에 부친인 헤롯의 결정을 바꾸어 놓기 위해 공작을 벌였다. 결국 헤롯은 안티파테르의 간청에 못 이겨 결정을 번복했다. 즉 안티파테르가 아리스토불루스의 딸과 결혼하고 그 대신 안티파테르의 아들과 페로라스의 딸을 결혼시키도록 결말을 보았다. 결국 이렇게 혼인 약속이 바뀌었으나 이는 헤롯이 진심으로 원하는 바는 아니었다.

3. 한편 헤롯은 그 당시 아홉 명의 아내를 거느리고 있었다. 그중 첫째는 안티파테르(Antipater)의 모친이었고, 둘째는 대제사장의 딸로서 그녀와의 사이에서는 헤롯(Herod)이라는 아들을 하나 두었다. 셋째는 그의 형제의 딸이었고, 넷째는 누이동생의 딸이었는데, 이 둘 사이에서는 자식이 없었다. 다섯째는 사마리아 여인으로서 안티파스(Antipas)와 아켈라오(Archelaus, 아르켈라우스)라는 두 아들과 올림피아스(Olympias)라는 딸 하나를 낳았다. 올림피아스는 후에 헤롯왕의 조카(형제의 아들)인 요셉(Joseph)과 결혼하였다. 아켈라오와 안티파스는 로마에서 어떤 평민과 함께 기거하고 있었다. 여섯째 아내는 예루살렘의 클레오파트라(Cleopatra of Jerusalem)로서 이 아내를 통해서는 헤롯(Herod)과 빌립(Philip)이라는 두 아들을 두었다. 빌립 또한 로마에서 양육 받았다. 일곱째는 파사엘루스(Phasaelus)라는 아들을 낳은 팔라스(Pallas)였으며 여덟째와 아홉째는 페드라(Phedra)와 엘피스(Elpis)로서 헤롯은 이들을 통해서 록사나(Roxana)와 살로메(Salome)라는 딸을 낳았다. 페로라스(Pheroras)가 결혼하기를 거절했던, 알렉산드로스(Alexander)와 아리스토불루스(Aristobulus)의 동복누이인 헤롯의 큰딸들 중에서 헤롯은 한 딸은 자기 누이동생의 아들인 안티파테르(Antipater)에

게 시집을 보냈으며 남은 딸은 자기 남자 형제의 아들인 파사엘루스(Phasaelus)에게 시집을 보냈다. 헤롯의 후손은 이와 같았다.

제2장

바벨론 유대인 자마리스에 관하여, 그리고 안티파테르가 부친을 해하려고 꾸민 음모와 바리새인들에 관하여

1. 바로 이때 헤롯은 드라고닛 지방을 확고히 장악하기 위해 그 지방 중심부에 유대인을 위한 마을을 도시 크기만 하게 건설하기로 마음먹었다. 이는 유대국을 적의 공격에서 보호하는 일차 방어선의 역할은 물론 적을 습격하여 피해를 주는 교두보로서의 역할까지 일석이조의 기능을 담당할 수 있기 때문이었다. 이때 헤롯은 바벨론 출신의 한 유대인에 관한 소문을 들었다. 그는 말을 타고 활을 쏠 줄 아는 병사 500명과 친척 100명을 거느리고 유브라데(Euphrates) 강을 건너 수리아의 다프네(Daphne) 옆 안디옥(Antioch)에 거주하고 있었는데, 수리아 총독 사투르니누스(Saturninus)가 그들의 거주지로 발라타(Valatha)란 곳을 주었다는 소식이었다. 이에 헤롯은 그는 물론 부하들까지 초청하여 바타네아(Batanea) 지방 일부를 거주지로 주겠다고 약속했다. 그곳은 드라고닛과 연접한 곳으로서 그렇게 되면 드라고닛과 연접한 지역의 수비 문제는 걱정할 것이 없기 때문이었다. 헤롯은 또한 완전한 면세의 혜택을 주겠다고 약속했다.

2. 그는 헤롯의 제안에 끌려 그렇게 하기로 동의했다. 이에 그는 그 땅을 차지하고 마을과 요새를 건설하고 바티라(Bathyra)라고 불렀다. 그는 이렇게 해

서 드라고닛 주민들로부터 백성들을 보호해 주었으며 예루살렘에 제사를 드리러 올라오는 바벨론의 유대인들을 드라고닛 강도들로부터 안전하게 지켜 줄 수가 있었다. 이에 조상 전래의 유대 율법을 지키는 수많은 사람들이 각지에서 그에게로 몰려들었다. 특히 세금을 면제받는다는 혜택 때문에 많은 사람들이 몰려와 바티라는 사람들로 붐비게 되었다. 이런 상태는 헤롯이 살아 있는 동안은 변함없이 지속되었다. 그러나 (분봉왕) 빌립이 헤롯의 뒤를 이어 정권을 장악한 후에는 약간의 세금을 물렸다. 그러나 이것도 잠시 아그립바 대왕(Agrippa the Great)과 그의 아들 아그립바(Agrippa)왕 때에는 그들을 더욱 괴롭게 하였다. 그러나 이토록 상황이 악화되었음에도 불구하고 이들의 세금 감면 혜택을 완전히 박탈하지는 않았다. 그 후 로마가 직접 통치권을 행사하고부터는 자유는 인정하면서도 세금은 조금도 감면해 주지 않았다. 이에 대해서는 후에 적절한 기회에 상세히 살펴보도록 하자.1)

3. 마침내 헤롯이 바티라 땅을 하사한 바벨론 유대인 자마리스(Zamaris)는 세상을 떠났다. 그는 인생을 경건하게 살다가 훌륭한 성품의 자녀들을 뒤에 남기고 세상을 하직했다. 자녀들 중에는 야킴(Jacim)이라는 아들이 있었는데 야킴은 용맹하기가 이루 말할 수 없는 인물이었다. 야킴은 또한 그의 부하들에게 말 타는 법을 가르쳐 주어, 이들의 기마대는 앞서 언급한 왕들의 경호 부대 역할을 했다. 야킴이 나이 들어 죽자 그의 아들 빌립(Philip)이 뒤를 이었다. 빌립은 손힘이 센 것은 물론 용기에 있어서 당대에는 타의 추종을 불허하는 자였다. 따라서 그는 아그립바(Agrippa)왕의 신임과 총애를 받았다. 빌립은 왕만큼이나 많은 병사를 거느렸으며 훈련을 철저하게 시키고 필요할 때는 언제든지 직접 이끌고 다녔다.

4. 헤롯이 처한 상황은 내가 앞서 언급한 바와 같았다. 이때 모든 공무(公務)는 안티파테르가 다 처리했다. 그리하여 안티파테르의 권력은 부친의 양해를

---

1) 이것은 지금은 빠져 있다.

얻어 그의 마음에 드는 사람들은 누구에게나 호의를 베풀 정도로 커졌다. 그는 부친의 호의와 신임을 얻기 위해 최선을 다 기울였다. 그는 부친을 살해하려는 음모를 아무도 모르게 감추기 위해 그가 하는 말은 무엇이나 부친이 믿게 하는 한편 권력을 더욱 확고하게 장악하기 위해 많은 애를 썼다. 그는 모든 사람이 두려워하는 존재가 되었다. 사람들은 그가 소유한 권력과 권위 때문에 그를 두려워한 것이 아니라 계략을 꾸미는 교활한 솜씨 때문에 그를 두려워하였다. 그러나 페로라스만큼은 안티파테르와 친하게 지내기 위해 애를 썼다. 안티파테르는 교활하게도 일단의 여인들로 페로라스를 둘러싸게 만들고 그를 감시하게 했다. 페로라스는 미혼인 자기의 딸들에게 모욕을 가한 일로 그들을 미워하고 있었음에도 불구하고 그는 아내와 장모와 처제의 노예가 되고 말았다. 이 여인들이 없이는 아무것도 이루어질 수가 없었다. 이 여인들은 페로라스를 가운데 몰아넣고 서로 긴밀한 연락을 취해 가며 그를 마음대로 조종했다. 안티파테르도 직접 자신이 나서거나 아니면 그의 모친을 통해서 그 여인들의 협조를 구할 정도였다. 왜냐하면 이 네 여인은[2] 항상 의기가 투합해 있었기 때문이었다. 그리하여 페로라스와 안티파테르의 의견은 별로 중요하지 않은 몇 가지 부분에서만 차이가 있을 뿐이었다. 그러나 이들의 적이 있었으니 그는 바로 헤롯왕의 누이동생인 살로메였다. 살로메는 오랫동안 이들의 동태를 살피다가 둘이 의기투합한 것은 헤롯을 해치려는 데 그 목적이 있다는 것을 알아차리고는 이 사실을 헤롯에게 알렸다. 한편 페로라스와 안티파테르는 헤롯이 자기를 해하려고 음모를 꾸미는 줄 알고 그들이 만나는 것을 싫어하는 눈치를 보이자 다른 사람들에게는 만나는 것을 비밀로 하는 한편 서로 미워하는 것처럼 행세하기 시작했다. 그들은 기회가 있을 때마다, 특히 헤롯이 옆에 있거나 아니면 헤롯의 귀에 고해바칠 사람이 함께 있을 때는 서로를 맹렬하게 비난했다. 그러나 단둘이 있을 때는 전보다 더욱 친밀하게 지냈다. 그러나 그들은 살로메의 눈은 속일 수 없었다. 처음에 헤롯을 해하려고 했을 때부터 일이 조금씩 진

---

[2] 네 여인이란 페로라스(Pheroras)의 아내, 그녀의 어머니와 누이동생, 그리고 안티파테르(Antipater)의 어머니인 도리스(Doris)를 말하는 것이다.

척되는 순간마다 살로메의 눈을 피할 수가 없었다. 살로메는 모든 사실을 샅샅이 알아내어 헤롯에게 고해바침으로써 그들과 헤롯의 관계를 악화시켰다. "그들은 은밀히 만나 술을 마시면서 왕을 해할 음모를 꾸미고 있습니다. 지금은 은밀하게 움직이고 있으나 왕을 해하려는 시도가 실패로 돌아가게 되면 노골적으로 왕을 해하려고 덤벼들 것입니다. 그들이 겉으로는 서로 잡아먹으려는 듯이 다투고 있으나 사람들이 없는 곳에서는 완전히 하나가 됩니다. 둘만 있으면 완전히 의기투합하여 절대로 뜻을 변치 말고 적에게는 공동으로 대처하자고 맹세까지 했습니다." 이렇게 살로메는 모든 사실을 탐지하여 그대로 헤롯에게 고해바쳤다. 헤롯은 살로메의 말을 듣고 무슨 뜻인지 이해하면서도 누이동생의 중상모략이 아닌가 의심했기 때문에 쉽게 믿으려고 하지 않았다. 왜냐하면 스스로 조상 전래의 율법에 대해서는 제일 많이 안다고 자부하며 백성들로 하여금 자기들이 하나님의 총애를 가장 많이 받는다고 믿도록 만든 일단의 유대인들이 있었는데 살로메와 같은 부류의 여인들이 그들의 현혹에 넘어갔기 때문이었다. 이들은 바리새파(the sect of the Pharisees)라고 부르는 사람들로서 왕에게 대항할 수 있는 능력을 가진 자들이었다. 그들은 교활한 종파였으므로 공공연하게 왕에게 대항할 수 있는 세력까지 확보한 자들이었다. 이에 모든 유대 백성들이 카이사르와 헤롯왕의 정권에 충성할 것을 약속했음에도 불구하고 그 수가 6,000명이나 되자 충성하겠다는 맹세를 거부했다. 이에 헤롯왕이 그들에게 벌금을 물리자 페로라스의 아내가 그들 대신 벌금을 물어 주었다. 백성들에게 자기들은 신적인 영감으로 미래사를 예언할 수 있는 능력이 있다고 믿게 만들었던 바리새인들은 그녀가 베푼 호의에 대한 보답으로 다음과 같은 예언을 했다. "하나님은 헤롯의 정권이 끝나고 그의 자손들이 그 뒤를 잇지 못할 것이라고 말씀하셨습니다. 그 대신 그대와 페로라스가 정권을 장악하게 될 것이라고 하셨습니다." 이 예언은 살로메는 물론 헤롯왕의 귀에까지 들어가게 되었다. 게다가 이에 현혹된 자들이 왕궁에도 여럿 있다는 소문이 헤롯에게까지 들리자, 헤롯왕은 바리새파 중의 유력한 용의자들과 내시 바고아스(Bagoas)와 그 당시 가장 준수한 용모를 지녔던 헤롯의 미동(美童, 남색의 상대 – 역자 주) 카루스(Carus)를 처형하였다. 헤롯은 또한 가족들 가운데서도 바리새인들의 예언을 믿은 사람은 한 사람도 살려 두지 않았다. 바고아스는 바리새인들의 칭찬에 넘어가 우쭐하다가 목숨을 잃고 말았다. 바리새인들이 바고아스에게 이같이 예언했기 때문이었다. "그대는 장차 왕이 될 자의 은인이요 보호자로서 칭송받게 될 것이오. 그 왕은 장차 모든 것을 장악한 후 그대를 결혼시켜 후손을 볼 수 있도록 해줄 것이오."

제3장

헤롯과 페로라스 사이의 적대감에 관하여,
그리고 헤롯이 안티파테르를 카이사르에게 보낸 경위,
페로라스의 죽음에 관하여

1. 헤롯은 우리가 앞서 살펴본 죄목으로 바리새인들을 처형하고 난 후에 친구들을 불러 모으고 페로라스의 아내를 고소하였다. "그 여자 때문에 여러 처녀들이 능욕을 당했소. 게다가 그 여자는 계속해서 나와 동생 사이를 이간하고 있소. 성격이 못되었기 때문에 그녀의 말 한마디 행동 하나하나는 나와 동생 사이를 결정적으로 금이 가게 만들고 결국은 서로 싸우게 만들고 있소. 바리새인들의 벌금을 대납하여 그들이 처벌을 피할 수 있도록 한 것도 모두 그녀가 한 짓이오. 요사이 발생한 일 중에 그녀가 개입되지 않은 것이 하나도 없을 정도요. 페로라스야, 내 요구에 의해서가 아니라 자발적으로 너와 나 사이에 불화의 요소가 된 네 아내를 내어 쫓는 것이 올바른 행동이라고 나는 생각한다. 페로라스야, 네가 나와의 관계를 소중히 여긴다면 네 아내를 쫓아내도록 해라. 그래야 너와 나는 형제로 지내며 서로 사랑할 수 있게 될 것이다." 페로라스는 (헤롯의 이런 말로 인해 궁지에 몰렸음에도 불구하고) "형제의 정을 끊는 부당한

행위를 할 수 없듯이 부부의 정도 마찬가지로 끊을 수가 없습니다. 살아서 그토록 사랑스러운 아내를 빼앗기느니 차라리 죽음을 택하겠습니다."라고 대답했다. 이에 헤롯은 몹시 기분이 언짢았으나 이런 대답을 듣고는 더 이상 페로라스에게 화를 내지 않았다. 그러나 헤롯은 안티파테르와 그의 모친에게 페로라스와는 이야기도 하지 말 것은 물론 페로라스의 아내와 장모와 처제들과 만나지도 말 것을 엄하게 명령하였다. 이들은 헤롯 앞에서는 그렇게 하겠다고 약속해 놓고 기회 있을 때마다 만났으며, 특히 페로라스와 안티파테르는 여러 번만나 즐기기까지 하였다. 그런데 이때 안티파테르의 모친의 중개로 안티파테르와 페로라스의 아내가 정을 통했다는 소문이 나돌았다.

2. 한편 안티파테르는 부친 헤롯이 자기를 미워하므로 나쁜 영향이 미치지 않을까 걱정하여 부친을 더욱 미워하기 시작했다. 안티파테르는 로마에 있는 친구들에게 서신을 보내 자기를 즉시 카이사르에게 보내 달라는 내용의 편지를 부친 앞으로 보내면 좋겠다고 요청했다. 결국 이 일은 성과를 거두어 헤롯은 안티파테르를 로마로 보내면서 값진 예물과 아래와 같은 내용의 유언도 함께 보냈다. "저는 안티파테르를 제 후계자로 결정했습니다. 그러나 만일 안티파테르가 죽는다면 제가 대제사장의 딸을 통해 낳은 아들 헤롯 빌립(Herod Philip)을 왕위에 오르도록 해주십시오." 한편 이 무렵 아라비아인 실레우스(Sylleus)는 카이사르의 명령을 한 가지도 지키지 않고 로마에 다시 나타났다. 이에 안티파테르는 부친이 고소한 것과 동일한 죄목으로 실레우스를 고소하였다. 이 밖에도 실레우스는 아레타스(Aretas)에게도 고소를 당하였다. 그가 아레타스의 승낙을 받지 않고 페트라(Petra)에서 많은 아라비아 유력 인사들을 살해했다는 것이었다. 그중에서도 많은 이들의 존경을 받는 소에무스(Soemus)와 카이사르의 신하인 파바투스(Fabatus)까지 살해했다는 것이었다. 또한 실레우스는 아래와 같은 이유로 또 다른 죄목으로 고소를 당했다. 헤롯의 경호 병사 가운데는 헤롯이 크게 신임하는 코린투스(Corinthus)라는 자가 있었다. 실레우스는 헤롯을 죽이면 거액의 돈을 주겠다고 코린투스에게 제의했다. 이에 코린투스는 그렇게 하겠다고 약속했다. 그런데 파바투스는 실레우스의 입을 통

해 이런 음모를 알게 되었고 이를 헤롯왕에게 고해바치기에 이르렀다. 이에 헤롯은 코린투스를 체포하여 고문을 가한 끝에 사건의 전모를 알아낼 수 있었다. 헤롯은 코린투스의 실토를 근거로 두 명의 아라비아인도 체포하였다. 두 명의 아라비아인 중 한 명은 족장이었고 다른 한 명은 실레우스의 친구였다. 헤롯은 이 둘에게도 고문을 가해 코린투스에게 헤롯을 살해하도록 사주하였으며 필요하면 언제든지 도움을 주겠다고 약속까지 했다는 고백을 받아 냈다. 헤롯은 이 사실을 사투르니누스(Saturninus)에게 알렸고, 이에 사투르니누스는 그들을 로마로 압송하였다.

3. 또한 이때 헤롯은 페로라스가 아내를 내보내려고 하지 않는 것을 참다못해 그의 분봉국으로 돌아가라고 명령하였다. 이에 페로라스는 자기도 그렇게 하고 싶었다면서 헤롯이 죽었다는 소식이 들리기 전까지는 다시는 나타나지 않겠다고 거듭 맹세하였다. 그리고 헤롯왕이 병이 들어 죽기 전에 한번 보고 싶고 부탁할 말도 있으니 오라고 청했을 때도 페로라스는 자기가 한 맹세를 지키겠다고 헤롯에게 오지 않았다. 그러나 헤롯은 페로라스를 계속 미워하지 않았다. 병이 들어 한번 보자고 할 때도 오지 않았으나 헤롯은 동생의 이런 허물을 용서해 주었다. 오히려 페로라스가 병이 들었다는 소식을 듣자 헤롯은 청하지도 않는데 동생을 찾아갔으며, 페로라스가 세상을 떠나자 손수 그의 장례를 치러 주었다. 헤롯은 페로라스의 시신을 예루살렘으로 운반한 후 그곳에 장사 지내고 그를 위해 애도의 기간을 정하기까지 하였다. 비록 안티파테르는 이때 로마에 가 있었지만 페로라스의 죽음과 함께 그의 불행도 시작되었다. 하나님이 동생들을 살해한 죄로 안티파테르를 벌하려고 하심이 분명했다. 나는 이것이 온 인류의 경종이 되어 모든 인간이 선하게 삶을 영위해 나갈 수 있도록 하는 데 도움이 되었으면 하는 바람으로 이 사건의 전말을 매우 상세히 기술하려고 한다.

제4장

페로라스의 아내가 페로라스를 독살했다고
그의 신하들이 고소하자
헤롯이 고문과 문초로 사실을 밝히려고 애를 쓴 결과
독약을 찾아냈으나 그 독약은 아들 안티파테르가 자기를 죽이려고
준비한 것이라는 사실에 충격을 받고 다시 고문을 가하여
안티파테르의 음모를 알아내게 된 경위

1. 페로라스가 죽고 그의 장례식이 끝나자마자 페로라스의 총애를 받던 신하 두 명이 헤롯을 찾아와 페로라스가 납득할 수 없는 비참한 죽음을 당한 원인이 무엇인가 철저히 조사하여 원수를 갚아 달라고 간청하였다. 헤롯은 이들의 진지한 간청에 깊이 감동되었다. 그들은 이렇게 말을 이었다. "페로라스께서는 병에 걸리기 바로 전날 부인과 함께 저녁 식사를 나누셨습니다. 이때 평소에 먹지 않던 음식에 약을 넣어서 페로라스께 드렸던 것 같습니다. 페로라스께서는 이것을 잡수시고 세상을 떠난 것이 분명합니다. 이 약은 아라비아에서 미약(love potion)이라는 명칭으로 한 여인이 가지고 들어온 것이지만 명칭만 미약일 뿐 실제는 페로라스를 독살시키려고 준비한 독약이었습니다. 원래 아라비아 여인들은 이런 독약을 만드는 데 비상한 재주를 가지고 있습니다. 이 독약을 만든 여인은 스스로 실레우스 부인의 친한 친구라고 했다고 합니다. 페로라스의 장모와 처제가 이 여인이 거주하는 곳에 가서 독약을 팔라고 설득하여 독약을 산 후, 페로라스께서 부인과 식사를 하기 전날 그것을 가지고 돌아왔습니다." 헤롯왕은 이에 몹시 격분하여 그 여인들의 몇몇 신하들과 종들을 붙잡아다가 고문을 가하기 시작했다. 그러나 아무도 입을 열려고 하지 않았기 때문에 어떤 사실도 밝혀낼 수가 없었다. 그러던 중 한 여인이 극심한 고문을 견디다 못해 이런 모든 불행의 원인인 안티파테르의 모친에게도 자기와 똑같은 고통이 임하게 해달라고 하나님께 기도하듯 중얼거리는 것을 헤롯은

놓치지 않았다. 헤롯은 그 여인을 통해 무엇인가를 알아낼 수 있을 것이라 생각하고 더욱 심한 고문을 가했다. 이렇게 해서 헤롯은 모든 사실을 알게 되었다. 그들이 비밀리에 모인 것은 물론 모여서 희희낙락했다는 것도 알게 되었다. 게다가 자기가 아들에게만 비밀로 말한 것을 모두 페로라스 측근의 여인들에[3] 누설했다는 사실도 알 수 있었다(헤롯이 안티파테르에게 아무에게도 알리지 말라고 한 것은 안티파테르에게 100달란트를 선물로 준 사실과 페로라스와는 상종도 하지 말라고 한 명령이었다). 또한 안티파테르가 헤롯을 미워했다는 사실과 자기 모친에게 헤롯이 너무 오래 살아 자기가 왕위에 오를 때면 너무 늙어 별 재미도 못 보겠다고 투덜거린 사실도 알 수가 있었다. 게다가 형제들은 물론 조카들까지 합치면 숫자가 너무 많아 자기가 왕위에 오를 가능성조차 희박한 것이 아닌가 생각하여 안티파테르가 늘 불안해했다는 것이었다. 만일 자기가 일찍 죽으면 헤롯왕이 왕위를 자기 아들이 아니라 형제들에게 줄 것이 분명하다면서 늘 조바심을 했다는 사실도 알 수 있었다. 게다가 안티파테르는 부친이 친아들까지 살해할 정도로 야만스럽다는 점을 공공연히 비난했으며 자기를 로마로 보내고 페로라스를 그의 분봉국에서 나오지 못하도록 쫓아 보낸 것은 자기에게 같은 꼴을 당하지 않을까 두려워했기 때문이라고 떠들고 다녔다는 사실도 밝히 드러나게 되었다.[4]

2. 이들의 실토는 헤롯의 누이동생인 살로메의 말과 일치했으며 살로메의 비난의 신빙성을 크게 더해 주었다. 이에 헤롯은 살로메에 대한 의심의 눈초리를 버릴 수 있었다. 헤롯은 안티파테르와 그의 모친 도리스(Doris)가 자신을 미워한 것에 격분하여 여러 달란트의 값어치가 있는 귀한 장식품들을 모두 빼앗

---

[3] 페로라스 측근의 여인들이란 페로라스의 아내와 장모와 처제를 말한다.
[4] 나는 이 모든 역사를 종합해 볼 때 페로라스는 흔히들 생각하듯이 독살당한 것은 아니라고 생각한다. 왜냐하면 안티파테르가 헤롯을 독살하도록 페로라스를 설득했는데(5장 1절), 페로라스 자신이 독살을 당했다면 어딘가 앞뒤가 맞지 않기 때문이다. 더구나 앞으로 전개될 상황에서 페로라스를 독살하여 얻을 수 있는 어떤 이점도 없었다. 페로라스의 아내가 미약 혹은 독약을 소지하고 있는 것을 알았던 페로라스의 두 신하가 혹시 그 독약이 페로라스를 독살하는 데 사용되지 않았을까 하고 추측한 데 불과한 것이었다. 앞으로 헤롯의 심문 과정에서 드러나게 되겠지만, 그 독약은 헤롯을 독살할 용도로 페로라스에게 전달된 것이었다.

고 페로라스의 측근 여인들이나 사귀라고 멀리 쫓아냈다. 헤롯은 안티파테르의 청지기인 안티파테르(Antipater)가 고문을 견디다 못해 실토한 이야기를 듣고 아들을 몹시 미워하게 되었다. 그가 실토한 내용은 이와 같았다. "안티파테르는 자기가 국내에 있지 않을 때 헤롯왕을 독살하는 것이 유리하다고 생각하여 독약을 준비해서 페로라스에게 주었습니다. 그렇게 멀리 떨어져 있으니 자신을 의심할 사람은 아무도 없을 것이라는 생각이었습니다. 안티파테르는 친구인 안티필루스(Antiphilus)를 시켜 이 독약을 애굽에서 가져왔습니다. 이 독약은 안티파테르의 외삼촌인 테우디온(Theudion)을 통해 페로라스에게 전해졌으며, 페로라스는 잘 간수하라고 이 독약을 아내에게 주었습니다." 이에 헤롯왕은 페로라스의 아내에게 사실대로 실토하라고 다그쳤다. 페로라스의 아내는 사실대로 고백한 후 독약을 가져오겠다고 가서는 지붕에서 뛰어내려 투신자살을 기도했다. 그러나 발이 먼저 땅에 떨어지는 바람에 자살은 실패로 돌아갔다. 헤롯은 이를 측은히 여기고 하나도 숨김없이 모든 비밀을 자백하면 그녀는 물론 식구까지도 용서해 주겠다고 약속했다. 그러나 털끝만큼이라도 숨기는 것이 있을 때는 가만히 내버려두지 않겠다고 위협했다. 이에 페로라스의 아내는 모든 것을 숨김없이 자백하겠다고 맹세한 후 이같이 입을 열었다. "이 독약은 안티필루스가 애굽에서 가져온 것입니다. 그의 형제가 의사였기에 쉽게 구할 수 있었나 봅니다. 이 약은 다시 테우디온(Theudion)을 통해서 남편에게 전해졌고 남편은 그것을 잘 보관하라고 했습니다. 그래서 지금까지 보관하고 있었습니다. 내가 알기로 이 독약은 왕을 독살하기 위한 것이었습니다. 따라서 남편은 병이 들었을 때 왕께서 문병을 오셔서 극진히 보살펴 주시자 양심의 가책을 받고 괴로워했었습니다. 그러더니 저를 불러 이렇게 말했습니다. '안티파테르가 나를 함정에 빠뜨려 나의 형님이신 헤롯을 독살하도록 했소. (그러나 내 형님은 전처럼 나를 부드럽게 대해 주었소. 아무래도 나는 오래 살 것 같지 않소. 게다가 형님을 살해하여 조상들의 얼굴에 먹칠을 하고 싶지는 않소). 그러니 가서 독약을 가져다가 내가 보는 앞에서 태우시오.' 그래서 저는 시키는 대로 했습니다. 저는 독약의 대부분은 태우고 약간은 남겨 놓았습니다. 남편이 죽은 후 왕께서 저를 학대하시면 독약을 먹고 고통에서 벗어나려 했기 때문입니다." 페로라스의 아내는 이같이 말한 후 상자에서 독약을 꺼내 자리를 같이한 모든 사람에게 보여주었다. 이에 헤롯은 다시 안티필루스의 또 다른 형제와 모친을 끌어다가 극심한 고문을 가하면서 사실대로 실토하라고 다그쳤다. 그들은 극심한 고통을 참다못해 사실이라고 실토했으며 독약 상자를 보고 (애굽에서 가져온 상자임이 틀림없다고) 인정하였다. 그런데 여기서 헤롯왕의 아내인 대제사장의 딸이 이 사실을 알고도 묵인해 주었다는 사실이 드러나게 되었다. 이에 헤롯은 그녀와 이혼하고 그녀의 아들을 후계자의 명단에서 지워 버렸다. 또한 헤롯은 그녀의 부친, 그러니까 장인인 보에투스(Boethus)의 아들 시몬(Simon)을 대제사장직에서 쫓아내고 예루살렘 출신인 테오필루스(Theophilus)의 아들 마티아스(Matthias)를 그 대신 대제사장직에 임명하였다.

3. 상황이 이렇게 돌아가고 있을 때 안티파테르의 신하(freedman)인 바틸루스(Bathyllus)가 로마에서 돌아왔다. 헤롯은 바틸루스도 붙잡아다가 고문을 가했다. 그 결과 그도 안티파테르의 모친과 페로라스에게 전해 줄 독약을 소지하고 있음이 발각되었다. 먼젓번 독약이 효력이 없을 것을 대비하여 다시 보내는 독약이라고 했다. 이 독약 외에도 바틸루스의 몸에서는 헤롯의 친구들이 헤롯에게 보내는 편지가 나왔는데 그 내용은 안티파테르의 부추김과 사주를 받은 친구들이 아켈라오(Archelaus)와 빌립(Philip)을 처형해야 한다고 하는 것이었다. 즉 아켈라오와 빌립은 알렉산드로스와 아리스토불루스의 죽음을 동정하면서 그들을 처형시킨 것은 헤롯의 잘못이라고 비난하고 있다는 것이었다. 게다가 그들은 고국으로 돌아가면(이미 헤롯은 유대로 돌아오도록 명령했었다) 자기들도 마찬가지로 처형을 당할 것이라고 공공연히 떠들고 다닌다는 것이었다. 이 편지는 안티파테르의 친구들이 헤롯의 친구들에게 거액의 뇌물을 주고 부탁해서 쓴 편지였다. 한편 안티파테르는 다음과 같은 편지를 손수 부친에게 써서 보냈다. "아켈라오와 빌립이 저지른 잘못은 한두 가지가 아니나 저는 동생들을 용서하기로 했습니다. 동생들은 아직 어리기 때문에 충분히 그럴 수도 있다고 생각합니다. 저는 실레우스를 고소하랴 실력자들의 호감을 사랴 눈코 뜰 새 없이 바쁘기만 합니다. 저는 실력자들의 환심을 사기 위해 200달란트나 되는 값진

장식품들을 사서 그들에게 선물했습니다." 독자들 중에 어떤 이는 유대에서는 이미 7개월 전부터 안티파테르에 관한 모든 사실이 밝혀져 비난이 말도 못 하게 들끓고 있었는데 어떻게 안티파테르가 아직도 눈치를 못 챘을까 의아하게 여기는 이도 있을 것이다. 그러나 그것은 모든 도로가 감시되고 있었으며 사람들이 안티파테르를 미워한 결과 누구 하나 목숨을 걸고 이 사실을 그에게 알려주려는 사람이 없었기 때문이었다.

제5장

안티파테르가 배를 타고 로마에서 귀국하자 다메섹의 니콜라우스의 고소로 부친인 헤롯왕과 그 당시 수리아 총독이었던 퀸틸리우스 바루스에 의해 사형 선고를 받고 카이사르가 이 사실을 알기까지 감금되어 있었던 경위

1. 헤롯은 모든 용건을 다 마쳤으므로 언제 귀국할지 모른다는 안티파테르의 편지를 받고 분노의 감정을 억누르고 아래와 같은 답신을 보냈다. "네가 없는 동안 유대에서는 아무 문제도 없었으니 안심하고 귀국을 서두르도록 해라. 네 모친에 대해 내가 몇 가지 불만을 가지고 있으나 네가 돌아오면 모든 것을 불문에 부치도록 하겠다." 헤롯은 이 밖에도 편지에서 안티파테르를 극진히 사랑한다는 점을 분명히 했다. 이는 혹시라도 안티파테르가 의심을 품고 귀국을 연기하지 않을까 염려했기 때문이었다. 게다가 로마에 거하면서 자신에게 해를 끼치는 행동을 하지나 않을까 걱정되어 빨리 귀국시키고 싶었기 때문이었다. 안티파테르는 헤롯의 답신을 길리기아(Cilicia)에서 받아 보았다. 그러나

안티파테르는 이미 그전에 페로라스의 죽음에 대한 소식을 듣고 있었다. 안티파테르는 페로라스의 죽음에 대한 소식을 듣고 큰 충격을 받았다. 이는 페로라스에 대한 남다른 애정 때문이 아니라 헤롯을 살해하겠다고 약속해 놓고 그것을 성취하지 못한 채 세상을 떠난 것이 애석했기 때문이었다. 안티파테르는 길리기아의 켈렌드리스(Celendris)에 있으면서 모친이 추방되었다는 소식에 크게 걱정하였다. 안티파테르는 이에 귀국길에 올라야 하는 문제로 고심하기 시작했다. 몇몇 친구들은 소식을 좀 더 기다려 보고 떠나는 것도 늦지 않으니 어디 가서 좀 지체하다가 귀국하는 것이 좋겠다고 조언하였다. 그러나 다른 친구들은 지체하지 말고 즉시 귀국하는 것이 좋겠다고 하였다. 이왕 그곳까지 왔으니 즉시 귀국하여 모든 비난자들의 입을 막아 버리자는 것이었다. 지체하는 것만큼 현 상황에서 적에게 유리한 것은 없다는 것이었다. 안티파테르는 즉시 귀국하자는 친구들의 말을 따르기로 결정하고 항해를 계속하여 헤롯이 카이사르를 기념하기 위해 막대한 비용을 들여 건설한 세바스투스(Sebastus) 항구에 닻을 내렸다. 안티파테르 일행이 길을 갈 때 환호와 갈채를 보내는 사람은커녕 가까이 접근하거나 인사하는 사람조차 없었다. 사람들은 형제들을 살해한 안티파테르가 마땅한 형벌을 받기 위해 돌아오는 것으로 생각하고 있었기에 마음 놓고 그에게 저주의 눈초리를 던졌던 것이다. 이에 안티파테르는 그야말로 비참한 운명에 처하게 되었다.

2. 이때 사투르니누스(Saturninus)의 뒤를 이어 수리아의 총독으로 임명된 퀸틸리우스 바루스(Quintilius Varus)가 헤롯의 요청으로 예루살렘에 와 있었다. 헤롯이 당면한 문제를 해결하기 위한 재판관으로 그를 초청한 것이었다. 이들이 함께 있을 때 안티파테르는 아무것도 모르고 왕궁으로 들어왔다. 물론 아무런 낌새도 못 알아차렸기에 자주색 옷을 입은 채로 왕궁에 들어왔다. 왕궁에 들어가자 문지기가 안티파테르만 들여보내고 친구들은 들어가지 못하게 가로막았다. 이에 안티파테르는 크게 당황하였으며 그제야 자기가 처한 상황을 감지하게 되었다. 안티파테르가 헤롯에게 문안 인사를 드리자 헤롯은 인사도 받지 않고 이렇게 소리쳤다. "동생들을 살해하고 나까지 살해하려는 음모를 꾸

민 살인자야! 바루스 각하께서 내일 너를 재판하실 것이니라." 이에 안티파테르는 모든 사실이 발각되었음을 알게 되었고 그로 인해 큰 충격을 받아 허둥지둥 왕궁을 뛰어나왔다. 안티파테르는 모친과 아내(그의 아내는 헤롯 이전의 유대의 왕이었던 안티고누스[Antigonus]왕의 딸이었다)를 만나 그들에게서 자초지종을 다 듣고 재판받을 준비를 서둘렀다.

3. 그다음 날 바루스와 헤롯왕은 재판관석에 앉고, 그들의 친구들과 헤롯왕의 친척과 살로메와 이 문제에 관련되어 고문을 받았거나 사실을 입증할 수 있는 자들은 모두 소환되어 재판정을 메웠다. 이들 외에도 안티파테르가 도착하기 직전 아래와 같은 안티파테르의 서신을 소지한 채 체포된 안티파테르의 모친의 종들도 끌려왔다. "헤롯이 모든 사실을 알게 된 이상 돌아갈 수 없을 것 같습니다. 어머님이나 저나 아버님의 손에서 구출될 수 있는 유일의 소망은 카이사르뿐입니다." 이에 안티파테르는 부친의 발 앞에 엎드려 "제 말을 들어 보시지도 않고 판결을 내리지는 말아 주십시오. 편견을 가지지 마시고 제 말을 먼저 들어 주십시오."라고 간청했다. 그러자 헤롯은 안티파테르를 가운데 세우라고 명령한 후 자식들에게서 배척을 받는 자신의 처지를 한탄하며 눈물을 흘렸다. "내 이미 나이 들어 늙었지만 안티파테르마저 나를 해하려 들다니 이 무슨 청천벽력이란 말인가! 내가 자식들을 어떻게 양육했으며 어떻게 교육했는가! 달라고 하면 무엇이나 철 따라 주었는데 왕위를 탐하여 내 생명까지 없애려고 음모를 꾸미다니 세상천지에 이런 일이 어디 있단 말인가. 내 소원으로 보나, 순리(順理)로 보나 왕위는 자연히 자기들에게 돌아가도록 되어 있음에도 불구하고 부친이 천수(天壽)를 마치기도 전에 목숨을 빼앗으려 들다니 이보다 더 극악무도한 일이 어디 있단 말인가. 도대체 너 안티파테르는 무엇을 바라고 그런 못된 계획을 세웠느냐? 내가 이미 유언장에 너를 후계자로 지명하지 않았더냐? 게다가 지금도 너는 모든 면에서 나보다 못한 점이 없지 않으냐? 위엄의 면에 있어서나 권력이나 권위의 면에 있어서 나와 동등한 대우를 받고 있지 않으냐? 1년 수입이 50달란트나 되고 로마 여행비로 30달란트나 주지 않았느냐? 안티파테르, 동생들을 맹렬히 비난하더니 넌 어찌 된 일이냐? 만약

동생들에게 죄가 있었다고 치자. 그렇다면 너는 무슨 일로 그들이 저지른 죄를 그대로 반복하고 있단 말이냐? 그러나 만약 그들에게 죄가 없었다면 너는 나로 하여금 무고한 자식들에게 누명을 씌워 죽게 만든 무서운 죄를 범한 것이 된다. 내가 알렉산드로스와 아리스토불루스에 대한 비난을 들은 것은 다른 사람이 아닌 바로 너를 통해서이고 그들을 처형하도록 만든 것도 바로 네가 아니었느냐? 그런데 이제 와서 네가 바로 그런 존속 살인 음모를 꾸밈으로 그들이 무죄하였음을 보이다니 그러면 나는 이제 어쩌란 말이냐?"

4. 헤롯은 이같이 말한 후 더 이상 말을 잇지 못하고 눈물을 흘렸다. 이에 헤롯의 요청으로, 헤롯의 친구로서 항상 가까이 지냈기 때문에 모든 사실을 알고 있는 다메섹의 니콜라우스(Nicolaus of Damascus)가 나머지 이야기를 했으며 사실 설명은 물론 증거물까지 제시하였다. 그러자 안티파테르는 부친인 헤롯을 향해 몸을 돌리고 자기변호를 시작했다. 그는 자신이 부친에게 보인 충성과 호의를 일일이 열거하면서 이같이 말했다. "저는 앞날을 내다보는 선견지명을 가지고 아버님께 최선의 충고를 아끼지 않았으며 미래를 위해 최선의 준비를 다 했습니다. 내 손으로 직접 처리해야 할 문제가 있을 때는 어떤 고통이나 괴로움도 사양하지 않았습니다. 아버님을 해치려는 음모를 그렇게 많이 적발하여 아버님의 생명을 구원한 제가 아버님의 생명을 해할 음모를 꾸미다니 이게 어디 될 법한 말입니까? 그동안 어떻게 쌓아 올린 명성인데 그런 음모를 꾸며 하루아침에 명성을 날려 버리려고 하겠습니까? 이미 아버님의 후계자로 정해졌고 지금도 아버님과 동일한 왕의 권리를 누리고 있는 제가 무엇 때문에 그런 일을 꾸미겠습니까? 아무런 위험도 없고 평판도 좋을 뿐만 아니라 권위의 반을 가지고 있는 자가 위험한 불명예를 무릅쓰고 전체를 얻으려고 한다니 그게 어디 있을 법한 일입니까? 그것도 전체를 얻을 수 있을지 없을지 모르는 판국에 말입니다. 게다가 저는 아무도 모를 동생들의 음모를 적발하여 아버님께 알린 사람으로서 그들의 비참한 종말을 잘 알고 있는 사람이 아닙니까? 또한 동생들의 음모가 백일하에 입증되었을 때 그들을 처형할 것을 강력히 주장했던 제가 그런 음모의 결과가 무엇인지를 잘 알면서도 그런 일을 저지를 수 있다고

보십니까? 저의 가문의 그치지 않는 불화는 제가 아버님을 얼마나 사랑하는가를 보여주는 단적인 증거입니다. 제가 로마에서 한 일이 모두 아버님을 위한 일이었음에 대해 카이사르께서 증인이 되어 주실 것입니다. 그 누구도 하나님을 속일 수 없는 것처럼 카이사르도 속일 수 없지 않습니까? 여기 카이사르께서 보내신 서신을 보면 그것이 사실임을 분명히 아실 수 있을 것입니다. 이 서신을 읽어 보지도 않고 오히려 중상모략에만 귀를 기울이시는 것은 합당치 않다고 생각합니다. 저에 대한 대부분의 중상모략은 제가 이곳에 없을 때 만들어진 것입니다. 적들은 제가 없을 때를 이용해서 그런 중상모략을 만들어 낸 것입니다. 제가 이곳에 계속 있었다면 감히 그런 일은 생각지도 못했을 것입니다. 게다가 제가 음모를 꾸몄다는 증거들은 모두 고문의 결과로 얻어진 것입니다. 고문을 참다못해 밝힌 증거들은 대부분 거짓입니다. 왜냐하면 극심한 고문을 당하면 누구나 고문을 이기지 못해 이것저것 말을 많이 하기 때문입니다. 저도 고문을 당해 봐서 잘 압니다."

5. 안티파테르의 말에 그곳에 참석한 자들의 심경에 큰 변화가 일어났다. 안티파테르가 적절하게 슬픈 표정을 지어 가며 눈물을 흘리자 대부분의 사람들이 안티파테르를 동정하기 시작했다. 심지어는 그의 적들조차도 마음에 동요를 일으킬 정도였다. 헤롯은 그런 표정을 나타내지 않으려고 꽤 애를 썼으나 헤롯 자신도 마음에 동요가 일어나기 시작했다. 그러자 니콜라우스가 분을 참지 못하고 고문을 통해 얻은 자백과 증인들의 증거를 토대로 다시 안티파테르를 비난하기 시작했다. 그는 먼저 헤롯왕의 덕에 대해 칭찬을 늘어놓았다. "왕께서 자식들을 어떻게 양육하시고 어떻게 교육하셨습니까? 그럼에도 불구하고 왕께서는 그 덕을 보기는커녕 오히려 불행에 불행을 거듭 겪고 계십니다. 저는 알렉산드로스와 아리스토불루스의 경솔한 행위에 대해서는 그 당시 나이도 젊었고 사악한 모사꾼들의 간계에 홀려 저지른 행동이기에 그렇게 크게 놀라지 않았습니다. 악한 모사꾼들이 그들의 마음에서 선을 몰아내고 지나친 정권욕을 심어 주어 일어난 행동이기 때문입니다. 그러나 저는 이 안티파테르의 극악무도한 악행에는 한마디로 경악을 금할 수가 없었습니다. 그는 부친인 헤

롯왕께 온갖 은혜를 입었음에도 불구하고 독사보다도 자신을 길들이지 못한 자입니다. 독사는 때로 독을 누그러뜨리기도 하고 은인은 결코 물려고 하지 않지만 안티파테르는 동생들의 비참한 운명을 보고도 깨닫지 못하고 오히려 그런 악행을 본받았기 때문입니다. 오, 안티파테르여! (그대의 고백대로) 동생들의 음모를 찾아내고 고발하여 결국은 처형을 받게 한 장본인이여! 그대가 동생들을 너무 미워했다는 이유로 그대를 고소하는 것은 아니오. 동생들의 파렴치한 죄악을 본받은 이유로 그대를 고소하는 것이오. 우리는 이를 통해서 그대의 목적은 부친의 안전을 도모하려는 데 있는 것이 아님을 알았소. 그대의 목적은 동생을 제거하는 동시에 부친의 신임을 얻어 죄를 저지르고도 처벌을 받지 않을 만큼의 권력을 획득하는 데 있었소. 그대의 행동이 이것을 분명하게 보여주고 있소. 그대가 동생들의 유죄를 입증했기 때문에 그들이 처형당한 것은 사실이오. 그러나 그대는 그들과 공모한 자는 밝히지 않았소. 이 점이 그대도 동생들과 함께 부친을 해하려고 계약을 맺었다는 사실을 여실히 보여주고 있소. 그대는 이 계약을 깨고 오히려 동생들을 고소함으로써 부친 살해 음모 계획을 혼자만의 비밀로 간직하는 한편 이중의 기쁨을 누리려고 했던 것이오. 그야말로 그대의 교활하고 사악한 성품과 너무도 잘 어울리는 계획이 아닐 수 없소. 그대는 동생들을 제거하는 동시에 비밀까지 지킬 수 있는 멋진 연극을 만들어 내고 매우 기뻤을 것이오. 그러나 만일 그대의 의도가 이와는 달랐다고 하더라도 그대가 동생들보다 나쁘다는 것은 사실이오. 그대는 부친을 살해하려는 음모를 품었다는 사실을 감추고 동생들을 공격했음이 분명하오. 부친을 살해할 음모를 품은 자로서가 아니라 왕위 계승자로서, 아니 왕위 계승의 적격자로서 동생들을 공격했을 것이 분명하오. 그들이 만일 부친을 살해하려는 음모를 품었다면 그대는 같은 죄를 공격하지는 않았을 것이기 때문이오. 아마 그대는 동생들에 관한 거짓말이 탄로 나지 않게 하기 위해서 동생들 다음에 부친을 살해하려고 했을 것이오. 그대는 마땅히 받아야 할 형벌을 받지 않으려고 세상에 다시없는 파렴치한 죄인 존속 살인 음모를 꾸몄던 것이오. 그대는 아들로서 부친을 살해하려고 했소. 그것도 부친이 그대를 끔찍이 사랑하고 은혜를 베풀고 있는데 그를 살해하려고 했던 것이오. 부친께서는 그대에게 실제로 왕국의 공동 통치자와 다름없는 권한을 부여해 주셨고 그대를 후계자로 공포하시지 않았소? 그대는 이미 모든 권력의 맛을 본 데다가 후계자로서 부친의 심중에 확고한 위치를 차지하고 있었고 유언서에도 그렇게 공적으로 기록되었는데 무엇이 부족하여 부친을 살해하려고 한 것이오? 그대는 부친의 입장에서 이런 것들을 바라보지 않고 오직 자신의 입장에서만 바라본 것이 분명하오. 그랬기에 그대는 나머지 것도 관대한 아버지에게서 빼앗고 싶었던 것이고 말로서는 부친의 안전을 위하는 척하면서 행동으로는 부친을 살해하려고 했던 것이 아니오? 그대는 혼자 악한 것만으로도 만족하지 못하고 모친의 머릿속을 그대의 더러운 음모로 가득 채워 넣었고 형제들의 가슴 속을 온통 악으로 뒤흔들어 놓았소. 그대는 어찌 부친을 맹수라고까지 부를 수가 있소? 그대는 아마 어떤 뱀보다 무서운 독을 마음에 간직한 것 같소. 그대는 그 독을 가까운 친척과 은인들에게 주입하여 그대를 돕고 보호하도록 하는 한편 부친 헤롯을 미워하게 하고 늙은 부친으로 하여금 악의에 가득 찬 자들 속에 홀로 외롭게 갇히게 했소. 그대의 가슴은 부친을 혼자 미워하는 것만으로는 아무래도 만족을 느끼지 못하는 것 같소. 그대 문제로 고문을 당한 이들의 자백과 그대와 공모한 이들의 증언을 종합해 볼 때 그대는 진리를 거스르길 좋아하는 인물임이 틀림없소. 게다가 항상 부친을 없앨 생각에 사로잡혀 있으며 마음에 들지 않는 법은 폐지하려 하고 바루스(Varus) 각하의 덕과 정의의 본질에 어긋나는 일을 좋아하는 인물임이 분명하오. 사람들이 고문에 견디다 못해 거짓을 실토했다고 주장하는 근거는 도대체 무엇이오? 부친을 그대의 음모에서 건진 자들이 거짓을 말하지 않았음을 그대도 고문을 당해 봐야 알겠소? 그대는 무엇을 믿고 스스로 고문당하기를 자처하오? 오, 바루스 각하여! 각하께서는 어찌하여 이 못된 자식의 음모에서 헤롯왕을 구해 내지 않으십니까? 동생을 없애기 위해 거짓으로 부친에게 친절을 보인 이 사악한 야수를 각하께서는 그대로 두고 보실 작정입니까? 실제로는 그 누구보다도 헤롯을 미워하고 죽이고 싶어 하면서도 겉으로 아부를 하는 이 더러운 인간을 왜 이 자리에서 박살 내지 않으십니까? 각하께서는 존속(부친) 살인죄가 자연과 생명을 위협하는 무서운 범죄임을 그 누구보다도 잘 알고 계시지 않습니까? 존속 살인 의도를 가진 것은 존속 살인을 한 것이나 마찬가지이기 때문입니다. 게다가 이런 죄를 범한 자를 처벌하지 않는 것은 자연 자체를 위협하는 것입니다."

6. 니콜라우스는 이 외에도 안티파테르의 모친이 뭇 여성들처럼 쓸데없이 떠들고 다닌 이야기를 비롯해서 그녀에 관한 이야기를 늘어놓았다. 그는 또한 헤롯왕에 관련된 예언들과 제사들에 관해 이야기했을 뿐 아니라 안티파테르가 페로라스 측근의 여인들과 음탕한 관계를 가진 이야기도 늘어놓았다. 그 외에 니콜라우스는 고문을 통해 얻은 심문 자료들과 증인들의 수많은 각종 증언을 제시했다. 미리 준비한 증언들이 있었는가 하면 그 자리에서 즉흥적으로 한 답변 가운데 사실을 확증하는 데 도움을 준 증언들도 있었다. 안티파테르의 행동을 알고 있었으나 두려워서 아무 말 않고 있었던 자들이 안티파테르의 운명이 기울어지는 것을 보고 그 자리에서 아는 바를 모두 털어놓았다. 이에 안티파테르의 몰락은 그야말로 시간문제가 되었다. 그의 적들의 적대감이 너무도 강했기 때문이 아니라 부친과 동생들에 대한 그의 파렴치하고 무서운 악의와 음모가 결국은 그의 몰락을 재촉한 것이었다. 집안을 온통 불화 덩어리로 만들고 서로 죽고 죽이는 무서운 살인극을 연출했으며 정당한 근거 없이 미워하고 친구에게조차 참된 친절을 보이지 않더니 결국은 자기가 만든 비극의 함정에 자기 차례가 되어 빠진 것이었다. 한편 모든 것을 감정에 얽매이지 않고 객관적 입장에서 덕이라는 기준에 비추어 평가하는 자들 가운데는 이 모든 사실을 오래전부터 알고 있으면서도 공식적으로 드러내 놓고 이야기하기를 꺼린 이들이 많이 있었다. 이들에게 마음대로 이야기할 수 있는 기회가 주어지자 그들은 알고 있는 바를 모두 털어놓았다. 이들의 증언은 결코 신빙성이 없는 거짓일 수가 없었다. 왜냐하면 헤롯의 환심을 사기 위해서 한 증언도 아니었으며 위험 앞에서 몸을 사리기 위한 증언도 아니었기 때문이다. 그들은 안티파테르의 행동이 사악하기에 벌을 받아 마땅하다고 생각하고 알고 있는 바를 솔직히 말한 것이었다. 즉 헤롯의 안전을 위해서라기보다는 안티파테르의 사악한 행위에 응분의 처벌이 뒤따라야 한다고 생각해서 솔직히 털어놓은 것이었다. 이 밖에도 꼭 이야기해야 할 의무가 없었던 자들도 앞을 다투어 많은 이야기를 쏟

아 놓았다. 이에 교활한 거짓말로 능수능란하게 위기를 넘기는 솜씨가 있었던 뻔뻔스러운 안티파테르조차도 자기를 변호하기 위해서 단 한마디도 꺼내지 못할 정도였다. 니콜라우스가 말을 마치고 증거물을 제시하자 바루스는 사실과 다른 것이 있으면 자기변호를 시작하라고 안티파테르에게 지시하였다. 바루스는 자신도 그렇게 바라고 있었을 뿐 아니라 헤롯왕도 그가 완전 무죄이기를 은근히 바라고 있다는 사실을 너무나도 잘 알고 있었기 때문이었다. 그러나 안티파테르는 얼굴을 푹 숙이고 "내가 결백하다는 사실은 오직 하나님만이 아십니다. 하나님이시여, 제가 부친을 살해하려는 음모를 꾸민 적이 없음을 분명한 증거로 보여주십시오."라고만 했다. 이는 죄를 지은 사람들이 항상 사용하는 말이었다. 즉 자기 멋대로 악한 일을 시작할 때는 하나님은 인간사와는 무관하신 분처럼 여기다가 죄가 들통나 처벌을 받게 될 것 같으면 하나님만이 자기 결백을 아신다고 하나님께 호소함으로써 불리한 증거를 벗어 보려고 하는 것이 죄인들의 공통적인 현상이 아닌가! 안티파테르의 지금 이 행동이 바로 그런 현상이었다. 지금까지는 하나님이 계시지 않는 것처럼 모든 일을 제멋대로 처리해 오다가 법적으로는 불리한 증거를 뒤엎을 가능성이 전혀 없자 뻔뻔스럽게도 하나님의 엄위를 악용하여 마치 자기가 목숨을 부지한 것이 하나님의 능력 때문인 양 행세하며 오직 부친의 안전을 위해서만 일생을 살아온 사람인 양 처신하는 안티파테르의 모습이 그런 현상이 아니고 무엇인가!

7. 바루스는 안티파테르에게 자기변호의 기회를 주었으나 하나님만 자기 결백을 아신다고 주장할 뿐 아무런 대답을 하지 않자, 그러다가는 끝이 없을 것 같아 독약이 아니기를 바라는 한 가닥 희망을 걸고 독약을 법정으로 내오라고 지시했다. 독약이 나오자 바루스는 이미 사형 선고를 받은 사람에게 독약을 마시도록 명령했다. 이에 그가 독약을 마시자 그 자리에서 쓰러져 즉사하고 말았다. 그러자 바루스는 자리에서 일어나 법정을 나갔고, 그다음 날로 그의 주거지인 안디옥으로 돌아갔다. 안디옥은 수리아의 왕궁이 있는 곳이었다. 이에 헤롯은 안티파테르를 결박하여 가두었다. 바루스가 헤롯에게 무엇이라고 했는지는 일반에게 알려지지 않았지만 일반적으로 헤롯이 안티파테르를 어떻게 처

리하든지 그대로 인정하겠다고 한 것으로 추측되고 있다. 헤롯은 안티파테르를 결박하여 가둔 후에 카이사르에게 직접 서신을 띄웠을 뿐 아니라 사신을 보내 안티파테르의 범죄 행위의 실상을 낱낱이 보고하도록 했다. 이때 애굽으로부터 안티파테르에게 보내진 안티필루스(Antiphilus)의 서신이 헤롯왕의 손에 들어오게 되었다. 헤롯이 이 편지를 뜯어보니 아래와 같은 내용이 적혀 있었다. "내가 그대에게 아크메(Acme)의 편지를 보낸 일로 내 생명이 위태롭네. 그대도 알다시피 발각이 되는 날이면 나는 두 가문으로부터 공격을 받을 것이 아닌가? 어쨌든 그대가 하는 일이 성공되길 비네." 헤롯은 이 편지를 읽은 후 또 다른 편지가 있는 것이 아니냐고 추궁했다. 그러나 위의 편지를 소지하고 있던 안티필루스의 종은 다른 편지는 받은 적이 없다고 딱 잡아뗐다. 헤롯왕은 이에 의심을 품었다. 그때 헤롯의 한 친구가 그 종이 겉옷 안에 입은 옷의 솔기 부분이 두 겹으로 되어 있는 것을 보고 그 안에 편지가 감추어져 있을 것이라고 추측했다. 이에 살펴보니 그 안에 정말 편지가 들어 있었다. 그들은 편지를 꺼내 읽어 보았다. "아크메가 안티파테르께 문안을 드립니다. 저는 원하신 대로 헤롯왕에게 서한을 보냈습니다. 저는 또한 같은 내용의 편지를 살로메(Salome)가 쓴 것처럼 위조하여 황후 리비아(Livia, 율리아[Julia]와 동일 인물임-편집자 주)에게 보냈습니다. 읽어 보시면 아시겠지만 그것을 읽은 헤롯은 아마도 자기를 해하려는 음모를 가진 줄 알고 분명코 살로메를 처벌할 것입니다." 살로메가 보낸 것처럼 꾸민 위조 편지는 살로메의 이름으로 되어 있었으나 실상은 안티파테르가 작성한 것이었고 아크메가 그 내용을 그대로 베껴 헤롯에게 몰래 통고하는 형식을 취했었다. 아크메가 헤롯에게 보냈다는 편지의 내용은 이와 같았다. "아크메가 헤롯왕께 문안을 드립니다. 저는 왕을 해하려는 음모가 있을 때는 언제든지 숨기지 않고 왕께 알리려고 최선을 다해 왔었습니다. 저는 살로메가 왕을 해하려는 의도로 왕후께 보낸 편지를 발견하게 되었습니다. 자칫하면 저의 목숨이 위태롭게 될지도 모르나 왕에게 큰 유익이 될 것 같아 그 내용을 적어 보내니 잘 읽어 보시기 바랍니다. 살로메가 왕후께 편지를 보낸 이유는 실레우스와 결혼을 하고 싶은 마음이 있기 때문입니다. 잘못하면 제 생명이 위태롭게 될지도 모르니 이 편지를 읽고 난 후 찢어 버리시기 바랍니다." 아크메는 안티파테르의 요구에 따라 살로메가 헤롯을 해하려는 무서운 음모를 꾸민 것처럼 거짓 편지를 작성해서 헤롯에게 보냈다는 내용을 안티파테르에게 알리려고 했던 것이다. 아크메는 유대인 출생으로서 카이사르의 아내 율리아(Julia)의 종이었다. 아크메는 안티파테르가 거액의 돈을 주겠다는 제의에 눈이 멀어 안티파테르가 부친과 고모를 제거하려는 계획을 지원하기로 했었다.

8. 헤롯은 안티파테르의 사악함이 극에 달한 것에 경악을 금치 못하고 즉시 사형에 처하고 싶어 견딜 수 없었다. 자신과 여동생을 살해하려고 했을 뿐 아니라 그냥 두면 분란만 일으킬 존재라는 생각이 들었기 때문이었다. 뿐만 아니라 심지어는 카이사르의 집안까지 더럽히려고 했기 때문이었다. 살로메 또한 자신을 믿지 못할 것 같으면 차라리 죽여 달라고 가슴을 치며 야단법석을 떨었다. 이에 헤롯은 더욱 안티파테르에 대한 분노가 치밀어 올랐다. 헤롯은 다시 안티파테르를 불러 아크메와 관련된 이야기를 들려주고 할 말이 있으면 해보라고 했다. 그러자 안티파테르는 한마디도 말하지 않았다. 이에 헤롯은 아무리 돌아봐도 빠져나갈 구멍이 없으니 더 이상 숨기지 말고 솔직하게 누구와 공모를 했는지 밝히라고 다그쳤다. 그러자 안티파테르는 다른 이의 이름은 한 명도 밝히지 않고 모든 계획은 안티필루스와 둘이서만 짠 것이라고 했다. 헤롯은 이에 몹시 화가 나서 안티파테르를 로마의 카이사르에게 보내 그의 사악함이 극에 달한 것을 폭로하고 싶었다. 그러나 안티파테르가 로마에 가서 친구들의 도움을 받아 위험에서 빠져나가면 어떻게 할까 하는 걱정이 생기자 전처럼 결박하여 감금시켰다. 그리고는 사신들과 서한을 (로마로) 보내 안티파테르의 죄를 고소하고 아크메가 안티파테르와 공모했다는 이야기와 함께 그 증거로 둘이 서로 나눈 편지의 내용을 적어 보냈다.

제6장

헤롯이 병에 걸리게 되자
이를 안 유대인들이 반역을 일으켰으나 실패하고
처벌을 받게 된 경위

1. 이에 헤롯의 사신들은 서신을 갖고 서둘러 로마로 갔다. 그리고 로마에 도착하여 헤롯의 지시대로 모든 질문에 대답했다. 그러나 헤롯은 이때 중병에 걸려 막내아들 안티파스(Antipas)에게 왕국을 넘겨준다는 내용의 유언서를 작성하였다. 이는 안티파테르의 비난으로 인해 아켈라오(Archelaus)와 빌립(Philip)에 대해서도 미움이 생겼기 때문이었다. 헤롯은 또한 카이사르에게 1,000달란트, 카이사르의 아내 율리아와 카이사르의 자녀들과 친구들과 신하들에게 500달란트를 유증(遺贈)하였다. 헤롯은 또한 아들들과 손자들에게 돈과 세입과 소유지를 나누어 주었으며, 지금까지 나쁜 생각을 품지 않고 충실했던 살로메에게 큰 재산을 주어 부자로 만들어 주었다. 헤롯은 나이가 이미 70세가 다 되어 회복될 가능성이 보이지 않자 낙심하여 툭하면 화를 냈으며 점차 난폭해지기 시작했다. 헤롯은 자신을 경멸했으며 백성들조차 자신의 불행을 기뻐한다는 사실에 걷잡을 수 없는 슬픔에 빠지게 되었기 때문이었다. 게다가 천한 백성들이 그를 대항하여 반역까지 일으켰기 때문이었다. 반역이 일어난 경위는 아래와 같다.

2. 그 당시 유대 최고의 달변가이며 유대 율법의 최고 해석자인 사리페우스(Saripheus)의 아들 유다스(Judas)와 마르갈로투스(Margalothus)의 아들 마티아스(Matthias)라는 두 인물이 있었다. 그들은 젊은이들을 교육하는 선생이었기에 백성들의 사랑을 받았다. 이에 덕을 사랑하는 이들은 누구나 매일 이들의 강의를 들으러 올 정도였다. 이들은 헤롯의 병이 회복되기가 어렵다는 사실을 알고 젊은 청년들을 선동하기 시작했다. "헤롯이 세운 우리 조상 전래의 율법에 어

긋난 모든 건축물을 끌어내리도록 하시오. 그리하여 그러한 경건의 행위에 약속된 상을 얻도록 하십시오. 헤롯이 인류 역사상 찾아보기 힘든 재난과 불행을 경험하였고 지금도 병으로 고생하고 있는 것은 율법이 금하고 있는 것을 경솔하게 만들었기 때문이오. 우리가 비난하고 있는 것은 바로 그 점이오. 헤롯은 성전의 대문 위에 거대한 금독수리상을 만들고 그것을 성전에 바쳤소. 율법에서는 어떤 생물의 모양이라도 형상을 만드는 것을 금하고 있소.[5] 이 금독수리상은 끌어내려야 합니다. 비록 우리가 그로 인해 목숨을 잃는다고 하더라도 이런 경건의 행위는 우리에게 삶의 기쁨보다 훨씬 큰 유익을 안겨 줄 것입니다. 왜냐하면 조상 전래의 율법을 보존하고 지키려다 목숨을 잃는 것이기 때문입니다. 그렇게 되면 우리는 영원한 칭찬과 명성을 얻게 될 것입니다. 이 세대뿐 아니라 후손의 세대에까지 우리의 모습은 멋진 삶의 본보기로서 영원히 기억될 것입니다. 또한 인생이 한 번 죽는 것은 정한 이치가 아닙니까? 진정 덕을 사랑하는 사람은 찬사와 영예에 둘러싸인 죽음을 기다리며 그러한 죽음을 맞이하기 위해 애를 쓰는 것이 아닙니까? 용감한 자 앞에서는 죽음도 제 활개를 펴지 못하는 것입니다. 그리하여 그들은 죽음의 위험도 무서워하지 않고 죽음 속으로 달려드는 것입니다. 이런 자들은 자손들과 친척들에게 큰 유익이 될 명예를 남겨 주게 되는 것입니다."

3. 유다스와 마티아스는 이 같은 말로 청년들의 마음을 움직였다. 이때 헤롯왕이 죽었다는 소문이 들려왔다. 이 소문은 유다스와 마티아스의 설득에 마음이 움직였던 청년들에게 기폭제와 같은 것이었다. 이에 청년들은 한낮에 성전으로 달려가 금독수리상을 끌어내려 수많은 사람이 지켜보는 가운데 도끼로 박살을 내버렸다. 왕실 경호 대장은 이 소식을 듣고, 나타난 현상보다 더 심각한 문제가 있을 것으로 보고 소란을 중지시킬 수 있을 만큼의 병력을 동원하여 그곳으로 달려왔다. 그는 이들을 불시에 습격하였다. 흔히 숫자가 많으

---

[5] 경배할 의도 없이 형상을 만드는 것은 유대인에게 있어서 율법에 어긋나는 것은 아니었다. 이에 대해서는 『유대 고대사』(The Antiquities of the Jews) 8권 7장 5절의 주(註)를 보도록 하라.

면 그렇듯이, 청년들은 경계를 게을리하고 안일한 생각에서 무질서하게 금독수리상을 끌어내리다가 군대의 습격을 당하고 말았다. 이에 도망치지 않고 끝까지 남은 용감한 청년 40명과 이 일을 주도한 유다스와 마티아스가 체포되기에 이르렀다. 유다스와 마티아스는 도망치는 것이 불명예스럽다고 여겨 도망치지 않고 있었다. 이들은 모두 체포되어 헤롯왕에게로 끌려갔다. 헤롯왕은 이들이 끌려오자 "네놈들이 감히 내가 성전에 바친 금독수리상을 끌어내릴 정도로 용감한 자들이냐?"라고 물었다. 이에 그들은 이같이 대꾸했다. "그렇소. 우리가 그 일을 계획했고 우리가 그 일을 했소. 우리는 남자답게 용감하게 그 일을 해냈소. 우리는 율법에서 듣고 배운 대로 행한 것뿐이며 하나님의 엄위를 가리는 것을 제거한 것뿐이오. 하나님이 모세를 통해 우리에게 주신 율법을 존중했다고 해서 그렇게 놀랄 것까지는 없지 않소? 하나님이 주신 율법을 왕의 명령보다 먼저 지켜야 함은 두말할 필요도 없소. 따라서 우리는 왕이 어떠한 형벌을 가하든지 심지어는 죽음이라도 맞이할 준비가 되어 있소. 우리가 불의한 행동으로 인해 죽음을 당하는 것이 아니라 유대 종교에 대한 사랑 때문에 죽는 것임을 스스로 잘 알고 있기 때문이오." 실제로 이들의 용기는 그들의 말과 같았으며 처음 일을 시작할 때와 조금도 다른 것이 없었다. 헤롯왕은 이들을 결박하여 여리고(Jericho)로 보낸 후 유대 유력 인사들을 그곳에 소집했다. 헤롯은 그들을 경기장에 모이게 한 후에 일어설 수가 없어서 의자에 앉아 말했다. "내가 여러분 때문에 당한 수고를 생각해 보시오. 성전을 건축한 것을 한번 생각해 보시오. 얼마나 많은 경비가 들어간 줄 아시오? 125년간 통치한 아스모네우스(Asamoneus) 왕가도 하나님의 영광을 위해 그만한 건물을 짓지 못한 것은 여러분도 다 알고 있을 것이오. 내가 얼마나 많은 돈을 들여 성전을 장식했는지는 여러분이 더 잘 알 것이오. 이에 나는 죽은 후에도 영원히 기념될 것은 물론 영원한 명성을 얻게 될 것이라고 기대했었소. 그런데 이자들은 내가 죽기도 전에 나를 모욕하는 일을 서슴지 않았소. 그것도 대낮에 많은 이들이 보는 앞에서 내가 만들어 성전에 바친 것을 끌어내릴 정도로 나를 모욕했소. 그들은 나를 모욕하기 위해 그랬다고 자기들 입으로 말했소. 그러나 사물을 옳게 볼 줄 아는 자들은 그들이 하나님에 대한 신성 모독 죄를 지었음을 발견하게 될 것이오."

4. 그러자 그곳에 모인 유대 유력 인사들은 헤롯의 성품이 못된 것을 알고 무슨 화라도 입지 않을까 두려워하여 누구의 허락도 받지 않고 제멋대로 한 짓이니 처벌하는 것이 좋을 것 같다고 대답하였다. 그러나 헤롯은 젊은 청년들을 관대하게 대하였다. 그 대신 대제사장 마티아스(Matthias)에게 책임을 물어 대제사장직에서 해임하고 마티아스의 처남 요아사르(Joazar)를 대제사장으로 임명하였다. 그런데 여기서 한 가지 짚고 넘어갈 것이 있다. 이 마티아스가 대제사장으로 있던 때에 유대인들이 금식일로 지키는 단 하루 동안 대제사장 직을 맡은 사람이 하나 있었다. 그 내막은 이와 같다. 대제사장 마티아스는 금식일 전날 밤 꿈속에서[6] 아내와 동침을 했다. 따라서 그는 대제사장 직무를 수행할 수가 없었다. 이에 그의 친족인 엘레무스(Ellemus)의 아들 요셉(Joseph)이 대제사장 직무를 하루 동안 대신한 것이었다. 다시 원래의 이야기로 돌아가자. 헤롯은 대제사장 마티아스는 대제사장에서 해임한 반면에 실제 주동 인물인 다른 마티아스와 그의 동료 유다스는 산 채로 화형을 시켰다. 바로 그날 밤에 월식(月蝕)이 있었다.[7]

5. 한편 헤롯의 병은 날이 갈수록 극히 악화되었다. 이것은 그가 지은 죄에 대한 하나님의 심판이었다. 겉으로는 드러나지 않았으나 무서운 고통이 속을 완전히 뒤집어 놓았다. 게다가 어찌나 식욕이 당기는지 어떤 음식을 먹어도 흡족한 줄 몰라 마구 먹기만 하였다. 내장에 궤양이 생긴 데다가 결장 부분의 통증은 도저히 참을 수가 없을 정도였다. 발에는 수종이 생겼으며 아랫배에도 투명한 물집이 잡혔다. 게다가 은밀한 부분이 곪아 벌레까지 생겼다. 헤롯은 또한 똑바로 앉아 있으면 숨쉬기가 곤란했다. 앉아 있으면 숨을 가쁘게 몰아쉬는데다가 악취까지 풍기는 바람에 도저히 견딜 수가 없었다. 헤롯은 이 외에도 온몸에 경련이 일어나는 고통에 시달렸다. 이 경련은 견디기 힘들 정도로 점

---

[6] 이 사실은 『미쉬나』(Mishna)와 『탈무드』(Talmud)에서도 입증되고 있다.
[7] 이 월식(요세푸스가 언급한 유일한 월식이다)은 헤롯과 안티파테르의 사망 연대는 물론 예수 그리스도의 출생 연도와 연대표 산출에 있어 결정적으로 중요한 사건이다. 이 월식은 율리우스 주기(Julian period) 4710년, 그러니까 주전 4년 3월 13일에 있었다.

차 악화되었다. 앞날을 예언하는 능력이 있다고 주장하는 자들은 이 모든 것이 헤롯왕의 불경건한 행위에 대한 하나님의 심판이라고 말했다. 그러나 헤롯은 고통이 날이 갈수록 심해지는데도 불구하고 병에서 회복될 수 있을 것이라는 희망을 버리지 않았다. 헤롯은 의원들을 부르면서도 그들의 처방은 따르지 않은 반면 요단강 건너 칼리로에(Callirrhoe) 온천까지 가서 목욕을 했다. 이 온천은 다른 효험도 많았으나 음료수로도 적당했다. 이 온천수는 아스팔티테스(Asphaltites) 호수로 흘러 들어갔다. 의원들은 한때는 기름에 목욕하는 것이 효력이 있을 것이라고 생각했으나 이제는 곧 죽을 것이라고 단념하였다. 그러나 그의 식구들의 예상과는 반대로 헤롯은 다시 회복할 기미가 보였다. 잠시 회복은 되었으나 헤롯은 소생할 가능성이 전혀 없다고 생각하고 모든 병사에게 50드라크마씩 나누어 주라고 명령하였다. 헤롯은 또한 군대 지휘관들과 친구들에게도 거액의 돈을 나누어 주고 다시 여리고로 돌아왔다. 헤롯은 여리고로 돌아온 후 점차 난폭해지기 시작하더니 마침내 미친 사람처럼 행동했다. 헤롯은 죽을 날이 얼마 남지 않았음에도 불구하고 아래와 같은 악한 계획을 꾸몄다. 헤롯은 전 유대국 유력 인사들은 어디에 살든지 자기를 보러 와야 한다는 명령을 내렸다. 이에 수많은 유대인이 헤롯에게 나아왔다. 전 유대국에 헤롯의 명령이 전달된 데도 그 이유가 있었겠지만, 왕명을 어겼다가는 살아남지 못할 것이라 생각하여 많은 이들이 모여 온 것이다. 헤롯왕은 미워할 이유가 있는 자나 무죄한 자를 막론하고 그들 모두를 심하게 미워하였다. 헤롯은 이들을 경기장에 모두 가두라고 명한 후에 여동생 살로메와 매제 알렉사스(Alexas)를 불러 이같이 지시했다. "나의 고통이 극심한 것을 보니 죽을 날이 얼마 남지 않은 것 같소. 사실 죽음이란 인간이라면 누구나 맞이하는 것이기에 기쁘게 맞이해야 한다고 생각하오. 내가 슬퍼하는 것은 내가 죽는다는 사실이 아니오. 내가 가장 슬퍼하는 것은 나의 죽음을 아무도 슬퍼하지 않는다는 점이오. 왕의 죽음이면 마땅히 있어야 할 슬픔과 애통이 나의 죽음엔 뒤따르지 않는다는 점이오. 나는 유대인들을 잘 알고 있소. 그들은 내 죽음을 즐거워하며 반갑게 여길 것이 분명하오. 내가 살아 있을 때도 내게 반기를 들고 내가 하나님께 바친 것을 땅으로 끌어내린 자들이니 내가 죽으면 얼마나 좋아하겠소. 그러므로 살로메와 알렉사스, 그대들은 이 점에서 나를 도와 내 슬픔을 덜어 주길 바라오. 그대들이 내 요구를 거절하지 않는다면 내 장례식은 역대 어떤 왕의 장례식보다 애곡 소리가 많은 장례식이 될 것이오. 왜냐하면 전 유대인이 진정 가슴에서 우러나오는 애통을 느끼고 슬퍼할 것이기 때문이오. 그대들이 내게 협조하지 않는다면 내 장례식은 조롱과 슬픔이 없는 애곡 소리로만 가득 찰지도 모르는 일이오. 그러니 나의 요구대로 해주기 바라오. 내가 죽거든 그 즉시 이 사실을 아무에게도 알리지 말고 병사들을 보내 경기장을 포위하도록 하시오. 그리고 경기장 안에 갇혀 있는 유대인들을 한 놈도 살려 두지 말고 모조리 죽이도록 명령하시오. 그놈들을 모두 죽인다면 나는 이중으로 기쁠 것이오. 첫째로 나의 유언이 내 명령대로 집행될 것이 확실하니 기쁘지 않을 수 없고 내 장례식이 애곡 소리가 그치지 않는 멋진 장례식이 될 것이니 또한 기쁠 것이오." 헤롯은 눈물을 글썽이며 자신의 처지를 한탄했다. 헤롯은 친척으로서의 혈육의 정과 하나님을 믿는 신앙에 걸고 자신의 장례식이 멋진 장례식이 되도록 노력하겠다는 맹세를 하라고 간청하였다. 이에 그들은 헤롯의 명령을 한 치도 어기지 않고 그대로 시행하겠다고 약속했다.

6. 여기서 우리는 헤롯의 성품이 어떤지를 쉽게 알 수 있다. 헤롯은 삶에 대한 애착에서 친족들을 살해하는 일을 즐기더니 이제는 진정 인간일까 하는 의구심마저 들게 하는 살해 명령을 내렸다. 헤롯은 임종의 순간에도 자신의 장례식이 애곡 소리로 가득 차게 하기 위해 전 유대인이 사랑하는 가족을 잃고 울부짖도록 만들었다. 헤롯은 자신에 대해 어떤 잘못도 저지르지 않았고 그렇다고 해서 죄인도 아닌 자들을 한 집에서 한 명씩 살해하도록 명령하는 이상한 면을 보였다. 보통 사람 같으면 임종의 순간에는 적에 대한 미움을 털어 버리고 용서의 마음을 가질 것인데 헤롯은 이와는 정반대였다.

제7장

헤롯이 자살하려고까지 마음먹은 경위, 그리고 얼마 후 안티파테르를 처형하라고 지시한 경위

1. 헤롯이 여동생과 매제에게 이같이 지시하고 있을 때 로마의 카이사르에게 파견된 사신들이 보낸 서신이 당도했다. 서신의 내용을 요약하면 이와 같았다. 즉 카이사르가 안티파테르와 공모하여 헤롯을 해하려 한 아크메는 처형하였으며, 안티파테르는 왕과 부친의 자격으로 추방을 하든지 처형을 하든지 헤롯 마음대로 하라고 허락한다는 내용이었다. 헤롯은 이 편지를 읽고 마음이 흡족하여 약간 병세가 호전된 것 같았다. 헤롯은 아크메가 처형되었다는 소식과 안티파테르를 마음대로 처리하라는 허락이 내렸다는 사실에 몹시 기분이 좋았다. 그러나 다시 고통이 심해지기 시작했다. 이에 헤롯은 무엇인가 먹고 싶어 사과와 칼을 가져오라고 지시했다. 헤롯은 그전부터 사과를 직접 깎아 먹곤 했기 때문이었다. 헤롯은 칼을 잡자 갑자기 자살하고 싶은 생각이 났다. 이에 자신을 칼로 찌르려고 하였다. 이때 사촌인 아키아부스(Achiabus)가 고함을 지르면서 헤롯의 행동을 저지했다. 이에 헤롯왕이 죽은 줄 알고 왕궁이 발칵 뒤집혔으며 애곡 소리가 이곳저곳에서 들렸다. 안티파테르는 부친 헤롯이 진짜 죽은 줄 알고 용기가 생겼다. 그는 이제 즉시 완전하게 석방될 것이며 애를 쓰지 않아도 왕국은 자기 차지가 될 것이라고 생각하였다. 이에 안티파테르는 간수에게 자신을 풀어 주면 큰 보상을 해주겠다고 제의했다. 그러나 간수는 이에 응하지 않았을 뿐 아니라 이 사실을 헤롯왕에게 고해바쳤다. 헤롯은 간수의 이야기를 듣고 노발대발했다. 아들에 대한 애정도 호의도 이제 더 이상 느낄 수 없게 된 헤롯은 자신도 임종 직전에 서 있으면서도 일어나 고함을 지르고 자기 머리를 마구 쥐어박았다. 헤롯은 결국 경호 병사들에게 즉시 가서 지체 말고 안티파테르를 처형한 후 히르카니아(Hyrcania)라는 곳에다 아무렇게나 장사 지내라고 명령했다.

제8장

헤롯의 죽음과 유언과 장례에 관하여

1. 헤롯은 마음이 바뀌어 유언의 내용도 고쳤다. 그는 안티파스(Antipas)에게 왕국을 넘겨주려던 생각을 바꾸어 갈릴리(Galilee)와 베레아(Berea)의 분봉국을 대신 주기로 결정했으며, 왕국은 아켈라오(Archelaus)에게 주기로 했다. 헤롯은 또한 골란(Gaulanitis, 가울라니티스)과 드라고닛(Trachonitis, 트라코니티스)과 파네아스(Paneas)는 분봉왕이라는 명칭과 함께 아켈라오의 친형제(own brother)인[8] 빌립(Philip)에게 주었으며 얌니아(Jamnia)와 아스돗(Ashdod)과 파사엘리스(Phasaelis)는 은 500,000드라크마와 함께 여동생 살로메(Salome)에게 넘겨주었다. 이 밖에도 헤롯은 모든 친척에게 많은 돈과 연수입(年收入)의 원천을 주어 부유하게 살 수 있도록 해주었다. 헤롯은 또한 카이사르(Cæsar)에게 주화 10,000,000드라크마를, 카이사르의 아내 율리아(Julia)에게는 금은 그릇들과 값비싼 의복들을 남기는 한편 그 밖의 사람들에게도 모두 5,000,000드라크마를 남겼다. 헤롯은 이렇게 일을 처리한 후 안티파테르를 처형한 지 닷새째 되는 날 세상을 떠났다. 그러니까 헤롯은 안티고누스(Antigonus)를 살해하고 실제 통치를 시작한 후 34년, 로마에서 왕으로 선포된 후 37년 동안 왕으로 유대를 다스리다가 세상을 떠난 것이다. 헤롯은 격정의 노예가 되어 모든 인간을 짐승같이 취급한 야만스러운 인간이었으며 의(義)와는 담을 쌓은 사람이었으나 그 누구보다 운이 좋은 인물이었다. 왜냐하면 일개 평민으로서 왕의 지위까지 올랐을 뿐만 아니라 이루 헤아릴 수 없는 수많은 위험에 직면했음에도 그 모든 위험을 극복하고 장수했기 때문이었다. 그러나 헤롯 자신은 적들을 물리

---

[8] 빌립과 아켈라오가 아버지와 어머니가 모두 같은 친형제라고 한 것은 실수임이 분명하다. 왜냐하면 부친은 모두 헤롯이었으나 빌립은 클레오파트라(Cleopatra), 아켈라오는 말타케(Malthace)의 소생이기 때문이다. 그러나 이 둘은 마치 친형제처럼 로마에서 함께 지냈다. 요세푸스가 여기서 친형제라고 한 것은 둘 사이의 친숙함을 보이기 위해서 쓴 것이 아닌가 생각한다.

쳤으므로 운이 좋았다고 할 수 있을는지 모르지만 그의 가정과 자식들의 문제를 두고 볼 때는 매우 불행하였다.

2. 한편 살로메(Salome)와 알렉사스(Alexas)는 헤롯왕이 죽었다는 소식이 알려지기 전에 경기장에 갇혀 있던 유대인들을 풀어 주면서 "각자 고향에 돌아가서 열심히 일하시오. 그것이 바로 나라를 위하는 일이오. 이것이 헤롯왕의 명령임을 명심하시오."라고 했다. 왕이 죽었다는 소식이 일반에게 알려지게 되자 살로메와 알렉사스는 병사들을 여리고의 경기장에 집합시킨 후 병사들에게 보낸 헤롯의 서신을 읽어 주었다. "그대들이 내게 보인 충성과 호의에 감사하노라. 내가 후계자로 아켈라오를 임명했으니 그대들은 아켈라오에게도 충성과 호의를 바치도록 하라." 그 후 왕의 인장을 담당하는 프톨레마이우스(Ptolemy)가 카이사르의 추인을 받아야 효력이 발생하게 될 헤롯의 유언장을 읽었다. 이에 모인 자들은 모두 아켈라오왕 만세를 불렀다. 병사들과 지휘관들은 헤롯왕 때와 마찬가지로 아켈라오왕에게도 충성과 봉사를 아끼지 않을 것이라고 약속했다. 그리고 그들은 아켈라오왕을 도와줄 것을 하나님께 간곡히 기도하기도 했다.

3. 그 후 그들은 헤롯의 장례식 준비를 서둘렀다. 부친의 장례 행렬을 장엄하게 만들 책임은 아켈라오에게 있었다. 이에 아켈라오는 장례식을 웅장하게 하기 위해 그의 모든 장식품을 다 동원했다. 헤롯의 시신을 담은 관(棺)은 각종 진귀한 보석이 박힌 금으로 만든 관이었다. 헤롯의 시신은 물론 관을 자주색 천으로 감쌌다. 헤롯의 시신의 머리에는 금왕관을 씌웠고 오른손에는 홀을 들려 주었다. 관 주위는 헤롯의 아들들과 친척들이 둘러쌌으며 그 뒤에 각 나라와 종족의 병사들이 따랐다. 제일 앞에는 헤롯의 경호 병사들이, 그다음에는 트라키아인(Thracians) 병사들과 게르만인(Germans) 병사들과 갈라디아인(Galatians) 병사들이 순서대로 전투 복장을 입고 뒤를 이었다. 그 뒤를 이어 헤롯의 전군이 전투 대형으로, 즉 검열관(muster-master)과 백부장을 필두로 하는 대형을 갖추고 뒤를 따랐다. 그다음에는 500명의 하인이 향료를 들고 행렬

의 맨 뒤를 따랐다. 그들은 헤로디움(Herodium)까지 8펄롱9)을 열(列)을 지어 나아갔다. 헤롯이 임종 전에 자신을 헤로디움에 묻어 달라고 지시했기 때문이었다. 이렇게 해서 헤롯의 일생은 끝이 났다.

4. 아켈라오는 7일 동안 부친을 위해 애곡할 정도로 부친의 장례에 지극한 정성을 보였다. 우리 조상의 율법에 따르면 7일 동안 애곡하도록 규정되어 있는데 그 규정 기간을 다 채운 것이다. 아켈라오는 무리들을 잘 대접한 후 애곡을 그치고 성전에 올라갔다. 아켈라오는 가는 도중에 환호와 찬사를 받았다. 백성들은 경쟁이라도 하는 듯이 서로 큰 소리로 그에게 찬사를 보냈다. 이에 아켈라오는 금으로 만든 높은 보좌에 앉아 부드럽게 백성들에게 말했다. "여러분이 내게 환호와 호의를 보이니 기쁘기 그지없소. 여러분이 내 부친의 실정(失政)을 기억하고 나까지 미워하지 않는 것이 그저 고마울 따름이오. 따라서 여러분들이 보여준 성의에 나도 최대한도로 보답할 것임을 약속하는 바이오. 당분간은 왕이라는 칭호를 사용하지 않겠소. 카이사르께서 내 부친의 유언을 인준하게 되면 그때 가서 왕의 명칭을 사용할 것이오. 병사들이 여리고에서 내게 왕관을 씌우려고 했을 때 내가 거절한 것은 다 그런 이유가 있었기 때문이오. 왕위를 수여하는 권한을 가진 카이사르께서 내게 왕위를 허락하실지 확실하지 않기 때문에 만인이 부러워하는 왕이라는 영광스러운 명칭을 거절한 것이오. 물론 나는 왕위에 오르면 나의 부친보다 모든 면에서 뛰어난 선왕(善王)이 되도록 최선을 다할 것이며 왕위를 허락한 백성들의 호의에 최선을 다해 보답할 의도가 있으나, 그 때문에 왕이라는 명칭을 사양한 것이오." 이에 백성들은 지배자들이 처음 권좌에 올랐을 때는 백성들의 요구를 잘 들어주는 법이라고 생각하여 아켈라오가 부드럽게 나오면 나올수록 아켈라오를 더욱 칭찬하면서 자기들의 요구를 들어 달라고 간청하였다. 어떤 이들은 1년에 한 번씩 바치는 세금을 감면해 달라고 요청하는 한편 또 어떤 이들은 헤롯에 의해 감옥에

---

9) 헤롯의 장례 행렬이 하루에 8스타디온(stadion) 혹은 8펄롱(furlong)을 갔다면 헤롯의 임종지인 여리고에서 200스타디온 혹은 200펄롱 떨어진 헤로디움까지 가는 데는 자그마치 25일이나 걸렸을 것임에 틀림없다.

갇힌 이들을 석방해 달라고 요구하였다. 이 밖에 또 어떤 이들은 물건을 사고 팔 때 내는 세금을 아예 없애 달라고 간청하였다. 이에 아켈라오는 그들의 요구를 하나도 빠뜨리지 않고 다 들어주었다. 아켈라오는 백성들의 환심을 사는 일이라면 무엇이든지 다 들어줄 것만 같았다. 아켈라오는 백성들의 환심을 사는 것이 왕국을 보존하는 데 있어서 가장 중요한 관건이라고 믿고 있었기 때문이었다. 그 후 아켈라오는 성전으로 들어가 하나님께 제사를 드리고 친구들과 함께 잔치를 즐겼다.

제9장

백성들이 아켈라오에 대항하여 반역을 일으키자 아켈라오가 로마로 항해하게 된 경위

1. 일부 유대인들이 변혁(變革, innovation)을 꾀할 마음을 갖게 된 것도 바로 이때였다. 그들은 금독수리상을 끌어내리다가 헤롯에 의해 처형당한 마티아스와 그 일행을 위해 애곡하였다. 왜냐하면 헤롯을 두려워한 나머지 마티아스와 그 일행의 장례식 때 애곡으로 경의를 표하지 못했기 때문이었다. 이에 백성들은 큰 소란을 피우며 애통해하는 한편 그렇게라도 하는 것이 이미 고인이 된 이들의 불행을 감소시키기라도 하는 것처럼 헤롯왕에 대해서 비난을 퍼부었다. 백성들은 함께 모여 아켈라오를 찾아가 이같이 요구하였다. "마티아스와 그 일행의 원수를 갚고 싶으니 선친인 헤롯왕이 극진히 여겼던 자들을 처벌해 주십시오. 우선 헤롯왕이 대제사장으로 임명한 자를 해임하고 율법에 비추어 볼 때 대제사장직을 수행하기에 더 적합한 자를 대제사장으로 임명해 주시기 바랍니다." 아켈라오는 이들의 끈질긴 요구에 기분이 몹시 상했으나 자신

의 왕위 계승 문제로 카이사르의 추인을 얻기 위해 곧 로마를 방문할 계획이었기 때문에 이들의 요구를 들어주는 한편 군대 장관을 보내 백성들을 설득하고자 하였다. 그는 군대 장관에게 백성들을 이같이 설득하라고 가르쳐 주었다. "마티아스와 그 일행은 법에 따라 처형된 것이오. 따라서 그런 문제로 간청하는 것은 아켈라오에게 큰 모욕으로 받아들여지고 있소. 게다가 지금은 그런 간청을 할 때가 아니오. 그가 카이사르의 추인을 받아 왕위를 확고히 하고 돌아올 때까지는 일치단결된 모습을 보여주어야만 하오. 그때 가서 그 문제에 관해 의논해도 늦지는 않을 것이오. 게다가 반역을 잘하는 백성이라는 인상을 주지 않기 위해서는 지금 잠자코 있어야만 할 것이오."

2. 아켈라오는 이와 같이 군대 장관에게 할 말을 가르친 후에 백성들에게 보내 이야기하게 했다. 그러나 백성들은 소란을 피우면서 도무지 군대 장관이 이야기할 기회를 주려고 하지 않았다. 게다가 군대 장관이 그들을 진정시키고 결심을 바꾸게 할 의도로 말을 하려고 하자 목숨까지 위협하였다. 백성들은 지배자들에게 복종하기보다는 자기들의 뜻이 실현되는 것을 보고 싶어 했다. 그들은 헤롯이 살아 있을 때 가장 아끼던 것을 잃었는데 헤롯이 없어진 이 마당에 그 주동 인물들을 처벌하지 못한다는 것을 견딜 수 없는 치욕이라고 생각했기 때문이었다. 이에 그들은 자기들 마음에 드는 것은 무엇이나 적법하고 정당한 것이라 생각하고 과격한 방법으로 목적을 성취하려고 하였다. 그들은 자기들이 어떤 위험을 초래하고 있는지 앞을 내다보는 선견지명이 거의 없었다. 아니 그런 선견지명은 있었으나 그 당시 그들의 목적 성취의 과정에서 얻은 만족감이 이를 압도했기 때문인지도 모른다. 아켈라오는 이에 많은 신하를 보내 백성들을 진정시키려고 하였으나 백성들은 이들을 왕이 보낸 사신으로 인정하지 않고 그들의 분노를 누그러뜨리기 위해 자발적으로 찾아온 개인으로 생각해 말할 기회를 주지 않았다. 이 소동은 격정적인 성격의 소유자들에 의해 움직여지기 시작하더니 많은 무리가 이에 가세하면서부터 점차 반란의 성격을 띠기 시작하였다.

3. 이때 출애굽을 기념하는 유월절(Passover)[10]이라 부르는 무교절이 다가왔다(이 유월절은 다른 어떤 절기보다 많은 제물을 하나님께 드리고 자발적으로 전국 각지에서 수많은 인파가 하나님께 경배를 드리러 예루살렘 성전으로 모이는 절기였다). 유월절이 되자 반역자들은 율법 교사였던 유다스와 마티아스를 애도하는 한편 곡식을 구걸하기를 부끄러워하지 않고 많은 곡식을 모아 성전 안에 비축하고 성전을 떠나지 않았다. 아켈라오는 그들의 광기(狂氣)로 인해 무서운 일이 발생하지나 않을까 염려하여 병사 1개 연대와 천부장을 보내 반역자들을 진압하고자 하였다. 전체 백성이 그와 같은 광기에 전염이 되기 전에 사태를 수습하려는 속셈이었다. 아켈라오는 병사들에게 행동이 과격하고 반란을 주도하는 주모자급을 잡아 대령하라고 지시했다. 한편 마티아스와 유다스의 죽음으로 인해 반역을 일으킨 유대인들은 항상 하던 방식으로 백성들을 선동하고 있었다. 병사들이 다가오자 그들을 공격하여 대부분의 병사들을 돌로 쳐 죽였다. 이에 천부장을 포함한 일부 병사들은 부상한 몸을 이끌고 도망을 쳤다. 반역자들은 이같이 병사들을 공격한 후 다시 하나님께 제사드리는 일로 돌아갔다. 아켈라오는 반역자들의 목을 모조리 베기 전에는 전 왕국의 안전을 기할 다른 방법이 없다고 생각하고 전군을 동원했다. 아켈라오는 또한 기병을 보내 성전 밖에 장막을 친 자들을 보호하는 한편 보병의 손에서 벗어나 이젠 안심이라고 생각하고 있는 반역자들을 추격하여 살해하라고 지시하였다. 이에 기병이 살해한 자의 수는 3,000명에 달하였고 나머지는 인근 산간 지역으로 도주하였다. 그 후 아켈라오는 온 백성들에게 고향으로 돌아가라고 영을 내렸다. 이에 그들은 전에는 멋모르고 용감하게 대들었으나 이제는 신상에 좋지 않은 일이 생길지도 모른다는 위기감이 들자 모두 고향으로 돌아갔다. 그 후 아켈라오는 동생 빌립에게 가사와 정무를 보살피는 전권을 맡기고 모친과 니콜라우스와 프톨레마이우스와 그 밖의 많은 친구를 대동하고 항해 길을 떠나기 위해 항구로 내려갔다. 이때 헤롯의 여동생인 살로메도 함께 갔는데, 살로메는 자녀들과 많은 친척을 함

---

[10] 아켈라오에 대한 반역이 있을 즈음에 다가온 이 유월절은 앞서 언급한 월식 현상이 있은 지 한 달 후가 아니라 13개월 이후에 있었던 유월절이었다.

께 거느리고 갔다. 살로메는 이 많은 친척을 끌고 가는 것은 아켈라오가 왕위에 오르는 일을 돕기 위함이라고 했으나 실제로는 이에 반대하고 특별히 성전 안에서 그가 행한 행동을 맹렬히 비난할 목적이었다. 한편 수리아의 일을 관장하는 카이사르의 청지기인 사비누스(Sabinus)는 헤롯의 재산을 보호하기 위해 서둘러 유대로 오다가 가이사랴(Caesarea)에서 아켈라오를 만나게 되었다. 그러나 (수리아의 총독인) 바루스(Varus)가 이때 그곳으로 와 시비누스가 헤롯의 재산에 손을 대지 못하도록 했다. 아켈라오가 프톨레마이우스를 보내 바루스를 그곳으로 오도록 요청하여 그가 그곳까지 온 것이다. 사비누스는 바루스를 존중하는 뜻에서 유대 안의 어떤 성도 취하지 않고 보물고도 열지 않는 한편 카이사르의 결정이 날 때까지 이것들을 아켈라오가 관리하도록 허락했다. 사비누스는 이같이 약속한 후 계속 가이사랴에 머물렀다. 그러나 아켈라오가 로마로 향해 길을 떠나고 바루스마저 안디옥으로 돌아가자 사비누스는 예루살렘으로 가 왕궁을 장악했다. 사비누스는 또한 수비대들을 지키는 지휘관들과 헤롯의 재산을 관리하는 책임자들을 소환하고 각기 관리하고 있는 재산의 목록을 적어 올리라고 공적(公的)으로 지시하였다. 그는 성들을 제멋대로 처분하였다. 그러나 그 성들의 관리를 책임 맡은 자들은 아켈라오의 명령을 어기지 않았으며 겉으로는 카이사르의 재산으로 지키는 척하면서도 실제로는 아켈라오의 명대로 재산을 보호하였다.

4. 바로 이때 헤롯의 또 다른 아들인 안티파스(Antipas)도 유대 왕국을 자기 손에 장악할 목적으로 로마로 향해하였다. 그는 아래와 같은 살로메의 말에 부추김을 받았기 때문이었다. "네가 아켈라오보다는 왕의 재목으로 적합하며 성품이 선하므로 네가 왕위에 올라야 마땅하다. 따라서 부친인 헤롯왕께서도 먼젓번 유언장에서는 너를 왕의 후계자로 지명하신 것이 아니냐? 나중 유언장보다는 먼젓번 유언장이 더 유효한 것으로 인정되어야 마땅하다고 나는 생각한다." 안티파스는 모친과 니콜라우스(Nicolaus)의 형제 프톨레마이우스(Ptolemy)를 대동하고 떠났다. 프톨레마이우스는 헤롯이 가장 총애하던 친구였으나 이제는 안티파스를 극진히 섬기는 인물이었다. 그러나 안티파스로 하여금 왕위

에 도전하도록 가장 크게 부추긴 인물은 웅변가 이레나이우스(Irenæus)였다. 그는 지혜로운 인물이기에 왕국의 정무(政務)를 관장하는 책임을 맡고 있었다. 바로 그의 영향으로, 어떤 이들은 헤롯왕이 마지막 유언에서 왕으로 지명한 형 아켈라오에게 복종하는 것이 좋을 것이라고 충고했음에도 불구하고, 안티파스는 왕위에 도전하기로 최종 결심을 굳혔다. 아켈라오가 로마로 떠나자 모든 친척이 그에 대해 반역을 일으켰다. 그들이 반역을 일으킨 것은 안티파스에 대한 호의 때문이 아니라 아켈라오에 대한 미움 때문이었다. 그들은 자유를 쟁취하거나 아니면 로마 총독의 지배를 받고 싶었으나 그것이 무리임을 잘 알고 있었기에 그럴 바에는 아켈라오보다는 안티파스가 낫다고 생각하여 모두 안티파스 편을 들게 된 것이다. 게다가 사비누스조차도 카이사르에게 서신을 보내 아켈라오를 비난하였다.

5. 한편 아켈라오는 카이사르에게 아래와 같은 청원서를 제출했다. "제가 유대 왕국의 후계자임을 인정하여 주십시오. 여기에 부친 헤롯의 유언장과 재산 목록이 있으며 헤롯왕의 인장을 담당하는 프톨레마이우스도 함께 데리고 왔습니다." 아켈라오는 이런 청원서를 제출하고 카이사르의 허락이 날 것이라고 기대하고 있었다. 카이사르는 아켈라오의 청원서는 물론 바루스와 사비누스의 서신과 재산 목록과 왕궁의 1년 수입 계산서를 살펴보았다. 또한 안티파스가 왕위 계승권을 주장한다는 사실도 카이사르는 잘 알고 있었다. 카이사르는 이런 상황을 종합적으로 고려해 보고 신하들의 의견을 듣기 위해 신하들을 불러들였다. 그중에는 카이사르의 양자 카이우스(Caius)도 끼어 있었다. 카이우스는 카이사르의 딸 율리아(Julia)와 아그립바(Agrippa)가 낳은 아들로서 카이사르가 양자로 입양한 인물이었다. 카이사르는 카이우스를 맨 앞자리에 앉게 한 후 모인 자들에게 그 문제에 대한 의견을 발표해 보라고 지시하였다. 그러자 아켈라오를 철저히 미워하는 뛰어난 웅변가인, 살로메의 아들 안티파테르(Antipater)가 처음으로 입을 열었다. "아켈라오가 지금 카이사르께 왕위를 허락해 달라고 간청하는 것은 정말 가소로운 일이 아닐 수 없습니다. 왜냐하면 카이사르께서 왕위를 허락하시기 전인 지금도 아켈라오는 실질상 왕의 행세를

하고 있기 때문입니다. 그 예로 유대 절기 때 수많은 유대인을 제멋대로 학살한 것을 들 수가 있습니다. 비록 이 유대인들이 잘못을 저질렀다 하더라도 그들을 처벌하는 것은 처벌할 권한이 있는 분들께 맡겨야 했을 것입니다. 그런데도 아켈라오는 카이사르께 왕으로서 허락을 받기 전임에도 불구하고 왕으로서 행세하였으니 이는 카이사르를 크게 모욕한 것이나 다를 바가 없습니다. 그것은 카이사르로부터 왕위를 강탈한 것이나 마찬가지입니다. 그러나 만일 아켈라오가 사인(私人)으로서 그런 일을 했다고 한다면 그것은 더욱 심각한 문제가 아닐 수 없습니다. 카이사르께 왕위 허락권을 빼앗지 않고서야 어떻게 왕위 계승 후보자가 카이사르께서 왕위를 자기에게 허락할 것이라고 확신할 수 있겠습니까? 이 외에도 그가 왕으로서 행세한 증거는 많이 있습니다. 군대 지휘관들의 인사를 단행한 일이라든지 왕의 보좌에 앉은 일이라든지 법률 소송을 판결한 일 등은 왕으로 행세하지 않고서는 할 수가 없는 일입니다. 게다가 아켈라오는 공적인 문제에 관해 청원을 올린 백성들의 요구를 들어주었습니다. 이미 카이사르께 왕의 추인을 받았다 하더라도 이같이 큰 문제는 자기 멋대로 결정할 수가 없었을 것입니다. 아켈라오는 또한 경기장 안에 감금되었던 죄수들을 풀어 주었으며 정권욕에 불타 하루라도 빨리 권좌에 오르려고 애쓰는 자들, 특히 젊은이들이 저지르기 쉬운 수많은 오류와 실수를 저질렀습니다. 아켈라오는 부친의 장례식 때 애곡하는 것도 무시하였을 뿐 아니라, 부친이 세상을 떠난 바로 그날 밤에 떠들썩한 연회를 즐기기까지 하였습니다. 백성들이 소란을 일으킨 것도 다 여기에 연유한 것입니다. 아켈라오는 많은 은총을 베풀어 주었고 왕위 계승자로까지 임명해 준 부친의 죽음 앞에서도 낮에는 무대 위의 배우처럼 눈물을 흘리는 척하였으나 밤이 되면 매일 저녁 정권을 장악한 즐거움에 들떠 여흥을 즐기며 흥청거렸습니다. 이런 아켈라오가 카이사르께도 그러지 않으리라는 보장이 어디 있습니까? 아켈라오에게 왕위를 허락하신다면 그는 분명 그의 부친에게 했듯이 카이사르께도 그와 같은 모습을 보일 것입니다. 아켈라오는 부친이 돌아가시자 가장 가까운 식구가 그것도 온갖 총애를 다 베풀어 준 은인이 세상을 떠났다기보다는 마치 적이 사라진 것인 양 춤추고 노래하며 즐거워하였습니다. 그러나 무엇보다도 아켈라오의 가장 가증스러운 죄악은 온 세상을 다스리는 카이사르께서 이미 왕위를 허락하신 것처럼 제멋대로 행동해 놓고서도 이제 카이사르께 나와서 왕위를 허락해 달라고 간청하는 모습입니다. 또한 제가 무엇보다도 경악을 금치 못한 사건은 유대인의 절기에 성전에서 백성들을 무참히 살해한 아켈라오의 가증한 살인마와 같은 행동입니다. 그 당시 성전 안에는 외국인들도 있었고 동족들도 있었음에도 불구하고 아켈라오는 마치 제사드릴 짐승을 도살하듯이 그들을 마구 도륙했습니다. 이에 성전은 시체로 가득하게 되었습니다. 이런 살육 행위는 이방인들에 의해 자행된 것이 아니라 왕이라는 합법적 직함을 가진 아켈라오에 의해 자행되었다는 점이 문제를 심각하게 만들고 있습니다. 그는 모든 인간이 미워하는 사악한 독재자의 성품을 가지고 있음을 여실히 증명해 보여주었습니다. 따라서 그의 부친인 헤롯왕께서 정신이 온전하실 때에는 그의 성품이 어떤지를 잘 알고 계셨기 때문에 그를 후계자로 세우려고 꿈에도 생각하지 않으셨습니다. 그래서 두 번째보다 훨씬 유효한 첫 번째 유언장에서는 아켈라오의 라이벌인 안티파스를 후계자로 임명하셨던 것입니다. 그런데 왕께서는 돌아가시기 전 몸과 마음이 모두 쇠약해지셨을 때 갑자기 생각을 바꾸어 아켈라오를 후계자로 지명하셨던 것입니다. 이에 반해 안티파스는 왕께서 판단력이 흐려지기 전인 그의 몸과 마음이 건강할 때 지명한 후계자입니다. 만일 왕께서 아켈라오의 성품이 나쁘다는 것을 인정하면서도 끝내 그를 후계자로 임명하셨다고 해도 결국 사인(私人)으로서 성전 안에 있는 동료 시민들을 무참히 살해하고 카이사르로부터 유대 왕국 왕위의 허락권을 찬탈한 자의 종말이 어떻게 되는가를 본보기로 보여주신 것밖에 되지 않습니다."

6. 안티파테르는 이같이 말을 하고 아켈라오의 친척들로 하여금 카이사르 앞에서 자기 말을 입증할 수 있는 증언을 하게 한 후 모든 말을 마쳤다. 그러자 니콜라우스가 일어나 다음과 같이 아켈라오를 두둔하기 시작했다. "성전에서 일어난 사건의 책임은 아켈라오에게 있다기보다는 죽은 자들에게 있습니다. 그자들은 악한 행위를 기도했다는 점에서 악할 뿐 아니라 가만히 있는 사람으로 하여금 복수하지 않을 수 없도록 만들었다는 점에서도 처벌을 받아야

마땅한 존재들입니다. 그들이 겉으로는 아켈라오에게 대항하여 반역을 일으킨 것이 사실이나 따지고 보면 카이사르께 반역한 것입니다. 이것은 그들의 악행을 중지시킬 목적으로 아켈라오가 파견한 병사들을 공격해서 살해한 것만 보아도 금방 알 수 있습니다. 그들은 하나님을 존중히 여기지도 않았을 뿐 아니라 절기도 중요하게 여기지 않았습니다. 그런데 지금 안티파테르는 아켈라오에 대한 적대감에 사로잡혀서 그런 것인지 아니면 본래 덕과 정의를 증오해서 그런 것인지는 알 수 없으나 이런 무법자들을 두둔하고 있습니다. 불의한 행동을 먼저 시작한 반역자들을 처벌하다 보면 뜻하지 않게 무력을 사용할 수밖에 없는 처지로 몰리는 수가 많은 것 아닙니까? 이렇게 볼 때 안티파테르는 자기편을 스스로 고발하는 자가당착을 범하고 있는 것입니다. 왜냐하면 지금까지 그가 증인들을 동원해서 고소한 모든 비난은 사실이 아니며 아켈라오를 모함하기 위해서 날조된 거짓이기 때문입니다. 이들은 한집안 식구요 함께 오순도순 지내던 아켈라오를 해하기 위해서 이 같은 거짓을 날조할 정도로 나쁜 성품을 소유한 자들입니다. 이번에는 헤롯왕의 유언장에 대해서 말씀드리겠습니다. 이 유언장은 헤롯왕의 정신이 온전할 때 작성된 것이므로 먼젓번 유언장보다 더 유효한 것으로 간주되어야 합니다. 이 유언장에는 카이사르께 유언의 모든 내용을 판결하고 최종 결정을 내리는 권한을 드린다는 조목이 들어있기 때문입니다. 카이사르시여, 카이사르께서는 결코 저들과 같이 불의한 일을 하시지 않으리라는 것을 저는 잘 알고 있습니다. 저자들은 헤롯왕께서 살아 계실 때 그분과 함께 권력을 누리는 축복을 받았음에도 불구하고 헤롯왕의 유언까지도 손을 대려고 할 뿐 아니라 (아켈라오와는 달리) 친척에 대한 최소한의 사랑마저도 결여된 자들입니다. 카이사르시여! 카이사르께 마지막 결정권을 일임한, 친구요 우방이었던 헤롯왕의 유언장을 무효로 만들지 말아 주십시오. 저는 카이사르께서 이 세상의 그 누구도 감히 비길 수 없을 정도로 의로우시고 선하심을 알기에 선한 아들에게 왕위를 넘겨주려고 한 헤롯왕을 미쳤다고 말하는 저들의 말에 결코 귀를 기울이지 않으실 것임을 확신합니다. 카이사르를 피난처로 알고 올바른 결정을 내려 달라고 찾아온 아켈라오에게 왕위를 계승한 헤롯이 어찌 미친 사람이란 말입니까? 모든 것을 카이사르의 결정에 일임할 정도로 현명한 헤롯왕이 어떻게 후계자 지명 문제에 있어서 실수를 범할 수가 있겠습니까?"

7. 니콜라우스는 이같이 카이사르께 호소하였다. 그러자 카이사르는 아켈라오를 따뜻하게 대해 주었다. 카이사르는 자기 발밑에 꿇어앉은 아켈라오를 일으켜 세운 후에 "네가 왕위를 계승하는 것이 옳도다. 내가 그대 부친의 유언대로 실행하여 그대에게 유익하도록 처리하겠노라." 하고 따뜻하게 격려해 주었다. 그러나 카이사르가 이렇게 부드럽게 격려하기는 했지만 그를 왕으로 인정하겠다고 분명하게 약속하지는 않았다. 카이사르는 모든 이들을 해산시킨 후에 왕국을 아켈라오에게만 주어야 할지 아니면 왕국을 헤롯의 모든 후손에게 나누어 주어야 할지를 곰곰이 생각하였다.

제10장

유대인들이 사비누스에 대항하여 반역을 일으키자 바루스가 반역을 일으킨 자들을 처형하게 된 경위

1. 한편 이러한 일들이 매듭되기 전에 아켈라오의 모친인 말타케(Malthace)가 병에 걸려 세상을 떠나고 말았다. 게다가 수리아 총독 바루스로부터 유대인의 반역을 알리는 서한이 카이사르에게 당도하였다. 사실 아켈라오가 로마로 떠난 후 전 유대국은 큰 소요에 빠져들었었다. 이때 바루스가 유대에 있는 동안에는 소요를 일으킨 자들을 처벌하여 비교적 큰 규모였던 소요를 대부분 진압시킬 수 있었다. 바루스는 소요를 거의 진압하게 되자 반란을 일으키기를 좋아하는 유대인들을 진압하기 위해 1개 군단의 병사를 예루살렘에 주둔시킨 후

안디옥으로 돌아갔다. 그러나 이것으로 유대인들의 반란을 완전히 진압할 수는 없었다. 바루스가 떠나간 후 카이사르의 청지기인 사비누스(Sabinus)가 뒤에 남아 예루살렘에 주둔시킨 군대의 수적 우세를 믿고 유대인들을 몹시 괴롭혔기 때문이었다. 사비누스가 병사들을 자기 호위병으로 거느리고 다니는 한편 군대를 이용하여 유대인들을 학대하자 견디다 못한 유대인들이 마침내 반역을 일으킨 것이다. 사비누스는 돈을 좋아하고 탐욕이 많아 성채를 무력으로 공격하여 왕의 재산을 강제로 탈취하려고 한 것이 문제를 일으킨 가장 큰 원인이었다.

2. 유대인의 절기 중 하나인 오순절(Pentecost)이 다가오자 엄청난 수의 백성들이 예루살렘으로 몰려들었다. 그들은 단지 절기를 지키기 위해서가 아니라 사비누스의 미친 짓에 분개하여 모여든 것이었다. 그중에는 갈릴리인과 이두매인과 여리고인은 물론 요단강 너머에 거주하는 주민들도 무척 많았다. 이 군중들은 다른 군중들과 합세하였으나 사비누스에 대한 복수심은 다른 군중들과는 비교가 되지 않았다. 유대인들은 세 무리로 나뉘어서 아래와 같이 진을 쳤다. 제1대는 경기장(Hippodrome)을 장악했으며, 제2대는 예루살렘 동쪽 구역의 성전 북쪽에서 남쪽까지 진을 치는 한편, 제3대는 왕궁이 있는 예루살렘 서쪽 구역에 진을 쳤다. 이런 진형은 로마군을 완전히 포위하고 공격할 수 있는 진형이었다. 한편 사비누스는 유대인들의 숫자가 엄청난 데 놀랐을 뿐 아니라 일사 각오의 결의에 두려움이 생겼다. 유대인들은 이때가 적을 물리칠 수 있는 절호의 기회라고 생각하고 목숨을 돌보지 않고 달려들 기세를 갖추었기 때문이었다. 이에 사비누스는 항상 그랬듯이 화급하게 바루스에게 편지를 보내 구원을 요청했다. "매우 시급한 형편입니다. 빨리 와서 도와주십시오, 각하께서 주둔시키고 간 군대가 절박한 위기에 처해 있습니다. 자칫하면 얼마 못 가서 적에게 전멸을 당할지도 모릅니다." 사비누스는 헤롯이 바대인의 손에 죽음을 당한 형제 파사엘루스를 기리기 위해 세운 파사엘루스(Phasaelus) 요새 중에서 가장 높은 탑 위에 올라가 피신했다. 사비누스는 직접 내려와서 싸울 생각은 하지도 않으면서 탑 위에서 로마 병사들에게 유대인을 공격하라는 신호

를 보냈다. 사비누스는 욕심이 많은 겁쟁이였기 때문에 자기는 나서지 않고 병사들만 앞장세웠던 것이다. 이에 로마 병사들은 진영에서 나와 유대인들을 공격하였다. 그리하여 무서운 접전이 벌어지게 되었다. 이 전투에서 로마군이 우세했던 것은 사실이나 그렇다고 해서 유대인들의 결심이 무너진 것은 아니었다. 유대인들은 동료들이 무참하게 쓰러져 죽는 모습을 보고도 두려워하지 않았다. 유대인들은 성전의 바깥뜰을 둘러싸고 있는 행각 주위는 물론 행각 위까지 올라가서 적과 맞서 싸웠다. 유대인들은 맨손으로 로마군을 향해 돌을 던졌을 뿐 아니라 투석기(投石器)를 이용해서 로마 병사들에게 타격을 입혔다. 또한 질서 정연한 대열로 활을 쏘는 궁수들 때문에 로마군은 막대한 손실을 입었다. 유대인 궁수들이 지형적으로 유리한 높은 곳에서 능란하게 화살을 쏘기 때문이었다. 로마군은 유대 궁수들이 그들의 사정거리 밖 높은 곳에서 화살을 쏘아 대는 판에 어찌해야 좋을지 몰라 당황했다. 이런 식의 전투가 매우 장시간 지속되자 막대한 손실을 입은 로마군은 행각 위에 있는 적들이 눈치채지 못하게 몰래 행각에 불을 질렀다.[11] 이 불은 가연성의 물질이 많은 행각이었기에 삽시간에 천장으로 옮겨붙었다. 행각 지붕은 재질이 나무인 데다가 역청(pitch)과 밀랍(wax)이 많이 섞여 있었고 또 밀랍으로 금박을 입혔기 때문에 순식간에 화염에 휩싸이고 말았다. 그토록 화려함과 위용을 자랑하던 대건축물은 삽시간에 완전히 타 버리고 말았다. 그 위에 있던 자들이 부지불식간에 멸망을 당한 것은 두말할 나위도 없었다. 일부는 지붕과 함께 무너져 내려 죽음을 당했으며 일부는 에워싼 로마 병사들의 손에 죽음을 당했다. 그 외에도 더 이상 살 소망이 보이지 않자 크게 낙심하여 불 속에 스스로 뛰어들거나 자결한 유대인의 수도 적지 않았다. 용케 행각의 지붕에서 빠져나와 도망을 칠 수 있었던 자들은 사기가 떨어졌으며 맨몸이기 때문에 모두 로마 병사들의 손에 죽음을 당했다. 적과 대항하던 유대인들은 아무리 분노와 용기로 가득 차 있다 하더라도 무기가 없었기 때문에 단 한 사람도 살아남지 못하고 행각의 지붕 위에서 몰살

---

11) 이 화재로 인해 발생한 성전 건물의 손실은 네로(Nero) 시대에도 완전히 복구된 것 같지는 않다. 당시까지도 18,000명의 인부가 계속 매달려 성전 재건과 복구에 힘을 쓰고 있었기 때문이다.

을 당하고 말았다. 한편 로마 병사들은 불길이 약한 틈을 타서 불 속으로 뛰어들어 거룩한 돈을 보관해 둔 통을 들고나왔다. 이 안에 든 돈의 대부분은 로마 병사들이 탈취해 갔으며 사비누스는 공개적으로 400달란트를 자기 손아귀에 넣었다.

3. 한편 하나님께 드린 성전의 거룩한 돈이 강탈당한 사실과 이번 전투에서 많은 유대인 동족들이 전사했다는 것은 유대인의 마음을 몹시 괴롭게 만들었다. 이에 지금까지 적의 공격에 잘 대항해 온 가장 호전적인 일단의 유대인들은 왕궁을 에워싼 후 불을 질러 그 안에 있는 자들을 몰살시키겠다고 위협하였다. 유대인들은 즉시 나오면 해하지 않을 터이니 빨리 투항하라고 제의했다. 그러나 사비누스는 왕궁에서 나오려고 하지 않았다. 이때 왕의 군대 대부분의 병사들은 무단으로 근무지를 이탈하였으며, 헤롯왕의 정예 병사 3,000명을 지휘하던 루푸스(Rufus)와 그라투스(Gratus)는 로마군으로 넘어가 버렸다. 루푸스가 지휘하던 1개 기병 부대도 로마군에게로 넘어갔다. 이에 유대인들은 왕궁의 포위를 늦추지 않고 왕궁 벽의 기초를 파내는 한편 대항하는 자들에게 방해하지 말 것을 간청하다시피 하였다. 유대인들은 지금이 옛 자유를 되찾을 수 있는 절호의 기회라고 생각했기 때문이었다. 한편 사비누스는 부하들을 거느리고 투항할 생각도 있었으나 유대인들에게 해를 끼친 것이 한두 가지가 아니기 때문에 도저히 안심할 수 없었다. 이에 사비누스는 무슨 이유로 유대인들의 요구를 들어줄 수 없는지에 대해 갑론을박하면서 시간을 벌려고 하였다. 사비누스는 바루스가 원군을 끌고 올 것을 기대하면서 어떻게 해서든지 그때까지만이라도 포위 공격을 견뎌내려고 하였다.

4. 한편 이때 유대 땅에는 폭동에 가까운 크고 작은 소요가 수도 없이 많이 일어났다. 수많은 사람이 툭하면 싸움을 하려고 달려들었기 때문이었다. 그것은 대개 두 가지 이유가 있었다. 하나는 자기 유익 때문이고 다른 하나는 유대인에 대한 증오심 때문이었다. 특히 이미 해체된 헤롯의 옛날 병사 2,000명이 다시 유대에 모여 왕의 군대에 대항하였다. 이에 헤롯의 사촌인 아키아부스

(Achiabus)가 이들과 맞서 싸웠으나 그들의 전술에 밀려 평지에서 산간 지방으로 쫓겨나게 되었다. 아키아부스는 산간 지방에 최대한도의 물자를 비축해 놓고 평지로 나오려고 하지 않았다.

5. 헤롯이 무척 힘들게 체포하였던 강도단의 두목으로서 힘이 장사인 에제키아스(Ezekias)라는 인물이 있었는데 그에게 유다스(Judas)[12]라는 아들이 하나 있었다. 유다스는 수많은 사악한 자들을 갈릴리의 세포리스(Sepphoris)에 집결시켜 그곳의 왕궁을 습격하고 보관되어 있던 무기를 탈취한 후 부하들을 무장시키고 왕궁의 재물을 약탈하였다. 유다스는 닥치는 대로 사람을 잡아 죽이고 찔러 죽였으므로 모든 이들에게 두려운 존재가 되었다. 유다스가 이런 행위를 서슴지 않은 것은 스스로 자신을 높여 왕이 되고 싶은 야망이 있었기 때문이었다. 유다스는 전쟁에서 뛰어난 솜씨를 발휘하여 영웅이 되는 방식으로 왕위를 넘본 게 아니라 폭력과 공포로 백성들 위에 군림하는 방식으로 왕이 되려고 한 것이었다.

6. 이 외에 헤롯왕의 종이었다는 사실만 빼면 훤칠한 키에다가 건장한 체격으로 흠잡을 데가 전혀 없는 시몬(Simon)이라는 인물이 있었다. 그는 동료들보다 월등했기 때문에 중요한 직책을 많이 맡고 있었다. 시몬은 나라 형편이 무질서한 틈을 타서 자고(自高)하여 스스로 왕관을 머리에 쓰고 왕이라 자칭할 정도로 교만해졌다. 몇몇 백성들이 그를 지지하자 그는 자기가 누구보다도 왕이 될 자격이 있는 사람이라고 착각하여 스스로 왕이라고 선포하였다. 시몬은 여리고에 있는 왕궁에 불을 지르고 불타고 남은 것을 약탈하였다. 그는 또한 곳곳에 있는 왕의 저택들에도 불을 지르고 부하들을 시켜 남은 것을 약탈하게 했다. 만일 그를 즉시 저지하는 세력이 없더라면 시몬은 더 큰일을 저지르고

---

[12] 이 유다스(Judas)가 사도행전 5장 36절의 드다(Theudas, 테우다스)와 동일 인물이 아니라면 요세푸스는 드다에 대한 언급은 생략한 것이 틀림없다. 왜냐하면 로마 총독 파두스(Fadus) 치하에 살았던 인물로 요세푸스가 후에 언급한(20권 5장 1절) 테우다스(Theudas)는 사도행전에 언급된 드다와 동일 인물로 보기에는 너무나 시대적 차이가 나기 때문이다. 드다(Theudas, 테우다스), 다드(Thaddeus, 타데우스), 유다스(Judas) 이 세 이름은 별로 차이가 없는 이름들이다.

말았을 것이다. 로마군에 합세했던 그라투스(Gratus)가 병사들을 이끌고 시몬을 공격하는 바람에 시몬은 더 이상 큰일을 저지를 수가 없었던 것이다. 이에 그라투스와 시몬 사이에는 치열한 접전이 지속되었다. 페레아(Perea) 출신의 오합지졸에 불과한 시몬의 병사들은 전투 기술이 아니라 용기로만 그라투스의 부하들을 대항하여 싸웠다. 그러니 패배하는 것은 너무나 당연한 노릇이었다. 이에 시몬은 목숨을 부지하기 위해 한 계곡을 통해 도주하기 시작했다. 그러나 그라투스는 이를 그냥 놔두지 않고 추격하여 따라잡아 목을 베어 죽였다. 한편 요단 강변의 아마투스(Amathus)에 있는 왕궁은 시몬의 부하들에 의해 모두 불에 타고 말았다. 이와 같이 유대 전국은 무서운 폭동과 소란으로 잠시도 평안할 날이 없었다. 왜냐하면 백성들을 통제할 왕이 없었기 때문이었다. 게다가 반란을 진압하러 온 외국 병사들이 반란을 진압하기는커녕 오히려 사태를 악화시켰기 때문이었다. 그들은 자기들의 탐욕을 채우는 데 급급했을 뿐 아니라 백성들에게 온갖 피해를 주었기 때문이었다.

7. 또한 혈통으로 보나 재산으로 보나 특기할 만한 것이 없기에 아무도 알아주지 않는 무명의 목동에 불과한 아트롱게스(Athronges)는 키가 크고 남보다 손의 힘이 세다는 이유로 자고하여 스스로 왕의 행세를 했다. 아트롱게스는 목숨을 잃는 한이 있더라도 남들에게 못된 짓을 하여 악명을 떨치는 것도 한번 해볼 만한 일이라는 생각을 갖고 있는 인물이었다. 그에게는 키가 큰 데다가 손힘이 남다른 네 명의 형제가 있었다. 이에 아트롱게스는 형제들이 힘을 합치면 못할 것이 없다는 생각을 갖게 되었고 마침내는 왕국까지 손아귀에 넣을 수 있을 것이라는 생각을 하게 되었다. 이들을 따르는 추종자들이 많았기 때문에 그들은 각기 일단의 사병(私兵)을 거느렸을 뿐 아니라 지휘관까지 둘 정도로 그 세력이 컸다. 그들은 전쟁을 하게 되면 아트롱게스에게 모두 복종했으며 아트롱게스를 위해 힘껏 싸웠다. 아트롱게스는 스스로 왕관을 쓰고 왕임을 자처했으며 의회를 조직하여 미래 일을 의논하곤 하였으나 모든 일을 자기 뜻대로 행하였다. 아트롱게스는 오랫동안 세력을 잡고 활개를 쳤으나 아무도 그를 막지 못했다. 아트롱게스는 형제들과 함께 로마 병사뿐 아니라 왕의 병사들을 수없

이 살해하는 전과를 올렸으며 이들을 몹시 미워하였다. 아트롱게스가 왕의 병사들을 공격한 것은 그들이 헤롯이 왕으로 있을 때 헤롯을 믿고 자기들 멋대로 굴었기 때문이며, 반면에 로마 병사들을 공격한 것은 최근에 로마 병사들에게서 피해를 보았기 때문이었다. 그러나 아트롱게스와 그 일당은 시간이 지나갈수록 누구에게나 점점 잔인한 행동을 하기 시작했다. 그들은 조금이라도 이득이 있을 것 같으면 사람 죽이는 일쯤은 아주 예사로 여겼다. 그들은 때로는 아무 생각 없이 사람을 죽였는데 점차 습관적으로 사람을 죽이기까지 하였다. 그들이 한 번 이런 습관에 빠져들고 나서는 단 한 명도 이에서 헤어 나오지를 못했다. 그들이 한번은 엠마오에서 식량과 무기를 운반하는 로마군 1개 수송 부대를 공격한 일이 있었다. 그들은 부대를 인솔하는 백부장 아리우스(Arius)를 공격하는 한편 정예 보병 40명을 쓰러뜨렸다. 이에 나머지 병사들은 놀란 나머지 동료들의 시체를 버려두고 도망을 치다가 왕의 군대를 이끌고 도와주러 온 그라투스 덕택에 목숨을 건진 적도 있었다. 이 네 형제는 이런 식의 기습 공격으로 오랜 기간 로마군에 막대한 피해를 주었으나(물론 유대 동족들에게도 큰 피해를 준 것이 사실이다) 마침내 진압을 당하고 말았다. 하나는 그라투스(Gratus)와의 전투에서, 하나는 프톨레마이우스(Ptolemy)와의 전투에서 각기 패하였으며, 그 중 제일 나이가 많은 자는 아켈라오(Archelaus)에게 포로가 되었다. 한편 마지막으로 하나 남은 형제는 세 형제의 비참한 종말을 보고 낙심한 데다가 부하들이 질병과 피곤으로 사기가 떨어진 것을 보고는 살아날 가망이 없음을 깨닫고 목숨을 살려 주겠다는 맹세를 하나님께 하겠다는 아켈라오의 조건에 따라 그에게 항복하고 말았다. 이렇게 해서 이들의 반란은 진압되었으나 이는 한참 후의 일임을 주의하도록 하라.

8. 이제 유대 땅은 온통 강도들로 들끓게 되었다. 강도떼들은 저마다 두목을 왕으로 세우고 백성들에게 온갖 못된 짓을 다 하였다. 이 강도떼들은 어느 정도 로마군에게도 타격을 주었으나 주로 동족들에게 많은 피해를 입혔다. 이들의 강도 짓은 오랜 기간 백성들을 괴롭혔다.

9. 한편 사비누스(Sabinus)가 보낸 서신을 받아 보고 유대의 사정을 알게 된 바루스(Varus)는 예루살렘에 주둔시킨 로마군 1개 군단의 안부가 걱정되자 즉시 2개 군단(수리아에는 3개 군단이 있었다)과 4개 기병 부대와 기타 왕들과 분봉왕들이 보낸 원군을 이끌고 서둘러 포위당한 로마군을 돕기 위해 유대로 출동했다. 바루스는 우선 프톨레마이스(Ptolemais)로 서둘러 행군하라고 전 병사들에게 명령했다. 바루스가 베리투스(Berytus)를 지나게 되자 베리투스 시민들은 1,500명의 원군을 지원해 주었으며, 아라비아 페트레아(Arabia Petrea)의 왕 아레타스(Aretas)도 헤롯에 대한 증오가 남아 있는 데다가 로마의 환심을 살 수 있는 좋은 기회라고 여겨 보병과 기병의 원군을 적지 않게 보내 주었다. 바루스는 전군을 집결시킨 후 일부 병력을 자기 아들과 친구의 지휘에 맡겨 프톨레마이스 이웃에 있는 갈릴리 지역을 공격하게 하는 한편 자신은 나머지 전 병력을 거느리고 사마리아로 진군했다. 바루스의 아들과 친구가 이끄는 로마군은 갈릴리를 공격하여 적을 패퇴시키고 세포리스(Sepphoris)를 함락시킨 후 시민들을 노예로 삼고 도시에 불을 질렀다. 한편 사마리아로 진격한 바루스는 사마리아는 조금도 손대지 않았다. 사마리아는 반역의 무리와는 아무런 관련을 맺고 있지 않았기 때문이었다. 따라서 바루스는 프톨레마이우스(Ptolemy)에게 속한 아루스(Arus)라는 마을에 진을 쳤다. 그런데 아라비아인들이 헤롯과 그의 일당에 대한 증오심과 적개심을 이기지 못하고 그 마을을 불태워 버렸다. 이어서 바루스의 군대는 이 마을을 떠나 삼포(Sampho)라는 마을로 진군했는데, 그곳은 요새화된 마을이었음에도 불구하고 아라비아인들이 약탈과 방화를 하였다. 바루스가 이끄는 로마군이 진격하는 행로 주변에 있는 마을들은 남아 난 것이 없었다. 로마군은 가는 곳마다 닥치는 대로 살인과 방화를 자행했다. 바루스는 엠마오(Emmaus) 주민들이 엠마오를 버리고 도망가자 그에 대한 보복으로 마을에 불을 지르라고 명령했다. 바루스는 엠마오를 떠나 예루살렘으로 진격하였다. 이에 예루살렘에 진을 치고 로마 군단을 포위하고 있던 유대인들은 바루스의 군대가 온다는 소문을 듣고 크게 놀라 포위망이 느슨해졌다. 한편 바루스가 예루살렘의 유대인들을 통렬하게 비난하자 그들은 아래와 같이 변명하였다. "백성들이 많이 모인 것은 절기를 지키기 위해서였습니다. 게다가 로

마군과 전쟁을 한 것은 우리들의 동의가 있었던 것이 아니라 외부인들이 우리와는 아무 상관도 없이 성급하게 로마군을 공격한 것입니다. 우리는 로마 편이기 때문에 외부인들과 함께 로마군을 포위한 것이 아니라 오히려 로마군과 함께 포위를 당한 셈입니다." 또한 바루스가 온다는 소식을 듣고 마중을 나간 자들은 헤롯왕의 친사촌인 요셉(Joseph)과 병사들을 이끌고 포위된 로마 병사들에게 가세했던 그라투스(Gratus)와 루푸스(Rufus) 등이었다. 그러나 사비누스는 바루스를 마중하러 나오지 않고 몰래 도시를 빠져나가 항구로 갔다.

10. 이에 바루스는 일부 병력을 지방으로 파견하여 반역을 일으킨 자들을 색출하도록 지시했다. 바루스는 붙잡혀 온 반역자들 가운데서 일부는 처형하고 죄가 경미한 자는 훈방했다. 십자가에 달려 처형된 자의 수는 2,000명에 달했다. 그 후 바루스는 앞으로 별 쓸모가 없는 병사들은 해산시켰다. 그들은 바루스의 명령에 복종하지 않았을 뿐 아니라 매우 무질서하게 행동하기 때문이었다. 그들은 조금이라도 이득이 생길 것 같으면 바루스의 명령을 어기고 유대인들에게 해를 끼치는 일을 서슴지 않았다. 한편 바루스는 유대인 10,000명이 집결해 있다는 소식을 듣고 그들을 체포하기 위해 서둘러 나섰다. 그러나 유대인들은 바루스에 대항하여 싸우려고 하지 않았다. 그들은 아키아부스(Achiabus)의 충고에 따라 바루스에게 항복했다. 이에 바루스는 그들의 죄를 용서해 주고 주모자들만 카이사르에게 보냈다. 카이사르는 이들 중 대부분을 훈방했다. 그러나 바루스는 여기서 반역에 가담했던 헤롯의 여러 친척들만은 용서하지 않고 모두 처형했다. 왜냐하면 의에 대해서는 조금도 생각하지 않고 같은 친척에게 반역을 일으킨 것은 도저히 용서할 수가 없기 때문이라는 것이었다.

제11장

유대인들이 사신들을 카이사르에게 보낸 경위, 그리고 카이사르가 헤롯의 유언을 그대로 추인한 경위

1. 바루스는 이같이 반란을 진압한 후 그전부터 예루살렘에 주둔하고 있던 1개 군단을 그대로 주둔케 하고 다시 안디옥으로 돌아갔다. 한편 로마에 계속 머무르고 있던 아켈라오에게는 또 다른 걱정거리가 생기게 되었다. 그것은 다름이 아니라 바루스의 허락을 받은 유대인 사절단이 조상 전래의 율법대로 살게 해달라는 청원을 하기 위해 로마를 방문한 것이었다. 이에 카이사르는 친구들과 로마의 유력 인사들을 그가 막대한 비용을 들여 건설한 아폴론(Apollo) 신전에 모이도록 지시했다. 유대 쪽에서는 유대 사신들과 로마에 거주하고 있던 다수의 유대인과 아켈라오와 그의 친구들이 참석했다. 그러나 아켈라오의 친척들은 그를 몹시 증오했음에도 불구하고 참석하려고 하지 않았다. 그들은 같은 친척인 아켈라오를 비난하는 일로 유대 사신들을 돕는다면 카이사르의 눈에 같은 친척끼리 물고 뜯는다는 좋지 않은 인상을 줄까 봐 참석하려고 하지 않았던 것이다. 다만 빌립(Philip)[13]은 형제인 아켈라오를 돕는 것이 좋겠다는 바루스의 설득에 못 이겨 수리아에서 로마까지 왔다. 바루스는 빌립과 무척 가까운 사이였다. 한편 (바루스가 예상하듯이) 만일 통치 형태에 변화가 생기더라도, 그리고 조상 전래의 율법대로 살 수 있는 자유를 달라는 유대인들의 간청이 수적으로 우세하여 어떤 조정이 있더라도 빌립은 실망할 것 없이 자기 몫을 챙길 수 있을 것이었다.

2. 한편 유대 사신들에게 이야기할 기회를 주자 왕정(王政)의 해체를 갈망하였던 그들은 먼저 헤롯의 비행을 신랄하게 비난하기 시작했다. "헤롯은 명칭

---

[13] 이 빌립은 후에 분봉왕(tetrarch)이 된 인물이다.

만 왕이었지 실제로는 권력을 마구 휘두른 독재자였습니다. 헤롯은 제멋대로 유대인 사회에 수많은 변혁을 일으켰을 뿐 아니라 유대인을 멸망시키는 데 오히려 주력했던 폭군이었습니다. 헤롯은 세계 역사에서 그 유례를 찾아보기 힘들 정도로 많은 학살을 자행했습니다. 그러나 헤롯에 의해 죽은 자들은 오히려 살아남은 자들보다 행복했을는지 모릅니다. 왜냐하면 살아남은 자들은 항상 헤롯의 기분과 눈치를 살피며 살아야 했으며 언제 재산을 빼앗길지 모른다는 불안 속에서 살아야 했기 때문입니다. 헤롯은 유대 땅 밖에 있는 외국인들이 거주하는 도시는 단장하고 치장하면서도 정작 자기가 다스리는 유대 도시는 버려두어 황폐된 곳이 한두 군데가 아닙니다. 헤롯이 왕위에 올랐을 때 유대국은 남다른 번영을 누리고 있었으나 그가 집권하고 나서는 완전히 폐허가 되어 버렸습니다. 게다가 헤롯은 부당한 누명을 씌워 귀족들을 살해하고 그 땅을 빼앗기가 일쑤였으며, 목숨을 살려 준다는 명목으로 남의 땅을 가로채는 일을 다반사로 여겼습니다. 저희는 1년 수입에 대한 세금을 무는 것 외에도 헤롯왕과 그의 식구들과 친구들과 세금 징수원들에게까지 많은 뇌물을 바치지 않을 수 없었습니다. 금과 은 등으로 뇌물을 바치지 않고는 부당한 대우를 당해도 하소연할 데가 없었기 때문이었습니다. 처녀들이 순결을 빼앗기고 부녀자들이 농락을 당한 것에 대해서는 입이 부끄러워 차마 입을 열지 않겠습니다. 치욕을 당한 당사자들의 입장에서는 외부에 알려지는 것이 그리 달갑지 못하기 때문입니다. 카이사르께서는 헤롯에게 선정(善政)을 베풀라고 통치권을 주셨겠지만 헤롯은 짐승보다 못한 짓을 여인들에게 저질렀습니다. 우리 민족이 수많은 우여곡절을 겪으면서 정권이 많이 바뀌는 것을 체험했지만 역사상 헤롯왕 때만큼 불행과 재난을 겪었던 적은 일찍이 단 한 번도 없었습니다. 따라서 저희는 누군가가 왕국을 통치하지 않을 수 없다면, 아켈라오가 헤롯왕보다는 성품이 선할 것 같기에 그가 왕이 되는 것을 처음에는 환영하고 즐거워했던 것입니다. 저희는 아켈라오에게서 어느 정도 온유한 정책이 나올 것을 기대하고 그의 환심을 사기 위해 헤롯의 장례식에 참여하는 등 최선을 다 기울였습니다. 그러나 아켈라오는 누가 헤롯의 친아들이 아니라고 할까 봐 무서워서인지 즉시 본색을 드러냈습니다. 그것도 카이사르께서 왕위를 허락하시기도 전에 자기 멋대로 권력을 휘두르기 시작했습니다. 사실상 왕위를 허락하는 일은 오직 카이사르의 마음에 달려 있는 것이 아닙니까? 아켈라오가 성전에서 동족 3,000명을 학살할 때 저희는 그가 어떤 인물인지를 한눈에 알아보았습니다. 그의 첫 행동으로 저희는 그가 백성들과 하나님을 어떻게 생각하고 있는지를 알았으며 앞으로 어떻게 나라를 다스릴지를 쉽게 알 수가 있었습니다. 그러니 어떻게 저희가 아켈라오를 미워하지 않을 수 있겠습니까? 아켈라오는 동족을 무참히 학살한 죄를 저질렀으며 저희까지 권위에 도전하지 않을 수 없게 만드는 죄를 이중으로 범하고 있습니다. 저희가 원하는 것은 유대국을 왕정이나 그와 유사한 정치 체제[14]에 묶지 마시고 수리아(Syria)에 병합시켜 로마가 파견하는 수리아 총독의 관할을 받게 해달라는 것 외에 다른 것은 없습니다. 어느 정도 온유한 정책을 펴는 총독의 통치를 받게 해보면 저희가 진정 변혁을 좋아하는 반역의 기질이 농후한 자들인지 아니면 질서 있게 살아가는 자들인지 금방 아실 수가 있을 것입니다."

3. 유대의 사신들이 이같이 간청하고 나자, 니콜라우스(Nicolaus)가 헤롯 왕가를 변호하고 나섰다. "먼저 헤롯왕에 대해서 말씀드리겠습니다. 헤롯왕의 생전에는 단 한 번도 이런 비난이 없었음에도 불구하고 헤롯왕이 고인이 된 지금에 와서 그를 비난하고 고소한다는 것은 합당치 못하다고 생각됩니다. 그들이 만일 헤롯왕을 고소할 마음이 있었다면 그의 생전에 했어야 마땅할 것이며, 만일 그가 살아 있다면 지금만큼 맹렬한 비난은 하지 못했을 것입니다. 한편 아켈라오가 성전에서 유대인에게 가한 행동은 유대인들이 먼저 그에게 해를 가했기 때문에 생긴 일이었습니다. 유대인들은 법률을 어겼을 뿐 아니라 그들의 부당한 행위를 저지하려는 이들의 공무 집행을 방해하며 심지어는 죽이려고까지 하면서 아켈라오에게 불평을 늘어놓았습니다. 분명히 유대인들의 그

---

[14] 이스라엘 백성들이 어리석게도 고유의 신정 정치나 귀족 정치를 버리고 왕정을 택할 때는 왕들이 독재를 휘두르게 될 것이라고 예언하신 하나님의 말씀(삼상 8:1-22)을 기억하는 사람은 누구나 이 말씀이 헤롯의 시대에 실현되었으며, 그것도 유대국이 하나님의 현명하신 선택을 포기하고 왕정을 택한 것을 후회하며 헤롯 왕가의 통치를 받으니 차라리 이방 로마 정부와 그 관리의 통치를 받기 원할 정도까지 실현된 것을 쉽게 알 수 있을 것이다.

런 시도는 반역이었습니다. 유대인들은 법과 정의에 순복하는 법을 배우지 못한 민족이기에 반역을 통해 희열을 느끼며 모든 일에 있어서 남에게 복종할 줄 모르는 자들입니다." 이것이 니콜라우스의 변호의 요지였다.

4. 카이사르는 양쪽의 이 같은 주장을 들은 후에 모인 자들을 돌려보냈다. 그로부터 며칠 후 카이사르는 아켈라오를 전 왕국의 왕이 아니라 헤롯이 다스렸던 영토의 반을 다스리는 분봉왕(ethnarch)으로 임명하면서 선정을 베풀면 후에 왕으로 격상시켜 주겠다고 약속했다. 카이사르는 아켈라오에게 주고 남은 영토를 다시 둘로 나누어 헤롯의 아들인 빌립과, 아켈라오와 왕위를 놓고 경쟁을 벌이던 안티파스에게 주었다. 1년 세금이 200달란트[15]나 되는 페레아(Perea)와 갈릴리(Galilee)는 안티파스가 다스리게 된 반면에, 1년 세금이 100달란트인 바타네아(Batanea)와 드라고닛(Trachonitis, 트라코니티스)과 아우라니티스(Auranitis)와 제노도루스의 집(House of Zenodorus)이라고 부르는 지역은 빌립의 지배를 받게 되었다. 또한 이두매(Idumea)와 유대(Judea)와 사마리아(Samaria) 지역은 아켈라오에게 세금을 바치게 되었는데 이 지역 주민들은 반란에 참여하지 않았다는 이유로 카이사르의 직접 명령에 의해 세금의 4분의 1을 감면받았다. 이 밖에도 스트라톤의 망대(Strato's Tower)와 세바스테(Sebaste)와 욥바(Joppa)와 예루살렘(Jerusalem)이 아켈라오에게 세금을 바쳤다. 그러나 그리스 도시들인 가사(Gaza)와 가다라(Gadara)와 히포스(Hippos)는 아켈라오의 지배를 받지 않도록 카이사르가 구별하여 수리아 지역에 병합시켰다. 아켈라오가 지배하는 영토에서 1년에 나오는 세금은 600달란트에 달했다.

5. 헤롯의 아들들이 부친의 유산을 이와 같이 물려받은 반면에, 살로메는 헤롯이 유언으로 물려준 얌니아(Jamnia)와 아스돗(Ashdod)과 파사엘리스

---

[15] 아켈라오가 헤롯왕이 다스리던 영토의 반을 다스렸는데 1년 수입이 600달란트인 것을 볼 때 우리는 헤롯 대왕의 1년 수입이 얼마였던가를 대충 짐작해 볼 수 있다. 나는 헤롯 대왕의 1년 수입이 1,600달란트 정도 되었다고 생각한다. 요세푸스 시대 기준으로 1달란트가 3,000세겔이고 1세겔이 2실링 10펜스에 해당한다고 생각하고 환산해 보면 헤롯 대왕의 1년 수입은 680,000파운드에 해당된다.

(Phasaelis)와 은화 500,000드라크마 외에도 아스글론(Askelon)의 왕의 저택을 카이사르에게서 선물로 받았다. 이에 살로메의 1년 수입은 60달란트에 달했으며, 거처는 아켈라오의 영토 안에 있었다. 그 밖에도 나머지 헤롯의 가족들은 헤롯의 유언대로 재산을 물려받았다. 또한 카이사르는 헤롯의 두 처녀 딸들에게 헤롯이 남겨 준 것 외에 은화 250,000드라크마를 주었으며 페로라스(Pheroras)의 아들들과 결혼할 수 있도록 해주었다. 카이사르는 헤롯이 자기에게 주기로 유언한 것 중에서 다량의 그릇들은 차지하고 1,500달란트는 헤롯의 아들들에게 나누어 주었다. 카이사르가 그릇들을 차지한 것은 값비싼 그릇들이기 때문이 아니라 헤롯을 기억할 수 있는 기념품이기 때문이었다.

제12장

거짓 알렉산드로스에 관하여

1. 카이사르가 이같이 일을 마무리 짓고 났을 때 태생은 유대인이나 시돈(Sidon)시에서 로마 자유민으로 자라난 한 청년이 있었는데 보는 사람마다 처형당한 헤롯의 아들 알렉산드로스(Alexander)를 닮았다고 하자 알렉산드로스 행세를 하기 시작했다. 그는 잘하면 왕위에도 올라갈 수 있을 것이라고 생각하기에 이르렀다. 그는 동족 가운데서 헤롯 왕가의 궁중 사정을 잘 알고 있는 자, 특히 대중들을 선동할 줄 알고 남에게 악한 행동을 교사할 수 있는 성품의 인물을 동조자로 골라 다음과 같이 소문을 퍼뜨리게 했다. "이 젊은 청년이 바로 헤롯의 아들 알렉산드로스(Alexander)입니다. 그는 헤롯이 처형하러 보낸 병사 중 한 명에 의해 동생 아리스토불루스(Aristobulus)와 함께 구조되었던 것입니다. 그러나 실제로 처형된 인물은 알렉산드로스와 아리스토불루스가 아

닙니다. 사람들의 이목을 속이기 위해 엉뚱한 사람을 처형시킨 것입니다." 이 청년은 이같이 우쭐해져 만나는 사람마다 자기가 진짜 알렉산드로스인 것처럼 행세했다. 그는 그레데(Crete, 크레테)로 가서 그곳에서 만난 모든 유대인에게 자기가 알렉산드로스인 것처럼 행동했다. 그는 거기서 많은 돈을 기부받은 후에 멜로스(Melos)로 건너갔다. 그는 거기서 그레데에서보다 더 많은 돈을 긁어모을 수 있었다. 왜냐하면 그곳의 유대인들이 그가 진짜 알렉산드로스인 줄 알고 헤롯왕의 왕좌에 오르게 되는 날이면 한몫 볼 수 있을 것이라고 기대했기 때문이었다. 이에 그는 멜로스를 떠나 서둘러 로마로 갔다. 그는 로마로 가는 동안 나그네들의 환대도 받았다. 그는 어찌나 운이 좋았던지 디케아르키아(Dicearchia)에 도착하자마자 그곳에 거주하는 유대인들을 마찬가지로 속일 수가 있었다. 일반 유대인들뿐 아니라 헤롯에게 호의를 갖고 헤롯을 열렬히 지지하던 유대인들도 그를 그들의 왕으로까지 떠받들었다. 자기가 진짜 알렉산드로스라고 주장하는 데다가 용모마저도 아주 비슷했기 때문에 알렉산드로스와 친분이 있었던 사람들은 그가 바로 알렉산드로스가 틀림없다고 굳게 믿었고 다른 이들에게 맹세컨대 알렉산드로스가 분명하다고 주장하고 다녔기 때문에 그런 일이 가능했던 것이다. 그에 대한 소문과 함께 그가 로마로 오고 있다는 소식이 전해지자 로마의 전 유대인은 그를 마중하러 나왔다. 그들은 그가 뜻밖에도 구출되어 목숨을 건진 것은 하나님의 섭리임이 분명하다면서 마리암네의 후손이 이어지게 된 것을 무척 기뻐하였다. 그가 로마에 도착하자 로마의 유대인들은 그를 어가(御駕)에 태워 로마 시내로 모셨으며 자비(自費)를 들여 왕에 걸맞은 장식품으로 그를 치장해 주었다. 유대인들은 그 주위에 구름 떼같이 모여들어 환호성을 질렀으며, 기적적으로 살아난 이에게 베풀어야 한다고 생각되는 것은 하나도 빠뜨리지 않았다.

2. 이런 소문이 카이사르의 귀에까지 들렸으나 카이사르는 그것을 좀처럼 믿으려고 하지 않았다. 헤롯이 자기 신변에 심각한 영향을 줄지도 모르는 그런 중대사에 있어서 속임을 당할 인물은 아니라는 것이었다. 카이사르는 이에 의심을 품고 신하인 켈라두스(Celadus)를 보내 알렉산드로스라고 자칭하는 자와 이

야기를 해보고 또 그를 자기 앞에 대령하라고 지시했다. 켈라두스는 그를 카이사르 앞에 대령시켰으나 자기도 유대인들과 마찬가지로 가짜 알렉산드로스임을 알지 못했다. 그러나 이 가짜 알렉산드로스는 카이사르만은 속이지 못했다. 알렉산드로스와 용모가 흡사한 점이 한두 가지가 아니었으나 분별력이 있는 사람을 속일 수 있을 만큼 똑같은 것은 아니었기 때문이었다. 이 가짜 알렉산드로스는 손으로 일을 많이 했기 때문에 손이 몹시 거칠었다. 게다가 진짜 알렉산드로스는 힘든 일을 하지 않고 계속 교육만 받으면서 곱게 자랐기 때문에 몸이 부드러웠던 반면에 이 가짜 알렉산드로스는 힘든 노동을 많이 한 결과 몸이 매우 거칠어 보였다. 카이사르는 이 가짜 알렉산드로스와 그 부하가 대담하고 뻔뻔스럽게 거짓말을 늘어놓는 것을 보고는 아리스토불루스에 대해 질문을 던졌다. "그대와 함께 목숨을 건졌다는 동생 아리스토불루스는 어떻게 되었는가? 왜 그대와 함께 이곳에 와서 마땅히 부친의 왕국을 물려 달라고 하지 않는가?" 그러자 가짜 알렉산드로스는 이같이 대답했다. "동생 아리스토불루스는 바다를 무서워해서 그레데(Crete)섬에 남아 있습니다. 게다가 만일의 경우 같이 오다가 무슨 변이라도 당하는 날이면 마리암네의 후손은 영원히 사라지게 되는 것 아닙니까? 그래서 제게 무슨 일이 생기면 아리스토불루스라도 살아남아 저희를 해치려는 음모를 꾸민 원수들에게 복수하기 위해서 뒤에 남아 있을 수밖에 없었습니다." 그가 이같이 이야기하자 동조자가 그 말이 옳다고 맞장구를 쳤다. 그러자 카이사르는 가짜 알렉산드로스를 붙잡고 이같이 말했다. "네가 아무것도 속이지 않고 솔직하게 털어놓는다면 목숨만은 살려 주겠다. 너의 정체가 무엇이냐? 그리고 너로 하여금 사람들을 속이게 만든 장본인은 누구냐? 이런 사기극은 너같이 젊은 놈 혼자만으로는 도저히 꾸밀 수가 없다." 이에 가짜 알렉산드로스는 더 이상 빠져나갈 구멍이 보이지 않자 모든 사실을 솔직히 털어놓고 누구와 함께 그런 사기극을 공모했는지를 밝혔다. 카이사르는 이 가짜 알렉산드로스가 매우 건장한 체구를 가졌으며 손으로 하는 일은 잘할 것처럼 보였기에 약속한 대로 목숨은 살려 주고 선원이 되어 노를 젓게 했다. 그러나 그로 하여금 사기극을 꾸미도록 유도한 공모자는 처형시켰다. 카이사르는 멜로스(Melos) 주민들이 가짜 알렉산드로스에게 거액의 돈을 사기당했으므로 이미 충분한 벌을 받은 것이라고 보고 더 이상 처벌하지 않았다. 결국 자칭 알렉산드로스임을 가장한 대담한 사기극은 이렇게 해서 끝이 났다.

제13장

아켈라오가 두 번째로 고소를 당해 비엔나로 추방당하게 된 경위

1. 아켈라오는 자신의 분봉국인 유대로 돌아오자마자 보에투스(Boethus)의 아들 요아사르(Joazar)가 반란에 협조했음을 비난하며 그를 대제사장직에서 해임하고 그의 동생 엘르아살(Eleazar)을 대제사장으로 임명하였다. 아켈라오는 여리고에 있던 왕궁을 웅장하게 재건하는 한편 네아라(Neara) 마을이 관개용 수로 사용하던 물의 절반을 평지로 끌어들여 그가 심어 놓은 종려나무들에 물을 대었다. 아켈라오는 또한 마을 하나를 신축하고 자기 이름을 본떠 아르켈라이스(Archelais)라고 이름 지었다. 게다가 아켈라오는 우리 유대의 율법을 어기고[16] 형인 알렉산드로스의 아내였던, 아르켈라우스(Archelaus)의 딸 글라피라(Glaphyra)와 결혼하였다. 글라피라는 알렉산드로스와의 사이에서 세 자녀를 두었는데, 그런 형제의 아내와 결혼한다는 것은 유대인에게는 도저히 용납될 수 없는 일이었다. 한편 엘르아살은 대제사장직에 오래 있지 못했다. 그가 죽기 전에 시에(Sie)의 아들 예수(Jesus)가 대제사장직에 올랐다.

---

16) 슈판하임(Spanheim)은 형제의 아내가 자녀를 두었을 때 형제의 아내와 결혼하는 것은 유대인에게는 율법으로 금지되어 있었다고 말한다. 제노라스(Zenoras, 조나라스[Zonaras]의 오기인 듯함-편집자 주)의 견해도 이 점에서는 마찬가지이다.

2. 아켈라오의 통치 제10년에 아켈라오의 형제들 및 유대와 사마리아의 유력 인사들은 백성들을 학대하는 그의 야만적인 독재 행위를 견디다 못해 카이사르에게 그를 고소하였다. 왜냐하면 아켈라오가 온유한 태도로 선정을 베풀라는 카이사르의 명령을 어긴 것을 그들은 잘 알고 있기 때문이었다. 카이사르는 이들의 고소를 듣고 몹시 화가 나서 로마에서 아켈라오의 일을 대신하는 아켈라오의 청지기 아르켈라우스(Archelaus)를 불러들였다. 카이사르는 직접 아켈라오에게 서신을 보내는 것은 위신에 어긋난다고 생각하고 청지기에게 될 수 있는 대로 빨리 유대에 가서 아켈라오를 로마로 데려오라고 지시했다. 아켈라오의 청지기는 서둘러 항해 길에 올라 유대로 들어왔다. 청지기가 도착했을 때 아켈라오는 친구들과 연회를 즐기고 있었다. 이에 그는 아켈라오에게 카이사르가 자기를 보낸 용건을 말하고 서둘러 그를 로마로 데리고 왔다. 아켈라오는 (로마의) 카이사르 앞에 나아갔다. 카이사르는 아켈라오를 고소한 자들의 비난과 아켈라오 자신의 답변을 종합해서 생각한 후에 아켈라오를 갈리아(Gaul) 지방의 비엔나(Vienna)로 추방하기로 결정하고 재산을 몰수했다.

3. 한편 아켈라오는 청지기의 말을 듣고 로마로 가기 전에 자기가 꾼 꿈을 친구들에게 들려주었다. "나는 완전히 무르익은 10개의 이삭을 황소가 먹어치우는 꿈을 꾸었소. 나는 꿈에서 깨어난 후 그 꿈이 예사 꿈이 아니라는 생각이 들어 꿈 해몽을 전문으로 하는 점술가들을 불러들였소. 그런데 점술가들의 의견은 저마다 달랐소. 에세네파의 일원인 시몬(Simon)은 솔직하게 말하겠다면서 그 꿈은 내게 좋지 않은 변화가 생길 것을 예고하는 것이라고 해몽했소. 황소는 항상 힘들게 고통을 느끼며 일하는 짐승이기에 고통을, 더 나아가서는 환경의 변화를 의미하는 것이라 했소. 황소가 땅을 갈면 땅이 그전 상태로 있지 않기 때문이라는 것이었소. 게다가 이삭의 수가 10개라는 것은 10년을 가리키는 것으로 내 통치의 해가 끝났다는 것을 상징한다는 것이었소." 그런데 이 꿈을 꾼 지 닷새 후에 카이사르의 명령을 받은 청지기 아르켈라우스가 아켈라오를 찾아왔던 것이다.

4. 이와 비슷한 사건이 아켈라오의 아내인 글라피라(Glaphyra)에게도 일어났다. 글라피라는 갑바도기아(Cappadocia, 카파도키아) 왕 아르켈라우스(Archelaus)의 딸로서 헤롯의 아들이요 아켈라오의 형인 알렉산드로스(Alexander)와 결혼하였으나 알렉산드로스가 죽자 리비아(Libya)의 왕인 유바(Juba)와 재혼하였다. 그러나 그도 죽는 바람에 미망인으로 부친과 갑바도기아에서 살다가 아켈라오와 결혼한 여인이었다. 아켈라오가 그녀와 결혼했다는 사실은 조금 전에 우리가 살펴보았다. 아켈라오는 글라피라를 몹시 연모한 나머지 아내인 마리암네(Mariamne)와 이혼하고 글라피라와 결혼한 것이었다. 글라피라는 아켈라오와의 결혼 생활 중 꿈을 꾸었다. 꿈에 알렉산드로스가 그녀 옆에 서 있기에 너무 기쁜 나머지 열렬히 포옹하려고 하니까 알렉산드로스가 이같이 불평했다는 것이다. "오, 글라피라여! 여인은 바람에 흔들리는 갈대라더니 당신이 바로 그렇구려. 당신은 내게 정조를 지킬 것을 약속하지 않았소? 당신은 처녀 때 내게 시집오지 않았소? 당신과 나 사이엔 자녀까지 두지 않았소? 그러나 당신은 재혼하고 싶어서 내가 당신을 얼마나 사랑했는지는 모두 잊어버렸소. 게다가 당신은 내게 한 번 모욕을 가하는 것으로 만족하지 않고 세 번째 남편을 맞아들였소. 그것도 내 동생인 아켈라오와 결혼하여 내 집에 다시 발을 들여놓는 파렴치하고 추잡한 짓을 서슴지 않았소. 그러나 나는 그대가 전에 나를 사랑했던 것을 결코 잊지 않을 것이오. 그리고 그대를 그런 모든 치욕스러운 행위에서 해방시켜 전처럼 나의 것으로 만들겠소." 글라피라가 이 꿈 이야기를 친구들에게 말한 지 며칠 후에 그녀는 이 세상을 떠나고 말았다.

5. 나는 이와 같은 이야기들이 우리의 목적인 역사 서술에 부적합한 것이라고는 생각하지 않는다. 첫째로 이 이야기들은 우리가 현재 서술하고 있는 왕들에 관련된 이야기와 무관하지 않기 때문이고, 둘째로 이 이야기 속에서 영혼 불멸뿐 아니라 인간사를 주관하시는 하나님의 섭리의 확실한 증거를 살펴볼 수 있기 때문이다. 나는 이런 내용은 서술해야 할 필요가 있다고 생각한다. 그러나 만일 독자들 가운데 이런 문제가 마음에 들지 않는다면 자기 좋을 대로 생각해도 무방하다. 그러나 이로 인해 격려를 받고 덕을 쌓으려는 사람이

있다면 결코 그를 방해해서는 안 될 것이다. 어쨌든 아켈라오의 영토는 수리아에 병합되기에 이르렀고 집정관(consul)을 지낸 키레니우스(Cyrenius, 한글판 개역개정 성경에는 구레뇨로 되어 있음-편집자 주)가 수리아 주민들의 재산을 관리하고 아켈라오의 집을 매각하는 일을 담당하기 위해 카이사르의 명령을 받고 파견되었다.

제18권

32년간의 역사 기록

아켈라오의 추방부터
바벨론 유대인의 이거까지

제1장

키레니우스가 수리아와 유대의 세금 부과를 위해서 카이사르의 명을 받고 파견된 경위와 코포니우스가 유대의 총독으로 파송된 경위, 그리고 갈릴리의 유다와 유대 종파들에 관하여

1. 로마 원로원 의원인 키레니우스(Cyrenius, 한글판 개역개정 성경에는 구레뇨로 되어 있음–편집자 주)는 수리아를 지배하고 관리하라는 카이사르의 명을 받고 일단의 부하들을 인솔하고 수리아에 나타났다. 키레니우스는 집정관(consul)이 되기까지 여러 요직을 두루 거친 인물로서 매우 지체 높은 고관이었다. 이때 기사 계급 출신의 코포니우스(Coponius)가 유대 최고 통치권자로서 키레니우스와 함께 수리아로 왔다. 키레니우스는 수리아 지방에 새로 병합된 유대의 재산 상황을 살피고 아켈라오의 재산을 처분하기 위해 유대를 직접 방문했다. 유대인은 처음에는 세금 부과의 소식을 듣고 악의로 받아들였으나 보에투스(Boethus)의 아들 대제사장 요아사르(Joazar)의 설득에 넘어가 더 이상 반대하지 않고 그대로 받아들이기로 했다. 그들은 요아사르의 말에 완전히 설득당해 아무런 이의도 달지 않고 그들의 재산 상태를 보고하였다. 그러나 가말라(Gamala)에 살

고 있던 골란인(Gaulonite, 가울라니티스인)[1] 유다(Judas, 유다스)는 바리새인 사둑(Sadduc)[2]과 함께 백성들에게 반역을 일으킬 것을 선동하였다. 유다스는 이같이 유대인들에게 말하였다. "이런 세금의 부과는 노예가 되는 것과 다를 바가 없습니다. 그러므로 우리 모두의 자유를 지키도록 합시다." 유다와 사둑은 그들이 마치 백성들의 행복과 재산을 지켜 줄 수 있을 뿐 아니라 명예와 영광도 함께 누릴 수 있도록 할 능력이 있는 것처럼 백성들을 선동했다. 그들은 백성들이 스스로 자신들의 유익을 위해서 협력하지 않는다면 하나님도 결코 도우시지 않을 것이라고 주장했다. 그러나 백성들이 힘을 합쳐 큰일을 이루려고 할 때는 하나님이 틀림없이 도우실 것이라고 했다. 이에 유대인들은 그들의 말을 기쁨으로 받아들였으며, 이런 대담한 반역의 시도는 점차 무르익기 시작했다. 그리하여 이들로 인해 온갖 불행이 불어닥쳤으며 유대국은 이들의 교리로 인해 크게 오염되기에 이르렀다. 전쟁이 꼬리를 물고 일어나게 되었고 그로 인해 우리와 고통을 나누던 사랑하는 친구들을 잃지 않을 수 없었다. 게다가 많은 유대 유력 인사들은 강도를 당하고 살해되는 등 온갖 수모를 다 겪었다. 이들은 공공의 복지를 위해서 그랬다고 주장했으나 실상은 자신들의 이득을 위해서였다. 그들은 자신들의 유익을 위해서 반역을 일으켰기에 인명을 살상하는 일을 서슴지 않았으며 적뿐 아니라 어떤 때는 동족까지도 마구 살해하였다. 그들의 광기는 극에 달해 반대파는 한 명도 살려 두어서는 안 된다고까지 생각하기에 이르렀다. 도시의 약탈과 파괴가 쉴 사이 없이 자행되었으며 기근까지 겹쳐서 도저히 희망이라고는 눈에 보이지 않았다. 마침내 유대인들의 반역은 적대자들에 의해 하나님의 성전까지도 불에 탈 정도로 심각한 상태에 도달했다. 그 결과 조상 전래의 유대 율법은 변경되었으며 모든 것은 파멸로만 치닫고 말았다. 우리 유대인 가운데 제4의 철학적 종파를 탄생시키고 많은 추종자를 거

---

1) 누가는 이 유다(Judas, 유다스)를 한 번(행 5:37), 그리고 요세푸스는 네 번씩이나 갈릴리인(Galilean)이라고 했는데 여기서는 가말라(Gamala)의 골란인(Gaulonite)이라고 밝히고 있다. 따라서 이 유다가 요단강 서쪽 편 갈릴리 태생인지 아니면 동쪽 편 골란 태생인지는 여전히 큰 의문으로 남아 있다.
2) 내가 보기에는 이 바리새인 사둑(Sadduc)은 유대의 율법 학자들이 사두개파(Sadducees)의 불경건 혹은 불신의 계기를 제공한 인물이라고 칭하는 자와 동일 인물일 가능성이 없지 않다고 본다. 사두개파가 오래전부터 존재하고는 있었으나 사두개파라는 이름이 붙은 것은 바로 이 사람 때부터가 아닌가 생각된다.

느리게 된 유다와 사둑은 유대인들이 전에는 알지도 못했던 철학 체계를 도입하여 유대국을 온통 무서운 폭동으로 가득 차게 만들었으며 장차 큰 불행을 자초할 기틀을 다져 놓았다. 이 철학 체계에 대해서 잠깐 살펴보아야 할 필요가 있을 것 같다. 왜냐하면 젊은 층이 이 철학 체계에 오염되어 유대국이 결국은 파멸하기에 이르렀기 때문이다.

2. 유대인들은 오랜 세월 동안 그들 나름대로의 독특한 세 개의 철학 종파를 가지고 있었다. 즉 에세네파(the sect of the Essenes)와 사두개파(the sect of the Sadducees)와 바리새파(the sect of the Pharisees)의 세 종파가 있었다. 이 세 종파에 대해서는 『유대 전쟁사』(The Jewish War, 윌리엄 휘스턴은 이 책을 다르게 표기하기도 하였음[The Wars of the Jews]. 휘스턴의 영역본 본문에 맞춰 혼용하였음 – 편집자 주) 2권에서 이미 살펴본 바가 있으나 여기서 다시 잠깐 언급해야 할 필요가 있을 것 같다.

3. 우선 바리새파부터 살펴보도록 하자. 바리새파는 매우 검소하게 생활했으며 진수성찬을 경멸했다. 그들은 이성(理性)의 인도를 좇았으며 이성이 유익하다고 규정한 것은 무엇이든지 따랐다. 그들은 이성의 명령을 실천에 옮기기 위해서 최선을 다 기울여야 한다고 생각했다. 바리새파는 노인들에게 경의를 표하였으며 선조 적부터 내려오는 전통은 감히 바꾸려고 하지 않았다. 그들은 만물이 운명에 의해 움직여진다고 믿으면서도 인간으로부터 옳다고 생각되는 것을 행할 수 있는 자유를 박탈하지는 않았다. 바리새파는 하나님의 뜻을 행하는 것이 하나님을 기쁘시게 하는 것이나 인간의 의지는 악을 행할 수도 있고 선을 행할 수도 있는 것이라고 믿었다. 그들은 또한 영혼에는 불멸의 힘(immortal vigour)이 있어서 몸이 흙 속에 파묻혀도 이 세상에서 선하게 살았는지 악하게 살았는지에 따라 상벌을 받게 되는데, 선하게 살았을 경우에는 소생하여 다시 살 수 있는 능력을 받게 되고 악하게 살았을 경우에는 영원한 감옥에 갇히게 된다고 믿었다. 이런 교리들 때문에 바리새파는 유대인들에게 큰 영향력을 행사할 수가 있었다. 유대인들은 하나님께 제사를 드릴 때나 기도를 할

때나 희생을 드릴 때에는 바리새인들이 시키는 대로 하였다. 바리새파는 삶의 모습에서나 가르침에 있어서 온전한 덕이 있었기 때문에 백성들은 그들을 크게 존경하였다.

4. 이제는 사두개파의 교리에 대해서 살펴보자. 사두개파는 영혼은 몸과 함께 죽는다고 생각하였다. 그들은 율법이 규정하고 있는 것 외에는 그 어떤 것도 준수하려고 하지 않았다. 그들은 그들이 자주 찾아가는 철학 교사들과 논쟁을 벌이는 것을 일종의 덕으로 간주하였다. 그러나 이들의 교리는 일부에 의해서만 받아들여졌다. 그렇지만 그들 대부분이 고관들이었다. 비록 그들이 대부분 고관이었다 하더라도 그들 스스로는 아무것도 할 수가 없었다. 그들이 정무관이 되면(어떤 때는 타의에 의해서나 어쩔 수 없어서 그렇게 되는 수가 많았는데) 바리새파의 교리로 기울어지지 않을 수가 없었기 때문이었다. 그렇지 않을 경우에는 백성들이 그들을 용납하지 않았다.

5. 이제는 에세네파의 교리에 대해서 살펴볼 차례가 되었다. 에세네파는 만물이 하나님께 기인한다고 믿었다. 그들은 영혼의 불멸을 가르쳤으며 의(義)의 보상을 받기 위해 끊임없이 노력해야 한다고 생각했다. 그들은 하나님께 바친 것을 성전에 보낼 때는 제사를 드리지 않았다.[3] 왜냐하면 그들은 그들 나름대로의 더 순결한 정결 예식이 있기 때문이었다. 이런 까닭으로 그들은 성전의 공동의 뜰에서 배제되고 스스로 제사를 드렸다. 그러나 에세네파의 삶은 다른 이들보다 더 나았다. 그들은 전적으로 농사에 전념하였다. 그들이 덕(virtue), 특히 의(義, righteousness)를 추구하는 데 있어서 덕을 추구하는 어떤 이들보다 뛰어났다는 점은 우리의 칭송을 받아 마땅하다. 헬라인이나 야만인이나 막론하고, 앞으로도 상당 기간은 그들을 따라갈 만한 자들은 결코 나타나지 않을 것이다. 이것은 모든 것을 공유하는 그들의 제도를 볼 때 분명해진다. 그들은

---

[3] 요세푸스가 여기서 말하려고 하는 의미는 에세네파가 유대 절기 때 예루살렘에 올라가지 않았으며 거기서 제사를 드리지도 않았다는 것을 의미하는 것처럼 보인다. 이것이 신약 성경에 에세네파에 대한 언급이 단 한 번도 나오지 않는 가장 큰 이유가 아닌가 생각한다.

모든 재산을 공유하기 때문에 아무리 큰 부자라 하더라도 아무것도 가지지 않은 무일푼의 사람보다 더 자기의 재산을 가지고 즐길 수 없었다. 이런 식으로 살아가는 사람은 약 4,000명에 달했는데, 그들은 결혼도 하지 않았으며 종도 두지 않았다. 그들이 결혼을 하지 않은 것은 결혼이 가정의 불화를 일으킬 소지가 많다고 생각했기 때문이었으며, 종을 두지 않은 것은 종을 두면 공정하지 못할 위험성이 많다고 보았기 때문이었다. 그러나 에세네파는 홀로 살면서도 서로 봉사하며 살았다. 그들은 청지기를 선정하여 그들의 수입과 밭의 소산을 관리하게 했다. 이 청지기들은 선한 성품의 소유자나 제사장들이었으며, 곡식과 식량을 마련하는 역할을 담당했다. 이들의 생활 방식은 에세네파의 다른 구성원들과 다를 바가 없었으나 폴리스타이(Polistæ, 도시 거주자)[4]라고도 불린 다카이인(Dacæ)과 매우 흡사하였다.

6. 유대 철학의 네 번째 종파의 창시자는 갈릴리인(Galilean) 유다(Judas)였다. 이 종파는 다른 모든 면에서는 바리새파와 같았으나 자유에 대해서 불가침의 애착을 갖고 있었다는 점만이 달랐다. 그들은 하나님만이 그들의 지배자요 주인이라고 주장했다. 그들은 어떠한 죽음에도 개의치 않았을 뿐 아니라 친지들과 친구들의 죽음 앞에서도 눈 하나 까딱하지 않았다. 그들은 어떤 위협 앞에서도 하나님 외에는 그 누구에게도 주(主)라고 하지 않았다. 그들의 이런 부동의 결심은 잘 알려진 사실이므로 더 이상 언급할 필요가 없을 것이다. 나는 이들에 대한 나의 이야기를 독자들이 믿어 주지 않을까 걱정하지 않는다. 오히려 이들의 부동의 결심을 내가 얼마나 잘 전달했을까가 걱정이 된다. 모진 고문을 당하면서도 하나님 외에는 그 누구도 주라고 부르지 않았던 그들의 부동의 결심에 오히려 누를 끼치지 않았을까 걱정이 된다. 유대국이 이런 기질을 유감없이 발휘하기 시작한 것은 게시우스 플로루스(Gessius Florus) 총독 때였다. 그

---

[4] 요세푸스가 언급하고 있는 폴리스타이(Polistæ)가 피타고라스주의적 다카이인(Pythagoric Dacæ) 가운데 누구를 가리키는지는 단정하기 힘들다. 스칼리게르(Scaliger)는 다카이인(Dacæ)의 일부는 수도사처럼 장막이나 동굴 등에 홀로 거하였으며 또 일부는 도시를 건설하고 함께 거주하기도 했는데 여기에서 '도시의 거주자들'이란 뜻의 '폴리스타이'라는 이름이 붙여진 것이라고 주장한다.

는 권력을 마구 남용하였다. 이에 유대인들은 점차 완강해지기 시작했으며 마침내 로마에 반역을 일으키게 되었다. 유대 철학의 네 종파는 위와 같았다.

제2장

헤롯과 빌립이 카이사르를 기념하기 위해서 여러 도시를 건설한 경위, 그리고 제사장과 총독들의 계승에 관하여, 그리고 프라아테스와 바대인들에게 일어난 사건들에 관하여

1. 카이사르(Cæsar)가 악티움(Actium) 전투에서 안토니우스(Antony)를 무찌르고 승리한 지 37년째가 되는 해에, 키레니우스(Cyrenius)는 아켈라오(Archelaus, 아르켈라우스)의 재산을 처분하고 세금 부과의 건을 매듭짓고 난 후, 백성들이 선택해 세웠던 대제사장 요아사르(Joazar)를 대제사장직에서 해임하고 셋(Seth)의 아들 아나누스(Ananus)를 대제사장으로 임명하였다. 헤롯(Herod)과 빌립(Philip)은 각기 그들의 분봉국(tetrarchy)을 차지하고 여러 문제를 해결하였다. 헤롯은 전 갈릴리 지역의 요충지인 세포리스(Sepphoris)를 성벽을 쌓아 요새화하여 분봉국의 중심 도시로 만들었다. 헤롯은 또한 베타람프타(Betharamphtha)도 성벽을 쌓아 요새화한 후 황제의 아내 이름을 본떠 율리아스(Julias)라고 이름 지었다. 빌립 또한 요단강 근원지에 파네아스(Paneas)라는 도시를 건설하고 가이사랴(Caesarea)라고 불렀다. 그는 또한 게네사렛(Gennesareth) 호숫가에 위치한 벳새다(Bethsaida) 마을을 주민의 수로나 그 밖의 점에서 도시로서의 면목을 갖추도록 만든 후에 카이사르의 딸의 이름을 본떠서 율리아스(Julias)라고 명명했다.

2. 앞서 살펴본 바와 같이 코포니우스(Coponius)는 키레니우스(Cyrenius)와 함께 카이사르의 명을 받고 유대 총독으로 보냄을 받았다. 코포니우스가 유대를 통치하기 시작했을 때 아래와 같은 사건이 발생했다. 유대인들이 유월절(Passover)이라고 부르는 무교절에 제사장들은 밤 12시가 지나면 바로 성전 문을 여는 것이 일종의 관습이었다. 그런데 성전 문이 열리자마자 몰래 예루살렘에 잠입해 있던 몇몇 사마리아인들이 죽은 사람의 시신을 성전 행각에 던져 놓고 도망쳤다. 이로 인해 그 후로부터는 유대인들이 사마리아인들을 성전에 접근하지 못하게 했다. 유대인들은 그런 절기 때에는 결코 그와 같은 조치를 한 적이 없었다. 유대인들은 이 외에도 여러 가지 이유로 인해 전보다 성전을 더 엄중하게 감시했다. 이런 일이 있은 지 얼마 되지 않아 코포니우스는 로마로 돌아가고 마르쿠스 암비비우스(Marcus Ambivius)가 후임으로 부임하였다. 그가 총독으로 있을 때 헤롯왕의 여동생인 살로메(Salome)가 세상을 떠났다. 살로메는 유언으로 얌니아(Jamnia)와 그 인근 전 지역과 파사엘리스(Phasaelis) 평지와 최상급 열매가 맺히는 종려나무 대농장이 있는 아르켈라이스(Archelais)를 카이사르의 아내 율리아(Julia)에게 남겨 주었다. 그 후 마르쿠스 암비비우스의 후임으로 안니우스 루푸스(Annius Rufus)가 부임하였다. 그가 유대 총독으로 재임하는 동안에 카이사르(Cæsar), 즉 로마의 두 번째 황제(요세푸스는 그를 공화정 시대의 율리우스 카이사르[Julius Cæsar]와 함께 황제라고 보았던 것 같다−편집자 주)가 세상을 떠났다. 카이사르의 재위 기간은 모두 57년 6개월 2일간이었다(이 기간 중 안토니우스[Antonius]와의 공동 통치 기간은 14년이었으며 77세를 일기로 세상을 떠난 것이다). 그가 죽자 율리아(Julia)의 소생인 티베리우스 네로(Tiberius Nero, 한글판 개역개정 성경에는 디베료로 되어 있음−편집자 주)가 뒤를 이었다. 티베리우스 네로는 제3대 황제였다. 그는 안니우스 루푸스 후임으로 발레리우스 그라투스(Valerius Gratus)를 유대 총독으로 임명하였다. 발레리우스 그라투스는 아나누스(Ananus)를 대제사장직에서 해임하고 파비(Phabi)의 아들 이스마엘(Ismael)을 대제사장으로 임명하였다. 그러나 얼마 후 그는 다시 이스마엘을 대제사장직에서 해임하고 그 전의 대제사장이었던 아나누스의 아들 엘르아살(Eleazar)을 대제사장으로 임명하였다. 그러나 엘르아살도 1년 만에 대제사장직에서 쫓겨나게 되었다. 그

후 그라투스는 카미투스(Camithus)의 아들 시몬(Simon)에게 대제사장직을 주었다. 그러나 시몬도 1년이 채 못 되어 대제사장직에서 쫓겨나게 되었고 요셉 가야바(Joseph Caiaphas)가 후임 대제사장으로 임명되었다. 그라투스는 이같이 11년 동안 유대를 통치하다가 로마로 돌아갔다. 이에 본디오 빌라도(Pontius Pilate)가 후임 총독으로 부임하게 되었다.

3. 티베리우스(Tiberius)의 총애를 받던 분봉왕(tetrarch) 헤롯(Herod)은 도시를 하나 건설하고 디베랴(Tiberias, 티베리아스)라고 불렀다. 헤롯은 이 도시를 갈릴리 지역에서 가장 좋은 곳인 게네사렛 호숫가에 건설했다. 이 도시에서 얼마 떨어지지 않은 엠마오(Emmaus) 마을에는 온천이 있었다. 이 도시에는 수많은 갈릴리인뿐 아니라 외국인들까지 와서 거주하게 되었다. 헤롯은 자기 영토 내에 거주하는 백성들을 강제로 이주시켜 디베랴의 주민이 되게 했다. 이들 중에는 신분이 좋은 자들도 여럿 있었다. 그러나 헤롯은 각지의 가난한 자들도 그곳에 와서 거주할 수 있도록 허락했다. 그들 가운데는 자유민이 아닌 자들도 많이 있었는데 헤롯이 그들에게 은혜를 베풀어서 자유민이 되게 해주었다. 헤롯은 또한 이들에게 좋은 집을 지어 주는 한편 땅을 주어서 도시를 떠나지 못하도록 했다. 디베랴는 묘지를 파내고 건설한 도시였고 그런 곳을 주거지로 이용하는 것은 유대의 율법을 범하는 것임을 헤롯은 잘 알고 있었기 때문이었다.[5] 유대 율법은 이런 곳에 거주하는 자들은 7일간 부정하다고 선포하고 있다(민 19:11).

4. 바로 이 무렵 바대(Parthia, 파르티아)의 왕 프라아테스(Phraates)가 아들 프라아타케스(Phraataces)의 반역으로 살해되고 말았다. 그 자세한 경위는 아래와 같다. 프라아테스에게는 적자들이 여럿 있었다. 그런데도 그는 율리우스 카이사르(Julius Cæsar)가 선물로 보내 준 이탈리아 출신 여종 테르무사(Thermusa)

---

[5] 헤롯 대왕의 죽음과 아켈라오의 왕위 계승 이후의 역사에 대해서는 요세푸스가 매우 간략하게 서술하고 있음을 주목할 필요가 있다. 짐작건대 요세푸스는 당대에 이르기까지 그 기간의 역사는 기록할 만한 가치가 없다고 생각했던 것으로 보인다.

의 미모에 반해 그녀를 후궁으로 맞이하더니 시간이 흘러 프라아타케스(Phraataces)라는 아들을 낳자 그를 적자로 맞아들이고 그녀를 더욱 애지중지하였다. 테르무사는 왕의 마음을 완전히 사로잡을 수 있게 되자 아들 프라아타케스에게 바대국을 물려 주라고 졸라 대기 시작했다. 테르무사는 프라아테스왕의 적자들을 (왕국에서) 쫓아내지 않고는 뜻을 이룰 수 없음을 알자 아들들을 로마에 대한 충성을 약속하는 증거로 로마에 보내자고 왕을 설득하기 시작했다. 그러자 프라아테스왕은 그녀의 청을 거절할 수 없어서 아들들을 로마로 보냈다. 이에 프라아타케스만이 왕국을 계승하기 위해 바대국에서 양육을 받았다. 프라아타케스는 후계자로 부친이 지명할 때까지 기다리는 것이 너무 지루하다고 생각하여 모친의 협조를 얻어 부친을 살해하고 말았다. 게다가 전하는 풍문에 의하면 프라아타케스는 모친과 간통을 범하기도 했다는 것이었다. 바대 백성들은 모친과의 (불륜의) 사랑을 부친 살해 못지않은 무서운 죄악으로 간주하였기에 프라아타케스는 이중으로 백성들의 미움을 받게 되었다. 이에 그는 결국 백성들의 반역으로 세력을 키우기도 전에 국외로 추방되어 죽고 말았다. 한편 바대의 지도급 인사들이 모여 의논한 결과 왕이 없어서는 안 되겠다고 의견이 일치하자 관습상 아르사케스(Arsaces) 가문에서 왕을 선출할 수 있었기에 사신들을 보내 오로데스(Orodes)를 왕으로 옹립하였다(다른 가문에서 왕을 선출하는 것은 법으로 금지되어 있었다. 그런데 프라아테스왕이 이탈리아인 여종과 결혼하여 자식을 낳는 바람에 왕국이 심한 타격을 받았다고 생각한 것이다). 오로데스(Orodes)는 잔인하고 포악했으며 화를 잘 내는 성미로 이미 평판이 나 있었음에도 불구하고 그를 왕으로 모실 수밖에 없었다. 그러나 그들은 다시 오로데스를 제거할 음모를 꾸미고 마침내 그를 살해하였다. 어떤 이들은 절기 때 제사를 드리는 도중에(이때는 칼을 소지하는 것이 관례였기 때문에) 오로데스를 살해하였다고 주장하고 있으나 대부분의 견해는 그를 사냥하자고 유인한 다음 살해하였다는 것이다. 그 후 그들은 로마로 사신을 보내 볼모로 잡혀 있던 왕자들 가운데서 한 명을 왕으로 보내 달라고 요구하였다. 이에 보노네스(Vonones)가 선택되어 바대로 보내졌다. 그러나 야만인들은, 변덕스러운 것이 특징이긴 하지만, 곧 보노네스가 왕의 자격이 없다는 이유로 생각을 바꾸었다. 노예(그들은 볼모였던 자들을 노예라고 불렀다)

였던 자의 명령을 듣는다는 것은 상상할 수도 없는 것이며 노예였던 자가 왕이 된다는 것은 치욕이라는 것이었다. 게다가 전쟁의 승부 결과로서가 아니라 평화 시에 그런 왕을 세운다는 것은 더 이상 견딜 수 없는 수치라고 생각했기 때문이었다. 이에 그들은 아르사케스 가문 출신이기도 한 메대(Media, 메디아)의 왕 아르타바누스(Artabanus)를 왕으로 초빙하였다. 이에 아르타바누스는 초청에 승낙하고 군대를 끌고 왔다. 보노네스는 군대를 이끌고 이에 대항했다. 바대 백성들은 처음에는 보노네스 편을 들었다. 이에 아르타바누스는 전투에 패하여 메대의 산간 지방으로 도주하였다. 그러나 그 후 얼마 뒤 아르타바누스는 대군을 끌고 와서 보노네스를 공격하여 패배시켰다. 이에 보노네스는 말을 탄 채로 소수의 측근 부하들만 이끌고 티그리스(Tigris) 강가의 셀레우키아(Seleucia)로 도피하였다. 아르타바누스는 크게 낙심한 바대인들을 무찔러 승리하고, 많은 인명을 살해한 후에 수많은 백성을 거느리고 크테시폰(Ctesiphon)으로 물러났다. 이렇게 해서 아르타바누스가 바대를 다스리게 되었다. 한편 보노네스는 아르메니아(Armenia)로 피신하자마자 아르메니아 왕국을 지배하고 싶은 욕망을 갖게 되었고 따라서 이를 위해 로마에 사신을 파견하였다. 그러나 티베리우스(Tiberius) 황제는 그의 요구를 거절하였다. 게다가 보노네스는 용기마저도 없었다. 또한 바대 왕은 보노네스가 계속해서 아르메니아 왕국을 차지하려고 한다면 전쟁도 불사할 것이라고 위협을 가해 왔다. 그 밖에도 니파테스(Niphates) 근처의 아르메니아 지도급 인사들이 아르타바누스에게 합세하였다. 이렇게 해서 보노네스는 도저히 그의 뜻을 이룰 수 없음을 알고 수리아 총독인 실라누스(Silanus)에게 몸을 의탁하였다. 이에 실라누스는 보노네스가 로마에서 교육받은 것을 생각하고 그를 수리아에 머물게 했다. 한편 아르메니아는 아르타바누스가 자기 아들 오로데스(Orodes)에게 주어 지배하게 했다.

5. 콤마게네(Commagene)의 왕 안티오쿠스(Antiochus)가 죽은 것이 이때쯤이었다. 이로 인해 백성들과 귀족들 간에 다툼이 벌어지게 되었다. 귀족들은 로마의 속주가 되어 로마의 통치를 직접 받는 것을 원한 데 반해, 백성들은 조상 때부터 내려오던 것처럼 왕의 통치를 받기 원했다. 이에 로마의 원로원은 게르

마니쿠스(Germanicus)를 보내 문제를 해결하도록 결정했다. 그러나 게르마니쿠스는 이로 인해 목숨을 잃고 말았다. 그곳의 모든 문제를 거의 다 해결하고 났을 때 피소(Piso)에게 그만 독살되고 만 것이었다.

제3장

유대인들이 본디오 빌라도에게 반역을 일으키게 된 경위, 그리고 그리스도에 관하여, 그리고 파울리나와 로마의 유대인들이 겪은 일에 관하여

1. 한편 유대 총독(procurator) 빌라도(Pilate)는 유대 율법을 말살하기 위하여 예루살렘을 겨울 진영(winter-quarter)으로 삼고 가이사랴(Caesarea)에서 예루살렘으로 군대를 이동시켰다. 빌라도는 또한 상(像)을 만드는 것조차도 금하는 유대 율법이 있음에도 불구하고 카이사르의 상이 그려진 깃발을 들고 예루살렘으로 들어왔다. 전임 총독들은 유대 율법이 상을 금하는 것을 알고 있었기에 상이 그려지지 않은 깃발을 들고 예루살렘에 입성했었다. 따라서 이런 상을 예루살렘에 가지고 들어온 것은 빌라도가 처음이었다. 이 일이 밤에 일어났기에 유대인들은 처음에는 몰랐다. 그러나 이 사실을 알고는 떼를 지어 가이사랴로 몰려가서 카이사르의 상을 제거해 달라고 여러 날 동안 빌라도에게 간청하였다. 그러나 빌라도는 그것이 카이사르에게 욕이 된다는 이유로 그들의 요구를 들어주지 않았다. 이에 유대인들도 물러서지 않고 계속 간청하였다. 6일째 되는 날 빌라도는 병사들에게 은밀히 무기를 소지하고 자기가 지시하는 대로 따르라고 명령하였다. 빌라도는 6일째 되는 날 재판석에 나와 앉았다. 그는 병사들을 숨길 수 있도록 도시의 공터에 재판석을 만들어 놓았었다. 유대인들이

다시 간청하려고 나타나자 빌라도는 신호를 보내 병사들로 하여금 유대인들을 에워싸게 하고는, 곧장 집으로 돌아가지 않고 계속 괴롭히면 죽음을 면키 어려울 것이라고 위협했다. 그러나 유대인들은 땅에 엎드려 목을 길게 빼고는 율법을 범하느니 차라리 달게 죽겠다고 대꾸했다. 빌라도는 유대인들의 율법을 지키려는 굳은 결의에 크게 감동되어 즉시 카이사르의 상을 예루살렘에서 가이사랴로 옮겨 오라고 지시하였다.

2. 빌라도는 거룩한 돈(sacred money)을 사용해서 200펄롱 떨어진 곳으로부터 예루살렘으로 물을 끌어들였다. 그러나 유대인들은[6] 이 일이 전혀 마음에 들지 않았다. 수많은 사람이 모여서 빌라도가 그 일을 즉시 중단해야 한다고 떠들어 대기 시작했다. 이에 일부 사람들은 군중들이 모이면 흔히 하는 것처럼 빌라도에게 욕설을 퍼붓고 비난을 가하기도 하였다. 그러자 빌라도는 수많은 병사들을 유대인 복장으로 변장시키고 단검을 옷 속에 숨기게 한 후에 유대인들이 모이는 곳에 잠입시켰다. 그 후 빌라도는 친히 나서서 유대인들에게 해산할 것을 명령하였다. 그러자 유대인들은 빌라도에게 마구 비난을 퍼부었다. 이에 빌라도는 이미 약속된 신호를 병사들에게 보냈다. 병사들은 빌라도가 명령한 것보다 훨씬 가혹하게 유대인들을 대했다. 병사들은 반역을 일으킨 자나 일으키지 않은 자나 모두 똑같이 취급했다. 그들은 단 한 사람도 살려 두려고 하지 않았다. 유대인들은 무방비 상태였는데 병사들은 미리 준비를 하고 있었기에 수많은 유대인이 살해당하게 되었으며 나머지는 부상당한 채로 도망을 쳤다. 이렇게 해서 반역은 끝이 났다.

3. 한편 바로 이 무렵 예수(Jesus)라는 지혜로운 사람이 있었다(그를 인간으로 보는 게 합당한지는 모르겠지만 말이다). 그는 신기한 일들을 행하였으며, 기꺼이 진리를 받아들이는 사람들의 선생이었다. 그는 유대인뿐 아니라 이방인까지도 수

---

[6] 이 일로 인해 빌라도의 손에 죽은 유대인들이 바로 "빌라도가……피를 그들의 제물에 섞은"(눅 13:1-2) 갈릴리 유대인일 가능성이 크다. 이런 소동은 보통 제사를 많이 드리는 유대의 큰 절기에 일어났으며 갈릴리인이 유대 지역 사람들이나 예루살렘 주민들보다 더 많이 소동을 일으켰다.

없이 많이 그의 곁으로 끌어들였다. 그가 바로 그리스도(Christ)였다. 빌라도가 유대의 유력 인사들의 청에 따라 그를 십자가에 달려 죽게 했으나[7] 그를 처음부터 사랑하던 자들은 그를 버리지 않았다. 왜냐하면 하나님의 선지자들이 예언한 대로 3일 만에[8] 그가 다시 살아나서 그들에게 나타났기 때문이었다. 하나님의 선지자들은 이뿐 아니라 그에 관해서 수많은 놀라운 일들을 예언했었다. 그의 이름을 본떠 그리스도인(Christian)이라고 불리는 사람들은 오늘날까지도 남아 있다.

4. 또 다른 슬픈 재난으로 유대인들이 극심한 혼란에 빠지게 된 것은 그로부터 얼마 후였다. 이때 로마에 있는 이시스(Isis)의 신전에서도 수치스러운 일이 발생하였다. 이시스의 신전에서 일어난 추잡한 죄악에 대해서 먼저 살펴본 다음에 유대인들이 당한 재난도 살펴보도록 하자. 로마에는 파울리나(Paulina)라는 한 여인이 살고 있었다. 그 여인은 명문 출신으로 정숙한 삶을 살았기 때문에 명성이 매우 드높았다. 또한 그 여인은 매우 큰 부자였다. 게다가 빼어난 미모의 소유자였으며 세상을 즐기려는 한창나이였음에도 불구하고 매우 정숙한 삶을 살았다. 파울리나는 모든 면에서 자기에게 조금도 뒤지지 않는 사투르니누스(Saturninus)와 결혼하였다. 그런데 기사 계급(equestrian order, 고대 로마의 원로원 계급 아래 있던 유력 시민 계층-편집자 주)의 데키우스 문두스(Decius Mundus)가 파울리나를 사랑하게 되었다. 그러나 파울리나는 선물 따위로 환심을 살 수 있는 그런 여인이 아니었다. 이에 데키우스 문두스는 많은 선물을 보냈으나 그때마다 거절을 당했다. 그러자 문두스는 오히려 그녀를 더욱 사랑하게 되어 하룻밤만 같이 지내게 해주면 200,000아티카 드라크마(Attic drachma)를 주겠다고 제의했다. 그러나 파울리나는 거들떠보지도 않았다. 파울리나의 거절에 상심한 문두스는 음식을 전폐하고 굶어 죽기로 작정하였다. 문두스는 자기 생각을 즉시 실행에 옮겼다. 그런데 문두스에게는 그의 부친이 해방시킨 이데(Ide)

---

[7] 주후 33년 4월 3일.
[8] 4월 5일.

라는 여자 하인이 하나 있었다. 이데는 남을 해하는 일을 꾸미는 데 남다른 재주가 있는 여인이었다. 이데는 문두스가 계획한 것을 알고(문두스는 굶어 죽으려고 결심한 것을 남에게 숨기지 않았었다) 문두스를 찾아가 위로하면서 파울리나와 하룻밤 지낼 수 있는 묘책이 있다고 했다. 이에 문두스의 귀가 솔깃해지자 이데는 50,000드라크마만 자기에게 주면 파울리나를 올가미에 잡아넣을 수 있을 것이라고 했다. 이데는 문두스를 설득시켜 50,000드라크마를 손에 넣었다. 이데는 파울리나가 돈에 넘어갈 여자가 결코 아님을 잘 알고 있었기에 문두스처럼 돈으로 유혹하는 방법을 쓰지 않았다. 그 대신 파울리나가 이시스(Isis) 여신을 열성으로 섬긴다는 사실을 알고 이를 이용하기로 했다. 이데는 이시스를 섬기는 몇몇 사제들을 찾아가 능란한 말솜씨와 돈으로 그들을 유혹했다. 이데는 그들에게 25,000드라크마를 주면서 일이 성공하기만 하면 25,000드라크마를 더 주겠다고 약속했다. 이데는 문두스가 파울리나를 미칠 정도로 사랑하고 있으니 어떻게 해서든지 파울리나를 속여서 문두스가 하룻밤을 같이 지낼 수 있도록 해야 한다고 당부했다. 이에 이시스의 사제들은 돈에 눈이 어두워져 그렇게 하겠다고 했다. 나이가 제일 많은 사제는 즉시 파울리나를 찾아가 은밀히 할 이야기가 있다고 했다. 파울리나가 말해 보라고 하자 그 사제는 이렇게 말했다. "나는 아누비스(Anubis) 신의 명을 받고 이렇게 오게 된 것입니다. 아누비스 신께서는 그대를 사랑하시어 그대를 불러오라고 명령하셨습니다." 이에 파울리나는 사제의 말을 호의로 받아들였으며 아누비스 신이 황공하게도 그런 은혜를 자기에게 베푼 것에 대해 무척 만족스러워했다. 따라서 파울리나는 남편에게 아누비스 신이 함께 식사를 나누고 동침하자는 내용의 전갈을 보냈다고 말했다. 이에 남편은 아내의 정절에 크게 만족하였기 때문에 그렇게 하라고 허락했다. 그래서 파울리나는 신전으로 갔다. 식사가 끝나고 잘 시간이 되자 사제는 신전의 모든 문을 닫았다. 성소의 불도 모두 꺼졌다. 그러자 문두스가 숨어 있던 곳에서 뛰어나와 파울리나와 동침했다. 파울리나는 그를 신으로 여기고 있었기에 밤새도록 그의 뜻에 따랐다. 문두스는 이런 계략을 전혀 모르는 사제들이 눈치채기 전에 일찍 사라졌다. 한편 파울리나는 아무것도 모르고 일찍 남편에게로 돌아가 아누비스 신이 그녀에게 나타났었다고 말했다.

파울리나는 친구들에게도 그 누가 아누비스 신에게 이보다 더 큰 은혜를 입을 수 있겠느냐고 자랑스럽게 이야기했다. 그러나 친구들은 도대체 어떻게 그런 일이 있을 수 있느냐고 반신반의하면서도 파울리나의 신분과 정절을 생각하면 믿지 않을 수가 없어서 일면 놀라기도 하였다. 이런 일이 있은 지 3일째 되는 날 문두스는 파울리나를 만나자 이렇게 말했다. "아, 파울리나여! 그대는 200,000드라크마를 벌 수도 있었는데 안타깝소. 그러나 어쨌든 그대 덕분에 나는 200,000드라크마를 쓰지 않게 되어 기쁘오. 또한 내가 찾아갔을 때 나를 극진히 섬겨 주어 고맙기 그지없소. 그대가 문두스라는 이름에 그동안 먹칠을 해왔으나 이름이 무슨 상관이 있소. 실제로는 내가 그대를 안고 마음껏 즐긴 것을 알고 있소? 내가 아누비스 신의 행세를 하고 그대를 내 품에 안은 것을." 문두스는 이같이 말하고는 가 버렸다. 파울리나는 그제야 비로소 자기가 얼마나 엄청난 잘못을 저질렀는가를 깨닫게 되었다. 이에 파울리나는 옷을 찢고 남편에게 모든 사실을 알린 후 이번 일을 모른 체하지 말고 제발 자기를 도와 달라고 간청했다. 그러자 남편인 사투르니누스는 이런 사실을 황제에게 알렸다. 이에 티베리우스 황제는 사제들을 문초하여 사실을 밝혀낸 후 사제들은 물론 모든 흉계를 꾸민 이데를 십자가에 처형시켰다. 황제는 또한 이시스(Isis) 신전을 파괴하고 이시스 여신의 상을 테베레(Tiber)강에 던져 넣으라고 명령하였다. 그러나 문두스는 단지 추방만 시켰다. 문두스는 사랑에 눈이 어두워져 멋모르고 죄를 지었다는 것이었다. 이시스 신전과 이시스 신의 사제들이 저지른 죄악은 이와 같이 추잡했다. 이제는 앞서 언급했던 대로 로마에 있는 유대인들에게 일어난 일을 살펴보도록 하자.

5. 로마에는 율법을 범한 죄로 고소를 당하자 벌을 받을까 무서워 고국을 버리고 도망쳐 온 한 유대인이 있었다. 그는 어디를 보나 사악한 인간이었다. 그는 로마에 거주하면서 사람들에게 모세의 율법의 지혜를 가르친다고 떠벌리고 다녔다. 그는 자기와 똑같이 성품이 악한 사람 셋을 공모자로 끌어들였다. 그들은 유대 종교를 신봉하는 매우 지체 높은 부인인 풀비아(Fulvia)를 감언이설로 꾀어 자주색 옷감과 금을 예루살렘 성전으로 보내게 한 다음 그것을 중간에

서 가로채서 내다 팔아 그 돈을 멋대로 사용하였다. 풀비아의 남편 사투르니누스(Saturninus)는 자세한 내막을 황제에게 알렸다. 이에 티베리우스 황제는 사실을 자세히 조사한 연후에 모든 유대인을 로마 밖으로 추방하라고 명령하였다. 이에 집정관들은 유대인 중에서 4,000명을 뽑아 사르디니아(Sardinia)섬으로 보내는 한편 조상 전래의 율법을 지키기 위해 병사가 되기를 거절한 수많은 유대인을 처벌하였다. 이같이 단지 네 명의 잘못으로 인해 유대인들은 로마에서 추방되는 불행을 겪게 되었던 것이다.

제4장

사마리아인들이 소동을 일으키자
빌라도가 많은 사마리아인들을 학살하게 된 경위,
이에 빌라도가 고소를 당하게 된 경위와
비텔리우스가 유대인과 바대인에게 행한 일들에 관하여

1. 한편 소동을 일으키기는 사마리아인들도 마찬가지였다. 거짓말하는 것을 예사로 생각할 뿐 아니라 군중들을 기쁘게 하기 위해서는 어떤 거짓말을 해도 좋다고 생각한 어떤 한 사람 때문에 사마리아인들은 소동을 일으키게 되었다. 그는 사마리아인들이 가장 성스럽게 여기는 그리심(Gerizzim)산에 오면 모세(Moses)가 숨겨 놓은 거룩한 기명들을 보여주겠다면서 사마리아인들에게 그리심산으로 오라고 했다.[9] 이에 사마리아인들은 이자의 말을 믿고 무장을 하

---

[9] 모세는 그리심산은커녕 요단강을 건넌 적도 없다. 그리고 사마리아인들은 웃시(Uzzi) 대제사장 때(대상 6:6) 법궤와 그 밖의 거룩한 기명들이 하나님의 명령에 의해 그리심산에 숨겨졌다는 전승(傳承)을 가지고 있었다. 이 두 가지 사실을 염두에 두고 생각해 볼 때 이자의 주장은 거짓일 가능성이 매우 큰 것이다.

고 그리심산으로 출발했다. 그들은 티라타바(Tirathaba) 마을에서 다른 사마리아인들과 합세하여 그리심산으로 올라가려고 하였다. 그러나 빌라도는 많은 기병과 보병을 보내 길을 장악하고 사마리아인들이 그리심산으로 올라가는 것을 방해하였다. 병사들은 사마리아인들이 티라타바 마을에 있을 때 공격하였다. 이에 일부 사마리아인들은 죽음을 당했으며 일부는 도망을 쳤고 나머지 많은 이들이 생포되기에 이르렀다. 빌라도는 생포된 사람 중에 유력 인사를 살해하도록 명령하는 한편 도망친 사람 가운데 세력이 있는 자도 체포하여 처형하라고 지시하였다.

2. 소동이 가라앉자 사마리아 의회는 집정관(consul)이었던 현 수리아 총독 비텔리우스(Vitellius)에게 사신을 보내, 무고한 인명을 살상한 죄로 빌라도를 고소하였다. "저희가 티라타바 마을로 간 것은 로마에 반역을 일으키기 위해서가 아니라 빌라도의 횡포를 피하기 위해서였습니다." 이에 비텔리우스는 친구인 마르켈루스(Marcellus)를 보내 유대의 문제를 보살피도록 하는 한편 황제 앞에서 유대인들의 고소에 대해 자신을 변호하도록 하라고 빌라도에게 명령하였다. 그러자 10년간 유대를 다스려 오던 빌라도는 비텔리우스의 명령에 순종하여 서둘러 로마로 떠났다. 감히 그의 명령을 어길 수가 없었기 때문이었다. 그러나 빌라도가 로마에 도착하기 전에 티베리우스 황제는 세상을 떠나고 말았다.

3. 한편 비텔리우스는 직접 유대를 방문하고 예루살렘까지 왔다. 때는 유월절이라는 절기 때였다. 비텔리우스는 예루살렘에서 열렬한 환대를 받았다. 이에 그는 사고파는 농산물에 부과하는 세금을 예루살렘 주민들에게 면제해 주었을 뿐 아니라 대제사장의 의복과 그에 포함되는 모든 장식품을 성전의 제사장들이 관리할 수 있도록 허락해 주었다. 비록 아래와 같은 이유로 인해 대제사장의 의복이 안토니아(Antonia) 망대에 보관되어 있기는 했으나 전에는 이 의복을 관리하는 권한이 우리 유대인들에게 있었다. 전에 히르카누스(Hyrcanus)라는 (대)제사장이 있었다. 히르카누스라는 대제사장이 여럿 있으나

이 히르카누스는 히르카누스라는 이름의 대제사장으로서는 첫 번째 대제사장이었다. 히르카누스는 성전 곁에 망대를 하나 짓고 주로 그 안에서 살았다. 대제사장 의복은 그만이 입을 수 있는 권한이 있었기에 그는 그 의복을 자신이 관리하였다. 그는 예루살렘으로 내려올 때는 대제사장 의복을 그 망대에 보관해 두고 평상복을 입었다. 이런 관례는 그의 후손들을 통해 계속해서 지켜져 내려왔다. 그러나 헤롯(Herod)이 왕이 된 후에 매우 편리한 곳에 위치한 이 망대를 웅장하게 재건하고 친구인 안토니우스(Antonius)의 이름을 따서 안토니아(Antonia) 망대라 부르게 되었다. 헤롯은 대제사장의 의복이 그 망대에 있는 것을 보고 망대를 재건한 후에도 계속 그곳에 보관했다. 자신이 그 의복을 보관하고 있어야 유대인들이 자기에게 반역을 일으키지 못할 것이라고 생각했기 때문이었다. 헤롯의 이런 태도는 그의 아들 아켈라오(Archelaus)가 왕이 된 후에도 마찬가지로 지켜졌다. 그러나 그 후 로마가 직접 유대를 다스리게 된 때부터는 로마인들이 직접 이 대제사장 의복을 소유하고 제사장들과 성전 관리자들의 봉인으로 밀폐된 석실(石室)에 보관해 두었다. 그리고 수비대 대장이 매일 그곳에 불을 켰다. 대제사장은 그 의복을 정결케 하기 위해 절기 일주일 전에[10] 그 의복을 수비대 대장에게서 인계받았다. 그리고 절기가 끝나면 그다음 날 대제사장은 그 의복을 전에 보관되었던 석실에 다시 간수하였다. 1년에 세 번 있는 3대 절기와 금식일에는 이런 절차를 밟아 그 의복을 대제사장이 입을 수 있었다. 그런데 비텔리우스가 이 의복을 조상 때처럼 유대인들이 간수할 수 있도록 허락한 것이었다. 비텔리우스는 수비대 대장에게 그 의복을 어디에 두었는지, 언제 사용할 것인지에 대해 일체 간섭하지 말라고 명령하였다. 비텔리우스는 유대인들이 보인 호의에 대한 보답으로 이같이 한 것이었다. 비텔리우스는 가야바(Caiaphas)라고 부르는 요셉(Joseph)을 대제사장직에서 쫓아내고, 전에 대제사장이었던 아나누스(Ananus)의 아들 요나단(Jonathan)으로 대제사장직을 승계하도록 했다. 비텔리우스는 이 같은 조치를 한 후 안디옥으로 돌아갔다.

---

[10] 대제사장의 의복이 이교도의 관리 아래 있었기 때문에 절기 7일 전에 그 의복을 인계받아 7일 동안 정결케 했다는 요세푸스의 말은 탈무드 편찬자들의 전승과 일치하고 있다.

4. 한편 티베리우스(Tiberius) 황제는 비텔리우스에게 서신을 보내 바대(Parthia, 파르티아) 왕 아르타바누스(Artabanus)와 우호 동맹을 체결하라고 지시했다. 티베리우스가 우호 동맹을 체결하기로 마음먹은 경위는 아래와 같다. 티베리우스와 아르타바누스가 적대 관계에 놓이게 된 것은 아르타바누스가 티베리우스에게서 아르메니아를 빼앗아 갔기 때문이었다. 티베리우스는 아르타바누스를 저지하기 위해서는 위협을 줄 필요가 있음을 비텔리우스에게 알리는 한편 인질, 특히 아르타바누스의 아들 아르타바누스(Artabanus)를 볼모로 보내지 않으면 아르타바누스를 결코 믿지 않을 것임을 분명히 하라고 지시했다. 이런 티베리우스의 명령을 받은 비텔리우스는 거액의 돈을 이베리아(Iberia)의 왕과 알바니아(Albania)의 왕에게 주고 지체하지 말고 아르타바누스를 공격하도록 설득시켰다. 비록 이 두 왕은 직접 싸움에 나서려고는 하지 않았으나 스키타이인(Scythians)들이 그들의 나라를 통과하는 것을 허락하였으며 카스피아 관문(Caspian gates)을 열어 주어 스키타이인들이 아르타바누스를 공격할 수 있도록 해주었다. 결국 이렇게 해서 아르메니아는 바대인들의 손에서 탈환되었으며 바대국은 전쟁의 소용돌이에 휘말리게 되었다. 바대인 유력 인사들은 죽음을 당하고 모든 것이 혼란에 빠지게 되었다. 게다가 수많은 바대 병사들과 함께 아르타바누스왕의 아들인 아르타바누스마저도 전사하는 비운을 당하게 되었다. 비텔리우스는 또한 아르타바누스의 부친의 친지들과 친구들을 거액의 돈으로 매수하여 아르타바누스의 살해 음모를 꾸미는 데 성공했다. 아르타바누스는 자신을 살해하려는 음모를 알아차리고는 상부 지역으로 피신하였다. 왜냐하면 살해 음모를 꾸민 자들이 모두 유력 인사였으며 그 수가 엄청났기 때문이었다. 아르타바누스는 뇌물에 매수되어 겉으로는 친절한 척하나 실상은 적의 편에 가입한 자들을 제외하고 실제로 자기에게 충성을 바치는 자의 수를 세어 보았으나 적의 세력에 비해 볼 때 너무나 그 수가 적었다. 그러나 아르타바누스는 상부 지역에 피신해 있으면서 다하이족(Dahæ)과 사카이족(Sacæ)로부터 대군을 일으켜 적들을 공격하여 권력을 다시 장악하게 되었다.

5. 이 같은 사태의 추이를 지켜보던 티베리우스는 급기야 아르타바누스와 우호 동맹을 맺기로 결심하고 비텔리우스에게 서신을 보내 우호 동맹을 체결하라고 지시한 것이었다. 아르타바누스는 이 제의를 호의적으로 받아들였다. 이에 아르타바누스와 비텔리우스는 유브라데(Euphrates, 유프라테스)강에서 만나기로 했다. 이 강에는 다리가 놓여 있었는데 이 두 사람은 각자 경호 병사들을 대동하고 다리 중간에서 만났다. 그들이 평화의 조건에 서로 동의하자 분봉왕 헤롯(Herod)은 다리 중앙에 큰 천막을 치고 그들을 위해 잔치를 베풀었다. 그로부터 얼마 지나지 않아 아르타바누스는 많은 선물과 함께 아들 다리우스(Darius)를 볼모로 보내왔다. 이 선물들 가운데는 키가 7규빗이나 되기 때문에 거인(giant)이라는 별명이 붙은 유대인 태생의 엘르아살(Eleazar)이라는 인물도 있었다. 그 후 비텔리우스는 안디옥으로, 아르타바누스는 바벨론으로 돌아갔다. 한편 분봉왕 헤롯은 아르타바누스가 볼모를 보내왔다는 소식을 카이사르에게 제일 먼저 알리고 싶어 전 집정관 비텔리우스가 더 이상 알릴 것이 없을 정도로 자세한 사정을 서신으로 카이사르에게 알렸다. 그 후 비텔리우스가 서신을 카이사르에게 보냈다. 이에 카이사르는 이미 헤롯이 보낸 서신을 통해 모든 사실을 알고 있었다고 비텔리우스에게 알렸다. 그러자 비텔리우스는 몹시 기분이 상했다. 비텔리우스는 자신이 피해자라는 생각이 들자 헤롯에 대한 증오가 싹텄으나 헤롯에게 복수할 때까지는 그 누구에게도 헤롯에 대한 미움을 나타내지 않았다. 그러나 비텔리우스가 헤롯에게 복수를 가한 것은 카이우스(Caius)가 황제가 된 연후에 일어난 일이다.

6. 분봉왕 헤롯의 형제인 빌립(Philip)이 세상을 떠난 것은 바로 이때, 그러니까 티베리우스 황제 재위 제20년의 일이었다.[11] 빌립은 37년 동안 드라고닛(Trachonitis, 트라코니티스)과 골란(Gaulanitis, 가울라니티스)과 바타네아(Batanea)의

---

11) 이 연대는 아주 정확하다. 헤롯이 주전 4년 9월에 세상을 떠났고 잘 알다시피 티베리우스 황제가 주후 14년 8월 19일에 즉위했으니까 헤롯의 죽음으로부터 계산해서 37년째 되는 해(빌립이 분봉왕으로 즉위한 지 37년째 되는 해)는 티베리우스 황제의 재위 제20년, 그러니까 주후 33년(우리 주님이 돌아가신 해) 말경이 아니면 그다음 해인 주후 34년 초경이 되는 것이다.

분봉왕으로서 나라를 다스리다가 세상을 떠났다. 빌립은 사생활에 있어서나 정무를 보살피는 데 있어서 조용하고 온순한 면모를 많이 보여주었다. 빌립은 자신의 분봉국을 떠나지 않고 항상 그 안에서 살았다. 빌립은 일단의 친한 친구들을 거느리고 이곳저곳 순시를 나가는 것을 좋아했다. 이때는 항상 재판석이 그들 뒤를 따랐다. 빌립은 어디서든지 도움을 청하는 사람을 만나면 장소를 불문하고 즉시 재판석에 앉아 그의 호소를 경청하고는 죄를 범한 자는 처벌하고 무죄한 자는 방면해 주었다. 빌립이 율리아스(Julias)에서 죽자, 그의 시신은 그가 자신을 위해 이미 세워 놓은 기념비가 있는 곳으로 옮겨져 성대하게 장사 지내졌다. (빌립에게는 후손이 없었으므로) 티베리우스 황제는 그의 영토를 취하여 수리아 지역에 병합시켰으나 그곳에서 나오는 세금만큼은 그곳에 그냥 보관하도록 하라고 지시했다.

제5장

분봉왕 헤롯이
아라비아 왕 아레타스와 전투를 벌였으나 패배하게 된 경위,
그리고 세례 요한의 죽음에 관하여.
그리고 비텔리우스가 예루살렘을 방문한 경위와
아그립바와 헤롯 대왕의 후손에 관하여

1. 이때 아라비아 페트레아(Arabia Petrea)의 왕 아레타스(Aretas)와 분봉왕 헤롯은 아래와 같은 연유로 다투게 되었다. 분봉왕 헤롯은 아레타스의 딸과 결혼하여 오랫동안 무리 없이 함께 살았다. 그런데 분봉왕 헤롯이 로마를 방문하는 동안(헬라어 사본에 따라 보다 정확히 말하자면 로마로 가는 도중이었음 – 편집자 주) 이복형

제인 헤롯[12]의 집에 기거하면서 문제가 생기기 시작했다. 이 헤롯은 대제사장 시몬(Simon)의 딸의 소생이었다. 그런데 분봉왕 헤롯이 이복형제인 헤롯의 아내 헤로디아(Herodias)를 사랑하게 되었다. 헤로디아는 이 두 헤롯의 형제인 아리스토불루스(Aristobulus)의 딸이었으며 아그립바 대왕(Agrippa the Great)의 누이였다. 분봉왕 헤롯은 헤로디아에게 결혼하자고 당돌하게 제의하였다. 그리고 헤로디아는 분봉왕 헤롯의 청혼을 받아들였다. 그리하여 분봉왕 헤롯이 로마에서 고국으로 귀국하는 즉시 헤로디아가 거처를 옮겨 그를 뒤따르기로 약속했다. 그런데 여기 한 가지 결혼 조건이 있었다. 그것은 분봉왕 헤롯이 아레타스의 딸과 이혼한다는 조건이었다. 분봉왕 헤롯(헤롯 안티파스[Herod Antipas])은 이같이 약속을 한 후 로마로 항해하였다. 그는 로마에서 일을 다 마친 후 귀국하였다. 이때 그의 아내는 그가 헤로디아와 결혼하기로 약속했다는 사실을 그가 알려 주기 전에 미리 알고 있었다. 그녀는 자기 의도를 전혀 알리지 않고, 아레타스의 왕국과 헤롯의 왕국이 만나는 접경 지역에 위치한 마케루스(Macherus)에 다녀올 수 있도록 해달라고 요구하였다. 이에 분봉왕 헤롯은 아내가 아무것도 모르는 줄 알고 그렇게 하라고 허락했다. 그녀는 이미 오래전에 부친의 영토인 마케루스에 사람을 보내 부친의 군대 장관으로 하여금 그녀가 여행하는 데 필요한 것을 모두 장만하게 했었다. 그녀는 이렇게 해서 부친의 군대 장관들의 연속적인 호위를 받으면서 쉽게 아라비아(Arabia)에 도착할 수 있었다. 그녀는 도착하자마자 부친에게 분봉왕 헤롯의 속셈을 이야기해 주었다. 이에 가말리티스(Gamalitis) 지역의 국경 문제로 헤롯과 마찰을 빚고 있었던 아레타스는 딸의 이야기를 듣고 헤롯을 적대시하기 시작했다. 이에 양국은 모두 군대를 일으키고 전쟁 준비를 서둘렀다. 양국은 마침내 군대 장관들을 내세워 전쟁에 돌입하였다. 전쟁 결과 분봉왕 헤롯의 군대는 빌립의 분봉국 소속이지만 아레타스의 군대와 내통한 일부 탈주자들의 반역으로 인해 패배하고

---

[12] 이 헤롯은 안티파스(Antipas)를 헤롯 안티파스(Herod Antipas)라고 부르듯 빌립(Philip)에게 부가된 이름이 아닌가 생각된다. 즉 헤롯 빌립(Herod Philip)으로 말이다. 그리고 안티파스(Antipas)와 안티파테르(Antipater)가 동일 인물이 아니라 헤롯 대왕의 두 아들인 것처럼 분봉왕 빌립(Philip)과 이 헤롯 빌립(Herod Philip)은 헤롯왕의 이복 아들인 것 같다.

말았다. 이에 분봉왕 헤롯은 이 사실을 티베리우스 황제에게 알렸다. 티베리우스 황제는 아레타스의 행동에 크게 분노하고 비텔리우스에게 아레타스를 공격하여 생포해 끌고 오든지 죽여서 머리를 보내든지 하라고 지시하였다.

2. 한편 일부 유대인들은 헤롯 군대의 패배는 하나님의 심판으로서 헤롯이 세례 주는 자(Baptist)라고 불린 요한(John)을 살해한 죄에 대한 하나님의 정당한 형벌이라고 생각하였다. 요한은 의로운 인물이었다. 그는 유대인들에게 서로 의를 행하고 살 것과 하나님 앞에서 경건하게 살 것을 강조하면서, 그렇게 하고 와서 세례를 받으라고 주장하였다. 의를 행하지도 않은 채 그저 죄만을 씻기(용서받기) 위해서 세례를 받는 것은 아니라는 것이었다. 이미 의(義, righteousness)로 인해 영혼은 완전히 정결케 되었음을 믿고 이제는 몸을 정결케 하기 위해서 세례를 받는다고 생각하는 사람만이 (물로) 세례를 받을 수 있다는 태도였다. 요한의 말을 듣고 감동한 사람들이 구름 떼처럼 요한에게 몰려들자, (요한이 하는 말은 무엇이나 들을 정도로) 요한의 영향력이 커진 것을 본 분봉왕 헤롯은 혹시 요한이 기고만장하여 반역을 일으키지나 않을까 심히 걱정하기에 이르렀고, 마침내 요한을 처형하여 후환을 없애는 것이 상책이라고 생각하기에 이르렀다. 잘못하면 시기를 놓쳐서 나중에 후회해도 소용없을 것이라는 생각이 분봉왕 헤롯의 마음을 사로잡았던 것이다. 결국 분봉왕 헤롯의 의심 많은 성격 때문에 요한은 내가 앞서 언급한 마케루스(Macherus)성으로 보내져 감금되었다가 마침내 그곳에서 처형되고 말았다. 이런 일이 있었기 때문에 유대인들은 분봉왕 헤롯 군대의 패배를 하나님의 심판이요 헤롯에 대한 하나님의 분노의 징표라고 여긴 것이었다.

3. 한편 티베리우스 황제의 명령을 받은 비텔리우스는 휘하의 2개 군단의 병력으로 아레타스를 공격할 준비를 서둘렀다. 비텔리우스는 또한 로마의 지배하에 있는 왕국들에 속한 경장비(輕裝備)와 기병들을 거느리고 페트라(Petra)로 급히 출발하여 프톨레마이스(Ptolemais)에 이르렀다. 비텔리우스는 서둘러서 그곳을 떠나 유대를 통과하여 행군하려 하였으나 유대의 유력 인사들이 나

와서 유대를 통과하지 말고 다른 길로 가 달라고 간청하였다. 군기마다 수많은 상(像, image)들이 그려져 있기 때문에 유대를 통과해서 행군하면 상을 금하고 있는 유대 율법에 저촉된다는 것이었다. 비텔리우스는 이들의 말에 수긍하고 전에도 그랬듯이 이번에도 결심을 바꾸었다. 비텔리우스는 부하들에게 대평지를 따라 행군을 계속하라고 지시한 후에 자신은 분봉왕 헤롯과 친구들을 거느리고 예루살렘으로 올라와서 하나님께 제사를 드렸다. 왜냐하면 유대인의 명절이 가까웠기 때문이었다. 비텔리우스는 예루살렘에 머무는 동안 유대인들의 극진한 환대를 받았다. 그리하여 그는 예루살렘에서 3일을 머물렀다. 그는 그동안 요나단(Jonathan)을 대제사장직에서 해임하고 그의 형제 테오필루스(Theophilus)를 후임으로 임명하였다. 그런데 4일째 되는 날 티베리우스 황제의 죽음을 알리는 서신이 비텔리우스에게 당도했다. 이에 비텔리우스는 유대인들에게 카이우스(Caius) 황제에 대한 충성을 맹세하게 하는 한편 병사들을 소집하여 각기 고향으로 돌아가게 하였으며 겨울 진영에 주둔하게 하였다. 권력이 카이우스 황제에게로 이전된 이상 아레타스와의 전쟁을 일으킬 권한이 비텔리우스에게는 없었기 때문이었다. 한편 비텔리우스가 쳐들어온다는 소식을 접한 아레타스가 점쟁이들에게 앞날을 점치게 하였더니 "비텔리우스의 군대는 결코 페트라에 들어올 수가 없을 것입니다. 왜냐하면 이 전쟁을 명할 황제가 죽든지, 아니면 황제의 명에 순종하여 군대를 이끌고 공격해 오는 비텔리우스가 죽든지, 아니면 공격 대상인 아레타스가 죽든지 세 가지 중에 한 가지 일이 일어날 것이기 때문입니다."라고 내다보았다는 이야기가 전해져 내려오고 있다. 어쨌든 비텔리우스는 안디옥으로 돌아갔다. 한편 아리스토불루스(Aristobulus)의 아들 아그립바(Agrippa)는 티베리우스 황제가 죽기 1년 전 황제를 만나 의논할 계획을 가지고 로마를 방문했었다. 나는 여기서 헤롯과 헤롯의 가문이 어떻게 변천하였는지를 살피려고 한다. 그 이유는 첫째 그 문제에 대해서 언급하는 것이 우리 이야기의 진행상 적합하기 때문이며, 둘째 이것이 하나님이 간섭하심에 대한 산 증거가 되기 때문이다. 즉 후손이 많다 해도 하나님에 대한 신앙이 없으면 인간이 추구하는 다른 힘들처럼 아무 소용이 없다는 것을 여실히 보여주고 있기 때문이다. 100년이라는 세월이 흐르는 동안 그토록 많았던 헤롯의 후손이 단지 몇 명만을 제외하고 완전히 멸절되었기 때문이다.[13] 우리는 여기서 인류를 가르치는 큰 교훈을 얻을 수도 있을 것이다. 헤롯 가문의 변천을 살피다 보면 우리의 존경을 받기에 마땅한 아그립바(Agrippa)에 관한 역사도 나오게 된다. 아그립바는 일개 사인(私人)에서 주위의 예상과는 전혀 반대로 막강한 권력과 권세의 자리에까지 오른 인물이었다. 나는 전에 헤롯 가문의 역사에 대해 언급한 적이 있긴 하나 여기서 다시 자세히 살펴보고자 한다.

4. 헤롯 대왕(Herod the Great)은 히르카누스(Hyrcanus)의 (손녀)딸인 마리암네(Mariamne)를 통해서 두 딸을 두었다. 한 딸은 살람프시오(Salampsio)로 그녀는 친사촌인 파사엘루스(Phasaelus)와 결혼하였다. 파사엘루스는 헤롯의 형제인 파사엘루스(Phasaelus)의 아들로서 부친인 파사엘루스가 이 결혼을 성사시켰다. 다른 딸은 키프로스(Cypros)로서 그녀도 마찬가지로 사촌지간, 곧 헤롯의 누이동생 살로메(Salome)의 아들 안티파테르(Antipater)와 결혼하였다. 그런데 파사엘루스는 살람프시오와의 사이에서 다섯 자녀, 즉 세 아들 안티파테르(Antipater)와 헤롯(Herod)과 알렉산드로스(Alexander)와 두 딸 알렉산드라(Alexandra)와 키프로스(Cypros)를 두었다. 이 두 딸 중에서 아리스토불루스(Aristobulus)의 아들 아그립바(Agrippa)는 키프로스와 결혼하였으며, 구브로의 티미우스(Timius of Cyprus)는 알렉산드라와 결혼하였다. 구브로의 티미우스는 알렉산드라와의 사이에서 자녀가 하나도 없었던 반면에 아그립바는 키프로스와의 사이에서 두 아들과 세 딸을 두었다. 세 딸의 이름은 버니게(Bernice, 베르니케), 마리암네(Mariamne), 드루실라(Drusilla)였으며, 두 아들의 이름은 아그립바(Agrippa)와 드루수스(Drusus)였는데 드루수스는 사춘기도 되기 전에 죽고 말았다. 한편 이들의 부친인 아그립바는 다른 형제들인 헤롯(Herod)과 아리스토불루스(Aristobulus)와 함께 양육을 받았었다. 왜냐하면 이 세 형제는 헤롯

---

13) 헤롯 대왕의 후손이 이같이 급격히 멸절되기에 이른 것은 그들이 조카와 혼인을 하는 등 무서운 근친상간 죄를 자주 저지른 데 전적으로 그 원인이 있음을 주목할 필요가 있다. 레위기 18장 6-7절, 21장 10절 (이 구절은 근친혼과 관계가 없으며 21장 내에서는 2-3절이 연관성이 있음—편집자 주) 등을 보라.

대왕의 아들인 아리스토불루스(Aristobulus)가 버니게(Bernice, 베르니케)를 통해서 낳은 아들들이기 때문이었다. 이 버니게는 헤롯의 여동생인 살로메(Salome)와 코스토바루스(Costobarus)의 사이에서 생긴 딸이었다. 어쨌든 이 세 형제는 부친 아리스토불루스(Aristobulus)가 삼촌인 알렉산드로스(Alexander)와 함께 조부인 헤롯 대왕의 손에 처형당했을 때는 매우 어린 아이들이었다. 이들이 사춘기가 되자 세 형제 중 하나인 헤롯(Herod)은, 헤롯 대왕의 딸 올림피아스(Olympias)와 헤롯 대왕의 형제 요셉(Joseph)의 아들 요셉(Joseph) 사이의 딸 마리암네(Mariamne)와 결혼하여 아들을 낳았으며 그 이름을 아리스토불루스(Aristobulus)라고 했다. 세 형제 중 셋째인 아리스토불루스는 에메사(Emesa) 왕 삼프시게라무스(Sampsigeramus)의 딸인 요타페(Jotape)와 결혼하여 말을 못하는 딸을 하나 낳았는데 모친을 본떠 이름을 요타페(Jotape)라고 지었다. 지금까지는 아들 쪽의 후손들을 살펴보았다. 이번에는 딸 쪽을 살펴보자. 이 세 형제의 누이인 헤로디아(Herodias)는 대제사장 시몬(Simon)의 딸인 마리암네(Mariamne)와 헤롯 대왕 사이에서 태어난 헤롯(Herod, 헤롯 빌립[Herod Philip])과 결혼하여 살로메(Salome)라는 딸을 낳았다. 딸을 낳은 후에 헤로디아는 남편이 살아 있는데도 불구하고 남편과 이혼하고 남편의 이복형제인 헤롯(Herod, 헤롯 안티파스[Herod Antipas])과 재혼하여 유대 율법을 완전히 무시하는 태도를 보였다. 헤롯(헤롯 안티파스)은 그 당시 갈릴리의 분봉왕이었다. 한편 헤로디아의 딸 살로메는 드라고닛(Trachonitis, 트라코니티스)의 분봉왕이요 헤롯 대왕의 아들인 빌립(Philip, 헤롯 대왕과 예루살렘의 클레오파트라[Cleopatra of Jerusalem] 사이의 아들-역자 주)과 결혼하였으나 자식을 보지 못하고 빌립이 죽자, 아그립바(Agrippa)의 형제인 헤롯(Herod)의 아들 아리스토불루스(Aristobulus)와 다시 결혼하였다. 살로메와 아리스토불루스는 헤롯(Herod)과 아그립바(Agrippa)와 아리스토불루스(Aristobulus), 세 아들을 두었다. 이것이 파사엘루스와 살람프시오의 후손들의 모습이다. 안티파테르(Antipater)와 키프로스(Cypros)가 낳은 딸인 키프로스(Cypros)는 알렉사스(Alexas)의 아들인 알렉사스 셀키아스(Alexas Selcias)와 결혼하여 딸을 낳았는데 이름을 키프로스(Cypros)라고 불렀다. 앞서 언급한 안티파테르(Antipater)의 형제들인 헤롯(Herod)과 알렉산드로스(Alexander)는 자식이 없는 채로 세상을 떠났다. 한편 부친인 헤롯 대왕의 손에 처형된 알렉산드로스(Alexander)는 갑바도기아(Cappadocia, 카파도키아) 왕 아르켈라우스(Archelaus)의 딸과의 사이에서 알렉산드로스(Alexander)와 티그라네스(Tigranes)라는 두 아들을 두었다. 아르메니아(Armenia)의 왕이 된 티그라네스는 로마에서 고소당하여 자식 없이 죽음을 당한 반면에 알렉산드로스는 자기 형제와 이름이 같은 티그라네스(Tigranes)라는 아들을 두었으며 네로(Nero)의 명령을 받고 아르메니아 왕국을 탈취하기 위해 출정을 했던 인물이다. 알렉산드로스는 또한 콤마게네(Commagene)의 왕 안티오쿠스(Antiochus)의 딸 요타페(Jotape)와 결혼한 알렉산드로스(Alexander)라는 아들이 있었는데, 베스파시아누스(Vespasian)는 이 아들을 길리기아(Cilicia)의 한 섬나라의 왕으로 임명했다. 그러나 이 알렉산드로스의 후손들은 태어나자마자 유대 종교를 버리고 그리스 종교로 돌아섰다. 한편 헤롯왕의 나머지 딸들은 이상하게도 모두 아이를 낳지 못하고 세상을 떠났다. 우리가 지금까지 살펴본 헤롯왕의 후손들은 아그립바 대왕(Agrippa the Great)이 왕위에 올랐던 당시에 생존해 있던 자들이다. 지금까지는 헤롯왕의 후손들에 대해 살펴보았으므로 이제는 아그립바 대왕에 관해서 살펴보도록 하자. 그가 온갖 어려움을 물리치고 마침내 영광과 위엄이 넘치는 높은 자리에까지 올라가게 된 인생 역정을 살펴보도록 하자.

제6장

아그립바왕이 티베리우스 카이사르를 만나러 로마로 항해했을 때
신하들의 고소를 당해 감금되기에 이르렀으나
티베리우스 황제가 죽은 후 카이우스 황제에 의해 석방되어
빌립의 분봉국의 왕으로 임명된 경위

1. 헤롯왕이 죽기 얼마 전에 아그립바(Agrippa)는 로마에 거주하는 동안 티베리우스 황제의 아들 드루수스(Drusus)와 친분을 맺으면서 함께 교육을 받았으며 대(大)드루수스(Drusus the Great)의 아내 안토니아(Antonia)와도 가까이 지낼 수가 있었다. 안토니아는 아그립바의 모친인 버니게(Bernice, 베르니케)를 몹시 존중했기 때문에 어떻게 해서든지 그녀의 아들인 아그립바를 도와주려고 애를 썼다. 아그립바는 천성적으로 남에게 선물 주기를 좋아하는 성격에다가 사치스럽기까지 하였으나 모친이 살아 있을 때는 사치스럽다는 꾸중을 들을까 봐 조심했기 때문에 그런 모습을 보이지 않았다. 그러나 버니게가 세상을 떠나고 제 마음대로 할 수 있게 되자 아그립바는 일상생활에서도 사치스러운 낭비를 일삼았을 뿐 아니라 남에게 선물을 지나치게 많이 주기에 이르렀다. 특별히 아그립바는 카이사르의 신하들의 도움을 얻기 위해 그들에게 많은 선물을 갖다 바쳤다. 그리하여 아그립바는 얼마 못 가서 가난뱅이가 되었으며 더 이상 로마에 거주할 수가 없게 되었다. 또한 티베리우스 황제는 죽은 아들의 친구들의 모습을 보면 죽은 아들이 생각나서 슬픔이 되살아난다는 이유로 자기 앞에 나타나지 말라고 명령하였다.

2. 이런 이유로 인해 아그립바는 로마를 떠나지 않을 수 없어서 배를 타고 유대로 돌아왔다. 그러나 유대로 돌아와도 상황은 마찬가지였다. 갖고 있던 돈을 모두 탕진해서 풀이 죽은 데다가 수많은 빚쟁이에게 빚을 갚을 수가 없었기 때문이었다. 게다가 빚쟁이들의 독촉을 피하려야 피할 길이 없었다. 이에

아그립바는 어찌해야 좋을지를 몰랐다. 마침내 아그립바는 부끄러움을 참지 못하고 이두매(Idumea)의 말라타(Malatha)에 있는 한 망대로 은신하여 자살하기로 결심하였다. 그러나 그의 아내인 키프로스(Cypros)가 그의 의도를 알아차리고 온갖 방법을 동원하여 자살만은 막아 보려고 애를 썼다. 이에 키프로스는 그 당시 분봉왕 헤롯의 아내였던 아그립바의 누이 헤로디아(Herodias)에게 편지를 보내 도움을 청했다. "내 남편 아그립바는 자살까지 하려고 해요. 그렇게까지 하려고 한 데는 피치 못할 사정이 있어요. 그러니 친척으로서 남편과 상의해서 내 남편을 도와주었으면 해요. 내 힘으로 남편의 짐을 덜어 주고 싶은 마음은 간절하나 재산이 없어 속수무책일 뿐이에요." 이에 분봉왕 헤롯과 헤로디아는 디베랴(Tiberias, 티베리아스)에 아그립바가 거할 거처를 만들어 주고 생활을 보장할 수입원을 마련해 주었을 뿐 아니라 그를 대우하는 의미로 디베랴의 정무관으로 임명하였다. 그러나 분봉왕 헤롯의 이런 도움은 아그립바에게 충분한 도움이 되지 못했으며 그나마도 오래가지 못했다. 한번은 두로(Tyre)에서 잔치가 열려 술을 마시고 즐기는 동안 서로 비난을 퍼붓는 일이 일어났다. 이때 분봉왕 헤롯은 아그립바에게 자기 덕분에 입에 풀칠하는 가난뱅이라고 빈정댔다. 이에 아그립바는 그런 모욕은 도저히 참을 수 없다고 생각하고 플라쿠스(Flaccus)에게로 갔다. 플라쿠스는 아그립바가 로마에 있을 때 매우 친하게 지내던 집정관(consul)으로서 그 당시 수리아의 총독으로 와 있었다.

3. 플라쿠스는 아그립바를 친절하게 맞이해 주었고, 아그립바는 그와 함께 지내게 되었다. 플라쿠스의 식객으로 아그립바의 형제인 아리스토불루스(Aristobulus)도 와 있었다. 아그립바와 아리스토불루스는 서로 사이가 좋지 않았으나, 그렇다고 이 둘의 적대감이 플라쿠스의 우정에 영향을 미치지는 않았다. 플라쿠스는 이 둘을 모두 극진하게 환대하였다. 그러나 아리스토불루스는 아그립바에 대한 적대감을 조금도 늦추지 않았으며, 마침내 아그립바와 플라쿠스 사이를 이간시키기에 이르렀다. 그 자세한 내막은 아래와 같다. 다메섹인(Damascenes)들은 시돈인(Sidonians)들과 국경 문제로 마찰을 빚고 있었다. 이에 플라쿠스가 이들 사이를 중재하기 위해 양편의 주장을 듣는 자리를 만들

었다. 그러자 다메섹인들은 아그립바가 플라쿠스에게 영향력을 행사할 수 있는 인물임을 알고 거액의 돈을 제의하면서 자기들 편을 들어 달라고 요청하였다. 아그립바는 힘닿는 데까지 다메섹인들을 도와주기로 했다. 한편 아리스토불루스는 아그립바가 거액의 뇌물을 받기로 수락했다는 정보를 입수하고는 플라쿠스에게 아그립바를 뇌물 수수죄로 고발하였다. 이에 플라쿠스는 사실을 철저하게 조사하였다. 조사 결과 그것이 사실임이 드러나자 플라쿠스는 아그립바에게 절교를 선언했다. 아그립바는 완전히 궁지에 몰려 프톨레마이스(Ptolemais)로 갔으나 생계를 유지할 길을 찾을 수가 없어 이탈리아(Italy)로 항해할 계획을 세웠다. 그러나 여비가 없어 그 일도 쉽지가 않았다. 이에 아그립바는 부하인 마르시아스(Marsyas)에게 어떤 방법으로든지 여비를 마련해 보라고 지시했다. 마르시아스는 아그립바의 모친 버니게의 하인이었으며 그녀의 유언에 따라 안토니아(Antonia)에게 상속된 페테루스(Peter)에게 아그립바 자신의 약속과 보증을 믿고 아그립바가 여행하는 데 드는 비용을 선처해 달라고 하였다. 그러나 페테루스는 아그립바가 자기 돈을 빌려 가서 갚지 않은 적이 있었다고 비난하면서, 20,000아티카 드라크마(Attic drachma)를 빌려 달라고 했지만 2,500드라크마밖에 빌려줄 수 없다고 했다. 이에 마르시아스는 다른 방도가 없어서 2,500드라크마만 받았다. 이 돈을 받자마자 아그립바는 안테돈(Anthedon)으로 가서 배를 타고 항해를 하려고 했다. 그러나 얌니아(Jamnia)의 총독(procurator) 헤렌니우스 카피토(Herennius Capito)는 일단의 병사들을 아그립바에게 보내 그가 로마에 있을 때 카이사르에게 빚진 돈 은화 300,000드라크마를 갚으라고 요구하면서 그를 강제로 억류시켰다. 그러자 아그립바는 시키는 대로 빚을 갚겠다고 거짓으로 꾸며 댔다. 밤이 되자 아그립바는 묶인 줄을 끊고 탈출하여 알렉산드리아(Alexandria)로 항해하였다. 그곳에서 아그립바는 알렉산드리아 유대인 공동체의 대표자이자 최고 행정 책임자(alabarch)인 알렉산드로스(Alexander)에게 200,000드라크마를 빌려 달라고 요청하였다. 이에 알렉산드로스는 "나는 그대의 아내인 키프로스(Cypros)에게 돈을 빌려주는 것은 거절하지 않겠소. 왜냐하면 나는 그대의 아내가 그대를 사랑하는 모습에 놀랐을 뿐 아니라 그녀의 그 밖의 미덕에도 감탄을 금할 수가 없었기 때문이오."라고 대답했다. 이에 키프로스는 자기가 빚을 갚겠다고 약속했다. 그러자 알렉산드로스는 그제야 비로소 돈을 빌려주기로 하고 5달란트는 알렉산드리아에서 주고 나머지 돈은 푸테올리(Puteoli)의 디케아르키아(Dicearchia)에서 주겠다고 약속했다. 알렉산드로스가 이 같은 방법을 사용한 것은 아그립바가 하루아침에 그 돈을 다 써 버릴까 걱정했기 때문이었다. 이렇게 해서 키프로스는 남편이 자유롭게 이탈리아로 항해할 수 있도록 도와준 다음 자신은 자식들을 데리고 유대로 떠났다.

4. 한편 아그립바는 푸테올리에 도착한 후 그곳에서 카프레아이(Capreæ)에 거주하고 있던 티베리우스 카이사르에게 서신을 보냈다. "가까이서 황제 폐하를 모시고 싶어 먼 길을 다시 찾아왔습니다. 가서 한번 뵙고 싶습니다. 카프레아이로 가서 배알할 수 있도록 허락해 주십시오." 이에 티베리우스는 배알을 허락한다는 내용의 편지를 부드럽게 써서 회신해 주었다. "나는 그대가 무사히 돌아온 것이 매우 기쁘다. 그러니 아무 걱정 말고 카프레아이로 오도록 하라." 아그립바가 오자 티베리우스 황제는 서신에서 약속한 대로 매우 융숭하게 대접해 주었다. 그러나 그다음 날 헤렌니우스 카피토(Herennius Capito)가 보낸 서신이 카이사르에게 당도하였다. "아그립바는 300,000드라크마의 돈을 빌려 갔으면서도 약속된 날짜에 빚을 갚지 않았습니다. 게다가 제가 빚을 갚으라고 독촉하자 마치 도망자처럼 도주하였습니다." 카이사르는 이 서신을 읽고 몹시 기분이 언짢아 아그립바가 빚을 갚기 전까지는 자기 앞에 나타나지 못하도록 하라고 지시하였다. 이에 아그립바는 다른 방법으로는 카이사르의 분노를 누그러뜨릴 방도가 없자, 게르마니쿠스(Germanicus)와 장차 카이사르가 될 클라우디우스(Claudius, 한글판 개역개정 성경에는 글라우디오로 되어 있음 - 편집자 주)의 모친인 안토니아(Antonia)에게 제발 자기와 티베리우스 황제와의 교분이 끊어지지 않도록 300,000드라크마의 돈을 빌려 달라고 간청하였다. 이에 안토니아는 그의 모친인 버니게(Bernice)와의 우정을 생각해서(이 두 여인은 버니게가 살았을 때 매우 친분이 두터웠다), 그리고 그가 아들 클라우디우스와 함께 교육받은 것을 특별히 고려해서 그 돈을 빌려주었다. 아그립바가 빚을 갚자 티베리우스와 아그립

바의 교분을 가로막을 것은 아무것도 없게 되었다. 그 후 티베리우스 카이사르는 자신의 손자에게 아그립바를 극구 칭찬하면서 아그립바와 항상 동행하라고 지시하였다. 그러나 아그립바는 안토니아에게 따뜻한 환대를 받았으므로 그녀의 손자인 카이우스(Caius)를 극진하게 대우하였다. 아그립바는 카이사르의 부하인 탈루스(Thallus)에게서 1,000,000드라크마를 빌린 후 300,000드라크마로는 안토니아에게 진 빚을 청산하고, 나머지 돈으로는 카이우스(Caius)의 환심을 사는 데 사용하여 카이우스의 막강한 측근 인물이 되었다.

5. 아그립바와 카이우스의 교분이 최고조에 달해 있을 때였다. 한번은 둘이서 병거를 타고 달리면서 티베리우스 황제에 관한 이야기를 나눈 적이 있었다. 이때 아그립바는 이렇게 말하였다. "나는 티베리우스가 무대에서 빨리 사라지고 카이우스께서 황제의 자리에 앉는 날이 하루속히 오기를 하나님께 기도하고 있습니다(이때 둘은 병거에 나란히 앉아 있었다). 어느 모로 보나 티베리우스보다는 카이우스께서 황제에 더 적임자이십니다." 그런데 이때 그의 병거를 몰던 아그립바의 부하(freedman, 노예였다가 법적으로 해방된 자유민 - 역자 주)인 에우티쿠스(Eutychus)는 이 말을 귀담아들었으나 그때는 아무 소리도 하지 않았다. 그러나 아그립바가 그의 의복을 훔친 죄로 에우티쿠스를 나무라자(이것은 사실이었다), 에우티쿠스는 그만 아그립바에게서 도망을 쳤다. 그러나 결국 에우티쿠스가 체포되어 시 총독인 피소(Piso) 앞에 끌려오게 되었다. 피소가 무슨 이유로 도망을 쳤는지 이야기하라고 하자 에우티쿠스는 이같이 대답했다. "저는 카이사르께 드릴 말씀이 있습니다. 그 말씀을 들으시면 카이사르께서도 저를 보호해 주실 것입니다." 이에 피소는 그를 결박하여 카프레아이로 압송했다. 그러나 티베리우스는 그의 평상시 습관대로 에우티쿠스를 오랫동안 결박한 채로 감금해 두었다. 티베리우스 황제는 도대체 그토록 일 처리를 질질 끄는 왕이나 독재자가 또 있을까 싶을 정도로 늑장을 부리는 인물이었다. 그는 사신들도 쉽게 접견하지 않았을 뿐 아니라 총독을 파견하면 그들이 죽기 전에는 후임자를 보내지 않을 정도로 일 처리에 늑장을 부렸다. 그가 죄인을 심문하는 일을 게을리한 것도 다 이런 데서 기인한 것이었다. 그의 친구들이 그런 일 처리에 늑장을 부리는 이유

가 무엇이냐고 물어보자 티베리우스는 이같이 대답했다. "사신들을 빨리 만나면 또 다른 사신들을 임명해야 할 것이고 그러면 조금 있다가 그들이 또 돌아올 것이오. 그러면 또 그들을 맞이해야 할 것이니 사신들을 새로 임명하고 임무를 마친 사람들의 보고를 듣는 일로 하루 종일 보낼 수는 없지 않소. 그런 일은 이제 지긋지긋하오. 그리고 한번 총독을 파견하면 그곳에 오랜 기간 머무르게 하는 것은 다 그곳 주민들을 위해서인 것이오. 원래 총독들이란 모두가 할 수 있는 한 자기 것을 긁어모으는 데 혈안이 되어 있는 자들이오. 그런데 오래 머무르지 못하고 금방 떠나야만 한다고 생각해 보시오. 그들은 더욱 가혹하게 백성들을 착취할 것이오. 될 수 있으면 빨리 많은 돈을 긁어모으려고 하지 않겠소? 그러나 오랫동안 총독의 자리에 앉아 있게 된다면 그들은 이미 많은 것을 긁어모았으므로 백성의 재산을 착취하는 일은 줄어들 것이오. 이미 배가 불렀으므로 그렇게 혈안이 되지는 않을 것이오. 후임 총독들을 바로바로 파견하면 그들의 희생물인 가련한 백성들만 죽게 되는 것이오. 신임 총독이 오지 않았더라면 그전 총독은 이미 배가 불렀으므로 백성들을 착취하는 일에 관심이 덜할 텐데 신임 총독이 새로 오게 되므로 백성들만 죽어나는 일이 생긴단 말이오. 충분히 백성들을 착취할 시간적 여유를 갖기도 전에 전보되기 때문에 이런 일이 발생하는 것이오. 내가 이해하기 쉽게 예를 하나 들겠소. 한 사람이 부상을 입어 누워 있는데 수많은 파리 떼들이 아픈 상처에 마구 몰려들었소. 이때 옆에서 그것을 지켜보던 사람이 그가 파리를 쫓을 힘조차 없는 줄 알고 그를 측은히 여겨 대신 파리를 쫓으려고 했소. 그러자 부상당한 사람은 그냥 내버려두라고 했소. 이에 파리를 쫓으려 했던 사람이 '나는 그래도 생각해서 도와주려고 했는데 어떻게 그리 무례할 수가 있소?'라고 힐난하자 부상당한 사람은 이같이 대꾸했소. '그대가 파리를 쫓는 일은 오히려 나를 괴롭히는 일이오. 이미 이 파리들은 내 피를 실컷 빨아 먹었기 때문에 내게 마구 달려들지도 않을 것이고 전처럼 나를 괴롭히지 않을 것이오. 그러나 굶주린 파리들이 새로 내게 오게 되면 그렇지 않아도 기진맥진한 나에게 달려들어 나를 완전히 죽게 만들 것이오.' 잘 들으셨소? 내가 신임 총독들을 내 백성들에게 즉시 파견하지 않으려고 애를 쓰는 것은 다 이런 이유가 있기 때문이오. 그렇지 않아도 이미 착취당할 대로 당한 백성들에게 신임 총독을 보낸다는 것은 마치 파리 떼처럼 그들을 더 괴롭히는 일이 되기 때문이오. 총독들은 본래 이득을 좋아하는 데다가 언제 자리에서 물러날지 모른다는 생각이 든다면 백성들을 더욱 가혹하게 착취할 것은 불을 보듯 뻔한 일이오." 티베리우스 황제의 이런 늑장 부리는 성격에 대한 또 다른 증거를 살펴보자. 그가 22년간 황제의 자리에 있었음에도 불구하고 유대국의 총독으로 파견한 사람은 모두 합해 단지 두 명에 지나지 않았다. 즉 그라투스(Gratus)와 빌라도(Pilate) 단 둘뿐이었다. 유대국에 취한 그의 태도가 다른 민족에 대해 취한 태도와 다를 바 없음을 염두에 두도록 하자. 티베리우스는 친구들에게 죄인들의 심문을 뒤로 늦추는 이유에 대해 이같이 말했다고 한다. "마땅히 죽을 죄인을 바로 죽인다면 그에게는 고통을 더는 일이 될 것 아니겠소? 악한 죄인들은 그런 은혜를 받을 자격이 없는 놈들이오. 내가 그런 자들에 대한 심문을 늦추는 것은 그들이 받는 현재의 고통을 연장하여 더욱 큰 불행을 맛보도록 하는 데 그 이유가 있는 것임을 명심하도록 하시오."

6. 이런 이유 때문에 에우티쿠스(Eutychus)도 심문을 받지 못한 채 계속 감옥에 감금된 상태에 있었다. 그러나 얼마 후 티베리우스 황제는 카프레아이를 떠나 로마에서 100펄롱 떨어진 투스쿨라눔(Tusculanum)으로 오게 되었다. 이에 아그립바는 에우티쿠스의 유죄를 하루속히 입증하기 위해서 에우티쿠스의 심문을 신속하게 열 수 있도록 황제에게 요청해 줄 것을 안토니아에게 부탁하였다. 아그립바가 이같이 안토니아에게 부탁한 것은 티베리우스 황제가 모든 면에서 안토니아를 극히 존중하고 있었기 때문이었다. 황제는 안토니아가 그의 형제 드루수스(Drusus)의 아내라는 인척 관계 때문만이 아니라 그녀의 높은 정절 때문에 그녀를 극진히 대우해 주었다. 그녀는 다른 남자와 재혼하라는 아우구스투스(Augustus)의 지시가 있었음에도 불구하고 아직 젊은 나이인데도 재혼하지 않고 홀로 미망인으로 지냈다.[14] 그 밖에도 안토니아는 한 번도 구설수에

---

14) 강한 유혹이 있었음에도 불구하고 안토니아(Antonia)가 단 한 번밖에 결혼하지 않았다는 이유로 그녀를 이같이 높이 평가하는 것을 볼 때, 우리는 요세푸스와 사도 시대 때 한 번 결혼하는 것이 유대인과 로마인 사이에서 얼마나 존경의 대상이 되었는가 하는 점을 쉽사리 알 수 있다. 이는 사도들이 왜 한 남편의 아내

오른 적이 없을 정도로 명성을 잘 유지해 왔다. 게다가 안토니아는 티베리우스 황제에게는 최대의 은인이었다. 왜냐하면 안토니아가 남편의 친구인 세야누스(Sejanus)가 무서운 반역을 꾀했을 때 티베리우스 황제를 결정적으로 도왔기 때문이었다. 세야누스는 군대 장관으로서 막강한 권력을 쥐고 있었다. 게다가 원로원의 많은 의원과 그 밖의 사람들이 그에게 합세하였으며, 병사들은 그에게 매수되어 있었고, 그야말로 음모는 그 절정에 달해 있었다. 이때 안토니아의 대담성이 세야누스의 음모를 앞지르지 못했다면 세야누스의 음모는 성공을 거두었을 것이다. 안토니아는 세야누스의 음모의 사실을 알게 되자 그 전모를 자세히 적어 충실한 심복인 팔라스(Pallas)를 시켜 카프레아이의 티베리우스에게 보냈다. 티베리우스는 안토니아의 편지를 받고 음모를 알게 되어 세야누스와 그 공모자들을 처형할 수가 있었던 것이다. 이런 일로 인해 그렇지 않아도 그전부터 안토니아를 존경해 오던 티베리우스는 그녀를 더욱 존경하게 되었으며 범사에 그녀를 의지하게 되었다. 안토니아가 에우티쿠스를 심문해 달라고 요청하자 티베리우스 황제는 이같이 대답했다. "만일 에우티쿠스가 거짓으로 아그립바를 고소했다면 내가 그에게 지금까지 가한 형벌만으로도 충분히 그 대가를 치른 것이 될 것이오. 그러나 심문 결과 그 고소가 사실이라면 부하를 벌주려다 자신이 벌을 받는 결과를 초래할 수도 있으니 아그립바에게 잘 생각해 보고 결정하라고 하시오." 안토니아가 황제의 이 말을 아그립바에게 전해 주었으나 아그립바는 더 막무가내로 에우티쿠스를 심문해 줄 것을 간청하였다. 아그립바가 심문해 줄 것을 강력히 원하자 안토니아는 기회를 잡아 황제에게 에우티쿠스를 심문해 줄 것을 부탁하였다. 그 일의 경과는 다음과 같다. 어느 날 저녁 식사 후에, 티베리우스 황제는 의자 가마(sedan)에 편히 누워 들려 나가고, 안토니아의 손자인 카이우스(Caius)와 아그립바가 그에 앞서서 걷고 있을 때였다. 안토니아가 가마 옆을 지나가면서 황제에게 에우티쿠스를 심문

가 아니었던 과부들은 과부의 명부에 올리지 말라고 법으로 정했으며 감독이나 목사나 집사는 한 번 이상 결혼할 때는 성직자로서의 직무를 떠나야 한다고 규정했는지에 대해 오늘날 개신교 신도들이 그리 놀랄 이유가 없음을 잘 보여주고 있다. 누가복음 2장 36절, 디모데전서 5장 11-12절, 3장 2절과 12절, 디도서 1장 10절을 참조하도록 하라.

해 줄 것을 청하였다. 이에 대해 황제는 이같이 답변하였다. "오, 안토니아여! 이제 내가 하려고 하는 일은 내가 하고 싶어서 하는 것이 아니라 그대의 간청에 못 이겨서 하는 것임을 신들께서 증인이 되실 것이오." 티베리우스는 이같이 대답한 후 세야누스의 후임인 마크로(Macro)에게 에우티쿠스를 끌어오라고 지시했다. 이에 에우티쿠스는 황제 앞에 즉시 끌려오게 되었다. 티베리우스는 에우티쿠스에게 "네게 자유를 준 너의 주인 아그립바에 대해 고소할 것이 있다니 그것이 무엇인가?"라고 물었다. 이에 대해 에우티쿠스는 다음과 같이 말하였다. "오, 나의 주시여! 이 카이우스와 아그립바가 함께 병거를 타고 저는 그 발치에 있던 적이 있었습니다. 그때 여러 말이 오가던 중에 아그립바가 카이우스에게 이같이 말하는 것을 들었습니다. '그 늙은 작자가 빨리 죽고 그대가 온 세상의 왕으로 임명되는 날이 어서 속히 왔으면 좋겠소. 늙은 황제의 손자 티베리우스(Tiberius)도 방해 거리가 되지 못하고 그대의 손에 의해 제거될 것이오. 그러면 온 세상이 행복해질 것이고 나 또한 행복할 것이오.'" 티베리우스는 이 말이 진정 아그립바가 한 말이 틀림없을 것으로 생각하고 이를 갈았다. 왜냐하면 아그립바에게 드루수스(Drusus)의 아들인 자기 손자 티베리우스를 극진하게 섬기라고 명령했음에도 불구하고 아그립바가 명령을 어기고 카이우스에게 모든 정성을 쏟았기 때문이었다. 이에 티베리우스는 "이자를 결박하라."라고 마크로에게 명령하였다. 그러나 마크로는 누구를 결박하라고 하는지 확실히 알 수 없었던 데다가 설마 아그립바를 결박하라고 명령하지는 않았을 것이라고 생각하고 누구를 결박하라고 하는 것인지 분명히 가르쳐 달라고 말했다. 황제는 경기장(hippodrome) 주변을 돌다가 아그립바가 서 있는 것을 보더니 "마크로, 무얼 꾸물거리고 있나. 내가 결박하라고 한 것은 바로 이자야."라고 소리쳤다. 그러나 마크로는 계속해서 "누굴 말입니까?"라고 물었다. 그러자 티베리우스는 "아그립바이지 누군 누구야."라고 외쳤다. 이에 아그립바는 티베리우스에게 간청하기 시작했다. "황제시여! 제가 황제의 아드님과 함께 교육을 받은 것을 기억해 주십시오. 게다가 저는 황제의 손자인 티베리우스를 가르치기까지 하지 않았습니까?" 그러나 이런 간청은 아무 소용도 없었다. 병사들은 아그립바를 자주색 옷을 입은 채로 결박하여 끌고 갔다. 날씨는 매우 더운데 저녁 식사 때 포도주가 모자랐기 때문에 아그립바는 무척 목이 말랐다. 게다가 이런 비참한 취급을 당하게 되니 고통스럽기 그지없었다. 이때 그는 타우마스투스(Thaumastus)라는 카이우스의 종이 그릇에 물을 담아 가지고 가는 것을 보고는 물 좀 달라고 하였다. 이에 그 종이 물을 주자 아그립바는 감사하게 받아먹고는 이같이 말했다. "오, 소년이여! 네가 내게 베푼 이 친절은 장차 네게 큰 유익이 될 것이다. 내가 이 결박을 벗는 날에는 즉시 너를 카이우스의 종에서 해방시켜 줄 것이다. 너는 내가 결박당했을 때 나를 섬기는 일에 모자람이 없었으니 내가 전처럼 자유와 권세를 얻는 날에는 꼭 네게 이같이 보답해 줄 것이다." 아그립바는 이 종에게 한 약속을 어기지 않았으며 후에 보답해 주었다. 아그립바는 후에 왕국을 차지하게 되자 타우마스투스에게 특별한 관심을 보이고 그를 카이우스의 노예에서 해방시켰을 뿐 아니라 자신의 영지의 청지기로 삼았다. 아그립바는 죽으면서도 그를 자기 아들인 아그립바(Agrippa)와 딸인 버니게(Bernice, 베르니케)에게 맡겨 그들을 힘껏 섬기며 살 수 있도록 조처해 주었다. 타우마스투스는 이같이 청지기직을 맡아 오랫동안 섬기다가 늙어 세상을 떠났다. 그러나 이 모든 일은 앞으로 먼 미래에 일어날 일들이었다.

7. 한편 아그립바는 다른 결박당한 죄수들과 함께 결박당한 채 왕궁 앞 나무에 기대어 슬픔에 잠겨 있었다. 이때 아그립바가 기댄 나무 위에는 로마인들이 부보(bubo)라고 부르는 올빼미 한 마리가 노래하고 있었다. 한편 국적이 게르만(German)인 한 죄수가 아그립바를 보고는 자주색 옷을 입은 죄수는 도대체 누구냐고 병사에게 물었다. 그러자 병사는 그는 아그립바라는 인물로서 유대인 유력 인사라고 대답해 주었다. 이에 그 죄수는 병사에게 아그립바와 이야기를 나눌 수 있도록 해달라고 요구했다. 아그립바에게 유대국에 대해 물어 볼 것이 있다는 것이었다. 병사의 허락을 받은 죄수는 아그립바에게 가까이 가서 통역을 세워 이같이 말하였다. "오, 젊은 청년이여! 그대의 환경의 이런 급작스러운 변화가 그대를 심히 괴롭히는 것 같구려. 물론 갖가지 어려운 역경 앞에서 괴로워할 만도 하겠지요. 그대가 지금의 이 곤경에서 장차 벗어나게 될 것이고 신의 섭리가 그대를 보호할 것이라고 내가 예언한다면 그대는 쉽게 믿

지 않을 것이오. (우리를 이렇게 결박당하게 한, 이곳의 신들과 나의 조국의 신들에게 맹세코 말하노니) 이것만은 분명히 아시오. 내가 이제부터 말하려고 하는 모든 것은 그대의 호의를 사거나, 아니면 돈을 바라거나, 아니면 아무 이유 없이 그대를 즐겁게 하기 위해서 하는 것이 아니오. 왜냐하면 그런 예언은 장차 거짓임이 드러날 때는 마침내 슬픔이 되는 것이고 차라리 듣지 아니한 것이 훨씬 나을 것이기 때문이오. 비록 나 자신의 생명에 위험이 있을는지는 모르나 신들의 예언을 선포하는 것이 옳다고 생각하여 이렇게 말하는 것이오. 그대는 오랫동안 감금되어 있지 않을 것이오. 그대는 곧 결박에서 풀려나 최고의 지위와 권세를 누리게 될 것이며 그대의 불행을 동정하던 모든 이의 선망의 대상이 될 것이오. 그대는 죽는 순간까지 행복하게 살 것이며 그대의 행복을 후손들에게까지 물려주게 될 것이오. 그러나 한 가지 명심할 것은 이 새가 다시 우는 것을 보거든 그대의 생명이 닷새밖에 남지 않았음을 기억하도록 하시오. 이런 일은 이 새를 그대에게 표적이 되도록 이곳에 보내 주신 신에 의해 장차 일어날 것이오. 그대가 장차 행복해질 것을 안다면 지금의 고통을 쉽게 견딜 수 있을 것을 알고 있는데 어떻게 말을 하지 않고 숨길 수가 있겠소. 그러나 그대에게 이런 행복이 임할 때는 내가 이런 비참한 처지에 있음을 잊지 말고 나를 구해 주도록 애써 주시오." 이 게르만인이 이같이 말하자 아그립바는 나중에는 찬탄을 금하지 못하게 될 것임에도 불구하고 믿지 못하겠다는 투로 냉소를 보냈다. 한편 안토니아는 아그립바의 불행이 몹시 마음에 걸렸다. 그러나 티베리우스에게 아그립바를 위해 간청하는 것은 결코 쉬운 일이 아니었다. 아니 실제적으로는 거의 불가능한 일이었다. 왜냐하면 황위 계승에 대한 욕심이 있다는 오해를 받을 소지가 다분했기 때문이었다. 그러나 안토니아는 마크로(Macro)를 매수하여 아그립바를 지키는 병사들에게 아그립바를 부드럽게 대하게 하고 백부장과 식사를 같이하는 등의 호의를 베풀도록 했을 뿐 아니라 아그립바가 매일 목욕을 할 수 있으며 부하들의 면회를 받을 수 있으며 그 밖의 여러 가지 특혜를 누릴 수 있도록 조치해 주었다. 이에 아그립바의 친구인 실라스(Silas)가 자주 면회를 왔으며 부하인 마르시아스(Marsyas)와 스테쿠스(Stechus)는 아그립바가 좋아하는 음식을 날라다 주었을 뿐 아니라 여러 가지 편의를 제공해 주었다. 그들은 의복을 팔러 들어간다는 명목으로 감옥에 들어왔다가 밤이 되면 아그립바에게 옷을 넣어 주었다. 마크로가 이미 지시한 바가 있기 때문에 병사들도 그들을 도와주었다. 아그립바는 이렇게 6개월을 보냈다.

8. 한편 티베리우스 황제는 카프레아이로 돌아오자마자 병을 얻었다. 처음에는 작은 병 같았으나 병세가 심해져 소생할 기미가 거의, 아니 전혀 보이지 않았다. 이에 황제는 죽기 전에 할 말이 있다면서 가장 신임하는 부하 에우오두스(Euodus)에게 손자들을 데려오라고 지시했다. 티베리우스에게는 그 당시 생존해 있는 아들이 없었고 아들 드루수스(Drusus)의 아들 티베리우스 게멜루스(Tiberius Gemellus)와 동생 드루수스(Drusus)의 아들 게르마니쿠스(Germanicus)의 아들 카이우스(Caius)만이 장성해 있었다. 카이우스는 그 당시 다 장성했으며 충분한 교육을 받아 지식도 잘 갖추고 있었을 뿐 아니라 부친 게르마니쿠스의 뛰어난 성품의 후광을 입어 백성들의 존경과 사랑을 한 몸에 받고 있었다. 게르마니쿠스는 단호한 성격의 소유자였으며 고위직에 있음에도 불구하고 서민들과 거리를 두지 않고 허심탄회하게 대화를 나눌 줄 아는 소탈함이 있었기 때문에 백성들의 존경을 받았다. 게르마니쿠스는 로마의 원로원이나 로마 시민뿐 아니라 로마의 지배하에 있는 타민족들에게서도 존경을 받았다. 어떤 이들은 직접 그를 찾아왔다가 그의 따뜻한 환대를 받고 감동을 받았으며, 어떤 이들은 이런 이야기를 듣고 역시 감동을 받았다. 그가 세상을 떠나자 모든 사람이 그를 애도하였다. 지배자들에게 아첨하기 위한 눈물이 아니라 실제로 흘리는 눈물이었다. 모든 사람이 마치 자기 가까이에 있는 사람을 잃은 것처럼 슬퍼하였다. 게르마니쿠스의 이런 백성들과의 친숙성은 그의 아들 카이우스에게 큰 이득이 되었다. 특히 병사들은 게르마니쿠스에게 감동되어 카이우스가 황제의 자리에 오를 수만 있다면 죽음도 불사할 정도로 카이우스의 편을 들었다.

9. 한편 티베리우스 황제는 에우오두스에게 손자들을 다음 날 아침에 자기에게 데려오라고 지시한 후에 그의 민족 신들에게 누구를 후계자로 임명해야 하는지 확실한 징표를 보여 달라고 기도했다. 티베리우스는 친손자인 티베리

우스 게멜루스에게 황제의 자리를 넘겨주고 싶었으나 자기 자신의 의향과 소망보다는 신의 뜻을 따르기로 했다. 따라서 티베리우스는 그들이 먼저 도착하는 순서를 신의 징표로 보기로 하고 먼저 도착하는 자를 황제의 자리에 임명하기로 했다. 티베리우스는 이같이 마음먹은 후에 친손자가 황제가 되는 것을 신께서 허락하실 것이라고 생각하고는 친손자의 가정 교사를 보내 그를 아침 일찍 데려오라고 명령하였다. 그러나 하나님은 황제의 뜻과는 정반대였음이 드러났다. 티베리우스 황제는 이같이 모든 조치를 끝낸 후 다음 날 아침이 되자 에우오두스에게 밖에 대기하고 있는 손자를 들여보내라고 지시하였다. 이에 에우오두스가 밖에 나가 보니 카이우스가 와 있었다. 이때 손자 티베리우스는 조반을 먹느라고 아직 오지 않았다. 에우오두스는 황제의 의도가 무엇인지를 알지 못했기 때문에 카이우스에게 "할아버님께서 부르십니다."라고 말하고 그를 안으로 들여보냈다. 티베리우스 황제는 카이우스를 보자마자 전에는 몰랐으나 하나님의 능력이 어떤 것인가를 알게 되었다. 즉 자기가 아무리 특정 인물을 황제의 자리에 앉히려고 해도 궁극적인 권한은 하나님께 있다는 사실을 알게 된 것이다. 이에 황제는 자기 의도를 실천에 옮길 수 없었다. 따라서 황제는 자신의 의도가 뜻대로 이루어질 수 없다는 사실에 애통하지 않을 수 없었다. 게다가 친손자인 티베리우스가 숙명에 의해 로마 제국의 권좌뿐 아니라 신변의 안전까지도 잃게 되었다고 생각하니 그 슬픔은 더욱 크기만 하였다. 왜냐하면 그의 생존은 이제 황제의 자리를 놓고 각축을 벌이던 카이우스에게 달리게 되었는데, 그는 친척이 함께 살아 있다는 사실을 못마땅하게 여길 것이었기 때문이었다. 이 경우에는 혈연의 관계가 조금도 티베리우스의 생명을 보호할 힘을 발휘하지 못하기 때문이었다. 티베리우스는 황제 후계자였다는 이유로, 최고의 권력을 소유하게 될 카이우스의 미움을 살 것이 분명했다. 게다가 티베리우스는 자신의 생명을 보호하고 권력의 정상에 오르기 위해 계속해서 권력에 도전할 터이니 카이우스에게 견제를 당하고 위협을 당할 것이라는 점은 보지 않아도 뻔한 이치였다. 이로 인해 티베리우스 황제는 크게 애통하였다. 그런데 티베리우스 황제는 오래전부터 점성술(astrology)과 천궁도로 점을 치는 일(calculation of nativity, 한 사람이 태어날 때의 별의 위치를 보아 그 사람의 운명을 미리 점치는 기술-역자 주)

에 깊이 빠져 있었으며 오히려 점술가보다 점괘가 잘 맞는다는 평판을 듣고 있었다. 황제가 한번은 갈바(Galba)가 오는 것을 보고 친한 친구들에게 "저자가 언젠가는 로마의 황제가 될 것이오."라고 말한 적도 있었다. 티베리우스 황제는 점성술을 통해서 자신의 일들이 들어맞는 것을 많이 보았기 때문에 어떤 로마 황제보다 이런 온갖 종류의 점술에 깊이 빠졌던 것이다. 황제는 일이 이렇게 된 것에 놀라고 자기 친손자가 몰락하게 된 것에 대해 괴로워하면서 그럴 줄 알았다면 미리 점을 쳐볼 것을 잘못했다고 후회하였다. 앞일을 미리 알았더라면 고통 없이 조용히 죽을 수 있을 텐데 이제 임종 직전에 와서야 가장 사랑하는 손자가 몰락한다는 것을 알게 되었으니 그야말로 괴로워 죽을 지경이었다. 비록 마음먹은 대로 사랑하는 친손자에게 황제의 자리를 물려주지 못하게 되었으므로 마음이 도저히 갈피를 잡을 수 없는 상태에 있었음에도 불구하고, 티베리우스 황제는 이같이 카이우스에게 말했다. "오, 카이우스야! 비록 티베리우스가 내겐 너보다 훨씬 소중한 손자이지만 신들의 뜻을 따라 네게 로마 제국을 넘기기로 결정하였다. 그러니 네가 황제의 자리에 앉거든 너를 황제로 임명한 나의 호의를 잊어버려서는 안 될 것이며 티베리우스가 너와 친척이 된다는 점도 망각해서는 안 될 것이다. 내가 신들과 함께, 아니 신들의 뜻을 따라 네게 황제라는 최고의 행복을 안겨 주었음을 명심하고 네 친척인 티베리우스를 극진히 보살펴 주도록 하라. 그것이 내게 보답하는 일이 될 것이다. 티베리우스가 살아 있는 것이 로마 제국뿐 아니라 너의 안전을 위해서도 큰 유익이 될 것임을 명심하라. 만일의 경우 티베리우스가 죽는다면 그것이 바로 너 자신의 파멸의 전주곡이 된다는 점을 결코 잊어서는 안 될 것이다. 제국을 다스리는 이 엄청난 일은 혼자의 힘으로는 도저히 견뎌내기 힘들기 때문이다. 게다가 신들도 그런 불의한 행동을 한 자를 벌하지 않고 그대로 두실 리가 없기 때문이다." 티베리우스 황제의 이 간곡한 부탁은 비록 카이우스가 그렇게 하겠다고 약속은 했으나 카이우스의 마음을 설득시킬 수는 없었다. 카이우스는 황제의 자리에 앉자마자 티베리우스를 제거하였다. 이는 모두 티베리우스 황제가 예언한 그대로였다. 카이우스도 얼마 못 가 음모에 걸려 살해당하는 비극을 맞이하고 말았다.

10. 한편 티베리우스 황제는 이같이 카이우스를 황제의 후계자로 임명한 후 며칠을 더 살지 못하고 세상을 떠났다. 티베리우스가 22년 5개월 3일간의 재위를 마치고 세상을 떠나자 카이우스가 로마의 제4대 황제로 제국을 다스리게 되었다. 로마인들은 티베리우스가 죽었다는 소식을 듣고는 내심 기뻐하면서도 겉으로는 내색을 하지 못했다. 많은 돈을 내야 하는 것이 걱정되어서 그런 것이 아니라, 사실이 아닌데 공연히 즐거워하는 기색을 보이다가 큰코다치지나 않을까 하는 염려가 들기 때문이었다. 사실상 티베리우스 황제는 공연한 일로 쉽게 분노를 해서 로마의 유수한 명문 가족들을 쑥밭으로 만든 일이 있었다. 그는 아무 이유 없이 사람들을 미워하고 툭하면 성질을 잘 내는 난폭한 성품의 소유자였기 때문이었다. 그는 죄에 대한 판결을 내릴 때는 쓸데없이 엄하게 굴었으며 조그만 죄에도 사형 선고를 내리기가 일쑤였다. 따라서 로마인들은 그가 죽었다는 소식을 기쁘게 받아들이면서도 행여나 사실이 아닐 경우 무슨 변을 당할지 몰라 기쁜 내색을 하지 못했던 것이다. 한편 아그립바의 부하인 마르시아스(Marsyas)는 티베리우스가 죽었다는 소식을 듣자마자 그 소식을 알려주려고 아그립바에게 달려왔다. 그는 아그립바가 목욕을 하는 것을 보고 고개를 끄덕이면서 히브리 말로 "사자(lion)[15]가 죽었어요."라고 소리쳤다. 이에 아그립바는 그 말이 무슨 뜻인지 알아듣고 너무 기뻐서 "이 기쁜 소식을 가져다 준 네게 온갖 행복과 좋은 일이 넘치기를 바란다. 그저 나는 네가 말한 것이 사실이기만을 빈다."라고 대꾸했다. 한편 아그립바를 감시하고 있던 백부장은 마르시아스가 헐레벌떡 뛰어 들어오더니 아그립바가 기뻐 어쩔 줄 모르는 것을 보고는 무슨 반역의 음모가 섞인 말이 아닌가 의심하고 무슨 말을 했냐고 물었다. 이에 그들은 처음에는 화제를 딴 곳으로 돌리려고 했으나 백부장이 마구 다그치는 바람에 어쩔 수 없이 사실을 다 털어놓았다. 이미 백부장과는 친한 친구 사이가 되었기 때문이었다. 이에 백부장은 아그립바에게 행운이 되는 좋은 소식이었기 때문에 함께 기뻐하고 아그립바에게 저녁을 대접해 주었다.

---

15) 사자(lion)라는 명칭은 특히 유대인들이 아그립바나 그의 부하인 마르시아스 같은 압제자들에게 종종 붙이곤 했던 별명이었다. 에스겔 19장 1, 9절, 에스더 4장 13절, 디모데후서 4장 17절 등을 참조하라.

그러나 그들이 함께 식사를 나누며 술잔이 몇 바퀴 돌았을 때 한 사람이 오더니 티베리우스가 아직 죽지 않았으며 수일 내에 로마로 돌아온다는 소식을 전하였다. 이 소식에 백부장은 몹시 괴로워하였다. 황제가 죽었다는 소식을 듣고 죄수와 함께 먹고 좋아했으니 그것은 분명코 목숨을 단축시킬 수 있는 행동이기 때문이었다. 이에 백부장은 아그립바를 누워 있던 의자에서 밀쳐 내면서 이같이 쏘아붙였다. "그대가 황제에 대한 거짓말로 나를 속이고서도 무사할 줄 알았던가? 나를 속인 죄로 그대 목은 무사하지 못하리라." 백부장은 이같이 소리친 후 아그립바를 다시 묶으라고 명령하였다(그때 아그립바는 결박이 풀린 상태였었다). 백부장은 그 후 아그립바에게 전보다 인심이 고약한 병사를 붙여 감시하게 했다. 이렇게 해서 아그립바는 그날 밤 큰 곤욕을 치르게 되었다. 그러나 그다음 날이 되자 티베리우스가 죽었다는 소문이 더욱 크게 돌아다니고 있었다. 시민들은 조금도 꺼리지 않고 공공연하게 황제가 죽었다는 이야기를 입에 담고 있었다. 심지어 어떤 이들은 그로 인해 제사까지 드리고 있었다. 티베리우스 황제가 죽은 것은 분명했다. 여기에다가 카이우스가 보낸 서신이 이를 더 확실히 입증했다. 카이우스는 여러 통의 편지를 보냈다. 카이우스는 원로원에 서한을 보내 티베리우스 황제가 죽었다는 사실을 알리고 그 후임으로 자신이 황제가 되었다는 사실을 선포했다. 그는 로마시 총독 피소(Piso)에게도 서한을 보내 같은 사실을 알리고 아그립바를 감옥에서 석방하고 전에 살던 집에 거주하도록 허락하라고 지시했다. 그리하여 아그립바는 아직까지는 감금 상태에 있으나 곧 원래 상태로 돌아갈 것이기 때문에 아무 걱정도 하지 않았다. 카이우스는 티베리우스의 시신과 함께 로마로 돌아와서 로마법대로 성대한 장례식을 치르자마자 그날로 아그립바를 석방하고 싶었으나 안토니아(Antonia)가 이를 만류하였다. 안토니아가 이를 만류한 것은 아그립바를 미워했기 때문이 아니라 카이우스의 처신이 경솔하게 비칠까 봐 염려했기 때문이었다. 즉 티베리우스 황제가 감옥에 가둔 죄수를 황제가 죽자마자 즉시 풀어 준다면 황제의 죽음을 기뻐한다는 비난을 듣기 십상이라는 논리였다. 그러나 그로부터 며칠이 지나지 않아 카이우스는 아그립바를 자기 집으로 불러다가 면도를 시키고 의복을 바꾸어 입게 한 후 왕관을 그의 머리에 씌워 주고 그를 빌립의 분봉국의 왕으로 임명하였다. 카이우스는 또한 아그립바에게 리사니아스(Lysanias, 한글판 개역개정 성경에는 루사니아로 되어 있음 – 편집자 주)의 분봉국16)을 주고 쇠사슬 대신 같은 무게의 금사슬을 선물로 주었다. 이어서 카이우스 황제는 마룰루스(Marullus)를 유대 총독(procurator)으로 파견하였다.

11. 카이우스 카이사르(Caius Cæsar)의 통치 제2년에 아그립바는 고국으로 돌아가 정무(政務)를 보살필 수 있도록 허락해 달라고 카이우스에게 간청하였다. 아그립바는 고국의 질서를 바로잡은 후에는 로마로 다시 돌아오겠다고 약속하였다. 카이우스의 허락을 받은 아그립바는 고국으로 돌아왔다. 이에 모든 이들은 그가 왕이 되어 금의환향할 줄은 꿈에도 몰랐다가 왕이 되어 돌아오자 운명의 힘이 얼마나 큰 것인가를 깨닫고 크게 놀랐다. 그들은 아그립바의 과거의 곤경과 현재의 영광을 비교해 보고 아그립바를 가리켜 정말로 행복한 사람이라고 칭하였다. 그러나 어떤 이들은 어떻게 그렇게 환경이 호전될 수 있느냐고 반신반의하면서 좀처럼 믿으려고 하지 않았다.

제7장

분봉왕 헤롯이 추방당하게 된 경위

1. 한편 갈릴리(Galilee)와 페레아(Perea)의 분봉왕 헤롯(Herod)의 아내이며 아그립바(Agrippa)의 누이인 헤로디아(Herodias)는 아그립바가 자기 남편보다

---

16) 카이우스(Caius)가 여기서 리사니아스(Lysanias)의 분봉국을 아그립바(Agrippa)에게 주겠다고 약속한 것은 사실이나 실제로 그 분봉국을 아그립바에게 준 것은 클라우디우스(Claudius) 황제 때 가서였다.

더욱 높은 지위를 차지한 것을 보고는 시기심이 생겼다. 아그립바가 도망을 칠 때는 빚도 제대로 갚지 못할 줄 알았는데 높은 지위와 큰 재산을 가지고 금의환향하자 공연히 배가 아팠던 것이다. 헤로디아는 아그립바의 처지가 호전된 것에 비위가 상했고 심지어는 고통을 느끼기까지 하였다. 헤로디아는 아그립바가 왕의 권위를 상징하는 깃발을 내세우고 백성들 사이를 행진하는 모습을 보고 자신이 초라하다고 느끼기 시작했다. 이에 헤로디아는 분봉왕 헤롯에게 로마로 가서 아그립바와 같은 지위를 얻어 오라고 충동질하기 시작했다. "나는 더 이상 살고 싶은 마음이 없어요. 부친에 의해 처형당한 아리스토불루스의 아들 아그립바가 왕이 되어 돌아온 것을 좀 보세요. 한때는 너무 가난해서 하루하루 끼니를 때우는 것도 당신에게 의존하던 자가, 그것도 빚쟁이를 피해서 배를 타고 도망친 자가 왕이 되어 금의환향하고 있는데 당신은 지금 무엇을 하고 있는 거예요? 당신도 왕의 아들로서 그 못지않게 왕의 권위를 얻을 수 있는 혈통인데 이렇게 가만히 앉아서 수수방관만 하고 있다니 도대체 분통이 터져서 못 견디겠어요. 비록 지금까지는 당신의 부친이 누리던 지위보다 못한 자리에 앉고서도 별 불만이 없었을지라도, 이제부터는 아그립바가 얻은 그런 지위를 얻기 위해서 한번 힘 좀 쓰세요. 얼마 전만 하더라도 당신의 부(富)를 부러워하던 사람이 당신보다 더 큰 영예를 소유하게 되었는데도 수치감을 못 느끼세요? 그렇게 가난하던 자가 우리의 재력과는 비교도 안 될 정도로 큰 부를 소유하게 되었는데도 아무렇지도 않단 말씀이에요? 한때는 당신 덕분으로 목숨을 연명하던 자가 당신보다 더 나은 자리에 앉게 되었는데도 부끄럽지 않단 말인가요? 그러니 함께 로마로 갑시다. 가서 무슨 수를 써서라도 왕국을 소유합시다. 금이 무슨 문제가 되고 은이 무슨 문제가 되겠습니까? 왕국을 얻을 수 있다면 그런 것이 무슨 대수가 되겠습니까?"

2. 그러나 분봉왕 헤롯은 편안한 것을 좋아했기 때문에 헤로디아의 요구를 들으려고 하지 않았다. 게다가 로마에 가서 어떤 위험을 당할지도 모르는 형편이기 때문에 헤로디아의 요청을 억누르려고만 하였다. 그러나 헤로디아는 헤롯이 뒤로 빼려고 하면 할수록 더욱 세게 몰아붙였다. 왕이 되기 위해서는 수

단과 방법을 가리지 말고 덤벼들어야 한다고 주장하였다. 결국 헤로디아의 끈질긴 요구에 헤롯은 굴복하여 마침내 헤로디아의 생각대로 하겠다고 약속하였다. 이에 헤롯은 조금도 아끼지 않고 할 수 있는 한 최대한의 비용을 들여 만반의 준비를 갖추었으며 헤로디아를 동반하고 로마로 올라갔다. 한편 아그립바는 그들이 무슨 의도로 그런 준비를 하는지를 알아차리고 자신도 로마로 올라갈 채비를 갖추었다. 아그립바는 그들이 배를 타고 항해 길에 올랐다는 소식을 듣자마자 부하인 포르투나투스(Fortunatus)를 황제에게 보내 예물과 헤롯을 비방하는 내용의 서신을 전달하고 기회가 나면 자세한 내막을 황제에게 고하도록 지시하였다. 포르투나투스는 빠르게 헤롯의 뒤를 따랐는데 순풍을 만났기 때문에 헤롯의 뒤를 이어 바로 로마에 도착할 수 있었다. 그리하여 그는 헤롯이 카이우스를 배알하는 순간에 황제에게 들어가 서신을 전달할 수가 있었다. 헤롯과 포르투나투스는 디케아르키아(Dicearchia)로 항해했으나 황제는 디케아르키아에서 약 5펄롱가량 떨어진 캄파니아(Campania)의 소도시인 바이아이(Baiæ)에 거주하고 있었다. 바이아이에는 웅장한 저택을 갖춘 왕궁들이 있었다. 모든 황제가 경쟁이나 하듯이 선임 황제보다 웅장한 왕궁을 지었기 때문이었다. 게다가 이곳에는 병을 낫게 하는 효험이 있다는 온천이 있었다. 그곳에서는 뜨거운 물이 땅속에서 펑펑 올라오고 있었다. 그 외에도 이곳은 인간의 허영심을 충족시켜 주는 곳이었다. 어쨌든 카이우스는 헤롯이 먼저 왔기 때문에 헤롯의 문안을 먼저 받은 후에 아그립바가 보낸 서신을 읽었다. 그 서신은 헤롯을 비난하는 내용으로 가득 차 있었다. "헤롯은 전에 세야누스(Sejanus)와 공모하여 티베리우스 황제에게 반역하려고 했던 인물입니다. 게다가 지금은 바대 왕 아르타바누스(Artabanus)와 공모하여 카이우스 황제께 역모를 꾸미고 있습니다. 그 증거로 그의 병기고에 가보면 70,000명의 병사들이 사용하고도 남을 만큼의 충분한 갑옷들이 비축되어 있습니다." 카이우스는 이런 내용에 놀라 헤롯에게 갑옷에 관한 아그립바의 이야기가 사실이냐고 물었다. 이에 헤롯이 이미 잘 알려진 사실이기에 거짓말을 하지 못하고 사실이라고 고백하자, 카이우스는 그것만으로도 반역을 꾀하려 했다는 증거가 충분하다고 결론을 내리기에 이르렀다. 그리하여 카이우스는 헤롯에게서 분봉국을 빼앗아 아그립바의 영토에 병합시키는 한편 헤롯의 재산을 몰수하여 아그립바에게 주었다. 카이우스는 또한 헤롯을 영원히 유대에서 추방하기로 결정하고 유배지로 갈리아(Gaul) 지방의 리옹(Lyons)를 지정하였다. 그러나 카이우스 황제는 헤로디아가 아그립바의 누이라는 사실을 알고 그녀에게는 재산을 돌려주었으며 남편과 함께 유배지로 떠나지 않아도 된다는 특혜를 베풀어 주었다. 그러나 헤로디아는 이같이 답변했다. "오, 황제시여! 황제께서 제게 베풀어 주신 은혜는 너무나 크고 고맙습니다. 이것을 볼 때 정말 황제께서는 황제다우십니다. 그러나 제가 남편에게 받은 사랑을 생각해 보면 황제께서 제게 베푸신 은혜를 받으려야 받을 수가 없습니다. 행복할 때는 함께 즐거워하다가 불행해진다고 해서 남편을 버린다면 그것이 어찌 의로운 행위라 할 수 있겠습니까?" 이에 카이우스 황제는 헤로디아에게 크게 분노하고 그녀의 영지를 아그립바에게 주는 한편 그녀를 헤롯과 함께 추방했다. 이렇게 해서 헤로디아는 친형제인 아그립바를 시기한 죄로, 헤롯은 한 여자의 허영심에 귀를 기울인 죄로 각각 하나님의 심판을 받기에 이르렀다. 한편 카이우스 황제는 재위 2년간은 온유와 관용의 정책을 펴서 로마 시민뿐 아니라 그의 지배를 받는 민족들에게 호평을 받았다. 그러나 시간이 흐르자, 그는 자신이 다스리는 땅이 너무 큰 것에 교만함이 싹트기 시작하여 신(神)으로 자처하기에 이르렀고 만사에 신성(神性) 자체를 모독할 정도로 교만하게 행동하기 시작했다.

제8장

유대인들이 카이우스 황제에게 사신을 파송한 경위와 카이우스 황제가 유대인이 그의 법령을 받아들이지 않을 경우 그들을 무력으로 제압하기 위해 페트로니우스를 수리아에 파견한 경위[17]

1. 한편 알렉산드리아(Alexandria)에서는 유대인과 헬라인 사이에 충돌이 생기게 되자 양쪽에서 각각 세 명의 대표를 뽑아 카이우스(Caius)에게 사신을 보내기로 결정하였다. 이 사신들 가운데는 아피온(Apion)이란 자가 있었는데 그는 유대인을 다음과 같이 맹렬히 비난하였다. "유대인들은 카이사르께 경의를 표하지 않는 자들입니다. 로마 제국의 지배를 받는 모든 백성은 카이사르를 위해 제단과 신전을 세우고 거의 보편적으로 카이사르를 신으로 모시고 있음에 반하여, 유독 유대인들만 카이사르의 이름으로 맹세하는 것은 물론 카이사르를 위해 상을 만드는 것을 수치로 여기고 있습니다." 아피온이 이같이 유대인을 비난한 것은 카이우스가 그런 면에서 분노를 잘하는 것을 알고 카이우스의 비위를 상하게 하기 위함이었다. 이에 유대인 사절단 단장이요 철학에 능통한 필론(Philo)은 이 같은 아피온의 비난에 대하여 변호를 하려고 하였다. 필론은 다방면에 뛰어난 인재였으며 알렉산드리아 유대인 공동체 최고 행정 책임자(alabarch)인 알렉산드로스(Alexander)[18]와는 형제지간이었다. 그러나 카이우스 황제는 필론을 제지하면서 당장 나가라고 소리쳤다. 카이우스는 어찌나 화가 났던지 당장이라도 그들에게 큰 해를 끼칠 것만 같은 기세였다. 필론은 이같

---

[17] 이 8장은 우상을 섬기는 이방 국가들 가운데서는 항상 찾아보기 힘든 것이지만 하나님을 진실하게 섬기는 아브라함의 후손들 가운데서는 옛날부터 자주 있어 왔던 하나님의 섭리의 개입 실례를 실제로 볼 수 있는 매우 중요한 장이다.

[18] 알렉산드리아 유대인 공동체 최고 행정 책임자(alabarch)요, 필론(Philo)과는 형제지간이 되는 이 알렉산드로스(Alexander)는 누가가 대제사장의 친척으로 언급하고 있는 알렉산드로스(Alexander, 한글판 개역개정 성경에는 알렉산더로 되어 있음—편집자 주)와 동일 인물인 것 같다(행 4:6).

이 모욕을 당한 후 밖으로 나와서 주위의 동료 사신들에게 "카이우스가 우리에게 분을 품고 있는 것은 확실하나 이미 하나님을 자기 적으로 삼은 것이니 아무 걱정할 것 없소. 그러니 우리 다 같이 용기를 내도록 합시다."라고 격려했다.

2. 카이우스 황제는 유독 유대인만이 자신을 능멸하고 있다는 말을 악의로 받아들이고 페트로니우스(Petronius)를 비텔리우스(Vitellius) 대신 수리아의 총독으로 임명한 후 서신으로 이같이 지시하였다. "대군을 거느리고 유대로 진격하도록 하라. 그리고 나의 동상(statue)을 하나님의 성전에 세우라고 명령하라. 이때 그들이 이 명령을 순종하면 그냥 내버려둘 것이지만 만일의 경우 순종하지 않을 때는 그들을 무력으로 정복하고 성전에 나의 상을 세우도록 하라." 페트로니우스는 수리아의 지배권을 장악한 후 카이사르가 서신으로 명령한 것을 신속히 실행에 옮기기 시작했다. 페트로니우스는 가능한 한 많은 원군을 긁어모으고 로마 병사 2개 군단을 동원한 후 프톨레마이스(Ptolemais)로 이동했다. 그는 봄에 공격을 개시하기로 마음먹고 그곳에서 겨울을 보내기로 했다. 그는 이러한 사정을 카이사르에게 서신으로 알렸다. 그러자 카이우스는 그의 신속한 행동을 칭찬하면서 유대인들이 명령에 순종하지 않을 때는 무력으로 짓밟도록 하라고 지시하였다. 그러나 수많은 유대인이 프톨레마이스에 있는 페트로니우스를 찾아와서 조상 전래의 율법을 범하도록 강요하지 말아 달라고 간청하였다. "만일 총독께서 이 카이사르의 상을 가져다가 굳이 성전 안에 세우시겠다면 먼저 우리를 죽이시고 그다음에 마음대로 하십시오. 우리의 목숨이 붙어 있는 한 율법이 금하고 있는 그런 일이 일어나는 것을 결코 그냥 좌시하고 있지만은 않을 것입니다." 이에 페트로니우스는 화를 벌컥 내면서 이같이 말했다. "내가 만일 황제이거나 내 마음대로 할 수 있는 처지라면 그대들의 요구를 들어주었을지도 모르오. 그러나 나는 황제가 아니라 황제의 명령을 받고 온 그의 신하요. 따라서 나는 황제의 명령에 순종할 수밖에 없소. 내가 그의 명령에 순종하지 않으면 죽음을 면할 길이 없기 때문이오." 그러자 유대인들은 아래와 같이 또 대꾸했다. "오, 페트로니우스 총독이시여! 총독께서 카이우스 황제의 명령에 불복할 수 없는 것처럼 우리도 율법의 명령에 불복할 수가 없습니

다. 우리는 재산이라고는 뛰어난 이 율법밖에 없습니다. 따라서 우리 선조들은 이 율법을 범하지 않으려고 온갖 애를 쓰면서 지금까지 이 율법을 지켜 왔던 것입니다. 그러므로 우리는 죽음이 무서워서 율법을 범하는 비겁함은 결코 보이지 않을 것입니다. 율법은 하나님이 우리의 유익을 위해 주신 것이기 때문입니다. 우리가 만일 율법을 지키기 위해 불행을 겪어야 한다면 아무 말 없이 그 불행을 감수할 것입니다. 율법을 지키기 위해 위험을 무릅쓰는 사람에게는 구원의 희망이 있기 때문입니다. 우리가 하나님 때문에 고통을 겪는다면 하나님은 분명히 우리 편이 되어 주실 것이고 우리가 고통을 잘 참고 견디도록 도와주실 것입니다. 그러나 만일 우리가 총독의 명령에 복종한다면 목숨이 두려워 율법을 범한 비겁자라는 수치를 면하기가 어려울 것입니다. 게다가 그렇게 되면 하나님의 무서운 진노를 자초하게 되는 결과를 빚게 됩니다. 하나님은 카이우스 황제마저도 심판하시는 최고의 심판주이시기 때문입니다."

3. 페트로니우스는 유대인들의 말에서 그들의 결심을 바꿀 수 없음을 느꼈다. 결국 전쟁을 하지 않고는 카이사르의 동상을 성전에 봉헌하라는 카이우스의 명령을 따르는 것이 매우 어렵다는 사실을 감지하였다. 페트로니우스는 수많은 피를 흘리지 않고는 아무런 일도 성사할 수가 없음을 깨닫고 유대의 형편을 알아보기 위해 친구들과 종들을 거느리고 서둘러 디베랴(Tiberias, 티베리아스)로 갔다. 그가 디베랴에 도착하자 수만의 유대인들이 다시 그를 찾아와서 이같이 말했다. "우리가 로마에 대항하여 싸운다면 큰 위험을 치러야 한다는 점을 모르는 바는 아닙니다. 그러나 그보다도 더 중요한 것은 율법을 지키는 문제입니다. 그러므로 총독께서는 제발 카이사르의 동상으로 예루살렘을 더럽히지 마시고 우리로 하여금 전쟁이라는 무서운 재난에 휩싸이지 않도록 선처해 주십시오." 그러자 페트로니우스는 유대인들에게 이같이 질문했다. "그렇다면 그대들이 카이사르와 전쟁을 하겠다는 말인가? 그대들은 아무것도 가진 것이 없고 로마군은 온갖 전쟁 준비가 다 되어 있음에도 불구하고 카이사르께 대항하겠다는 말인가?" 이에 유대인들은 "카이사르께 대항하여 전쟁하겠다는 뜻은 결코 아닙니다. 단지 율법이 훼파되는 것을 보기 전에 죽겠다는 뜻입니다."라

고 대답하였다. 유대인들은 이같이 말하고는 땅바닥에 엎드려 목을 길게 빼고 어서 죽여 달라고 아우성을 쳤다. 유대인들은 이러기를 무려 40일이나 계속했다. 그러는 동안 땅을 경작하고 씨를 뿌릴 기회를 놓치고 말았다. 유대인들의 결심은 이같이 확고부동하였으며 카이사르의 동상이 성전에 서는 것을 보느니 차라리 죽음을 택하겠다고 굳은 결의를 보였다.

4. 상황이 이같이 되자 아그립바왕의 형제인 아리스토불루스(Aristobulus)와 대(大)헬키아스(Helcias the Great)와 그 집안의 유력 인사들은 페트로니우스를 찾아가 이같이 요청하였다. "총독께서도 유대인들의 결심이 어떠한가를 몸소 보셨을 줄 압니다. 그러므로 총독께서는 변화를 시도해서 유대인들을 궁지로 몰아가시는 것보다는 카이우스 황제께 아래와 같은 서신을 보내는 것이 좋을 것 같습니다. '황제 폐하, 유대인들은 폐하의 동상을 성전에 세우는 것에 대하여 억누를 수 없는 반감을 가지고 있습니다. 그리하여 그들은 땅을 기경하는 것조차 포기하고 제게 와서 졸라 대고 있습니다. 그렇다고 그들이 폐하께 대항하여 전쟁을 일으키겠다는 것은 아닙니다. 그들은 그럴 능력이 없습니다. 그들은 율법이 파괴되는 것을 보느니 차라리 기꺼이 죽겠다면서 죽여 달라고 버티고 있습니다. 게다가 농사를 짓지 않으므로 곳곳에서 세금을 내지 못하게 되자 남의 것을 강탈하는 강도질이 부쩍 늘고 있습니다.' 이같이 편지하면 아마도 황제께서는 마음이 감동되어 전 유대국을 전멸시키는 그런 야만스러운 행위는 하지 않을 것입니다. 그러나 그래도 계속 황제께서 무력을 사용하기를 고집하신다면 그때 가서 무력을 사용해도 늦지 않을 것입니다." 아리스토불루스와 그 일행은 이같이 페트로니우스에게 간청하였다. 이에 페트로니우스[19]는 카이우스에게 서신을 보내기로 결심하였다. 페트로니우스가 이같이 결심한 데는 크게 두 가지 이유가 있었다. 첫째는 아리스토불루스와 그 일행이 설득력

---

[19] 이 푸블리우스 페트로니우스(Publius Petronius)는 이후 클라우디우스(Claudius) 황제 치하에서도 계속 수리아 총독직을 지냈다. 이 페트로니우스는 아그립바의 요청에 의해 도라(Dora) 주민들이 카이우스(Caius) 황제를 따라 클라우디우스 황제의 상을 도라에 있는 유대인 회당 안에 세운 것을 맹렬히 비난하는 법령을 선포했다. 이 법령은 오늘날까지 남아 있어서 유사한 유대 관련 사안에 관한 클라우디우스의 다른 법령들과 같이 요세푸스의 기록을 확증해 주고 있다.

이 있고 진지하게 간청했으며 설득 내용이 중요한 의미를 가지고 있었기 때문이었다. 그리고 둘째는 유대인들의 반대 결의가 얼마나 굳은가를 몸소 보았음은 물론 하나님을 섬기는 신앙이 있다는 이유 하나만으로 수많은 유대인을 학살하라는 카이우스 황제의 광기(狂氣) 섞인 명령에 노예가 되었다가는 언제 하나님의 심판을 받을지 모른다는 불안감이 그를 엄습했기 때문이었다. 내가 보기에 페트로니우스는 카이우스 황제에게 서신을 보내 명령에 즉각 순종하지 못한 것에 대해 사과하고 사실을 알린 다음 황제의 명령이 계속 싸우라고 하면 그때 가서 싸우면 될 것이고 만일의 경우 황제의 진노가 모두 자기에게 쏟아진다 하더라도 많은 인명 대신 자기 혼자 죽는다면 그 또한 뜻있는 일이라고 생각하여 이런 결정을 내린 것 같다. 이에 페트로니우스는 그들의 간청을 따르기로 했다.

5. 이에 페트로니우스는 유대인들을 디베랴로 소집했다. 그러자 수만의 유대인들이 몰려왔다. 페트로니우스는 로마 병사들을 유대인 반대편에 포진하게 했다. 그는 처음에는 자신의 의도를 숨기고 황제의 명령을 반복하면서 이야기를 꺼냈다. "황제께서는 그의 명령을 듣지 않는 자를 즉각 처형하라고 노발대발하셨소. 황제의 은혜로 총독이라는 자리에 앉은 나로서는 그의 명령을 불복할 입장이 못 되오. 그러나 그렇다고 해서 수많은 여러분의 생명을 모른 체하고 나 자신의 안전과 명예만을 지킨다는 것도 정당하지 못하다고 생각하게 되었소. 조상 전래로 내려오는 율법을 보호하려고 애쓰며 율법을 지키기 위해서는 목숨도 불사하려는 여러분을 나 하나만의 안전을 위해 모두 희생시킬 수는 없지 않겠소? 따라서 나는, 전능하신 하나님의 능력과 도움을 힘입어, 여러분의 성전이 황제의 권력에 의해 모멸당하는 것을 그대로 방치하지는 않을 작정이오. 나는 카이우스 황제께 서신을 보내 여러분의 결심을 알리고 여러분이 무고한 피해를 당하지 않도록 힘닿는 대로 여러분을 돕겠소. 하나님은 인간의 모든 꾀와 힘을 초월하신 분이므로 하나님이 여러분을 도와주시기를 진심으로 빌겠소. 하나님이 여러분의 율법을 지켜 주신다면 여러분은 결코 율법을 빼앗기지 않을 것임을 확신하는 바이오. 그러나 만일 카이우스 황제가 화를 내고

내게 모든 분풀이를 하신다면 훌륭한 모습을 보여준 여러분 모두를 전멸시키기보다는 어떤 위험이나 고통도 내가 달게 받겠소. 그러므로 여러분은 모두 각자의 생업으로 돌아가서 농사를 짓도록 하시오. 나는 로마에 서신을 보내 여러분을 힘껏 돕도록 하겠소. 내 힘으로 모자라면 친구들에게 도움을 청해 여러분에게 조금이라도 도움이 되도록 해주겠소."

6. 페트로니우스는 이같이 유대인들에게 희망을 던져 주면서 부드럽게 격려를 한 후에 유대인들을 해산시키고 고향으로 돌아가서 농사짓는 일에 열중하라고 부탁했다. 페트로니우스는 이렇게 해서 유대인들의 마음을 다시 유쾌하게 만들어 주었다. 한편 이에 하나님은 페트로니우스에게 자신의 임재를 보여 주시고 그가 계획한 모든 일을 성취할 수 있도록 친히 도와주실 것임을 시사해 주셨다. 페트로니우스가 유대인들에게 말을 마치자마자 하나님은 소낙비를 내려 주셨다. 이는 인간으로서는 전혀 생각할 수 없는 뜻밖의 일이었다. 그날은 맑은 날이었으며 하늘에는 비가 올 기미라곤 조금도 없기 때문이었다. 게다가 그 해는 유난히 심한 가뭄이 계속되던 해였다. 따라서 심지어는 구름이 잔뜩 낀 날도 비 한 방울 내리지 않아 사람들을 실망시키던 터였다. 바로 이러한 때에 비 내릴 기미가 전혀 없다가 갑작스럽게 많은 양의 소낙비가 쏟아지자 유대인들은 페트로니우스가 유대인을 위해 황제에게 간청하는 일이 틀림없이 성사될 것이라고 기대를 갖게 되었다. 한편 페트로니우스는 이를 통해 하나님이 살아 계심과 유대인을 특별히 보살피고 계신다는 사실을 알게 되고는 매우 놀라지 않을 수 없었다. 그리하여 한편으로 미심쩍었던 부분이 이제는 완전히 사라지게 되었다. 이에 페트로니우스는 카이우스 황제의 마음을 설득시킬 수 있도록 서신을 작성한 후에 이같이 덧붙였다. "(전쟁이 없이는 유대인들을 굴복시킬 방도가 없는데) 만일 황제께서 그들을 전멸시키신다면 폐하께서는 세금의 수입이 줄어들 것은 물론 앞으로 영원토록 세인의 저주를 면치 못하게 될 것입니다. 더욱이 세상의 주인이신 하나님이 유대인들을 특별히 보호하고 계심을 저는 두 눈으로 똑똑히 보았습니다." 페트로니우스는 이같이 일을 진행시켰다.

7. 한편 로마에 거주하고 있는 아그립바왕은 점점 카이우스 황제의 총애를 독차지하게 되었다. 한번은 아그립바가 카이우스에게 식사 대접을 했는데 그 비용에 있어서나 황제를 즐겁게 하기 위해 온갖 준비를 아끼지 않은 면에 있어서나 타의 추종을 불허할 멋진 대접이었다. 심지어는 카이우스 황제 자신도 능가하기는커녕 필적할 수도 없을 만큼 잘 차린 잔치였다(사실상 아그립바는 그 누구보다도 황제의 은총을 많이 받은 사람이었기에 황제의 마음을 기쁘게 해주기 위해 온갖 정성을 기울인 것이었다). 이에 카이우스 황제는 아그립바가 힘에 겨울 만큼 많은 비용을 들여 자신을 기쁘게 해주려고 애쓴 것에 대해 감격한 나머지 자신도 아그립바 못지않게 그에게 잘해 주고 싶은 마음이 생겼다. 그리하여 카이우스는 술이 거나해져서 평소보다 흥이 나자 술을 권하는 아그립바에게 이같이 말했다. "나는 그대가 내게 베푼 친절과 경의를 잘 알고 있소. 심지어는 자신의 생명이 위태로워짐에도 불구하고 내게 존경과 호의를 바친 것을 말이오. 나는 그것 때문에 그대가 티베리우스 황제 때 온갖 곤욕을 치른 것을 잘 알고 있소. 그대는 나를 위해서라면 힘에 넘치도록 온갖 정성을 쏟아 왔소. 그러니 내가 그대의 사랑에 매료되는 것도 무리는 아닌 것 같소. 그러므로 나는 이제 내가 그동안 갚지 못했던 것을 그대에게 무엇이든지 보상하고 싶소. 내가 그동안 그대에게 베풀었던 소위 은총이라는 것이 보잘것없음을 나는 잘 알고 있소. 그대를 행복하게 해줄 수 있는 것이 있다면 무엇이든지 말하시오. 내가 힘닿는 데까지는 무엇이든지 기쁜 마음으로 해주겠소."[20] 카이우스 황제는 아그립바가 큰 나라나 몇몇 도시의 세수(稅收)를 요구할 줄 알고 이같이 말을 한 것이었다. 그러나 아그립바는 미리부터 무엇을 요구할 것인가를 생각해 놓았음에도 불구하고 그의 요구를 밝히지 않고 카이우스에게 이같이 대답하였다. "제가 티베리우스 황제의 명을 어기면서까지 폐하께 경의를 표한 것은 이득을 기대해서가 아닙니다. 그것은 지금도 마찬가지입니다. 제가 지금 폐하께 정성을 바치는 것은 이익을 보기 위해서가 아닙니다. 이미 폐하께서 제게 베푸신 은총은 결코 부족한 것이

---

[20] 카이우스(Caius)가 아그립바(Agrippa)에게 보인 이런 태도는 아그립바의 숙부 헤롯 안티파스(Herod Antipas)가 세례 요한을 처형하기 전에 아그립바의 누이인 헤로디아(Herodias)에게 보였던 태도와 유사하다(마 14:6-11).

아니며 심지어 탐욕에 가득 찬 자라 하더라도 충분히 만족할 만한 것입니다. 폐하께서는 은총을 베푸시는 분으로서 무엇인가 더 주고 싶으시겠지만 폐하께서 베풀어 주신 은총은 받는 입장인 저의 지위나 소원에 비추어 볼 때 너무 큰 것이기 때문입니다." 카이우스는 아그립바에게서 이런 대답이 나올 줄은 예상을 못 하고 깜짝 놀랐다. 카이우스는 아그립바가 이렇게 나오자 무엇이든지 더 들어주고 싶은 마음이 들어 소원이 있으면 무엇이든지 말하라고 거듭 강조했다. 이에 아그립바는 이렇게 대답하였다. "오, 나의 주시여! 폐하께서 저를 어여삐 보시고 무엇이든지 주고 싶어 하시는 것을 제가 잘 알고 있으나 저 자신의 영달과 행복을 위해서는 아무것도 구하지 않겠습니다. 폐하께서 제게 베풀어 주신 은총만으로도 충분히 행복을 누릴 수 있기 때문입니다. 그 대신 저는 폐하가 신의 은총을 입을 수 있고 폐하의 경건함이 드러날 수 있는 동시에 저도 명예를 얻을 수 있는 그런 일을 요청드리고자 합니다. 제가 이렇게 요청할 수 있는 것은 단 한 번도 폐하께서 제 요청을 거절하신 적이 없음을 믿기 때문입니다. 저의 요청은 페트로니우스를 시켜 유대인의 성전에 폐하의 동상을 세우라고 명령하신 것을 잊어버리시는 것 외에는 다른 것이 없습니다."

8. 아그립바는 이 문제가 매우 중요한 사안이기 때문에 이런 요구를 한다는 것이 얼마나 위험한 것인가를 알면서도 이같이 담대하게 모험을 한 것이었다. 황제가 그 요구를 들어주지 않을 경우에 그것은 그의 죽음을 의미하는 것이었다. 아그립바의 공손한 태도에 큰 감동을 받은 카이우스 황제는 아그립바에게 무엇이든지 들어주겠다고 말하라고 해놓고서는 바로 그 말을 후회하는 듯한 모습을 보이면 많은 증인 앞에서 불명예스럽게도 거짓말을 한 꼴이 된다고 여겼으며, 또한 금전적인 이득이나 더 높은 지위 등의 개인적인 영달을 꾀하지 않고 공공의 안녕과 법률과 종교의 안정을 요구하는 아그립바의 성품에 감복하였기에 결국 아그립바의 요구를 들어주었다. 카이우스 황제는 페트로니우스에게 서신을 보내 이같이 명령하였다. "그대가 이미 내 동상을 성전 안에 세웠거든 그대로 두라. 그러나 아직 동상을 세우지 않았다면 더 이상 그 일로 번거로움을 일으키지 말고 군대를 해산시킨 후 그대에게 처음에 부탁한 일에 종

사하도록 하라. 더 이상 성전에 나의 동상을 세울 필요가 없어졌느니라. 내가 이같이 결심하게 된 것은 내가 극진히 아끼는 아그립바라는 인물에 대한 보답의 일환임을 명심하라. 아그립바가 내게 요청하는 것은 도저히 물리칠 수가 없느니라." 카이우스가 페트로니우스에게 보낸 서신의 내용은 이와 같았다. 한편 페트로니우스는 이 같은 황제의 서신을 받아 보기 전에 유대인이 카이사르의 동상을 성전에 세우는 문제로 폭동을 일으킬 기세가 보인다는 내용의 서신을 황제에게 보냈었다. 폭동의 기세가 얼마나 거센지 그것은 로마에 대항해 전쟁을 일으키려는 움직임으로도 볼 수 있다는 내용의 서신이었다. 카이우스는 이 서신을 받아 보고 자기에게 대항하여 반역을 일으켰다는 소식에 몹시 기분이 상했다. 그는 본래 덕망이라곤 조금도 없었고 매사에 비열하고 사악한 일만 골라 저지르는 인물이었으며 남의 충고를 듣기 싫어하고 아무에게나 분풀이하고 게다가 그것을 즐기는 못된 성품의 소유자였다. 이에 카이우스 황제는 페트로니우스에게 이 같은 서신을 보냈다. "너는 황제의 명령보다는 유대인의 뇌물을 더 중하게 여겼을 뿐 아니라 스스로 교만하여져서 나의 명령을 어기고 유대인의 비위를 맞추는 데만 급급했음을 나는 분명히 알게 되었노라. 그러므로 너는 나의 분노가 극에 달했음을 알고 스스로 생각해서 행동하도록 하라. 나는 황제의 명을 어기는 자들의 최후가 얼마나 비참한 것인가를 너를 본보기로 지금뿐 아니라 장래의 모든 인간에게 생생히 보여주도록 하겠다."

9. 카이우스가 페트로니우스에게 보낸 서신의 내용이 이와 같았으나 페트로니우스는 이 서신을 카이우스 황제가 죽은 후에야 받아 보게 되었다. 이 편지를 실은 배가 너무나 늦게 항해를 했기 때문에 이 서신이 도달했을 때는 황제의 사망 소식이 이미 페트로니우스에게 전달된 후였다. 이는 다 하나님이 페트로니우스가 하나님과 유대인을 위해 위험을 무릅쓴 것을 잊지 않고 기억하신 연고였다. 하나님은 스스로 교만해져 신처럼 경배까지 받으려고 한 카이우스에 대한 진노로 그의 생명을 빼앗아 가신 것이다. 로마와 로마의 모든 속국, 특히 원로원 의원들은 페트로니우스와 공모하여 카이우스에게 마땅한 보응을 하려고 했다. 왜냐하면 카이우스가 그들에게 잔인하게 대했기 때문이었

다. 그런데 카이우스 황제가 페트로니우스에게 자결하라는 편지를 보낸 후 얼마 못 가 세상을 떠난 것이었다. 카이우스 황제의 사인(死因)이 무엇인지, 페트로니우스와 그 일행의 공모 내용이 무엇인지는 차차 역사를 서술해 가면서 적절한 시기에 살펴보도록 하자. 어쨌든 카이우스의 죽음을 알리는 서신이 먼저 도착하고 자결하라는 카이우스의 서신이 조금 후에 도착하자 페트로니우스는 카이우스의 죽음이 자결 명령을 내리자마자 동시에 발생한 것에 대해 기쁨을 감추지 못했을 뿐 아니라 유대인을 위험에서 건져 내고 하나님의 성전을 보호한 자신의 행위에 대해 하나님이 촌각도 지체하지 않으시고 즉각 보상해 주신 섭리에 놀라움을 금할 수 없었다. 이렇게 해서 페트로니우스는 죽음의 위험을 무사히 벗어날 수가 있었다.

제9장

아시네우스와 아닐레우스라는 두 형제 때문에 바벨론 유대인들이 당한 고통에 관하여

1. 메소포타미아(Mesopotamia), 특히 바벨론(Babylonia, 바빌로니아)에 거주하는 유대인들에게 매우 슬픈 재난이 몰아닥치게 되었다. 수많은 유대인들의 인명을 앗아간 이 비극은 역사에서 전례를 찾아볼 수 없을 정도로 전무후무한 무서운 재난이었다. 따라서 나는 이 비극의 원인과 전모를 이제부터 상세히 서술해 보려고 한다. 바벨론에는 넓고 비옥한 땅을 끼고 많은 주민이 살고 있는 네에르다(Neerda)라는 도시가 있었다. 이 도시는 유브라데(Euphrates, 유프라테스) 강으로 둘러싸인 천연의 요새인 데다가 성벽으로 요새화되어 있었기 때문에 그야말로 난공불락이었다. 이 도시 외에도 유브라데 강변에 위치한 도시로 니

시비스(Nisibis)라는 곳이 있었다. 이 두 도시가 천연의 요새였기 때문에 유대인들은 하나님께 바치는 헌물은 물론 조상 전래의 율법에 따라 각 유대인이 반 세겔씩 하나님께 드리는 헌금을 이 두 도시에 보관하였다. 즉 적절한 때에 예루살렘으로 보내기 전까지 하나님께 바친 헌금을 보관하는 보물고(treasury)로 이용한 것이었다. 그리고 이 헌금을 운반할 때는 그 당시 바벨론인을 지배하고 있던 바대인(Parthians, 파르티아인)들의 약탈을 대비하여 수만의 병력이 동원되곤 하였다. 그런데 네에르다 출신으로서 형제지간인 아시네우스(Asineus)와 아닐레우스(Anileus)라는 두 인물이 있었다. 그들은 어려서 아버지를 여의었다. 따라서 그들의 모친은 그들에게 장막을 짜는 법을 배우게 했다. 그 당시 옷감을 짜는 기술은 결코 천한 일이 아니었다. 그런데 이들에게 기술을 가르치며 감독하던 선생이 그들이 일에 게으름을 피우자 책망하며 그들을 채찍으로 때렸다. 그러자 그들은 이 처벌에 큰 모멸감을 느끼고 집안에 보관되어 있던 적지 않은 양의 무기를 탈취한 후 강이 양쪽으로 갈라져서 가축을 방목하기도 좋고 겨울을 대비하여 과일을 보관하기도 적합한 곳으로 도주하였다. 그곳으로 젊은 층의 비천한 무리들이 몰려들자 형제는 그들에게 탈취해 온 무기들을 나누어 주고 스스로 대장 행세를 하였다. 그러므로 이 두 형제가 못된 짓을 하는 것을 막을 사람이 아무도 없었다. 그들에게 감히 대항할 자가 없는 데다가 성채를 건설해 철통같은 본거지를 갖추게 되자, 목축을 하는 자들에게 부하들을 보내 세금을 바치라고 강요하였다. "우리들이 생계를 유지해 나갈 수 있을 만큼의 충분한 세금을 바치도록 하라. 너희들이 이 요구에 복종하면 우리가 너희의 친구가 되어 줄 것이며 사방의 적에게서 너희들을 보호해 줄 것이지만 이 요구에 불복한다면 너희의 가축들을 모조리 몰살시킬 것이다." 이에 목축하는 자들은 달리 어쩔 방도가 없자 그들의 요구를 들어주기로 하고 요구한 만큼의 많은 양을 보내 주었다. 이에 그들의 세력은 날로 커지게 되었다. 갑작스럽게 나타나서 무력으로 횡포를 부리는 바람에 그들이 나타나기만 하면 모든 사람이 벌벌 떨고 요구하는 대로 복종하지 않을 수가 없었다. 그들은 모든 이들에게 두려운 존재가 되었다. 마침내 이 소문은 바대 왕의 귀에까지 들어가게 되었다.

2. 한편 바벨론 총독은 이 소식을 듣고 이들의 세력이 커져 더 큰 괴로움을 안겨 주기 전에 진압하여 후환을 없애야겠다고 결심하고, 바대인과 바벨론인을 막론하고 소집할 수 있는 대로 다 동원한 후 군대를 일으켰다는 소문이 적의 귀에 들어가기 전에 급습하여 전멸시키려고 서둘러 진격을 거듭했다. 그는 호숫가에 진을 치고 적의 동태를 가만히 살폈다. 그다음 날은 유대인들이 온갖 노동에서 쉬는 안식일이었기 때문에 바벨론 총독은 이날 공격하면 유대인들이 대항하지 못할 것이고 그렇게 되면 전쟁을 하지 않고도 그들을 모조리 생포할 수 있을 것이라고 생각했기 때문이었다. 다음 날이 되자 총독은 습격을 가하기 위해 서서히 움직이기 시작했다. 그때 아시네우스는 부하들과 함께 무기를 내려놓고 앉아 있다가 이렇게 입을 열었다. "다들 조용히 해봐! 분명 말 울음소리가 났는데? 풀을 뜯는 말 울음소리가 아니라 등에 사람을 태운 말 울음소리임에 틀림없다. 게다가 굴레 먹인 말의 소리가 난 것으로 보아 적들이 우리를 포위하고 있는 것일지도 모른다. 그러니 누가 좀 나가서 정찰을 하고 와야겠다. 가서 현재 상황이 어떻게 돌아가고 있는지 알아 오도록 해라. 제발 내 걱정이 사실이 아니기를 바란다." 아시네우스가 이같이 말을 하자 몇 명이 정찰을 나갔다. 그들은 잠시 후 바로 돌아오더니 이같이 보고하였다. "적들이 우리를 포위하고 있는지도 모른다는 대장의 말이 맞았습니다. 우리가 백성들에게 해를 가하는 것을 더 이상 방치해 두지 않을 작정인 것 같습니다. 우리는 이미 야수 같은 적들의 꾀에 말려들었습니다. 수많은 기병이 우리를 향해 몰려오고 있습니다. 오늘은 안식일이라 싸울 수 없으니 도대체 어찌하면 좋겠습니까? 우리 조상의 율법에 따르면 이날은 쉬는 날이 아닙니까?" 그러나 아시네우스는 이 문제에 관해서 정탐꾼들의 견해와는 의견이 달랐다. 가만히 앉아서 살해당하여 적들의 기분만 즐겁게 해주는 것보다, 어쩔 수 없는 상황에서는 차라리 대항하다가 죽는 한이 있다 하더라도 분발하여 적에게 대항하는 것이 율법에 더 합치하는 일이라는 것이었다. 아시네우스는 먼저 칼을 뽑아 든 후에 부하들에게 자기처럼 용감하게 싸우자고 설득했다. 이에 그들은 적을 공격하기로 결심하고 적군에게 기습을 가했다. 그들은 승리를 확신하는 자신감에 넘쳐 있었기에 많은 적을 살상할 수 있었고 나머지 적은 패퇴시킬 수 있었다.

3. 이 전투 소식이 바대(Parthia, 파르티아) 왕에게 전해지자 왕은 그들 형제의 대담함에 크게 놀라 한번 만나 이야기해 보고 싶은 생각이 들었다. 이에 바대 왕은 가장 신임할 만한 경호 병사를 그들 형제에게 보내 이같이 전하라고 했다. "나 아르타바누스(Artabanus)왕은 그대들의 반역적인 행동으로 인해 입은 피해가 적지 않으나, 그대들의 용기를 가상히 여겨 그대들을 해하지 않을 것임을 나의 오른손[21]을 내밀어 맹세하노라. 나는 그대들이 여행하는 동안의 안전은 물론 신변의 모든 안전을 책임지겠노라. 내가 그대들과 가식이나 허식이 없이 친구처럼 허심탄회하게 대화를 나누고 싶으니 나를 방문해 주길 바라노라. 그대들이 오면 내가 결코 그냥 돌려보내지 않을 것이며 그대들에게 큰 유익이 되도록 도와줄 것임을 약속하노라." 그러나 아시네우스는 자신은 빠지고 아닐레우스에게만 예물을 잔뜩 들려서 아르타바누스왕을 방문케 했다. 이에 아닐레우스는 여행을 떠나 마침내 아르타바누스왕을 배알하게 되었다. 아르타바누스왕은 아닐레우스가 혼자 온 것을 보고 이같이 힐난했다. "도대체 아시네우스가 함께 오지 않은 이유는 무엇인가? 그가 겁이 나서 오지 않은 것임을 나는 잘 알고 있노라. 그대들이 오면 조금도 해를 끼치지 않을 것이며 오히려 나의 오른손을 내밀어 화해를 제의할 것임을 민족의 신의 이름에 걸고 내가 맹세까지 하지 않았던가? 이보다 더 확실한 보장이 어디 있으며 이보다 더 분명한 약속이 어디 있는가? 한번 오른손을 내밀었을 때는 결코 상대방을 속일 수 없는 것이며 비록 남을 속인 전례가 있는 사람이라 하더라도 오른손을 내밀었을 때는 결코 의심해서는 안 되는 것임을 그대들은 왜 모르는가?" 아르타바누스왕은 이같이 말하고 아닐레우스를 설득시켜 아시네우스를 데리고 함께 오도록 되돌려 보냈다. 아르타바누스왕이 이 같은 태도를 보인 것은 이 유대인 형제의 용맹함을 이용해서 자기 휘하의 지방 총독들을 견제할 속셈이었다. 지방 총독들을 이 유대인 형제를 징벌하도록 파견하게 되면 오히려 그들과 합세하여 반역을 일으킬 공산이 매우 컸기 때문이었다. 게다가 이미 반역을 일으킨 지방 총독들을 징벌하기 위해 자기가 직접 진압에 나설 경우에 아시네우스와 그 일

---

21) 오른손을 잡는 것은 바사인들과 바대인들 사이에서는 끊을 수 없는 신의에 대한 맹세를 의미하는 것이다.

당들의 세력이 상대적으로 커지게 될 것을 염려했기 때문이었다. 사태가 이렇게 진전될 경우 왕이 폭동 진압에 나섰다는 정보를 듣는다면 아시네우스가 공격을 해올 것이 너무나도 뻔했으며, 설령 그렇지 않다 하더라도 아르타바누스왕에게 큰 타격을 줄 것임은 너무나 자명한 일이기 때문이었다.

4. 아르타바누스왕은 이런 의도를 가지고 아닐레우스를 돌려보낸 것이었다. 아닐레우스는 아시네우스에게 아르타바누스왕이 보여준 호의와 맹세를 지적하면서 같이 왕을 방문할 것을 설득하였다. 이에 그들은 함께 아르타바누스왕을 방문하기 위해 서둘러 길을 떠났다. 아르타바누스왕은 이들을 기쁨으로 극진하게 영접한 후에 아시네우스의 용기를 극구 찬양했다. "나는 그대가 보여준 용기에 정말 감탄했소. 이렇게 작은 사람이 그런 큰 용기를 갖고 있다니 정말 놀랍기 그지없소. 그대를 처음 보는 사람이면 누구나 그대를 하찮은 사람으로 생각할 만큼 왜소한데 그토록 담대하다니 나는 그저 경탄할 따름이오." 아르타바누스왕은 이같이 칭찬한 후 그의 친구들에게 "여기 이 사람을 보시오. 모든 면에서 그의 영혼이 그의 육신보다 뛰어난 사람이 아니오?"라고 추켜 주었다. 그 후 술좌석에서 아르타바누스왕은 그의 군대 장관 압다가세스(Abdagases)에게 아시네우스를 소개하면서 그의 용맹함을 칭찬하자 압다가세스는 아시네우스를 죽여 바대 왕국에 끼친 누를 보복할 수 있도록 해달라고 요청하였다. 이에 아르타바누스왕은 이같이 답변하였다. "나의 신실성만을 믿고 찾아온 사람을 죽이도록 허락할 수는 없다. 특히 나의 오른손을 내밀어 신의 이름에 걸고 맹세까지 한 사람을 죽이다니 그것은 말도 안 되는 소리다. 네가 진정 용맹한 장군이라면 나를 거짓말쟁이로 만들어서는 안 될 것이다. 네가 진정 바대 왕국의 원수를 갚기 원한다면 가서 기다려라. 그리고 아시네우스가 돌아가거든 내게 알리지 말고 네 휘하의 병사들을 거느리고 그를 공격하여 힘으로 그를 정복하도록 하라." 아르타바누스왕은 이렇게 말하고 난 후 아시네우스를 불러 말했다. "오, 젊은 아시네우스여! 이제는 그대가 귀국할 때가 되었도다. 나의 장수들이 내 허락도 없이 그대를 살해하려고 하니 더 이상 그들의 분을 자극하지 말고 돌아가도록 하라. 내가 그대에게 바벨론 지역을 맡기니 그대가 잘 보살펴

서 강도질이나 그 밖의 백성들에게 피해를 주는 일이 없도록 해주길 바라노라. 나는 그대에게 한 약속을 어기지 않았으며 그대의 신변을 안전하게 보장해 주었노라. 그러므로 그대도 최선을 다해 나의 은혜에 보답하기를 바라노라." 아르타바누스왕은 이같이 당부한 후 그들에게 선물을 주어 즉시 돌려보냈다. 아시네우스는 본거지로 돌아온 후 요새들을 세우는 한편 대담하게 일을 처리하여 그 세력이 순식간에 커지게 되었다. 그리하여 그보다 유리한 위치에서 일을 시작한 그 누구보다도 놀라운 성공을 거둘 수가 있었다. 이에 바벨론으로 파견된 바대의 총독들조차도 그에게 경의를 표할 정도가 되었다. 그러나 그가 바벨론에서 막강한 지위와 권력을 손에 쥐고 있었음에도 불구하고 바벨론인들은 그가 당연히 받아야 할 최소한의 경의조차도 표하지 않았다. 어쨌든 아시네우스는 이렇게 해서 15년간 큰 번영을 누리게 되었다.

5. 그러나 아시네우스와 아닐레우스가 한창 번영을 누리고 있을 때 아래와 같은 계기로 인해 큰 비극이 그들을 엄습하게 되었다. 그들은 처음에 세력을 장악하고 권세를 누릴 때는 경건한 삶의 모습을 보이더니 점차 조상 전래의 율법을 경멸하여 범하기 시작했고 마침내 자기들의 정욕과 쾌락의 노예가 되고 말았다. 그런데 그 지역의 군대 장관으로 파견되어 온 바대인의 아내가 다른 면에서뿐 아니라 그 미모가 특별히 절색이라는 평판이 나돌았다. 이에 아시네우스의 형제인 아닐레우스는 남에게서 그녀가 절세미인이라는 소문을 들었는지 아니면 직접 보았는지 알 수 없으나 그녀를 연모하는 동시에 그녀의 남편은 미워하게 되었다. 왜냐하면 그녀를 향한 사랑을 돌이킬 수 없었으며 강제적인 방법이 아니고서는 그녀를 소유할 다른 방도가 없었기 때문이었다. 이에 아닐레우스는 그녀의 남편을 적으로 선포하고 싸움을 벌였다. 이 전투에서 그녀의 남편은 전사하고 말았다. 남편이 죽자마자 그녀는 아닐레우스와 결혼하게 되었다. 그러나 그녀는 아닐레우스의 집에 출가해 오면서 아닐레우스는 물론 아시네우스에게까지 큰 불행을 안겨다 주고 말았다. 그 자세한 내막은 아래와 같다. 그녀는 남편이 죽자 포로가 되어 끌려오면서 남편과 함께 믿던 그들의 가족 신의 상(像)을 몰래 숨겨 가지고 왔다. 바대인들은 가정에서 섬기는 신상을

외국에 갈 때 꼭 가져가는 것이 관례로 되어 있었다.[22] 그녀가 신상을 몰래 가져온 것은 다 이런 풍습에 따른 것이었다. 처음에는 남몰래 우상을 숭배하였다. 그러나 아닐레우스와 결혼한 후부터는 전남편이 살아 있을 때 하던 예식대로 공공연히 우상을 숭배하기 시작했다. 이에 아닐레우스의 친구들이 먼저 아닐레우스를 비난하게 되었다. "그대는 왜 히브리인답게 행동하지 않소? 이방 여인을 아내로 맞이한 것도 율법을 범한 것인데 이제는 제사와 예배의 규정조차도 범하고 있으니 도대체 어찌 된 일이오? 아내의 미모에 끌려 육신의 쾌락을 좇다가는 하나님의 축복으로 그대가 이룩한 권력과 권세를 잃어버리게 될지도 모른다는 점을 명심하도록 하시오." 그러나 아닐레우스는 친구들의 말에 귀를 기울이기는커녕 전에 크게 존중하던 친구 하나를 건방지게 충고했다는 이유로 사형에 처했다. 이 친구는 율법을 소중히 여기라고 충고했다가 변을 당해 죽어가면서 이같이 저주를 퍼부었다. "이 살인자 아닐레우스와 아시네우스와 그 일당들아! 너희도 나와 같이 적의 손에 죽음을 당할 날이 오고야 말 것이다. 아닐레우스와 아시네우스 너희 두 놈은 율법을 범한 장본인들이기에 저주를 받을 것이며, 나머지 일당들은 내가 율법을 수호하려고 했을 때 나를 돕지 않고 못 본 척했으므로 저주를 받을 것이다." 사실상 아닐레우스와 아시네우스를 제외한 나머지 사람들은 이 두 형제가 율법을 범하는 것을 보고 몹시 마음이 괴로웠으나 그들의 탁월한 용기 덕분에 오늘날의 행복을 누리게 되었다는 생각에서 이런 일들을 묵인하고 있었다. 그러나 그들은 아닐레우스의 아내가 바대인들이 섬기는 우상을 숭배하고 있다는 소식을 듣자 아닐레우스가 율법을 범하는 것을 더 이상 방치해 둘 수 없다고 생각하게 되었다. 그들은 아시네우스에게 몰려가서 큰 소리로 아래와 같이 아닐레우스를 비난하기 시작했다. "전에 아닐레우스는 백성들의 유익을 앞세우는 선정을 베풀었습니다. 그러나 최근에는 그와 정반대가 되었습니다. 따라서 지금이 저지른 잘못을 고쳐야 할 가장 적절한 시기가 아닌가 생각합니다. 왜냐하면 그가 저지른 죄악이 자신은 물론 우리 모두

---

[22] 여행할 때마다 가족 신의 신상을 가지고 다니는 이 메소포타미아인들의 풍습은 야곱의 아내 라헬이 이와 비슷한 행동을 한 것을 보면 알 수 있듯이 매우 오래된 것이다(창 31:19, 30-35).

의 몰락을 자초할 정도로 위험한 수위(水位)에 도달해 있기 때문입니다. 아닐레우스가 이방 여인과 결혼한 것은 우리의 동의를 얻은 것도 아니며 조상 전래의 율법에 합치되는 것도 아닙니다. 게다가 이 여인이 (그녀의 우상에게) 제사를 드리는 것은 우리가 섬기는 하나님께는 큰 모욕이 되는 것입니다." 아시네우스는 친형제인 아닐레우스의 잘못을 모르는 바는 아니었으나 형제라는 이유로 간섭하려고 하지 않았다. 아시네우스는 아닐레우스가 이미 큰 재앙을 일으켰고 장래에도 백성들을 괴롭힐 것이라는 사실을 다 알고 있었음에도 불구하고 그가 천성적으로 악한 성품을 갖고 태어났다는 이유로 모든 잘못을 용서해 주려고 하였다. 그러나 매일같이 더 많은 사람이 찾아오고 아닐레우스에 대한 원성의 소리가 더욱 커지게 되자 아시네우스는 그를 이같이 나무랐다. "네가 과거에 저지른 행동은 잘못된 것이 한두 가지가 아니다. 그러니 앞으로는 그런 잘못을 저지르지 않도록 주의해라. 그리고 네 아내는 친정으로 돌려보내도록 해라." 그러나 아시네우스의 이런 충고도 아무런 효력을 발휘하지 못했다. 왜냐하면 백성들이 자기 때문에 폭동을 일으키려고 한다는 사실을 눈치챈 아닐레우스의 아내가 자칫 잘못하면 아닐레우스의 태도가 바뀔지도 모른다는 염려에서 아시네우스의 음식에 독약을 넣어 그를 독살해 버렸기 때문이었다. 남편 아닐레우스가 권력을 장악하게 되면 자신의 신변이 안전해질 것이라는 계산에서 아시네우스를 독살한 것이었다.

6. 이렇게 아닐레우스는 혼자 모든 권력을 독차지하게 되자 군대를 동원하여 아르타바누스왕의 사위요 바대의 유력 인사인 미트리다테스(Mithridates)의 마을들을 습격하여 약탈을 자행하였다. 이에 미트리다테스는 거액의 돈과 수많은 종과 양 떼와 그 밖의 많은 재산을 송두리째 빼앗기기에 이르렀다. 미트리다테스는 자기 마을들이 약탈당했다는 소식을 듣자 무척 기분이 상했다. 자신이 먼저 아닐레우스에게 해를 가한 적이 없었음에도 불구하고 아르타바누스왕의 사위요 바대의 세력가인 자신에게 해를 가해 왔다는 사실에 심한 모욕감을 느낀 것이다. 이에 미트리다테스는 동원할 수 있는 한 최대한으로 기병들을 모으고 그중 전쟁에 적합한 연령에 속한 사람들을 선발하여 아닐레우스

를 공격하기 시작했다. 미트리다테스는 군대를 이끌고 자기 영토에 속한 한 마을에 도착하자 진격을 멈추고 쉬었다. 왜냐하면 그다음 날이 유대인들이 노동에서 쉬는 안식일이었으므로 그다음 날 공격을 개시할 속셈이었기 때문이었다. 한편 아닐레우스는 다른 마을에 사는 한 수리아 이방인을 통해서 이런 사실을 모두 알게 되었다. 게다가 미트리다테스가 어디에서 야영하고 있는지까지 알게 되었다. 아닐레우스는 일찌감치 저녁 식사를 마치고 밤을 틈타 미트리다테스군이 있는 곳까지 진격하였다. 아무것도 모른 채 무방비 상태로 있는 바대군을 급습하려는 전략이었다. 마침내 아닐레우스는 밤 제4경에 바대군을 급습할 수 있었다. 아닐레우스는 잠자고 있던 바대군을 습격하여 많은 적을 살해하고 나머지는 패퇴시켰으며 미트리다테스는 생포할 수 있었다. 아닐레우스는 미트리다테스를 생포한 후 벌거벗겨 나귀 등에 태웠다.[23] 이것은 바대인들에겐 최대의 모욕이 아닐 수 없었다. 아닐레우스가 미트리다테스를 풀어 주기 위해 숲 속으로 끌고 들어가자 그의 친구들은 미트리다테스를 처형시키자고 주장하였다. 이에 아닐레우스는 그들의 의견에 반대하면서 이같이 말했다. "왕가(王家)와 맞먹을 정도로 백성들의 존경을 받는 바대의 명문 출신 유력 인사를 함부로 죽이는 것은 옳지 못하네. 비록 우리가 미트리다테스에게 해를 가했으나 그의 목숨을 살려 준다면 언젠가 그자도 우리에게 은혜를 베풀 것일세. 그러나 만일의 경우 이자를 죽인다면 아르타바누스왕이 바벨론에 거주하는 모든 유대인을 죽이기 전까지는 분이 풀리지 않을 것일세. 우리가 바벨론에 거주하는 유대인들의 안전도 생각해 주어야 할 것이 아닌가? 그 이유는 첫째, 그들은 우리와 동족이기 때문이고, 둘째, 우리에게 만일 무슨 일이 생긴다면 은신할 곳이 있어야 하기 때문이네." 아닐레우스는 이 같은 말로 미트리다테스를 죽이자는 자들을 설득시키고 미트리다테스를 풀어 주었다. 한편 미트리다테스가 포로에서 석방되어 돌아오자 그의 아내가 그를 마구 비난하는 것이었다. "도대체 왕의 사위라는 당신이 모욕을 당하고도 복수할 생각을 하지 않고 그냥 돌아오다

---

23) 이런 풍습이 수리아의 다메섹에는 아직까지도 남아 있다. 튀르크인(Turks)들은 기독교인에 대한 적대감으로 기독교인들이 다메섹을 여행하려고 할 때는 말을 빌려주지 않고 단지 나귀만 빌려주고 있다.

니 이 무슨 망신입니까? 유대인의 포로로 잡혔다가 빠져나온 것이 그토록 대견스럽습니까? 복수할 생각은 않고 목숨을 건진 것만으로 만족하고 있다니 어찌 이럴 수가 있습니까? 용감한 남아답게 돌아가서 복수하고 오시든지, 아니면 우리 왕가의 신들에게 나와 이혼할 것을 맹세하시든지 둘 중의 하나를 택하세요." 이에 미트리다테스는 자의가 아니라 어쩔 수 없이 유대인을 공격하기로 마음먹었다. 아내가 하루도 거르지 않고 독촉하는 바람에 도저히 견딜 수 없기도 했지만 이혼하겠다고 큰소리를 치는 아내의 으름장에 은근히 겁도 났기 때문이었다. 이에 미트리다테스는 할 수 있는 한 최대한의 군대를 동원하여 전투에 나섰다. 자신이 생각하기에도 바대인인 자신이 유대인에게 생명을 빚졌다는 사실이 더 이상 참을 수 없는 일이었던 것이다.

7. 한편 아닐레우스는 미트리다테스가 대군을 거느리고 공격해 온다는 소식을 듣고 선제공격을 하지 않고 적이 공격해 오기를 기다리는 것보다는 전처럼 과감하게 기습을 가하는 것이 승전의 가능성이 높을 것이라고 생각하였다. 이에 그는 군대를 이끌고 적을 맞으러 나갔다. 그러자 많은 이들이 자원해서 군대에 합세하였다. 숫자로 적의 기세를 제압하자는 데에도 그 의도가 있었지만 약탈을 해서 이득을 보자는 심리도 있었기 때문이었다. 이들이 90펄롱가량을 행군하였을 때였다. 그동안 진격해 온 길은 메마르고 (모래뿐인) 사막 길이며 한낮이었기 때문에 병사들은 몹시 목이 말라 있었다. 바로 이때 미트리다테스의 군대가 기습을 가해 왔다. 한낮의 열기와 타는 듯한 갈증으로 인해 유대인들은 무기를 들 기력조차 없었다. 이에 아닐레우스와 그의 병사들은 치욕적인 패배를 당하게 되었다. 기진맥진한 병사들과 원기 왕성한 병사들과의 싸움이었으니 결과는 보나 마나 뻔한 것이었다. 게다가 아닐레우스와 그를 단단히 호위하고 있던 병사들이 쏜살같이 숲속으로 도망치는 바람에 유대인들은 미트리다테스에게 그야말로 참패를 당하고 말았다. 이에 이 전투에서 전사한 유대인의 수는 수만에 달하였다. 그러나 한순간의 편안함만 얻을 수 있다면 목숨을 그리 소중히 여기지 않는 수많은 악인들이 떼를 지어 아닐레우스에게 몰려오는 바람에 아닐레우스는 모자라는 병력을 충원할 수 있었다. 그러나 이들은 경솔하며 훈

련을 받지 못한 자들이었기에 전사한 그전의 병사들과 같지 않았다. 그럼에도 불구하고 아닐레우스는 이들을 거느리고 바벨론의 여러 마을을 습격하여 온갖 만행을 다 저질렀다. 이에 바벨론인들과 미트리다테스는 네에르다(Neerda)의 유대인들에게 사신을 보내 아닐레우스를 붙잡아 넘겨줄 것을 요청하였다. 비록 유대인들은 그들의 요청에 응하지 못했지만(왜냐하면 아닐레우스를 붙잡아 넘겨주고 싶어도 그럴 힘이 없었기 때문이었다), 바벨론인들과 미트리다테스와 평화 조약을 맺기를 원하였다. 그러자 바벨론인들은 이같이 대답했다. "사실 우리도 평화 조약을 체결하고 싶소. 그러니 그대들과 우리 편이 공동으로 사신을 보내어 아닐레우스와 회담을 하도록 합시다." 바벨론인들은 이렇게 약속하고도 이대로 하지 않았다. 바벨론인들은 아닐레우스와 그의 부하들이 있는 곳을 알아낸 후 그들이 술에 곯아떨어져 잠들었을 때 기습을 가하여 닥치는 대로 잡아 죽였다. 이때 아닐레우스 역시 적의 손에 죽고 말았다.

8. 바벨론인들은 유대인들을 미워했지만 행동으로 나타내 보이지는 않았었다. 그러나 아닐레우스 일당의 침공에서 벗어나게 된 바벨론인들은 이제 마음 놓고 유대인들을 괴롭히기 시작했다. 바벨론인들의 만행에 견디다 못한 유대인들은 그렇다고 대항해 싸울 힘도 없고 같이 살자니 분통 터지는 일만 생기게 되자 셀레우쿠스 니카토르(Seleucus Nicator)가 건설한 셀레우키아(Seleucia)로 이주하였다. 셀레우키아의 주민은 마게도냐인(Macedonians)들도 많았으나 헬라인(Grecians)이 더 많았으며 수리아인(Syrians)들도 적지 않았다. 유대인들은 셀레우키아로 이주하여 5년간 아무런 어려움 없이 살게 되었다. 그런데 6년째 되는 해에 바벨론에 전염병이 돌자 많은 주민이 바벨론을 떠나 셀레우키아로 이주해 오게 되었다. 이로 인해 셀레우키아의 유대인들은 큰 불행을 겪게 되었다. 그 자세한 내막은 아래와 같다.

9. 헬라인과 수리아인이 대부분인 셀레우키아 주민들은 헬라인들의 세력이 수리아인들의 세력보다 훨씬 막강함에도 불구하고 분쟁과 불화가 그칠 날이 없었다. 그런데 유대인들이 그곳으로 와서 거주하게 되자 유대인의 도움을 얻

은 수리아인들이 헬라인들의 세력을 누를 수 있게 되었다. 왜냐하면 유대인들은 두려움을 모르는 데다가 언제라도 싸울 태세가 되어 있었기 때문이었다. 헬라인들은 수리아인들과의 싸움에서 최악의 상태로 수세에 몰리게 되자 전세를 만회할 길을 연구하기 시작했다. 그 결과 전세를 만회할 단 한 가지 방법은 유대인과 수리아인 사이를 이간시키는 방도밖에 없다는 사실을 깨닫게 되었다. 이에 헬라인들은 각기 친분이 있는 수리아인들과 개별 접촉을 벌여 서로 사이좋고 평화스럽게 지내자고 제안했다. 이에 수리아인들은 좋은 생각이라고 동의했다. 양편의 실력자들 사이에 합의가 이루어지자 헬라인들과 수리아인들은 곧 화해하게 되었다. 이렇게 양편이 화해하여 하나가 된다는 것은 유대인을 함께 미워한다는 사실을 전제로 하고 있는 것이었다. 이에 그들은 불시에 유대인을 공격하여 50,000명을 살해하였다. 즉 친구나 이웃의 동정에 의해 도망칠 기회를 얻을 수 있었던 소수의 유대인을 제외하고는 전 유대인이 대량 학살을 당한 것이었다. 도망친 유대인들은 (바대의) 왕이 매년 겨울이면 와서 겨울을 보내는 곳이며 왕의 재산 대부분을 보관해 둔, 셀레우키아 근처의 그리스 도시인 크테시폰(Ctesiphon)으로 은신하였다. 그러나 셀레우키아 주민들은 왕에 대한 경외심이 별로 없었기 때문에 유대인들은 그곳에서도 정착할 수가 없었다. 이에 모든 유대인은 바벨론인들과 셀레우키아 주민들을 두려워하지 않을 수가 없었다. 온 수리아인들이 셀레우키아 주민들과 합세하여 유대인들을 공격하기로 합의를 보았기 때문이었다. 이에 유대인들은 떼를 지어 네에르다(Neerda)와 니시비스(Nisibis)로 이주하였다. 그곳은 천연의 요새이며 그곳 주민들은 모두가 용사였기 때문이었다. 바벨론에 거주하는 유대인들이 그 당시 처한 상황은 이와 같았다.

제19권

3년 6개월간의 역사 기록

바벨론 유대인의 이거로부터
로마 총독 파두스까지

제1장

카이우스 황제가 카에레아에 의해 살해당하게 된 경위[1]

1. 카이우스(Caius) 황제[2]는 예루살렘과 그 인근 지역의 유대인들만 못살게 군 것이 아니라 로마의 지배를 받는 모든 속국의 백성들도 크게 괴롭혔다. 그가 백성들을 괴롭힌 예는 역사상 전례가 없을 정도였다. 로마도 예외는 아니었다. 카이우스 황제는 로마시를 다른 도시보다 특별한 도시라고 전혀 생각하지 않았기 때문이었다. 그는 일반 로마 시민들도 괴롭혔으나 특히 원로원 의원들과 명문 귀족들을 자기 마음대로 주물렀다. 그는 또한 기사 계급(equestrian order)을 갖가지 방법으로 괴롭혔다. 기사 계급은 그들 가운데서 원로원 의원을 선출하기 때문에 지위에 있어서나 부에 있어서 원로원 의원과 동등한 대우를 받던 사람들이었다. 카이우스 황제는 그 기사 계급에 속한 사람들을 살해하

---
1) 앞으로 네 장(章)에 걸쳐 나오는 카이우스(Caius) 황제 시해 사건과 클라우디우스(Claudius) 황제의 승계 역사에 대한 요세푸스의 기록이 다른 고대 기록보다 훨씬 더 분명한 것은 요세푸스의 독재자에 대한 철저한 증오심에 기인한 것이 아닌가 생각된다. 요세푸스는 야만스러운 독재자인 카이우스 칼리굴라(Caius Caligula)가 살해를 당했다는 사실과 그로 인해 조국이 고통에서 해방되었다는 사실을 서술하는 데 희열을 느끼고 있었던 것처럼 보인다.
2) 이 카이우스 황제를 로마인들은 칼리굴라(Caligula)라고 불렀다.

고 그 재산을 강탈하는 등 온갖 만행을 저질렀다. 재산을 탐내 기사 계급 사람들의 목숨을 빼앗는 예가 허다할 정도로 강포를 마구 휘둘렀다. 그는 또한 자신이 신(神)이라고 자처하면서 백성들에게 신처럼 경배할 것을 강요하였다. 그는 로마인들이 카피톨리누스(Capitolinus) 신전이라고 부르는, 로마의 최고 신전인 유피테르(Jupiter) 신전을 자주 드나들면서 자신을 유피테르(Jupiter)의 동생이라고 할 정도로 교만해졌다. 그의 미친 짓은 이것만이 아니었다. 그는 캄파니아(Campania)에 속한 해변 도시 디케아르키아(Dicearchia)에서부터 또 다른 해변 도시 미세눔(Misenum)에 이르는 장장 30펄롱의 대교(大橋)를 건설했다. 이것은 곶에서 곶을 잇는 그야말로 큰 다리였다. 바다 위 직선거리로 30펄롱이나 되었으니 그것이 얼마나 큰 다리인가는 쉽게 짐작이 갈 것이다. 작은 배를 타고 노를 저어 가는 것이 지루하다는 이유로 그는 이런 대교를 건설하였다. 게다가 그는 자신이 바다의 주(主)이기 때문에 육지와 마찬가지로 바다도 자신에게 순종한다는 것을 보여주는 표로 대교를 건설할 필요가 있다고 생각했던 것이었다. 결국 카이우스 황제는 만(灣) 전체를 가로지르는 대교를 건설하고 그 위를 병거를 타고 건너면서 자신은 신이기 때문에 이 같은 다리를 통해서 여행을 해야 마땅하다고 큰소리를 쳤다. 게다가 카이우스 황제는 그리스의 신전들은 하나도 남기지 않고 모두 약탈하였다. 그는 신전에 봉헌된 조각품과 신상의 장식들과 헌물들을 모두 로마로 가져오라고 명령하였다. 최고의 물건은 최고의 장소에 보관해야 하는데 로마가 바로 최고의 장소라는 것이었다. 그는 이탈리아 곳곳을 여행하면서 자신의 왕궁을 건설했을 뿐 아니라 왕궁과 그 정원을 신전들에서 약탈해 온 온갖 진귀한 보물들로 치장하였다. 이에 그는 올림피아(Olympia)의 유피테르(Jupiter) 신전에 세워진 페이디아스(Phidias)의 거대한 유피테르(Jupiter) 신상까지도 로마로 가져오라는 명령을 서슴지 않고 내렸다. 이 신상에 붙여진 '유피테르 올림피우스'(Jupiter Olympius)라는 명칭은 헬라인들이 이 신을 올림피아 경기를 치를 때 경배함으로써 붙여진 것이었다. 그러나 카이우스 황제는 이것만큼은 그의 목적을 성취할 수 없었다. 왜냐하면 신상을 조각한 페이디아스가 황제의 명령을 받고 온 멤미우스 레굴루스(Memmius Regulus)에게 유피테르의 신상을 옮기면 그 정교함이 파손될 것이라고 경고했기 때문이었다. 멤미우스 레굴루스는 이 이야기에 설득되었을 뿐 아니라 그 밖에 설명하기 힘든 어떤 기적을 보고 신상을 옮길 것을 포기한 후 황제의 명에 순종치 못한 것을 사과하는 내용의 답신을 카이우스에게 보냈다. 이로 인해 그는 처형될 위기에 처하게 되었으나 카이우스 황제가 먼저 죽는 바람에 용케 목숨을 건지게 되었다.

2. 카이우스 황제의 광기(狂氣)가 어느 정도 극에 달했는가를 보여주는 좋은 예가 있다. 그는 딸을 낳자 그 딸을 안고 카피톨리누스(Capitolinus) 신전으로 가서 신상의 무릎 위에 올려놓은 후에 "너는 아버지가 둘이다."라고 했다. 여기에 그는 이 두 아버지 중에서 누가 더 큰지는 밝히지 않았으나 그의 광기가 어느 정도로 심각했는지는 단번에 알 수가 있다. 카이우스 황제는 종들이 그 주인들을 제멋대로 비난하고 고소하는 것을 장려하였다. 이런 고소 전부가 황제에게 아첨하려고 하는 데서 비롯되었다는 점에서 이것은 무시할 수 없는 매우 무서운 현실이 되었다. 카이우스의 이런 시책에 따라 클라우디우스(Claudius)의 종인 폴룩스(Pollux)가 클라우디우스를 고소하는 사태마저 빚어지게 되었다. 이에 카이우스는 클라우디우스를 제거할 기회를 엿보기 위해 숙부 격인 클라우디우스의 생과 사가 달린 재판정에 나올 정도로까지 부끄러움을 모르는 행동을 보였다. 물론 카이우스는 클라우디우스를 제거하는 데는 성공하지 못했다. 그러나 카이우스의 이런 행위는 온 세상을 중상모략과 불행으로 가득 차게 만들었으며 종들이 자기 주인들을 고소하는 무례한 일을 서슴지 않도록 조장하는 결과를 낳았다. 이에 카이우스를 살해하려는 음모가 곳곳에서 생겨나게 되었다. 어떤 이들은 황제에게 해를 당한 것에 대한 분노로 복수의 칼을 갈았다. 또한 어떤 이들은 불행을 당하기 전에 미리 제거하여 후환을 없애려고 살해를 시도하였다. 그렇게 하는 것이 공공의 복지와 만인의 행복을 위해 좋을 것이라고 생각하는 자들이 많이 있었다. 사실상 카이우스 황제가 더 오래 살았더라면 유대국이 거의 전멸당했을지도 모른다는 점을 생각해 볼 때 그의 죽음이 유대국에는 정말 다행이 아닐 수 없었다. 내가 이에 대해 상세하게 서술하려고 하는 것은 이유가 있다. 첫째는 이를 통해 하나님의 능력이 얼

마나 큰가를 확신할 수 있기 때문이고, 둘째는 고통 중에 있는 자들에게 큰 위로가 될 수 있기 때문이며, 셋째는 덕의 원리로 삶을 영위해 가지 않으면 현재 행복을 소유한 자들이라 하더라도 그 행복은 오래가지 못하며 마침내 영원한 파멸이 온다는 경고가 되기 때문이다.

3. 카이우스 황제를 제거하려는 음모는 한두 가지가 아니었으며, 그것도 모두 뛰어난 인물들에 의해 주도되었다. 스페인(Spain) 코르두바(Corduba) 출신인 에밀리우스 레굴루스(Emilius Regulus)가 동조자를 규합하여 카이우스 제거 계획을 세웠는가 하면, 황제 근위대(praetorian band)의 호민관(tribune)인 카시우스 카에레아(Cassius Chaerea)도 황제 암살 음모를 주도했으며, 미누키아누스 안니우스(Minucianus Annius)도 카이우스의 독재 타도의 선봉에 나섰다. 카이우스 황제의 암살 음모도 다양했듯이 암살을 계획한 동기도 다양하였다. 레굴루스(Regulus)가 암살 음모를 세운 동기는 황제가 저지르는 불법을 보고 분노와 증오심이 솟구쳐 올랐기 때문이었다. 그는 천성적으로 자유분방하고 대담하였으며 분을 잘 참지 못하는 성격이었다. 따라서 그는 속마음을 숨기고만 있을 수가 없었다. 이에 그는 황제 살해 계획을 친구들과 활동적이고 정력적인 사람들에게 이야기하고 동조자를 구했던 것이다. 이에 반해 미누키아누스(Minucianus)가 황제의 독재 타도의 선봉에 서게 된 것은 모범적인 시민이요 그의 각별한 친구였던 레피두스(Lepidus)가 황제에게 무고히 살해되었기 때문이었다. 게다가 황제의 분노가 폭발하는 날이면 자신의 목숨도 부지하기 어려울 것이라는 두려움이 들었기 때문이었다. 한편 카에레아(Chaerea)는 겁쟁이처럼 카이우스 황제에게서 온갖 수모를 겪기보다는 황제를 살해하는 것이 자유롭고 용기 있는 사람으로서 가치 있는 행동이라고 생각했기 때문에 황제를 살해하기로 계획한 것이었다. 게다가 그는 황제의 얼굴을 매일 맞대고 보아야 하기 때문에 항상 살얼음을 밟는 기분이었다. 이 세 사람은 황제에게 이미 괴롭힘을 당한 사람들, 그리고 서로 협력하여 황제를 제거함으로써 불안에서 벗어나고 싶어 하는 사람들에게 살해 음모를 밝히고 동조자를 규합하였다. 그들의 계획은 성공할 수 있을 것처럼 보였다. 게다가, 자기 한 목숨은 버려서라도 로마 제

국과 로마시를 구원하겠다는 일념으로 열렬하게 음모에 가담하려는 동조자들을 하나둘씩 규합하는 것도 매우 뜻깊은 일이었다. 그러나 그들 중에서도 카에레아가 가장 열성적이었다. 그가 이렇게 열성적으로 앞장을 선 것은 명성을 얻고자 하는 욕심이 남다른 데도 그 이유가 있었지만 호민관이라는 직책상 쉽게 카이우스에게 접근하여 살해할 수 있는 기회가 많았기 때문이었다.

4. 그런데 마침 로마 백성들이 관람하기를 끔찍이도 좋아하는 원형 경기장 경마 경기(Circensian game)가 열리게 되었다. 로마 백성들이 경마 경기를 관람하기를 좋아하는 이유는 경마 경기가 열리면 백성들이 떼를 지어 원형 경기장으로 몰려와서 어려운 형편을 황제에게 호소할 수 있었으며 으레 황제는 백성들의 요구를 들어주곤 하였기 때문이었다. 이에 백성들은 이번에도 카이우스 황제에게 공물과 세금을 감면해 줄 것을 끈질기게 간청하였으나 황제는 들은 척도 하지 않았다. 그러자 백성들은 크게 아우성을 치기 시작했다. 이에 카이우스 황제는 병사들을 곳곳에 풀어 아우성을 치는 자들은 누구든지 붙잡아다가 즉시 처형하라고 지시했다. 황제의 명을 받은 병사들은 아우성을 치는 자들을 잡아다가 즉시 처형하였다. 이에 처형당한 백성의 수는 매우 많았다. 백성들은 이를 보고 계속 아우성을 치다가는 목숨을 부지하기가 힘들 것을 알고 일찌감치 농성을 멈추었다. 이를 지켜본 카에레아는 카이우스의 야만스러운 행위에 하루빨리 종지부를 찍어야겠다고 더 굳게 결심하게 되었다. 카에레아는 카이우스가 식사를 할 때 기습을 가하려고 몇 번이나 마음먹었으나 그때마다 주저하지 않을 수가 없었다. 황제를 살해할 것인가에 대한 의문이 생겨서가 아니라 결정적인 치명타를 가할 수 있는 절호의 기회를 찾으려다 그만 주저하게 된 것이었다.

5. 카에레아는 오랫동안 군대에 몸담고 있었으나 카이우스와 많은 이야기를 나누는 것을 별로 좋아하지 않았다. 그럼에도 불구하고 카이우스 황제는 카에레아를 약속된 날짜에 납부하지 못한 세금과 부과금 등을 빨리 내도록 독촉하는 독촉관에 임명하였다. 그러나 카에레아는 성격이 온순하여 제 기일에 납부

하지 못하면 두 배가 되는 세금을 빨리 납부하라고 독촉하기가 안쓰러워서 독촉을 서두르지 않았다. 카에레아가 세금을 납부해야 할 자들의 곤경을 불쌍히 여기고 봐주려고 하자 카이우스 황제는 화가 치밀어 카에레아를 게으르고 여자같이 나약한 놈이라고 맹렬히 비난하였다. 황제는 이렇게 비난한 것만으로도 분이 풀리지 않았던지 그날의 암호를 전달하라고 줄 때 여성적인 단어, 매우 모욕적인 용어를 주었다. 이 암호들은 마치 카이우스 자신이 창시한 신비 의식에서 나온 암호인 것처럼 전달되었다. 물론 카에레아는 가끔 여자 옷을 입고 손으로 짠 옷을 두르고 다니기 때문에 여자로 오인받는 경우가 종종 있었던 것이 사실이었으나, 그런 모욕적인 여성적 용어를 황제에게서 암호로 받자 몹시 화가 났다. 게다가 그 암호를 다른 사람에게 전달할 때 그것을 받을 사람이 비웃을 것을 생각하니 분노가 머리끝까지 치밀어 올랐다. 동료 호민관들이 자기를 조롱거리로 삼을 생각을 하자 견딜 수가 없었다. 그러나 카에레아는 오히려 이를 이용하기로 결심했다. 황제에게 적개심을 품을 충분한 이유를 확보했으므로 동조자를 규합해서 거사를 일으켜야겠다고 생각했다. 한편 원로원 의원 가운데는 로마 제국의 여러 요직을 두루 거쳤으나 에피쿠로스 학파(Epicureans)의 일원이기 때문에 조용한 삶을 영위하고 있던 폼페디우스(Pompedius)라는 인물이 있었다. 그런데 그의 적인 티미디우스(Timidius)라는 자가 황제에게 폼페디우스가 황제를 비난했다는 내용의 고소를 하면서 퀸틸리아(Quintilia)를 증인으로 내세웠다. 퀸틸리아는 그녀의 뛰어난 미모로 극장을 자주 찾는 이들, 그중에서도 특히 폼페디우스의 사랑을 받던 여자였다. 퀸틸리아는 사랑하는 연인인 폼페디우스의 생사가 걸려 있는 기로에서 거짓 증인 노릇을 할 수 없다고 생각하여 끝까지 사실을 부인하였다. 그러자 티미디우스는 퀸틸리아를 고문해야 한다고 주장하였다. 카이우스 황제는 폼페디우스가 자신을 비난했다는 소리를 듣고 몹시 분노하면서 카에레아에게 즉시 퀸틸리아를 고문하라고 지시했다. 유약하다는 소리를 듣고 있던 카에레아가 그 소리를 면하기 위해서 누구보다도 더 잔인하게 퀸틸리아를 고문할 것이라고 카이우스 황제는 나름대로 계산했기 때문이었다. 퀸틸리아는 고문대에 묶이면서 카에레아에게 이같이 말했다. "아무 걱정 말고 고문을 하세요. 저는 어떤 고문이라도 달게 받을 각오가 되어 있어요." 카에레아는 마음은 내키지 않았으나 어쩔 수 없는 상황이었기에 매우 잔인하게 퀸틸리아를 고문하였다. 그 후 그는 눈 하나 까딱하지 않고 고문을 당해 만신창이가 된 퀸틸리아를 카이우스 앞으로 데리고 갔다. 이에 카이우스 황제는 고통으로 일그러진 퀸틸리아의 모습을 보고 불쌍한 마음이 들자 그녀와 폼페디우스를 무죄 석방시켰다. 황제는 또한 퀸틸리아가 극심한 고통에서 용케 참고 견딘 인내를 가상히 여기고 고문으로 인해 불구가 된 것을 보상하는 의미에서 그녀에게 돈을 주었다.

6. 한편 이번 일로 인해 카에레아는 자신이 백성들을 괴롭히는 황제의 도구가 되었다는 생각이 들자 괴로워 견딜 수가 없었다. 이에 그는 군대 장관 클레멘스(Clement)와 호민관(tribune) 파피니우스(Papinius)에게 이같이 말했다. "오, 클레멘스여! 우리는 지금까지 황제의 신변을 보호하는 일에 단 한 번도 실수를 범한 적이 없네. 황제에게 반역을 한 자들은 우리가 가만히 두지 않았네. 어떤 자들은 우리가 직접 죽였으며, 어떤 자들은 황제께서도 불쌍히 여길 정도로 잔인하게 고문을 하지 않았는가? 이 점에서 우리의 힘을 따라올 자가 누가 있겠는가?" 클레멘스는 잘못 입 밖으로 황제를 비난하는 말을 했다가는 목숨이 위태로울까 염려되어 말은 하지 않았으나 눈빛과 붉어지는 얼굴빛에서 카이우스의 명령에 무조건 복종했던 것이 얼마나 부끄러운 일인가를 자인하는 듯했다. 이에 카에레아는 용기를 내서 황제 치하에서 로마 제국과 로마시가 얼마나 큰 불행을 겪고 있는가를 자세히 설명하였다. 그리고 이같이 덧붙였다. "우리는 이 모든 불행의 원천이 카이우스 황제라고 분명히 단언할 수가 있네. 그러나 사물을 옳게 판단하는 자들의 말을 들어 보면 로마인들과 로마의 속국 백성들에게 온갖 고문과 만행을 자행한 것은 바로 나와 그리고 여기 있는 파피니우스와 바로 자네라는 것일세. 단지 카이우스 황제의 명령에 순종해서가 아니라 우리 스스로 그에게 동의하고 저지른 짓이라는 것일세. 왜냐하면 백성들에게 온갖 악행을 자행하고 있는 황제를 없앨 수 있는 힘이 있으면서도 오히려 그를 살해하려는 자의 손에서 보호하고 있기 때문이라는 것일세. 우리는 황제의 군대라기보다는 그의 악행의 도구에 지나지 않는다는 것일세. 사실 우리는 우리

자신의 자유나 로마 제국을 위해서가 아니라 오직 황제의 신변 안전을 위해서 무기를 들고 있는 것이나 다를 바가 없네. 어쩌면 우리는 몸과 마음이 모두 황제의 노예가 된 걸세. 우리는 매일 우리가 흘리게 한 피와 우리가 가한 고문으로 인해 더럽혀져 가고 있는 것일세. 그리고 황제의 도구가 된 어떤 자들에 의해 비참한 종말을 맞이할 때까지 우리는 앞으로도 그 일을 계속해야만 할 것일세. 황제가 우리를 고용한 것은 우리에게 호의를 베풀기 위해서가 아니라 우리를 의심하기 때문이네. 앞으로 더 많은 사람이 희생된 후에는 우리도 그의 잔인함의 희생 제물이 되고 말 것일세. 그는 정의의 법칙에 의해서가 아니라 자기 기분 내키는 대로 행동하는 자이기 때문에 그의 분노는 끊임없이 계속될 것이 분명하네. 이를 통해 볼 때 우리가 모든 이들의 안전과 자유를 보호해 주어야 할 책임이 있다고 생각하네. 물론 그로 인해 우리도 위험에서 벗어날 수 있는 것은 두말할 나위도 없는 것 아닌가?"

7. 이에 클레멘스는 카에레아의 의도를 극구 칭찬하면서 이같이 말했다. "자네 의도는 정말 훌륭하네. 그러나 입조심을 하도록 하게. 이런 일은 밖으로 알려져서는 결코 안 되네. 만일의 경우 이것이 많은 사람에게 알려진다면 거사를 하기도 전에 음모가 드러날 것이고 결국 우리는 모두 목숨을 부지하기가 힘들 것일세. 그러니 앞날을 기약하고 좋은 기회가 올 때까지 참고 기다려야 할 것일세. 나는 나이가 들었으므로 이런 거사에는 참여할 수가 없네. 그러나 비록 내가 자네의 계획보다 더 좋고 안전한 계획을 말할 수는 없으나 이것 한 가지만은 밝히고 싶네. 자네가 하려고 하는 일만큼 자네의 명성을 드높여 줄 것은 세상천지 어디를 보아도 없다는 것을 말일세." 클레멘스는 이렇게 말한 후 자기가 들은 말과 한 말을 곰곰이 되새기면서 자기 집으로 돌아갔다. 카에레아 역시 이것저것을 걱정하면서 더 이상 거사를 늦출 수 없다고 생각하여 호민관인 코르넬리우스 사비누스(Cornelius Sabinus)를 급히 찾아갔다. 차일피일 미루는 것도 한도가 있을 뿐 아니라 클레멘스가 이 음모를 발설이라도 하는 날이면 만사를 그르칠 위험이 있기 때문이었다. 코르넬리우스 사비누스는 자유를 사랑하는 유능한 인물이었으며 현재 로마 제국이 돌아가는 상황에 대해 매우 못

마땅하게 여기고 있는 사람 중의 하나였다. 카에레아는 거사 계획을 이야기하고 즉시 거사를 실행에 옮길 결심을 굳히고 코르넬리우스 사비누스를 찾아간 것이었다.

8. 카에레아가 사비누스를 찾아가 보니 그도 생각이 똑같았다. 사비누스도 카에레아와 똑같은 의도를 가지고 있었으나 마음을 터놓고 함께 의논할 상대가 없어서 입을 다물고 있던 처지였다. 그런데 비밀을 지킬 수 있으며 마음을 터놓고 이야기할 상대가 나타나자 격려가 되어 카에레아에게 한시도 지체하지 말고 거사를 실행에 옮기자고 제안하였다. 이에 그들은 함께 미누키아누스(Minucianus)를 찾아갔다. 미누키아누스는 의로운 사람이었으며 그들만큼이나 공명심이 강한 사람이었다. 게다가 그는 처형당한 레피두스(Lepidus)의 친구라는 이유로 카이우스 황제의 의심을 사고 있던 인물이었다. 카이우스의 잔인한 성품 때문에 함부로 황제를 비난했다가는 목숨을 부지하기가 어려운 상황에서 비록 드러내 놓고 말을 하지는 못했으나, 미누키아누스와 레피두스는 황제를 미워한다는 사실을 서로가 확인할 수 있었다. 그리하여 이들은 각별한 친구가 되었으며 로마 제국이 돌아가는 형편에 대해서 매우 불만족스러워했다. 따라서 황제는 이 두 사람을 의심하고 있다가 레피두스를 처형했던 것이었다.

9. 미누키아누스와 카에레아는 서로 만나 인사를 주고받았다(그전에 그들이 만나 대화를 할 때는 항상 미누키아누스에게 우선권이 주어졌었다. 그가 지위도 높았을뿐더러 모든 백성의 존경을 받는 최고 귀족이었으며 그의 웅변 솜씨는 가히 일품이었기 때문이었다). 미누키아누스가 먼저 카에레아에게 황제에게서 받은 암호가 무엇이냐고 물었다. 이미 황제가 암호를 줄 때 카에레아에게 큰 모욕을 가했다는 소문이 온 로마시에 퍼졌기 때문이었다. 그러나 카에레아는 미누키아누스가 자기를 믿는다는 뜻에서 그런 질문을 던진 것으로 알고 기뻐하면서 지체하지 않고 암호를 가르쳐 주었다. 그리고 이같이 덧붙였다. "그대는 내게 자유라는 암호를 주시오. 그러면 내가 그대에게 진정으로 감사하겠소. 그대가 특별한 방법으로 나를 크게 격려해 준 것이 고맙기 그지없소. 그대와 내가 한마음 한뜻이라면 굳이 많은 말이

무슨 필요가 있겠소. 이렇게 머리를 맞대고 의논하기도 전에 생각이 같은 것이 드러났다면 무슨 긴말이 필요하겠소. 나는 오직 칼 한 자루만을 차고 있소. 이것 하나만으로도 우리는 충분하오. 그대가 원한다면 그대가 먼저 가시오. 그러면 내가 뒤를 따르겠소. 아니면 내가 먼저 갈 테니까 그대가 나를 따르시오. 어떻게 되든지 우리는 서로를 믿고 서로 도와야만 할 것이오. 사실 이런 일을 하려고 하는 자에게는 칼 한 자루조차도 꼭 필요한 것은 아니오. 중요한 것은 마음가짐이지. 나는 지금 이 일을 하고 싶은 열망으로 가득 차 있소. 앞으로 어떤 위험을 당할지에 대해서는 아무 걱정도 되지 않소. 그런 걱정이나 하고 있을 정도로 한가하지 않기 때문이오. 나는 자유로운 우리나라가 카이우스 하나 때문에 노예로 전락할 것을 생각하면 괴롭기 그지없소. 법률이 무시되고 백성들이 공포에 떠는 것을 보면 괴로워 도저히 견딜 수가 없을 지경이오. 내가 보니 그대와 나는 의견의 차이가 전혀 없으며 그저 한마음 한뜻인 것만 같소. 아무쪼록 나는 그대가 나를 믿어 주기를 바라고 있소."

10. 미누키아누스는 카에레아가 정열적으로 말하는 것을 보고 기뻐 어쩔 줄을 몰랐으며 그를 얼싸안고 어떻게 그런 대담한 생각을 가지게 되었느냐면서 격려를 아끼지 않았다. 그 후 미누키아누스는 행운을 빈다면서 카에레아를 배웅했다. 이렇게 해서 카에레아는 미누키아누스에게 거사를 실행에 옮길 것임을 강력히 시사하였다. 한편 카에레아가 왕궁으로 돌아오자 군중들로부터 "카에레아여! 마음먹은 바를 즉시 실행에 옮기라. 신이 주신 기회를 놓치지 말라."라는 소리가 들려왔다. 카에레아는 처음에는 공모자 중 누군가가 기밀을 누설하여 자기를 잡으러 오는 소리인 줄 알았으나 실상은 그것이 아니라 자기를 격려하는 소리임을 조금 지나서야 알게 되었다. 그의 의도를 눈치챈 어떤 사람이 격려하는 뜻에서 한 소리인지, 아니면 인간의 행동을 감찰하시는 하나님이 직접 격려하신 것인지는 확실하지 않다.[3] 황제 살해 음모는 점차 많은

---

[3] 바로 이와 같은 근원을 알 수 없는 소리가 저 유명한 폴리카르푸스(Polycarp)가 순교를 당할 때 "사나이답게 행동하라."(play the man)라는 명령으로 나타났다.

동조자를 확보하게 되었다. 이들은 한결같이 무장을 하고 때를 기다렸다. 이들 가운데는 원로원 의원들과 기사 계급은 물론 일반 병사들까지 포함되어 있었다. 이들은 모두 황제의 살해에 가담하게 된 것을 큰 행복으로 여겼다. 그들은 모두 열성이 대단했다. 무슨 방법으로든지 이 선한 일에 한몫 끼어야겠다고 너도나도 앞장을 서려고 하였다. 그들은 말뿐 아니라 행동으로도 독재자를 제거하는 일에 남에게 뒤지지 않으려고 애를 썼다. 한편 카이우스의 신하 중에는 칼리스투스(Callistus)라는 인물이 있었다. 그는 카이우스 황제와 맞먹을 정도로 막강한 권세를 휘두른 유일한 인물이었다. 백성들이 그를 두려워한 점에 있어서나 축적한 재산에 있어서나 그는 황제와 비등한 권력자였다. 그는 권력을 이용하여 온갖 비리를 일삼고 뇌물을 받는 등의 방법으로 막대한 재산을 모았다. 칼리스투스도 황제가 한번 결심을 하면 웬만해서는 결심을 바꾸지 않는 고집쟁이에다가 무자비한 성격의 소유자임을 익히 알고 있었다. 칼리스투스는 여러 가지 이유로 황제에게 두려움을 느끼게 되었다. 막대한 재산을 소유하고 있는 것도 그 이유 중 하나였다. 이에 칼리스투스는 은밀하게 클라우디우스(Claudius)에게 접근하면서 그의 환심을 사려고 온갖 애를 다 썼다. 카이우스가 죽게 되는 날에는 클라우디우스가 황제가 될 것이라는 점을 염두에 둔 행동이었다. 미리 클라우디우스에게 선심을 써 놓으면 장차 황제가 바뀌어도 지위를 유지하는 것은 물론 더 높은 지위로까지 승진할 수 있을 것이라는 계산이었다. 칼리스투스는 심지어 황제가 자기에게 클라우디우스를 독살하라고 명령하였으나 이런저런 핑계를 수없이 대면서 차일피일 미루고 있다고 클라우디우스에게 말하였다. 내가 보기에는 이것도 칼리스투스가 클라우디우스의 환심을 사기 위해 꾸며낸 것이 아닌가 생각된다. 왜냐하면 카이우스가 진정으로 클라우디우스를 제거할 의도가 있었다면 칼리스투스의 변명을 듣고만 있을 카이우스가 아니기 때문이다. 황제가 칼리스투스에게 클라우디우스를 제거하라고 명령했다면 그 명령을 뒤로 미룰 칼리스투스도 아니었을뿐더러 명령에 복종치 않은 칼리스투스를 즉시 처형하지 않을 카이우스도 아니기 때문이다. 설사 그렇다 하더라도 칼리스투스는 클라우디우스가 신의 섭리에 의해 카이우스의 광기에서 보호받았음에도 불구하고 감히 그 공을 자기가 차지하려고 한 것이었다.

11. 한편 카에레아의 거사 실행은 많은 공모자들의 나태함으로 하루하루 뒤로 연기되었다. 카에레아 자신은 매 순간을 기회로 보고 단 한순간도 거사를 뒤로 미룰 생각이 없었다. 사실상 그만큼 기회도 많았다. 예를 들면 카이우스가 딸을 위해 제사를 드리러 카피톨리누스(Capitolinus) 신전을 찾았을 때나 백성들에게 금화와 은화를 던져 주려고 왕궁 꼭대기에 올라갔을 때가 그런 경우였다. 왕궁 꼭대기에 올라갔을 때는 그저 뒤에서 밀기만 하면 거꾸로 떨어져 죽음을 면할 길이 없었기 때문이었다. 시장을 내려다보는 쪽 왕궁 꼭대기가 매우 높았기에 그저 밀기만 해도 일은 성사될 수 있었다. 그리고 황제 자신이 그 당시에 정해 둔 예식에 참여했을 때도 절호의 기회였다. 이때는 황제도 백성들과 뒤섞여 경건하게 모든 예식에 참여하기에 누구도 의심하지 않고 경계를 게을리하는 때였다. 더욱이 카에레아가 온갖 위험을 무릅쓰고 카이우스 황제가 칼을 차고 나가는 것까지 만류하여 절호의 기회를 만들어 주었음에도 불구하고 공모자들의 잘못으로 기회를 또 놓치고 만 것이었다. 이에 카에레아는 공모자들이 또다시 기회를 놓칠까 무서워 몹시 화를 냈다. 그러자 공모자들은 이같이 말했다. "화를 내는 것도 무리는 아니라고 생각합니다. 그리고 다 우리의 유익을 위해서 말하는 것이라는 점도 모르는 바는 아닙니다. 그러나 잠시만 더 참고 기다립시다. 만일 실수라도 하는 날이면 로마시가 혼란에 빠질 것이며 반역을 공모한 자들에 대한 심문이 강화될 것이고 카이우스를 살해하기로 굳게 결심한 이들의 용기는 그야말로 허사로 돌아가고 말 것입니다. 게다가 카이우스 황제는 전보다 더 신변 안전에 신경을 쓸 테니 그러면 영영 뜻을 이루지 못하게 될지도 모르는 일 아닙니까? 그러므로 우리 생각에는 왕궁에서 공연이 열리는 때가 가장 절호의 기회라고 봅니다. 이 공연은 공화정을 무너뜨리고 처음으로 제정을 확립한 카이사르(Cæsar)를 기념하기 위해서 열리는 공연입니다. 왕궁 앞이 극장으로 꾸며지면 귀족들이 아내와 자식들을 거느리고 관람을 하게 되며 황제도 관람을 하러 나올 것입니다. 이때는 좁은 반경 안에 수만의 인파가 몰리게 될 것입니다. 이때 황제가 극장 안으로 들어간 다음에 기회를 봐서 살해한다면 틀림없이 일을 성사시킬 수 있을 것입니다. 왜냐하면 경호 병사들이 설사 황제를 보호하려고 해도 많은 인파 때문에 뜻을 이루지 못할 것이기 때문입니다."

12. 카에레아는 이같이 거사 계획을 늦추자는 데 결국은 동의했다. 따라서 공연이 열리는 첫날을 거사일로 잡기로 의견을 모았다. 비록 운명의 힘에 의해 거사일이 뒤로 연기되는 사태가 또 있었으나, 운명의 힘도 그들의 위와 같은 결심은 어쩔 수가 없었다. 공연 기간 3일 중 이틀이 벌써 지나고 3일째가 되었다. 마지막 날에 거사를 하려고 하는 이들의 마음은 벌써부터 크게 고심하는 눈치였다. 카에레아는 공모자들을 모두 모아 놓고 이같이 말했다. "아무런 결실도 없이 이토록 시간만 흘렀다고 생각하니 부끄럽기 그지없습니다. 우리가 하려고 하는 일이 의로운 일인데 어찌 이렇게 뒤로 미루기만 하는 것입니까? 이렇게 연기만 하다가 기밀이 누설되기라도 하는 날이면 일을 모두 그르치고 말 것입니다. 그렇게 되는 날이면 카이우스는 더욱 잔인하게 폭정을 휘두르게 될 것입니다. 우리가 얼마나 오랫동안 우리 친구들의 자유를 박탈해 왔으며 카이우스의 독재를 방치해 왔는지 모르는 분은 아마도 없을 것입니다. 우리가 그들의 미래의 안전을 확보해 주어야 할 책임이 있음에도 말입니다. 다른 이의 행복의 기반을 구축해 줌으로써 영원한 찬사와 명예를 얻을 수 있음에도 불구하고 우리는 너무 오랫동안 늑장만 부려 왔습니다." 이에 공모자들은 이의를 달 하등의 이유를 찾지 못했으나 그렇다고 해서 그들이 막 하려고 하는 일을 기쁨으로 하려는 자세도 되어 있지 않았다. 그저 놀라서 멍하니 바라보는 눈치였다. 이에 카에레아는 계속해서 말을 이어 나갔다. "오, 나의 용맹한 동료 여러분! 우리가 이렇게 늑장을 부리고 있을 때가 아닙니다. 오늘이 공연의 마지막 날이 아닙니까? 카이우스는 바로 항해 길에 나설 것입니다. 애굽을 관광하기 위해서 알렉산드리아로 떠날 만반의 준비가 다 갖추어져 있습니다. 인류의 치욕 거리에 불과한 인간을 여러분의 손에서 무사히 빠져나가게 내버려두어 거들먹거리며 땅과 바다를 누비도록 두고만 볼 작정입니까? 카이우스의 행동을 자유인의 적으로 간주한 애굽인과 그 밖의 다른 사람들이 그를 처치하도록 방관만 하고 있을 것입니까? 그러고도 전혀 부끄러움을 느끼지 않는다는 말입니까? 나는 더 이상 여러분의 태만을 참고 볼 수가 없습니다. 나는 오늘 결과가 어찌 되든지 상관없이 거사를 일으킬 것입니다. 아무리 큰 난관이 있더라도 더 이상 연기하지는 않을 작정입니다. 진정 지혜롭고 용기 있는 사람이라면 자

기보다 먼저 카이우스를 해치우는 사람이 나타나는 것보다 더 비참한 일은 없을 것입니다. 왜냐하면 이같이 의로운 일을 행할 수 있는 기회와 명예를 한꺼번에 잃는 일이기 때문입니다."

13. 카에레아는 이같이 말한 후 열성적으로 거사 최종 준비를 서두르면서 다른 공모자들을 고무하였다. 이에 그들은 더 이상 연기하지 않고 그날 거사를 실행하기로 결심했다. 이에 카에레아는 아침에 칼을 차고 왕궁에 들어갔다. 호민관이 암호를 황제에게 받을 때는 칼을 차는 것이 관례였는데 그날이 바로 카에레아가 암호를 받는 날이었기 때문이었다. 왕궁에는 이미 수많은 인파가 공연을 구경하기 위해 몰려와 있었다. 어찌나 인파가 많았던지 그야말로 입추의 여지가 없었다. 카이우스는 백성들이 이렇게 큰 호응을 보이자 그만 흐뭇하여 좌석 배치에 신경을 쓰지 않았다. 그날은 원로원 의원이나 기사 계급을 위한 특별 좌석이 배치되어 있지 않았고 남자와 여자, 주인과 종이 한데 어울려 아무렇게나 앉아 있었기 때문이었다. 카이우스는 진지한 태도로 아우구스투스 카이사르(Augustus Cæsar)에게 제사를 드렸다. 이 공연이 바로 아우구스투스 카이사르를 기념하기 위해서 열리는 공연이었기 때문이었다. 그런데 갑자기 한 제사장이 넘어지는 바람에 원로원 의원인 아스프레나스(Asprenas)의 옷이 온통 제물의 피로 물드는 사건이 발생했다. 이것이 아스프레나스에게는 불길한 조짐이 분명했음에도 불구하고 카이우스는 낄낄거리고 웃고 있었다. 사실 아스프레나스는 카이우스와 함께 살해되는 비극을 당하게 된다. 그런데 이상한 것은 그날따라 카이우스가 말을 부드럽고 상냥하게 했다는 것이다. 그리하여 함께한 모든 사람이 크게 놀랐다는 이야기가 전해 오고 있다. 어쨌든 제사가 끝나자 카이우스는 연극을 구경하기 위해 자리에 앉았다. 이에 황제의 측근들이 그 주위에 둘러앉았다. 극장은 매년 그랬듯이 아래와 같은 구조로 되어 있었다. 문은 두 개가 있었는데 하나는 밖으로 통하는 문이고 다른 하나는 회랑으로 통하게 되어 있었다. 극장 안에서 관람하는 이들이 전혀 방해를 받지 않도록 고안되어 있었다. 그리고 투사들과 악사들이 무대에 나가서 공연하기 전에 준비하는 방들로 통하는 내부 통로들이 있었다. 관중들이 앉자 카에레아도 다른 호

민관들과 함께 앉았다. 극장의 오른쪽 구석에 황제가 앉아 있었다. 원로원 의원이요 근위대 사령관인 바티니우스(Vatinius)가 옆에 앉은 집정관 격의 클루비우스(Cluvius)에게 남이 듣지 못하게 작은 소리로 "자네 무슨 소문 듣지 못했나?"라고 물었다. 클루비우스가 아무 소문도 듣지 못했다고 하자 바티니우스는 "독재자들을 오늘 처치한다고 하던데."라고 소곤거렸다. 그러자 클루비우스는 "이 겁 없는 친구야! 입 좀 다물게. 아가야(Achaia, 아카이아) 놈들이 들으면 어떡하려고 그러나?(남들이 들으면 큰일 난다는 의미의 수사적 표현임 - 편집자 주)"라고 윽박질렀다. 이때 관중석으로 잘 익은 과일과 희귀한 값진 새들이 던져졌다. 카이우스 황제는 새들이 과일을 먹으려고 서로 싸우는 모습과 관중들이 서로 새를 잡으려고 아우성을 치는 모습을 보고 몹시 즐거워했다. 그런데 카이우스 황제는 공연 중에 두 가지 불길한 조짐을 느꼈다. 하나는 강도단 두목이 십자가에 달리는 장면이었고 다른 하나는 키니라스(Cinyras)와 그의 딸 미라(Myrrha)라는 극 중 인물이 살해당하는 판토마임이었다. 이 두 장면이 가짜 피지만 피를 흥건히 흘리는 장면이었다. 게다가 배우가, 오늘이 바로 필리푸스(Philip)의 친구요 아민타스(Amyntas)의 아들인 마게도냐 왕 파우사니아스(Pausanias)가 극장에 들어서다가 살해된 날이라고 말하는 것이었다. 그날이 마지막 날이라 그랬는지 아니면 먼저 목욕을 하고 저녁을 먹은 후 다시 와서 관람하려고 했는지는 모르나 카이우스 황제는 끝까지 공연을 관람할 것인가 말 것인가를 망설이는 눈치였다. 이에 카이우스 건너편에 앉아 있던 미누키아누스가 보기에 자칫하다가는 기회를 놓칠 것 같았다. 왜냐하면 카에레아도 나가고 없었기 때문이었다. 이에 그는 급히 나가 이 사실을 알리고 거사를 실행에 옮기자고 말하려고 자리에서 일어섰다. 그러자 카이우스가 부드럽게 그의 옷자락을 붙잡으면서 "어디를 가려고 그러나?"라고 말했다. 이에 미누키아누스는 황제의 말을 존중하는 척하기 위해서 도로 자리에 앉았다. 그러나 그는 걱정이 되어 견딜 수가 없었다. 그리하여 조금 있다가 다시 일어났다. 카이우스는 그가 무슨 급한 생리적 용무가 있는 줄 알고 더 이상 잡지 않았다. 이에 공모자 중의 하나인 아스프레나스가 기왕 마음먹은 것은 즉시 하는 것이 좋겠다는 생각에서 가서 목욕하고 식사한 다음 다시 와서 관람하는 게 좋겠다고 카이우스를 설득했다.

14. 카에레아의 공모자들은 때가 오기를 기다리며 질서 정연하게 자기 자리를 떠나지 않고 지키고 있었다. 그들은 시간이 자꾸 흐르자 몹시 화가 났다. 더 이상 연기할 수가 없는데 벌써 시간은 제9시[4]가 되었기 때문이었다. 카이우스가 극장 안에서 너무 오래 지체하자 카에레아는 황제 옆에 있는 원로원 의원들과 기사 계급 사람들이 어쩔 수 없이 피를 흘려야 될 것을 잘 알고 있음에도 불구하고 극장 안으로 들어가서 황제를 살해하기로 결심했다. 그는 만인의 안전과 자유를 위해서는 얼마간의 희생은 불가피하다고 생각하고 그렇게 하기로 결심을 굳힌 것이었다. 따라서 이들이 극장 입구로 막 들어가려는 때에 황제가 일어났다는 전갈이 왔다. 이에 약간의 소동이 일어났다. 한편 공모자들은 황제가 군중들에게 화를 내는 것처럼 가장해서 군중들을 밀쳐 냈다. 그러나 실상은 아무도 없는 조용한 곳으로 끌고 가서 황제를 살해할 심산이었다. 이에 황제의 숙부인 클라우디우스(Claudius)가 먼저 나갔고 황제의 매제인 마르쿠스 비니키우스(Marcus Vinicius)와 아시아의 발레리우스(Valerius of Asia)가 뒤따라 나갔다. 그들은 일찌감치 밖으로 나가고 싶었으나 체면 때문에 지금까지 그러지 못하고 있었던 것이었다. 그 뒤를 파울루스 아룬티우스(Paulus Arruntius)를 거느리고 카이우스가 나갔다. 카이우스는 왕궁 내의 지리를 환하게 알고 있었다. 따라서 그는 클라우디우스가 방금 지나간 종들이 즐비하게 늘어서 있는 직선 도로를 택하지 않고 목욕도 하고 아시아에서 온 소년들도 볼 겸 좁은 비밀 통로를 택했다. 이 아시아에서 온 소년들은 노래도 하고 춤도 추는 자들로서 지금 거행 중인 공연에 출연할 예정이었다. 카에레아는 카이우스를 만나자 암호를 물었다. 그러자 카이우스가 암호를 댔다. 황제가 암호를 대자마자 카에레아는 욕을 퍼부으면서 칼을 뽑아 황제에게 무서운 일격을 가했다. 그러나 그것이 카이우스에게 치명상을 입히지는 못했다. 카이우스를 단번에 죽이지 않고 많은 부상을 입혀 고통을 더하게 하려고 일부러 카에레아가 치명상을 가하지 않은 것이라고 주장하는 자들이 더러 있으나 내가 보기에는 도저히 믿을 수

---

[4] 요세푸스는 제9시라고 말하는 데 반해 수에토니우스(Suetonius)는 카이우스 황제가 제7시에 살해되었다고 말하고 있다. 그러나 서술의 흐름상 요세푸스의 견해가 더 설득력이 있다.

없는 이야기이다. 왜냐하면 신하가 황제를 살해하는 마당에 그런 생각을 할 경황이 있을 리 없기 때문이다. 만일 카에레아가 그런 생각을 했다면 그는 천하의 바보일 것이다. 자신은 물론 수많은 이의 목숨이 경각에 달려 있는데 복수의 재미를 만끽하기 위해 그런 위험한 장난을 한다는 것은 정신이 나가지 않고는 불가능한 일이기 때문이다. 카이우스의 목숨이 붙어 있다면 카이우스가 도망칠 수 있는 가능성이 얼마든지 있기 때문이었다. 그 순간에는 카이우스 황제를 벌한다는 생각보다는 오히려 자신과 공모자들의 신변 안전이 더 중요했을 것이다. 일단 성공만 하면 황제가 살았을까 죽었을까 불안해하지 않아도 되고 묵비권을 행사하여 카이우스 옹호 세력의 공격으로부터 승리할 수 있는 가능성이 충분한데, 자멸하기로 작정하지 않고서야 어찌 바로 앞에 놓인 기회를 발로 차 버릴 사람이 있겠는가? 그러나 독자 여러분은 이런 문제에 관해서는 각자 좋을 대로 생각하기 바란다. 어쨌든 카이우스 황제는 칼에 맞고 그 고통으로 인해 비틀거렸다. 카이우스는 목과 어깨 중간에 칼을 맞았으나 첫 번째 갈비뼈 덕분에 더욱 큰 부상은 면할 수 있었다. 그러나 그는 소리를 지르지도 않았고(그렇게 놀랐음에도 불구하고) 도움을 요청하지도 않았다. 정신이 없어서였는지 아니면 믿을 수가 없어서였는지 모르지만, 어쨌든 그는 친구들을 부르지 않았다. 그는 고통으로 비틀거리며 도망치려고 하였다. 그러자 코르넬리우스 사비누스(Cornelius Sabinus)가 여러 사람이 서 있는 곳으로 카이우스를 밀쳐 넘어뜨렸다. 이에 빙 둘러 서 있던 자들이 죽이라고 소리치면서 칼로 카이우스를 마구 찔렀다. 그러면서도 그들은 마지막 일격은 아퀼라(Aquila)가 가할 수 있도록 하자는 데 의견의 일치를 보았다. 이에 아퀼라가 마지막 일격을 가해 황제를 살해하였다. 그러나 결국 황제를 살해한 것은 카에레아였다고 볼 수 있다. 많은 사람이 황제의 살해에 가담은 했으나 실제로 살해 계획을 세우고 남 앞에 이야기를 꺼내서 공모자들을 모으고 처음부터 착실하게 준비를 한 사람은 카에레아이기 때문이다. 카에레아는 주도면밀하게 계획을 진행시킨 면에 있어서나 공모자들을 설득해 행동으로 옮기게 한 면에 있어서나 다른 이들보다는 한 수 위에 있는 인물이었다. 공모자들이 용기를 못 내고 주춤거리고 있을 때 사기를 북돋운 것도 카에레아였으며 실제로 칼을 사용해야 했을 때 제일 먼저 칼을 뽑아 의로운 일격을 가한 것도 카에레아였다. 따라서 이 모든 것은 카에레아의 계획과 용기와 노력의 결실이었다고 말해도 지나친 말은 아니다.

15. 카이우스 황제는 이같이 수많은 부상을 입고 세상을 떠났다. 한편 카에레아와 공모자들은 황제를 살해한 후에 그 길로 계속 가다가는 위험할 것 같아 다른 길을 택하기로 했다. 그들은 황제를 살해하자마자 스스로 놀라지 않을 수 없었다. 황제를 살해했다는 것은 결코 작은 문제가 아니었기 때문이다. 특히 병사들이 황제 살해범들을 찾아내려고 혈안이 될 것을 생각하면 걱정하는 것도 무리는 아니었다. 황제를 살해한 통로에는 황제의 종들은 물론 그날 황제의 경호 임무를 맡은 병사들이 쭉 깔려 있었다. 따라서 그들은 다른 길로 카이우스 황제의 부친인 게르마니쿠스(Germanicus)의 이름을 따른 게르마니쿠스 저택으로 갔다(그 저택은 왕궁과 붙어 있었다. 크게 보면 왕궁은 하나였으나 각 부분은 여러 황제가 오랜 세월에 걸쳐 지은 것으로서 그 부분을 건축한 황제의 이름을 따라 명명되고 있었다). 이렇게 해서 그들은 황제의 사망 소식이 알려지기 전까지는 무사할 수 있었다. 카이우스가 살해된 것을 제일 먼저 알게 된 자들은 게르만(German) 병사들이었다. 이 게르만 병사들은 카이우스 황제의 경호 병사들로서 그들의 출신 지역에 따라 이렇게 불렸으며 켈트 군단(Celtic legion)을 형성하고 있었다. 이들은 다른 야만인들과 마찬가지로 심사숙고형이라기보다는 격정적인 기질의 소유자들이었다. 그들은 건장한 체격을 갖추고 있었으며 적의 공격을 받으면 꼭 복수를 하는 그런 자들이었다. 게다가 어디를 가든지 항상 승승장구하는 용맹한 자들이었다. 이 게르만인들은 카이우스 황제가 살해되었다는 소식을 듣자 매우 슬퍼하였다. 이들은 공공의 복리 등을 판단할 줄 아는 능력이 없었으며 모든 것을 지금까지 자기들이 받은 이익에 비추어서 생각하는 자들이었다. 그들은 카이우스에게 돈을 받고 있었기 때문에 그를 좋아했다. 말하자면 카이우스가 돈으로 그들의 환심을 산 것이다. 이에 그들은 사비누스(Sabinus)의 인도 아래 칼을 뽑아 들고 황제 살해범들을 찾아 나섰다. 사비누스는 호민관 중의 하나였다. 그는 검투사(gladiator) 출신으로서 명문가 출신이기 때문이 아니라 좋은 신체적 조건 때문에 호민관이 된 인물이었다. 게르만 병사들은 황제의 살해범들

을 찾아 이곳저곳을 수색하기 시작했다. 그러다가, 우리가 앞서 언급한 바 있는 인물인 제물의 피로 옷이 더럽혀졌던 아스프레나스(Asprenas)를 처음으로 찾아내 살해하였다. 그 후 그들은 로마시의 명문 귀족인 노르바누스(Norbanus)를 만나게 되었다. 노르바누스의 조상 중에는 위대한 군대 장관이 많이 있을 정도로 지체 높은 인물이었다. 그러나 그들은 이런 것은 안중에도 없다는 태도였다. 그러나 노르바누스도 보통은 아니었다. 그는 앉아서 그냥 당할 수 없다고 생각하여 처음으로 공격해 온 병사의 손에서 칼을 빼앗아 대항하였다. 그러나 중과부적이라 마침내 많은 부상을 입고 쓰러지고 말았다. 게르만 병사들이 세 번째로 만난 자들은 원로원 의원인 안테이우스(Anteius)와 그 일행들이었다. 안테이우스는 앞의 두 인물처럼 우연히 게르만 병사들과 만난 것이 아니라 카이우스가 죽어 넘어진 모습을 두 눈으로 보고 기뻐하기 위해 오다가 그들과 만나게 된 것이었다. 안테이우스의 이런 행동에는 다 이유가 있었다. 카이우스가 안테이우스의 부친을 추방한 후에 직성이 풀리지 않았는지 다시 병사들을 보내 살해하는 만행을 저질렀기 때문이었다. 이에 안테이우스는 카이우스가 죽었다는 이야기를 듣고 두 눈으로 확인하러 왔던 것이다. 그는 왕궁이 온통 발칵 뒤집힌 것을 보고 숨으려고 하였으나 결국은 샅샅이 뒤지는 게르만 병사들의 눈에 발각되어 죽음을 당하고 말았다. 이렇듯 게르만 병사들은 죄가 있는 자나 없는 자를 막론하고 무참하게 살해하였다. 이렇게 해서 세 사람은 죽고 말았다.

16. 한편 카이우스가 살해되었다는 소식이 극장에 전해지자 관람객들은 너무 놀라 믿으려 들지 않았다. 심지어는 그 어떤 소식보다 그가 살해되었다는 소식을 반가워할 사람들까지도 두려움에 사로잡혀 쉽게 믿으려고 하지 않았다. 어떤 이들은 카이우스 황제에게 어찌 그런 일이 일어날 수 있겠느냐면서 전혀 믿으려고 하지 않았다. 누가 감히 카이우스를 죽일 만큼 큰 권력을 가지고 있을 수 있겠느냐는 것이었다. 그래서 그들은 이것이 사실임에도 불구하고 믿지 않은 것이었다. 부녀자들과 아이들과 종들, 그리고 심지어는 일부 병사들까지도 이런 생각을 갖고 황제가 살해되었다는 이야기를 곧이들으려고 하지

않았다. 병사들은 황제에게서 돈을 받았기 때문에 황제의 죽음이 더욱 믿어지지 않았다. 그동안 자기들의 유익과 명예를 위해 황제의 불의한 명령의 앞잡이가 되어 선량한 백성들을 괴롭히고 온갖 만행을 자행해 온 자들이기 때문이었다. 부녀자들과 아이들은 공연과 검투사의 격투 경기와 배급되는 고기에 현혹되어 있었기에 황제의 죽음이 곧이들리지 않았다. 그러나 겉으로는 이런 것들을 백성의 즐거움을 위해서 베푼 것처럼 보였지만 실제로는 카이우스 자신의 야만적인 잔인성과 광기를 충족시키기 위한 것들이었다. 또한 종들은 카이우스 덕분에 자기 주인들을 고소하고 모함할 수 있었기 때문에 황제의 죽음이 사실 같지 않았다. 그들은 주인을 거짓으로 모함하고도 황제에게 호소하면 도움을 받을 수가 있었다. 카이우스는 종들이 주인을 모함하고 있음에도 불구하고 쉽게 종들의 편을 들어주곤 하였기 때문이었다. 카이우스 치하에서는 주인이 조금이라도 부정 수입을 올리게 된 것을 아는 날이면 종들은 재산뿐 아니라 자유까지도 얻을 수 있었다. 왜냐하면 이 사실을 밀고하면 그 대가로 죄를 지은 주인의 재산의 8분의 1[5])을 받을 수 있었기 때문이었다. 한편 귀족의 경우에 일부 귀족은 음모를 미리 알고 있었거나 아니면 그것이 사실이었으면 좋겠다는 희망에서였거나 간에 그 소식을 사실로 받아들였다. 그럼에도 불구하고 그들은 기쁜 표정을 애써 감추려고 했으며 그런 이야기를 들었다는 사실조차 없었던 것처럼 꾸몄다. 그 소문이 사실이 아닐 경우 본심이 탄로 나게 되면 이로울 것이 조금도 없기 때문이었다. 특히 공모자들과 연관이 있어서 카이우스가 죽었음을 확신하고 있던 자들은 서로의 마음을 알 수가 없었기 때문에 더욱 조심하였다. 자칫 잘못해서 독재 정치가 계속 유지되는 것이 유리하다고 생각하는 자에게 그런 말을 했다가는 큰일 날 것은 뻔하며, 더 나아가서 만에 하나라도 카이우스가 죽지 않았다면 고소를 당해 죽음을 당할 것은 너무나도 자명한 일이었기 때문이었다. 이때 카이우스가 부상을 당했으나 아직 죽지 않았으며 의사들이 부상을 치료하고 있다는 또 다른 소문이 퍼지기 시작했다. 이에 그

---

5) 로마법에서는 이런 밀고자에게 주는 보상금이 어떤 때는 여기서처럼 죄인의 재산의 8분의 1인 경우도 있었고 어떤 때는 4분의 1인 경우도 있었다.

누구도 상대방을 신뢰하지 않았으며 마음을 터놓지 않았다. 상대방이 카이우스의 독재를 옹호하는 카이우스 지지자인지 아니면 카이우스를 미워하는 반대자인지 알 수가 없었기 때문이었다. 이때 또다시 일부 사람들에 의해 귀족들의 희망을 빼앗아 가는 소문이 퍼지기 시작했다. 카이우스가 큰 부상을 입지 않았기에 치료받는 것조차 뿌리치고 시장으로 나와서 피투성이인 채로 백성들에게 연설을 하고 있다는 것이었다. 이 소문은 이를 기화로 폭동을 일으키려는 일부 몰지각한 이들이 날조해 낸 소문이었다. 그러나 귀족들은 남보다 먼저 나갔다가는 의심을 받을까 봐 아무도 자리를 뜨려고 하지 않았다. 다른 이유로 먼저 나갔을지라도 의심을 받을 소지가 다분히 있었기 때문이었다. 실제 의도에 따라 판결을 받는 것이 아니라 고소자와 재판관의 추측에 따라 판결을 받을 것이 뻔하기 때문이었다.

17. 한편 수많은 게르만 병사들이 칼을 뽑아 들고 극장을 포위하기 시작했다. 이에 극장 안의 관람객들은 꼼짝 못 하고 죽기만을 기다리는 수밖에 다른 도리가 없었다. 게르만 병사들이 한 명씩 안으로 들어올 때마다 무서운 공포가 그들을 엄습하였다. 마치 단숨에 달려들어 요절을 낼 것 같았기 때문이었다. 감히 극장 밖으로 뛰어나갈 용기는 없고 그렇다고 극장 안에 있다고 해서 살아날 가망이 있는 것도 아니기 때문에 그들은 어쩔 줄을 몰랐다. 게르만 병사들이 다가오자 애원하는 소리로 극장 안은 떠나갈 것만 같았다. "우리는 그런 반역 음모에 관해서는 아는 것이 조금도 없습니다. 우리는 반역이 일어난 사실조차 모릅니다. 실제로 그런 못된 짓을 저지른 놈을 붙잡아다가 처형을 해야지 우리와 같이 아무것도 모르는 무고한 자들을 건드려서야 되겠습니까? 신께 맹세코 우리는 그 일과는 조금도 관련이 없습니다." 그들은 이같이 눈물을 흘리고 머리를 쥐어뜯으면서 하소연을 했다. 그들은 목숨이 경각에 달린 극도의 상황에서 할 수 있는 모든 말을 사용하여 게르만 병사들에게 사정했다. 이에 병사들은 자기들이 하려고 한 일을 후회하고 분노를 풀었다. 그러나 그들은 방금 전에 죽인 자들의 머리를 제단 위에 올려놓았다. 이에 극장 안에 있던 자들은 살해당한 자들이 모두 신분이 높은 인사들인 데다가 비참한 죽음을 당한 것을

보고 몹시 괴로워하였다. 사실은 그들은 자신들도 같은 변을 당하지 않을까 하는 걱정을 하고 있었다. 카이우스를 철저하게 미워하고 있던 자들조차도 그의 죽음을 기뻐할 여유가 없었다. 자신들도 카이우스와 마찬가지로 개죽음을 당하는 것이 아니냐는 생각을 지울 수 없었기 때문이었다.

18. 시장에서 큰 소리로 공고하는 직책인 외침꾼(public crier)으로서 유난히 목소리가 또렷하고 큰 에우아리스투스 아룬티우스(Euaristus Arruntius)라는 인물이 있었다. 그는 로마의 최고 부자와 맞먹을 정도로 재산이 많았을 뿐 아니라 로마에서는 마음대로 무엇이나 할 수 있는 그런 인물이었다. 그는 누구보다도 카이우스를 미워했음에도 불구하고 최고의 슬픔을 나타내는 애도의 복장을 하고 극장 안으로 들어왔다. 자신의 신변 안전을 도모하기 위해 일종의 꾀를 낸 것이었다. 솟아오르는 기쁨을 억제하고 마치 세상에서 가장 절친한 친구를 잃은 양 애도의 복장으로 갈아입고 극장을 찾은 그는 극장 안으로 들어와서 황제가 죽었다는 사실을 알렸다. 그제야 극장 안에 있던 자들은 황제의 죽음을 확실하게 알 수 있었다. 아룬티우스는 호민관들과 함께 기둥 주위를 돌면서 게르만 병사들에게 황제가 서거하였으니 모두 칼을 칼집에 넣으라고 큰 소리로 외쳤다. 그가 이같이 외친 것은 극장 안에 있던 사람들뿐 아니라 게르만 병사를 만나는 모든 사람의 목숨을 살리기 위해서였다. 왜냐하면 게르만 병사들은 카이우스 황제가 조금이라도 목숨이 붙어 있다고 생각하는 한 온갖 만행을 저지를 것이 뻔했기 때문이었다. 그들은 카이우스에 대해서 아직도 많은 호감을 갖고 있었기에 자기들의 목숨을 버려서라도 그를 살해하려는 음모를 분쇄하고 보복을 해야 한다고 생각했다. 그러나 이제 황제가 완전히 죽었다는 소식을 듣자 황제를 살해한 적들을 징벌해야겠다는 열정이 점차 사그라지기 시작했다. 아무리 카이우스에 대한 호의와 열정을 보인다 하더라도 보상해 줄 당사자가 죽은 마당에는 아무 쓸모가 없기 때문이었다. 더욱이 그들은 자칫 그런 일을 계속하다가는 원로원에 의해 처벌을 당할지도 모른다는 두려움마저 들기 시작했다. 따라서 비록 힘든 일이지만 카이우스 황제의 죽음으로 인해 불붙기 시작한 분노를 간신히 가라앉힐 수 있었다.

19. 한편 카에레아는 미누키아누스(Minucianus)의 안부가 크게 걱정이 되었다. 혹시 성난 게르만 병사들과 맞부닥뜨린 것이 아닐까 몹시 걱정스러웠던 것이다. 그리하여 카에레아는 각 병사들을 찾아다니며 미누키아누스의 목숨을 제발 살려 달라고 애원하다시피 하는 한편 이미 살해된 것이 아닌가 싶어 백방으로 그의 안부를 수소문하였다. 한편 클레멘스(Clement)는 미누키아누스가 끌려오자 그를 그냥 석방시키고 황제를 살해한 행동이 의로운 행동이었음을 다른 원로원 의원들과 함께 인정했다. 클레멘스는 황제 살해 계획을 세우고 실행에 옮긴 이들의 용기와 의를 칭찬하면서 이같이 말했다. "독재자들은 제멋대로 행동하기에 권력을 쥐고 흔들 동안에는 잠시 크게 보일지 모르나 행복한 최후를 맞이하지는 못하는 법이오. 의로운 자들의 미움을 받고는 오래 견디지 못하오. 카이우스는 저들이 그를 살해하기 이전부터 자신의 불의한 행동들로 스스로를 죽여 오고 있었던 것이오. 법을 제쳐놓고 무자비한 폭정을 휘둘렀으니 어찌 친구들이 등을 돌리지 않겠소? 일반적으로 말해서 저들이 황제를 살해한 살인범이라고 할지 모르나 실제로는 황제 자신이 스스로를 죽인 것이나 다름이 없소."

20. 이 무렵 극장 안은 온통 수라장이 되었다. 서로 먼저 일어나서 밖으로 나가려고 아우성을 쳤기 때문이었다. 이런 틈바구니에서도 의사인 알키온(Alcyon)이란 인물은 부상자를 치료해야 한다는 핑계를 대고 급히 극장 밖으로 뛰쳐나가는 얄팍한 행동을 서슴지 않았다. 종들을 시켜 부상자 치료 기구를 가져오게 해야 한다면서 먼저 빠져나왔으나 실상은 위험에서 한시라도 빨리 빠져나와야겠다는 이기적인 욕심에서였다. 한편 이러는 동안 원로원 의원들과 백성들은 각기 모여 카이우스 황제의 살해범들을 수색하기 시작했다. 백성들은 매우 열성적으로 살해범 수색에 나섰으나 원로원은 형식에만 그쳤다. 집정관 가운데는 아시아의 발레리우스(Valerius of Asia)라는 인물이 있었다. 그는 백성들이 황제 살해범이 누구인지를 쉽게 알아내지 못해 당황하면서 우왕좌왕하는 것을 보자 백성들 앞에 나아갔다. 이에 백성들은 황제를 살해한 살인범이 누구인지를 밝히라고 아우성을 쳤다. 그러자 발레리우스는 "내가 바로 그 살인범

이라면 좋겠소."라고 대꾸했다. 한편 집정관들은 아래와 같은 법령을 선포했다. "카이우스 황제는 그동안 폭정을 자행해 왔다. 그러므로 백성들과 병사들은 각기 자기 처소로 돌아가도록 하라. 백성들은 전과 같은 고통은 당하지 않을 것이며 병사들도 각기 근무지로 돌아가 더 이상의 난동을 삼가면 그에 대한 대가를 받게 될 것이다." 병사들을 거론한 것은 그들이 민가를 약탈하고 신전을 노략질하는 등 온갖 만행을 자행하는 것을 그냥 방치해 둔다면 로마시 자체가 큰 피해를 당할 것이기 때문이었다. 한편 원로원도 전체 회의를 소집했다. 특히 카이우스 살해 계획에 가담한 원로원 의원들은 자기들이 정권을 이미 장악한 것이나 다름없다고 생각해서인지 매우 의기양양해 있었다.

제2장

원로원이 민주주의를 회복하기로 결정하였으나 군대가 제정을 옹호하게 된 경위, 그리고 카이우스의 아내와 딸을 처형한 경위와 카이우스의 도덕성에 관하여

1. 정세가 이와 같을 때 클라우디우스(Claudius)가 갑자기 집에서 사라지는 사건이 발생했다. 그 자세한 내막은 다음과 같다. 군대가 모여 의논한 결과 민주주의를 가지고는 로마라는 국가를 다스릴 수 없을뿐더러 자기들에게 유리한 점이 없다는 결론을 내리게 되었다. 게다가 누가 권좌에 오르든지 그를 권좌에 앉게 하는 데 군대가 결정적 역할을 하지 않고는 훗날 여러 가지 면에서 크게 후회할 것이라는 결론이 나왔다. 따라서 그들은 정세가 불안한 틈을 타서 카이우스 전 황제의 숙부인 클라우디우스를 황제로 옹립해야겠다고 결정하였

다. 클라우디우스는 가문으로 보나 학식으로 보나 원로원 의원들보다는 훨씬 뛰어난 인재였다. 그리고 한번 권좌에 오르면 군대에 충분한 보상을 할 인물로 보였다. 이에 군대는 이같이 결정하고 즉시 실행에 옮겼다. 이렇게 해서 클라우디우스는 불시에 병사들에게 납치를 당한 것이다. 한편 크네우스 센티우스 사투르니누스(Cneus Sentius Saturninus)는 클라우디우스가 증발해 버린 사건의 의미를 알면서도 원로원 회의에서 자신이 정권을 장악해야 한다는 뜻으로 이야기했다. 그는 물론 마지못해서 하는 것처럼 꾸몄으나 실상은 그것이 그의 속셈이었다. 그는 이같이 연설했다.

2. "오, 로마인들이여! 유사 이래로 이와 같은 사건이 일어난 적이 별로 없어 놀라움을 금할 수 없는 것은 사실이나, 우리는 현재 자유를 얻었습니다. 이런 과도기가 얼마나 지속될지는 아무도 모르며 누가 정권을 장악할지는 신의 권한에 속하는 것이기에 이 또한 누구도 알 길이 없습니다. 비록 현재와 같은 자유의 상태를 언제 빼앗길지 알 수 없으나 우리는 현재가 그저 만족스럽고 행복하기만 합니다. 왜냐하면 의로운 사람이라면 우리 국가가 그전에 풍성하게 누렸던 법의 통치를 받으면서 단 한 시간 자유롭게 사는 것만으로도 만족할 수 있기 때문입니다. 나는 그 후에 태어났기 때문에 우리 국가가 과거에 누렸던 자유의 시대가 어떤 것인지 체험해 본 적이 없습니다. 그러므로 나는 그런 자유의 시대에 태어나서 양육 받은 사람들이 한없이 부럽기만 합니다. 그들은 오늘 이 시점에서 우리에게 진정한 자유를 맛보게 해주고 있는 신들만큼이나 행복한 자들이 아닌가 생각합니다. 따라서 나는 현재의 자유를 만끽할 수 있는 조용한 행복이 영원히 지속되기를 진심으로 바라고 있습니다. 그러나 이런 자유의 날이 오늘 단 하루뿐이라 하더라도 우리 장년들과 청년들에게는 충분히 만족스러울 것입니다. 노인들이 이런 자유의 시대에 세상을 하직하신다면 그분들에게는 이 하루가 한 시대와도 같이 느껴질 것입니다. 청소년들에게는 우리가 어떤 자유를 누리던 조상의 후예인가를 알려 줄 수 있는 기회가 되기 때문에 교육적으로도 매우 유익할 것입니다. 이런 자유의 시대에 우리가 해야 할 일은 의롭게 사는 것입니다. 오직 의롭게 사는 길만이 자유를 지키는 유일한

방도이기 때문입니다. 우리 선조들의 역사에 관해서는 이야기를 통해서 들었지만 최근의 사태에 관해서는 내가 직접 체험하여 배웠으므로 독재가 우리 로마 제국에 끼치는 악영향이 얼마나 큰 것인가를 실감하게 되었습니다. 독재란 모든 의를 말살하고 자유를 박탈할 뿐 아니라 아첨과 노예적 근성만을 조장하는 암적 요소입니다. 왜냐하면 독재란 현명한 법의 지배가 아니라 독재자의 변덕의 지배를 의미하는 것이기 때문입니다. 율리우스 카이사르(Julius Cæsar)가 우리의 민주주의를 해체하고 법체제를 무너뜨리고 의와 선 대신에 자신의 기분에 맞추어 나라를 무질서하게 다스리기 시작한 후부터 로마시가 완전히 폐허로 변할 지경에 이르기까지 당하지 않은 재난과 비극이 없을 정도로 온갖 불행을 경험했습니다. 그의 뒤를 이은 황제들은 마치 경쟁이라도 벌이듯이 로마의 고대법을 멋대로 폐기했습니다. 로마법에 담긴 정신을 파괴하고 로마인을 완전히 궤멸시키는 것이 황제들의 신변 안전에 유익했기 때문입니다. 우리에게 그동안 많은 피해를 준 여러 황제들 가운데서도 오늘 살해된 카이우스 황제만큼 폭정을 휘두른 황제는 없었습니다. 카이우스는 로마 시민뿐 아니라 친척과 친구들에게까지도 온갖 만행을 자행하였습니다. 그는 무고한 사람들을 못살게 굴고 인간에 대해서는 물론 신들에게까지 횡포를 부렸습니다. 독재자들은 정당한 방법으로 쾌락을 누리는 것으로는 만족하지 않고 남의 재산과 아내를 강탈하는 것을 오히려 큰 즐거움으로 삼는 자들입니다. 그들은 적이라고 생각되면 온 식구를 몰살시키고 재산을 빼앗는 방법으로 재산을 늘려 가고 있습니다. 따라서 자유를 사랑하는 자들은 누구나 독재를 미워하기 마련입니다. 해를 당하고도 끝까지 참는다고 해서 친구가 될 수 있는 것이냐 하면 사실은 그렇지 않습니다. 왜냐하면 해를 가해도 잘 참고 견디는 것을 보면 자기가 잘못했다는 사실이 분명히 드러나니까 그것을 감추기 위해 더욱 죽이지 못해 안달을 하기 때문입니다. 어쨌든 우리는 현재 그런 모든 불행에서 보호를 받았습니다. 따라서 우리에게는 어떤 정치 형태가 우리 사회의 질서 회복과 백성들의 행복과 신변 안전에 큰 기여를 할 수 있는지를 신중히 고려해 보고 선택해야 할 책임이 있다고 하겠습니다. 여러분은 첫째로 여러분 자신과, 둘째로 로마 백성 전체를 위해 중대한 결정을 내려야 할 시기에 봉착해 있습니다. 이런 제안에 반대가 있다면 기탄없이 말씀하셔도 아무런 위험이 없을 것입니다. 반대 의견을 밝혔다고 해서 처형하는 등의 만행을 제멋대로 저지르는 군주가 현재는 없기 때문입니다. 황제의 뜻을 거역하기 싫어하는 비겁한 굴종과 나태만큼 독재를 부채질하는 요소는 없을 것입니다. 최근의 무서운 독재는 이런 나태와 비겁한 굴종의 산물인 것입니다. 인간들이란 본래 안일을 좋아하기 때문에 노예처럼 살아가는 기술을 터득해 세상을 살아가고 있습니다. 따라서 우리는 멀리서나 가까이서나 많은 불행이 일어나는 것을 보고도 죽음이 두려워 의롭게 죽기보다는 치욕을 당하는 편을 택해 왔습니다. 그러므로 우리는 먼저 독재자 카이우스를 제거한 자들, 특히 카시우스 카에레아(Cassius Chaerea)에게 최대한의 경의를 표해야 할 것입니다. 카에레아는 신들의 도움을 힘입어 우리에게 자유를 되찾아준 인물이기 때문입니다. 우리가 이제 자유를 찾았다고 해서 은인인 카에레아를 잊어서는 안 될 것입니다. 독재 치하에서 우리의 자유를 회복하기 위해 목숨을 건 은인을 모른 체한다는 것은 말이 안 됩니다. 그러므로 우리는 그에게 마땅한 영예를 돌려야 할 뿐 아니라 그가 한 일이 처음부터 우리의 허락을 받고 한 일이었음을 널리 선포해야 할 것입니다. 자유 시민이라면 은인에게 보답하는 것은 너무나 당연한 일입니다. 비록 카에레아는 카이우스 율리우스 카이사르(Caius Julius Cæsar)를 살해한 카시우스(Cassius)와 브루투스(Brutus)만 한 은인은 되지 못할지라도 우리 모두에게는 큰 은인이기 때문입니다. 독재자를 살해하여 우리 모두를 독재의 굴레에서 벗어나게 해준 것이 어찌 작은 일입니까?"

3. 이런 센티우스의 연설의 취지는 그 자리에 참석한 원로원 의원들과 기사 계급들로부터 기쁨에 찬 환영을 받았다. 그리고 그때 트레벨리우스 막시무스(Trebellius Maximus)가 급히 일어나더니 센티우스의 손가락에서 카이우스 황제의 상이 새겨진 보석 반지를 빼내 내동댕이쳤다. 센티우스는 너무 열성적으로 장차 할 일에 골몰해 있었던 데다가 열변을 토하느라 보석 반지를 빼 내동댕이치는 것조차 깜빡 잊고 있었던 것이다. 막시무스가 보석 반지를 내동댕이치자 그 보석 반지는 곧 박살이 나고 말았다. 한편 카에레아는 한밤중에 집정관들

을 찾아가 암호를 무엇으로 정할 것인지 물어보았다. 이에 집정관들은 암호를 '자유'(Liberty)라고 정하라고 했다. 이것은 그 자체가 거의 믿을 수 없는 일이며 놀랄 만한 일이었다. 왜냐하면 집정관이 암호를 결정하게 된 것이 무려 100년 만에 있는 일이었기 때문이었다. 그동안 민주주의가 완전히 폐기된 상태였음을 생각하면 이는 정말 획기적인 일이 아닐 수 없었다. 로마시가 독재자들의 손아귀에 들어가기 전에 군대 사령관은 집정관들이었다. 카에레아는 집정관들에게서 암호를 받은 다음, 독재 정치보다는 황제 없는 공화정을 지지하는 4개 연대의 병사들에게 암호를 일러 주었다. 이 병사들은 호민관들의 인솔을 받고 각기 근무지로 떠났다. 한편 백성들도 더 이상 황제의 지배를 받지 않아도 되는 민주주의(democracy, 공화정)를 다시 회복하게 된 것을 기뻐하며 희망과 용기에 넘쳐서 각자 집으로 돌아갔으며 카에레아는 백성들에게서 큰 존경을 받게 되었다.

4. 카에레아는 카이우스의 식구들이 전멸되기는커녕 딸과 아내가 아직까지 살아남아 있다는 사실이 매우 마음에 걸렸다. 그들이 살아남았다는 것은 로마와 로마법의 몰락을 의미하는 것이기 때문이었다. 이에 그는 이 일을 마무리 짓고 카이우스에 대한 증오심을 만족시키기 위해 호민관인 율리우스 루푸스(Julius Lupus)를 보내 카이우스의 딸과 아내를 살해하도록 지시했다. 그는 클레멘스(Clement)와 친척 관계가 되는 루푸스에게 살해 명령을 내리면서 이같이 말했다. "자네가 이 일을 하게 되면 독재자의 제거에 한몫을 담당한 셈이 되고 동료 시민들의 행복에 큰 기여를 하게 되는 것일세." 이에 대해 일부 공모자들은 이같이 반론을 제기했다. "연약한 여자들에게 그 같은 행동을 하는 것은 너무 잔인하지 않소. 카이우스가 온갖 만행을 저지른 것은 그의 못된 성품 때문이지 그의 아내가 뒤에서 조종했기 때문은 아니지 않소. 로마시와 로마 백성을 재난으로 몰아넣은 것은 카이우스의 악한 성품에 기인한 것이오." 그러나 이에 대해 다른 이들은 다시 반대 견해를 제시했다. "아니오. 사실 진짜 원흉은 그의 아내요. 카이우스가 그런 못된 짓을 저지른 것도 알고 보면 모두 그녀 때문이오. 그녀는 카이우스에게 미약을 먹이고 사랑의 포로가 되게 한 후

뒤에서 온갖 만행을 다 저지르도록 조종했던 것이오. 따라서 로마 백성과 로마 백성에게 복속된 세상이 당한 온갖 불행과 비극의 원인은 카이우스의 아내인 것이오." 이러한 갑론을박 끝에 결국은 카이우스의 아내와 딸을 살해하기로 결론을 내리고 루푸스를 파견하였다. 이에 루푸스는 백성들의 유익을 위하는 일에 늑장을 부렸다는 소리를 듣고 싶지 않아 카에레아의 명령을 곧장 실행에 옮기기로 결심했다. 이윽고 루푸스가 왕궁에 들어가 보니 카이우스의 아내인 카에소니아(Caesonia)가 죽은 남편의 시신 옆에 엎드려 있었다. 그녀는 온몸이 남편의 상처에서 흘러나온 피로 뒤범벅이 된 채 비탄에 빠져 있었다. 누구 하나 황제의 시신을 돌보는 사람이 없었고 어린 딸만이 그녀 옆에서 함께 울고 있었다. 카에소니아는 그렇게 자기 말을 안 듣더니 결국은 이렇게 되지 않았느냐면서 남편을 원망하는 푸념만 계속 늘어놓고 있었다. 그녀의 푸념은 이 당시에도 여러 가지 뜻으로 이해되었고, 지금도 듣는 사람에 따라 서로 다르게 해석될 만큼 애매모호한 것이었다. 어떤 이들은 백성들을 더 이상 잔인하게 다루지 말고 의와 온유함으로 정치하라고 그토록 당부했는데 자기 말에 귀를 기울이지 않더니 결국 이런 꼴이 되지 않았느냐고 원망하는 말로 해석한 반면에, 어떤 이들은 반역의 음모가 있다는 소리가 들리니 조사를 해서 관련된 자를 죄가 있든 없든 처벌하여 후환을 없애자고 그토록 잔소리를 했는데 결국 자기 말을 듣지 않아 이렇게 된 것이 아니냐고 푸념하는 소리로 해석하였다. 한편 카에소니아는 루푸스가 다가오는 것을 보자 카이우스의 시신을 가리키면서 가까이 오라고 했다. 그녀의 눈에서는 계속 눈물이 흘러내렸고 그녀의 목소리는 통곡으로 떨리고 있었다. 그러나 카에소니아는 루푸스가 정신 나간 사람처럼 살기를 품고 다가오자 금방 그 의도를 알아차리고 자기 처지를 하소연한 후에 마치 더 이상 살기를 체념이나 한 듯이 웃는 얼굴로 이같이 말했다. "주저하지 말고 상관이 지시한 대로 하게." 이같이 카에소니아는 루푸스의 손에 죽기를 두려워하지 않았다. 그 뒤를 이어 그녀의 딸도 죽음을 맞이했다. 루푸스는 이렇게 두 모녀를 살해한 후에 서둘러 카에레아에게 그 사실을 보고했다.

5. 카이우스 황제는 이같이 황제로 즉위한 지 4년 4개월을 넘기지 못하고 살해되는 비운을 맞이했다. 카이우스는 황제가 되기 전부터 악한 성품을 버리지 못했으나 황제가 되고 난 후부터는 그야말로 악할 대로 악해졌으며 환락의 노예가 되고 말았다. 그는 중상모략을 좋아했으며 잔인한 것을 좋아해 틈만 있으면 사람을 살해하는 것을 즐거움으로 삼을 정도였다. 그는 막강한 권력을 이용하여 무고한 생명을 짓밟고 재산을 강탈하기를 떡 먹듯 하였다. 경건과 법과는 담을 쌓았을 뿐 아니라 군중들의 갈채와 환호만을 기대하였다. 게다가 카이우스는 법이 잘못으로 규정한 것을 의(義)보다 더 소중히 여겼다. 그는 아무리 절친하고 신분이 고귀하다 하더라도 한번 화가 나면 작은 트집을 잡아 처벌을 할 정도로 친구를 무시한 인물이었으며 의롭게 사는 자들을 모두 적으로 생각한 사람이었다. 카이우스는 무슨 명령이든 자신의 명령에 이의(異議)를 다는 것을 용납하지 않았다. 바로 자기 누이와 근친상간을 한 것도 마음만 먹으면 무엇이든지 하는 못된 성품에서 비롯된 것이었다.[6] 로마 시민들 사이에서 카이우스에 대한 격렬한 증오심이 싹트기 시작한 것도 바로 이 일 때문이었다. 지금까지 그런 근친상간 죄는 듣지도 보지도 못한 것이었다. 이때부터 로마 시민들은 그를 불신하며 증오하기 시작했다. 당대뿐 아니라 미래에까지 영향을 줄 수 있는 업적이라고는 레기움(Rhegium)과 시칠리아(Sicily)의 항구 건설을 제외하고는 특기할 만한 것이 하나도 없었다. 이 항구는 애굽으로부터 곡물을 실어 오는 배들이 닻을 내리는 곳으로서, 항구 건설 자체만 놓고 보면 거대한 공사였고 항해에 큰 도움을 주는 업적이었음은 부인할 수가 없다. 그러나 이 공사도 카이우스가 완공한 것은 아니었다. 그는 비용 부족으로 공사를 절반밖에 진척시키지 못했다. 정력을 쓸데없는 데 소비하고 돈을 자신의 정욕을 채우는 데 마구 허비한 나머지 공공의 유익이 되는 항구 건설 공사에 쓸 돈이 남을 리 없었기 때문이었다. 이런 점을 제외하면 카이우스는 뛰어난 웅변가요 로마어뿐 아니라 헬라어에도 능통한 달변가였다. 그는 또한 즉석에서 남이 지은 작

---

6) 슈판하임(Spanheim)은 카이우스가 근친상간의 죄를 저지른 누이의 이름이 드루실라(Drusilla)라고 밝히고 있으며, 수에토니우스(Suetonius)는 카이우스가 드루실라뿐 아니라 그의 누이들 모두와 동침했다고 부가하고 있다.

문(作文)을 보고 정확하고 분명하게 비평을 할 줄 아는 판단력도 갖춘 인물이었다. 게다가 그는 남을 설복하는 설득력이 누구보다도 강한 사람이었다. 그것은 천부적으로 설득력이 있었을 뿐 아니라 수많은 연습과 노력의 결과이기도 했다. 카이우스는 전임 황제인 티베리우스의 형제의 손자였기 때문에 웅변에 큰 매력을 느낄 수가 있었다.[7] 티베리우스 황제가 항상 최고의 웅변가라는 말을 들으려고 애를 써 왔기 때문에 카이우스도 자연스럽게 황제와 그의 측근들의 글을 접함으로써 웅변에 지대한 관심을 가지게 되었었다. 카이우스가 로마 최고의 귀족 가운데 한 사람이라는 것은 아무도 부인할 수 없다. 그러나 그의 뛰어난 웅변술도 그가 저지른 실정(失政)을 보상하기에는 크게 미흡한 점이 많았다. 사실상 그 누구의 눈치도 볼 필요가 없을 정도로 절대의 권력을 소유한 자가 현인(賢人)의 덕을 갖추기란 그리 쉬운 일이 아니다. 카이우스도 처음에는 백성들의 사랑을 받았으며 모든 점에서 존경할 만한 친구들을 가까이 두고 학문과 인격을 쌓으려고 노력하였다. 그러나 점차 시간이 지날수록 카이우스는 친구들을 무시하기 시작했다. 그러자 그들도 카이우스에 대한 호의적인 태도를 버리고 점차 그를 미워하게 되었다. 이런 증오심이 결국은 그를 살해하려는 음모까지 발전한 것이었고 카이우스는 이 음모에 걸려 결국은 비참하게 종말을 맞이한 것이었다.

---

[7] 이 카이우스(Caius) 황제는 티베리우스(Tiberius) 황제의 형제인 드루수스(Drusus)의 아들 게르마니쿠스(Germanicus)의 아들이었다.

제3장

클라우디우스가 집에서 강제 납치되어 진영으로 끌려가자 원로원이 그에게 사신을 보내게 된 경위

1. 카이우스 황제 살해 사건이 터지자 클라우디우스의 가문도 온통 수라장이 되었다. 그는 신분이 고귀하다는 것을 제외하고는 살해당할 하등의 이유가 없었음에도 불구하고 안절부절못하더니 결국은 은밀한 곳에 몸을 숨겼다.[8] 클라우디우스는 지금까지 현재의 처지에 만족하며 온건하게 살아왔기에 특별히 남의 원한을 산 일이 없었다. 그는 복잡한 일에서 완전히 떠나 오직 학문, 특히 헬라어를 연구하는 데 몰두했기 때문이었다. 한편 군중들은 이때 놀라움에 사로잡혔고 왕궁은 온통 미친 병사들의 광란으로 가득하게 되었다. 심지어는 황제의 경호 병사들조차도 일반 백성들과 마찬가지로 두려움과 혼란에 빠지게 되었다. 이에 최고 정예 부대인 근위대(praetorian band)의 병사들은 앞으로 어떻게 해야 할 것인가를 모여 의논하게 되었다. 그들은 카이우스가 천벌을 받은 것으로 여기고 있었기 때문에 카이우스에 대해서보다는 자신들의 거취 문제에 더 깊은 관심을 표명하였다. 그들은 게르만 병사들이 공공의 유익보다는 자기들의 야만성을 채우기에 급급하여 카이우스 살해범들을 처벌하는 일에 혈안이 된 판국에 어떻게 처신해야 할지를 의논하였다. 한편 이런 모든 사태의 변화는 클라우디우스의 마음을 몹시 괴롭게 하였다. 클라우디우스는 아스프레나스(Asprenas)와 그 밖의 사람들의 머리가 효수(梟首)된 것을 보고 자신의 신변 안전에도 심히 두려움을 느끼기 시작하였다. 그는 몇 걸음만 올라가면 닿는 약간 높은 곳으로 피하여 어두움 속에 몸을 은신하고 있었다. 그런데 왕궁에 속한 병사인 그라투스(Gratus)란 자가 클라우디우스를 보게 되었다. 그는 처음에는 어두웠기 때문에 얼굴을 볼 수가 없어서 클라우디우스를 알아보지 못했다.

---

8) 클라우디우스(Claudius)가 제일 먼저 가서 몸을 숨긴 곳은 헤르메움(Hermeum)이라는 곳이었다.

그러나 은밀히 숨어 있는 것을 보고 수상히 여겨 다가가 심문을 하였다. 그러자 클라우디우스는 자신의 신분을 밝히지 않을 수 없었다. 그래서 그라투스는 비로소 그가 클라우디우스인 것을 알 수 있었다. 그라투스는 동료들에게 "여기 게르마니쿠스(Germanicus)[9]가 계시다. 이분을 우리의 황제로 모시자."라고 권유했다. 클라우디우스는 병사들이 자신을 강제로 끌고 가려고 하는 것을 보고 카이우스처럼 자기도 죽이려는 줄로 알고 이같이 간청했다. "제발 나를 좀 살려 주게. 내가 그동안 조용히 뒷전에서 산 것을 그대들도 잘 알고 있지 않은가? 나는 이번 일과는 아무 상관도 없네." 그러자 그라투스는 웃음을 띠면서 그의 오른팔을 잡고 이같이 말했다. "목숨이나 건지겠다는 시시한 생각은 그만하시고 로마 제국을 차지할 위대한 생각을 가지십시오. 신들께서는 이 세상을 불쌍히 여기시고 카이우스를 제거하고 각하께 기회를 주셨습니다. 그러니 가셔서 황제의 자리를 차지하십시오." 이 말을 들은 클라우디우스는 너무 기쁘기도 하고 두렵기도 해서 제대로 걸을 수조차 없었다. 이에 병사들은 클라우디우스를 잘 모시고 왕궁으로 돌아왔다.

2. 그라투스가 나타나자 많은 경호 병사들이 몰려들기 시작했다. 그들은 처음에는 클라우디우스가 병사들에게 들려 오는 것을 보고는 살해를 당한 줄 알고 안색이 변하였다. 한 번도 정치의 전면에 나선 적이 없었고 특히 카이우스 치하에서는 조그만 위험도 당하지 않았던 인물이 살해를 당했다고 생각하니 동정심이 싹트지 않을 수 없었다. 이에 어떤 병사들은 이 사실을 집정관들에게 알려야 한다고 했다. 경호 병사들이 더욱 많이 몰려오게 되자 클라우디우스의 종들은 도망쳤다. 클라우디우스의 몸은 지칠 대로 지쳐 있었기 때문에 단 한 발짝도 앞으로 나아가지 못했다. 클라우디우스를 떠메고 오던 자들은 경호 병사들이 다가와서 질문을 퍼붓자 클라우디우스의 신변 안전은 아랑곳하지 않고 모두 도망쳤다. 클라우디우스의 일행이 왕궁의 넓은 뜰을 통과하여 보물고 앞

---

[9] 드루수스(Drusus)의 아들 클라우디우스(Claudius)가 여기서 친형제 게르마니쿠스(Germanicus)와 같은 이름으로 불리고 있는 것에 대해 수에토니우스(Suetonius)는 원로원의 법령에 따라 게르마니쿠스(Germanicus)라는 성이 드루수스와 그 후손에게 주어졌기 때문이라고 설명하고 있다.

에 다다르자 더 많은 병사가 그에게로 몰려왔다. 그들은 클라우디우스의 얼굴을 보고 매우 기뻐하였으며 그를 황제로 옹립하는 것이 좋겠다고 생각하였다. 왜냐하면 병사들은 그의 형제인 게르마니쿠스에게 큰 호감을 갖고 있었기 때문이었다. 게다가 병사들은 원로원 의원들이 탐욕스럽기 때문에 원로원이 정권을 장악하면 안 된다고 생각하고 있었다. 그전에 원로원이 정권을 장악했을 때 저지른 잘못에 비추어 볼 때 다시 원로원이 정권을 장악하도록 방치할 수는 없다는 것이었다. 또한 원로원이 정권을 장악하지 않는다 하더라도 자기들의 도움을 입지 않은 다른 한 사람이 정권을 장악하게 되는 날이면 문제는 마찬가지로 심각하게 된다는 결론에 도달하게 되었다. 그리하여 병사들은 클라우디우스를 옹립하여 황제로 삼는 것이 여러모로 유리하다는 생각을 갖게 된 것이었다. 자기들이 도와주어 황제의 자리에 오른다면 클라우디우스도 분명히 자기들에게 은혜를 보답할 것이라는 계산이었다.

3. 병사들은 이런 생각을 품고 서로 의견을 나누었으며 모여드는 병사들을 이 같은 방향으로 설득하기 시작했다. 이에 많은 병사가 그 생각에 동조하게 되었다. 마침내 병사들은 클라우디우스를 진영으로 모시고 갔다. 그들은 클라우디우스를 에워싸고 경호하면서 교대로 태워 날랐다. 한편 일반 시민들과 원로원은 서로 의견이 대립되어 있었다. 원로원은 독재적인 황제들의 횡포에서 벗어나 그전 권위를 되찾으려고 무진 애를 썼다. 따라서 그들은 이번 기회를 결코 놓쳐서는 안 된다고 생각하고 있었다. 반면에 일반 시민들은 황제가 있어야 원로원 의원들의 탐욕에 제동을 걸 수 있다고 생각하여 클라우디우스를 황제로 옹립하려는 병사들의 의견에 동조하였다. 황제를 원로원 의원들의 횡포에서 피할 수 있는 일종의 도피처로 생각하고 있었다. 게다가 클라우디우스가 황제가 되면 폼페이우스(Pompey) 시대 때와 같은 내란은 막을 수 있을 것이라고 시민들은 기대하고 있었다. 이에 원로원은 클라우디우스가 병사들에 의해 진영으로 끌려가다시피 했다는 정보를 듣자 덕이 있는 일단의 유능한 원로원 의원들을 진영으로 보내 클라우디우스를 만나 보게 하였다. 이들은 클라우디우스를 만나 아래와 같은 원로원의 의사를 전달하였다. "정권을 장악하기 위

해서 무력을 사용해서는 결코 안 되오. 그대는 단 한 사람이고, 이전이나 이후에나 원로원의 일개 의원인 만큼 다수로 구성된 원로원의 명령에 복종해야만 하오. 그리고 여러 독재자들의 횡포 아래서 로마시가 얼마나 유린당했는가를 기억하고 공공의 치안을 확립하는 법을 곧 시행해 주기 바라오. 그대뿐 아니라 우리 모두가 카이우스의 폭정 하에서 얼마나 시달렸는가를 기억해 주기 바라오. 그대가 만일 원로원의 의견을 따라 주고 의롭고 조용하게 살아간다면 로마 시민이 부여하는 최고의 영예를 누릴 수 있을 것이오. 또한 그대가 법에 복종한다면 일반 백성으로나 지도자로서 의로운 삶을 살았다는 찬사를 영원히 받게 될 것이오. 그러나 만일 그대가 카이우스 황제의 죽음에서 아무런 교훈을 얻지 못하고 바보스럽게 행동한다면 원로원이 그냥 두고 보지는 않을 것이오. 원로원을 지지하는 병사들의 수도 결코 만만치 않음을 상기하기 바라오. 그뿐 아니라 무기도 충분하며 군대로 환원할 수 있는 종들의 수도 적지 않음을 잊지 말기 바라오. 그러나 우리는 이런 문제에 있어서 희망을 버리지 않을 것이오. 왜냐하면 신들께서는 자기 민족의 자유를 위해서 싸우며 의롭고 선하게 살아가려고 애쓰는 사람 외에는 그 누구도 돕지 않을 것이기 때문이오."

4. 호민관인 베라니우스(Veranius)와 브로쿠스(Brocchus)가 원로원의 사신으로서 원로원의 견해를 클라우디우스에게 전달했다. 그들은 클라우디우스 앞에 무릎을 꿇고 제발 로마시를 전쟁과 재난의 소용돌이에 빠지지 않도록 해달라고 간청하였다. 그들은 클라우디우스를 에워싸고 경호하는 병사들의 수를 보고 집정관들을 지지하는 병사들의 수와는 비교가 안 될 정도로 강하다는 사실을 한눈에 알 수가 있었다. 그리하여 그들은 아래와 같이 덧붙였다. "굳이 정권을 장악하기를 원하신다면 원로원의 재가를 얻어 정권을 장악하시기 바랍니다. 불의나 무력으로써가 아니라 원로원의 동의를 얻어 정권을 장악하게 된다면 더 행복할 수 있을 뿐 아니라 더 번창할 수 있을 것입니다."

제4장

아그립바왕이 클라우디우스를 위해 한 일에 관하여, 그리고 클라우디우스가 정권을 장악한 후 카이우스 황제의 살해범들을 처벌하도록 명령하게 된 경위

1. 클라우디우스는 원로원의 처사가 몹시 괘씸했으나 당분간은 그들의 요구대로 따르기로 했다. 그러나 클라우디우스가 아직도 두려움에서 헤어나지 못한 것은 아니었다. 클라우디우스에게 (정권을 장악하도록) 뒤에서 부추긴 자들은 병사들이었다. 이에 못지않게 아그립바왕의 설득력도 큰 영향을 발휘했다. 아그립바왕은 저절로 굴러 들어온 권력을 왜 내팽개치려고 하느냐면서 클라우디우스를 설득하였다. 아그립바왕은 카이우스와의 관계에서도 최선을 다했었다. 그는 카이우스가 죽자 시신을 안아다가 침대 위에 눕힌 후 잘 덮어 주고 나와 경호 병사들에게 말했다. "카이우스 황제께서는 아직 살아 계시네. 그러나 부상을 심하게 입으셨으니 가서 의사를 모셔 오도록 하게." 그 후 클라우디우스가 병사들에게 납치되다시피 했다는 말을 듣고 그는 군중을 뚫고 들어가 클라우디우스를 만났다. 그리고 클라우디우스가 당황하여 정권을 원로원에 넘기려고 하자 그를 격려하면서 정권을 포기하지 말라고 권면했다. 그러고 나서 집으로 돌아갔으나 원로원에서 오라는 전갈이 오자 마치 방금 아내와 동침한 것처럼 머리에 기름을 바르고 원로원으로 향했다. 아그립바왕은 시치미를 떼고 원로원 의원들에게 클라우디우스가 무슨 일을 저질렀느냐고 물었다. 이에 원로원 의원들은 현재 정황을 설명하면서 그의 의견을 말해 보라고 했다. 그는 이같이 대답했다. "나는 원로원의 영예를 위해서라면 목숨을 바칠 각오가 되어 있습니다. 그러나 원로원 의원들께서는 무엇이 마음에 드느냐를 생각하시지 말고 무엇이 유익한가를 생각하셔야 할 것입니다. 정권을 장악하려면 아무래도 신변을 보호해 줄 무기와 병사들이 있어야 하기 때문입니다. 그렇지 않으면 위험하게 될 것입니다." 그러자 원로원 의원들은 이같이 대꾸했다. "우리는 무기도 충분하고

돈도 충분히 있소. 병사들도 있소. 일부는 이미 소집되어 있고 노예에게 자유를 주는 방법으로 더 많은 병사들을 모을 것이오." 아그립바왕은 이에 대해 이같이 반론을 제기했다. "오, 원로원 의원 여러분! 여러분은 마음먹은 바를 실행에 옮길 수 있는 능력이 있을 것입니다. 그러나 나의 견해가 여러분들에게 도움이 될 것이라는 생각에서 내 견해를 피력하니 양해하고 들어 주시기 바랍니다. 클라우디우스를 지지하는 군대는 오랫동안 전투에서 잔뼈가 굵어 온 역전의 용사들인 반면에 우리의 군대는 오합지졸에 불과합니다. 갑자기 노예에서 해방된 자들을 지휘하는 것이 쉬운 줄 아십니까? 칼을 뽑을 줄도 모르는 자들을 거느리고 어떻게 노련한 클라우디우스의 군대와 맞서 싸운단 말입니까? 따라서 내 생각은 이렇습니다. 클라우디우스에게 사신을 보내 정권을 포기할 것을 종용하는 것입니다. 나도 사신 중의 하나가 되어 그를 설득해 보겠습니다."

2. 원로원은 아그립바의 말을 듣고 그의 의견에 동조하여 그를 여러 사신과 함께 클라우디우스에게 보냈다. 아그립바는 은밀하게 클라우디우스를 만나 원로원이 혼란에 빠져 있음을 알리는 한편 사신들에게는 위엄 있게 명령조로 대답을 하라고 조언해 주었다. 이에 클라우디우스는 원로원이 보낸 사신들에게 이같이 답변했다. "나는 원로원이 황제를 두고 싶어 하지 않는 것에 대해 그리 놀라지 않소. 그동안 원로원이 황제들의 야만적인 행동으로 괴로움을 당해 온 것을 내 어찌 모르겠소. 그러나 내가 통치하게 되면 사정은 달라질 것이오. 평등한 정치가 무엇인지를 알게 될 것이니 걱정하지 말라고 하시오. 명목상 내가 지배자가 되는 것일 뿐 권위는 우리 모두에게 있는 것이오. 내가 살아온 모습을 보고 나를 믿어 주기 바라오. 그것이 원로원 의원 여러분에게도 유익할 것이오." 원로원의 사신들은 클라우디우스의 이 답변을 듣고 돌아갔다. 한편 클라우디우스를 지지하는 병사들은 그에게 충성을 다짐하는 맹세를 했다. 이에 클라우디우스는 병사들에게 각기 5,000드라크마씩[10] 나누어 주었다. 클라우

---

[10] 각 병사에게 나누어 주었다는 5,000드라크마는 161파운드에 해당하는데 이것은 불가능했을 것 같다. 아마 필사자의 오기(誤記)가 아닌가 생각한다.

디우스는 지휘관들에게는 이보다 많은 액수를 주었으며 그 밖의 다른 곳에 있는 병사들에게도 같은 액수의 돈을 주겠다고 약속하였다.

3. 한편 집정관들은 아직 밤중임에도 불구하고 원로원 의원들을 정복의 신 유피테르(Jupiter)의 신전으로 모이게 했다. 그러나 일부 의원들은 소집 소식을 듣고도 어찌할 바를 몰라 몸을 숨기고 나타나지 않았다. 어떤 의원들은 사태의 추이를 비관적으로 전망하고 자유를 회복하기는 불가능하다고 낙심한 나머지 로마시 밖에 있는 자신들의 영지로 떠나기까지 하였다. 그들은 위험을 당하기보다는 차라리 노예처럼 사는 것이 좋다고 생각한 것이었다. 선조들의 위엄을 되찾기 위해 목숨을 걸기보다는 안일하게 사는 편을 택하기로 결심한 것이었다. 그러나 집정관의 소환 지시에 따라 모인 원로원 의원은 100명이나 되었다. 그들이 모여 정국을 의논하고 있을 때 원로원을 지지하는 병사들이 갑자기 소리 지르기 시작하였다. "원로원은 다수의 지배자를 세워 나라를 파멸로 몰아가지 말고 우리에게 황제를 임명해 주시오. 우리는 만인의 지배보다는 1인의 지배를 원하고 있소. 그러나 황제를 선택하는 권한은 원로원에 일임하겠소." 이에 원로원은 점점 궁지에 몰리게 되었다. 그들이 그토록 자부심을 갖던 자유를 찾는 데 실패한 데다가 이제는 클라우디우스마저 두려워해야 할 입장에 놓이게 되었기 때문이었다. 한편 명문 귀족 출신이며 로마 황제의 가문과 인척 관계를 맺었다는 이유로 황제의 자리를 넘보는 사람이 하나둘이 아니었다. 그중에서 가장 특출한 인물은 마르쿠스 미누키아누스(Marcus Minucianus)였다. 그는 명문 귀족 출신이며 카이우스 황제의 누이인 율리아(Julia)와 결혼한 사이였기에 황제 자리를 호시탐탐 노렸다. 이에 집정관들은 미누키아누스를 만류하면서 차일피일 미루고 있었다. 카이우스 황제 살해범 중 하나였던 미누키아누스는 같은 생각을 품고 있는 아시아의 발레리우스(Valerius of Asia)를 견제하였다. 만일 이자들에게 클라우디우스에 대항하여 황제의 자리를 차지하라는 허락이 내렸다면 무서운 살인극이 벌어졌을 것이다. 상당수의 검투사들과 밤에 도시를 순찰하던 병사들, 배의 노를 젓는 자들까지 모두 진영으로 몰려들었다. 이에 황제의 자리를 탐내던 자들은 하나씩 욕심을 버리기 시작했

다. 어떤 이들은 로마시를 구하기 위해 욕심을 포기한 반면 어떤 이들은 자신의 신변에 두려움을 느껴 일찌감치 단념하였다.

4. 날이 밝자마자 카에레아 일행은 원로원에 들러 병사들에게 연설을 하려고 하였다. 그들이 병사들에게 조용히 하라고 하면서 연설을 시작하려고 하자 병사들은 소란을 피우며 입을 열지도 못하게 했다. 그들은 한결같이 제정(monarchy, 왕정)을 원하고 있었기 때문이었다. 병사들은 더 이상 지체할 수 없다면서 원로원에 황제를 임명해 줄 것을 요구하였다. 그러나 원로원은 자기들이 스스로 통치를 할 것인지 황제의 통치를 받을 것인지 결단을 내리지 못하고 있었다. 자기들이 통치하고 싶었으나 병사들이 그것을 원하지 않았기 때문이었다. 이때 카에레아는 솟아오르는 분노를 참지 못하고 병사들에게 이같이 고함을 질렀다. "너희들이 정녕 황제를 원하느냐? 좋다. 너희들이 에우티쿠스(Eutychus)에게 가서 암호를 받아 온다면 내가 황제를 세워 주겠다. 그 비천한 녹색조(Prasine, 당시 전차 경주 팀은 녹색, 청색, 백색, 적색 네 개의 팀으로 나뉘어 있었으며 카이우스는 그중 녹색조의 광적인 지지자였음-편집자 주) 전차 경주 선수, 카이우스와 한 패였던 자, 병사들에게 억지로 마구간이나 짓게 하고 수치스러운 일들로 시간을 허비했던 인간, 그자에게서 암호를 받을 수 있다면 받아 오거라. 이제 내가 너희에게 클라우디우스의 목을 가져다주겠다. 너희들이 전에는 미친놈들처럼 행동하더니 이제는 바보에게 이 로마를 넘기려 드는구나!" 이렇게 카에레아는 그들을 비난하고 욕설을 퍼부었다. 카에레아의 이런 말은 병사들의 마음에 감동을 주기는커녕 오히려 역효과를 빚고 말았다. 병사들은 그의 말을 듣고 칼을 뽑아 들고 군기를 높이 쳐든 후에 클라우디우스에게로 가서 그에게 충성을 맹세하였다. 이에 원로원은 신변을 보호해 줄 병사마저도 없는 처지가 되고 말았다. 또한 집정관들도 일반 시민들과 같은 처지가 되고 말았다. 집정관들은 앞으로 어떤 일을 당할지 모른다는 사실에 충격을 받아 큰 슬픔에 잠기게 되었다. 왜냐하면 클라우디우스가 그들에게 매우 분노하고 있었기 때문이었다. 이에 그들은 서로 비난을 하며 지난날을 후회하게 되었다. 이러고 있을 때 카이우스 황제 살해범 가운데 한 사람인 사비누스(Sabinus)가 나서더니 이같이 외

쳤다. "나는 클라우디우스가 황제가 되고 우리들이 그의 노예가 되는 것을 보느니 차라리 자살을 하겠소. 카에레아 그대는 어찌 그리 목숨을 아까워하시오? 카이우스를 살해하기로 제일 먼저 시도한 그대가 자유를 위한 우리의 모든 노력이 수포로 돌아가는 이 마당에 그리도 목숨에 연연하고 있음은 무슨 일이오?" 이에 카에레아는 이같이 대꾸했다. "내가 이 순간 목숨에 연연할 까닭이 있겠소? 자살하기 전에 먼저 클라우디우스의 의도를 알고 싶을 따름이오."

5. 원로원에서는 이 같은 갑론을박이 계속되고 있었던 반면에 진영에는 클라우디우스의 환심을 사기 위해 사방에서 많은 사람이 모여들었다. 병사들은 집정관인 퀸투스 폼포니우스(Quintus Pomponius)가 원로원을 선동해 자유를 되찾도록 고무했다는 이유로 그를 비난하였다. 만일 클라우디우스가 먼저 사람을 보내 그를 자기 곁에 데려다 놓지 않았더라면 병사들은 그를 습격해 살해하였을 것이다. 클라우디우스는 특별히 퀸투스를 보호하였으나 나머지 원로원들은 박대하였다. 클라우디우스는 자신에게 경배하러 온 어떤 의원들은 때려서 내어 쫓기까지 하였다. 심지어 아포니우스(Aponius)는 부상을 당하고 쫓겨나기도 하였다. 이렇게 모든 원로원 의원들은 큰 위험에 빠지게 되었다. 이때 아그립바왕은 클라우디우스를 찾아가 원로원 의원들을 부드럽게 대해 줄 것을 요청하였다. "원로원 의원들을 온유하게 다루십시오. 원로원에 해를 가하게 되는 날이면 다스릴 백성이 하나도 남지 않게 될 것입니다." 이에 클라우디우스는 아그립바왕의 충고를 따르기로 했다. 클라우디우스는 원로원 의원들을 왕궁으로 소집한 후에, 병사들을 거느리고 가는 것이 백성들의 눈에 좋지 않게 보임에도 불구하고 병사들을 대동하고 왕궁에 나타났다. 클라우디우스가 경호대장으로 임명한 폴리오(Pollio)가 카에레아와 사비누스에게 서신을 보내 공중 앞에 나타나지 말라고 명령했지만 그들은 무리들 앞에 공공연하게 모습을 드러냈다. 이에 클라우디우스는 왕궁에 들어서자마자 친구들을 불러 모으고 카에레아를 어떻게 처치해야 좋을지 의견을 물어보았다. 이에 그들은 이같이 대답했다. "카에레아가 한 일은 정말 대단한 일입니다. 그러나 그가 한 일은 또한 배신이라는 점을 부인할 수가 없습니다. 그러므로 장차 그런 일이 재발하는

것을 방지하기 위해서라도 그를 사형으로 처벌해야 합니다." 이에 카에레아는 마침내 처형되기에 이르렀다. 이때 루푸스(Lupus)와 많은 로마인이 함께 처형을 당했다. 카에레아는 마지막 죽는 순간에도 용기를 잃지 않았다. 이것은 마지막 순간에도 의기를 굽히지 않았을 뿐 아니라, 눈물을 흘리는 루푸스를 책망한 사실에서도 분명히 알 수가 있다. 루푸스가 옷을 벗으면서 날씨가 너무 춥다고[11] 불평하자 카에레아는 "추위가 루푸스(Lupus, 늑대)를 해치지는 못할 걸세."라고 따끔하게 훈계하였다. 이들이 처형당하는 것을 보기 위해 많은 이들이 모여들었다. 카에레아는 처형장에 도착하자 처형을 집행할 병사에게 이같이 말했다. "자네는 전에도 이 일을 했나? 아니면 이번이 처음인가? 내가 카이우스를 살해했던 바로 그 칼을 가져다가 나를 죽여 주게." 이렇게 카에레아는 단칼에 행복한 종말을 맞이했으나 루푸스는 그렇지 못했다. 그는 두려움이 많은 사람이었기 때문에 과감하게 길게 목을 빼지 못하는 바람에 여러 번 목에 칼을 맞고서야 숨을 거두었다.

6. 그로부터 며칠 후 조상을 추모하는 파렌탈리아 축제(Parental Solemnities)가 다가오자 로마 시민들은 여러 신령들에게 제사를 드리고 카에레아를 위하여 음식을 불에 던지면서 자기들의 배은망덕에 진노하지 말고 제발 인자하게 대해 달라고 빌었다. 카에레아의 종말은 이와 같았다. 한편 사비누스는 클라우디우스가 자유를 주었을 뿐 아니라 군대 장관으로 복직시켜 주었음에도 불구하고 공모자들에 대한 신의를 저버리는 것은 옳지 않다고 생각하여 칼에 엎드려져 스스로 목숨을 끊었다. 어찌나 세게 칼 위에 엎드려졌던지 칼자루까지 보이지 않을 정도였다.

---

[11] 루푸스가 살을 에는 추위를 불평했다는 기록은 클라우디우스가 황제의 자리에 즉위한 시기와 일치한다. 그의 즉위 시기가 11월이나 12월이 아니면 1월이 분명하기 때문이다. 아마도 1월 24일 며칠 뒤나 아니면 로마의 파렌탈리아 축제 며칠 전이었을 가능성이 가장 크다.

제5장

클라우디우스가 아그립바왕에게
아그립바왕의 조부 헤롯이 다스렸던 영토를 회복시켜 주고
통치권을 확대시켜 준 경위와
유대인을 위해 법령을 반포하게 된 경위

1. 한편 클라우디우스는 의심이 가는 모든 병사는 즉시 퇴역시킨 후에, 카이우스가 아그립바왕에게 왕국을 준 것을 추인하는 형식의 법령을 선포하였다. 클라우디우스는 다시 아그립바를 왕으로 임명하는 한편 그의 조부 헤롯이 다스리던 지역, 즉 유대(Judea)와 사마리아(Samaria)를 그의 왕국에 편입시켜 주었다. 클라우디우스가 이런 호의를 베푼 것은 헤롯 왕가에 대한 보답의 일환이었다. 클라우디우스는 또한 자기 영토에 속한 리사니아스의 아빌라(Abila of Lysanias)[12]와 리바누스(Libanus)산 인근 지역을 아그립바왕에게 하사하였다. 클라우디우스는 로마시의 광장 한복판에서 아그립바와 동맹을 맺고 동맹을 신실하게 지키기로 맹세하였다. 한편 클라우디우스는 안티오쿠스(Antiochus)에게서 왕국을 빼앗고 길리기아(Cilicia)와 콤마게네(Commagene)의 일부 지역을 남겨 주었다. 클라우디우스는 또한 자기의 옛 친구요 자기 어머니 안토니아(Antonia)의 청지기였던 알렉산드리아 유대인 공동체 최고 행정 책임자(alabarch) 알렉산드로스 리시마쿠스(Alexander Lysimachus)를 석방시켜 주었다. 알렉산드로스는 그간 카이우스 황제에 의해 감옥에 수감되어 있었다. 이 알렉산드로스의 아들인 마르쿠스(Marcus)는 아그립바의 딸인 버니게(Bernice, 베르니케)와 결혼한 사이였는데 그가 죽자 아그립바왕은 딸 버니게를 자기 형제인 헤롯

---

[12] 리사니아스(Lysanias, 한글판 개역개정 성경에는 루사니아로 되어 있음-편집자 주)가 아빌라(Abila)를 수도로 둔 아빌레네(Abilene)의 분봉왕이었다는 누가의 기록(눅 3:1)은 요세푸스에 의해 어느 정도 확증되고 있다. 또한 누가의 기록은 그 도시를 '리사니아스의 아빌라'(Abila of Lysanias)라고 부르고 있는 프톨레마이우스(Ptolemy)에 의해서도 확증되고 있다. 이 아빌라는 원래 가나안 땅에 속해 있었으며 아벨(Abel)의 매장지였기에 그렇게 명명된 것 같다(마 23:35; 눅 11:51).

(Herod)에게 준 후에 클라우디우스에게 칼키스(Chalcis) 왕국을 헤롯에게 하사해 달라고 간청하였다.

2. 한편 이 무렵 알렉산드리아에서는 유대인과 헬라인 사이에 분쟁이 일어났다. 카이우스의 통치 밑에서 알렉산드리아 주민들에 의해 죽음 일보 직전까지 온갖 핍박을 당해 오던 유대인들이 카이우스가 죽자 스스로를 지키기 위해 무기를 들고 봉기를 한 것이었다. 이에 클라우디우스는 애굽의 총독에게 폭동을 진압하라는 명령을 시달했다. 또한 클라우디우스는 아그립바왕와 헤롯왕의 요청에 의해 알렉산드리아와 수리아에 아래와 같은 법령을 선포했다. "백성의 호민관이요, 대제사장인 티베리우스 클라우디우스 카이사르 아우구스투스 게르마니쿠스(Tiberius Claudius Cæsar Augustus Germanicus)는 아래와 같이 명하노라. 알렉산드리아의 유대인은 일찍부터 알렉산드리아 주민들과 함께 거주하여 왔으며 애굽의 왕들로부터 알렉산드리아 주민들과 동등한 특권을 부여받아 왔음을 공문서와 법령 등을 통해서 나는 잘 알고 있노라. 알렉산드리아가 아우구스투스(Augustus)에 의해 로마 제국에 합병된 후에도 알렉산드리아의 유대인들의 권리와 특권은 알렉산드리아로 파견된 로마의 총독들에 의해 잘 보호되었으며, 심지어는 아퀼라(Aquila)가 알렉산드리아 총독으로 있을 때도 이 문제에 관해서는 하등의 문제도 발생하지 않았노라. 유대의 통치자가 죽었을 때도 아우구스투스께서는 유대인들이 새로운 통치자를 세우는 것을 막지 않으셨으니, 유대인들이 로마에 복종하되 조상 전래의 관습을 지키고 종교적인 전통을 범하는 일이 없기를 원하셨기 때문이었노라. 그런데 카이우스가 통치를 하고 나서부터는 알렉산드리아 주민들이 함께 사는 유대인들을 경멸했음을 나는 익히 알고 있노라. 카이우스는 지혜가 부족했으며 광기마저 있어 유대인들이 조상 전래의 종교적 율법을 범하지 않고 자신을 신이라고 부르지 않는다는 이유로 유대국을 전멸시키기 일보 직전까지 몰고 갔었노라. 그러므로 나는 유대국이 카이우스의 광기 때문에 그들의 권리와 특권을 상실하는 것은 옳지 않다고 생각한다. 유대인들이 전부터 누려 오던 권리와 특권은 보호되어야 하며 그들 나름의 풍습도 보존되어야 한다는 것이 나의 뜻이니라. 그러므로 이

법령이 선포된 후로는 다시 양자 간에 불화가 생기는 일이 없도록 극히 조심해 주기 바라노라."

3. 알렉산드리아로 보낸 유대인을 위한 법령은 위와 같았던 반면에 다른 지역으로 보낸 법령은 아래와 같았다. "백성의 호민관이요, 집정관이요, 대제사장인 티베리우스 클라우디우스 카이사르 아우구스투스 게르마니쿠스(Tiberius Claudius Cæsar Augustus Germanicus)는 이같이 명하노라. 내가 극진히 총애하는 아그립바왕과 헤롯왕의 청에 의해 로마 제국에 속한 모든 유대인에게도 알렉산드리아의 유대인과 같은 권리와 특권을 부여할 것을 선포하노라. 내가 이같이 선포하는 것은 아그립바왕과 헤롯왕의 청이 있었던 까닭도 있으나 유대인이 그동안 로마 제국에 보여준 호의와 충성심이 남달랐기에 충분히 그런 특권을 누릴 자격이 있다고 보았기 때문이노라. 위대한 아우구스투스 때도 보장되었던 이 유대인들의 특권은 어떤 그리스 도시에서도 보장되어야 마땅하다고 나는 생각하노라. 그러므로 나는 로마 제국에 속한 모든 유대인에게 전통적인 조상 전래의 율법을 지키고 살 특권을 허락하노라. 그러나 여기서 나는 유대인들에게 한 가지 당부하노라. 유대인들은 이런 특권을 하사받았다고 해서 다른 민족의 신앙을 경멸해서는 안 될 것이며 오직 유대 전통의 율법을 지키는 데만 전력해야 할 것이노라. 그러므로 이탈리아의 안팎을 막론하고 모든 도시와 식민지와 자치구의 정무관들과 왕과 총독들은 나의 이 명령을 판에 새겨서 30일간 땅바닥에서도 쉽게 볼 수 있는[13] 장소에 두어 백성들이 볼 수 있도록 하라."

---

[13] 이 문구는 로마에서 잘 알려져 있고 자주 사용되던 문구이다. 보통 법령의 맨 아랫부분에 머리글자만 따서 U. D. P. R. L. P.라고 표기하곤 하였다. 이것은 '땅바닥에서도 쉽게 읽을 수 있는 장소에'(Whence it may be plainly read from the ground)라는 뜻의 라틴어(Unde De Plano Recte Lege Possit)의 약자이다.

제6장

아그립바왕이 유대로 다시 돌아온 후에
예루살렘에서 행한 일과
페트로니우스가 유대인을 위하여
도리스 주민들에게 보낸 서신에 관하여

1. 클라우디우스 카이사르(Claudius Cæsar)는 알렉산드리아와 로마 제국 각지에 보낸 법령을 통해 유대인에 관한 그의 견해를 분명히 피력하였다. 클라우디우스는 아그립바왕을 전보다 훨씬 높은 지위에 앉힌 후에 그를 유대로 돌려보내면서 총독들에게 그를 환대하라는 황제의 친서를 써서 주었다. 이에 아그립바왕은 서둘러 유대로 돌아왔다. 아그립바왕은 전보다 더욱 큰 영광을 안고 귀국한 것이었다. 아그립바왕은 예루살렘으로 돌아온 후 율법이 요구하는 것은 하나도 빠뜨리지 않고 하나님께 제사를 드렸다. 그는 율법이 요구하는 바를 제대로 지켜야 한다는 이유로 많은 나실인(Nazarites)들에게 머리를 깎으라고 명하였다. 그는 자신이 전에 감옥에 수감되었을 때 몸에 찼던 쇠사슬과 같은 무게가 나가는, 카이우스 황제가 선물로 준 금사슬을 성전 내에 있는 보물고(treasury)[14] 위에 걸어 놓아 극심한 역경에서 하나님의 도우심을 힘입어 일약 영예의 자리에 오른 것을 기념하고자 하였다. 아그립바왕은 이렇게 함으로써 최고의 번영도 몰락할 가능성이 있으며 하나님은 때때로 넘어진 자를 일으키시는 분이심을 보여주려고 했던 것이다. 아그립바의 금사슬이 성전에 봉헌되자, 모든 사람은 그것을 보고 아그립바왕이 하찮은 일로 수감되었으나 얼마 후 석방되어 전보다 더 높은 지위인 왕으로까지 승진되었다는 사실을 상기할 수가 있었다. 이것을 보는 사람들은, 인간의 모습을 입고 세상에 태어난 사

---

14) 이 보물실(treasury-chamber)은 우리 주님이 그 앞에서 무리를 가르치신 적이 있고, 유대인들이 성전 수리와 그 밖의 비용을 위해서 헌금을 하곤 했던 바로 그곳이 아닌가 생각된다(막 12:41; 눅 21:1; 요 8:20).

람은 아무리 지위가 높더라도 넘어질 수 있으며 넘어진 사람은 그 전보다 더욱 큰 지위를 차지할 수도 있다는 사실을 깨달았다.

2. 아그립바왕은 하나님께 드리는 제사의 모든 의무를 완전히 행한 후에 아나누스(Ananus)의 아들 테오필루스(Theophilus)를 대제사장직에서 해임하고 보에투스(Boethus)의 아들 시몬(Simon)을 대제사장으로 임명하였다. 시몬은 칸테라스(Cantheras)라고도 불렀는데 앞서 언급한 헤롯왕이 그의 사위였다. 이렇게 해서 시몬의 가문은 부친과 형제까지 합쳐서 한 집안에서 대제사장 세 명이 나온 집안이 되었다. 이것은 마케도냐인들이 유대를 통치할 때의, 오니아스(Onias)의 아들 시몬(Simon)의 아들들의 경우와 마찬가지이다.

3. 아그립바왕은 대제사장을 위와 같이 경질한 후에 예루살렘 주민들의 세금을 감면해 줌으로써 그들이 그에게 보인 호의에 보답해 주었다. 아그립바왕은 지금까지 자신과 동고동락해 온 실라스(Silas)를 그의 군대 장관으로 임명하였다. 그런데 그로부터 얼마 지나지 않아 천성적으로 오만하고 방자하며 경건보다는 무모한 행동을 좋아하는 도리스(Doris)의 청년들이 카이사르의 상(像)을 유대의 회당 안에 세우는 못된 짓을 저질렀다. 그들의 이 행동은 아그립바왕의 비위를 몹시 상하게 만들었다. 그의 영토의 율법을 정면으로 범한 행동이었기 때문이었다. 이에 아그립바왕은 촌각도 지체하지 않고 당시 수리아의 총독이었던 푸블리우스 페트로니우스(Publius Petronius)를 찾아가 도리스 주민들을 고소하였다. 아그립바의 말을 들은 푸블리우스 페트로니우스는 아그립바 못지않게 분노했다. 왜냐하면 인간의 행동을 통제하는 법률을 위반한 명백한 범법 행위로 간주했기 때문이었다. 이에 그는 성난 어조로 도리스 주민들에게 아래와 같은 서신을 보냈다. "티베리우스 클라우디우스 카이사르 아우구스투스 게르마니쿠스(Tiberius Claudius Cæsar Augustus Germanicus)의 명을 받는 총독 푸블리우스 페트로니우스(Publius Petronius)가 도리스의 정무관들에게 이같이 명하노라. 클라우디우스 카이사르 아우구스투스 게르마니쿠스께서 유대인들에게 조상 전래의 율법을 지킬 수 있도록 허락하는 법령을 선포하셨음에도

불구하고 너희 주민 중 일부 몰지각한 자들이 이 법령을 범하는 미친 짓을 서슴지 않았노라. 즉 카이사르의 상을 회당 안에 세워서 유대인들로 하여금 회당 안에서 종교적인 모임을 갖지 못하도록 한 일은 유대인뿐 아니라 황제까지도 모욕한 것이노라. 황제의 상은 황제의 신전에 넓게 자리를 잡아야 옳지 종교적 회집 장소인 회당에 세우는 것은 옳지 못한 것이노라. 모든 인간이 자기에게 속한 장소에 대한 권한을 가지는 것은 자연의 이치이니라. 이는 나의 생각일 뿐 아니라 황제 폐하의 생각이기도 한 것이니라. 유대인들에게 조상 전래의 율법을 지킬 수 있는 자유와 헬라인들과 동등한 대접을 받을 수 있는 특권을 허락한 황제의 명을 다시 언급한다면 웃음거리밖에 되지 않을 정도로 그대들도 잘 알고 있을 것이니라. 그러므로 백부장 프로쿨루스 비텔리우스(Proculus Vitellius)에게 명하노니 황제의 명을 어기고 그런 일을 저지른 오만하고 방자한 놈들을 내게 끌고 오도록 하라. 그들 가운데서 명망 있는 자들이 분개하며 이번 일을 자발적으로 한 것이 아니라 군중의 강압에 못 이겨 어쩔 수 없이 했다고 주장하고 있으므로 그들이 행한 일을 상세히 보고하도록 하라. 또한 정무관들에게 명하노니 만약 이 사건이 자신들의 동의하에 이루어진 것으로 여겨지길 원치 않는다면, 누가 이 일에 책임이 있는지 백부장에게 알리고 이 일로 분쟁이나 소요가 생기지 않도록 주의하라. 이러한 일을 부추기는 자들이 바로 이를 경시하고 방치하는 자들이라고 나는 생각하노라. 나는 물론, 내가 극히 존경하는 아그립바왕은 유대인들이 복수하겠다는 구실로 모여 소요를 일으킬지도 모른다는 점을 가장 염려하고 있음을 그대들은 주의하도록 하라. 아우구스투스(Augustus)께서 알렉산드리아에서 반포하신 법령을 첨부하노니 그대들은 아우구스투스의 뜻을 백성들에게 널리 알리는 데 주력하도록 하라. 비록 모든 사람이 이미 알고 있을지라도, 내가 극히 존경하는 아그립바왕이 그 당시 내 법정에서 이를 읽고 유대인들이 아우구스투스께서 부여하신 권리를 박탈당하지 않도록 청원하였노라. 그러므로 그대들은 소란이나 반역을 일으킬 기회를 주지 말고 각자 자기가 원하는 종교의 풍습을 지키며 살 수 있도록 최선을 다하라."

4. 이같이 페트로니우스는 범법 행위를 교정하였으며 다시는 그런 일로 유대인을 괴롭히는 일이 없도록 최선의 조치를 했다. 한편 아그립바왕은 아나누스(Ananus)의 아들 요나단(Jonathan)이 더 적격이라는 이유로 시몬 칸테라스(Simon Cantheras)를 대제사장직에서 해임하고 요나단을 대제사장직에 앉히려고 하였다. 그러나 요나단은 그럴 수 없다고 생각하여 다시 대제사장으로 복직하는 것을 거절하였다. "오, 왕이시여! 하나님이 제가 전혀 대제사장의 자격이 없다고 판정하셨음에도 불구하고 왕께서 자발적으로 저에게 대제사장의 영예를 회복시켜 주시려고 하는 호의는 감사하기 그지없습니다. 그러나 저는 한 번 대제사장의 의복을 입은 것만으로도 만족합니다. 지금 다시 대제사장이 된다 하더라도 그때만큼 거룩하게 대제사장의 의복을 입지는 못할 것이기 때문입니다. 그러나 왕께서 저보다 대제사장직에 더 적격인 사람을 원하신다면 제가 추천할 수는 있습니다. 제게는 하나님께나 왕께나 전혀 죄를 짓지 않은 신실한 동생이 하나 있습니다. 저는 왕께 대제사장으로 제 동생을 추천하고 싶습니다." 이에 아그립바왕은 요나단의 말을 기쁘게 받아들이고 그의 요청에 따라 그의 동생 마티아스(Matthias)에게 대제사장직을 주었다. 그로부터 얼마 지나지 않아, 마르쿠스(Marcus)가 페트로니우스의 뒤를 이어 수리아 총독으로 부임했다.

제7장

실라스에 관하여,
아그립바왕이 그에게 화를 내게 된 경위,
그리고 아그립바왕이 예루살렘 성벽을 쌓기 시작한 경위와
베리투스 주민들에게 베푼 혜택에 관하여

1. 한편 아그립바왕의 군대 장관 실라스(Silas)는 아그립바왕이 신뢰하자 교만하여 스스로 왕과 동등하다고 생각하기에 이르렀다. 실라스는 온갖 역경에서도 항상 충성스러웠으며 때로는 아그립바왕을 위해 목숨까지도 아까워하지 않았기에 특별히 총애한 결과가 이렇게 나타난 것이었다. 실라스는 어디를 가나 아그립바왕을 상석(上席)에 모실 생각을 하지 않았으며 무례하게도 끼어들지 않을 때가 없을 정도로 온갖 것을 다 간섭하였다. 그리하여 결국은 아그립바왕에게 귀찮은 존재가 되어 버렸다. 그는 아그립바왕과 함께 연회를 즐길 때면 항상 지나치게 자화자찬을 늘어놓았다. "왕은 기억하십니까? 내가 왕을 위해서 얼마나 고생을 했는가를. 나는 왕을 섬기기 위해서는 목숨까지도 아까워하지 않았습니다. 내가 왕을 위해 당한 고통은 이루 다 말할 수 없을 정도입니다." 그는 과장을 해가면서 허풍을 떨었다. 이런 일이 자주 반복되자 아그립바왕은 내심 불쾌하기 짝이 없었다. 왜냐하면 수치스러웠던 과거를 자꾸 회상한다는 것은 결코 유쾌한 일이 되지 못하기 때문이었다. 게다가 자기가 세운 공을 내세우면서 생색을 내는 것 또한 그리 유쾌한 일은 아니기 때문이었다. 결국 실라스는 아그립바왕의 비위를 완전히 상하게 만들고 말았다. 이에 아그립바왕은 이성을 잃을 정도로 흥분하여 실라스를 해임하고 왕궁에서 쫓아냈을 뿐 아니라 감옥에 감금시켜 버리고 말았다. 그러나 시간이 흐르자 아그립바의 분노도 점차 누그러지기 시작했으며 실라스에 대해서도 이성을 찾기 시작했다. 그리하여 실라스가 자기를 위해 고생을 한 점은 인정하게 되었다. 이에 아그립바왕은 자기 생일을 계기로 신하들을 위해 큰 잔치를 베풀고 급작스럽

게 실라스를 그 잔치의 손님으로 초대하였다. 그러나 실라스는 그 초대를 고맙게 생각하지 않고 왕에게 복수할 수 있는 절호의 기회로 여겼다. 그리하여 왕을 화나게 하기 위해서 왕의 명령을 받고 온 부하들에게 이같이 말했다. "얼마나 오래갈지 모르는 왕의 호의를 정녕 호의라고 볼 수 있는가? 내가 전에 보인 호의에 보답하기는커녕 부당하게도 나에게 해를 가한 것이 바로 아그립바왕이 아니었던가? 왕이 이제 와서 내게 호의를 베푼다고 해서 내가 입을 다물 줄 알았던가? 이미 버림받은 이상 전보다 더 크게 외칠 것이노라. 내가 왕을 얼마나 많은 위험에서 건져 낸 줄 아는가? 내가 왕을 위해 당한 수고가 어느 정도인 줄 아는가? 내가 왕을 위해 목숨까지도 아끼지 않았거늘 그 대가로 받은 것은 결박과 캄캄한 감옥뿐이었노라. 나는 왕이 이토록 나를 학대한 것을 결코 잊지 않겠노라. 비록 이 육신을 떠난다 하더라도 내가 왕을 위해 한 위대한 업적은 결코 잊지 않겠노라." 실라스는 이같이 부르짖으면서 하나도 빼놓지 말고 그대로 왕에게 전하라고 했다. 이에 아그립바왕은 실라스의 어리석음은 어찌할 도리가 없음을 깨닫고 그를 그냥 감옥에 가두어 두었다.

2. 아그립바왕은 또한 신도시인 베세타(Bezetha)와 연결된 예루살렘 성벽을 공금(公金)을 들여 수리하는 한편 성벽을 더욱 높고 넓게 확장했다. 아그립바왕은 수리아 총독 마르쿠스(Marcus)가 서신으로 클라우디우스 카이사르(Claudius Cæsar)에게 이 사실을 알리지 않았다면 인간의 힘으로는 함락시키기 어려운 난공불락의 요새를 만들었을지도 모른다. 클라우디우스 황제는 마르쿠스의 서신 연락을 받고 반역을 꾀하려는 음모가 있는지도 모른다고 의심하여 즉시 공사를 중단하라고 아그립바에게 명령하였다. 이에 아그립바는 클라우디우스의 명을 어겨서 유리할 것이 없다는 결론을 내리고 즉시 공사를 중단하였다.

3. 아그립바왕은 천성이 남에게 무엇을 주기를 좋아하였고, 그것도 아낌없이 선물을 주는 성품의 소유자였다. 그리하여 그는 남에게 호의를 베풀기로 이름난 인물이 되었다. 그는 남에게 주는 데서 기쁨을 누렸을 뿐 아니라 호평 듣는 것을 무척 좋아하였다. 아그립바는 이 점에서 헤롯 대왕과는 너무나 달랐

다. 헤롯 대왕은 성질이 나쁜 데다가 잔인한 형벌을 내리기 좋아했으며 미워하는 자들에게는 호리만큼의 동정도 베풀지 않는 인물이었다. 게다가 헤롯 대왕이 유대인들보다 헬라인들을 좋아했다는 사실은 모르는 사람이 없을 정도였다. 헤롯 대왕은 거액의 돈을 들이면서까지 이방 도시에 목욕탕과 극장은 물론 어떤 도시에는 신전과 주랑까지 지어 주었지만 유대 도시에는 단 한 채의 건물도 짓지 않은 것은 물론이고 언급할 만한 가치가 있는 기부도 한 적이 없었다. 이에 반해 아그립바왕은 천성이 온유하며 누구에게나 인자했다. 그는 이방인들에게까지도 호의를 베풀 정도로 인간적이었다. 이런 점에서 아그립바는 동정심이 많고 온순한 성격의 소유자였다. 아그립바는 항상 예루살렘에서 살기를 좋아했으며 율법을 세심히 지키려고 많은 애를 썼다. 따라서 그는 순결한 생활을 할 수 있었다. 단 하루도 제사를 드리지 않고 지나간 날이 없을 정도였다.

4. 한편 예루살렘에는 율법에 능통하다고 자부하는 시몬(Simon)이라는 인물이 살고 있었다. 그는 왕이 가이사랴로 간 틈을 타서 백성들을 모아 놓고 왕이 거룩하게 살지 않는다고 무례하게 비난하며 진짜 유대인이 아니므로 성전 출입을 금지해야 한다고 백성들을 선동하였다. 이때 아그립바왕의 군대 장관이 이 사실을 아그립바에게 알렸다. 이에 아그립바왕은 시몬을 불러오라고 지시하였다. 아그립바왕은 극장에 앉아 있다가 시몬이 오자 그를 곁에 앉게 한 후 낮고 부드러운 목소리로 "내가 율법을 범한 것이 무엇인지 이 자리에서 한번 말해 보게."라고 말했다. 그러자 시몬은 아무 소리도 하지 못하고 그저 용서해 달라고 빌었다. 이에 아그립바왕은 분노보다는 온유함이 왕의 자질에 더 가깝다고 생각하고 그를 용서해 주었다. 격정을 폭발시키는 것보다는 감정을 억제하는 것이 위인이 되는 길이라는 것을 알기 때문이었다. 이에 아그립바왕은 조그만 선물을 시몬에게 주고 그를 돌려보냈다.

5. 아그립바도 여러 곳에 많은 건축물을 지었으나 베리투스(Berytus) 주민들에게만큼 큰 관심을 베푼 곳은 없었다. 그는 베리투스에 거액의 돈을 들여서 그 웅장함이나 화려함에 있어서 타의 추종을 불허하는 극장과 원형 경기장을

건설해 주었다. 그는 또한 그곳에 목욕탕과 주랑을 건설하면서 비용을 아끼지 않았다. 그는 이 건축물을 준공할 때 많은 비용을 들여 준공식을 가졌으며 다양한 음악을 연주하는 음악가들을 초청하여 멋진 공연을 보여주었다. 또한 수많은 검투사들을 동원해 검투 경기를 보여주었다. 그는 700명이나 되는 검투사들을 동원시켜 700명의 죄수들과 검투 경기를 벌이게 해 관객들에게 즐거움을 선사했다. 죄수들이 이런 식으로 처형을 당하게 되니 일석이조였다. 이런 경기는 어떻게 보면 평화 시에 즐기는 전쟁 오락이라고 할 수 있었다. 이렇게 해서 700명의 죄수들은 한꺼번에 죽음을 당했다.

제8장

아그립바가 임종 전까지 행한 다른 업적들과 그가 임종하게 된 경위

1. 아그립바왕은 베리투스에서 이 같은 일을 행한 후에 갈릴리의 도시 중의 하나인 디베랴(Tiberias, 티베리아스)로 갔다. 이제 아그립바왕은 왕들 사이에서도 존경받는 왕이 되었다. 그런 이유로 콤마게네(Commagene)의 왕 안티오쿠스(Antiochus)와 에메사(Emesa)의 왕 삼프시게라무스(Sampsigeramus)와 소(小)아르메니아(Lesser Armenia)의 왕 코티스(Cotys)와 본도(Pontus, 폰투스)의 왕 폴레모(Polemo)와 칼키스(Chalcis)의 왕인 그의 동생 헤롯(Herod)까지 그에게 왔다. 그러자 아그립바왕도 이들을 융숭하게 접대해 주었다. 직접 찾아준 데 대한 고마움도 있었으나 자신의 아량을 과시하고자 하는 속셈도 있었기 때문이었다. 한편 왕들이 아직 아그립바와 함께 머물고 있을 때 수리아의 총독인 마르쿠스가 찾아왔다. 이에 아그립바왕은 로마인에 대한 경외심을 표현하기 위해서 도시

밖 7펄롱까지 나아가서 마르쿠스를 영접했다. 그러나 이 일로 인해 아그립바왕과 마르쿠스 총독 사이에 금이 가고야 말았다. 왜냐하면 아그립바왕이 자기 병거에 이 왕들을 수행원처럼 거느리고 마중을 나왔기 때문이었다. 마르쿠스는 왕들이 서로 친숙한 것에 의심을 품었다. 그리고 이런 유력 인사들의 친숙함이 로마에 유리할 것이 없다고 생각하였다. 이에 그는 부하들을 각 왕의 숙소에 보내 지체하지 말고 즉각 고국으로 돌아가라고 지시했다. 아그립바는 이 처사를 매우 불쾌하게 받아들여 후에는 마르쿠스의 적이 되었다. 그 후 아그립바왕은 마티아스(Matthias)를 대제사장직에서 해임하고 칸테라스(Cantheras)의 아들 엘리오네우스(Elioneus)를 후임으로 대제사장에 임명하였다.

2. 아그립바왕은 온 유대를 3년간 통치한 후에 전에는 스트라톤의 망대(Strato's Tower)라고 불렸던 가이사랴(Caesarea)로 내려갔다. 그는 카이사르의 안전을 비는 축제가 가까웠다는 이야기를 듣자마자 그곳에서 카이사르를 기념하는 공연을 열기로 했다. 축제가 다가오자 경향(京鄕) 각지에서 귀족들과 유력 인사들이 수없이 가이사랴로 몰려들었다. 공연이 열린 지 이튿째 되는 날 아그립바왕은 은으로 만든 멋들어진 옷을 입고 이른 아침 극장으로 나갔다. 아침 햇살이 그의 은빛 옷에 비치자 어찌나 휘황찬란한지 쳐다보는 자들이 공포감을 느낄 정도였다. 이곳저곳에서 아그립바가 바로 신이라는 아첨의 소리가 튀어나왔다. (비록 그에게 유익한 소리는 아니었으나) 군중들은 이같이 함성을 질렀다. "신이여! 우리에게 자비를 베푸소서. 우리가 지금까지는 왕을 한 인간으로서 존경해 왔으나 이제부터는 왕을 인간과는 다른 존재로 인정하겠나이다." 아그립바왕은 이런 불경스러운 아첨을 듣고서도 군중들을 꾸짖지 않고 그냥 내버려두었다. 그러나 다음 순간 아그립바왕이 하늘을 쳐다보았을 때 올빼미가 머리 위에 있는 줄에 앉아 있는 것을 보았다. 그는 그 순간 전에 기쁜 소식을 안겨 주었던 새가 이제는 흉한 소식을 전해 주러 나타났음이 분명하다는 사실을 직감할 수 있었다. 그리하여 그는 깊은 슬픔에 잠기게 되었다. 그때 갑자기 배에 무서운 통증이 생기기 시작했다. 그는 친구들을 쳐다보면서 이같이 말했다. "자네들이 신이라고 부른 내가 그 말을 듣기가 무섭게 이 세상을 하직하라

는 명령을 받았네. 하나님이 자네들이 방금 내게 한 거짓말을 꾸짖고 계심이 아니고 무엇인가. 자네들에 의해 불멸의 존재로 환호를 받던 내가 죽음에 의해 급히 끌려가는 신세가 되고 말았네. 하나님이 내게 정하신 섭리를 받아들이지 않을 수 있겠는가? 그러므로 우리는 모두 악하게 살아서는 안 되며 선하게 살아야 할 것이네." 그가 이 말을 마치자 고통이 더욱 격렬해졌다. 이에 아그립바왕은 왕궁으로 옮겨졌다. 그러자 왕이 얼마 못 가 죽을 것이라는 소문이 각지에 퍼지게 되었다. 백성들은 처자식들과 함께 율법의 요구대로 베옷을 입고 왕의 회복을 위해 하나님께 간구하였다. 전국은 슬픔과 애통으로 가득 찼으며 아그립바왕은 높은 곳에 위치한 방에 누워서 땅바닥에 부복하여 애통하는 백성들을 보고 눈물을 흘리지 않을 수 없었다. 아그립바왕은 복부의 통증으로 5일간 기진할 정도로 고통스러워하더니 결국은 세상을 떠나고 말았다. 그때 그의 나이는 54세였으며 왕위에 오른 지 7년째의 일이었다. 그는 4년간은 카이우스 카이사르(Caius Cæsar)의 통치 밑에서 왕으로 통치했다. 그중 3년간은 빌립(Philip)이 다스리던 분봉국의 왕위에 올라 다스리다가 4년째 되던 해에 헤롯(Herod)의 영토를 손에 넣게 되었다. 그는 7년 중 후반 3년 동안은 클라우디우스 카이사르(Claudius Cæsar) 밑에서 왕의 자리에 있었는데 앞서 언급한 영토 외에도 유대와 사마리아와 가이사랴까지 통치할 정도로 그 판도가 넓었다. 그가 이 영토에서 얻은 수세는 무려 12,000,000드라크마[15)]에 달했다. 그러나 이토록 많은 수입이 있었음에도 불구하고 그는 많은 돈을 남에게 빚졌다. 왜냐하면 너무 씀씀이가 커서 지출이 수입을 초과했기 때문이었다.

3. 한편 아그립바의 죽음을 백성들이 알기 전에 칼키스(Chalcis) 왕 헤롯(Herod)과 그의 사마관(司馬官, Master of the Horse)이자 친구인 헬키아스(Helcias)는 충실한 심복인 아리스토(Aristo)를 보내 왕명을 가장하여 그들의 오랜 적이었던 실라스(Silas)를 살해하였다.

---

15) 영국 화폐로 425,000파운드에 해당하는 이 금액은 아그립바 대왕(Agrippa the Great)의 1년 수입으로, 그의 조부 헤롯 대왕(Herod the Great)의 연수입 4분의 3에 해당하는 금액이다. 이는 아그립바가 헤롯 대왕처럼 유대인들에게 압제를 휘두르지 않고 예루살렘 주민들에게는 세금을 감면해 주었기 때문이다.

제9장

아그립바왕이 죽은 후 일어난 일과 아그립바 2세가 어리고 무능하다는 이유로 클라우디우스가 쿠스피우스 파두스를 유대와 전 왕국의 총독으로 파견한 경위

1. 아그립바왕은 위와 같이 세상을 떠났다. 그는 17세의 소년에 불과한 아들인 아그립바 2세(Agrippa junior)와 세 딸을 남기고 죽었다. 세 딸 중 버니게(Bernice, 베르니케)는 숙부 헤롯(Herod)과 결혼했는데 부친이 세상을 떠났을 때 나이가 16세였고 나머지 두 딸인 마리암네(Mariamne)와 드루실라(Drusilla)는 아직 처녀로서 각기 10세, 6세였다. 마리암네와 드루실라도 부친에 의해 이미 약혼을 한 상태였다. 마리암네는 켈키아스(Chelcias)의 손자요 안티오쿠스(Antiochus)의 아들인 율리우스 아르켈라우스 에피파네스(Julius Archelaus Epiphanes)와, 드루실라는 콤마게네(Commagene)의 왕과 약혼이 되어 있었다 (윌리엄 휘스턴의 번역대로 옮기긴 했으나 헬라어 사본에 따르면 마리암네는 켈키아스[Chelcias]의 아들 율리우스 아르켈라우스[Julius Archelaus]와 약혼했고 드루실라는 콤마게네의 왕 안티오쿠스[Antiochus]의 아들 에피파네스[Epiphanes]와 약혼하였음. 이 약혼에 대해서는 다른 사료에서도 확인할 수 있음. 영역 과정에서 수식 관계가 잘못 옮겨진 듯함-편집자 주). 아그립바가 죽었다는 사실이 알려지자 가이사랴(Caesarea)와 세바스테(Sebaste)의 주민들은 생전의 아그립바왕에게 큰 은혜를 입었음에도 불구하고 철천지원수처럼 행동했다. 그들은 이미 고인이 된 아그립바왕에게 입에 담지 못할 욕설을 퍼부었으며, 그 당시 거기에 있던 병사 상당수가 아그립바왕의 거처로 달려가 그의 딸들의 상을 가져다가[16] 창녀의 집 지붕 위에 세우고 이루 표현하기 어려

---

[16] 병사들이 끌고 가서 온갖 추잡한 짓을 다 한 것은 아그립바왕의 딸들의 초상이나 상이 아니라 바로 그 딸들이었다고 포티우스(Photius)는 말하고 있다.

울 정도로 온갖 추잡한 짓을 다 저질렀다. 그들은 머리에 화환을 두르고 카론(Charon)에게 기름과 헌주(獻酒)를 바치면서 드러내 놓고 아그립바왕의 죽음을 기뻐했다. 그들은 공공연히 잔치를 베풀고 술을 마시면서 왕의 죽음을 모욕했다. 그들은 이렇게 함으로써 많은 호의를 베푼 아그립바왕에게만 배은망덕한 것이 아니라 도시와 항구와 신전을 건설해 준 그의 조부 헤롯 대왕에게까지도 배은망덕의 죄를 저지른 것이었다.

2. 한편 아그립바왕의 아들인 아그립바 2세는 로마의 클라우디우스 카이사르(Claudius Cæsar) 밑에서 양육 받고 있었다. 카이사르는 아그립바가 사망했다는 소식과 함께 세바스테와 가이사랴 주민들의 못된 행위에 관한 소식을 동시에 듣게 되자 아그립바의 사망에 대해서는 서운한 마음을 금하지 못한 반면 세바스테와 가이사랴 주민들에 대해서는 내심 몹시 불쾌해했다. 이에 카이사르는 아그립바 2세를 보내 부친의 뒤를 이어 왕위에 오르게 해주려고 하였다. 게다가 그의 왕위 계승을 자신의 서약으로 확고하게 해주려고까지 하였다. 그러나 카이사르에게 막강한 영향력을 행사하고 있던 신하들과 친구들이 그렇게 하는 것을 만류하면서 이같이 말했다. "그렇게 넓은 왕국을 아직 나이 어린 소년에게 맡기는 것은 무모한 짓이라고 생각합니다. 정무(政務)를 보살필 만큼 분별력이 발달하지 못한 소년을 장성한 어른도 감당하기 힘든 자리에 앉힌다는 것은 위험하기 짝이 없는 노릇입니다." 카이사르는 이들의 말이 옳다고 생각하고 쿠스피우스 파두스(Cuspius Fadus)를 유대와 전 왕국의 총독으로 파견하였다. 그리고 카이사르는 고인이 된 아그립바왕과 적대 관계에 있던 마르쿠스(Marcus)를 아그립바의 왕국에 들어가지 못하게 함으로써 고인에게 최대한의 경의를 표하였다. 또한 카이사르는 파두스에게 아래와 같은 명령을 가장 먼저 하달하였다. "그대는 고인이 된 아그립바왕에게 모욕을 가한 가이사랴와 세바스테의 주민들을 징계하도록 하라. 게다가 아직 살아 있는 고인의 딸들에게 미친 짓을 행한 자들을 엄벌에 처하도록 하라. 또한 가이사랴와 세바스테에 주둔하고 있는 5개 연대의 병사들은 본도(Pontus, 폰투스)로 이동시켜 그곳에서 근무하도록 조치하고 수리아에서 근무하고 있는 5개 연대의 병력을 차

출하여 세바스테와 가이사랴 주둔 병력으로 보충하도록 하라." 그러나 병사들을 가이사랴와 세바스테로부터 본도로 이동 배치하라는 황제의 명령은 실행되지 않았다. 왜냐하면 그들이 클라우디우스 황제에게 특사를 보내 황제의 노여움을 누그러뜨리는 한편 유대에 계속 남아 있을 수 있도록 해달라고 간청했기 때문이었다. 클라우디우스 황제는 그들의 간청을 듣고 명령을 취소하였다. 그러나 바로 이자들 때문에 유대인들은 장차 큰 불행을 경험하지 않을 수 없게 된다. 플로루스(Florus) 총독 치하에서 발생하기 시작한 전쟁의 씨앗을 뿌린 자들이 바로 이자들이기 때문이다. 베스파시아누스(Vespasian)가 유대국을 정복하고 유대인들을 유대 밖으로 내어 쫓은 것이 바로 이 전쟁이 도화선이 되었기 때문이라면, 이런 모든 비극의 화근은 바로 그자들이라고밖에 볼 수가 없는 것이다.

제20권

22년간의 역사 기록

로마 총독 파두스로부터
플로루스까지

제1장

필라델피아인들이 유대인들을 상대로 폭동을 일으킨 경위와 대제사장의 의복에 관하여

1. 우리가 앞서 언급한 바와 같이 아그립바왕이 세상을 떠나자 클라우디우스 카이사르(Claudius Cæsar)는 아그립바왕을 존중하는 뜻에서 카시우스 롱기누스(Cassius Longinus)를 마르쿠스(Marcus)의 후임으로 수리아 총독에 임명했다. 아그립바왕이 생전에 카이사르에게 서신을 보내 마르쿠스를 수리아 총독의 직에서 해임시켜 달라고 요청한 적이 있었기 때문이었다. 한편 파두스(Fadus)는 총독으로 유대에 부임해 오자마자 페레아(Perea)와 필라델피아(Philadelphia) 주민들이 영토의 경계 문제로 미아(Mia)라는 마을에서 충돌을 벌이고 있음을 알게 되었다. 페레아의 유대인들이 지도자들의 승낙도 받지 않고 무장을 하고 많은 필라델피아인을 공격하여 살해한 사건이 벌어졌던 것이었다. 파두스는 이 소식을 듣고 페레아 주민들이 그 문제를 해결할 결정권을 자기에게 일임하지 않은 것이 몹시 불쾌하였다. 비록 필라델피아인들이 잘못했다는 생각이 들더라도 먼저 자기를 찾아와 상의해야 하는 것이 순서인데 의논 한마디 없이 성급하게 무력을 동원한 것이 너무도 마음에 들지 않았다. 이에 파두스는 이런 난

동을 부린 주모자급 세 명을 체포한 후 감금하였다가 그중의 한 명인 한니발(Hannibal)이라는 인물은 처형하고 나머지 두 명인 아므람(Amram)과 엘르아살(Eleazar)은 추방했다. 그 후 파두스는 이두매(Idumea)와 아라비아인(Arabians)들을 괴롭힌 강도단 두목이 톨로마이우스(Tholomy)도 체포하여 처형하였다. 이후로부터 유대 땅은 파두스의 노력과 배려로 인해 강도들이 아주 사라져 버리게 되었다. 파두스는 황제의 명을 받고 제사장들과 예루살렘의 유력 인사들을 소집한 후 이같이 요구하였다. "대제사장 외에는 누구도 입을 수 없는 대제사장의 긴 옷과 성의를 전처럼 안토니아(Antonia) 망대에 보관하여 로마 병사들이 관리하는 것이 좋겠소." 이에 유대인들은 파두스의 요구에 정면으로 이의를 달지 못하고 파두스와 롱기누스(Longinus)에게 아래와 같이 간청하였다(롱기누스 수리아 총독은 파두스의 절대적 명령이 유대인들로 하여금 폭동을 일으키게 할지도 모른다는 염려에서 수많은 병력을 이끌고 예루살렘에 와 있었다). "우선 카이사르께 사신을 보내서 성의는 저희가 보관할 수 있도록 해달라고 간청할 기회를 주십시오. 그리고 클라우디우스 황제께서 저희의 간청에 가부 간의 대답을 주실 때까지 이 문제를 보류해 주십시오." 이에 롱기누스와 파두스는 (평화스럽게 일을 처리할 것을 약속하는 보증으로) 그들의 아들들을 인질로 내놓는다는 조건 하에서 카이사르에게 사신을 보내는 것을 허락했다. 유대인들은 그 조건에 동의하고 아들들을 인질로 내놓은 다음 사신들을 로마로 파견했다. 사신들이 로마에 도착하자 아그립바왕의 아들인 아그립바 2세는 그들이 사신으로 온 목적을 알고(우리가 앞서 살펴본 것처럼 그는 로마에서 클라우디우스 카이사르와 함께 거주하고 있었다) 카이사르에게 유대인들의 요구를 허락해 줄 것과 파두스에게도 그 조치를 통보해 줄 것을 간청하였다.

2. 이에 클라우디우스는 사신들을 불러서 이같이 말했다. "내가 그대들의 요구를 들어주기로 결심했노라. 그대들의 간청을 들어주기로 한 것은 아그립바의 요청 때문이었으니 그에게 감사하도록 하라." 그리고 그들을 통해서 아래와 같은 서신을 전달했다. "다섯 번째 임기의 백성의 호민관이요, 네 번째 임기의 집정관이요, 열 번째 임기의 최고 명령권자요, 국부(國父)인 나 클라우디우스 카이사르 게르마니쿠스(Claudius Cæsar Germanicus)는 유대국의 정무관과

의회와 백성들에게 문안하노라. 내가 양육하였으며 지금은 나와 함께 살고 있는 매우 경건한 나의 친구인 아그립바가 너희들이 보낸 사신들을 대표하여 내게 와서 내가 유대국에 베푼 호의에 감사하는 한편 매우 진지하고 겸손하게 대제사장의 성의를 유대인들이 보호 관리할 수 있도록 해달라고 간청하기에 내가 이를 허락하기로 했노라. 내게는 둘도 없는 친구인 비텔리우스(Vitellius)가 너희들에게 허락한 것처럼 나도 그렇게 하기로 결심했노라. 내가 너희들의 요구에 응한 것은 내가 신을 경건하게 섬기고자 함이 그 첫 번째 이유이며 모든 인간이 각기 제 나라의 풍습대로 신을 섬기기를 바라는 나의 소망이 그 두 번째 이유이니라. 그러나 여기서 또 한 가지 빼놓을 수 없는 이유는 헤롯왕과 아그립바를 기쁘게 해주기 위해서라는 점이니라. 그들이 내게 보인 친절과 호의가 결코 작은 것이 아님을 나는 잘 알고 있기에 늘 가까이 두고 존중하고 있노라. 나는 이 일들에 관해서 나의 총독 쿠스피우스 파두스(Cuspius Fadus)에게도 이미 서신을 보냈노라. 너희들의 편지를 내게 가져온 자들은 케로(Cero)의 아들 코르넬리우스(Cornelius)와 테우디오(Theudio)의 아들 트리포(Trypho)와 나타니엘(Nathaniel)의 아들 도로테우스(Dorotheus)와 요한(John)의 아들 요한(John)이었노라. 루푸스(Rufus)와 폼페이우스 실바누스(Pompeius Sylvanus)가 집정관으로 있던 해 7월의 칼렌다에(Calendae, 로마력에서 각 달의 첫날을 가리키는 날짜로 날짜를 세는 기준점이 됨-편집자 주) 4일 전에 이 서신을 쓰노라."

3. 한편 고(故) 아그립바왕의 형제인 칼키스(Chalcis) 왕 헤롯(Herod)은 성전과 성전의 헌금 관리권과 대제사장 임명권을 달라고 클라우디우스 카이사르에게 간청하여 마침내 그 권한을 모두 얻어냈다. 이에 그 후로부터 이런 모든 권한은 전쟁이 끝날 때까지(예루살렘 함락 때까지-역자 주) 그의 후손들의 손에 들어가게 되었다.[1] 이 권한을 손에 쥐게 된 헤롯은 마지막 대제사장 칸테라스(Cantheras)를 해임하고 그 자리에 카무스(Camus)의 아들 요셉(Joseph)을 앉혔다.

---

[1] 이 점은 요세푸스가 실수를 범한 것이 분명하다. 왜냐하면 대제사장에게 기름을 붓는 권한은 칼키스 왕 헤롯(Herod)이 죽은 후 그 후임에 오른 아그립바 2세(Agrippa junior)가 차지하였으며 예루살렘이 함락될 때까지 그가 그 권한을 계속 행사하였기 때문이다.

제2장

아디아베네의 왕후 헬레나와 그녀의 아들 이자테스가 유대 종교를 받아들이게 된 경위와 예루살렘에 큰 기근이 들었을 때 헬레나가 가난한 자들에게 양식을 공급해 주게 된 경위

1. 이 무렵 아디아베네(Adiabene)의 왕후 헬레나(Helena)와 그녀의 아들 이자테스(Izates)가 삶의 방향을 전환하고 유대 종교를 받아들이게 되었는데 그 자세한 내막은 이와 같다. 아디아베네의 왕 모노바주스 바제우스(Monobazus Bazeus)는 여동생인 헬레나(Helena)를 사랑하게 되어 그녀를 아내로 맞아들이고 결국은 아이까지 낳았다. 어느 날 밤 모노바주스는 아내와 함께 침대에 누웠다가 아내의 배에 손을 얹고 잠이 들었는데 아래와 같은 이상한 소리를 듣게 되었다. "아내의 배 안에 있는 아기가 다치지 않도록 아내의 배에서 손을 떼거라. 그 아기는 신의 섭리로 건강하게 태어날 것이며 행복한 죽음을 맞이할 것이니라." 이 소리에 놀란 그는 즉시 잠에서 깨어나 아내에게 이 사실을 이야기해 주었다. 그 후 아기를 낳자 모노바주스는 이자테스(Izates)라는 이름을 붙여 주었다. 모노바주스는 다른 아내와의 사이에서 여러 아들을 두었을 뿐 아니라 헬레나와의 사이에서도 이자테스의 형인 모노바주스(Monobazus)를 두었음에도 불구하고, 그의 독생자(only begotten son)[2]인 이자테스만을 유난히 편애하였다. 이로 인해 이복형제들은 이자테스를 몹시 시기하게 되었다. 부친인 모노바주스왕이 그들 앞에서 유독 이자테스만을 편애하면 할수록 그들은 더욱 이자테스를 미워하지 않을 수 없었다. 모노바주스왕은 그들이 이자테스를 미워하는 것을 알면서도 그들을 야단치지 않았다. 악한 생각에서 이자테스를 미워

---

[2] 요세푸스는 여기서 '독생자'(only begotten son)라는 말로 번역된 단어 '모노게네'(monogene)를 신약 성경이나 구약 성경에서처럼 '가장 사랑하는 자'(one best beloved)라는 뜻으로 사용했다.

한 것이 아니라 자기들도 부친의 사랑을 받고 싶은 열망에서 미워하는 것으로 간주했기 때문이었다. 그러나 모노바주스왕은 이복형제들이 이자테스를 해할지도 모른다는 걱정이 들자 그의 신변 안전을 도모하기 위해 많은 예물과 함께 그를 카락스 스파시니(Charax Spasini)의 왕 아벤네릭(Abennerig)에게로 보냈다. 이에 아벤네릭왕은 이자테스를 반갑게 맞이하고 극진히 아끼는 한편 자기 딸 사마카(Samacha)와 결혼시키고 많은 수입을 거둘 수 있는 땅을 하사해 주었다.

2. 한편 모노바주스왕은 연로하여 죽을 날이 얼마 남지 않은 것을 깨닫자 죽기 전에 사랑하는 아들 이자테스를 보고 싶다는 마음이 들었다. 이에 모노바주스왕은 이자테스를 데려오도록 사람을 보냈다. 이자테스를 본 모노바주스왕은 그를 극진한 사랑으로 끌어안았다. 모노바주스왕은 이자테스에게 값비싼 향신료인 아모뭄(amomum)이 많이 자라는 땅인 카라이(Carræ)를 하사해 주었다. 카라이는 노아가 홍수 때 심판을 면할 수 있게 한 방주의 잔해가 남아 있는 곳이었다. 지금도 그곳에 가면 얼마든지 노아의 방주의 잔해를 볼 수 있다.[3] 이자테스는 부친이 죽기까지 그곳에 거하였다. 한편 모노바주스가 죽던 날 왕후 헬레나는 귀족들과 총독들과 군대 지휘관들을 소집한 후에 그들에게 이같이 말했다. "내 남편인 왕께서 이자테스를 후계자로 생각하고 그에게 왕위를 물려주고 싶어 하셨다는 사실을 모르는 분은 아마도 없으실 줄 압니다. 그러나 나는 여러분의 견해를 듣고 싶습니다. 왜냐하면 단 한 사람의 의사가 아니라 다수의 의사에 따라 왕위에 오르는 것이 왕위에 오르는 사람에게 유익할 것이기 때문입니다." 헬레나가 이같이 말한 것은 그들을 시험해서 그들의 의사를 알아보고 싶었기 때문이었다. 왕후의 이 말을 들은 그들은 먼저 그 나라 풍습에 따라 왕후에게 경의를 표한 후에 이같이 말했다. "저희도 왕의 의사와 같습니다. 왕께서 이자테스를 후계자로 임명하신 것은 우리 모두의 소원과 일치하는 것이기에 기쁘기 한량없습니다. 그러나 이자테스께서 확고하게 정권을 장악하시려면 먼저 이복형제들과 친척들을 제거해야 합니다. 이들을 제거해야 이자

---

3) 노아의 방주의 잔해가 요세푸스 시대까지 남아 있었다는 것은 매우 특기할 만한 일이다.

테스를 미워하며 시기하던 자들도 감히 대항할 생각을 하지 못할 것이기 때문입니다." 이에 헬레나는 이같이 말했다. "나와 이자테스에 대한 그대들의 호의에 정말 감사하오. 그러나 이복형제들과 친척들을 제거하는 일은 이자테스가 와서 승인할 때까지 유보하도록 해주시오." 왕후의 마음을 설득시킬 수가 없자 그들은 이자테스가 올 때까지 이복형제들과 친척들을 감금해야 한다고 충고하는 한편 그때까지 믿을 만한 사람을 택해서 정무(政務)를 보살피도록 해야 한다고 조언하였다. 왕후 헬레나는 그들의 충고를 받아들여 장남인 모노바주스(Monobazus)를 이자테스가 올 때까지만 왕의 업무를 대행하도록 왕의 자리에 앉혔다. 헬레나는 모노바주스에게 왕관과 인장 반지와 삼프세르(Sampser)라고 부르는 장신구를 주고 나라를 임시로 다스리게 했다. 한편 이자테스는 부친의 서거 소식을 듣고 급히 달려와 형의 뒤를 이어 왕위에 올랐다. 모노바주스는 동생 이자테스가 오자 곧바로 왕위를 인계해 주었다.

3. 한편 이자테스가 카락스 스파시니(Charax Spasini)에 있을 때, 아나니아스(Ananias)라는 한 유대인 상인이 왕궁에 속한 여인들에게 유대 종교가 믿는 하나님을 섬기도록 가르쳤다. 아나니아스는 왕궁의 여인들을 통해서 이자테스에게 접근한 후 유대 종교를 받아들이도록 설득 작전을 벌이기 시작했다. 이자테스는 아디아베네로 돌아오라는 부친의 명을 듣고 귀국할 때 간곡히 부탁하여 아나니아스를 함께 데리고 돌아왔다. 바로 이때 헬레나도 어떤 유대인의 가르침을 받아 유대 종교를 받아들이게 되었다. 한편 이자테스는 귀국하여 왕위에 오른 후 이복형제들과 친척들이 감금되어 있는 것을 보고 안타까운 생각이 들었다. 그들을 처형하거나 계속 감금해 두는 것은 도리에 어긋나는 일이라고 생각했으나 그렇다고 무조건 석방한다는 것도 위험하기 짝이 없었다. 왜냐하면 그들은 그동안 당한 고생으로 앙심을 품고 있을 것이 분명하였기 때문이었다. 그리하여 그는 그들 중 일부와 그 자녀들은 로마의 클라우디우스 카이사르(Claudius Cæsar)에게 볼모로 보내고 남은 자들도 역시 바대(Parthia, 파르티아) 왕 아르타바누스(Artabanus)에게 볼모로 보냈다.

4. 이자테스왕은 모친이 유대의 풍습을 매우 즐거워하는 것을 보고 급히 생각을 바꾸어 전적으로 유대 종교를 받아들이기로 결심했다. 그는 할례를 받지 않으면 진짜 유대인이 될 수 없다고 하자 할례까지 받으려고 하였다. 그러나 헬레나가 이 사실을 알고 이같이 만류하였다. "할례를 받게 되면 위험을 자초하게 되는 것인 줄 알아라. 백성들이 왕이 이방의 신기하고 이상한 의식을 좋아한다는 사실을 알게 되는 날이면 큰 미움을 받게 될 것이다. 백성들은 결코 유대인의 지배를 받으려고 하지 않을 것이다." 모친인 헬레나가 이같이 말하자 이자테스는 모친의 말을 듣기로 했다. 이자테스는 모친이 한 이야기를 아나니아스에게 하면서 자신도 모친의 생각이 옳다고 본다고 덧붙였다. 그리고 아나니아스에게 자기 견해에 동의하지 않으려면 자기 곁을 떠나라고 강하게 이야기하였다. 아나니아스는 왕이 할례를 받았다는 사실이 알려질 경우 왕으로 하여금 할례를 받게 한 자라는 이유로 백성들의 미움을 사게 될까 봐 아예 다음과 같이 이야기했다. "왕께서 전적으로 유대 율법을 따르기로 결심하셨다고 하셨으니 비록 할례를 받지 않았으나 하나님을 섬길 수가 있습니다. 진정으로 하나님을 섬기는 것이 할례보다 나은 것입니다. 할례를 받지 않는다 하더라도 백성들 눈 때문에 피치 못해서 하지 않은 것이기에 하나님은 분명히 용서해 주실 것입니다." 이자테스왕은 아나니아스의 말을 듣고 안심하고 할례를 받지 않았다. 그러나 할례를 받고 싶어 하는 마음이 완전히 사라진 것은 아니었다. 그 후 유대 율법에 능통한 갈릴리 출신의 엘르아살(Eleazar)이 나타나 왕에게 할례를 받으라고 강권하였다. 엘르아살은 왕에게 문안을 하러 왕궁에 들렀다가 왕이 모세 율법을 읽는 것을 보고 이같이 말했다. "오, 왕이시여! 왕께서는 (할례를 받지 않았으므로) 중요한 율법을 범했을 뿐 아니라 하나님을 모독했다는 사실을 왜 모르십니까? 모세 율법을 읽었으면 거기서 명한 대로 행하는 것이 도리가 아닙니까? 언제까지 할례를 받지 않고 있을 작정이십니까? 만일 왕께서 할례에 관한 율법을 읽은 적이 없어 할례를 받지 않는 것이 얼마나 큰 죄인가를 모르시고 있다면 지금 당장 그곳을 찾아 읽도록 하십시오." 왕은 이 말을 듣고 즉시 일어나 옆방으로 가더니 의사를 불러 할례를 받았다. 그 후 이자테스왕은 모친과 아나니아스를 불러 이 사실을 알려 주었다. 이에 그들은 놀라움과 두려움에

사로잡히게 되었다. 왜냐하면 백성들이 이 사실을 안다면 다른 나라의 종교에 열성인 자의 통치를 받기 싫다고 거절할 것이고 그렇게 되면 왕의 생명까지도 위태로울 위험이 있기 때문이었다. 게다가 왕이 그런 행동을 취하도록 뒤에서 조종했다는 죄목으로 자기들까지 위험에 빠질 소지가 있기 때문이었다. 그러나 하나님이 왕을 보호해 주셨기 때문에 그들이 염려하던 일은 일어나지 않았다. 하나님은 이자테스뿐 아니라 그의 아들들을 많은 위험에서 건져 주셨을 뿐 아니라 도저히 빠져나오기 불가능해 보이는 위험 속에서도 그들을 구원해 주심으로 하나님만을 신뢰하고 경외하는 자들은 결코 멸망하지 않는다는 진리를 확증해 주셨다.[4] 이에 대해서는 앞으로 상세하게 다루게 될 것이다.

5. 한편 왕의 모친인 헬레나는 아들 이자테스가 선정을 베풀어 나라가 태평하고 하나님의 도움을 힘입어 백성들과 외국인들에게까지 사랑을 받게 되자 그 유명한 예루살렘 성전이 있는 예루살렘으로 가서 예배드리고 감사제를 드리고자 마음먹게 되었다. 그래서 헬레나는 아들에게 예루살렘을 방문할 수 있도록 해달라고 요청하였다. 이자테스왕은 모친의 부탁을 선뜻 수락하고 여행 준비물은 물론 거액의 여비를 마련해 준 후 먼 거리까지 친히 전송을 나왔다. 왕후 헬레나의 예루살렘 방문은 예루살렘 주민들에게 매우 큰 도움이 되었다. 그 당시 예루살렘에는 큰 기근이 들어 많은 이들이 굶어 죽어가고 있었는데 헬레나 왕후가 알렉산드리아(Alexandria)와 구브로(Cyprus, 키프로스)에 종들을 보내 대량의 곡식과 마른 무화과 열매를 사 오게 해서 굶주린 자들에게 신속하게 나누어 주었기 때문이었다. 헬레나의 이 자선 행위는 후에까지 길이 기억되었다. 그녀의 아들 이자테스왕도 기근 소식을 듣고[5] 예루살렘에 거액의 돈을 보내 주었다.

---

[4] 요세푸스는 아디아베네의 왕 이자테스(Izates)가 심한 정치적 불이익을 감수하면서도 종교적 의무를 실행했기 때문에 하나님이 매우 세심하고 자상하게 이자테스와 그의 아들들을 보호해 주셨다는 사실을 앞으로 3, 4, 5장의 세 장에 걸쳐 상세하고도 단호한 어조로 서술하고 있다.

[5] 허드슨(Hudson) 박사는 유대 지방을 강타한 무서운 기근에 대해 이같이 말하고 있다. "이 기근은 사도행전 11장 28절에서 아가보(Agabus)가 예언했던 바로 그 기근으로서, 클라우디우스(Claudius)가 두 번째로 집정관에 있었고 카이시나(Cæsina)가 동료 집정관으로 함께 재직했을 때 있었던 기근이 아니라 클라우디우스가 네 번째로 집정관의 직무를 보고 있을 때 일어난 기근이었다."

제3장

신하들의 은밀한 반역 음모에 두려움을 느낀
바대의 왕 아르타바누스가 이자테스에게 와서 도움을 청하여
왕권을 확고하게 다질 수 있었던 경위와
아르타바누스의 아들 바르다네스가 이자테스에게
선전 포고를 한 경위

1. 한편 바대(Parthia, 파르티아)의 왕 아르타바누스(Artabanus)는 여러 지방 총독들이 반역을 꾀하는 것을 알아차리고 그대로 있다가는 무슨 변을 당할지 몰라서 이자테스에게 피하기로 결심했다. 이자테스의 도움을 빌려 목숨을 보전하고 가능하다면 왕위를 재탈환할 희망까지도 가졌던 것이다. 이에 아르타바누스왕은 1,000명가량의 친척과 종들을 거느리고 이자테스에게로 왔다. 아르타바누스는 이자테스의 얼굴을 잘 알고 있었으나 이자테스는 아르타바누스의 얼굴을 잘 모르고 있었다. 아르타바누스는 이자테스를 길에서 만나자 자기 나라 풍습에 따라 이자테스에게 절을 한 후에 이같이 말했다. "오, 왕이시여! 제발 나를 못 본 체하지 마시고 나의 청을 거절하지 말아 주시오. 내가 운이 없어 이리도 초라한 꼴이 되었소. 전에는 왕이었으나 이제는 일개 평민이 되어 왕의 도움을 구하는 신세가 되고 말았소. 그러니 내 처지를 불쌍히 여기고 날 좀 도와주시오. 만일 나를 못 본 체하시고 내 백성들의 오만함을 징계하시지 않는다면 세상의 온 백성들이 왕들을 무시하고 대항하게 될 것이오." 아르타바누스는 풀이 죽은 얼굴로 눈물을 글썽이며 이같이 간청했다. 이자테스는 아르타바누스가 자기에게 간청하는 것을 보고는 급히 말에서 내려와 이같이 위로해 주었다. "오, 왕이시여! 용기를 내십시오. 모든 것이 끝장이라고 낙심하지 마십시오. 곧 형편이 좋아지겠지요. 왕께서 내게 기대한 것 이상으로 최선을 다해 왕을 도와드리지요. 왕을 다시 바대의 왕좌에 앉히지 못한다면 나도 끝장일 테니까요."

2. 이자테스왕은 이같이 말한 후 아르타바누스왕을 말에 태우고 자신은 걸어서 뒤를 따랐다. 아르타바누스왕이 자기보다 우위임을 고백하는 표시였다. 이에 아르타바누스는 어쩔 줄을 몰라 하면서 이자테스왕이 말을 타고 앞서 가지 않으면 자신의 현재 행운과 명예를 걸고 결코 말을 타고 가지 않을 것이라고 맹세했다. 결국 이자테스왕은 어쩔 수 없이 말에 탈 수밖에 없었다. 이자테스왕은 아르타바누스를 왕궁으로 인도한 후 최대한의 경의를 표하였다. 그는 연회 석상에서도 아르타바누스에게 상석을 권했다. 이는 현재의 처지는 초라하지만 과거에는 왕의 지위에 있었으며 일순간의 몰락은 그 누구에게도 있을 수 있는 일이라는 것을 잘 알고 있었기 때문이었다. 이자테스왕은 또한 바대인들에게 다음과 같은 취지의 서신을 보냈다. "아르타바누스를 다시 왕으로 받아들이도록 하시오. 지나간 일은 모두 불문에 부칠 것임을 내 오른손을 내밀어 맹세하니 나를 믿어 주시오. 내가 그대들과 아르타바누스왕을 화해시키는 중개자의 역할을 할 테니 나를 도와주시오." 이에 바대인들도 아래와 같은 답신을 보내왔다. "저희도 왕의 제안을 거부하고 싶지는 않으나 한 가지 문제가 있습니다. 킨나무스(Cinnamus)가 우리의 왕이 되었으므로 우리 마음대로 할 수가 없기 때문입니다. 자칫하면 내란이 일어날 소지도 있습니다." 그런데 이때 킨나무스가 바대인들의 의사를 알아차리고 아르타바누스에게 서신을 보내 자기를 믿고 돌아와서 왕이 되어 달라고 요청하였다. 킨나무스는 아르타바누스에게서 양육을 받았으며 천성이 선하고 온유했기 때문에 이렇게 양보를 할 수 있었다. 이에 아르타바누스는 킨나무스를 믿고 귀국하였다. 킨나무스는 친히 마중을 나와 아르타바누스 앞에 절하고 왕으로 대접한 후에 왕관을 벗어서 아르타바누스의 머리에 씌워 주었다.

3. 이같이 아르타바누스왕은 신하들의 반란에 의해 잃었던 왕좌를 이자테스의 도움으로 되찾을 수 있었다. 아르타바누스왕은 이자테스왕의 은혜를 잊지 않고 매우 후한 대접을 해주었다. 아르타바누스왕은 이자테스왕에게 자기의 운두 높은 관(tiara upright)을 쓸 수 있는 특권과 금침상 위에서 잘 수 있는 특권을 허락해 주었는데 이것들은 바대의 왕들만이 누릴 수 있는 특권이었

다.[6] 아르타바누스왕은 또한 아르메니아의 왕에게서 비옥한 넓은 땅을 떼어내어 이자테스왕에게 주었다. 아르타바누스왕이 준 지역의 이름은 니시비스(Nisibis)로서 마게도냐인들이 미그도니아의 안디옥(Antioch of Mygdonia)이라고 부르는 도시를 이 지역에 건설한 적이 있었다. 바대 왕 아르타바누스가 이자테스왕에게 베푼 보답은 위와 같았다.

4. 그로부터 얼마 후 아르타바누스는 죽고 그의 아들 바르다네스(Bardanes)가 왕위에 올랐다. 그런데 이 바르다네스는 이자테스왕을 찾아와서 로마를 공격하고자 하니 원군을 보내 줄 수 없겠느냐고 요구하였다. 이자테스는 로마 제국의 힘과 행운을 잘 알고 있기에 바르다네스의 시도가 무리라고 생각하여 그 요구를 거절하였다. 게다가 모친이 예루살렘에 가 있고 그의 어린 아들 다섯도 유대의 학문과 언어를 배우기 위해 예루살렘에 가 있었기에 바르다네스의 제의를 더더욱 받아들일 수가 없었다. 이자테스는 로마 제국 군대의 막강함을 강조하면서 바르다네스에게 겁을 주어 하고자 하는 일을 만류하려고 하였다. 그러나 바대 왕 바르다네스는 이자테스의 태도에 화가 치밀자 성급하게 이자테스를 상대로 선전 포고를 하였다. 바르다네스는 이 일로 인해 하등의 유익을 얻지 못했다. 하나님이 가만히 내버려두시지 않았기 때문이다. 바대인들은 바르다네스가 로마와 전쟁을 벌일 의사가 있음을 알아차리고는 그를 살해하고 그의 형제 고타르제스(Gotarzes)를 왕으로 옹립하였다. 그러나 고타르제스도 얼마 못 가 음모에 걸려 살해당하고 말았다. 이에 그의 형제 볼로가세스(Vologases)가 뒤를 이어 왕위에 올랐다. 볼로가세스는 왕위에 오른 후 그의 왕국의 두 지역을 친형제에게 주어 다스리게 했다. 즉 형인 파코루스(Pacorus)에게는 메대(Media, 메디아)를, 동생 티리다테스(Tiridates)에게는 아르메니아(Armenia)를 주어 다스리게 했다.

---

6) 높은 운두의 관(tiara upright)을 쓸 수 있는 특권은 크세노폰(Xenophon)과 그 밖의 다른 왕들 때부터 위대한 왕들에게만 한정되어 왔던 것으로 알려져 있다.

제4장

이자테스가 신하들에게 배반을 당한 데다가 아라비아인들과 전쟁을 하지 않을 수 없는 곤경에 처했으나 하나님이 그를 모든 위험에서 구해 주신 경위

1. 한편 이자테스의 형인 모노바주스(Monobazus)와 그의 친척들은 이자테스가 하나님을 경외함으로 모든 백성의 존경을 한 몸에 받게 된 것을 보고 지금까지 믿던 종교를 버리고 유대인의 풍습을 따르고자 하였다. 이 사실은 마침내 이자테스의 신하들의 눈에 발각이 되고 말았다. 고위 귀족들은 매우 언짢아했으며 그들을 처치할 기회만을 호시탐탐 엿보기 시작했다. 결국 그들은 아라비아 왕 아비아(Abia)에게 서신을 보내 이같이 요청하였다. "왕께서 우리의 왕을 공격해 주신다면 거액의 돈을 드리도록 하겠습니다. 우리의 왕은 우리 민족의 종교를 저버렸습니다. 따라서 우리는 그를 처치하려고 합니다. 왕께서 공격해 오신다면 우리는 즉시 우리 왕을 배반할 것입니다. 우리는 왕과의 약속을 신실하게 지킬 것을 굳게 맹세합니다. 그러니 왕께서도 속히 결정을 내려 주시기 바랍니다." 아라비아 왕은 그들의 제의를 수락하고 대군을 이끌고 평지를 통해 이자테스를 공격해 왔다. 아라비아 왕이 공격해 오자 접전을 하기도 전에 이자테스의 고위 귀족들은 겁이 난 것처럼 적에게 등을 돌리고 도망치기 시작했다. 이는 다 아라비아 왕과 미리 약속한 그대로였다. 그러나 이자테스는 이에 조금도 놀라지 않았다. 이자테스는 고위 귀족들이 자기를 배반한 것을 알아차리고 일단 진영으로 퇴각하여 그 문제를 조사하기 시작했다. 이자테스는 그들이 아라비아 왕과 공모하여 자기를 배반하기로 약속했다는 사실을 알아내고는 혐의가 드러난 자들은 그 자리에서 목을 베었다. 그다음 날 이자테스는 아라비아 왕과의 싸움을 재개하여 수많은 적을 살해하고 나머지 적은 패퇴시켰다. 이자테스는 도망가는 아라비아 왕을 추격하여 아르사무스(Arsamus) 요새로 몰아넣은 후 맹공을 가하여 요새를 함락시켰다. 그는 요

새를 함락시키고 많은 약탈품을 노획한 후 아디아베네(Adiabene)로 돌아왔으나 아비아왕은 생포하지 못했다. 그는 적이 사방에서 에워싸자 스스로 목숨을 끊고 말았다.

2. 그러나 아디아베네의 귀족들은 하나님의 간섭으로 첫 번째 음모가 실패로 끝났음에도 불구하고 가만히 있지 못하고 당시 바대(parthia, 파르티아)의 왕이었던 볼로가세스(Vologases)에게 은밀히 서신을 보냈다. "우리의 왕인 이자테스는 우리 선조의 법을 폐기하고 이방의 풍습을 따르고 있습니다. 따라서 우리는 이자테스를 사랑할 수가 없습니다. 그러니 왕께서 우리의 왕을 살해해 주시고 바대 가문의 유력 인사로 왕을 세워 주십시오." 바대 왕은 이 서신을 받고 대담하게도 이자테스와 전쟁을 하기로 결심했다. 그는 전쟁의 구실을 댈 수 없으니까 부친이 이자테스에게 준 특권들을 되돌려 달라고 요구했다. 그리고는 요구를 들어주지 않으면 전쟁도 불사하겠다고 위협을 했다. 이자테스는 그들의 요구대로 특권들을 되돌려주면 겁쟁이라는 소리를 들을 것이고, 비록 되돌려준다 하더라도 바대 왕이 가만히 있지 않을 것이라는 생각이 들자 무척 괴로웠다. 이자테스는 목숨이 위태로워진 상황에서 보호자이신 하나님께 모든 것을 맡기기로 결심했다. 그는 하나님만을 신뢰하면서 처자식들을 견고한 요새로 피신시키는 한편 성채들에는 식량을 비축하고 건초와 풀은 모두 태워 버렸다. 그는 가능한 한 최선의 준비를 갖추고 적이 오기만을 기다렸다. 바대 왕은 이자테스가 생각했던 것보다 빨리(급하게 행군을 서둘렀기 때문에 일찍 올 수 있었다) 수많은 보병과 기병을 거느리고 나타나서 메대(Media)에서 아디아베네(Adiabene)로 분리되는 강가에 토성을 쌓았다. 이에 이자테스도 6,000명의 기병을 거느리고 멀리 떨어지지 않은 곳에 진을 쳤다. 이때 바대 왕이 보낸 사신이 와서 이자테스에게 아래와 같이 전했다. "내가 다스리는 땅이 얼마나 넓은지 그대는 아는가? 나는 유브라데(Euphrates, 유프라테스)강에서 박트리아(Bactria)에 이르는 넓은 땅을 다스리고 있노라. 또한 내가 다스리는 민족이 얼마나 되는지 아는가? 그대는 주인을 몰라보았기 때문에 응징을 당하는 줄 알라. 그대가 섬기는 하나님이 내 손에서 그대를 구해 내지 못할 것이니라." 이

에 이자테스는 이같이 대꾸하였다. "바대 왕의 권세가 나보다 큰 것은 나도 잘 알고 있소. 그러나 하나님은 이 세상의 그 누구보다도 강하다시는 사실도 잘 알고 있소." 이자테스는 이같이 대꾸한 후 땅바닥에 엎드려 머리에 재를 뿌리고 금식하며 하나님께 간청하였다.[7] "오 나의 주시요 왕이신 하나님! 제가 헛되이 당신의 선함을 의지한 것이 아니라면, 그리고 당신만이 만유의 주시요 지배자이심을 믿은 것이 잘못이 아니라면 저를 도와주옵소서. 저를 위해서뿐 아니라 당신의 능력을 무시하는 적들의 오만불손함을 꺾으시기 위해서라도 저를 적의 손에서 구원해 주옵소서. 그들이 하나님을 향하여 함부로 마구 지껄이고 있나이다." 이자테스는 눈물을 흘리며 몹시 애통해하였다. 이에 하나님은 그의 기도를 듣고 응답해 주셨다. 바로 그날 밤 볼로가세스는 그가 없는 틈을 타서 다하이족(Dahæ)과 사카이족(Sacæ)의 대군이 바대를 공격하여 폐허로 만들고 있다는 서신을 받게 되었다. 이에 그는 이자테스를 공격 한번 해보지 못하고 귀국해야만 했다. 이렇게 이자테스는 하나님의 도우심을 힘입어 바대군의 위협으로부터 벗어날 수가 있었다.

3. 그로부터 얼마 후 이자테스는 24년간의 통치를 끝으로 세상을 떠나고 말았다. 이때 그의 나이는 55세였다. 그는 24명의 아들과 24명의 딸을 두었음에도 불구하고 형인 모노바주스(Monobazus)를 후계자로 임명하였다. 이는 전에 그들의 부친인 모노바주스(Monobazus)가 세상을 떠났을 때 형인 모노바주스가 자기를 위해 성심껏 왕위를 지켜 준 데 대한 보답이었다. 한편 이자테스의 모친 헬레나(Helena)는 아들이 죽었다는 소식을 듣고 몹시 상심하였다. 그토록 효성스러운 아들이 먼저 세상을 떠났으니 상심하는 것은 너무나도 당연한 일이었다. 그러나 그런 가운데서도 장남이 왕위를 계승한다는 사실이 적지 않은 위로가 되었다. 헬레나는 서둘러 아디아베네로 왔으나 곧바로 세상을 떠나고 말았다. 이에 모노바주스는 동생 이자테스와 모친 헬레나의 유골을 예루살렘에

---

[7] 이 이자테스의 행동은 그가 유대인이거나 아니면 진짜 유대인과 별로 다름이 없는 에비온파 그리스도인(Ebionite Christian)이었음을 분명히 보여주고 있다. 어쨌든 그의 간구는 응답을 받았고 그가 처한 위기에서 구원을 받았다.

보내 헬레나가 세운 첨탑(pyramid)⁸⁾에 장사 지내도록 했다. 이 첨탑은 모두 세 개로, 예루살렘에서 3펄롱밖에 떨어지지 않은 곳에 위치하고 있다.

제5장

테우다스와 갈릴리의 유다의 아들들에 관하여, 그리고 유월절날 유대인들이 당한 비극에 관하여

1. 파두스(Fadus)가 유대 총독으로 있을 때 테우다스(Theudas)⁹⁾라는 한 마법사가 수많은 군중을 미혹하고 있었다. 테우다스는 자신이 선지자라고 무리를 속이면서 명령 한마디로 요단강을 갈라 걸어서 강을 건너게 해줄 테니까 모두 요단강으로 모이라고 떠들고 다녔다. 이에 많은 무리가 그의 말에 현혹되어 요단강으로 모여들었다. 파두스는 유대인들이 테우다스의 대범한 시도를 이용할지도 모른다는 생각에서 기병대를 보내 그들을 공격하여 많은 이들을 살해하고 또 생포하였다. 로마 병사들은 테우다스도 생포한 후 목을 베고 그 목을 예루살렘으로 가지고 왔다. 이것이 쿠스피우스 파두스(Cuspius Fadus) 재임 기간에 유대인이 당한 비극이었다.

---

8) 아디아베네의 헬레나(Helena) 왕후가 예루살렘 근처에 세웠다는 세 개의 첨탑(pyramid) 혹은 세 개의 기둥(pillar)은 에우세비우스(Eusebius)도 언급하고 있다. 이에 대해서는 파우사니아스(Pausanias)도 언급하고 있다. 렐란트(Reland)는 현재 '압살롬의 기둥'(Absalom's Pillar)이라고 부르는 기둥이 이 셋 중의 하나라고 말하고 있다.

9) 파두스(Fadus)가 유대 총독으로 있을 때 그러니까 주후 45년 혹은 46년에 일어난 이 테우다스(Theudas)는 사도행전 5장 36절과 37절에 나오는 드다(Theudas)와 동일 인물일 수가 없다. 왜냐하면 드다는 키레니우스(Cyrenius, 한글판 개역개정 성경에는 구레뇨로 되어 있음―편집자 주)가 세금을 부과하던 때나, 아니면 주후 7년경에 활동했던 인물이기 때문이다.

2. 그 후 파두스의 후임으로 티베리우스 알렉산데르(Tiberius Alexander)가 총독으로 부임해 왔다. 그는 알렉산드리아 유대인 공동체 최고 행정 책임자(alabarch)였던 알렉산드로스(Alexander)의 아들이었다. 부친 알렉산드로스는 그 가문에 있어서나 부(富)에 있어서 당대의 누구보다 유력한 인물이었으며 아들 알렉산데르보다 더 경건한 인물이었다. 왜냐하면 그는 그래도 유대의 종교를 버리지는 않았기 때문이었다. 어쨌든 파두스와 알렉산데르 두 총독의 재임 기간에 유대는 무서운 기근을 당했으며 이때 우리가 살펴본 대로 헬레나 왕후가 거액의 돈을 들여 애굽에서 곡식을 사다 가난한 자들에게 나누어 주었던 것이다. 그런데 이때 갈릴리인(Galilean) 유다(Judas, 유다스)의 아들들이 처형되는 사건이 발생했다. 우리가 앞서 살펴본 대로 키레니우스(Cyrenius)가 유대의 재산 상황을 조사하기 위해 부임했을 때 유대인들을 선동해 폭동을 일으킨 바로 그 유다의 아들들이 처형당한 것이었다. 알렉산데르 총독은 유다의 아들들인 야고보(James)와 시몬(Simon)을 십자가에 달아 처형시켰다. 한편 칼키스(Chalcis)의 왕 헤롯(Herod)은 카미두스(Camydus)의 아들 요셉(Joseph)을 대제사장직에서 해임하고 네베데우스(Nebedeus)의 아들 아나니아스(Ananias)를 후임 대제사장으로 임명하였다. 그 후 클라우디우스 카이사르(Claudius Cæsar) 재위 제8년에, 티베리우스 알렉산데르(Tiberius Alexander)가 총독의 자리에서 물러나고 쿠마누스(Cumanus)가 후임 총독으로 부임하였으며 아그립바 대왕(Agrippa the Great)의 형제였던 헤롯(Herod)도 세상을 떠나고 말았다. 헤롯에게는 세 아들이 있었다. 첫 번째 아내와의 사이에서 낳은 아리스토불루스(Aristobulus)와 조카였던 두 번째 부인 버니게(Bernice, 베르니케)와의 사이에서 낳은 베르니키아누스(Bernicianus)와 히르카누스(Hyrcanus)가 그들이었다. 그러나 헤롯에게 아들이 셋이나 있었음에도 불구하고 클라우디우스 카이사르는 헤롯의 왕국을 아그립바 2세(Agrippa junior)에게 주었다.

3. 쿠마누스가 총독으로 유대를 다스리게 된 후 예루살렘에서 큰 폭동이 일어나 수많은 유대인이 목숨을 잃는 비극이 일어났다. 먼저 이런 폭동이 일어나게 된 동기와 그 내막을 상세히 살펴보도록 하자. 무교병을 먹는 유월절이라

는 절기가 다가오자 많은 인파가 각지에서 예루살렘으로 모여들기 시작했다. 쿠마누스는 이들이 반역이라도 일으킬까 걱정이 되어 병력 1개 연대를 동원해 성전 행각에 배치하고 만일의 사태에 대비했다. 절기 때가 되면 으레 그전 총독들도 이런 조치를 하곤 했었기에 별다른 일은 아니었다. 그러나 4일째 되는 날 한 병사가 바지를 내리고 은밀한 부분을 여러 사람에게 내보인 사건이 발생했다. 이를 본 유대인들은 흥분하기 시작했다. 그런 불경스러운 행동은 유대인들을 모욕한 행동이 아니라 바로 하나님을 모욕한 행동이라고 노발대발하기 시작한 것이다. 결국 일부 유대인들은 쿠마누스를 맹렬히 비난하면서 그 병사를 처벌하라고 강력히 요구하였다. 쿠마누스는 유대인들이 자신을 비난한다는 소리에 몹시 기분이 상했으나 꾹 참고 명절 때 소란을 피우면 되겠느냐면서 제발 진정하라고 유대인들을 달래기 시작하였다. 그러나 유대인들은 소란을 멈추지 않고 계속해서 쿠마누스를 비난하였다. 쿠마누스는 유대인들을 진정시킬 수가 없자 전군에게 무장을 하고 성전이 내려다보이는 안토니아 망대로 집결하라고 명령을 내렸다. 유대인들은 망대에 병사들이 집결한 것을 보고는 겁이 나서 성급하게 도망을 치기 시작했다. 그러나 통로는 비좁은 데다가 로마 병사들이 뒤쫓아오는 줄 알고 서로 먼저 도망치려고 발버둥을 치다가 그만 많은 유대인이 압사당하는 불상사가 일어났다. 결국 이 소란 때문에 무려 20,000명에 달하는 많은 사람이 목숨을 잃었다. 이에 명절은 초상집 분위기로 바뀌고 말았다. 유대인들은 제사를 드리고 기도할 생각은 하지도 않고 통곡과 눈물로만 날을 보냈다. 한 병사의 음란한 행동이 엄청난 비극을 몰고 왔던 것이다.[10]

4. 이런 비극이 채 아물기도 전에 유대인들은 또 다른 불행을 맛보지 않으면 안 되었다. 지난 명절날 성전에서 소란을 일으켰던 자들 가운데 일부가 공로(公路, public road)를 따라 예루살렘시에서 100펄롱 떨어진 곳을 지나가다가

---

[10] 요세푸스의 기록만을 보더라도 유대의 명절에 많은 소란과 폭동이 일어난 것을 알 수 있다. 이것을 볼 때 우리는 유대의 지도급 인사들이 "민란이 날까 하노니 명절에는 하지 말자"(마 26:5)라고 하면서 극히 조심한 이유를 조금은 알 것도 같다.

카이사르(Cæsar)의 종인 스테파누스(Stephanus)가 여행하는 것을 보고 습격하여 그가 가진 모든 것을 강탈한 것이었다. 이 소식을 들은 쿠마누스(Cumanus)는 즉시 병사들을 보내 인근 마을들을 약탈하고 그 마을들의 유력 인사들을 붙잡아 오라고 지시하였다. 그리고 병사들이 인근 마을을 약탈하던 중에 한 병사가 모세의 율법책을 발견하고 모든 사람이 보는 앞에서 갈기갈기 찢어 버린 사건이 발생하였다. 그것도 갖은 욕설과 상스러운 말을 내뱉으면서 모세의 율법책을 찢어 버린 것이었다. 이 소식을 들은 유대인들은 또다시 흥분하기 시작했다. 그들은 수많은 무리가 떼를 지어 쿠마누스가 그 당시 거주하고 있던 가이사랴(Caesarea)로 몰려갔다. 그리고는 쿠마누스에게 다음과 같이 간청했다. "총독께서는 우리 자신들의 원수가 아닌 하나님의 원수를 갚아 주셔야 합니다. 왜냐하면 바로 하나님의 율법이 능멸을 당했기 때문입니다. 우리 선조들의 율법이 이같이 모욕을 당하는 한 우리는 더 이상 살 수가 없습니다." 이에 쿠마누스는 유대인들이 폭동을 일으킬까 봐 두려운 마음도 들고 친구들의 충고도 있고 해서 율법을 모독한 그 병사를 참수시키라고 명령하였다. 이렇게 해서 쿠마누스는 두 번째로 불붙을 뻔했던 유대인들의 반란을 간신히 진정시킬 수가 있었다.

제6장

유대인과 사마리아인 간에 분쟁이 일어나게 된 연유와 클라우디우스가 분쟁을 해결하게 된 경위

1. 한편 사마리아인과 유대인은 아래와 같은 연유로 분쟁을 일으키게 되었다. 갈릴리인들은 명절 때가 되면 거룩한 도시인 예루살렘으로 갈 때 사마리아

를 통해서 가는 것이 관례였다.[11] 그런데 그 길목에 있던, 대평지와 사마리아 변경에 위치한 기네아(Ginea)란 마을에서 마을 사람들이 갈릴리인들을 공격하여 수많은 인명을 학살하는 사건이 발생하게 되었다. 갈릴리의 유력 인사들은 이 소식을 듣고 쿠마누스(Cumanus)를 찾아가 갈릴리인들을 살해한 살인범들을 색출하여 처벌해 줄 것을 요청하였다. 그러나 사마리아인들의 뇌물 공세에 넘어간 쿠마누스는 이에 대해 아무런 조치도 취하지 않았다. 이에 분통이 터진 갈릴리인들은 수많은 유대인들에게 자유를 되찾자고 호소하면서 무력을 행사할 것을 선포하였다. "노예가 되는 것만도 분통이 터지는 일인데 게다가 직접 공격을 당해 상처까지 입었으니 어찌 가만히 있을 수 있는가!" 유력 인사들이 그들을 진정시키면서 쿠마누스에게 다시 한번 살인범의 처벌을 요구하겠다고 약속했으나 그들은 들은 척도 하지 않았다. 그들은 손에 무기를 들고 일어섰으며 오랫동안 산간 지방에 거주하며 약탈을 일삼던 강도단 두목 디네우스(Dineus)의 아들 엘르아살(Eleazar)에게 도움을 요청했다. 그들은 엘르아살의 도움으로 사마리아의 여러 마을을 약탈하였다. 이 소식을 들은 쿠마누스는 세바스테(Sebaste)에 주둔하고 있던 보병 4개 연대와 무장한 사마리아인들을 거느리고 유대인을 공격하여 많은 유대인을 살해하고 또 생포하였다. 이에 예루살렘의 유력 인사들과 지도급 명사들은 돌아가는 상황을 보고 머리에 재를 뿌리고 베옷을 입은 후에 선동을 일으킨 자들에게 이같이 호소하였다. "유대국이 전멸당하는 것을 보고야 말겠소? 그대들이 지금 하는 일을 멈추지 않는다면 성전은 불에 타고 말 것이며 그대들뿐 아니라 처자식들까지도 노예가 되는 신세를 면치 못할 것이오.[12] 그러므로 마음을 돌이켜 무기를 손에서 놓도록 하시오. 그리고 각자 고향으로 돌아가시오." 이들의 설득이 주효하여 유대인들은 해산하여 각자 고향으로 돌아갔으며 강도들도 자기 본거지로 돌아갔다. 그러나 이후로부터 온 유대 땅은 강도들의 등쌀에 한시도 마음 편할 날이 없게 되었다.

---

11) 갈릴리인들이 유대나 예루살렘을 방문할 때 항상 사마리아를 거쳐 갔다는 사실은 복음서의 여러 구절(눅 17:11; 요 4:4)을 이해하는 데 도움을 준다.
12) 우리 주님도 유대인이 복음을 받아들이지 않음으로 당할 재난을 말씀하실 때 여기에서 말한 세 가지 재난을 지적하셨다. 즉 유대국의 완전한 파멸과 화재로 인한 성전의 파괴와 유대인이 노예가 되는 것, 이 세 가지를 지적하셨다. 누가복음 21장 6-24절을 보라.

2. 한편 사마리아의 유력 인사들은 그 당시 두로(Tyre)에 있던 수리아 총독 움미디우스 콰드라투스(Ummidius Quadratus)를 찾아가서 이같이 유대인들을 고소하였다. "유대인들은 저희 마을들을 습격하여 약탈하고 방화하는 등 온갖 만행을 서슴지 않았습니다. 저희는 저희가 당한 피해보다는 이로 인해 로마 제국이 당한 모욕을 생각하니 분통이 터져 견딜 수가 없습니다. 유대인들이 저희에게서 무슨 피해를 입었다면 마땅히 로마에 호소하여야 함에도 불구하고 로마 제국은 안중에도 없다는 식으로 마구 행동하였습니다. 따라서 저희는 저희가 당한 피해를 보복해 주실 것을 이렇게 청원합니다." 사마리아인들이 이같이 유대인들을 고소하자 유대인들은 움미디우스 콰드라투스에게 이렇게 변론하였다. "이번 소동과 전쟁을 일으킨 장본인은 사마리아인들입니다. 게다가 쿠마누스 유대 총독은 사마리아인들이 준 뇌물에 눈이 어두워 유대인들을 살해한 살인범들을 처벌하지 않고 못 본 체하였습니다." 여기까지 듣던 콰드라투스는 양편의 주장을 듣는 청문회를 뒤로 연기하였다. 그는 자신이 직접 유대로 와서 사실을 더 깊이 조사해 본 후에 최종 판결을 내려 주겠다고 약속하였다. 이에 사마리아인들은 아무 소득도 없이 물러날 수밖에 없었다. 그로부터 얼마 지나지 않아 콰드라투스는 사마리아를 방문하였다. 그는 양편의 주장을 다 듣고 나서 사마리아인들이 처음에 잘못했다는 심증을 갖게 되었다. 그러나 바로 이때 콰드라투스는 일부 유대인들이 변혁을 꾀하고 있다는 정보를 듣게 되었다. 이에 그는 쿠마누스가 체포해 놓았던 유대인들을 십자가에 달아 처형하라고 명령하였다. 그 후 콰드라투스는 크기가 도시와 다를 바 없는 룻다(Lydda)라는 마을로 왔다. 그는 이 마을에서 사마리아인의 주장을 두 번째로 듣던 중에 한 사마리아인으로부터 도르투스(Dortus)라는 유대인 족장과 그 밖의 네 명의 공모자가 유대인들을 선동하여 로마에 반역을 일으키려고 했었다는 정보를 입수하게 되었다. 이에 콰드라투스는 이들을 처형시키도록 명령했다. 콰드라투스는 또한 대제사장 아나니아스(Ananias)와 성전 경비 대장인 아나누스(Ananus)를 결박하여 로마로 보내 클라우디우스 카이사르(Claudius Cæsar)에게 그동안의 일을 보고하도록 했다. 콰드라투스는 또한 총독 쿠마누스와 호민관 켈레르(Celer)와 사마리아와 유대의 지도급 인사들을 이탈리아의 황제에게

보내어 황제 앞에서 시시비비를 가리도록 했다. 그 후 콰드라투스는 유대인이 반역을 꾀할까 봐 다시 예루살렘으로 왔으나 예루살렘은 평온했으며 평화롭게 명절을 지키고 있었다. 이에 그는 유대인들이 반역을 일으킬 가능성이 없다고 스스로 판단하여 절기를 지키는 유대인들을 뒤로하고 안디옥(Antioch)으로 돌아갔다.

3. 한편 로마로 간 쿠마누스와 사마리아와 유대의 지도급 인사들은 황제 앞에서 각자의 주장을 펼 수 있는 날을 지정받았다. 그런데 카이사르의 신하들과 친구들은 쿠마누스와 사마리아인들을 열렬히 지지하였다. 그러므로 만일 그 당시 로마에 거주하고 있던 아그립바 2세(Agrippa junior)가 유대인들이 궁지에 몰린 것을 보고 황후인 아그리피나(Agrippina)에게 간절히 호소하지 않았다면 유대인들이 패배했을 것이다. 아그립바 2세의 간청에 못 이긴 황후 아그리피나는 황제를 설득하여 정의롭게 판단을 내리도록 했다. 이렇게 클라우디우스 황제는 아내를 통해서 올바른 판단을 내릴 마음의 준비를 갖추고 있었기 때문에 양편의 주장을 듣고서 사마리아인들이 먼저 선동을 일으킨 장본인들임을 깨닫게 되었다. 이에 황제는 사신으로 온 사마리아 유력 인사들을 처형하고 쿠마누스를 추방하도록 명령을 내렸다. 그는 또한 호민관 켈레르를 예루살렘으로 압송하여 모든 유대인이 보는 앞에서 예루살렘시를 한 바퀴 돌게 한 후 처형하라고 지시하였다.

제7장

벨릭스가 유대 총독으로 부임하게 된 경위와
아그립바 2세와 그의 누이들에 관하여

1. 또한 클라우디우스 황제는 팔라스(Pallas)의 형제 벨릭스(Felix, 펠릭스)를 유대 총독으로 파견하였다. 클라우디우스 황제가 황제의 자리에 오른 지도 벌써 12년이나 지났다. 클라우디우스 황제는 아그립바(Agrippa)에게 빌립(Philip)의 분봉국과 바타네아(Batanea)와 드라고닛(Trachonitis, 트라코니티스)과 아빌라(Abila)를 하사해 주었다. 아빌라는 리사니아스(Lysanias)의 분봉국에 속한 곳이었다. 그리고 그 대신 클라우디우스 황제는 아그립바가 4년간 총독으로 다스렸던 칼키스(Chalcis)는 다시 회수하였다. 한편 아그립바는 황제에게서 이런 땅들을 하사받은 후에 에메사(Emesa)의 왕 아지주스(Azizus)에게 할례를 받는다는 조건으로 누이 드루실라(Drusilla)를 시집보냈다. 왜냐하면 안티오쿠스(Antiochus)왕의 아들 에피파네스(Epiphanes)가 드루실라와 결혼하는 것을 거부했기 때문이었다. 에피파네스는 아그립바와 드루실라의 부친 아그립바(Agrippa)에게는 유대 종교를 받아들이겠다고 약속해 놓고 실제로는 그 약속을 지키지 않았다. 아그립바는 또한 부친 아그립바가 약혼해 놓은 상대인, 헬키아스(Helcias, 앞서 켈키아스[Chelcias]로 나오기도 했음–편집자 주)의 아들 아르켈라우스(Archelaus)에게 누이인 마리암네(Mariamne)를 시집보냈다. 마리암네와 아르켈라우스 사이에는 딸이 하나 있었는데 그 이름이 버니게(Bernice, 베르니케)였다.

2. 그러나 드루실라와 아지주스의 결혼은 오래 지나지 않아 아래와 같은 연유로 깨어지고 말았다. 유대 총독 벨릭스(Felix, 펠릭스)는 총독으로 부임한 후 드루실라를 보고 사랑에 빠지게 되었다. 드루실라는 빼어난 미모를 소유하고 있었기 때문이었다. 이에 벨릭스는 친구인 시몬(Simon)을 드루실라에게 보냈다. 시몬은 유대인으로서 구브로(Cyprus, 키프로스) 출생이었으며 자칭 마법사라고

주장하는 인물이었다. 시몬은 드루실라에게 자기 말대로 하면 행복한 여인으로 만들어 주겠다고 유혹하면서 남편과 이혼하라고 설득하기 시작했다.[13] 이에 드루실라는 시몬의 유혹에 넘어가고 말았다. 드루실라는 자신의 미모 때문에 자매인 버니게(Bernice, 베르니케)에게 시샘 받는 고통에서 피하고 싶은 이유도 있고 해서 결국은 조상 전래의 율법을 범하고 남편과 이혼하고 벨릭스와 결혼하는 악을 저지르고 말았다. 어쨌든 벨릭스는 드루실라를 통해서 아들을 낳았는데 이름을 아그립바(Agrippa)라고 지었다. 그러나 이 아들 아그립바는 그의 아내와 함께 티투스 카이사르(Titus Cæsar) 때 베수비우스(Vesuvius) 화산 폭발로 인한 화재로 세상을 떠나고 만다. 이에 대해서는 후에 다루도록 하겠다.[14]

3. 한편 아그립바 2세(Agrippa junior)의 누이 버니게(Bernice, 베르니케)는 숙부요 남편인 칼키스(Chalcis)의 왕 헤롯(Herod)이 죽은 후에도 오랫동안 미망인으로 살았다. 그러나 그녀가 친남매간인 아그립바 2세와 간통을 했다는 소문이 퍼지게 되자 길리기아(Cilicia)의 왕인 폴레모(Polemo)를 설득시켜 할례를 받게 하고 그와 결혼했다. 이렇게 함으로써 근친상간을 저질렀다는 소문이 거짓임을 입증하려고 했던 것이다. 한편 폴레모는 버니게의 많은 재산이 탐나서 그녀와 결혼하기로 결심한 것이었다. 그러나 이 결혼도 오래가지는 못했다. 결국 버니게는 폴레모와 이혼하게 되었는데 전하는 바에 따르면 악한 의도로 이혼을 했다고 한다. 버니게는 파혼만 선언한 것이 아니라 유대 종교와도 영원한 결별을 선언했다. 한편 마리암네(Mariamne)도 아르켈라우스(Archelaus)와 이혼하고 알렉산드리아 유대인 가운데 가문으로나 재산으로나 유력한 인사였던 데메트리우스(Demetrius)와 재혼하였다. 데메트리우스는 그 당시 알렉산드리아 유대인 공동체 최고 행정 책임자(alabarch)였다. 마리암네는 데메트리우스와의 사이에서 낳은 아들의 이름을 아그리피누스(Agrippinus)라고 붙여 주었다.

---

13) 벨릭스의 친구라는 유대인이요 구브로 출생인 이 시몬(Simon)은 마법사라고 자칭했고 상당히 사악한 인물이었던 것 같기는 하나 일부 사람들의 주장처럼 사도행전 8장 9절 등에 나오는 유명한 마술사 시몬(Simon)과는 동일한 인물일 수가 없다. 사도행전에 나오는 시몬은 유대인이 아니고 사마리아 기타이(Gittæ) 마을 출신의 사마리아인이기 때문이다.
14) 현재 남아 있는 사본에는 이 부분이 빠져 있다.

제8장

클라우디우스 황제가 죽은 후
네로가 그 뒤를 이어 황제의 자리에 등극한 경위와
그가 저지른 야만 행위에 관하여,
그리고 벨릭스와 베스도가 유대 총독으로 재임하는 동안
일어난 강도, 살인, 협잡에 관하여

1. 클라우디우스 카이사르(Claudius Cæsar)는 13년 8개월 20일간의 통치를 끝으로 세상을 떠났다.[15] 들리는 풍문에 의하면 아내인 아그리피나(Agrippina)가 독살했다고 한다. 아그리피나의 부친은 클라우디우스 카이사르의 형제인 게르마니쿠스(Germanicus)였고, 전남편은 로마시의 명사(名士)였던 도미티우스 아이노바르부스(Domitius Ænobarbus)였으나 남편이 죽고 오랫동안 미망인으로 지내고 있을 때 클라우디우스 카이사르가 아내로 취한 것이었다. 아그리피나는 클라우디우스와 재혼할 때 전남편의 아들인 도미티우스(Domitius)를 데리고 왔다. 클라우디우스 카이사르는 아그리피나와 결혼하기 전에 전처인 메살리나(Messalina)를 질투심에 못 이겨 살해했었다. 클라우디우스는 메살리나와의 사이에서 브리타니쿠스(Britannicus)와 옥타비아(Octavia)를 두었었다. 클라우디우스는 제일 첫 번째 아내인 펠리나(Pelina, 파에티나[Paetina]의 오기인 듯함-편집자 주)에게서 안토니아(Antonia)라는 딸을 하나 두었으니 따지고 보면 안토니아가 장녀(長女)인 셈이었다. 클라우디우스는 옥타비아를 네로(Nero)에게 아내로 주었다. 네로는 클라우디우스가 도미티우스를 친아들로 맞아들인 후 붙여 준 이름이었다.

---

[15] 클라우디우스(Claudius)의 재임 기간은 디오(Dio)의 기록과 일치하고 있다. 디오는 또한 네로(Nero)의 이름이 처음에는 루키우스 도미티우스 아이노바르부스(Lucius Domitius Ænobarbus)였으나 클라우디우스가 그를 양자로 받아들인 후에는 네로 클라우디우스 카이사르 드루수스 게르마니쿠스(Nero Claudius Cæsar Drusus Germanicus)로 바뀌었다고 말하고 있다.

2. 한편 아그리피나는 자기 친아들(네로)보다 브리타니쿠스(Britannicus)가 먼저 정권을 장악하고 황제의 자리에 오를까 봐 전전긍긍하였다. 게다가 그녀가 클라우디우스 카이사르를 암살했다는 소문이 돌자 견딜 수가 없었다. 이에 아그리피나는 즉시 군대 장관 부루스(Burrhus)와 호민관들과 세력 있는 유력 인사들을 시켜 네로를 진영으로 데리고 나가 거기서 그를 황제로 추대하라고 지시하였다. 이렇게 해서 네로는 권력을 장악할 수 있었다. 네로는 권력을 장악한 후 사람들이 눈치채지 못하게 브리타니쿠스를 독살한 반면, 자기 모친 아그리피나는 공공연히 살해하였다. 자기를 낳아주고 길러준 것은 물론 황제의 자리에 오르는 데 결정적인 역할을 한 모친에 대한 보답이 이와 같았다. 네로는 그뿐 아니라 아내인 옥타비아는 물론 수많은 유력 인사들도 자기에게 반역을 꾀했다는 누명을 씌워 마구 살해하였다.

3. 무수히 많은 사람이 네로의 역사를 기술하였기에 나는 이 일들에 대해 더 이상의 언급은 하지 않도록 하겠다. 일부의 역사 기록은 네로에게서 환심을 사기 위해 진실을 곡해하였으며, 또 일부의 역사 기록은 네로에 대한 증오심 때문에 거짓을 덧붙이기도 하였다. 이런 기록들은 모두 저주를 받아야 마땅하다. 나는 이런 자들이 네로에 관해 거짓 역사를 기록한 데 대해 그리 놀라지 않는다. 그들은 네로 시대 이전의 역사를 서술할 때도 진실을 지키려고 애쓰지 않았기 때문이다. 그들은 그들과는 전혀 상관이 없는 과거 인물들의 역사를 기술하면서도 진실을 기록하기보다는 자기들 기분 내키는 대로 서술하는 자들이기 때문이다. 그러나 진실을 최고의 목표로 삼는 우리는 그들과는 다르다. 우리는 진실과는 거리가 먼 것들은 간단히 취급하고 우리 유대인들에게 일어난 일은 정확하게 기술하려고 애써 왔다. 우리는 우리가 당한 비참한 재난이나 우리가 저지른 잘못을 서슴지 않고 사실 그대로 서술하려고 한다. 그러므로 이제 다시 유대인과 관련된 이야기로 말머리를 돌리도록 하자.

4. 네로의 재위 제1년에 에메사(Emesa)의 왕 아지주스(Azizus)가 세상을 떠나자 그의 형제인 소에무스(Soemus)가 뒤를 이어 왕위에 올랐으며 칼키스

왕 헤롯의 아들 아리스토불루스(Aristobulus)는 네로에 의해 소(小)아르메니아(Lesser Armenia)를 다스리는 지배자로 임명되었다. 네로는 또한 아그립바 2세에게 갈릴리(Galilee)의 일부 지역과 디베랴(Tiberias, 티베리아스)와 타리케아이(Tarichex)[16]를 하사하고 그곳 주민들에게 아그립바 2세의 통치에 복종하라고 지시했다. 네로는 또한 아그립바 2세에게 페레아(Perea)의 율리아스(Julias)시와 인근 14개의 마을을 하사했다.

5. 한편 유대인이 처한 상황은 계속해서 악화 일로를 걷고 있었다. 유대 전체가 강도와 사기가 들끓는 범죄의 소굴이 되어 버렸기 때문이었다. 이로 인하여 벨릭스 총독은 매일 수많은 강도들과 사기꾼들을 체포하여 처형하기에 이르렀다. 벨릭스는 강도단의 두목인, 디네우스(Dineus)의 아들 엘르아살(Eleazar)과 그 부하들을 속임수를 써서 체포하였다. 벨릭스는 자수하면 과거지사는 불문에 부치겠다고 약속을 해놓고는 이들이 자수해 오자 모조리 체포하여 로마로 압송하였다. 벨릭스는 대제사장 요나단(Jonathan)이 몹시 마음에 걸렸다. 왜냐하면 요나단이 자주 벨릭스에게 아래와 같이 충고했기 때문이었다. "그대는 정녕 유대를 지금보다 더 잘 통치할 수는 없소? 내가 카이사르께 그대를 총독으로 보내 달라고 요청했는데 이제는 내가 백성들에게 원망을 듣게 되었소." 이에 벨릭스는 항상 가시와 같이 귀찮은 존재인 요나단을 제거할 방도를 꾸미기 시작했다. 불의한 행동을 일삼는 자들에게는 이런 계속되는 충고가 괴롭기 짝이 없기 때문이었다. 벨릭스는 요나단의 충실한 친구인 예루살렘 시민 도라스(Doras)에게 강도들을 동원해 요나단을 살해하면 거액의 돈을 주겠다고 제의하였다. 도라스는 벨릭스의 제의를 받아들이고 강도들을 동원하여 대제사장 요나단을 살해하고 말았다. 강도들은 옷 속에 단도를 숨기고 하나님께 제사를 드리러 올라가는 사람처럼 가장하여 군중들 속에 섞여 있다가

---

[16] 이는 요세푸스가 그의 『자서전』(The Life)에서 수차 언급한 내용과 일치한다. 그는 피스투스(Pistus)의 아들 유스투스(Justus)가 유대와 로마 간의 전쟁이 발발하자 디베랴(Tiberias, 티베리아스)와 타리케아이(Tarichex)와 가말라(Gamala)를 장악하였는데 그전까지 그곳들은 아그립바 2세(Agrippa junior)의 통치 아래 있었다고 말하고 있다.

끝내 요나단을 살해하였다.[17] 요나단을 살해한 살인범들은 처벌을 받지 않았고, 그 후로도 절기 때마다 아무런 제재 없이 안심하고 출입하였다. 그들은 전과 마찬가지로 단도 등의 무기를 몸에 숨기고 군중 속에 섞여 있다가 반대 세력을 제거하곤 하였다. 어떤 때는 돈을 받고 청부 살인을 하기도 하였다. 그들은 예루살렘시 외곽 지역에서는 물론 성전 안에서도 살인 행위를 일삼았다. 그들은 신성 모독의 죄를 범하고 있다는 생각을 하지 못할 정도로 마음이 무

---

17) 벨릭스(Felix) 총독이 꾸민 이 잔인하고 무서운 살인극은 직접적으로는 시카리(sicarii)라고 불린 자객들 혹은 무법자들에 의한 무자비한 살인 행위를 촉발시킨 한편 더 나아가서는 이어지는 유대국의 무서운 비극과 재난의 큰 원인 중 하나가 된다. 이에 대해서는 요세푸스가 본서에서도 분명히 밝히고 있다. 이제 곧 유대 대제사장들의 명단을 살펴볼 예정이므로 이 요나단을 포함시켜 마지막 28명의 대제사장의 명단을 적어 보는 것도 유익할 것이다. 이 명단은 헤롯 대왕이 임명한 아나넬루스(Ananelus)로부터 시작된다.

1. 아나넬루스(Ananelus)
2. 아리스토불루스(Aristobulus)
3. 파부스(Fabus)의 아들 예수(Jesus)
4. 보에투스(Boethus)의 아들 시몬(Simon)
5. 테오필루스(Theophilus)의 아들 마르티아스(Marthias)
6. 보에투스(Boethus)의 아들 요아사르(Joazar)
7. 보에투스(Boethus)의 아들 엘르아살(Eleazar)
8. 시크(Sic, 앞서 본문에 나온 시에[Sie]인 듯함-편집자 주)의 아들 예수(Jesus)
9. 셋(Seth)의 아들 아나누스(Ananus) 또는 안나스(Annas)
10. 파부스(Fabus)의 아들 이스마엘(Ismael)
11. 아나누스(Ananus)의 아들 엘르아살(Eleazar)
12. 카미투스(Camithus)의 아들 시몬(Simon)
13. 아나누스(Ananus)의 사위 요셉 가야바(Josephus Caiaphas)
14. 아나누스(Ananus)의 아들 요나단(Jonathan)
15. 요나단(Jonathan)의 형제요 아나누스(Ananus)의 아들인 테오필루스(Theophilus)
16. 보에투스(Boethus)의 아들 시몬(Simon)
17. 요나단(Jonathan)의 형제요 아나누스(Ananus)의 아들인 마티아스(Matthias)
18. 알요네우스(Aljoneus, 앞서 본문에 나온 엘리오네우스[Elioneus]인 듯함-편집자 주)
19. 카미두스(Camydus)의 아들 요셉(Josephus)
20. 네베데우스(Nebedeus)의 아들 아나니아스(Ananias)
21. 요나타스(Jonathas)
22. 파비(Fabi)의 아들 이스마엘(Ismael)
23. 시몬(Simon)의 아들 요셉 카비(Joseph Cabi)
24. 아나누스(Ananus)의 아들 아나누스(Ananus)
25. 담네우스(Damneus)의 아들 예수(Jesus)
26. 가말리엘(Gamaliel)의 아들 예수(Jesus)
27. 테오필루스(Theophilus)의 아들 마티아스(Matthias)
28. 사무엘(Samuel)의 아들 파니아스(Phanias).

이 명단 중간에서 언급된 아나누스(Ananus)와 요셉 가야바(Josephus Caiaphas)는 사복음서에서 언급되고 있는 안나스(Anas)와 가야바(Caiaphas) 바로 그들이다. 또한 네베데우스의 아들 아나니아스(Ananias)는 사도 바울이 그 앞에서 자신의 주장을 변호했던 바로 그 아나니아 대제사장이다(행 24장). 무

져 있었다. 하나님이 예루살렘을 버리신 것은 바로 이런 자들의 죄악을 미워하셨기 때문이 아닌가 생각된다. 하나님은 성전을 더 이상 자신이 거할 만큼 정결한 곳으로 인정하지 않으셨기에 로마 군대를 보내 예루살렘에 불을 질러 성전을 정결케 하는 한편 우리와 우리 아내와 자식들을 포로로 잡혀가게 하셨음이 분명하다. 재난을 통해 우리를 깨우치시려는 하나님의 의도가 숨어 있음이 분명한 것이다.

6. 이 강도들로 인해 예루살렘은 온갖 악과 불의로 가득 차게 되었다. 게다가 사기꾼들과 협잡꾼들은 자기들이 직접 이적과 표적을 행할 터이니 광야로 나가자고 백성들을 현혹하기 시작했다. 하나님의 섭리로 이적이 나타난다는 것이었다. 그러나 이들의 속임수에 속아 넘어간 사람들은 어리석은 행동을 한 데 대한 대가를 치르지 않을 수 없었다. 왜냐하면 벨릭스가 이들을 광야에서 끌고 와 처벌을 가했기 때문이었다. 더욱이 바로 이때 자칭 선지자라고 하는 자가 애굽에서[18] 예루살렘에 나타났다. 그는 아래와 같은 말로 백성들을 현혹했다. "나를 따라 예루살렘 맞은편에 있는 감람산으로 갑시다. 그 산은 예루살렘에서 5펄롱가량 떨어져 있는 곳이오. 그곳에서 나의 명령 한마디로 예루살렘 성벽이 무너지는 모습을 여러분에게 보여주겠소. 성벽이 무너진 다음에는 무너진 성벽 사이로 여러분이 예루살렘에 들어갈 수 있는 통로를 만들어 주겠소." 한편 벨릭스는 이런 사실을 알고 수많은 보병과 기병을 동원하여 그 애굽인과 추종자들을 공격하도록 명령했다. 이에 병사들은 400명을 살해하고 200명을 생포하였다. 그러나 애굽인 사기꾼은 용케도 도망을 치더니 다시는 그 모습을 드러내지 않았다. 한편 강도들은 다시 로마에 반역을 일으키자고 백성들을 선동하기 시작했다. 로마에 더 이상 복종할 필요가 없다는 것이었다. 강도들은 자기들의 말을 듣지 않는 사람이 단 한 사람이라도 있을 경우에는 그 마을 전체를 약탈하고 방화하였다.

---

[18] 이 애굽인 사기꾼과 그를 따랐던 추종자들의 수에 관해서는 사도행전 21장 38절을 보라.

7. 한편 가이사랴(Caesarea)에서는 시민으로서의 특권 문제를 놓고 유대인 주민들과 수리아인 주민들 사이에 큰 충돌이 벌어지게 되었다. 유대인들이 가이사랴의 창건자인 헤롯이 유대인이라는 이유로 수리아인들보다 우월한 특권을 소유해야 한다고 주장한 것이 사건의 발단이 된 것이었다. 이에 대해 수리아인 주민들은 헤롯이 가이사랴의 창건자요 유대인이라는 사실은 부인하지 않으나 가이사랴가 원래 스트라톤의 망대(Strato's Tower)라고 불렸을 적에는 유대인이 단 한 명도 거주하지 않았다고 맞섰다. 가이사랴의 행정 집행관들은 소란을 일으킨 주모자들을 체포하여 채찍으로 체형을 가함으로써 일단은 소란을 중지시킬 수 있었다. 그러나 부를 손에 쥐고 있었기 때문에 수리아인들을 경멸하고 있던 유대인들은 다시금 수리아인들을 조롱하기 시작했다. 수리아인들의 비위를 상하게 하려는 술책이었다. 그러나 수리아인들은 부에 있어서는 유대인들보다 못했지만 가이사랴(Caesarea)와 세바스테(Sebaste)에 주둔하고 있던 로마군을 믿고 유대인들에게 똑같이 조롱과 욕설로 대항하였다. 그리하여 마침내 유대인 주민과 수리아인 주민 간에 투석전이 벌어지게 되었다. 이 투석전에서 유대인이 승리하긴 했으나 양편이 모두 다수의 부상자를 내기에 이르렀다. 한편 벨릭스 총독은 양자 간의 싸움이 일종의 전쟁으로까지 확대될 기미를 보이자 급히 가이사랴로 내려와 유대인들을 만류하였다. 그러나 유대인들은 벨릭스의 말을 들으려고 하지 않았다. 결국 벨릭스는 병사들을 무장시키고 유대인들을 공격하도록 지시했다. 이때 많은 유대인들이 살해되었으며 체포된 자의 수도 적지 않았다. 벨릭스는 심지어 병사들에게 재물로 가득 찬 유대인들의 집을 약탈해도 좋다는 허락까지 내렸다. 이에 온건한 유대인 유력 인사들은 벨릭스를 찾아가 이같이 사정하였다. "제발 병사들에게 퇴각 나팔을 불어 주십시오. 부디 관용을 베풀어 주십시오. 한 번쯤은 잘못을 뉘우칠 기회를 주어야 하지 않겠습니까?" 벨릭스는 그들의 요청을 들어주었다.

8. 아그립바왕이 파비(Phabi)의 아들 이스마엘(Ismael)을 대제사장으로 임명한 것이 바로 이때였다. 이 일로 대제사장들과 예루살렘의 유력 인사들 사이에 충돌이 일어났다. 이들은 각기 반역을 좋아하는 무리들을 규합하여 두목 노릇

을 했다. 이들은 서로 비난과 욕설을 퍼붓는 한편 투석전을 벌였다. 그러나 아무도 이들을 책망할 사람이 없었다. 말하자면 예루살렘은 무정부 상태처럼 되어 혼란이 극에 달했다. 게다가 대제사장들은 종들을 타작마당에 내보내 제사장들이 차지해야 할 10분의 1을 강탈할 정도로 추악한 짓을 서슴지 않았다. 가난한 제사장들이 굶어 죽었다는 풍문까지 떠돌 정도였다.[19] 이것을 볼 때 그 당시 예루살렘의 혼란과 부패가 어느 정도였는가를 쉽게 짐작할 수가 있다.

9. 한편 네로가 벨릭스의 후임으로 보르기오 베스도(Porcius Festus, 포르키우스 페스투스)를 유대 총독으로 임명하여 파견하자 가이사랴에 거주하는 유대인 유력 인사들은 로마까지 찾아가서 벨릭스를 카이사르에게 고소하였다. 이에 벨릭스는 그 당시 네로의 총애를 받고 있던 그의 형제 팔라스(Pallas)의 긴급한 간청이 아니었더라면 네로에 의해 처벌을 당할 뻔했다. 한편 가이사랴의 수리아인 유력 인사 두 명이 네로의 가정 교사이자 헬라어 서신 담당관이었던 부루스(Burrhus, 윌리엄 휘스턴의 번역대로 옮기긴 했으나 헬라어 사본에 따르면 베릴루스[Beryllus]임. 영역 과정에서 잘못 옮겨진 듯함-편집자 주)를 거액의 뇌물로 매수하여 유대인 주민들이 그동안 수리아 주민들과 동등하게 누려 오던 시민 특권을 철폐해 달라고 부탁했다. 부루스는 뇌물에 눈이 어두워 네로 황제에게 간청하여 그와 같은 취지의 서한을 작성하는 것을 허락받았다. 이 서한은 이후 우리 민족에게 닥쳐온 재앙과 불행의 시발점이 되었다. 가이사랴의 유대인 주민들은 수리아인들에게 보내진 서한의 내용을 전해 듣고 전보다 더욱 소란을 피웠고 결국은 전쟁이 발발하게 되었다.

10. 베스도(Festus)가 유대 총독으로 부임했을 무렵 강도들이 온 유대 마을을 약탈하고 방화하는 사건이 벌어졌다. 그 당시에 이미 시카리(sicarii)라고 불리는 강도떼들의 세력이 막강해져 있었다. 그들은 바사(Persia, 페르시아)의 아키

---

[19] 대제사장들이 동료나 다를 바가 없는 제사장들을 굶어 죽을 정도까지 박해했다는 이야기는 좀처럼 납득이 안 갈 정도로 특이하고 별난 범죄 행위이다.

나케스(acinaces)와 길이가 비슷하지만 약간 굽은 형태로 로마의 시카(sica)처럼 생긴 작은 칼을 무기로 사용했다. 그들이 자기들의 명칭을 시카리(sicarii)라고 붙인 것도 다 여기서 연유한 것이었다. 그들은 이 무기로 수많은 사람을 살해하였다. 그들은 절기 때에 제사를 드리러 가는 사람처럼 가장하여 몸에 무기를 숨기고 무리 속에 섞여 있다가 느닷없이 살해할 대상을 죽였기 때문에 많은 사람을 손쉽게 죽일 수 있었다. 그들은 또한 반대 세력이 거주하는 마을을 공격하여 약탈과 방화를 자행하는 한편 작은 무기로 많은 사람을 학살하였다. 한편 베스도는 기병과 보병을 파견해 자기를 따라 광야까지 오면 구원과 자유를 주겠다고 약속한 사기꾼에게 미혹되어 그 뒤를 따라간 많은 사람을 전멸시키도록 지시했다. 이에 병사들은 백성들을 미혹한 사기꾼과 그 추종자들을 모조리 전멸시켰다.

11. 이 무렵 아그립바왕은 예루살렘 왕궁 안의 주랑 근처에 거대한 대식당을 지었다. 이 왕궁은 아스모네우스(Asamoneus)의 후손들이 높은 곳에 지었기 때문에 예루살렘시를 한눈에 내려다볼 수 있을 정도로 전망이 좋았다. 아그립바왕은 예루살렘시를 내려다보는 것을 무척 좋아하여 대식당 안에 누워서 먹고 마시며 성전 안에서 일어나는 일을 내려다보는 일을 자주 즐겼다. 이 사실을 안 예루살렘의 유력 인사들은 불쾌하기 짝이 없었다. 왜냐하면 성전 안에서 행해지는 것은 외부 사람, 특히 제사를 드리지 않는 사람은 볼 수 없도록 유대의 율법에 규정되어 있었기 때문이었다. 이에 그들은 성전 안뜰 서쪽에 있는 제일 높은 건물 위로 벽을 높이 쌓아 올렸다. 이 벽은 왕궁의 대식당의 전망을 가로막았을 뿐 아니라 절기 때면 로마 병사들이 성전을 감시하는, 성전 바깥뜰 서쪽 행각의 전망도 가로막게 되었다. 이를 아그립바왕과 총독 베스도는 몹시 불쾌하게 여겼고, 베스도는 유대인들에게 그 벽을 헐라고 지시하였다. 그러자 유대인들은 베스도에게 이같이 간청하였다. "이 문제에 관해 네로 황제께 호소할 수 있도록 사신을 보내는 것을 허락해 주십시오. 성전의 일부가 헐리는 일은 도저히 참을 수가 없습니다." 베스도 총독이 그들의 요구를 들어주자 그들은 대제사장 이스마엘(Ismael)과 성전 보물 담당관인 헬키아스(Helcias)

및 10명의 유력 인사를 네로 황제에게 보냈다. 네로 황제는 사신들의 간청을 들고 유대인들이 저지른 행동을 용서해 주었을 뿐 아니라 이미 세운 벽을 그대로 두어도 좋다는 허락까지 내려 주었다.[20] 네로가 이같이 호의를 베푼 것은 그의 아내 포파이아(Poppea)를 기쁘게 해주기 위해서였다. 포파이아는 매우 종교적인 여인으로서 유대인에게 호의를 베풀 것을 간청했었다. 포파이아는 네로에게 이런 허락을 얻어낸 후에 10명의 사신은 돌려보냈으나 헬키아스와 이스마엘은 볼모로 그녀 곁에 잡아 두었다. 아그립바왕은 이 소식을 듣자마자 전에 대제사장을 지냈던 요셉(Joseph)을 대제사장으로 임명하였다. 요셉은 시몬(Simon)의 아들로서 카비(Cabi)라고도 불렸다.

제9장

총독 알비누스에 관하여, 그리고 알비누스가 총독으로 있을 때 야고보가 처형된 경위와 아그립바가 세운 건축물들에 관하여

1. 카이사르는 베스도(Festus)가 죽었다는 소식을 듣자 알비누스(Albinus)를 유대 총독으로 파견하였다. 한편 아그립바왕은 요셉(Joseph)을 대제사장직에서 해임하고 아나누스(Ananus)의 아들 아나누스(Ananus)를 대제사장에 임명하였다. 전해지는 바에 따르면 이 새 대제사장의 부친 아나누스는 대단히 운이

---

[20] 우리는 네로가 통치 초기 5년 동안 유대인들에게 베푼 온유한 선정(善政)의 실례를 여기서 볼 수 있다. 그러나 네로의 이런 선한 행동은 그의 아내인 황후 포파이아(Poppea)의 간청의 결과인 것을 주목할 필요가 있다. 포파이아는 매우 종교성이 강한 여인이었는데 어쩌면 은밀하게 유대 종교로 개종한 개종자(Jewish proselyte)였는지도 모른다. 어쨌든 유대인들에게 베푼 이 선정이 오로지 네로의 선함에서만 비롯된 것이 아님은 분명하다.

좋은 인물이었다. 그에게는 아들이 다섯 있었는데 그들 모두가 대제사장직에 올라 하나님을 섬기는 복을 받게 되었기 때문이었다. 게다가 그 자신도 오래전에 대제사장의 영예를 누렸으니 이 어찌 행복한 사람이라 하지 않을 수 있겠는가! 일찍이 한 집안이 이토록 많은 대제사장을 배출한 예가 없었다. 그런데 아들 아나누스(Ananus)는 성격은 대담하였으나 몹시 무례하였다. 게다가 그는 다른 유대인들보다 범인을 가혹하게 다루는 사두개파의 일원이었다.[21] 아나누스는 우리가 위에서 살펴본 바와 같이 대담하고 무례한 성격의 소유자였기 때문에 베스도가 죽고 알비누스 신임 총독이 도착하지 않은 틈을 이용하여 권력을 휘두르기로 결심했다. 아나누스는 산헤드린 공회의 의원들을 소집하고 그리스도(Christ)라고 부르는 예수(Jesus)의 동생과 그의 동료 몇 명을 율법을 범한 죄로 고소한 후 돌로 쳐 죽이도록 넘겨주었다. 그러나 율법을 어기는 것을 싫어하고 성품이 의로웠던 예루살렘 시민들은 아나누스가 저지른 짓이 매우 못마땅해 보였다. 이에 그들은 아그립바왕에게 사람을 보내 아나누스의 행동이 정당하지 못함을 알리는 한편 다시는 그런 일을 하지 못하도록 지시해 줄 것을 청하였다. 또한 그들 중 일부는 알렉산드리아를 떠나 유대로 오는 도중인 알비누스를 찾아가 아나누스가 그의 허락 없이 산헤드린 공회를 소집하는 등의 위법을 저질렀다고 일러 주었다.[22] 알비누스는 그들의 말을 듣고 몹시 화가 나서 아나누스에게 그가 저지른 잘못을 따끔하게 문책할 것이라는 내용의 서신을 보냈다. 그러자 아그립바왕은 아나누스를 대제사장직에서 해임하고 담네우스(Damneus)의 아들 예수(Jesus)를 후임 대제사장으로 임명하였다. 아나누스는 겨우 3개월 만에 대제사장직에서 물러나지 않을 수 없었다.

---

21) 여기서 우리는 요세푸스 당시에는 사두개파도 대제사장이 될 수 있었다는 사실과 사두개파는 재판을 할 때 매우 무자비하고 잔인했던 데 비해 바리새파는 온유하고 인자했다는 사실 두 가지를 분명히 엿볼 수 있다.
22) 산헤드린 공회는 우리 주님을 정죄하기는 했으나 로마 총독의 승인 없이는 그를 처형시킬 수가 없었다. 여기서도 아나니아스(Ananias, 본문에는 아나누스[Ananus]로 되어 있음—편집자 주)나 산헤드린 공회는 야고보(James)를 처형시켜도 좋다는 알비누스(Albinus)의 허락이 없었기 때문에 정죄 그 이상의 일을 해서는 안 되었다.

2. 알비누스(Albinus)는 예루살렘에 도착하자마자 많은 시카리(sicarii)들을 살해하여 유대국의 질서를 회복하려고 온갖 애를 썼다. 한편 대제사장 아나니아스(Ananias)[23]는 날이 갈수록 백성들의 존경과 사랑을 받게 되었을 뿐 아니라 그 영화가 하늘을 찌를 정도가 되었다. 왜냐하면 대제사장 아나니아스는 막대한 부를 축적한 엄청난 부자였기 때문이었다. 아나니아스는 선물을 바침으로써 알비누스와 대제사장 예수(Jesus)와의 교분을 두텁게 할 수가 있었다. 아나니아스의 종들은 매우 악했다. 그들은 사악한 부류의 유대인들과 합세하여 타작마당을 돌아다니면서 제사장들에게 바칠 10분의 1을 강제로 탈취하는 한편 말을 듣지 않는 자들은 심지어 때리기까지 하였다. 이에 다른 대제사장들도 마찬가지로 비행을 저지르기 시작했는데 이들을 저지할 만한 사람이 아무도 없었다. 따라서 십일조로 생계를 유지하던 제사장 중 일부는 먹을 것이 없어 굶어 죽기도 하였다.

3. 한편 명절 전날 밤에 시카리(sicarii)들은 예루살렘 안으로 침투하여 대제사장 아나니아스(Ananias)의 아들인 서기관 엘르아살(Eleazar)을 결박하여 끌고 갔다. 그 후 그들은 아나니아스에게 사람을 보내어 체포되어 수감된 10명의 동료들을 석방하도록 알비누스를 설득시켜 주면 엘르아살을 돌려보내 주겠다고 제의하였다. 이에 아나니아스는 어쩔 수 없이 알비누스에게 죄수들의 석방을 요청하지 않을 수 없었다. 그리하여 결국은 죄수들을 석방시켜 주겠다는 허락을 받아 낼 수 있었다. 그러나 이것은 더욱 큰 불행을 초래하는 결과를 빚고 말았다. 강도들이 계속해서 아나니아스의 종들을 납치하여 동료들을 석방시키기 전까지 돌려보내지 않는 수법을 사용했기 때문이었다. 게다가 이런 방법으로 예전의 세력을 확보한 강도들은 점차 대담해지기 시작하더니 유대 전국을 크게 괴롭히게 되었다.

---

[23] 내가 보기에 이 아나니아스(Ananias)는 네베데우스(Nebedeus)의 아들이 아니라 제사장 명단의 아홉 번째 인물인 안나스(Annas) 혹은 대(大)아나누스(Ananus the Elder)인 것 같다. 이 사람은 매우 오랫동안 대제사장직에 있었다.

4. 아그립바가 가이사랴 빌립보(Caesarea Philippi)를 전보다 크게 확장하고 네로(Nero)를 기리기 위해 네로니아스(Neronias)라고 명명한 것은 바로 이 무렵이었다. 아그립바는 또한 거액의 비용을 들여 베리투스(Berytus)에 극장을 건설하고 매년 공연을 개최하였다. 그는 매년 공연을 개최하는 데 수만 드라크마의 돈을 썼다. 아그립바는 베리투스의 주민들에게 많은 식량과 기름을 나누어 주었을 뿐 아니라 사비(私費)를 들여 만든 조각품과 고대인들이 이미 만들어 놓은 상(像)들로 전 도시를 아름답게 치장하였다. 그는 자기의 왕국 내에 있는 최고의 장식품들까지 베리투스로 옮겨 그곳을 치장하는 데 이용했다. 이로 인해 아그립바는 백성들의 미움을 받게 되었다. 이는 백성들의 소유를 외국 도시를 치장하는 데 사용했기 때문이었다. 한편 담네우스(Damneus)의 아들 예수(Jesus)의 뒤를 이어 가말리엘(Gamaliel)의 아들 예수(Jesus)가 대제사장이 되었다. 이로 인해 대제사장들 사이에는 충돌이 일어나게 되었다. 그들은 각기 백성들을 규합하여 서로 욕설을 퍼붓는 한편 투석전까지 벌였다. 그러나 대제사장 아나니아스를 맞설 대제사장은 아무도 없었다. 왜냐하면 그에게는 큰 재산이 있었기 때문이었다. 아나니아스는 재산이 많이 있었기 때문에 많은 추종자들을 거느릴 수 있었다. 한편 왕족인 코스토바루스(Costobarus)와 사울루스(Saulus)도 많은 사악한 무리를 거느렸다. 그들이 아그립바의 친족이 된다는 이유로 악한 자들이 호감을 가졌기 때문이었다. 이들은 백성들을 무력으로 괴롭혔으며 자기들보다 약한 사람을 약탈하기를 식은 죽 먹듯이 하였다. 이후로부터 유대의 예루살렘시는 큰 혼란에 빠지게 되었으며 사태는 더욱 악화 일로를 걷게 되었다.

5. 한편 알비누스는 게시우스 플로루스(Gessius Florus)가 후임 총독으로 온다는 소식을 듣고 예루살렘 백성들에게 호의를 베푸는 시늉이라도 하고 싶었다. 이에 그는 분명히 사형에 처할 만한 죄를 범한 자들은 즉시 처형하도록 명령하는 한편, 경미한 범죄로 수감된 자들은 돈을 받고 모두 석방해 주었다. 이에 감옥은 텅텅 비게 되었으나 유대국은 온통 강도들로 가득 차게 되었다.

6. 한편 성전의 성가대를 맡고 있는 레위인[24]들은 아그립바왕에게 산헤드린을 소집하여 자신들도 제사장들처럼 세마포 옷을 입을 수 있도록 해달라고 간청했다. "이런 일은 왕께서 통치하고 계실 때 한번 해보실 만한 가치가 있는 일이라 생각됩니다. 이런 획기적인 변화를 일으키시면 왕께서는 역사에 영원히 남게 되실 것입니다." 결국 레위인들은 그들의 소망을 성취할 수 있었다. 아그립바왕이 산헤드린의 동의를 얻어 성가대원들에게 세마포 옷을 입을 수 있는 특권을 허락해 주었기 때문이었다. 아그립바왕은 또한 레위인들에게 그들이 원하는 찬송을 배울 수 있도록 허락해 주었다. 그러나 이런 모든 일들은 우리 조상 전래의 율법을 범하는 것이었다. 이렇게 율법을 범하고서는 하나님의 징계를 단 한 번도 피해 본 적이 없음에도 불구하고 이같이 율법을 범한 것이었다.

7. 성전이 완공된 것은 바로 이때였다. 이에 18,000명이 넘는 인부가 일자리를 잃게 되었다. 이들은 임금을 받지 못하게 되자 큰 곤경에 빠지게 되었다. 백성들은 이들의 곤경을 보고 가만히 있을 수가 없었다. 그래서 백성들은 로마 병사들에게 약탈당할까 봐 두려워서 성전에 보관해 두었던 자기들의 보물을 곤궁에 처한 이들을 위해 사용하기로 결심했다. 백성들은 그들이 단 한 시간만 일을 해도 즉시 임금을 주었다. 이렇게 해서 백성들은 그들에게 동쪽 행각을 재건하도록 했다. 이 행각은 성전의 바깥뜰에 속하게 되었으며 깊은 계곡에 건설되었다. 따라서 그들은 (길이가) 400규빗이나 되는 벽을 흰 돌로 건설했다. 돌 하나의 크기는 가로, 세로 20규빗에 높이가 6규빗이었다. 원래 처음에 완전한 성전을 지은 사람은 솔로몬왕이었다. 한편 아그립바왕은 클라우디우스 카이사르로부터 성전 관리의 권리를 허락받았지만 어떤 건물이든 허무는 것은 쉬워도 다시 세우는 것은 어렵다는 점을 고려해 재건할 엄두를 내지 못했었다. 특히 이 동쪽 행각은 재건하는 데 많은 시일과 엄청난 경비가 소요될 것이 분명했

---

[24] 성전 안에서 하나님께 찬송을 드릴 때 제사장의 의복을 입을 수 있도록 허락해 달라는 일부 레위인들의 교만한 청원은 거만한 대제사장들이 동료나 다를 바 없는 제사장들을 경멸하고 멸시한 데 그 이유가 있지 않나 생각된다.

기 때문에 유대인들이 성전을 재건하자고 요구할 때 거절할 수밖에 없었다. 그러나 그 대신 예루살렘시를 흰 돌로 포장하는 것은 반대하지 않았다. 아그립바 왕은 가말리엘(Gamaliel)의 아들 예수(Jesus)를 대제사장직에서 해임하고 테오필루스(Theophilus)의 아들 마티아스(Matthias)를 후임으로 임명하였다. 이 마티아스가 대제사장으로 있을 때 유대와 로마와의 전쟁이 일어나게 된 것이다.

제10장

대제사장들의 명단

1. 우리는 이 시점에서 대제사장의 역사에 대해서 살펴볼 필요가 있다. 대제사장의 기원과 대제사장의 자격은 어떠하며, 또한 로마와의 전쟁이 끝날 때까지 대제사장의 수는 얼마나 되는지를 살펴보는 것도 우리가 기술해 온 역사를 이해하는 데 도움이 되기 때문이다. 역사의 기록을 살펴볼 때 모세(Moses)의 형 아론(Aron)이 제일 처음으로 대제사장의 임무를 맡은 이후로 그의 후손들이 줄곧 대제사장의 직무를 계승해 왔음을 알 수 있다. 아론의 혈통이 아니고는 그 누구도 대제사장이 될 수 없는 것이 유대의 풍습이 되었던 것이다. 심지어는 왕이라 하더라도 아론의 후손이 아닌 경우에는 대제사장직에 오를 수가 없었다. 처음 대제사장이었던 아론(Aron)에서부터 로마에 대한 반란이 계속되던 때의 마지막 대제사장인 파나스(Phanas)까지 대제사장의 수를 합치면 83명이 된다. 모세 시대에 장막이 광야에 있었던 때부터 이스라엘 백성이 유대 땅으로 들어와 솔로몬이 하나님께 성전을 봉헌할 때까지의 대제사장은 모두 13명이었다. 이때는 후계자가 있어도 종신토록 대제사장의 직무를 맡아 봉사했기 때문에 그 숫자가 많지 않았다. 이 13명의 대제사장들은 모두가 아론

의 두 아들의 후손들로서 차례로 대제사장직을 계승하였다. 이 당시의 정부 형태는 처음에는 귀족정(aristocracy)이었고 다음에는 군주정(monarchy)이었고 세 번째는 왕정(regal government)이었다. 이 13명의 대제사장이 대제사장으로 봉직한 기간은 모세의 지휘 아래 출애굽하던 때부터 솔로몬의 성전 건축 때까지인 612년간이었다. 그 후 솔로몬왕으로부터 예루살렘을 함락시키고 성전을 불태우고 유대인을 포로로 끌고 간 바벨론의 느부갓네살(Nebuchadnezzar)왕에 이르는 기간에는 18명이 대제사장직에 올랐다. 이때 느부갓네살은 대제사장 요사닥(Josadek, 앞서 나온 요사덱[Josedek]과 동일 인물인 듯함-편집자 주)을 생포하여 바벨론으로 끌고 갔었다. 이 기간은 유대인이 왕정 하에 있던 기간으로서 총 466년 6개월 10일간이었다. 바벨론 포로 생활 70년이 끝나고 바사(Persia, 페르시아) 왕 고레스(Cyrus)가 유대인을 고국으로 돌려보낼 때 성전을 재건해도 좋다는 허락을 받자 요사닥의 아들 예수(Jesus, 앞서 나온 예수아[Jeshua]와 동일 인물인 듯함-편집자 주)가 다시 대제사장직에 오르게 되었다. 그 후 안티오쿠스 에우파토르(Antiochus Eupator)왕 때까지 그와 그의 후손이 대제사장의 직무를 맡았다. 그러니까 민주정 하에서 414년간 모두 15명이 대제사장직을 승계한 것이다. 그런데 그 후 우리가 앞서 살펴본 대로 안티오쿠스(Antiochus)와 그의 군대장관 리시아스(Lysias)가 메넬라우스(Menelaus)라고도 부르던 오니아스(Onias)를 대제사장직에서 해임한 후 베레아(Berea)에서 살해하고 말았다. 그리고 그들은 오니아스 3세(Onias the third)의 아들을 내어 쫓고 아론의 후손이나 오니아스의 가문이 아닌 야키무스(Jacimus)를 대제사장직에 앉혔다. 이에 안티오쿠스에게 살해된 오니아스의 조카이자 부친의 이름도 오니아스(Onias)인 오니아스(Onias)가 애굽으로 내려가 프톨레마이우스 필로메토르(Ptolemy Philometor)와 그의 아내인 클레오파트라(Cleopatra)와 교분을 두텁게 쌓은 후 예루살렘 성전을 본떠 헬리오폴리스(Heliopolis)에 성전을 짓도록 설득하고 그곳의 대제사장이 되었던 것이다. 애굽의 이 성전에 대해서는 우리가 이미 여러 번 살펴보았다. 한편 야키무스는 겨우 3년간 대제사장의 자리에 앉았다가 세상을 떠나고 말았다. 이에 그의 뒤를 이을 후계자가 없어서 예루살렘은 7년간 대제사장이 없이 지내야만 했다. 그러나 아스모네우스(Asamoneus)의 후손들이 마게도냐인들을 물리친 후에 정권을 장악하게 되자 요나단(Jonathan)을 대제사장으로 임명하게 되었다. 이에 요나단이 7년간 나라를 다스리며 대제사장의 직무를 맡았다. 그러나 요나단이 트리폰(Trypho)의 음모에 걸려 살해되자 (우리가 앞서 살펴본 바가 있다) 그의 형제 시몬(Simon)이 대제사장직을 승계하게 되었다. 그러나 그도 사위의 반역으로 절기 때 살해를 당하고 말았다. 이렇게 시몬이 겨우 8년 간의 대제사장 직무를 마치고 세상을 떠나자 그의 아들 히르카누스(Hyrcanus)가 대제사장의 자리에 앉게 되었다. 히르카누스는 30년간 대제사장으로 있다가 늙어 세상을 떠났으며 아리스토불루스(Aristobulus)라고도 부르는 유다스(Judas)가 후임 대제사장직에 올랐다. 유다스는 왕과 대제사장의 임무를 겸임하다가 병으로 세상을 떠났다. 유다스는 1년간 왕관을 쓰고 왕으로 유대국을 통치하였다. 유다스가 죽자 그의 형제인 알렉산드로스(Alexander)가 27년간 왕과 대제사장의 직무를 동시에 수행하였다. 알렉산드로스는 임종하기 전에 아내인 알렉산드라(Alexandra)에게 대제사장의 임명권을 주었다. 이에 알렉산드라는 아들 히르카누스(Hyrcanus)에게 대제사장직을 주었으나 왕의 자리는 9년간 자기가 가지고 있다가 세상을 떠났다. 따라서 그녀의 아들 히르카누스도 더 이상 대제사장의 자리에 앉아 있지 못하게 되었다. 왜냐하면 알렉산드라가 죽자 히르카누스의 형제인 아리스토불루스(Aristobulus)가 히르카누스를 공격하여 대제사장의 자리에서 쫓아냈기 때문이었다. 아리스토불루스는 히르카누스를 몰아내고 왕과 대제사장의 자리를 혼자 다 차지하였다. 그러나 폼페이우스(Pompey)가 유대를 공격하여 예루살렘을 함락시키고 아리스토불루스와 그의 아들들을 결박하여 로마로 압송하는 바람에 아리스토불루스는 3년 3개월 만에 권좌에서 쫓겨나고 말았다. 폼페이우스는 히르카누스를 다시 대제사장직에 복직시키고 유대국의 통치자가 되게 하였으나 왕관은 쓰지 못하게 했다. 이에 히르카누스는 모친 생존 당시의 9년간의 재임 기간에 더하여 24년 간을 더 대제사장의 영예를 누릴 수 있었다. 바대(parthia, 파르티아)의 군대 장관들인 바르자파르네스(Barzapharnes)와 파코루스(Pacorus)가 유브라데강을 건너 히르카누스를 공격하여 그를 생포한 후 아리스토불루스의 아들 안티고누스(Antigonus)를 왕으로 세우기까지 24년간을 더 대제사장과 유대국의 통치자로 활동했던 것이다. 안티고누스는 왕이 된 지 3년 3개월 만에 소시우스(Sosius)와 헤롯(Herod)의 공격을 받아 생포되는 비운을 맞이하였으며, 결국은 안토니우스(Antony)에 의해 안디옥으로 끌려가서 처형당하는 비극을 맞았다. 그 후 로마인들에 의해 왕이 된 헤롯은 아스모네우스 왕가의 가문에서 대제사장을 임명하지 않았다. 그는 아리스토불루스(Aristobulus)를 제외하고는 명문 출신이 아닌 제사장 집안에서 대제사장을 임명하였다. 헤롯이 바대인의 포로가 된 히르카누스의 손자 아리스토불루스를 대제사장으로 임명하고 그의 누이인 마리암네를 아내로 맞이한 것은 히르카누스에 대해 좋은 이미지를 갖고 있는 백성들의 환심을 사기 위한 조치에 불과했다. 헤롯은 후에 백성들의 관심이 온통 아리스토불루스에게로 기울자, 우리가 앞서 살펴본 바와 같이 여리고에서 수영하는 아리스토불루스를 물속에서 질식시키는 방법으로 제거하였다. 그 후로부터 헤롯은 아스모네우스 왕가의 후손들에게는 대제사장직을 허락하지 않았다. 헤롯의 아들 아켈라오(Archelaus, 아르켈라우스)나 그 후 유대를 직접 통치하게 된 로마인들이나 대제사장직을 임명하는 정책은 헤롯과 똑같았다. 헤롯의 시대로부터 티투스(Titus)가 예루살렘을 함락시키고 성전을 불사를 때까지 대제사장의 수는 총 28명이었다. 이 기간은 107년간이었다. 헤롯과 아켈라오의 사후에는 정치 형태가 귀족정으로 바뀌어 대제사장들이 유대국을 다스렸으나, 헤롯과 아켈라오의 통치 때에도 일부 대제사장들은 정치적 지도자로서의 역할을 담당하기도 했다. 유대의 대제사장에 관해서는 이 정도로 마치도록 하자.

제11장

유대 총독 플로루스가 유대인들로 하여금
로마에 대항하여 무기를 들지 않을 수 없도록 만든 경위와 결말

1. 네로(Nero) 황제에 의해 알비누스(Albinus)의 후임으로 부임한 게시우스 플로루스(Gessius Florus) 때문에 유대국은 수많은 불행을 겪게 되었다. 게시우스 플로루스는 클라조메나이(Clazomenæ)시 출신으로서 아내인 클레오파트라(Cleopatra)와 한 고향에서 양육을 받은 인물이었다(플로루스는 아내인 클레오파트라가 네로의 아내인 황후 포파이아[Poppea]와 교분이 두터웠기 때문에 총독의 자리를 얻을 수 있었다). 플로루스의 아내인 클레오파트라도 악한 점에서는 플로루스와 조금도 다를 바가 없는 여인이었다. 플로루스가 어찌나 악하게 폭정을 휘둘렀던지 유대인들은 알비누스를 (상대적으로) 은인이라고까지 생각하기에 이르렀다. 알비누스는 악을 숨기려 하고 될 수 있으면 백성들이 모르게 비리를 저질렀으나, 게시우스 플로루스는 자신의 사악함을 만민에게 보일 목적으로 파견된 양 드러내 놓고 온갖 비리를 저질렀으며 마치 자랑이라도 하려는 듯이 마구 폭력을 휘둘렀다. 그는 동정이라고는 조금도 없었으며 그의 탐욕은 끝이 없는 것만 같았다. 그는 큰 수익뿐 아니라 쥐꼬리만한 수익에도 혈안이 되어 덤벼드는 추잡함을 보였다. 그는 강도들과도 손을 잡았다. 강도들은 플로루스가 방패막이가 되어 주고 뒤에서 보호해 주었기 때문에 마음 놓고 강도 짓을 저질렀으며 점점 많은 이들이 강도로 탈바꿈을 하기 시작했다. 이에 유대국은 끝없는 고통과 불행으로 **빠져들게** 되었다. 강도들의 등쌀에 견디다 못한 선량한 유대인들은 정든 고향을 등지고 떠나지 않을 수 없었다. 외국에서의 타향살이라 하더라도 지금보다는 낫지 않겠느냐는 막연한 기대 속에서 그들은 정든 고향을 미련 없이 떠났던 것이다. 플로루스 때문에 유대인이 로마에 대항하여 무기를 들고 반란을 일으킬 수밖에 없었으니 이에 대해 무슨 말이 더 필요하겠는가? 우리 유대인들은 조금씩 서서히 멸망을 당하느니 차라리 한 번에 멸망을 당하는 편이 좋겠다

고 생각하였던 것이다. 이 로마와의 전쟁은 플로루스의 총독 부임 제2년, 그러니까 네로 황제의 재위 제12년에 발발하였다. 무엇 때문에 유대인들이 반란을 일으키지 않으면 안 되었는지, 또한 유대인들이 어떤 고통과 불행을 감수해야 했는지에 대해서는 『유대 전쟁사』(The Jewish War, 윌리엄 휘스턴은 이 책을 다르게 표기하기도 하였음[The Wars of the Jews]. 휘스턴의 영역본 본문에 맞춰 혼용하였음 – 편집자 주)를 자세히 정독하면 쉽게 알 수 있을 것이므로 여기서는 생략하기로 하겠다.

2. 이제 나는 『유대 고대사』(The Antiquities of the Jews)의 결론을 내리려고 한다. 이후에 일어난 로마와의 전쟁에 관해서는 『유대 전쟁사』(The Jewish War)에서 다루었다. 『유대 고대사』에서는 인간의 창조에서부터 네로의 재위 제12년까지의 역사를 조상 전래로 내려오던 기록을 참고하여 서술했다. 애굽과 수리아와 팔레스타인에서 유대인들에게 어떤 일들이 있었으며, 앗수르와 바벨론으로부터 어떤 고통을 당했는지, 바사와 마게도냐와 로마로부터 어떤 환난을 겪었는지도 기술하였다. 나는 이 역사를 전반적으로 정확하게 기술했다고 자부하고 싶다. 나는 2,000년간에 걸쳐 하나님을 섬긴 대제사장들의 면모를 상세히 살피려고 하였을 뿐 아니라 역대 왕들의 모습도 자세히 서술하려고 힘을 썼다. 나는 역대 왕들의 업적과 행동은 물론 통치자들의 모습도 유대인의 성서(聖書)에 기록된 대로 기술하였다. 유대인의 성서에 나온 대로 유대인의 역사를 기술하려는 것이 본인의 목적임은 서두에서 밝힌 그대로이다. 따라서 나는 본서를 서두에서 약속한 대로 완결을 본 이 시점에서, 유대인이나 이방인이나 그 누구도 본서만큼 헬라인들에게 유대인의 역사를 잘 설명해 주지는 못할 것이라고 감히 자신 있게 말할 수 있다. 내가 동족인 유대인 중 그 누구보다도 유대의 역사에 관해서 정통하다는 사실은 유대인들도 인정하며, 그리스의 학문과 언어에 대한 지식에 있어서도 누구에게도 뒤지지 않는다. 비록 내가 오랫동안 모국어에 젖어 있었으므로 헬라어의 발음을 정확히 내지 못하는 것은 사실이나 헬라어와 그리스 학문을 습득하기 위해서 나는 많은 정열을 쏟았다. 유대국에서는 많은 나라의 언어를 배워 유창하게 화려한 말을 늘어놓는 것을 장려하지 않는다. 왜냐하면 자유인뿐 아니라 종들도 언어를 배우고 싶은 사람은 누구든지

쉽게 언어를 배울 수 있다고 믿기에 여러 언어에 숙달한 것을 크게 우러러보지 않기 때문이다. 그 대신 유대국에서는 조상 전래의 율법에 능통하여 그 의미를 해석할 줄 아는 사람을 지혜로운 사람으로 인정하고 있다. 이 때문에 유대국에서는 많은 사람이 온갖 고생을 해가며 율법을 공부하려고 애를 쓰지만 실상 고생한 보람이 즉시 나타날 정도로 율법 연구에 성공한 사람은 그저 둘, 셋에 불과하다.

3. 내가 기록한 내용이 거짓인지 진실인지를 밝힐 수 있는 사람들이 아직 살아 있으므로 내 가족이나 나의 삶의 역사에 관해서 기록을 남기는 것이 그리 남에게 역겨운 일은 아니라고 생각한다. 따라서 나는 조만간 나의 집안과 지금까지 지나온 나의 삶에 관해서 글[25]을 쓰겠다는 약속과 함께 20권 60,000여 절에 가까운 나의 『유대 고대사』를 결말지으려고 한다. 하나님이 허락하신다면 도미티아누스(Domitian) 황제 재위 제13년, 그러니까 나의 나이 56세인 현재까지 유대인들이 당한 불행과 함께 이 전쟁을 간단하게나마 다시 살펴볼 작정이다. 그리고 하나님과 하나님의 본성과 유대 율법에 관해서 각기 한 권씩 세 권의 책을 써 볼 생각도 가지고 있다. 율법에 따르면 왜 어떤 것은 허락되고 어떤 것은 금지되었는가의 이유를 상세히 밝혀 볼 생각이다.

---

[25] 여기서 요세푸스가 쓰겠다고 약속한 『자서전』(The Life)은 요세푸스 전집에서 볼 수 있다(판본에 따라 전집 첫 권에 있는 경우도 있으나 생명의말씀사 한글 번역본은 제4권에 배치되어 있음—편집자 주).

사명선언문

너희가 흠이 없고 순전하여……세상에서 그들 가운데 빛들로
나타내며 생명의 말씀을 밝혀 _ 빌 2:15-16

1. 생명을 담겠습니다
만드는 책에 주님 주신 생명을 담겠습니다.
그 책으로 복음을 선포하겠습니다.

2. 말씀을 밝히겠습니다
생명의 근본은 말씀입니다.
말씀을 밝혀 성도와 교회의 성장을 돕겠습니다.

3. 빛이 되겠습니다
시대와 영혼의 어두움을 밝혀 주님 앞으로 이끄는
빛이 되는 책을 만들겠습니다.

4. 순전히 행하겠습니다
책을 만들고 전하는 일과 경영하는 일에 부끄러움이 없는
정직함으로 행하겠습니다.

5. 끝까지 전파하겠습니다
모든 사람에게, 땅 끝까지, 주님 오시는 그날까지
복음을 전하는 사명을 다하겠습니다.

서점 안내

광화문점	서울시 종로구 새문안로 69 구세군회관 1층 02)737-2288 / 02)737-4623(F)
강남점	서울시 서초구 신반포로 177 반포쇼핑타운 3동 2층 02)595-1211 / 02)595-3549(F)
구로점	서울시 동작구 시흥대로 602, 3층 302호 02)858-8744 / 02)838-0653(F)
노원점	서울시 노원구 동일로 1366 삼봉빌딩 지하 1층 02)938-7979 / 02)3391-6169(F)
일산점	경기도 고양시 일산서구 중앙로 1391 레이크타운 지하 1층 031)916-8787 / 031)916-8788(F)
의정부점	경기도 의정부시 청사로47번길 12 성산타워 3층 031)845-0600 / 031)852-6930(F)
인터넷서점	www.lifebook.co.kr